Die Regulierung internationaler Ratingagenturen in der EU und den USA

Saarbrücker Studien
zum Privat- und Wirtschaftsrecht
Herausgegeben von Hannes Ludyga,
Michael Martinek (geschäftsführender Herausgeber),
Helmut Rüßmann und Markus Würdinger

Band 100

PETER LANG

Alexandre Maturana

Die Regulierung internationaler Ratingagenturen in der EU und den USA

Unter besonderer Berücksichtigung
der zivilrechtlichen Haftung
und der regulatorischen Indienstnahme
von Ratingagenturen

PETER LANG

Bibliografische Information der Deutschen Nationalbibliothek
Die Deutsche Nationalbibliothek verzeichnet diese Publikation in der Deutschen Nationalbibliografie; detaillierte bibliografische Daten sind im Internet über http://dnb.d-nb.de abrufbar.

Zugl.: Saarbrücken, Univ., Diss., 2018

D 291
ISSN 1433-8866
ISBN 978-3-631-80653-1 (Print)
E-ISBN 978-3-631-80998-3 (E-PDF)
E-ISBN 978-3-631-80999-0 (EPUB)
E-ISBN 978-3-631-81000-2 (MOBI)
DOI 10.3726/b16476

Peter Lang – Berlin · Bern · Bruxelles · New York · Oxford · Warszawa · Wien

Diese Publikation wurde begutachtet.

www.peterlang.com

Vorwort

Die vorliegende Arbeit wurde von der Rechtswissenschaftlichen Fakultät der Universität des Saarlandes im Sommersemester 2018 als Dissertation angenommen. Für die Drucklegung konnten neue Entwicklungen und einschlägige Literatur bis März 2019 berücksichtigt werden. Da auch diese Dissertation ohne die Unterstützung zahlreicher Menschen nicht realisiert worden wäre, sei einigen von ihnen an dieser Stelle besonders gedankt.

Meinem Doktorvater Herrn Prof. Dr. Dr. Dr. h.c. mult. Michael Martinek danke ich sehr herzlich für den Vertrauensvorschuss, die Betreuung der Arbeit und die schöne Zeit am Lehrstuhl in Saarbrücken. Ich danke zudem Herrn Prof. Dr. Torsten Stein für die Erstellung des Zweitgutachtens und Herrn Prof. Dr. Jens Koch für die lehrreiche Zeit an dessen Bonner Lehrstuhl.

Die Villa Lessing – Liberale Stiftung Saar hat die Arbeit dankenswerterweise mit einem Promotionsstipendium gefördert. Der Dr. Feldbausch-Stiftung sei für die Verleihung des Förderpreises für eine der besten wirtschaftsrechtlichen Dissertationen an der Fakultät im akademischen Jahr gedankt.

Max und Christoph danke ich fürs Korrekturlesen und die stets guten Gespräche!

Der größte Dank gebührt zweifellos meinen Eltern und Großeltern, die mich auf meinem Lebensweg stets vorbehaltlos unterstützt haben. Ihnen widme ich diese Arbeit.

Vorwort der Reihenherausgeber

Die Schriftenreihe „Saarbrücker Studien zum Privat- und Wirtschaftsrecht" bildet in erster Linie ein Forum für rechtswissenschaftliche Doktorarbeiten der Universität des Saarlandes auf zwei juristischen Schwerpunktgebieten: Zum einen sollen Dissertationen im klassischen Privatrecht, vor allem im Bürgerlichen Vermögensrecht der ersten drei Bücher des BGB und ihrer Nebengesetze vorgestellt werden. Zum anderen findet das Wirtschaftsrecht im Sinne des Wirtschaftsprivatrechts besondere Berücksichtigung, womit namentlich die Gebiete des Handelsrechts einschließlich des Bilanzrechts, des Personen- und Kapitalgesellschaftsrechts einschließlich des Konzernrechts, des Gewerblichen Rechtsschutzes sowie des Wettbewerbs- und Kartellrechts bezeichnet sind. Es versteht sich, dass nicht nur rechtsdogmatische Studien, sondern auch rechtstatsächlich, rechtspolitisch oder interdisziplinär angelegte Arbeiten in die Schriftenreihe Aufnahme finden, denn die Rechtswissenschaftliche Fakultät der Universität des Saarlandes regt traditionell Studenten und Hochschullehrer in besonderer Weise zur fachübergreifender Lehre und Forschung an. Die Schriftenreihe steht aber nicht nur sehr guten und ausgezeichneten Dissertationen, sondern auch anderen „Studien" zu privat- und wirtschaftsrechtlichen Themen offen, bis hin zu Materialien und Skripten des akademischen Unterrichts. Die Schriftenreihe wurde im Jahre 1996 von den Saarbrücker Universitätsprofessoren Johann Paul Bauer, Michael Martinek und Helmut Rüßmann gegründet. Im Jahre 2018 ist Prof. Bauer aus dem Herausgeberkreis ausgeschieden, während Professor Ludyga und Professor Würdinger hinzugekommen sind. Prof. Martinek ist seit Beginn der Schriftenreihe als geschäftsführender Herausgeber tätig. Die nunmehr vier Herausgeber, die zugleich stellvertretend für ihre anderen Saarbrücker Fakultätskollegen des Privat- und Wirtschaftsrechts handeln, verbinden mit den „Saarbrücker Studien zum Privat- und Wirtschaftsrecht" den Wunsch, dass die hier veröffentlichten Arbeiten die verdiente Resonanz in der breiteren juristischen Fachöffentlichkeit finden.

Inhaltsübersicht

Inhaltsverzeichnis

Abkürzungsverzeichnis

ABCP	Asset Backed Commercial Paper
ABl. EU	Amtsblatt der Europäischen Union
ABS	Asset Backed Securities
APP	Expanded Asset Purchase Programme
AUD	Australischer Dollar
BaFin	Bundesanstalt für Finanzdienstleistungsaufsicht
BDI	Bundesverband der Deutschen Industrie e.V.
BGH	Bundesgerichtshof
BMF	Bundesministerium der Finanzen
BVerfG	Bundesverfassungsgericht
CDO	Collateralized Debt Obligation
CEBS	Committee of European Banking Supervisors
CESR	Committee of European Securities Regulators
CFR	Code of Federal Register
CMBS	Commercial Mortage Backed Securities
CP	Commercial Paper
CPDO	Constant Proportion Debt Obligation
CRA	Credit Rating Agency
CRC	(OECD) Country Risk Classification
CRR/CRD	Capital Requirements Regulation / Directive
DAI	Deutsches Aktieninstitut
EBA	European Banking Authority
ECAF	Eurosystem Credit Assessment Framework
ECAI	External Credit Assessment Framework
ESAs	European Supervisory Authorities
ESMA	European Securities and Markets Authority
EUGH	Europäischer Gerichtshof
EUR	Euro
ESZB	Europäisches System der Zentralbanken
EZB	Europäische Zentralbank
FCIC	Financial Crisis Inquiry Commission
FED	Federal Reserve System
IOSCO	International Organisation of Securities Commissions
IRBA	Internal Ratings-Based Approach
KG	Kammergericht

KSA	Kreditrisikostandardansatz
LG	Landgericht
Lit.	Literatur
L. Rev.	Law Review
MBS	Mortage Backed Securities
NRSRO	Nationally Recognized Statistical Rating Organisation
OCC	Office of the Controller of the Currency
OCR	Office of Credit Ratings
OLG	Oberlandesgericht
PSPP	Public Sector Purchase Programme
Rspr.	Rechtsprechung
rwa	risk weighted assets
SEA 1934	Securities Exchange Act of 1934
SEC	United States Securities and Exchange Commission
Sec.	Section
USD	US-Dollar
VO	Verordnung

Im Übrigen siehe Kircher, Abkürzungsverzeichnis der Rechtssprache, 9. Auflage, 2018.

Einleitung

I. Problemaufriss

Bis zur folgenschweren globalen Finanzkrise der Jahre 2007–2009 und der anschließenden europäischen Staatsschuldenkrise der Jahre 2010 und 2011 standen Ratingagenturen weder im Fokus der öffentlichen Debatte noch der juristischen Literatur oder Rechtsprechung, geschweige denn des Gesetzgebers. Dies änderte sich Anfang der 2010er Jahre schlagartig. Die großen US-amerikanischen Ratingagenturen wurden als Mitverursacher der globalen Finanzkrise angesehen. In der EU und den USA wurde die Ratingtätigkeit erstmals durch die Ratingverordnung und den Dodd-Frank Act umfassend reguliert. Verdeutlicht man sich die Geschichte der Ratingagenturen, die bis in die Mitte des 19. Jahrhunderts zurückreicht und deren hohe Bedeutung für die Finanzmärkte, verwundert es im Nachhinein, dass die Branche sich derart lange hoheitlicher Regulierung entziehen konnte. Gleiches gilt für die zivilrechtliche Haftung, gegen die Ratingagenturen bis dato weltweit nahezu immun erscheinen.

Ein Grund hierfür dürfte sein, dass Ratingagenturen jahrzehntelang Gesetzgeber und Richter davon überzeugen konnten, dass ihre Ratings lediglich ein subjektiver Blick in die Zukunft seien, bei dem es naturgemäß kein richtig oder falsch geben könne, weshalb ihre Tätigkeit von einer solchen Unverbindlichkeit geprägt sei, dass hoheitliche Regulierung und zivilrechtliche Haftung fehl am Platze seien. Die Sorgfaltspflichtverstöße der Ratingagenturen im Vorfeld und im Zuge der Finanzkrise führten jedoch vor Augen, dass auch Prognoseentscheidungen wirtschaftliche Realitäten schaffen können. Das strukturelle Fehlverhalten der Ratingagenturen im Zuge der Finanzkrise führte rasch zum rechtspolitischen Konsens, dass es einer hoheitlichen Regulierung und Aufsicht sowie einer erleichterten zivilrechtlichen Inanspruchnahme von Ratingagenturen sehr wohl bedarf.

Zwar sind der Dodd-Frank Act und die Ratingverordnung Meilensteine der Regulierung von Ratingagenturen, nichtsdestotrotz ist die Entwicklung des Rechtsrahmens für Ratingagenturen nach wie vor von einer gewissen Dynamik geprägt. Insbesondere ist in naher Zukunft eine vermehrte Beschäftigung deutscher Gerichte mit der zivilrechtlichen Haftung von Ratingagenturen zu erwarten.

Gegenstand der Untersuchung ist daher der Rechtsrahmen für Ratingagenturen mit besonderem Fokus auf die zivilrechtliche Haftung von Ratingagenturen und die „regulatorische Indienstnahme“ von Ratings durch den Gesetzgeber. Anlass zur Untersuchung bot zum einen der durch die 2. Änderungsverordnung[1] in die Ratingverordnung (Rating-VO)[2] eingefügte Art. 35a Rating-VO, der erstmals einen unionsrechtlichen Haftungstatbestand für Ratingagenturen einführt. Zum anderen besteht eine von der Wissenschaft bislang wenig beachtete, praktisch aber sehr relevante, Kontroverse um die gesetzgeberische Gleichstellung verschiedener Ratingagenturen zu Regulierungszwecken.

II. Gang der Darstellung

Die Arbeit beginnt mit einer Darstellung der Funktion und Bedeutung von Ratings und Ratingagenturen, in der insbesondere auch auf die Rolle der Ratingagenturen während der Finanzkrise eingegangen wird (1. Kapitel). Da die Ratingverordnung bis zur Einführung des zivilrechtlichen Haftungstatbestandes Art. 35a Rating-VO reines Aufsichts- und Regulierungsrecht war, ist sodann der regulatorische Rahmen, in dem sich Ratingagenturen bewegen, zu untersuchen (2. Kapitel). Hier ist neben der Regulierung von Ratingagenturen insbesondere auch das Finanzaufsichtsrecht zu beleuchten, welches auf Ratings Bezug nimmt, die sogenannte regulatorische Indienstnahme von Ratings. Diese Regulierungsfunktion von Ratings entfaltet an den Finanzmärkten eine nicht zu unterschätzende Bedeutung. Aber auch für den Ratingmarkt selbst ist sie von entscheidender Bedeutung, da sie maßgeblich zur Marktmacht der Ratingagenturen beigetragen hat. Aber auch umgekehrt bestimmt, wie sich zeigen wird, die Marktmacht einer Ratingagentur das Maß der regulatorischen Verwendung ihrer Ratings. Zudem besteht ein entscheidender Zusammenhang zwischen der Regulierungsfunktion des Ratings und dem Wettbewerb auf dem Ratingmarkt.

Die Darstellung der Problematik der zivilrechtlichen Haftung von Ratingagenturen (3. Kapitel) beginnt mit der Untersuchung der Haftung nach deutschem Recht, denn Art. 35a Abs. 5 Rating-VO stellt klar, dass neben der eingeführten unionsrechtlichen Haftung eine weitergehende Haftung nach nationalem Recht nicht ausgeschlossen werden soll. Da Art. 35a Rating-VO als in den Mitgliedsstaaten unmittelbar anwendbarer Haftungstatbestand in einer EU-Verordnung durchaus rechtspolitisches Neuland darstellt, soll auch die Frage untersucht werden, ob Art. 35a Rating-VO als Blaupause für weiteres europäisches Sonderdeliktsrecht taugt, oder ob es sich hierbei lediglich um einen speziellen

1 VO (EU) 462/2013 v. 21.05.2013 (CRA-III), ABl. (EU) L 146/1 v. 31.05.2013.
2 VO (EG) 1060/2009 v. 16.09.2009 (CRA-I), ABl. (EU) L 302/1 v. 17.11.2009.

kapitalmarktrechtlichen Regulierungsbaustein handelt, dem man besser keine derart weitgehende dogmatische und rechtspolitische Vorreiterrolle einräumen sollte.

Da die drei größten Ratingagenturen der Welt, Moody's, Standard & Poor's und Fitch („*big three*") ihren Sitz in New York haben,[3] gehen sowohl vom US-amerikanischen Aufsichtsrecht, als auch von US-amerikanischen Gerichtsentscheidungen Impulse für den europäischen Rechtsanwender und Gesetzgeber aus, weshalb auf eine Darstellung der Regulierung und Haftung von Ratingagenturen in den USA nicht verzichtet werden kann.

III. Methodische Konzeption und Zielsetzung

Die zivilrechtliche Haftung von Ratingagenturen lässt sich im Spannungsfeld zwischen Vertrags- und Deliktsrecht einordnen. Weil der neue zivilrechtliche Haftungstatbestand für Ratingagenturen in einer EU-Verordnung zu finden ist, die primär Regulierungsrecht darstellt, wird die Arbeit auch das Verhältnis von Regulierungs- und Haftungsrecht generell und konkret im Bereich des Ratings darstellen. Da sich wirtschaftsrechtliche Normsetzung heutzutage zumeist als eine Antwort auf internationale Probleme darstellt, ist ein Blick auf andere Rechtsordnungen weniger ein hilfreicher, als vielmehr ein notwendiger methodischer Teil dieser Arbeit.

Erstes Ziel der Untersuchung ist eine Bestandsaufnahme des Rechtsrahmens für Ratingagenturen in der EU und den USA. Hierauf aufbauend soll insbesondere der Frage nachgegangen werden, wie das Regulierungsrecht weiter angepasst werden muss, um den Wettbewerb auf dem Ratingmarkt zu stärken und weiterem Fehlverhalten im Ratingsektor vorzubeugen. Weiterhin soll untersucht werden, ob die zivilrechtliche Haftung tatsächlich ein effizientes Mittel zur Verhaltenssteuerung und Disziplinierung von Ratingagenturen sowie zur Kompensation erlittener Schäden auf Emittenten- und Anlegerseite ist. Kann die zivilrechtliche Haftung insofern verhaltenssteuernd wirken, soll sie das überhaupt? Die vergleichende Analyse und Kontextualisierung der Probleme soll entsprechende Erkenntnis schaffen und hierauf aufbauend weiteres Verbesserungspotential *de lege ferenda* aufzeigen. Auf der Grundlage des anerkannten und vielschichtigen juristischen Methodenkanons, der durch ökonomische und rechtsvergleichende Aspekte ergänzt wird, soll die intersubjektive Verifizierbarkeit der Kernaussagen dieser Arbeit gewährleistet werden.

---

3 Fitch hat einen Doppelsitz in New York und London.

Kapitel 1: Bedeutung und Funktion von Ratings und Ratingagenturen

§ 1 Die verschiedenen Ratingarten

I. Definition Rating

Art. 3 Abs. 1 lit. a) Rating-VO definiert das Rating als „ein Bonitätsurteil in Bezug auf ein Unternehmen, einen Schuldtitel oder eine finanzielle Verbindlichkeit, eine Schuldverschreibung, eine Vorzugsaktie oder ein anderes Finanzinstrument oder den Emittenten derartiger Schuldtitel, finanzieller Verbindlichkeiten, Schuldverschreibungen, Vorzugsaktien oder anderer Finanzinstrumente, das anhand eines festgelegten und definierten Einstufungsverfahrens für Ratingkategorien abgegeben wird."

Das so verstandene Rating bezeichnet das *„credit rating"* im angloamerikanischen Sinne, welches sich auf die Einschätzung und Beurteilung von Kreditrisiken bezieht und Gegenstand dieser Arbeit ist. Ziel des *credit rating* ist eine standardisierte Einschätzung der Ausfallwahrscheinlichkeit eines Schuldtitels bzw. der Bonität eines Schuldners insgesamt.[4] Es wird daher auch als *„debt rating"* bezeichnet.[5] Hiervon zu unterscheiden ist das *„equity rating"*, welches eine Renditeanalyse für künftige (Eigen-)Kapitalgeber darstellt.[6] Das *credit rating* kann auch Vorzugsaktien umfassen, s.o., wenn diese fremdkapitalähnlich ausgestaltet sind, etwa wenn der obligatorische Rückkauf durch die Gesellschaft vorgesehen ist.[7] Der Begriff „Rating" kann sich dabei sowohl auf das Verfahren zur Bonitätseinschätzung[8] beziehen, als auch auf dessen Ergebnis, das typischerweise in einem einer Skala zuzuordnenden Symbol, der Ratingnotation, ausgedrückt wird.[9] Der Begriff *Rating* wird in dieser Arbeit primär für das durch die Notation zum Ausdruck kommende *Ratingergebnis* verwendet.

---

4 Zu dieser Unterscheidung zwischen Emissions- und Emittentenrating, siehe § 1 IV.

5 *Huber/Gith* in: Hilz-Ward/Everling, Risk Performance Management, S. 111.

6 *Buschmeier*, Ratingagenturen, S. 158; *Huber/Gith* in: Hilz-Ward/Everling, Risk Performance Management, S. 111.

7 KPMG, Eigenkapital versus Fremdkapital nach IFRS, S. 10.

8 Hierzu sogleich § 2.

9 Etwa „AAA" für beste, „D" für schlechteste Bonität, vgl. die Skalen der marktführenden Ratingagenturen bspw. bei Habersack/Mülbert/Schlitt/*Göres*, Hdb Kapitalmarktinformation, § 25, Rn. 42.

II. Internes Rating, Externes Rating

Weiterhin wird zwischen internem und externem Rating unterschieden. Das interne, oder bankinterne,[10] Rating stellt ein Urteil von Kreditinstituten über die Bonität und Ausfallwahrscheinlichkeit eines Kreditnehmers dar. Es wird laufend oder im Vorfeld einer Kreditvergabe durch die Bank erstellt und analysiert die Kreditwürdigkeit des zukünftigen Kreditnehmers individuell, allerdings ohne diesen Prozess oder dessen Ergebnis zu veröffentlichen – daher *internes* Rating. Das Kreditinstitut[11] untersucht also sein eigenes Risiko als Gläubiger.[12] Gegenstand dieser Arbeit ist jedoch das externe Rating. Dieses wird von Ratingagenturen erstellt, um die Bonität und Ausfallwahrscheinlichkeit eines Dritten oder der von diesem ausgegebenen Schuldtiteln zu beurteilen.[13] Besondere Bedeutung erlangt dieses Begriffspaar vor allem im Rahmen der Ermittlung der Eigenkapitalanforderungen an Kreditinstitute. Diese können für die Ermittlung des bankaufsichtsrechtlich geforderten Eigenkapitals entweder auf externe Ratings, sog. Kreditrisikostandardansatz (KSA), oder auf bankinterne Ratings, sog. „Internal Ratings-Based Approach", kurz IRB-Ansatz (IRBA), zurückgreifen.[14]

III. Beauftragtes Rating, Unbeauftragtes Rating

Ein externes Ratingverfahren kann entweder unbeauftragt auf Eigeninitiative der Ratingagentur hin gestartet werden („*unsolicited rating*"), oder vom Emittenten selbst in Auftrag gegeben werden („*solicited rating*").[15] Diese Unterscheidung zwischen beauftragtem und unbeauftragtem Rating ist sowohl für die Regulierung als auch für die Haftung von Bedeutung. Bei der Erstellung unbeauftragter Ratings ist die Agentur auf öffentlich zugängliche Informationen beschränkt. Beim beauftragten Rating findet im Rahmen des Ratingverfahrens ein engerer Kontakt zwischen Emittent und Ratingagentur statt. In diesem Rahmen wird die

10 Vgl. *Fischer/Holzkämper* in: Achleitner/Everling, Hdb Ratingpraxis, S. 134.

11 Grds. ist es auch denkbar, dass andere Unternehmen als Kreditinstitute ihr Gläubigerrisiko in einem internen oder „bilateralen" Rating festhalten, vgl. *Ackermann/Jäckle*, BB 2006, 878 f.

12 Ausführlich zum internen Rating vgl. etwa *Pielert*, Internes Rating als Monitoringtool des Finanzwesens.

13 Zu Ratingagenturen und deren Geschäftsmodell, vgl. § 5.

14 Siehe § 12 I. 2.

15 Vgl. etwa Erwägungsgrund 21 zur Ratingverordnung (Fn. 2); *Buschmeier*, Ratingagenturen, S. 156. f.; *Ebenroth/Daum*, WM 1992 (Sonderbeilage Nr. 5), 1, 4; Hiß/Nagel, Ratingagenturen zwischen Krise und Regulierung, S. 40.

Ratingagentur auch mit nicht-öffentlichen Informationen versorgt.[16] Bei einem beauftragten Rating kommt ein Ratingvertrag zwischen Emittent und Ratingagentur zustande, der die Erstellung eines Ratings und die Zahlung einer entsprechenden Vergütung hierfür zum Inhalt hat.[17] Beides ist beim unbeauftragten Rating nicht der Fall, weshalb beim unbeauftragten Rating tendenziell ein höherer Unsicherheitsfaktor besteht als beim beauftragten Rating.[18]

Ratings von Staaten, sog. Länderratings, sind in der Regel unbeauftragte Ratings. Im Zuge der europäischen Staatsschuldenkrise, die 2010 und 2011 ihren Höhepunkt erreichte, wurden Ratingagenturen, anders als in der Finanzkrise, als der Vorwurf inflationärer positiver Ratings im Raum stand, von Seiten der Politik oftmals für zu negative Länderratings kritisiert.[19]

Ob die Marktakzeptanz unbeauftragter Ratings tatsächlich weitaus geringer ist als bei beauftragten Ratings,[20] muss angesichts der Bewegungen, die an den Kapitalmärkten herrschen, wenn es zur Herabstufung von Staaten kommt, bezweifelt werden.[21] Unbeauftragte Ratings können für die Ratingagenturen die Funktion haben, den Markteintritt durch Reputationsaufbau zu erleichtern. Das ist vor allem bei kleineren Ratingagenturen der Fall, die noch keinen großen „*track-record*" aufweisen können.[22] Ein Blick auf die Ratings der deutschen Ratingagentur Scope Ratings zeigt, dass kleinere Ratingagenturen einen verhältnismäßig hohen Anteil unbeauftragter Ratings erstellen, um so Erfahrung und Branchen-Know-how aufzubauen.[23]

IV. Emissions- und Emittentenrating

Eine weitere wesentliche Unterscheidung im Hinblick auf die Tätigkeit der Ratingagenturen und ihrer Regulierung ist die zwischen den verschiedenen Ratingobjekten. Die Prognose über die Ausfallwahrscheinlichkeit kann sich entweder auf einen bestimmten Finanztitel (Emissions- oder Anleiherating / „*issue rating*") oder allgemein auf die Bonität des Schuldners (Emittenten- oder

16 Vgl. etwa Habersack/Mülbert/Schlitt/*Göres*, Hdb Kapitalmarktinformation, § 25, Rn. 58 f.
17 Zur Rechtsnatur des Ratingvertrages siehe § 15 I. 1.
18 *Eisen*, S. 106 f.
19 Siehe hierzu § 9 III.
20 So Habersack/Mülbert/Schlitt/*Göres*, Hdb Kapitalmarktinformation, § 25, Rn. 22.
21 So auch *Eisen*, S. 106: „Aussagekraft (…) vergleichbar".
22 Vgl. *Pukropski*, S. 45 ff.
23 https://www.scoperatings.com/#rating/list.

Unternehmensrating / *„issuer rating"* oder *„corporate rating"*)[24] beziehen.[25] Das Emittentenrating stellt eine generelle Beurteilung eines Unternehmens im Hinblick auf seine Fähigkeit Zahlungsverpflichtungen nachzukommen dar und ist somit eine Prognose der Insolvenzwahrscheinlichkeit des Emittenten.[26] Im Folgenden werden die Begriffe Emittenten- und Unternehmensrating synonym verwendet.[27] Das Emissionsrating hingegen berücksichtigt weitere emissionsspezifische Parameter wie etwa die Besicherung, die Kreditwürdigkeit von Versicherern und Garantiegebern, den Rang im Insolvenzverfahren, weitere Rechte oder Pflichten aus den Bedingungen des Schuldtitels, die Bedingungen von Zins und Tilgung, die Laufzeit oder etwa die Währung der ausgegebenen Obligation.[28] Die Grundlage für das Emissionsrating bildet jedoch grundsätzlich das Emittentenrating. Es kann aber, je nach den spezifischen Umständen der jeweiligen Emission, auch zu Unterschieden zwischen dem Rating eines Emittenten und dem einer Emission kommen, sog. *„notch"* bzw. *„notching-up"* / *-down*.[29] Ein kontroverses Beispiel, welches nun Gegenstand von Klagen mehrerer Anleger ist, war die Bewertung der MS Deutschland Beteiligungsgesellschaft mbH durch Scope Ratings mit einem Erstrating von „A", obwohl das Emittentenrating nur bei „C" lag. Begründet wurde dies mit der Besicherung der Anleihe durch die „MS Deutschland".[30]

Als Emittenten kapitalmarktfähiger Schuldverschreibungen können private Unternehmen, aber auch Staaten, Gebietskörperschaften und supranationale Organisationen auftreten.[31] Die Bundesrepublik Deutschland etwa emittiert

---

24 Es gibt hier, abhängig von der jeweiligen Ratingagentur, zahlreiche ähnliche oder synonyme Begriffe, bspw. auch „corporate family rating" von Moody's.

25 Vgl. *Buschmeier*, Ratingagenturen, S. 156. f.

26 Vgl. *Stemper*, S. 34 f.

27 Die synonyme Verwendung dieser Begriffe ist weit verbreitet, obwohl es genau genommen nicht ganz zutreffend ist, das Rating einer Konzernobergesellschaft als Emittentenrating zu bezeichnen, obwohl tatsächlicher Emittent der Wertpapiere i.S.v. § 2 Nr. 9 WpPG oftmals eine Zweckgesellschaft ist. Seit der Entscheidung des OLG Düsseldorf NJW 2018, 1615 zur Haftung von Ratingagenturen für Unternehmensratings (siehe § 17 III. 3. f), § 23 I. 2.) wird in der rechtswissenschaftlichen Literatur zunehmend der Begriff Unternehmensrating verwendet.

28 Vgl. *Buschmeier*, Ratingagenturen, S. 156 f.; *Dimitrakopoulos/Spahr* in: Achleitner/Everling, Hdb Ratingpraxis, S. 211 f.; Habersack/Mülbert/Schlitt/*Stäcker/Lange*, Unternehmensfinanzierung am Kapitalmarkt, § 2, Rn. 79.

29 Vgl. *Deipenbrock*, WuB 2017, 438, 441 m.w.N.

30 Vgl. hierzu noch § 16 II.

31 Vgl. etwa *Blaurock*, ZGR 2007, 603, 604; *Hiß/Nagel*, Ratingagenturen, S. 41.

Bundeswertpapiere über die „Bundesrepublik Deutschland – Finanzagentur GmbH".[32] Im Bereich der Emissionsratings wird zudem zwischen kurzfristigen („*short-term issue rating*") und langfristigen Ratings („*long-term issue rating*") unterschieden. Kurzfristige Ratings beziehen sich auf Emissionen mit einer Laufzeit von weniger als einem Jahr, wobei hierfür in der Regel lediglich das Emittentenrating herangezogen wird. Als langfristige Ratings bezeichnet man Emissionsratings mit einer Laufzeit von mehr als einem Jahr.[33]

V. Private Rating – Public Rating

Weiterhin wird zwischen „*private ratings*" und „*public ratings*" unterschieden. *Private ratings* werden lediglich einer bestimmten Gruppe von Investoren zur Verfügung gestellt und stellen somit eine spezielle und eher untypische Form von Ratings dar. Diese werden meist transaktionsbezogen für bestimmte Anleger in Bezug auf ein Investitionsobjekt erstellt. Gem. Art. 2 Abs. 2 Rating-VO sind *private ratings* als Ratings „die von Ratingagenturen aufgrund eines Einzelauftrags abgegeben und ausschließlich an die Person weitergegeben werden, die den Auftrag erteilt hat, und die nicht zur öffentlichen Bekanntgabe oder zur Weitergabe an Abonnenten bestimmt sind" definiert und vom Geltungsbereich der Ratingverordnung ausgenommen. Diese Definition ist jedoch recht eng, da unter privaten Ratings üblicherweise auch Ratings verstanden werden, die nicht nur für eine einzelne Person, sondern für einen bestimmten Personenkreis, etwa eine Investorengruppe erstellt werden.[34] Demgegenüber ist das *public rating* das klassische, allen tatsächlichen und potenziellen Teilnehmern am Kapitalmarkt zur Verfügung stehende, Rating.[35]

VI. Ratingkategorien und Ratingausblick

Am Ende des Ratingverfahrens steht als stark verkürztes und komprimiertes Ergebnis ein Ratingsymbol. Die *big three* Standard & Poor's, Moody's und Fitch verwenden hierfür sehr ähnliche Buchstabenkombinationen,[36] an die sich in der Regel auch die Symbole kleinerer Agenturen anlehnen. Ein bekannter Ausspruch

32 Handelsregister AG Frankfurt a.M., HRB 51411.

33 Vgl. etwa *Dimitrakopoulos/Spahr* in: Achleitner/Everling, Hdb Ratingpraxis, S. 211 f.; *Eisen*, S. 56 f.

34 So auch in den Haftungsprozessen „*Abu Dhabi*" und „*Bathurst*", vgl. § 28 V. 1. b), VI.

35 Vgl etwa *Schroeter*, S. 563.

36 Eine Übersicht findet sich bei Habersack/Mülbert/Schlitt/*Göres*, Hdb Kapitalmarktinformation, § 25, Rn. 42.

bezeichnet Ratings als „*the worlds shortest editorials*".[37] Eine wichtige Trennlinie zwischen den Ratingklassen stellt die Unterscheidung von „*investment grade*" und „*non-investment*" bzw. „*speculative grade*" dar.[38] Der Unterschied, der auf eine US-amerikanische Regelung von 1931 zurückgeht[39] und mittlerweile eine Art Marktkonvention darstellt,[40] hat für viele Investitions- und Desinvestitionsentscheidungen eine hohe faktische Bedeutung, da die Investmentrichtlinien vieler Kapitalsammelstellen dem Management Investitionen in *non-investment grade* Wertpapiere verbieten oder beschränken.[41] Die Unterscheidung ist daher für die Finanzierungskonditionen der Emittenten von unmittelbarer Bedeutung.[42] Ratings können ferner mit einem sog. Ratingausblick („*rating outlook*") versehen werden. Diese stellen eine Einschätzung über die zukünftige Entwicklung des jeweiligen Ratings dar.[43] Art. 3 Abs. 1 lit. w) definiert den Ratingausblick als „eine Stellungnahme zur wahrscheinlichen Richtung, in der sich ein Rating kurzfristig, mittelfristig oder sowohl kurzfristig als auch mittelfristig entwickeln wird." Die CRA-III-Änderungsverordnung[44] stellte die Ratingausblicke in der Ratingverordnung Ratings gleich, weshalb in der Ratingverordnung stets die Rede von „Rating oder Ratingausblick" ist. Die Kommission begründete dies mit der vergleichbaren Bedeutung die Ratingausblicke an den Märkten haben.[45]

VII. Abgrenzung Rating – Scoring

Vom Rating abzugrenzen ist das sog. „Scoring". Unter Scoring versteht man systematische Verfahren um „künftiges Verhalten von Personen oder Personengruppen, die bestimmte gemeinsame Merkmale (Eigenschaften, Verhaltensweisen) aufweisen, zu prognostizieren."[46] Der Begriff des Scoring im Wirtschaftsleben meint im Regelfall das Kreditscoring, das ebenso wie das

---

37 Der auf den Grundlagenaufsatz von *Husisian*, 75 Cornell L. Rev. 1990, 411 zurückgeht.

38 Habersack/Mülbert/Schlitt/*Göres*, Hdb Kapitalmarktinformation, § 25, Rn. 42.

39 Siehe hierzu die Ausführungen zum US-Recht, Kapitel 3, Abschnitt 3.

40 *Hiß/Nagel*, Ratingagenturen, S. 121.

41 Vgl. Habersack/Mülbert/Schlitt/*Göres*, Hdb Kapitalmarktinformation, § 25, Rn. 6; *Witte/Hrubesch*, ZIP 2004, 1346 f.

42 Vgl. *Grunewald/Schlitt*, Einführung in das Kapitalmarktrecht, § 5 III. 1. d).

43 Habersack/Mülbert/Schlitt/*Göres*, Hdb Kapitalmarktinformation, § 25, Rn. 47.

44 Fn. 1.

45 Vgl. Erwägungsgrund 7 zur CRA-III-VO.

46 Deutscher Bundestag, Wissenschaftlicher Dienst, Nr. 28/06 v. 01.08.2006, S. 1, abrufbar unter: https://www.bundestag.de/blob/189614/b21d5f538a6de3318c1b290818c8ac5b/scoring-data.pdf.

Rating, die Kreditwürdigkeit und das Kreditausfallrisiko misst. Allerdings werden Scoringverfahren primär im Verbraucherbereich, Ratingverfahren primär im Unternehmensbereich angewendet.[47] Scoringverfahren werden von privaten Wirtschaftsauskunfteien, von denen die bekannteste die SCHUFA (Schutzgemeinschaft für allgemeine Kreditsicherung) ist, angewendet. Während bei Ratingagenturen am Ende des Ratingverfahrens als Ergebnis ein Ratingkürzel in Form einer Buchstabenkombination steht („AAA" – „D", je nach Ratingagentur, mit gewissen Unterschieden),[48] sind Scorewerte zumeist Zahlenwerte. Die Scorewerte, die beispielsweise die SCHUFA ermittelt, liegen zwischen 0 und 100.

Im Rahmen der Regulierung von Ratingagenturen ist diese Unterscheidung von großer Bedeutung: Nach Art. 2 Abs. 1 Rating-VO gilt die Ratingverordnung „für Ratings, die von in der Union registrierten Ratingagenturen abgegeben und der Öffentlichkeit bekannt gegeben oder an Abonnenten weitergegeben werden." Demgegenüber sind „Kreditpunktebewertungen, Credit-Scoring-Systeme und vergleichbare Bewertungen, die sich auf Verpflichtungen beziehen, die sich aus Beziehungen zu Verbrauchern oder aus geschäftlichen oder gewerblichen Beziehungen ergeben" gem. Art. 2 Abs. 2 lit. b) Rating-VO vom Anwendungsbereich der Verordnung ausgenommen.[49] Mangels genauerer gesetzlicher Definition des Scorings ist die Abgrenzung im Einzelfall aber schwierig.[50] Das kann etwa der Fall sein, wenn eine Kreditrisikobewertung aus Beziehungen zu Verbrauchern „Rating" genannt wird.

§ 2 Das Ratingverfahren

Im Folgenden soll der Ablauf des Ratingverfahrens überblicksartig dargestellt werden.[51] Da der Ratingprozess je nach Ratingobjekt gewisse Spezifika aufweist,[52] ist die Darstellung an der Bewertung „klassischer" Industrie- oder Bankanleihen angelehnt.[53]

---

47 Deutscher Bundestag, Wissenschaftlicher Dienst, Nr. 28/06 v. 01.08.2006, S. 1.

48 Vgl. die Übersicht bei Habersack/Mülbert/Schlitt/*Göres*, Hdb Kapitalmarktinformation, § 25, Rn. 42.

49 Zum Anwendungsbereich der Ratingverordnung siehe noch ausführlich § 10 III. 1.

50 *Steinbrügge*, Optimale Fremdfinanzierung nach Basel II, S. 86; vgl. auch https://www.bafin.de/SharedDocs/Veroeffentlichungen/DE/Fachartikel/2013/fa_bj_2013_01_ratingagenturen.html;jsessionid=279330701B1FC6832692E74421A5AA35.1_cid381?nn=7845970#doc7868724bodyText6.

51 Vgl. ausführlich *Berblinger* in: Büschgen/Everling, HdB Rating, 1. Aufl., S. 21, 61 ff.

52 *Berblinger* in: Büschgen/Everling, HdB Rating, 1. Aufl., S. 21, 61, 71 ff.

53 Bei *Ackermann/Jäckle*, BB 2006, 878, auch „Standardverfahren" genannt.

I. Beauftragtes Rating

Die Mehrzahl der Ratings wird aufgrund einer Beauftragung der Ratingagentur durch den Emittenten erstellt.[54] Da ein intensiver Informationsaustausch zwischen Ratingagentur und Emittenten nur beim beauftragten Rating stattfindet, wird hier zunächst auf den Prozess der Ratingerstellung beim beauftragten Rating eingegangen. Das Ratingverfahren folgt einem standardisierten Ablauf und dauert in der Regel 4 bis 12 Wochen.[55] In jüngerer Zeit scheint sich der Ratingprozess noch zu verkürzen.[56] Typischerweise gliedert sich der Ratingprozess in eine Vorbereitungs-, eine Analyse- und eine Kommunikationsphase.[57]

Das beauftragte Ratingverfahren beginnt mit der Auswahl und Beauftragung einer Ratingagentur durch den Emittenten. Je nach Ratingobjekt kann die Zahl der beauftragten Agenturen und der eingeholten Ratings variieren. Je größer die Transaktion und das Finanzierungsvolumen ausfallen, desto eher ist aufgrund der Erwartungen des Kapitalmarkts ein zweites, oder gar drittes Rating einzuholen.[58] Für strukturierte Finanzinstrumente schreibt die Ratingverordnung die Einholung von zwei Ratings vor (Art. 8c Rating-VO). Zudem schreiben die Geschäftsbedingungen der deutschen Börsen für die Zulassung von Anleihen zum Handel in der Regel mindestens ein Rating vor.[59]

Kommt es zur Beauftragung der Ratingagentur und somit zum Abschluss eines Ratingvertrages,[60] beginnt die Analysephase mit der Informationsbeschaffung. Auf Seiten des Emittenten ist primär die Finanzabteilung zuständig,

---

54 *Däubler*, BB 2003, 429; *Dimitrakopoulos/Spahr* in: Achleitner/Everling, Rating Advisory, S. 151.

55 *Berblinger*, in: Büschgen/Everling, HdB Rating, 1. Aufl., S. 21, 61; *Dimitrakopoulos/Spahr* in: Achleitner/Everling, HdB Ratingpraxis, 211, 213; *Krämer*, in: Hadding/Hopt/Schimansky, Internes und externes Rating, S. 3, 9; *Langohr/Langohr*, Rating Agencies, S. 162.

56 Vgl. *Pukropski*, S. 37.

57 Die Begrifflichkeiten variieren an dieser Stelle, vgl. etwa *Stemper*, S. 43; *Mühl*, S. 18; vgl. zu den verschiedenen Phasen der Ratingerstellung die anschaulichen Darstellungen bei *Berblinger*, in: Büschgen/Everling, HdB Rating, 1. Aufl., S. 21, 62 Abb. 19; *Dimitrakopoulos/Spahr* in: Achleitner/Everling, 211, 217, Abb. 2; *Fischer/Holzkämper*, in: Achleitner/Everling, HdB Ratingpraxis, S. 133, 144 Abb. 5.

58 *Ackermann/Jäckle*, BB 2006, 878, 880; Jäckle/*Ackermann*, in: Büschgen/Everling, HdB Rating, 2. Aufl., S. 390; Habersack/Mülbert/Schlitt/*Stäcker/Lange*, Unternehmensfinanzierung am Kapitalmarkt, § 2, Rn. 79.

59 Siehe hierzu § 12 V. 2.

60 Zur rechtlichen Qualifikation des Ratingvertrages, siehe § 15 I. 1.

unterstützt durch die Bilanz- und Investor-Relations-Abteilungen.[61] Die Ratingagentur stellt ein in der Regel mehrköpfiges Analystenteam unter der Leitung eines Hauptanalysten („*lead analyst*") zusammen, das zunächst den eigenen Datenbestand und öffentlich zugängliche Informationen auswertet.[62] Dem Emittenten wird dann, gegebenenfalls in einem Vorgespräch, ein Katalog mit noch benötigten Unterlagen übermittelt. Hierzu können alle, auch sensiblen, unternehmensbezogenen Daten gehören, deren Hinzuziehung die Ratingagentur für nötig hält. Dies sind insbesondere Jahresabschlüsse, Geschäftsprognosen, betriebswirtschaftliche Auswertungen, Vertragsunterlagen sowie Beschreibungen von Produkten, Dienstleistungen oder der Organisationsstruktur des Unternehmens.[63] Immer häufiger ziehen Emittenten auch sog. „Rating-Advisor" zu Rate, die den gesamten Ratingprozess von der Vorbereitung bis zur Veröffentlichung unterstützend begleiten.[64] Solche Berater werden insbesondere bei Erstratings von Emittenten ohne große Kapitalmarkterfahrung und bei besonders großvolumigen Emissionen konsultiert.[65] Als Rating-Advisor treten vor allem die die Emission begleitenden Investmentbanken[66] aber auch zunehmend kleinere spezialisierte Berater,[67] oder bekannte Wirtschaftsprüfungs- und Beratungsgesellschaften auf.[68] Die angeforderten Unterlagen werden der Ratingagentur in der Regel in einem sog. „Ratinghandbuch" übergeben.[69]

Auf die Vorbereitungsphase folgt die eigentliche Bonitätsanalyse des Auftraggebers. Sie lässt sich unterscheiden in die makroökonomische Analyse, die branchenspezifische Analyse und die unternehmensbezogene Analyse.[70] Die makroökonomische und branchenspezifische Analyse sind der unternehmensbezogenen Analyse vorgeschaltet[71] und bedingen diese jedenfalls teilweise, sog.

---

61 *Ackermann/Jäckle*, BB 2006, 878, 880.

62 *Krämer*, in: Hadding/Hopt/Schimansky, Internes und externes Rating, S. 3, 9.

63 Vgl. *Reichling/Bietke/Henne*, Praxishandbuch Risikomanagement und Rating, S. 60.

64 *Fischer/Holzkämper*, in: Everling/Schmidt-Bürgel, Kapitalmarktrating, S. 74, 79.

65 *Eisen*, S. 99; *Fischer/Holzkämper*, in: Everling/Schmidt-Bürgel, Kapitalmarktrating, S. 74, 80; *Langohr/Langohr*, Rating Agencies, S. 166.

66 Vgl. *Langohr/Langohr*, Rating Agencies, S. 165.

67 *Fischer/Holzkämper*, in: Everling/Schmidt-Bürgel, Kapitalmarktrating, S. 74, 80.

68 Siehe bspw. für Deloitte: https://www2.deloitte.com/ch/de/pages/press-releases/articles/deloitte-in-switzerland-launches-debt-and-rating-advisory.html.

69 *Fischer/Holzkämper*, in: Everling/Schmidt-Bürgel, Kapitalmarktrating, S. 74, 80; Stemper, S. 46; vgl. ausführlich zum Aufbau eines Ratinghandbuchs: *Schmidt*, in: Büschgen/Everling, HdB Rating, 1. Aufl, S. 253, 264.

70 Vgl. *Ackermann/Jäckle*, BB 2006, 878, 880.

71 *Ackermann/Jäckle*, BB 2006, 878, 882.

„top-down-approach“.[72] Die Analyse des makroökonomischen Risikos umfasst insbesondere die Prüfung des Länderrisikos des Sitzstaates des Auftraggebers.[73] Dies folgt daraus, dass der Transfer von Zahlungen an ausländische Gläubiger, ebenso wie der Währungsumtausch im Fall der Ausgabe von Anleihen in Fremdwährungen, von der Hoheitsgewalt des Herkunftslandes des Emittenten unterbunden werden kann und insbesondere bei höher verschuldeten Staaten ein erhöhtes derartiges Risiko besteht.[74] Daher deckelte das Länderrisiko lange Zeit in der Regel auch das Rating des Emittenten, sog. *„sovereign ceiling“*.[75] Allerdings sind die Ratingagenturen im Laufe der Zeit zunehmend vom *sovereign ceiling* im Sinne einer starren Obergrenze abgerückt.[76] Kleinere europäische Ratingagenturen haben das *sovereign ceiling* sogar ganz aufgegeben.[77] Die Analyse des Länderrisikos umfasst das politische und wirtschaftspolitische Umfeld wie etwa konjunkturelle Abhängigkeiten, die Inflationsgefahr, das Rechtssystem, Zins- Preis- und Lohnniveau, das Konsumverhalten, die Investitionen oder die Staatsausgaben.[78]

Die branchenspezifische Analyse untersucht dabei Chancen und Risiken der spezifischen Branche des bewerteten Unternehmens. Untersucht werden hierbei etwa konjunkturelle Abhängigkeiten der Branche, Marktzugangsbeschränkungen, die Wettbewerbshärte innerhalb der Branche, die Verhandlungsmacht

---

72 Vgl. *Eisen*, S. 99.

73 Vgl. *Ackermann/Jäckle*, BB 2006, 878, 882; *Berblinger*, in: Büschgen/Everling, HdB Rating, 1. Aufl., S. 21, 64.

74 *Pfingsten*, BKR 2001, 139, 140.

75 *Blickle*, S. 9; *Eisen*, S. 99 f.; *Witte/Hrubesch*, ZIP 2004, 1346, 1348;

76 *Standard & Poor's* sieht das Länderrating des Sitzstaates des Auftraggebers etwa nicht als festes „ceiling“ an, sondern als wesentlichen Beurteilungsfaktor, während bei Banken und Unternehmen der öffentlichen Hand im Gegensatz zu exportorientierten Industrieunternehmen ein besonders starker Risikozusammenhang mit dem Länderrisiko gegeben sein kann, vgl. *Standard & Poor's*, Credit FAQ: Understanding Ratings Above The Sovereign, abrufbar unter www.standardandpoors.com. Fitch sieht die Höchstgrenze für inländische Ratings im Regelfall drei Stufen über dem langfristigen Länderrating, vgl. *Käfer*, Länderrisiko, S. 28. Ausnahmen sind auch dann denkbar, wenn geratete Finanzprodukte vom Währungsrisiko abgekoppelt sind, etwa wenn sie Erträge im Ausland in der jeweiligen Fremdwährung generieren, vgl. *Eisen*, S. 99; *Pukropski*, S. 40.

77 Torsten Hinrichs, CEO Scope Ratings in: Börsen-Zeitung Spezial v. 04.02.2016, S. 4 f., abrufbar unter: https://www.boersen-zeitung.de/bzpro/sonderbeilage/2016/BZ_160204.pdf.

78 Vgl. *Schuler*, S. 30.

von Lieferanten, die Kapazitätsentwicklungen der Branche und ihr Wachstumspotential im Verhältnis zur Gesamtwirtschaft.[79]

Im Anschluss an die makroökonomische und branchenspezifische Analyse folgt schließlich die unternehmensspezifische Analyse. Sie bildet den Kern der Bonitätsanalyse.[80] Die Analyse des Unternehmensrisikos stützt sich dabei auf quantitative und qualitative Faktoren. Im Rahmen der quantitativen Analyse werden unterschiedliche finanzielle Kennzahlen des Unternehmens, wie etwa Marktanteil, Umsatz-, Kosten- und Ergebnissituation, Liquiditätsreserven, cashflow oder die Kapitalstruktur, insbesondere der Verschuldensgrad, untersucht.[81] Die qualitative Analyse umfasst „weiche" Faktoren wie Geschäftsstrategie, Innovationskraft und Managementqualität.[82]

Die Ergebnisse dieser umfassenden „Basisanalyse"[83] werden dann im sog. „Ratinghauptgespräch" oder „*management meeting*" mit dem Management erörtert.[84] Dieses Treffen, was meist am Hauptsitz des Unternehmens mit dem Top-Management einige Wochen vor Veröffentlichung des Ratingergebnisses stattfindet,[85] dient neben der Beantwortung offener Fragen insbesondere auch der besseren Einschätzung der qualitativen Faktoren der Bonitätsanalyse, wie etwa des Managements und der strategischen Geschäftsplanung und stellt somit einen wichtigen Punkt des Ratingverfahrens dar.[86]

Das Analystenteam erstellt auf dieser Grundlage einen Vorschlag über ein bestimmtes Rating. Dieser Vorschlag wird einem Ratingkomitee, das sich aus mehreren Analysten und Finanzexperten zusammensetzt, vorgestellt.[87] Nachdem der Vorschlag des mit der Bonitätsanalyse befassten Analystenteams diskutiert wurde, votiert das Ratingkomitee dann für ein bestimmtes Rating. Die finale Entscheidung über das Rating liegt also in der Hand des Ratingkomitees.

---

79 Vgl. *Berblinger*, in: Büschgen/Everling, HdB Rating, 1. Aufl., S. 21, 65; *Blickle*, S. 9 f.; *Wappenschmidt*, Ratinganalyse, S. 53.

80 *Berblinger* in: Büschgen/Everling, HdB Rating, 1. Aufl., S. 21, 66.

81 Vgl. *Ackermann/Jäckle*, BB 2006, 878, 882; *Berblinger* in: Büschgen/Everling, HdB Rating, 1. Aufl., S. 21, 66 f.; *Vetter*, WM 2004, 1701, 1703.

82 *Everling*, Credit Rating, S. 148 f.

83 Habersack/Mülbert/Schlitt/*Göres*, Hdb Kapitalmarktinformation, § 25, Rn. 55; *Vetter*, WM 2004, 1701, 1702.

84 *Ackermann/Jäckle*, BB 2006, 878, 882; *Dimitrakopoulos/Spahr* in: Achleitner/Everling, Hdb Ratingpraxis, 211, 213.

85 Vgl. *Ackermann/Jäckle*, BB 2006, 878, 882; *Stemper*, S. 47.

86 *Stemper*, S. 47 f.

87 *Dimitrakopoulos/Spahr* in: Achleitner/Everling, Hdb Ratingpraxis, 211, 214; *Schuler*, S. 31.

Die Kommunikationsphase beginnt damit, dass die Entscheidung dem Auftraggeber in einer Vorveröffentlichung mitgeteilt wird.[88] Dieser kann der Veröffentlichung des Ratings dann noch widersprechen.[89]

Die Veröffentlichung erfolgt dann online auf den Internetseiten der Ratingagenturen, einschlägiger Finanzmedien[90] oder aber der neu eingerichteten europäischen Ratingplattform.[91] Ein anderer Kommunikationsweg ist die Verbreitung der Ratings durch agentureigene Publikationen, die auf der Grundlage eines Abonnement- oder Bezugsvertrages[92] bezogen werden können. Abonnenten sind zumeist institutionelle Investoren, die regelmäßig mit aktuellen Ratings versorgt werden wollen. Grundsätzlich versuchen die Ratingagenturen ein Rating zu erstellen, welches über einen Zeitraum von zwei bis drei Jahren auch vor dem Hintergrund absehbare Konjunkturzyklen bestehen bleiben und eine relative Unabhängigkeit von vorübergehenden externen Schocks gewährleisten soll, sog. „*through-the-cycle*"-Ansatz.[93] Das Gegenstück hierzu ist das „*point-in-time*"-Rating, welches insbesondere bei bankinternen Ratings verwendet wird und die aktuelle Ausfallwahrscheinlichkeit auf einen bestimmten Zeithorizont abbildet.[94] Es ist ein zunehmender Trend dahin festzustellen, dass Ratings möglichst aktuell sind und regelmäßig aktualisiert werden. Hierzu trägt nicht zuletzt die aufsichtsrechtliche Vorgabe, Ratings mindestens einmal jährlich zu aktualisieren (Art. 8 Abs. 5 Rating-VO) bei.

II. Folgeratings

Sofern kein *point-in-time*-Rating vorliegt, ist der Ratingprozess jedoch im Regelfall mit der Veröffentlichung des Erstratings nicht beendet. Denn Bonität ist kein statischer Wert und Sinn und Zweck des Ratings ist es nicht, Auskunft über die vergangene, sondern über die aktuelle Fähigkeit des Emittenten seinen Verbindlichkeiten nachzukommen, zu geben. Im Anschluss an die Veröffentlichung des Erstratings beginnt daher der Prozess der Überwachung des

---

88 Vgl. etwa Moody's, Rating Process, abrufbar unter: https://www.moodys.com/Pages/amr002001.aspx.

89 Vgl. *Schroeter*, S. 759 f.

90 Wie etwa Bloomberg, Reuters oder Thomson.

91 https://registers.esma.europa.eu/publication/searchRegister?core=esma_registers_radar.

92 Siehe hierzu § 17 I.

93 Vgl. *Eisen*, S. 102; *Franke/von Schimmelmann*, Interne und externe Ratings, S. 19 f.; *Voges/Rehberg*, WM 2004, 1605.

94 *Franke/von Schimmelmann*, Interne und externe Ratings, S. 19 f.

Ratings. Dieser Überwachungsprozess mündet dann in ein Folgerating, was die Veränderung oder Bestätigung des Erstratings zum Gegenstand hat. Zuständig für die Überwachung sind in der Regel die gleichen Analysten, die auch für die Erstellung des Erstratings zuständig waren.[95] Der Überwachungsprozess nimmt dabei einen großen Teil der Zeit der Analysten in Anspruch.[96] Sie überprüfen die Ratings regelmäßig anhand neuer öffentlicher oder vom Emittenten zur Verfügung gestellten Informationen.[97] Die Überprüfung kann naturgemäß nicht totale Aktualität gewährleisten. Sie erfolgt daher in bestimmten Abständen und bei bestimmten Ereignissen, mindestens jedoch einmal jährlich.[98] Die Umstände, die zur Überprüfung oder Änderung eines Ratings führen können sind vielfältig, wie z.B. Veränderung der wirtschaftlichen, politischen oder rechtlichen Rahmenbedingungen, strategische Entscheidungen wie Unternehmensübernahmen, Sonderabschreibungen, positive oder negative Veränderung der Nachfrage von Produkten etc.[99] Ergibt sich hieraus, dass das Rating einer detaillierteren Revision bedarf, wird das Rating in spezielle Überwachungslisten, sog. „*watchlists*",[100] aufgenommen.[101]

Mit Aufnahme in eine *watchlist* wird ein Überprüfungsverfahren eingeleitet, das dem Verfahren zur Erstellung des Erstratings weitestgehend ähnelt, wobei die Zielrichtung in dem Fall eine Bestätigung oder Veränderung des Ratings ist und die Ratingagentur zudem bereits auf einen umfangreicheren Informationsfundus aus vergangenen Ratingprozessen zurückgreifen kann.[102] Die Ergebnisse der Analyse werden dann wieder dem Ratingkomitee präsentiert, welches dann über die Veränderung oder Bestätigung des Ratings entscheidet.[103]

---

95 *Dimitrakopoulos/Spahr* in: Achleitner/Everling, Hdb Ratingpraxis, 211, 215; *Langohr/Langohr*, Rating Agencies, S. 175.

96 *Berblinger* in: Büschgen/Everling, HdB Rating, 1. Aufl., S. 21, 60.

97 *Ackermann/Jäckle*, BB 2006, 878, 882 f.; *Langohr/Langohr*, Rating Agencies, S. 174 f.

98 Vgl. *Dimitrakopoulos/Spahr* in: Achleitner/Everling, Hdb Ratingpraxis, 211, 215; *Eisen*, S. 104 f.; *Vasella*, S. 38.

99 Vgl. *Berblinger* in: Büschgen/Everling, HdB Rating, 1. Aufl., S. 21, 60.

100 Der mittlerweile allgemein verwandte Begriff geht auf Moody's zurück, wo die „Watchlist" 1985 eingeführt wurde, vgl. *Vasella*, S. 39, Fn. 189.

101 Habersack/Mülbert/Schlitt/*Göres*, Hdb Kapitalmarktinformation, § 25, Rn. 56; *Dimitrakopoulos/Spahr* in: Achleitner/Everling, Hdb Ratingpraxis, 211, 215; *Berblinger* in: Büschgen/Everling, HdB Rating, 1. Aufl., S. 21, 60 f.

102 Vgl. *Dimitrakopoulos/Spahr* in: Achleitner/Everling, Hdb Ratingpraxis, 211, 215; *Pukropski*, S. 44 f.; *Wappenschmidt*, Ratinganalyse, S. 50.

103 *Dimitrakopoulos/Spahr* in: Achleitner/Everling, Hdb Ratingpraxis, 211, 215 f.; *Moody's*, Ratingaktualisierung bei Moody's, S. 4.

Anschließend wird die Entscheidung publiziert und der entsprechende Titel im Regelfall von der *watchlist* gestrichen.[104] Die Aufnahme auf eine *watchlist* indiziert eine Ratingänderung in naher Zukunft, in der Regel innerhalb von drei bis sechs Monaten, während Ratingausblicke („*rating outlooks*") eine eher mittelfristig orientierte Prognose im Hinblick auf einen Horizont von sechs Monaten bis zu zwei Jahren darstellen.[105] In jüngster Zeit wird die *watchlist* bei Standard & Poor's „*CreditWatch*",[106] bei Moody's „*rating review*"[107] und bei Fitch „*Rating Watch*"[108] genannt. In der Literatur wird daher weiterhin meist einheitlich von *watchlist* gesprochen.

III. Unbeauftragtes Rating

Führt eine Ratingagentur ein Rating ohne Auftrag durch, so unterscheidet sich das Ratingverfahren als solches grundsätzlich nicht von einem Verfahren, das auf eine Beauftragung zurückgeht.[109] Die Informationsbasis der Ratingagenturen beim unbeauftragten Rating ist jedoch geringer, da hier lediglich auf die öffentlich zugänglichen Informationen zurückgegriffen werden kann und kein bzw. kein intensiver[110] Kontakt mit dem bewerteten Unternehmen besteht. Daher wird teilweise davon ausgegangen, dass die Aussagekraft unbeauftragterRatings geringer sei.[111] Nichtsdestotrotz können jedoch mit einem schlechten unbeauftragten Rating für den Emittenten ebenfalls erheblich negative Folgen einhergehen.[112] Letztlich ist die faktische Bedeutung unbeauftragter Ratings absolut vergleichbar mit beauftragten Ratings. Die Herabstufung von Staaten, die für

---

104 Vgl. Habersack/Mülbert/Schlitt/*Göres*, Hdb Kapitalmarktinformation, § 25, Rn. 22; *Everling*, Credit Rating, S. 121.

105 Vgl. etwa Standard & Poor's, Global Rating Definitions 2018, II. A., B., abrufbar unter: https://www.standardandpoors.com/en_US/web/guest/article/-/view/sourceId/504352.

106 Standard & Poor's, Global Rating Definitions 2018, II. A.

107 Moody's, Rating Symbols and Definitions 2018, S. 26, abrufbar unter: https://www.moodys.com/researchdocumentcontentpage.aspx?docid=PBC_79004.

108 Fitch, Rating Definitions 2018, S. 15, abrufbar unter: https://www.fitchratings.com/site/dam/jcr:6b03c4cd-611d-47ec-b8f1-183c01b51b08/Rating.

109 *Ebenroth/Daum*, WM 1992 (Sonderbeilage Nr. 5), 1, 4; *Everling*, Credit Rating, S. 122 f.

110 So kann es sein, dass ein Unternehmen, nachdem es von einem unbeauftragten Ratingverfahren erfahren hat, freiwillig mit der Ratingagentur zusammenarbeitet, wobei diese Zusammenarbeit jedenfalls nicht so umfassend ausfällt wie beim beauftragten Rating, vgl. *Everling*, Credit Rating, S. 122.

111 Habersack/Mülbert/Schlitt/*Göres*, Hdb Kapitalmarktinformation, § 25, Rn. 22.

112 Siehe § 2 III.

diese mit erhöhten Finanzierungskosten und somit steigender Staatsverschuldung einhergeht, ist ein besonderes Beispiel hierfür, da Länderratings im Regelfall unbeauftragte Ratings sind.[113] Die Vergleichbarkeit von beauftragten und unbeauftragten Ratings zeigt sich auch dadurch, dass sie für aufsichtsrechtliche Zwecke – sog. Kapitalmarktregulierung durch Ratings – vom Unionsgesetzgeber weitestgehend gleichgestellt sind.[114]

§ 3 Eine kurze Geschichte des Ratings

Ihren Ursprung haben Ratingagenturen Mitte des 19. Jahrhunderts in den USA. Ihr Aufkommen ist eng verknüpft mit Industrialisierung und wirtschaftlichem Aufschwung. In der Nähe dicht besiedelter Gebiete übernahmen lokale Banken die Finanzierung der den Bau von Eisenbahnen vorantreibenden Eisenbahngesellschaften. Als es zur landesweiten Expansion der Eisenbahn kam, begannen die Eisenbahngesellschaften Anleihen zu begeben.[115] Die Bonität dieser Gesellschaften war jedoch undurchsichtig und so kam es zum Aufkommen von „*credit reporting agencies*", oder auch „*mercantile agencies*" genannt.[116] Henry V. Poor, gelernter Rechtsanwalt, fing Mitte des 19. Jahrhunderts an, Handbücher über die Bonität von Eisenbahngesellschaften zu erstellen und Kopien hiervon an zahlende Abonnenten zu verkaufen. 1868 erschien das seinerzeit, da übersichtlich und detailliert, bahnbrechende „*Manual oft the Railroads of the United States*", das fortan lange als Hauptinformationsquelle für in- und ausländische Investoren hinsichtlich der Kreditwürdigkeit von Eisenbahngesellschaften galt.[117] Bereits damals gab es Rechtsstreitigkeiten von bewerteten Unternehmen und den Ruf nach staatlicher Regulierung dieser neuer Dienstleistung.[118] Die damalige Publikation von Ratings in der Printpresse ist der Ursprung dafür, dass sich Ratingagenturen bis heute als Teil der Presse verstehen und sich im Hinblick auf Rechtsstreitigkeiten wegen fehlerhafter Ratings auf die Presse- und Meinungsfreiheit berufen (*first amendment defense*).[119]

---

113 Siehe bereits § 1 III.

114 Siehe § 12 III. 4.

115 Vgl. *Reichling/Bietke/Henne*, Praxishandbuch Risikomanagement und Rating, S. 62.

116 Vgl. *Darbellay*, Regulating Credit Rating Agencies, S. 15 f.

117 *Reichling/Bietke/Henne*, Praxishandbuch Risikomanagement und Rating, S. 63; *Darbellay*, Regulating Credit Rating Agencies, S. 16. Erste Publikationen wurden bereits 1860 veröffentlicht, vgl. https://www.spglobal.com/who-we-are/our-company/our-history.

118 *Darbellay*, Regulating Credit Rating Agencies, S. 16.

119 Siehe hierzu noch § 27.

Zum Aufkommen der ersten *„credit rating agencies“* im heutigen Sinne kam es mit dem Erstarken des Finanzplatzes New York und des US-Kapitalmarkts im Allgemeinen. Im Jahr 1900 gründete John Moody die Ratingagentur Moody's. 1909 begann Moody's gezielt an der New Yorker Börse gehandelte Anleihen und Schuldverschreibungen zu bewerten. Ein aus heutiger Sicht revolutionärer Erfolg war die Einführung der Ratingkürzel Aaa bis D im selben Jahr.[120] Die Standard Statistics Company übernahm 1941 die Poor's Publishing Corporation, wodurch Standard & Poor's entstand. Die Fitch Publishing Company wurde 1924 gegründet. Sowohl Standard & Poor's als auch Fitch übernahmen das beliebte Modell des Ratingkürzels, jeweils mit nur minimalen, eher formalen Abweichungen.[121] Die heutige Marktstruktur reicht somit zurück in die Anfangsjahre des Ratingwesens.

Mit den zahlreichen Insolvenzen der Weltwirtschaftskrise wuchs das Interesse an der Bonität von Schuldnern und der Tätigkeit der Ratingagenturen. Zudem begann man zu dieser Zeit in den USA mit einer regulatorischen Indienstnahme des Ratings zu Aufsichtszwecken.[122] Während das Geschäft in der Mitte des 21. Jahrhunderts nur langsam wuchs, begannen Ratingagenturen in den 70er Jahren mit der Umstellung des Gebührensystems vom *investor-pays*- auf das *issuer-pays*-Modell.[123] Die Agenturen sahen sich nämlich zunehmend einer unbefugten Weitergabe ihrer Ratings ausgesetzt, die durch die Ausbreitung neuer Technologien wie dem Fotokopierer begünstigt wurde.[124] Der hierdurch begünstigte *„free-ride“* von nicht zahlenden Investoren wurde durch die Umstellung auf das *issuer-pays*-Modell gestoppt. Es führte zu höheren Umsätzen als das Abonnentensystem und durch die kostenlose und legale Zugänglichkeit von Ratings kam es zu einer noch größeren Verbreitung des Ratings.[125] Die folgenden Jahrzehnte waren letztlich von kontinuierlichem Wachstum und einer Zementierung der bestehenden Marktstrukturen geprägt. Hieran konnten auch immer wieder aufkommende Wettbewerber nichts ändern, die zumeist bald wieder

---

120 Vgl. Moody's History, abrufbar unter: https://www.moodys.com/Pages/atc001.aspx.

121 Eine Übersicht findet sich bei Habersack/Mülbert/Schlitt/*Göres*, Hdb Kapitalmarktinformation, § 25, Rn. 42.

122 Zur regulatorischen Indienstnahme von Ratings siehe Kapitel 2, Abschnitt 3.

123 Habersack/Mülbert/Schlitt/*Göres*, Hdb Kapitalmarktinformation, § 25, Rn. 42, siehe hierzu § 5.

124 *Conte/Parmeggiani*, The Regulation of Credit Rating Agency across USA and EU, S. 3 f.; *Lynch*, Case Western Reserve L. Rev. 2009, 227, 239.

125 *Pukropski*, S. 16; *Wappenschmidt*, Ratinganalyse, S. 13.

vom Markt verschwanden oder von den Marktführern übernommen wurden.[126] Auch die regulatorische Indienstnahme stieg kontinuierlich an.[127]

Anfang der 1990er Jahre gründeten die großen amerikanischen Agenturen Niederlassungen in Deutschland.[128] Mit der Aufhebung des Genehmigungserfordernisses für im Inland ausgestellte Inhaberschuldverschreibungen (§ 795 a.F. BGB) wuchs das Bedürfnis nach einer anderweitigen Überprüfung von Schuldverschreibungen in Deutschland.[129] Zudem folgte nach und nach auch in Europa eine regulatorische Indienstnahme des Ratings.[130] Es kam immer wieder zu öffentlicher Kritik an Ratingagenturen, insbesondere im Zuge größerer Insolvenzen, wodurch der Ruf nach hoheitlicher Regulierung über die Jahre immer lauter wurde.[131]

Nach einer Phase der Selbstregulierung durch den IOSCO-Kodex,[132] konnten sich die Ratingagenturen nach ihrer unrühmlichen Rolle in der Finanzkrise 2007–2009 dem Ruf nach staatlicher Regulierung nicht mehr entziehen und es kam 2009 schließlich zum Inkrafttreten der Ratingverordnung.[133] Ein Blick auf die Liste der nach dieser Verordnung bei der ESMA registrierten Ratingagenturen und die entsprechenden Marktanteilsberechnungen zeigt jedoch, dass auch in der EU die Töchter der *big three* den Markt dominieren.

§ 4 Die Finanzierung von Ratingagenturen

Zur Finanzierung ihrer Tätigkeit kommen für Ratingagenturen grundsätzlich zwei Einnahmequellen in Betracht: zum einen der Emittent als Auftraggeber und zum anderen der Investor als Informationsempfänger. Das vom Emittenten beauftragte (*solicited*) und bezahlte (*issuer-pays*) Rating stellt dabei mit 80–90 % der generierten Umsätze den Regelfall dar.[134] Auch nach den Erfahrungen in der Finanzkrise gehören Ratingagenturen, die sich ausschließlich über Gebühren aus Abonnementverträgen[135] finanzieren, zu absoluten Randerscheinungen im Ratingwesen.

---

126 Vgl. *Eisen*, S. 93.

127 *Darballay, Partnoy*, Credit Rating Agencies and Regulatory Reform, S. 4.

128 Siehe hierzu 6 III.

129 *Wappenschmidt*, Ratinganalyse, S. 16.

130 Siehe hierzu § 12.

131 Vgl. *Pukropski*, S. 18 f.

132 Siehe hierzu § 9 I.

133 Fn. 2.

134 Für den US-Markt, *Lynch*, Case Western Reserve L. Rev. 2009, 227, 248.

135 Zur rechtlichen Einordnung von Abonnementverträgen siehe § 17 I

In den USA sind derzeit, seit Jahren unverändert, 10 Ratingagenturen als NRSRO registriert.[136] Sieben von zehn NRSRO operieren hauptsächlich nach dem *issuer-pays*-Modell.[137] Hierzu gehören insbesondere die *big three*, die einen Großteil des Marktes dominieren.[138] Zwei der zehn NRSRO betreiben eine relativ ausgeglichene Mischfinanzierung mit Tendenz zum *issuer-pays*-Modell. Einzig die Ratingagentur Egan-Jones Ratings Company finanziert sich ausschließlich über Gebühren aus Abonnementverträgen von zahlenden Investoren.[139] Im Geltungsbereich der Ratingverordnung[140] sind derzeit 47 Ratingagenturen registriert, wobei hier zahlreiche Gesellschaften lokale Töchter der *big three* darstellen.

§ 5 Marktstruktur

I. Nach wie vor bestehende Dominanz der „big three"

Den Markt für Ratings dominieren nach wie vor die *big three* Standard & Poor's,[141] Moody's und Fitch.[142] Sie erreichen gemeinsam einen Marktanteil von ca. 95 %. Zwischen 2010 und 2012 lag der Anteil der *big three* am Gesamtumsatz der US-amerikanischen Ratingagenturen zwischen 94 und 94,7 %.[143] Auch aufgeschlüsselt nach Anzahl der Ratings in verschiedenen Branchen (Finanz-,Versicherungsinstitute, Industrieanleihen, Staaten, strukturierte Finanzprodukte) dominieren die *big three* mit leicht schwankenden Marktanteilen deutlich. Lediglich bei Versicherungsinstituten ist die Dominanz nicht ganz so stark; hier entfielen 2013 23,2 % auf die Agentur A.M. Best.[144] Bei den in der Finanzkrise

136 Vgl. https://www.sec.gov/ocr/ocr-current-nrsros.html.

137 Ratingagenturen die sich primär über das *issuer-pays*-Modell finanzieren, haben typischerweise nebenbei auch ein Abonnementgeschäft, in dem Investoren für den Bezug von Ratings und weitergehenden Analysen bezahlen, SEC, Annual Report on NRSRO 2013, S. 7, abrufbar unter: https://www.sec.gov/files/nrsroannrep1213.pdf.

138 SEC, Annual Report on NRSRO 2013, S. 7 f.

139 Vgl. etwa SEC, Annual Report on NRSRO 2013, S. 7 f.

140 Zur Reichweite der Ratingverordnung siehe § 10 III. 1.

141 Die Standard & Poor's Muttergesellschaft McGraw Hill Financial, Inc. wurde im April 2016 in S&P Global Inc. umbenannt. Standard & Poor's firmiert seit neustem weitestgehend unter der Firma „S&P Global". Die Ratingsparte firmiert unter „S&P Global Ratings". In dieser Arbeit wird jedoch der Übersichtlichkeit halber noch durchgehend von Standard & Poor's gesprochen.

142 Zur Problematik des Wettbewerbs auf dem Ratingmarkt siehe auch § 9 II.

143 SEC, Annual Report on NRSRO 2013, S. 15.

144 Vgl. die Darstellungen und Diagramme bei SEC, Annual Report on NRSRO 2013, S. 10 f.

so unheilvollen strukturierten Finanzprodukten[145] konnten die Agenturen Morningstar und DBRS den *big three* seit 2007 immerhin ca. 10 % Marktanteil (nach Anzahl der Ratings) abtrotzen.[146]

Ein nahezu identisches Bild ergeben die aktuellen Erhebungen der ESMA gem. Art. 8d Abs. 3 Rating-VO für die unter der Ratingverordnung akkreditierten Ratingagenturen. Die *big three* Kamen auch 2018 noch zusammen auf einen Marktanteil von 90 % der generierten Umsätze. Alle anderen registrierten Agenturen bewegen sich im unteren einstelligen Bereich, in der Regel unter 1 %.[147] Dieser Befund ist seit Jahren praktisch unverändert. Dass auch der Markt auf das Oligpol „vertraut" zeigt nicht zuletzt ein Blick auf den Börsenkurs von Moody's:[148] Die Aktie hat sich in den letzten Jahren deutlich überdurchschnittlich entwickelt und beispielsweise den S&P 500 deutlich outperformt. Ein Blick auf die von den Ratingagenturen bewerteten Produktklassen (Finanz-,Versicherungsinstitute, Industrieanleihen, Staaten, ABS) zeigt, dass einzig die *big three* in allen Branchen stark vertreten sind und die anderen Agenturen hauptsächlich klassische Industrieanleihen und kaum strukturierte Finanzprodukte wie *„asset-backed securities"* (ABS) oder *„covered bonds"*[149] bewerten.[150]

II. Deutsche Ratingagenturen

Dass die deutschen Konkurrenten der *big three* ambitioniert sind und den etablierten Ratingagenturen das Geschäft streitig machen wollen, zeigt sich bereits an der Tatsache, dass sechs der ersten zehn bei der ESMA registrierten Ratingagenturen[151] ihren Sitz in Deutschland haben. Zu den genuin deutschen Ratingagenturen gehören Euler Hermes Rating GmbH, Creditreform Rating AG, Scope R, GBB-Rating Gesellschaft für Bonitätsbeurteilung GmbH und Assekurata Assekuranz Rating-Agentur GmbH. Ebenfalls ihren Sitz in Deutschland haben bei der ESMA registrierte Töchter ausländischer Ratingagenturen, etwa von

145 Zur Rolle von strukturierten Finanzprodukten in der Finanzkrise, siehe § 8 2.

146 Ausgehend von 99 % Marktanteil der *big three* im Vorfeld der Finanzkrise, SEC, Annual Report on NRSRO 2013, S. 10 f.

147 Vgl. ESMA, Credit Rating Agencies Market Share Calculation 2014, S. 6, abrufbar unter: https://www.esma.europa.eu/sites/default/files/library/2015/11/2014-1583_credit_rating_agencies_market_share_calculation_2014.pdf; ESMA, Credit Rating Agencies Market Share Calculation 2018, S. 6, abrufbar unter: https://www.esma.europa.eu/sites/default/files/library/cra_market_share_calculation_2018.pdf.

148 Von den *big three* ist Moody's die einzige direkt an der Börse gehandelte Ratingagentur.

149 Gedeckte Schuldverschreibungen, wie etwa Pfandbriefe.

150 Vgl. ESMA, Credit Rating Agencies Market Share Calculation 2014, S. 7; ESMA, Credit Rating Agencies Market Share Calculation 2018, S. 7.

151 Abrufbar unter: https://www.esma.europa.eu/supervision/credit-rating-agencies/risk.

Moody's und Fitch, oder auch die in Russland verwurzelten Rating-Agentur Expert RA GmbH.

Während die amerikanischen *big three* Ratings für Unternehmen und Wertpapiere sämtlicher Branchen anbieten, besetzen deutsche Ratingagenturen zumeist noch Nischen oder bieten ein eingeschränktes Spektrum an Ratings an. So ist etwa die Assekurata auf Versicherungsratings, Euler Hermes auf Unternehmens- und Projektratings und GBB-Rating auf den Finanzdienstleistungsbereich spezialisiert. Der Ausbau von Kompetenz und Marktanteilen im lukrativen Bereich strukturierter Finanzierungen, der noch in besonderem Maße von den US-amerikanischen Agenturen kontrolliert wird, ist vielen europäischen Ratingagenturen ein Anliegen. Sowohl Euler Hermes, Creditreform als auch Scope bauen diesen Bereich aus.[152] Scope Ratings erscheint dabei derzeit als besonders ambitioniert. Im Zuge der Übernahme von Feri EuroRating und dem ersten Dax-Emittentenrating (Linde AG) wurde der Wille kommuniziert, die „erste europäische Ratingagentur" zu werden.[153] Nichtsdestotrotz gewinnen die kleineren Ratingagenturen nach wie vor nur sehr langsam Marktanteile von den *big three*, die auch auf dem europäischen Ratingmarkt ein Oligopol bilden. Einen nicht unerheblichen Anteil hieran haben die nach wie vor bestehenden aufsichtsrechtlichen Markteintrittsbarrieren, auf die gesondert einzugehen sein wird.[154]

III. Die Konzerntöchter der „big three" in Deutschland

Die US-amerikanischen Ratingagenturen agieren in Europa über Tochter- bzw. Enkelgesellschaften oder Niederlassungen. Abgesehen von betriebswirtschaftlichen Gründen der effektiven Konzernsteuerung hat dies auch aufsichtsrechtliche Gründe. Denn nach Art. 4 Abs. 1 Rating-VO dürfen Kreditinstitute und die anderen dort genannten Finanzmarktakteure wie Versicherungen und Fonds „für aufsichtsrechtliche Zwecke nur Ratings von Ratingagenturen verwenden, die ihren Sitz in der Union haben und gemäß dieser Verordnung registriert sind." Eine kurze Beschäftigung mit der europäischen Konzernstruktur der US-amerikanischen Agenturen ist vor allem vor dem Hintergrund angezeigt, dass

---

152 Vgl. zu diesen Ausführungen jeweils die Internetpräsenzen der jeweiligen Ratingagenturen und die dort abrufbaren Ratings.

153 „Scope will erste europäische Ratingagentur werden", FAZ v. 12.08.2016, abrufbar unter: http://www.faz.net/aktuell/finanzen/anleihen-zinsen/scope-will-erste-europaeische-ratingagentur-werden-14383250.html.

154 Siehe insbesondere § 12 III., IV.

bei Haftungsklagen gegen die *big three* nicht nur das materielle Recht potenzielle Kläger vor erhebliche Hürden stellt, sondern auch scheinbar banale Fragen, wie die des richtigen Klagegegners und des zuständigen Gerichts.[155]

Ein Blick in die Liste der nach der Ratingverordnung registrierten bzw. zertifizierten Ratingagenturen zeigt, dass Moody's und Fitch ihre schon seit längerer Zeit bestehenden deutschen Tochtergesellschaften bei der ESMA registriert haben, und zwar „Fitch Deutschland GmbH“ und „Moody's Deutschland GmbH“, die beide ihren Sitz in Frankfurt a.M. haben.[156] Auch Standard & Poor's ist in Deutschland tätig und unterhält ein Büro in Frankfurt. Das Frankfurter Büro wird sowohl als Niederlassung der britischen „Standard & Poor's Credit Market Services Europe Limited“, die in Deutschland alleine zur Nutzung der Marke „Standard & Poor's“ berechtigt ist, und von McGraw-Hill (Germany) GmbH genutzt.[157]

§ 6 Ökonomische Funktion und Bedeutung von Ratings

I. Ratingagenturen als Informationsintermediäre

Die Funktion und somit die Bedeutung von Ratings kann aus verschiedenen Blickwinkeln betrachtet werden. Das Rating entfaltet spezifischen Nutzen, sowohl für Emittenten, die das Rating und den Ratingprozess regelmäßig anstoßen, als auch für Anleger. Diese spezifischen Funktionen des Ratings auf Anleger- und Emittentenseite stellen sich jedoch letztlich als Folgen der grundsätzlichen Funktion von Ratings dar: der Schließung von Informationsasymmetrien im Hinblick auf die Bonität des Emittenten oder seiner Emission.

Ratingagenturen agieren somit als Informationsintermediäre zwischen Anlegern und Emittenten, indem der Anleger durch das Rating in einfacher und schnell verständlicher Weise über das Bonitätsrisiko auf Emittentenseite informiert wird. Diese Information durch das Rating erspart dem Anleger die eigene

155 Siehe hierzu ausführlich § 20.

156 Siehe Handelsregister AG Frankfurt a.M., HRB 52256 (Fitch Deutschland GmbH), HRB 33863 (Moody's Deutschland GmbH).

157 Vgl. LG Frankfurt a.M., Urt. 20.04.2011 - 2-13 O 111/10, abrufbar unter: http://www.disputeresolutiongermany.com/wp-content/uploads/2012/01/110223-Landgericht-Frankfurt-2-13-O-111-10.pdf. Vgl. auch Pressemitteilung v. 18.07.2014: „Die Frankfurter Niederlassung von Standard & Poor's Credit Market Services Europe Ltd. (Niederlassung Deutschland) und McGraw-Hill (Germany) bekommt ein neues Führungsteam.“, abrufbar unter: http://ratingsinfo.standardandpoors.com/content/Neues_F%C3%BChrungsteam.

Informationsbeschaffung und -auswertung und somit auch erheblichen Kostenaufwand.[158] Diese Reduzierung von Informationsasymmetrien und der damit verbundene Gewinn an Markttransparenz[159] stärkt auch den Kapitalmarkt als Institution.[160] Darüber hinaus kann dem Rating auch eine regulatorische Funktion zugesprochen werden – und zwar nicht im Sinne einer Regulierung des Ratingwesens,[161] sondern im Sinne einer Regulierung des Kapitalmarktes *durch* Ratings.[162]

Ratings bewerten Bonität. Sie entfalten daher sowohl in ökonomischer als auch in rechtlicher Hinsicht überall dort eine Funktion, wo Bonität eine Rolle spielt. Dies ist im Wirtschaftsleben in mannigfaltiger Hinsicht der Fall. Die folgenden Ausführungen können und sollen daher naturgemäß keine abschließende Erörterung der Funktion und Bedeutung von Ratings darstellen, als vielmehr ein Komplexität reduzierendes Resumée liefern – so wie das Rating selbst.

II. Bedeutung für Emittenten

Unternehmen finanzieren sich durch Eigen- und Fremdkapital. Das Rating als Bonitätsurteil ist gerade für Fremdkapitalgeber von besonderer Bedeutung, um das Risiko ihrer Investition einschätzen zu können. Auch wenn die Bonität und somit das Rating für die Überlassung von Eigenkapital keineswegs unbedeutend sind, so entfaltet das Rating seine höchste Bedeutung auf dem Kapitalmarkt für Fremdkapital. Zwar wirkt sich ein Rating auch auf das „klassische" Darlehen, was ein Unternehmen von seiner Hausbank erhält aus, doch dominieren hier bankeigene Bonitätseinschätzungen. Einem Ratingverfahren einer externen Ratingagentur unterzieht sich ein Unternehmen typischerweise erst, wenn es Fremdkapital – etwa in Form einer Anleihe – am Kapitalmarkt aufnimmt. Denn gerade an den Kapitalmärkten besteht typischerweise die Informationsasymmetrie, die ein Rating zu schließen versucht.

---

158 Vgl. *Ebenroth/Daum*, WM 1992 (Sonderbeilage Nr. 5), 1, 6; *Habersack*, ZHR 169 (2005), 185, 186.

159 „Der verbundene Gewinn an Markttransparenz kann (…) nicht hoch genug veranschlagt werden", *Habersack*, ZHR 169 (2005), 185, 186. Dass der mit Ratings verbundene Verlust durch Marktintransparenz ebenfalls kaum hoch genug veranschlagt werden kann, sollte indes die Finanzmarktkrise zeigen, vgl. hierzu § 9.

160 *Ackermann/Jäckle*, BB 2006, 878, 883; *Habersack*, ZHR 169 (2005), 185, 186.

161 Kapitel 2, Abschnitt 1.

162 Zu dieser sog. Regulierungsfunktion des Ratings, siehe Kapitel 2, Abschnitt 2.

1. *Die Marktzugangsfunktion*

Zwar besteht für kapitalmarktorientierte Unternehmen weder auf nationaler noch auf unionsrechtlicher Ebene[163] eine gesetzliche Verpflichtung zu einem Rating,[164] jedoch existiert ein gewisser faktischer Zwang zum Rating, aufgrund der Erwartungen der (potenziellen) Investoren.[165] Vor allem für weniger bekannte Emittenten, insbesondere solche, die erstmals am Kapitalmarkt in Erscheinung treten, hat das Rating einen wichtigen „Offenlegungs- und Zertifizierungseffekt", der nicht nur zu einer Senkung von Misstrauenszuschlägen hinsichtlich der von Anlegern geforderten Risikoprämien führt, sondern den Markteintritt an sich bedingen kann.[166] Das Rating stellt insofern eine faktische Notwendigkeit dar, um Vertrauen an den Kapitalmärkten zu erlangen. Daher werden Ratingagenturen auch als „*gatekeeper*" der Kapitalmärkte bezeichnet.[167]

Doch das Rating stellt sich nicht nur als faktische Notwendigkeit dar, sondern bietet Unternehmen auch die Chance, eine Vielzahl von Anlegern auf den globalen Kapitalmärkten anzusprechen.[168] Insbesondere die Ratings der großen Ratingagenturen gelten unter institutionellen Investoren als weltweit einheitlicher Maßstab. Dies ermöglicht es Unternehmen, sich von rechtlichen, ökonomischen und faktischen Rahmenbedingungen des heimischen Kredit- und Kapitalmarktes zu lösen und Investoren weltweit anzusprechen.[169]

2. *Bestimmung von Emissionspreis und -konditionen*

Erfolgt eine Emission am Kapitalmarkt, werden Emissionspreis und -konditionen vom Rating mitdeterminiert. Zunächst ist das Rating für den Emissionspreis von entscheidender Bedeutung. Da Emissionspreis und Finanzierungskosten in einer wechselseitigen Beziehung stehen, wird das Unternehmen stets versuchen,

---

163 Auch Erwägungsgründe 3 und 4 zur Ratingverordnung betonen, dass keine gesetzliche Pflicht für Ratings begründet werden soll.

164 Teilweise sehen die Handelsordnungen und Geschäftsbedingungen deutscher Börsen für die Zulassung von Wertpapieren zum Handel vor, dass diese über ein Rating verfügen, siehe hierzu § 12 V. 2.

165 *Grunewald/Schlitt*, Einführung in das Kapitalmarktrecht, § 5 III. 1. d).

166 *Grunewald/Schlitt*, Einführung in das Kapitalmarktrecht, § 5 III. 1. d); Habersack/Mülbert/Schlitt/*Rudolph*, Unternehmensfinanzierung am Kapitalmarkt, § 1 Rn. 122 f.

167 Vgl. etwa Sec. 931(2), (3) Dodd-Frank Act.

168 Vgl. *Schnabel* in: Büschgen/Everling, HdB Rating, 1. Aufl., S. 308 ff.

169 Vgl. *Berblinger* in: Büschgen/Everling, HdB Rating, 1. Aufl., S. 21, 48; *Dimitrakopoulos/Spahr* in: Achleitner/Everling, Hdb Ratingpraxis, S. 211, 221; *Everling*, Credit Rating, S. 260 f.

einen möglichst hohen Emissionspreis zu erzielen, um so die Kapitalkosten gering zu halten.[170] Das Rating dient dabei auch dazu, den am Kapitalmarkt gerade noch erzielbaren Emissionspreis auszureizen, wodurch dem Rating in diesem Zusammenhang auch eine gewisse Gestaltungsfunktion zukommt.[171] Ein gutes Rating bedeutet regelmäßig einen hohen Emissionspreis, geringe Kapitalkosten und trägt zu einer reibungslosen Platzierung bei.[172]

Wesentlichen Einfluss hat das Rating auch auf die Emissionskonditionen, also insbesondere Zinshöhe, Zinsstruktur und Sicherheiten. Ein gutes Rating bedeutet einen Risikoabschlag in Form eines geringen Zinssatzes, was zu sinkenden Finanzierungskosten führt.[173] Umgekehrt bedeutet ein schlechtes Rating steigendende Zins- und Finanzierungskosten, ebenso wie das gänzliche Fehlen eines Ratings (sog. Misstrauenszuschlag).[174]

Ein prominentes und vieldiskutiertes Beispiel ist die Ratingherabstufung der ThyssenKrupp AG im Februar 2003. Die Herabstufung durch Standard & Poor's um zwei Stufen von BBB auf BB+ erfolgte aufgrund der Neubewertung von Pensionsrückstellungen, die im Rahmen der internen Ratingmethode von Standard & Poor's seinerzeit neuerdings dem Fremdkapital zugerechnet wurden.[175] Der Börsenwert sank um 750 Mio. EUR und die Zinskosten erhöhten sich um 20–30 Mio. EUR jährlich.[176] Der Fall dient bis heute als eindringliches Beispiel des Einflusses von Ratingagenturen auf die Unternehmensfinanzierung.

---

170 Vgl. *Everling*, Credit Rating, S. 255 ff.; *Stemper*, S. 88 f.; *Richter*, Die Verwendung von Ratings zur Regulierung des Kapitalmarktes, S. 90.

171 *Ebenroth/Daum*, WM 1992 (Sonderbeilage Nr. 5), 1, 5; *Richter*, Die Verwendung von Ratings zur Regulierung des Kapitalmarktes, S. 90; *Stegmann*, Ratingfunktionen im Finanzmanagement von Unternehmen, S. 50 f.; *Stemper*, S. 88 f.

172 *Breuer*, WM 1991, 1109; *Richter*, Die Verwendung von Ratings zur Regulierung des Kapitalmarktes, S. 90.

173 *A. Duff/S. Einig*, The British Accounting Review 41 (2009), 107, 109.

174 Vgl. zur Abhängigkeit der Zinskosten vom Rating etwa *Grunewald/Schlitt*, Einführung in das Kapitalmarktrecht, § 5 III. 1. d); *Ackermann/Jäckle*, BB 2006, 878, 879, *Berblinger* in: Büschgen/Everling, HdB Rating, 1. Aufl., S. 21, 45 ff.; *Deipenbrock*, BB 2003, 1849, 1850.

175 Vgl. *Gohdes/Meier*, BB 2003, 1375, 1378; *Hermanns*, Optimale Kapitalstruktur und Market Timing, S. 178 f.; *Langohr/Langohr*, Rating Agencies, S. 191.

176 *Däubler*, NJW 2003, 1096; *Habersack*, ZHR 169 (2005), 185, 187; *Hermanns*, Optimale Kapitalstruktur und Market Timing, S. 178 f.

3. *Informations- und Marketingfunktion*

Während die Gewährleistung des Marktzugangs und die Einsparung von Finanzierungskosten die unmittelbar mit einem Rating verfolgten Ziele sind, so ist die Informations- und Marketingfunktion eher eine mittelbare Folge des Ratings. Als Informationsfunktion wird die Wirkung des Ratings als externes Feedback für das Unternehmen bezeichnet.[177] So kann bereits der Prozess der Ratingerstellung und der damit verbundene Informationsaustausch zwischen Analysten und Unternehmen für das bewertete Unternehmen informativ sein, da Stärken und Schwächen des Unternehmens thematisiert werden und dieser Prozess somit geeignet ist, unternehmensinterne Schwachstellen kritisch zu reflektieren.[178] Die Unternehmensführung kann durch Ratingagenturen aus erfahrener, dritter Hand eine Einschätzung der Stärken und Schwächen, insbesondere im Finanzbereich, erhalten und so die Finanzierungs- oder Geschäftspolitik des Unternehmens gegebenenfalls anpassen.[179]

Des Weiteren ist das Rating als Marketinginstrument einsetzbar. Ein gutes Rating kann für am Kapitalmarkt tätige Investoren über Sprach-, Länder- und Rechnungslegungsgrenzen hinweg ein positives Licht auf das Unternehmen werfen und ein Kaufargument für emittierte Wertpapiere darstellen. Auch gegenüber anderen Gläubigergruppen, wie Lieferanten, Kunden oder Mitarbeitern kann das Rating einen positiven – oder negativen – Effekt haben. Das Rating ist, insbesondere in längerfristigen Lieferbeziehungen, geeignet, das Vertrauen von (potenziellen) Vertragspartnern in das Unternehmen zu stärken. Ein Rating kann sich somit auch auf das Entstehen und die Konditionen von Geschäfts- und Vertragsbeziehungen auswirken.[180]

III. Bedeutung für Anleger

Kapitalanleger suchen stets nach einer möglichst hohen Verzinsung ihres Kapitaleinsatzes, bei möglichst geringem Risiko. Die Einschätzung der Fähigkeit einer Partei, Zins und Tilgung zum jeweils vereinbarten Zeitpunkt zu leisten, also die

---

177 Vgl. etwa *Stemper*, S. 93 f.

178 *Everling*, Credit Rating, S. 254; *Richter*, Die Verwendung von Ratings zur Regulierung des Kapitalmarktes, S. 89.

179 Vgl. *Everling*, Credit Rating, S. 254; *Stemper*, S. 93 f.

180 Vgl. *Ebenroth/Daum*, WM 1992 (Sonderbeilage Nr. 5), 1, 22 f.; *Richter*, Die Verwendung von Ratings zur Regulierung des Kapitalmarktes, S. 89 f.; monographisch hierzu *Morgenroth*, Ökonomische Analyse der Funktionen von Rating durch Ratingagenturen im Rahmen einer Gläubiger-Schuldner-Beziehung.

Einschätzung der Bonität, ist das Geschäft von Ratingagenturen. Bei einer relativ negativen Prognose im Hinblick auf die Bonität werden Investoren von einer Anlage absehen oder – bei geringerer Risikoaversion – eine höhere Verzinsung fordern. Das Rating dient also nicht nur zur Einschätzung der Frage, ob eine Forderung bedient werden wird, sondern auch, ob eine Anlage eine risikoadäquate Rendite bietet.[181] Unabhängig von seiner Risikoneigung ist jedoch jeder Anleger an einer zutreffenden Einordnung seines Investitionsrisikos interessiert. Die Einschätzung des Investitionsrisikos wiederum stellt sich als Konflikt zwischen einer möglichst zutreffenden Einschätzung und den dazu notwendigen Kosten dar. Durch die etwa in der Wirtschaftspresse oder im Internet frei verfügbaren Ratings können sich Marktteilnehmern unter minimalen Informationsbeschaffungskosten über die Bonität potentieller Anlageoptionen informieren. Insbesondere institutionelle Investoren nutzen Ratings zur Bonitätseinschätzung, denn auch wenn sie in der Lage wären, eine eigene Bonitätsanalyse in jedem einzelnen Fall durchzuführen, würde dies einen Ressourcenaufwand bedeuten, der aus Sicht der Investoren besser im eigentlichen Investment aufgehoben ist und auch makroökonomisch eine Ressourcenfehlallokation darstellt. Denn das zusätzliche Investitionskapital, das durch die Vermeidung von Informationsbeschaffungskosten bei zahlreichen Anlegern zur Investition zur Verfügung steht, führt idealerweise auch wieder zu gesamtwirtschaftlichen Effizienzsteigerungen.[182]

Ratings bieten Investoren dabei in mehrerlei Hinsicht eine willkommene Vergleichbarkeit. So können Investoren länder- und branchenübergreifend ohne die Kenntnis nationaler Rechnungslegungsvorschriften die Bonität von Emittenten einschätzen. Ratings erleichtern auch Investitionen in verschiedene Anlageformen: neben dem klassischen Anleihegeschäft, in dem Ratings traditionell eine hohe Bedeutung haben, können Ratings auch bei anderen Anlageformen als Investitionskriterium eine bedeutende Rolle spielen. Insbesondere bei kompliziert ausgestalteten Schuldverschreibungen, wie forderungsbesicherten Wertpapieren (ABS), sind die Informationsbeschaffungskosten zur Beurteilung der jeweiligen Investition besonders hoch, sodass das Rating hier in komprimierter Form einen ersten einfachen und verständlichen Anhaltspunkt zur Einschätzung einer (potenziellen) Anlage ermöglicht.

---

181 *Eisen*, S. 67.

182 Vgl. *Berblinger* in: Büschgen/Everling, HdB Rating, 1. Aufl., S. 21, 24; *Richter*, Die Verwendung von Ratings zur Regulierung des Kapitalmarktes, S. 90; *Schuler*, S. 51 f.

Auch wenn Ratings zweifellos eine bedeutsame Rolle im Rahmen einer Anlageentscheidung spielen, so kommt ihnen – was insbesondere die Ratingagenturen selbst bei jeder Gelegenheit betonen[183] – nicht die Rolle einer direkten Anlageempfehlung zu. Ratings sind einer von vielen Faktoren, die für Investoren im Rahmen ihrer Anlageentscheidung eine Rolle spielen. Diese Multikausalität führt bei Investoren, die von einer Ratingagentur Schadensersatz verlangen, regelmäßig zu Beweisschwierigkeiten, da es schwierig darzulegen ist, dass der erlittene Schaden gerade auf ein fehlerhaftes Rating zurückgeht.[184]

IV. Gesamtwirtschaftliche Funktion von Ratings

Wie bereits angeklungen, erfüllen Ratingagenturen auch eine gesamtwirtschaftliche Funktion. Durch ihre Tätigkeit vermindern sich direkt oder indirekt Informationskosten auf Seiten der Anleger und Finanzierungskosten auf Seiten der Emittenten. Das hierdurch eingesparte Kapital steht für andere Zwecke und Investitionen zur Verfügung. Ratingagenturen leisten somit einen Beitrag zur optimalen Ressourcenallokation. Die knappe Ressource Kapital[185] kann damit dort eingesetzt werden, wo sie einen höheren Mehrwert schafft, als parallele Informationsanstrengungen verschiedener Anleger im Hinblick auf das ein und selbe Anlageobjekt.[186] Ratings sorgen damit idealerweise gleichzeitig zur Einsparung von Ressourcen und zu deren optimalen Allokation. Ihnen kommt somit eine wichtige gesamtwirtschaftliche Funktion zu.[187]

183 Siehe zur Bedeutung von Haftungsausschlüssen seitens der Ratingagenturen § 16 IV.

184 Siehe hierzu § 19.

185 Nach dem PARETO-Optimum ist ideale Ressourcenallokation gegeben, wenn es nicht mehr möglich ist, die Situation eines Wirtschaftssubjektes zu verbessern, ohne die eines anderen zu verschlechtern, vgl. etwa *Sohmen*, Allokationstheorie und Wirtschaftspolitik, S. 73 ff.

186 Vgl. *Husisian*, 75 Cornell L. Rev. 1990, 411, 419 ff., 421: „This centralization of research saves resources. Bond rating agencies, which have gained expertise through specialization, analyze issues less expensively than individual investors, help to avoid costly, duplicative research, and benefit from economies of scale.".

187 So der damalige BaFin-Präsident Jochen Sanio, der 2011 trotz der Notwendigkeit der Regulierung der Branche anmahnte: „Wenn es sie (Anm.: die Ratingagenturen) nicht gäbe, müsste man sie erfinden.", http://de.reuters.com/article/topNews/idDEBEE7A60JX20111107.

§ 7 Privatrechtliche Funktion und Bedeutung von Ratings

Nachdem die Funktion und Bedeutung von Ratings im ökonomischen Zusammenhang dargestellt wurde, gehen die folgenden Ausführungen auf die *rechtliche* Funktion und Bedeutung von Ratings ein. Die rechtliche Funktion des Ratings kann dabei sowohl privatrechtlicher als auch aufsichtsrechtlicher Natur sein. Privatrechtliche Relevanz kann das Rating dadurch erhalten, dass Vertragsparteien Ratings in ihre Verträge direkt oder mittelbar einbeziehen, etwa durch sog. „*rating trigger*".[188] Von der privatrechtlichen Funktion und Bedeutung des Ratings ist dessen aufsichtsrechtliche Regulierungsfunktion, die sog. „aufsichtsrechtliche Indienstnahme" zu trennen, auf die aufgrund ihrer hohen Bedeutung gesondert einzugehen sein wird.[189]

I. Privatautonome Indienstnahme von Ratings durch „rating trigger"

Im Rahmen privatautonomer Vertragsbeziehungen spielen Ratings eine wichtige, oft übersehene,[190] Rolle. Zunächst kann das Rating ganz allgemein über das „ob" und die Konditionen einer Vertragsbeziehung mitbestimmen, da die Bonität einer Vertragspartei ein wichtiger Verhandlungsfaktor ist. Insbesondere im Rahmen von Finanzierungsverträgen spielen *rating trigger* eine wichtige Rolle.[191]

Diese Verknüpfung privater Verträge mit Ratings wird auch als *privatautonome Indienstnahme* von Ratings bezeichnet.[192] So kann bei einem klassischen Darlehen eine Veränderung des Ratings etwa die Anpassung des Kreditzinses zur Folge haben.[193] Auch Anleihebedingungen enthalten oftmals *rating trigger*.[194]

---

188 Vgl. etwa Habersack/Mülbert/Schlitt/*Göres*, Hdb Kapitalmarktinformation, § 25, Rn. 8.

189 Kapitel 2, Abschnitt 2.

190 Vgl. *Lynch*, Case Western Reserve L. Rev. 2009, 227, 246.

191 Vgl. etwa *Blaurock*, ZGR 2007, 603, 611; *Habersack*, ZHR 169 (2005), 185, 188 f.; *Rösler/Lang*, ZIP 2006, 214, 219 f.

192 *Habersack*, ZHR 169 (2005), 185, 189.

193 *Habersack*, ZHR 169 (2005), 185, 188; die Verknüpfung kann sich hierbei an externe Ratings von Ratingagenturen, aber auch auf bankinterne Ratings, oder auf Kapitalmarktindizes wie LIBOR oder EURIBOR beziehen, vgl. *Rösler/Lang*, ZIP 2006, 214, 219 f.

194 Habersack/Mülbert/Schlitt/*Göres*, Hdb Kapitalmarktinformation, § 25, Rn. 8.

Andere *rating trigger* lösen ein Recht auf weitere Sicherheitsleistung oder ein Kündigungsrecht des Gläubigers aus.[195] Dabei können sich in einer Krisensituation vor allem ratingbasierte Besicherungspflichten als prozyklische Abwärtsspirale für den betroffenen Emittenten darstellen: während Zinsanpassungsklauseln in der Regel mit einer graduellen Erhöhung der Zinskosten einhergehen, greifen Besicherungspflichten oftmals in vollem Umfang mit Unterschreitung eines bestimmten Ratings.[196] Da das Unterschreiten der *investment grade*-Schwelle oftmals gleich mehrere *rating trigger* aktiviert, kann gerade das Unterschreiten dieser Marke verheerende Folgen haben, sog. *credit cliff*[197]. Verstärkt werden kann eine solche Kettenreaktion durch sog. „*cross-default*"-Klauseln, die bestimmte Folgen, wie die Kündigung durch den Kreditgeber, für den Fall vorsehen, dass der Schuldner im Verhältnis zu anderen Gläubigern vertragsbrüchig wird.[198] In einer gesamtwirtschaftlichen Rezessionsphase kann diese intransparente Eigendynamik gar zu einer volkswirtschaftlichen Abwärtsspirale führen, oder diese zumindest verstärken, weshalb teilweise bereits eine Regulierung dieser Art von Vertragsgestaltung angedacht wurde.[199]

Da sich insofern jedoch noch keine systemgefährdenden Risiken gezeigt haben, erscheint es angemessen, die rechtliche Zulässigkeit solcher *rating trigger* zunächst lediglich zivilrechtlich zu kontrollieren, etwa im Rahmen der AGB-Kontrolle.[200]

II. Ratings im Recht der Anlageberatung

Wertpapiere, die mit einem Rating versehen sind, werden sowohl von privaten als auch von institutionellen Anlegern erworben. Erwirbt ein privater Anleger solche Wertpapiere nach einer Anlageberatung, so stellt sich im Falle eines (teilweisen) Verlustes der Kapitalanlage aus Anlegersicht insbesondere die Frage nach der Pflicht des Anlageberaters im Rahmen der Anlageberatung über das Vorhandensein oder Fehlen von Ratings aufzuklären. Dies ist von nicht zu

---

195 *Eisen*, S. 79 f.; *Habersack*, ZHR 169 (2005), 185, 188 f.; Habersack/Mülbert/Schlitt/*Göres*, Hdb Kapitalmarktinformation, § 25, Rn. 58.

196 *Schroeter*, S. 455.

197 Vgl. etwa *Manso*, Journal of Financial Economics, 109 (2013), 535, 541 f.

198 Vgl. hierzu etwa Schimanski/Bunte/Lwowski/*Welter*, Bankrechtshandbuch Band 2, § 118, Rn. 142 ff.

199 So forderte etwa *Habersack* bereits 2005 ganz allgemeine über eine „Publizität von Rating-Vorbehalten nachzudenken", *Habersack*, ZHR 169 (2005), 185, 189.

200 So i.E. auch Habersack/Mülbert/Schlitt/*Göres*, Hdb Kapitalmarktinformation, § 25, Rn. 8.

unterschätzender Relevanz, da ein klagewilliger Anleger, bzw. dessen Anwalt, im Falle eines Verlustes von Anlagekapital wohl zunächst eine Inanspruchnahme des Anlageberaters wegen fehlerhafter Anlageberatung prüfen wird, da die Haftung des Anlageberaters, anders als die Haftung von Ratingagenturen, ein bereits vielfach beschrittener und justiziabler Weg ist.

1. Die Pflicht zur vollständigen Aufklärung im Rahmen der anlage- und objektgerechten Beratung

Der Anlageberatungsvertrag verpflichtet den Anlageberater zur Hauptleistung der anlage- und objektgerechten Beratung des Kunden.[201] Ein wesentliches Risiko, über das bei Schuldtiteln jeder Art aufgeklärt werden muss, ist das Bonitätsrisiko (= Kreditrisiko) der Gegenpartei.[202] Liegt für die Anlage ein entsprechendes Rating vor, so ist dieses auch grundsätzlich mitzuteilen.[203] Aufgrund der weiten Verbreitung von Ratings insbesondere für Anleihen, ist jedenfalls bei der Anlageberatung für klassische Anleihen auf das Nichtvorhandensein eines Ratings hinzuweisen.[204] Bei unerfahrenen Anlegern besteht zudem eine Pflicht zur Erläuterung des jeweiligen Ratingkürzels.[205] Eine Pflicht zum nachträglichen Hinweis auf eine zwischenzeitliche Herabstufung besteht jedoch grundsätzlich nicht, es sei denn es wurde ein Vermögensverwaltungsvertrag geschlossen.[206]

2. Entlastungsmöglichkeit des Anlageberaters durch Hinweis auf ein Rating

Die wohl spektakulärste Insolvenz während der Finanzkrise, war die der US-amerikanischen Investmentbank *Lehman Brothers Inc.* am 15.09.2008. Auch zahlreiche deutsche (Klein-)Anleger verloren Millionensummen, insbesondere

---

201 BGH NJW 2012, 67 f., Rn. 22; BGHZ 123, 126, 128 f. = NJW 1993, 2433; MüKo/*Nobbe/Zahrte*, Band 6 HGB, Anlageberatung, Rn. 84.

202 MüKo/*Nobbe/Zahrte*, Band 6 HGB, Anlageberatung, Rn. 229.

203 Sowohl der BGH im Falle der *Bond*-Anleihe, bei der sich der Anlageberater darauf berief, dass er das hochspekulative Rating „B" bzw. später „CCC" der Ratingagentur „Australian Ratings Agency" nicht kannte: selbst wenn man eine Pflicht zur Aufklärung über ein Rating nicht annehme, müsse jedenfalls ein beratungsbedürftiger Kunde über das grundsätzliche Risiko beim Anleiheerwerb aufgeklärt werden, BGHZ 123, 126 ff. = BGH NJW 1993, 2433.

204 OLG Nürnberg WM 1998, 378.

205 *Arendts*, WM 1993, 229, 235; *Everling*, Credit Rating, S. 35.

206 *Arendts*, WM 1993, 229, 235; *Stemper*, S. 194 f.

durch ausgefallene Zertifikate die von der niederländischen Lehman-Tochter *Lehman Brothers Treasury Co. B.V.* emittiert wurden.[207] In den zahlreichen darauffolgenden Schadensersatzprozessen verteidigten sich die Anlageberater regelmäßig damit, dass eine Insolvenz von Lehman Brothers, insbesondere auch aufgrund des bis zuletzt positiven Ratings, nicht vorherzusehen gewesen sei. Die Rechtsprechung stellte hierbei regelmäßig keine Pflichtverletzung des Anlageberaters im Hinblick auf die Aufklärung über das Bonitätsrisiko fest, wenn angesichts des guten Ratings von Lehman Brothers auch keine weiteren Umstände, wie etwa negative Berichte aus der Wirtschaftspresse, den Anlageberater auf eine kritische Situation des Emittenten bzw. seiner Konzernmutter hätten aufmerksam machen müssen.[208] Die Rechtsprechung der Instanzgerichte zeigte dabei, dass der Verweis auf das „gutes" Rating im *investment grade*-Bereich von Lehman-Brothers grundsätzlich geeignet war, den Anlageberater vom Vorwurf der Pflichtverletzung zu exkulpieren.[209] Je näher die Insolvenz rückte, mehrten sich jedoch auch kritische Berichte in der Wirtschaftspresse und eine Ratingherabstufung durch Standard & Poor's von „A+" auf „A", sodass einzelnen Anlegern auch Schadensersatz wegen Falschberatung zugesprochen wurde.[210]

Dass der Verweis auf ein Rating allein - sofern zutreffend - den Berater nicht völlig aus der Haftung entlässt, sondern dieser beim Hinzutreten weiterer Umstände auf diese hinweisen muss, verdient Zustimmung. Der Anlageberater darf nicht blind auf externe Ratings vertrauen und sich bei der Beratung über das Kreditrisiko hinter der Risikoeinschätzung eines Dritten - der Ratingagentur - verstecken. Dies ist mit anleger- und objektgerechter Beratung kaum vereinbar. Dass trotzdem eine recht weitgehende Entlastungsmöglichkeit des Anlageberaters im Hinblick auf das Kreditrisiko durch den Verweis auf externe Ratings besteht, hat jedoch auch gute Gründe: Ratingagenturen haben im Rahmen

---

207 Die Zertifikate wurden garantiert durch die Konzernmutter Lehman Brothers Holdings Inc., vgl etwa den (insofern typischen) Sachverhalt in BGH NJW 2015, 398.

208 BGH NJW 2012, 66, 68, Rn. 23, 24.

209 Vgl. etwa OLG Frankfurt a.M. WM 2010, 880, 881 f.; OLG Düsseldorf WM 2010, 1943, 1944 f. für den Kauf im Februar 2007; OLG Hamburg WM 2010, 1029, 1032; OLG Bamberg WM 2010, 1354, 1356 f. für den Kauf im Oktober 2007; vgl. ausführlich etwa *Bausch*, NJW 2012, 354 ff.

210 Das LG Hamburg sah eine Pflichtverletzung insb. deshalb als gegeben an, weil der Käufer von Lehman-Zertifikaten im August 2008 nicht über die zwischenzeitliche Herabstufung von Lehman Brothers von „A+" (so enthalten in der ausgehändigten Produktinformation) auf „A" informiert wurde, vgl. LG Hamburg, Urt. v. 26.11.2009 - 309 O 177/09 -, juris.

der Ratingerstellung – wenn es sich, wie im Regelfall, um beauftragte Ratings handelt – regelmäßig Einblick in Firmeninterna und direkten Kontakt zum Management und können somit auf einen größeren Informationsfundus zurückgreifen als der Anlageberater. Den Anlageberater trotz bestehender externer Ratings, rechtlich stets auf eine eigene umfassende Bonitätsanalyse zu verpflichten hieße, die Effizienzvorteile, die durch Ratingagenturen aufgrund der Vermeidung paralleler Informationsaufbereitung geschaffen werden, in Teilen wieder aufzugeben.

III. Ratings im Recht der Geschäftsleiterhaftung

Während der Finanzkrise erlitten zahlreiche Unternehmen, insbesondere solche der Finanzbranche, aufgrund ihrer hohen unmittelbaren oder mittelbaren Investition in sog. „*subprime*"-Papiere, erhebliche Vermögensverluste. Es stellte sich damit im Nachgang der Finanzkrise die Frage, inwieweit Geschäftsleiter juristische Verantwortung für diese Vermögensverluste tragen.

1. Business Judgement Rule als Ausgangspunkt

§ 93 Abs. 1 S. 1 AktG bestimmt, dass Vorstandsmitglieder bei ihrer Geschäftsführung die Sorgfalt eines ordentlichen und gewissenhaften Geschäftsleiters anzuwenden haben. Nach § 93 Abs. 1 S. 2 AktG liegt eine Pflichtverletzung nicht vor, wenn das Vorstandsmitglied bei einer unternehmerischen Entscheidung vernünftigerweise annehmen durfte, auf der Grundlage angemessener Information zum Wohle der Gesellschaft zu handeln. Diese vom BGH in *ARAG/Garmenbeck*[211] anerkannte, im Rahmen des UMAG[212] kodifizierte und aus dem US-amerikanischen Gesellschaftsrecht stammende[213] *Business Judgement Rule* bietet Vorstandsmitgliedern,[214] unter den in § 93 Abs. 1 S. 2 AktG genannten Voraussetzungen, einen haftungsrechtlichen *safe-harbour*.

---

211 BGH NJW 1997, 627.

212 Gesetz zur Unternehmensintegrität und Modernisierung des Anfechtungsrechts (UMAG) v. 22.9.2005, BGBl. 2005 I, S. 2802.

213 Vgl. zur Rezeption der Business Judgement Rule ausführlich: *von Hein*, Die Rezeption US-amerikanischen Gesellschaftsrechts in Deutschland, S. 913 ff.

214 Die *Business Judgement Rule* ist nach ganz h.M. auch im GmbH-Haftungsrecht auf GmbH-Geschäftsführer anzuwenden, vgl. MüKo/*Fleischer*, § 43 GmbHG, Rn. 71 m.w.N.

Eine der drei in § 93 Abs. 1 S. 2 AktG genannten Voraussetzungen ist dabei die Entscheidung auf der Grundlage *angemessener Information*. Hierbei ist zu unterscheiden, ob es eine Pflicht zur Beachtung und Prüfung von Ratings im Vorfeld einer Investition gibt und inwiefern (positive) Ratings – im Falle einer misslungenen Investition – einen *safe harbour* für die Geschäftsleiter darstellen.

2. *Pflicht zur Beachtung einschlägiger Ratings*

Das in § 93 Abs. 1 S. 2 AktG genannte Kriterium des Handelns „auf der Grundlage angemessener Information" bedeutet nach der Rechtsprechung, dass der Vorstand verpflichtet ist, alle ihm zur Verfügung stehenden Erkenntnisquellen auszuschöpfen.[215] Daher ist zur Beurteilung des Kreditrisikos auch ein vorhandenes Rating einer Ratingagentur zu beachten. Eine Pflicht zur Beachtung einschlägiger Ratings lässt sich somit unschwer bejahen. Fraglich ist vielmehr inwieweit sich Geschäftsleiter auf externe Ratings verlassen dürfen.

3. *Der IKB-Beschluss des OLG Düsseldorf*

Im IKB-Beschluss,[216] in dem es um die Frage der Rechtmäßigkeit der Bestellung eines Sonderprüfers gem. § 142 Abs. 2 AktG ging, beschäftigte sich das OLG Düsseldorf insbesondere auch mit der Frage, inwieweit sich Geschäftsleiter im Zusammenhang mit Investitionen der IKB-Bank in strukturierte Finanzinstrumente[217] auf externe Ratings verlassen durften. Das OLG Düsseldorf stellte dabei unmissverständlich klar, dass „Ratings der amerikanischen Ratingagenturen den Vorstand von der Pflicht zu eigener Information nicht entbinden konnten".[218] Das OLG Düsseldorf stellte Ratingagenturen dabei ein vernichtendes Zeugnis aus:

„Zum einen liegt auf der Hand, dass Ratingagenturen als privatwirtschaftlich organisierte Unternehmen, die aufgrund eines konkreten entgeltlichen Auftrages Bewertungen u. a. für Finanzprodukte des jeweiligen Auftraggebers

---

215 BGH NJW 2008, 3361 Rn. 11, bestätigt durch BGH NJW 2013, 3636 Rn. 30. Dies wird von der h.L. aber grds. als zu weitgehend angesehen, da dieses Erfordernis im Wortlaut „angemessene Information" keine Stütze findet, vgl. Hüffer/Koch/*Koch*, § 93 AktG, Rn. 20 m.w.N.

216 OLG Düsseldorf, ZIP 2010, 28.

217 Die IKB investierte dabei über Zweckgesellschaften (Structured Investment Vehicles „SIV") in strukturierte Finanzinstrumente, insbesondere in CDOs (siehe hierzu § 8 I. 2. b)) im US-amerikanischen *subprime*-Markt, vgl. den Sachverhalt bei OLG Düsseldorf, ZIP 2010, 28. Zum Verlauf der Finanzkrise, vgl. § 9 I.

218 OLG Düsseldorf, ZIP 2010, 28, 32.

abgeben und bereits im Vorfeld die Auftraggeber bei der Gestaltung der Modelle beraten, nicht wirklich objektiv beurteilen. Die Rating-Agenturen befanden sich zudem in einem für den Vorstand erkennbaren Interessenkonflikt: Denn die Antragsgegnerin hatte ein unmittelbares Interesse daran, dass die von Rhineland emittierten Papiere ein gutes Rating erhielten, gleichzeitig bezahlte sie die Rating-Agenturen für ihre Dienstleistungen. Hinzu kommt, dass die Rating-Agenturen in ihren Nutzungsbedingungen stets die Gewähr für die Richtigkeit, Vollständigkeit, Aktualität und Brauchbarkeit der zur Verfügung gestellten Informationen ausschließen. Zudem hatten die Rating-Agenturen selbst wenig Erfahrung mit der Bewertung von Asset Backed Securities, da es sich bei diesen um relativ junge strukturierte Finanzprodukte handelte."[219]

Ratings als maßgebliche Informationsquelle für Anlageentscheidungen zu nutzen stelle „einen erheblichen Verstoß gegen die Pflicht des Vorstands dar, alle verfügbaren Erkenntnisquellen auszuschöpfen."[220]

4. *Stellungnahme*

Bei aller berechtigter Kritik an Ratingagenturen und deren Rolle in der Finanzkrise[221] erscheinen die obigen Ausführungen als deutlich zu pauschal. Es wird der Vorwurf erkennbar, dass ein vom Auftraggeber bezahlter privatwirtschaftlich organisierter Experte *per se* nicht objektiv sein könne. Aus einem Haftungsausschluss auf fehlende Qualität der Expertise abzustellen, erscheint ebenfalls sehr gewagt. Leider wurde durch diese allzu pauschalen Ausführungen versäumt, rechtssichere Kriterien aufzustellen, die sich in die Dogmatik um das Vertrauendürfen des Vorstands in externen Expertenrat einfügen.[222]

Entscheidend ist bei der Frage nach der Gewährung eines haftungsrechtlichen *safe-harbour* letztlich, welche Maßstäbe man an die Plausibilitätskontrolle durch die Geschäftsleiter anlegt. Eine Ansicht im Schrifttum legt hier strenge Maßstäbe an und fordert angesichts der in der Finanzkrise zutage getretenen strukturellen Schwächen im Ratingwesen die Erstellung eines eigenen Risikoprofils von Finanzprodukten, wobei deren Umfang von der Komplexität des konkreten Geschäfts abhängen soll.[223] Soweit hiermit eine eigene Kreditrisikoanalyse in Bezug auf jedes Geschäft gemeint ist, kann dem jedoch aus verschiedenen

219 OLG Düsseldorf, ZIP 2010, 28, 32.
220 OLG Düsseldorf, ZIP 2010, 28, 32.
221 Siehe hierzu ausführlich sogleich § 8.
222 Kritisch insofern auch *Fleischer*, NJW 2010, 1504 ff.
223 Vgl. *P.Schaub/M.Schaub*, ZIP 2013, 656, 660; *Fleischer*, NJW 2010, 1504, 1505.

Gründen nicht beigepflichtet werden. Gerade für Banken, insbesondere für solche, die viel Eigenhandel betreiben, ist eine solche Plausibilitätsprüfung für jedes Geschäft gar nicht möglich. Durch einen solchen Ressourceneinsatz würde der ökonomischen Nutzen von Ratings (s.o.) verloren gehen und zudem auch ein rechtlicher Konflikt mit der *Leitungs*funktion des Vorstands, § 76 Abs. 1 AktG, und der Verpflichtung der Geschäftsleitung auf das Unternehmensinteresse entstehen.[224] Es bestünde zudem auch ein gewisser rechtlicher Wertungswiderspruch, Geschäftsleiter nach Möglichkeit zur Beachtung von Ratings zu verpflichten, sie aber gleichzeitig zu einer eigenen umfassenden Kreditrisikoanalyse zu verpflichten.[225] Ein Wertungswiderspruch entstünde auch für Geschäftsleiter von Kredit- und Finanzinstituten, die für die Ermittlung des aufsichtsrechtlich geforderten Eigenkapitals im Rahmen des Kreditrisiko-Standardansatzes (KSA) unter andrem auch auf Ratings zurückzugreifen.[226] Entscheidend ist letztlich, dass auch aus den Anforderungen des BGH an die „angemessene Information" i.S.v. § 93 Abs. 1 S. 2 AktG, wonach in der konkreten Entscheidungssituation alle verfügbaren Informationsquellen tatsächlicher und rechtlicher Art ausgeschöpft werden müssen, keine Pflicht abzuleiten ist, alle verfügbaren Informationen mit allen zu verfügbaren Mitteln zu kontrollieren. Denn dass der Vorstand auch zwischen Kosten und Nutzen einer ausgiebigen Tatsachenermittlung abwägen muss,[227] ergibt sich bereits aus dem Kriterium der konkreten Entscheidungssituation des BGH.[228]

Ratings im Rahmen einer *reliance defense* von Geschäftsleitern als weitestgehend bedeutungslos abzustempeln führt somit in mehrfacher Hinsicht zu Inkongruenzen, die sich als Folge punktuell gewollten Billigkeitsrechts darstellen, einer widerspruchsfreien Geschäftsleiterhaftung und insbesondere auch einer widerspruchsfreien Regulierung des Ratingwesens indes entgegenstehen. Berechtigte Kritik an der Rolle der Ratingagenturen in der Finanzkrise und Defizite des Ratingwesens sollten Anlass zu einer in sich konsistenten Regulierung und zivilrechtlichen Haftung von Ratingagenturen geben. Versuche die Rolle und Bedeutung von Ratingagenturen an anderer Stelle – hier im Recht der Geschäftsleiterhaftung – anzugehen, tragen wenig zur Verbesserung des Rechtsrahmens für Ratings bei, sondern bergen vielmehr die Gefahr von Fehlanreizen

---

224 Vgl. MüKo/*Spindler*, § 76 AktG, Rn. 63 ff.;

225 *Joobst/Kapoor*, WM 2013, 680, 684 f.

226 Siehe hierzu § 12 I.

227 MüKo/*Spindler*, § 93 AktG, Rn. 48 ff.

228 Hüffer/Koch/*Koch*, § 93 AktG, Rn. 20.

und Fehlregulierung an anderer Stelle. Was die Geschäftsleiterhaftung anbelangt, sind dies namentlich Mehrkosten durch mehrfache und ausgedehnte Kreditrisikoanalysen und erhöhte Risikoaversion durch ein zu strenges Haftungsregime für Geschäftsleiter.

§ 8 Die Rolle der Ratingagenturen in der Finanzkrise

I. Die Finanzkrise und ihr Ursprung

Unter dem Begriff „Finanzkrise" wird bis heute die Finanzkrise 2007 – auch „*subprime*-Krise" – verstanden, die in der Insolvenz des Bankhauses Lehman Brothers gipfelte. Diese Krise ist gleichwohl nicht auf das Jahr 2007 beschränkt.[229] Ihre Gründe liegen länger zurück, ihre Folgen sind bis heute spürbar. Im internationalen Finanzwesen hat sich im Grunde eine gewisse Krisenhaftigkeit verstetigt. Die internationale Finanzmarktregulierung oszilliert nach wie vor zwischen Krisenbekämpfung und -prävention. Die Reform des Finanzmarktregulierungsrahmens hat sich längst zu einer Reform in Permanenz entwickelt. Dieser Arbeit kann daher vor diesem Hintergrund lediglich eine Momentaufnahme darstellen. Der Rechtsrahmen des Ratings hat sich insbesondere vor dem Hintergrund der Erfahrungen und der Rolle der Ratingagenturen in der Finanzkrise entwickelt. Mit der rechtlichen Aufarbeitung der Finanzkrise endete für Ratingagenturen eine Ära der Selbstregulierung.[230] Daher ist es angezeigt, die Finanzkrise und ihren Ursprung, sowie die Rolle der Ratingagenturen in der Finanzkrise zu rekapitulieren.

Ihren Ursprung hat die globale Finanzkrise in der US-amerikanischen Immobilienkrise.[231] Über komplizierte Verbriefungsstrukturen investierten Anleger, insbesondere Banken, weltweit in US-amerikanische Hypothekenkredite an Kreditnehmer geringer Bonität (*subprime*). Als diese Kredite gleichzeitig und in großem Stil ausfielen, mussten die Anleger ihre Investments abschreiben. Dieser massive Verlust an Aktiva und Liquidität brachte das weltweite Finanz- und Wirtschaftssystem an den Rand einer „Kernschmelze".[232]

229 *Zimmer*, Gutachten G zum 68. DJT, S. 15 benutzt die Bezeichnung „Finanzkrise der Jahre 2007 ff.".

230 Vgl. hierzu noch Kapitel 2, Abschnitt 1.

231 Vgl. *Gergen*, Rechtsfragen der Regulierung außerbörslicher derivativer Finanzinstrumente, S. 88; *Weber*, Die Finanzkrise und ihre Ursachen, S. 2.

232 So der seinerzeit amtierende Bundesfinanzminister Steinbrück, vgl. FAZ v. 12.09.2009: „Weltwirtschaft stand vor einer Kernschmelze", abrufbar unter: http://www.faz.net/aktuell/wirtschaft/wirtschaftspolitik/bundesfinanzminister-steinbrueck-weltwirtschaft-stand-vor-einer-kernschmelze-1851940.html.

1. *Die Immobilienkrise in den USA*

Den Ursprung nahm die globale Finanzkrise durch die massive Ausweitung der Hypothekenkredite durch günstige (Leit-)Zinsen in den USA. Man sprach auch von sog. „NINJA-Krediten" (*no income, no job, no assets).*[233] Ein wesentlicher Grund für diese Vergabepraxis waren insbesondere die über Jahre steigenden Immobilienpreise, sodass bei ausfallendem Kredit eine werthaltige Sicherheit in Form des beliehenen Grundstücks zur Verfügung stand.[234] Die Kreditvergabe an Schuldner mit geringer Bonität, oftmals ohne Eigenkapital, war seiner Zeit vor allem auch politisch gewollt.[235] Von staatlicher Seite wurden verschiedenste Anreize für eine „*ownership society*" gesetzt. Auch über staatliche Hypothekenbanken (*Fannie Mae, Freddie Mac*) wurde die Kreditvergabe an Privatpersonen gefördert.[236] Infolge dessen kam es zu einer massiven Nachfrage nach Immobilien und Immobilienkrediten. Die Immobilienpreise stiegen in den USA von 1999 bis 2006 zwischen 10 und 15 % pro Jahr.[237] So entwickelte sich eine Blase am Immobilienmarkt („*housing-bubble*").[238] Teilweise gingen Banken sogar dazu über, Darlehen, deren Wert den der beliehenen Immobilie überstieg, auszukehren. Es kam solange zu keinen Problemen, wie die von allen Marktakteuren im eigenen Geschäftshandeln eingepreiste Steigerung

---

233 Vgl. *Bloss* u.a., Von der Subprime-Krise zur Finanzkrise, S. 31; *Weber*, Die Finanzkrise und ihre Ursachen, S. 2.

234 Vgl. *Bloss* u.a., Von der Subprime-Krise zur Finanzkrise, S. 15 ff.; *Weber*, Die Finanzkrise und ihre Ursachen, S. 2.

235 Der damalige US-Präsident George W. Bush prägte den Begriff der „*ownership societey*" in den USA: „This administration will constantly strive to promote an ownership society in America. We want more people owning their own home. It is in our national interest that more people own their own home. After all, if you own your own home, you have a vital stake in the future of our country.", *George W. Bush*, Remarks on Signing the American Dream Downpayment Act December 16, 2003, abrufbar unter: https://georgewbush-whitehouse.archives.gov/news/releases/2003/12/20031216-9.html. Durch verschiedene Gesetzesvorhaben („American Dream Downpayment Act", „Zero Downpayment Act") wurden Anreize in diese Richtung geschaffen, vgl. *Badek*, Ursachen der Immobilienkrise in den USA, S. 16 ff.

236 Wobei, anders als bisweilen dargestellt, Hauptgeschäftsfeld der staatlichen Hypothekenbanken nicht der *subprime*, sondern der *prime*-market war, also die Kreditvergabe an Schuldner mit hoher Bonität, vgl. *Hellwig*, NJW-Beil. 2010, 94; *Möschel*, ZRP 2009, 129, 130.

237 *Hellwig*, NJW-Beil. 2010, 94.

238 Vgl. etwa *Gergen*, Rechtsfragen der Regulierung außerbörslicher derivativer Finanzinstrumente, S. 88.

der Immobilienpreise andauerte.[239] Ein weiteres Instrument, Immobilienkredite möglichst vielen Kreditnehmern zugänglich zu machen, waren sog. *„adjustable rate mortages“* (ARM). Hierunter versteht man Hypothekenkredite mit variabler Verzinsung, bei denen die Verzinsung zunächst geringer ist, als bei festverzinslichen Darlehen und dann in Erwartung steigender Einkommen sukzessive ansteigt, oder etwa in Erwartung sinkender Leitzinsen, sich bei der Verzinsung am Leitzins orientieren.[240]

ARM waren letztlich ein Hauptfaktor, warum die Immobilienblase schließlich platzte: insbesondere mit der durch die FED 2005 eingeleiteten Zinswende stiegen die Hypothekenzinsen sukzessive und immer mehr Kreditnehmer konnten ihre Hypothekenkredite nicht mehr bedienen. Durch die sinkende Kreditvergabe brach die Nachfrage nach Immobilien ein, während immer mehr Immobilien aufgrund von Kreditausfällen zwangsversteigert wurden. Mit dem Preisverfall am Immobilienmarkt entstand erheblicher Abschreibungsbedarf bei den Banken. Durch ausbleibende Kreditzahlungen gerieten Banken zunehmend in Liquiditätsengpässe. Aufgrund der Unsicherheit, welche Institute wie sehr im *subprime*-Sektor engagiert waren, entwickelte sich ein Misstrauen an den Finanzmärkten, wodurch Interbankenkredite, die für die Gewährleistung der Liquidität von Banken von essenzieller Bedeutung sind, nahezu zum Erliegen kamen.[241] Unter der restriktiveren Kreditvergabe und den Liquiditätsengpässen auf Bankenseite litt auch die Realwirtschaft. Schließlich kam es zu einem Einbrechen des privaten Konsums. Mit dem Übergreifen auf die Realwirtschaft rutschten die USA und mit ihnen die Weltwirtschaft 2008/2009 endgültig in eine Rezession.[242]

---

239 Boos/Fischer/Schulte-Mattler/*Tollmann*, KWG/CRR-VO, Vor § 22a KWG, Rn. 10: „naiver Irrglaube“.

240 Hierbei gibt es verschiedenste Formen wie etwa „hybride“ ARM, „interest-only“ ARM, „payment-option“ ARM, denen jedoch – zumindest wenn sie wie Anfang der „00er“-Jahre in einer Niedrigzinsphase abgeschlossen werden – gemein ist, dass ihre Verzinsung im Laufe der Zeit ansteigt, vgl. etwa *Badek*, Ursachen der Immobilienkrise in den USA, S. 25 ff. Es gab neben ARM noch eine Vielzahl anderer Angebote, etwa einen Verzicht auf Tilgung während der ersten Jahre oder sonstige in den Anfangsjahren der Tilgung günstige Angebote (*teaser rates*), vgl. *Rudolph*, ZGR 2010, 1, 7 f.; *Freeman*, Vermont L. Rev., Vol 33, No. 3, 2009, 585, 586.

241 Vgl. *Bloss* u.a., Von der Subprime-Krise zur Finanzkrise, S. 25.

242 2008 ging das Wachstum der USA um 0,3 %, 2009 um 4,3 % zurück, http://data.worldbank.org/indicator/NY.GDP.MKTP.KD.ZG?page=1.

2. *Die globale Verbreitung der Immobilienkrise durch die Verbriefung von Hypothekenkrediten*

Die weltweite Verbreitung der US-Immobilienkrise ist eng verknüpft mit der Erschließung eines neuen Geschäftsfeldes für Banken und Investoren: der Verbriefung von Krediten in großem Stil und mit neuen Mitteln. Die Verbriefung führte dabei in einem ersten Schritt zu einer Absenkung der Kreditvergabestandards der Banken, da die entsprechenden Kreditrisiken durch Weiterveräußerung rasch aus den eigenen Büchern verschwanden und in einem zweiten Schritt zu einer weltweiten Verbreitung der Kreditrisiken.[243] Da Ratingagenturen hierzu durch ihre anhaltend positive Bewertung dieser Verbriefungen einen entscheidenden Beitrag leisteten, ist die Kreditverbriefung eingehender zu untersuchen.

a) *Vorteile und Gründe für Verbriefungsstrukturen*

Aus Sicht der kreditgebenden Bank hat eine Verbriefung den Vorteil, nicht handelbare Aktiva in liquide Wertpapiere umzuwandeln.[244] Durch die Veräußerung der Forderung hatte zumindest noch im Rahmen des zur Zeit der Finanzkrise geltenden Aufsichtsrechts die kreditgebende Bank den Vorteil, kein entsprechendes Eigenkapital mehr für das sonst in ihren Büchern vorhandene Kreditrisiko vorhalten zu müssen.[245] Das so frei werdende regulatorische Eigenkapital kann etwa zur Vergabe weiterer Kredite genutzt werden.[246] Das Weiterreichen der entsprechenden Kreditrisiken durch Kreditverbriefung und –veräußerung führt freilich zu einem erhöhten Anreiz weitere (risikoreiche) Kredite zu vergeben.[247] Die für die Verbriefungstransaktionen typischerweise gegründeten Zweckgesellschaften[248] hingegen waren keine Banken im aufsichtsrechtlichen Sinne und waren daher nicht an entsprechende Eigenkapitalvorschriften gebunden.[249] Verbriefungsstrukturen können jedoch auch von Unternehmen zur Refinanzierung

---

243 Sachverständigenrat, Jahresgutachten 2007/08, S. 89.

244 Vgl. etwa Habersack/Mülbert/Schlitt/*Geiger*, Unternehmensfinanzierung am Kapitalmarkt, § 22, Rn. 1.

245 Vgl. Boos/Fischer/Schulte-Mattler/*Tollmann*, KWG/CRR-VO, Vor § 22a KWG, Rn. 10.

246 Boos/Fischer/Schulte-Mattler/*Tollmann*, KWG/CRR-VO, Vor § 22a KWG, Rn. 9; Schimanski/Bunte/Lwowski/*Sethe*, Bankrechtshandbuch Band II, § 114a, Rn. 24 f.

247 *Zimmer* in: FS Hopt, 2689, 2691 f.

248 Vgl. etwa Habersack/Mülbert/Schlitt/*Geiger*, Unternehmensfinanzierung am Kapitalmarkt, § 22, Rn. 3 ff.

249 Vgl. *Badek*, Ursachen der Immobilienkrise in den USA, S. 36 f.

genutzt werden,[250] was in der Regel mit günstigeren Finanzierungskonditionen gegenüber klassischen Anleihen und bilanziellen Vorteilen verbunden ist. Denn anders als ein klassisches Darlehen bewirkt die Abtretung von Forderungen gegen Cash einen bilanziellen Aktivtausch, der sich, anders als eine Bilanzverlängerung, nicht auf die Eigenkapitalquote auswirkt.[251]

Aus Sicht der Investoren ergeben sich durch die Verbriefung zusätzliche Anlageoptionen. Hauptgrund für das massenhafte Investieren internationaler Anleger in strukturierte Finanzprodukte war die ex-ante augenscheinlich bessere Rendite-Risiko-Relation, insbesondere gegenüber Unternehmensanleihen mit demselben Rating.[252] Die Tranchierung in verschiedene Risikoklassen ermöglichte eine Diversifizierung des eigenen Portfolios gemäß den eigenen Risikopräferenzen.[253] Strukturierte Finanzprodukte wie ABS wiesen zudem seinerzeit eine geringere Volatilität und ein geringeres Rückkaufrisiko als klassische Anleihen auf.[254]

Auch volkswirtschaftlich hat die Kreditverbriefung idealerweise Vorteile. Sie kann dabei helfen, Klumpenrisiken beim Kreditgeber abzubauen und Risiken zu verteilen und somit zu diversifizieren.[255] Aber auch Verbraucher, also (potenzielle) Kreditnehmer, können von Verbriefungsstrukturen profitieren. Sie ermöglichen – wie insbesondere im Vorfeld der Hypothekenkrise zu beobachten war – einen einfacheren Zugang zu Krediten mit geringeren Risikoprämien auf Kreditzinsen und verbessern somit die Möglichkeit, einen Hypothekenkredit zu erlangen. Die Nachteile von Verbriefungsstrukturen traten schließlich in der Finanzkrise zu Tage. Sie liegen im Wesentlichen in ihrer hohen Komplexität, die die wahren Ausfallrisiken unkenntlich macht und somit zu einer Fehlallokation von Kapital aufgrund einer fehlerhaften Einschätzung der Risiko-Rendite-Relation durch die Marktteilnehmer führt.[256]

---

250 Vgl. hierzu monographisch etwa *Schmittat*, Asset Backed Securities.

251 Vgl. *Weber*, Die insolvenzfeste Refinanzierung von Forderungen durch Asset-Backed-Securities, S. 45.

252 *Rudolph*, Die internationale Finanzkrise, S. 18; *Weber*, Die insolvenzfeste Refinanzierung von Forderungen durch Asset-Backed-Securities, S. 45. Laut *Bloss* u.a., Von der Subprime-Krise zur Finanzkrise, S. 71, 73 f.; besteht eine Margendifferenz von bis zu 4 % gegenüber klassischen Anleihen.

253 *Stockmann/Zeller*, BB 2007, 1249, 1250.

254 *Bloss* u.a., Von der Subprime-Krise zur Finanzkrise, S. 75.

255 Boos/Fischer/Schulte-Mattler/*Tollmann*, KWG/CRR-VO, Vor § 22a KWG, Rn. 9.

256 Vgl. Boos/Fischer/Schulte-Mattler/*Tollmann*, KWG/CRR-VO, Vor § 22a KWG, Rn. 10; *Rudolph*, ZGR 2010, 1, 11 spricht von einer „Informationsvernichtung“ durch die Poolbildung auf Seiten der SPV.

b) Grundstrukturen der wichtigsten Verbriefungsarten

Typischerweise wird für ABS-Transaktionen eine Zweckgesellschaft („*special purpose vehicle*" – SPV) gegründet.[257] Die kreditgebende Bank bzw. das Unternehmen („Orginator") verkauft hierbei Forderungen an die Zweckgesellschaft, die sich wiederum durch die Ausgabe von Wertpapieren an Investoren finanziert. Diese sind durch die seitens der Zweckgesellschaften erworbenen Forderungen gedeckt („*backed*"), daher die Bezeichnung ABS.[258]

Die Forderungen können dabei unterschiedlicher Art sein, die größte Relevanz erlangten im Laufe der Finanzkrise die Forderungen aus Immobilienfinanzierungen, sog. „*mortage-backed securties*" (MBS). Hierbei wurden Darlehen samt bestehender Grundpfandrechte (*mortage*) an die Zweckgesellschaften übertragen. Mögliche Forderungen beschränken sich dabei nicht auf unverbriefte Darlehensforderungen, sondern können beispielsweise auch Forderungen aus Kreditkarten, Leasing oder anderen kreditähnlichen Geschäften sein.[259] Ein weiterer Unterfall der ABS sind sog. „*collaterized debt obligations*" (CDO), bei denen die zugrunde liegenden Forderungen nicht aus ähnlichen, sondern völlig verschiedenen Geschäften resultieren können.[260] CDOs stellen somit eine spezielle Form von ABS dar.[261] Gerade in CDOs bestehen die zugrunde liegenden Forderungen ihrerseits wiederum oftmals aus ABS.[262] Teilweise lagen zwischen den grundpfandrechtlich besicherten Darlehen und dem Investor vier Verbriefungen.[263] Ein weiterer Unterschied zwischen MBS und CDOs ist, dass die zugrundeliegenden Assets bei CDOs typischerweise variabel sind und aktiv verwaltet werden, während bei MBS der zugrunde liegende Forderungspool, bestehend aus Immobiliendarlehen, statisch gepoolt wird.[264]

---

257 *Schmittat*, Asset Backed Securities, S. 13, 16.

258 Vgl. insofern etwa die anschauliche Darstellung bei Habersack/Mülbert/Schlitt/*Geiger*, Unternehmensfinanzierung am Kapitalmarkt, § 22, Rn. 3, 8 oder *Rudolph*, ZGR 2010, 1, 9.

259 Vgl. *Pukropski*, S. 87 f.

260 *Stockmann/Zeller*, BB 2007, 1249.

261 *Stockmann/Zeller*, BB 2007, 1249. Zu den verschiedenen Erscheinungsformen von ABS vgl. die Übersicht bei *Bloss* u.a., Von der Subprime-Krise zur Finanzkrise, S. 68. Es werden jedoch teilweise – insb. in den USA – auch beide Begrifflichkeiten nebeneinander benutzt.

262 Vgl. *Angelé*, Das Rating von CDOs, S. 21.

263 *Angelé*, Das Rating von CDOs, S. 21.

264 SEC, Credit Rating Agency Report 2008, S. 6 f, abrufbar unter: https://www.sec.gov/news/studies/2008/craexamination070808.pdf.

Man unterscheidet dabei sog. „echte ABS-Transaktionen" („*true sale*"), bei denen die Forderungen auf die Käufer – etwa eine hierfür gegründete Zweckgesellschaft – übertragen werden und sog. „synthetische ABS-Transaktionen", bei denen lediglich das Risiko aus den Forderungen mittels Kreditderivaten übertragen wird.[265] Solche Kreditderivate können Credit Default Swaps (CDS) oder Credit Linked Notes (CLN) sein.[266] Je mehr der Markt wuchs, desto öfter fanden sich CDOs, die auf der Aktivseite nur aus CDS bestanden, was letztlich dadurch erklärt werden kann, dass der Run auf CDOs und MBS so groß wurde, dass er die tatsächlichen Zahlungsströme aus den zugrundeliegenden Forderungen überstieg.[267]

Typisch für die Verbriefungsstrukturen, die im Vorfeld der Finanzkrise entwickelt wurden und seitens der Investoren auf hohe Nachfrage stießen, war die Tranchierung von ABS in verschiedene Risikoklassen. Die Tranchen wurden üblicherweise als Senior-, Mezzanine- und Equity-Tranche bezeichnet.[268] Den jeweiligen Tranchen, in die investiert werden konnte, waren jedoch keine einzelnen Forderungen zugeordnet. Es erfolgte eine fiktive Zuordnung, gestaffelt nach möglichen Kreditausfällen, sodass die Verluste aus den zugrunde liegenden Forderungen in ihrer Gesamtheit zunächst von der Equity-Tranche getragen wurden und erst wenn die Ausfälle das Volumen dieser Tranche überstiegen, die nächsthöhere Tranche haftete.[269] Entsprechend erhielten die höherwertigen Tranchen mit den geringeren Risiken bessere Ratings seitens der Ratingagenturen.[270]

Allen noch so komplizierten Strukturen war jedoch letztlich gemeinsam, dass die Zahlungsströme aus den zugrunde liegenden Assets („*underlyings*") verbrieft und an die Erwerber der ABS weitergeleitet wurden.[271] Das Funktionieren des Geschäftsmodells hing damit entscheidend von den Zahlungsströmen aus den zugrunde liegenden Assets, den Hypothekenkrediten, ab.

---

265 Schimanski/Bunte/Lwowski/*Sethe*, Bankrechtshandbuch Band II, § 114a, Rn. 21.

266 *Stockmann/Zeller*, BB 2007, 1249, Fn. 4. Zu den verschiedenen Erscheinungsformen von Kreditderivaten und ihrer zivilrechtlichen Einordnung vgl. ausführlich *Gergen*, Rechtsfragen der Regulierung außerbörslicher derivativer Finanzinstrumente, S. 34 ff.

267 Vgl. SEC, Credit Rating Agency Report 2008, S. 7.

268 Die Senior-Tranche repräsentierte dabei die geringste, die Equity-Tranche die höchste Ausfallwahrscheinlichkeit.

269 Vgl. *Pukropski*, S. 89.

270 Vgl. etwa *Badek*, Ursachen der Immobilienkrise in den USA, S. 36 ff.

271 *Wagner* in: FS Blaurock, 467, 469.

c) *Das weltweite Investieren in subprime-Verbriefungen und der Wertverfall verbriefter Forderungen*

Aber wie und warum kam es dazu, dass ein Einbrechen eines bestimmten Wertpapiermarktes eine weltweite Finanzkrise auslöste? Aufgrund der Niedrigzinsphase im Nachgang des Platzens der „New Economy", befanden sich professionelle Anleger, wie Banken, Fonds oder Versicherungen auf der ständigen Suche nach einigermaßen profitabel verzinsten Anlagemöglichkeiten. Teilweise wird von einem „Anlagenotstand" gesprochen.[272] Die attraktiven Renditemöglichkeiten von ABS bei vergleichsweise gutem Rating boten sich für Investoren weltweit als lohnende Anlageform an. Und so begannen Investmentbanken, aber zunehmend auch eher konservativ ausgerichtete regionale oder staatliche Banken, in ABS zu investieren.[273]

Das Gegenstück zu den SPVs auf Emittentenseite waren „*special investment vehicle*" (SIV) auf Investorenseite.[274] Diese auch als „*conduits*" bezeichneten Gesellschaften operierten mangels Banklizenz und entsprechender regulatorischer Vorschriften ebenfalls ohne Eigenkapital.[275] Diese SIV investierten massiv in risikoreiche ABS, CDOs und sonstige strukturierte Finanzprodukte mit längerer Laufzeit. Sie finanzierten sich durch die Ausgabe kurzfristiger und vermeintlich risikofreier „*asset backed commercial paper*" (ABCP)[276] und erzielten so Gewinne durch Risiko- sowie Fristen- und Liquiditätstransformation.[277]

Als Sicherheit für die Investoren und als Anschlussfinanzierung dienten dabei insbesondere Liquiditätszusagen der auflegenden Finanzinstitute („Sponsoren").[278] Als schließlich die Immobilienblase in den USA zu platzen begann

---

272 *Rudolph*, Die internationale Finanzkrise, S. 17.

273 *Rudolph*, Die internationale Finanzkrise, S. 17 f.

274 Teilweise werden auch diese Gesellschaften als SPVs, umgekehrt SPVs auf Emittentenseite als SIVs bezeichnet.

275 Die getätigte Investition in strukturierte Finanzinstrumente über außerbilanzielle Zweckgesellschaften lohnte sich dabei nur, weil hierfür kein Eigenkapital eingesetzt werden musste, vgl. entsprechende Berechnungen m.w.N. bei *Hellwig*, Finanzkrise und Reformbedarf, Gutachten E zum 68. DJT, S. 26 f., 39.

276 Diese waren Geldmarkttitel mit Laufzeiten von unter einem Jahr, meist sogar von weniger als 30 Tagen, in die überwiegend Geldmarktfonds investierten, vgl. *Hellwig*, Finanzkrise und Reformbedarf, Gutachten E zum 68. DJT, S. 26.

277 *Rudolph*, Die internationale Finanzkrise, S. 18 f.; *ders.* in: DAI, Aktie und Kapitalmarkt 2012, S. 24

278 Vgl. ausführlich *Hellwig*, Finanzkrise und Reformbedarf, Gutachten E zum 68. DJT, S. 24 ff.

und mehr und mehr Immobilienkredite nicht mehr bedient wurden, wuchsen unter Investoren die Zweifel an der Werthaltigkeit entsprechender ABS und der Liquidität der SIV/*conduits*, da diese in unbekanntem Ausmaß in ABS investiert waren.[279] Investoren mieden nun die Geldmarktpapiere der SIVs, wodurch sich diese nicht mehr finanzieren konnten. Für offene Verbindlichkeiten wurden daher von Gläubigern zunehmend die Liquiditätszusagen der Sponsoren in Anspruch genommen, wodurch es zu insolvenzbedrohenden Liquiditätsengpässen bei den Banken kam.

Allein die SachsenLB gab diversen Zweckgesellschaften mit Sitz in Irland Liquiditätszusagen in Höhe von 40 Mrd. Euro – bei einem Eigenkapital von weniger als 4 Mrd. Euro.[280] Eine Bilanzierung dieser Risiken erfolgte nicht, da diese rechtlich nicht vorgeschrieben war und die Risikoverwirklichung auch tatsächlich nicht für wahrscheinlich gehalten wurde.[281] Aufgrund der Komplexität der Strukturen – unklare und nicht mehr identifizierbare zugrundeliegende Assets, Mehrfachverbriefung, derivative Strukturen – konnten selbst professionelle Investoren nicht mehr zwischen werthaltigen und weniger werthaltigen ABS unterscheiden und es kam zu einem rasch einsetzendem Vertrauensverlust.[282] Das zeitgleiche Zusammenbrechen der Refinanzierung der Zweckgesellschaften und das Eingreifen der Liquiditätszusagen der Sponsoren war ein entscheidender Moment der Finanzkrise. Das Geschäftsvolumen der Zweckgesellschaften belief sich bisweilen auf über 1 Bio. US-Dollar.[283] Erst im Zusammenhang mit diesen Verlusten wurde nach und nach das Ausmaß bekannt, in dem weltweit Banken über außerbilanzielle Zweckgesellschaften im *subprime*-Markt engagiert waren. Da das Ausmaß der Risiken für einzelne Banken aufgrund der komplizierten Emissions- und Investitionsstrukturen völlig unklar war, kam es zu einem Vertrauensverlust am Interbankenmarkt, wodurch zahlreiche Kreditinstitute in existenzgefährdende Liquiditätsprobleme gerieten.[284]

---

279 *Hellwig*, Finanzkrise und Reformbedarf, Gutachten E zum 68. DJT, S. 28 ff.

280 *Hellwig*, Finanzkrise und Reformbedarf, Gutachten E zum 68. DJT, S. 26.

281 *Hellwig*, Finanzkrise und Reformbedarf, Gutachten E zum 68. DJT, S. 26.

282 *Tucker*, Shadow banking, financing markets and financial stability, S. 7: „just as the market was uncertain which banks were sound, investors and savers could not tell a sound ABS from an unsound ABS.", vgl. auch *Rudolph*, Die internationale Finanzkrise, S. 25.

283 *Hellwig*, Finanzkrise und Reformbedarf, Gutachten E zum 68. DJT, S. 27 m.w.N.

284 Vgl. FAZ v. 05.10.2008: „Keiner traut sich", abrufbar unter: http://www.faz.net/aktuell/wirtschaft/finanzkrise-keiner-traut-sich-und-den-banken-schon-gar-nicht-1713882.html.

Hauptgrund für die massenhaften, teils blinden, Investitionen in komplizierte ABS war das in einer Niedrigzinsphase augenscheinlich wahrhaft blendende Rendite-Risiko-Verhältnis. Hierbei wurde das geringere Risiko durch die weltweit führenden Ratingagenturen bestätigt, die ABS-Papieren stets Bestnoten ausstellten.[285] Die weltweit ausufernden Investitionen in ABS-Papiere wären ohne die Ratings der führenden Ratingagenturen undenkbar gewesen.[286] Die Folge war die „Internationalisierung der Subprime-Kreditrisiken".[287]

Der Reformbedarf, der aufgrund der internationalen Finanzmarktkrise ausgemacht wurde, war vielschichtig; der Diskurs hierüber hat sich längst verstetigt. Als dringlichste Reformmaßnahmen wurden eine Reform der Eigenkapitalregulierung, eine verbesserte Bankenaufsicht, eine strengere Corporate Governance im Bankensektor, ein spezielles Restrukturierungsrecht für Banken, eine zumindest partielle Abkehr von der *fair-value* Bilanzierung, sowie die staatliche Regulierung von Ratingagenturen angesehen.[288] Entsprechend des Untersuchungsgegenstandes dieser Arbeit, sollen jedoch lediglich die strukturellen Defizite im Ratingwesen, wie sie in der Finanzkrise besonders deutlich wurden, genauer untersucht werden.

II. Die Rolle der Ratingagenturen

Den Ratingagenturen kam eine entscheidende Rolle bei der Bewertung strukturierter Finanzprodukte, wie etwa MBS oder CDOs, zu. Wie bereits dargestellt, sind Ratings der großen Ratingagenturen eine faktische Notwendigkeit für eine erfolgreiche Platzierung eines Wertpapiers am Kapitalmarkt. Für strukturierte Finanzprodukte galt und gilt dies in besonderem Maße. Aufgrund der Komplexität der Verbriefungsstrukturen maß man den Ratingagenturen eine besondere Kompetenz bei der Bewertung dieser Produkte zu. Für außenstehende – selbst professionelle – Investoren ist, insbesondere in Fällen der Mehrfachverbriefung, eine eigene Risikobewertung kaum zu bewerkstelligen.[289]

Die Ratingagenturen standen bei der Bewertung strukturierter Verbriefungen dabei vor einer entscheidenden Herausforderung, und zwar der Analyse der den Verbriefung zugrundeliegenden Risiken – was letztlich die

285 FCIC, The Financial Crisis Inquiry Report, S. xxv.

286 FCIC, The Financial Crisis Inquiry Report, S. xxv.

287 *Liebscher/Ott*, NZG 2010, 841, 842.

288 Vgl. etwa die Reformvorschläge bei *Hellwig*, Finanzkrise und Reformbedarf, Gutachten E zum 68. DJT, S. 49 ff. oder *Zimmer*, Gutachten G zum 68. DJT.

289 *Tavakoli*, Structured Finance, S. 374.

Immobilienkredite waren.[290] Wurden von einem Emittenten MBS über eine Zweckgesellschaft aufgelegt, bei denen die zugrunde liegenden Forderungen Immobiliendarlehen waren, galt es möglichst genau zu modellieren, wie wahrscheinlich ein Ausfall mehrerer Darlehen und eine entsprechende Kettenreaktion von Ausfällen ist – wie sie eben letztlich eintrat. Bei CDOs, die ihrerseits aus strukturierte Verbriefungen wie MBS bestanden, galt es ebenfalls die Risiken der einzelnen MBS bzw. die Risikoverknüpfung zwischen einzelnen MBS zu ermitteln. Dies wurde freilich dadurch erschwert, dass die eigentlichen Risiken – der Ausfall von Immobiliendarlehen – bereits verbrieft und somit eine Stufe weiter von der Bewertung entfernt waren. Die Ratings basierten in diesen Fällen nicht mehr auf einer Risikoanalyse der ursprünglich zugrunde liegenden Forderungen, sondern nur noch auf den Ratings der bereits verbrieften Forderungen, also den MBS.[291] In den Fällen der Mehrfachverbriefung kam es zu keiner Durchleuchtung der Risiken bis auf die Ebene der ursprünglichen Risiko- und Liquiditätsquellen. So verwundert es nicht, dass die Financial Crisis Inquiry Commission (FCIC) diese Maschinerie als „The CDO Machine" bezeichnet.[292] Noch undurchsichtiger waren die Strukturen in den Fällen der synthetischen/hybriden CDOs, die statt in Forderungen oder verbriefte Forderungen wie MBS in Kreditderivate wie CDS investierten, die also das Risikoprofil von entsprechenden MBS abbilden sollten.[293]

Letztlich wurde durch die Tranchierung in Risikoklassen seitens der Orginatoren versucht, aus einem Pool von Forderungen schlechter Bonität, Investmentmöglichkeiten mit guter Bonität zu schaffen. Am Ende wurden jedoch, angesichts der risikoreichen zugrundeliegenden Forderungen, zu viele Tranchen mit guter Bonität – in der Regel AAA – bewertet.[294] Es ist davon auszugehen, dass zur Schaffung eines möglichst großen Angebots an *investment grade*-Investitionsmöglichkeiten, die *non-investment grade*-Tranchen unter der Mitwirkung von Ratingagenturen bewusst minimiert wurden.[295] So kam es im Ergebnis zu einer Verschleierung und in Folge dessen zu einer Fehleinschätzung von Risiken und

290 Vgl. FCIC, The Financial Crisis Inquiry Report, S. 146; SEC, Credit Rating Agency Report 2008, S. 7 ff.

291 Vgl. FCIC, The Financial Crisis Inquiry Report, S. 146 f.; SEC, Credit Rating Agency Report 2008, S. 8 ff.

292 So die Bezeichnung des entsprechenden Kapitels im Financial Crisis Inquiry Report, S. 127 ff.

293 FCIC, The Financial Crisis Inquiry Report, S. 142 f.

294 *Freeman*, Vermont L. Rev., Vol 33, No. 3 2009, 585, 597.

295 *Freeman*, Vermont L. Rev., Vol 33, No. 3 2009, 585, 593, 597.

somit zu einer Fehlallokation von Kapital. Alle Beteiligten – Emittenten, Ratingagenturen, Investoren – kreierten somit eine Maschinerie, zu deren Geschäftsgrundlage es gehörte, Kreditrisiken am langen Wegesrand vom Emittenten in den USA zum Investor in der deutschen Landesbank zu verlieren. Es sollte sich freilich herausstellen, dass die Risiken nie verloren, sondern lediglich verschleiert waren.

III. Ermittelte Defizite im Ratingwesen

Erwägungsgrund 10 der Ratingverordnung wirft ein prägnantes Schlaglicht auf die Verfehlungen der Ratingagenturen während der Finanzkrise: „Es wird allgemein die Auffassung vertreten, dass die Ratingagenturen einerseits die verschlechterte Marktlage nicht früh genug in ihren Ratings zum Ausdruck gebracht haben und dass es ihnen andererseits nicht gelungen ist, ihre Ratings rechtzeitig anzupassen, als sich die Krise auf dem Markt schon zugespitzt hatte".

Nach heutigem Kenntnisstand greift diese Feststellung zu kurz, denn sie impliziert, dass zunächst korrekte und vertretbare Bewertungen zu spät angepasst wurden, die Ratingagenturen also bloß die allgemeine Marktentwicklung verschlafen haben. Doch tatsächlich haben sie die entsprechende Marktlage durch inflationär positive Ratings für riskante Produkte mit geschaffen. Denn die Investitionen in riskante Wertpapiere und somit die globale Ausweitung von Kreditrisiken wäre ohne die Ratings der Ratingagenturen zweifellos nicht möglich gewesen.[296] Allein Moody's bewertete von 2000 bis 2007 über 45.000 strukturierte Finanzprodukte mit der Bestnote Aaa. Allein 2006 bewertete Moody's im Schnitt 30 Wertpapiere pro Tag mit Aaa, von denen später ca. 86 % ausfielen. Alleine diese Zahlen legen nahe, dass bereits diese Erstratings zu positiv waren. Dem gegenüber standen Anfang 2010 lediglich zehn Industrieunternehmen, die mit der Bestnote bewertet wurden.[297] Die Bewertung strukturierter Finanzprodukte war ein einträgliches Massengeschäft, welches mit inflationären Topratings weiter befeuert wurde. Im Folgenden sollen diese Defizite im Ratingwesen näher beleuchtet werden.

---

296 FCIC, The Financial Crisis Inquiry Report, S. xxv.
297 FCIC, The Financial Crisis Inquiry Report, S. xxv.

1. *Interessenkonflikte*

a) *Issuer-Pays-Modell*

Das *issuer-pays*-Modell, in dem das Rating vom Auftraggeber bezahlt wird, kam im Nachgang der Finanzkrise ins Kreuzfeuer der Kritik. Ratingagenturen könnten *per se* zu keinen unabhängigen Bewertungen kommen, solange sie vom beauftragenden Unternehmen bezahlt würden, so die Extremposition.[298] In dieser Deutlichkeit muss dieser Befund jedoch überraschen, ist das *issuer-pays*-Modell doch deutlich älter als die Finanzkrise. Es reicht zurück bis in die 1970er Jahre[299] und entwickelte sich aus dem *investor-pays*-Modell, dessen Schwäche insbesondere in der Ermöglichung eines „*free-ride*" liegt. Lässt sich eine Verbreitung von Ratings durch einen zahlenden Investor nicht vermeiden, besteht aus Investorensicht letztlich kein Anreiz für eine Information zu zahlen, die alsbald kostenlos öffentlich verfügbar sein könnte.[300] Der Standpunkt am anderen Ende des Meinungsspektrums hingegen lautet, dass Interessenkonflikte und ein emittentenfreundliches Rating jedenfalls langfristig kein strukturelles Problem sein können, da Ratingagenturen in einem Reputationswettbewerb stünden und ihre Einnahmen von möglichst fehlerfreien Ratings abhingen.[301]

Dass ein emittentenfinanziertes Rating per se nicht fehlerfrei sein kann, erscheint in dieser Pauschalität zu weitgehend. Doch die Aufarbeitung der Finanzkrise zeigte tatsächlich Fehlentwicklungen auf, die auf Interessenkonflikte auf Seiten der Ratingagenturen zurückzuführen sind. So kam es offenbar vermehrt zu einem sog. „*rating shopping*", d.h. es wurde die Agentur mit einem Rating beauftragt, die das bessere Rating in Aussicht stellte, bzw. es wurden mehrere Ratingagenturen beauftragt und nur die besten Ratings veröffentlicht.[302]

Auch wenn sich *rating shopping* empirisch nur schwer belegen lässt,[303] da die jeweiligen Einzelfälle in der Regel nicht öffentlich werden, so besteht allemal ein grundsätzlicher Anreiz hierzu. Dem könnte zwar auf den ersten Blick entgegenstehen, dass viele Emittenten zugleich als Investoren auftreten und somit

---

298 Vgl. insb. OLG Düsseldorf, ZIP 2010, 28, 32.

299 Siehe § 3.

300 *Zimmer*, Gutachten G zum 68. DJT, S. 75.

301 Vgl. etwa *Richter*, Die Verwendung von Ratings zur Regulierung des Kapitalmarktes, S. 72 ff.

302 Habersack/Mülbert/Schlitt/*Göres*, Hdb Kapitalmarktinformation, § 25, Rn. 17.

303 Ob das von Habersack/Mülbert/Schlitt/*Göres*, Hdb Kapitalmarktinformation, § 25, Rn. 99 geforderte Verbot des *rating shopping* daher praktisch durchsetzbar ist, erscheint fraglich.

grundsätzlich an zutreffenden Ratings und vollständiger und zutreffender Information interessiert sind. Jedoch ist es spieltheoretisch für den einzelnen Akteur ideal, wenn die Ratings anderer Akteure zutreffend sind, das eigene Rating jedoch so gut wie möglich ist.

Zudem besteht mit steigender Komplexität eines Wertpapiers bzw. einer Bonitätsbewertung generell ein Anreiz mehrere Ratings einzuholen, um dann das jeweils Beste zu wählen. Ist die Komplexität der zu beurteilenden Struktur gleich null, ist jedes Rating einfach zu erstellen und tendenziell absolut präzise, sodass das Einholen mehrerer Ratings unnötige Kosten bedeutet. Mit steigender Komplexität steigt jedoch die Wahrscheinlichkeit, dass mehrere Anbieter zu verschiedenen Ratings kommen.[304] Angesichts der hochkomplexen Verbriefungsstrukturen bestand somit ein entsprechender Anreiz. Das Inaussichtstellen von Folgeaufträgen in Abhängigkeit vom Ratingergebnis, oder auch das Inaussichtstellen eines besser dotierten Jobs auf Emittentenseite können zudem wirksame Anreize für die Ratingagenturen bzw. deren Analysten sein, ein im Ergebnis zu positives Rating zu wählen. Zudem haben Untersuchungen auch gezeigt, dass Wertpapiere von Emittenten, in denen die beiden größten Aktionäre von Moody's Berkshire Hathaway und Davis Selected Advisors investiert waren, bessere Ratings von Moody's erhielten als von Standard & Poor's oder Fitch.[305]

b) Rating-Advisory

Einer der Hauptkritikpunkte im Nachgang der Finanzkrise war die Beratung durch Ratingagenturen bei der Strukturierung von Finanzprodukten, das sog. „*rating advisory*". Es besteht hierbei ebenfalls strukturell die Gefahr eines Interessenkonflikts: die Unabhängigkeit der Bewertung einer Struktur, an der man selbst mitgewirkt hat. Ratingagenturen wurden gezielt damit beauftragt, Strukturen zu entwickeln, die gerade noch ein bestimmtes Rating – etwa AAA oder *investment grade* – erhalten. Das *rating advisory* war für die Agenturen äußerst lukrativ und machte einen erheblichen Anteil an deren Gesamtumsatz aus.[306]

Das Ziel der Emittenten war es, möglichst viele Finanzprodukte auf den Markt zu bringen, die mit einem *investment grade* Rating versehen waren, um so insbesondere institutionelle Investoren, wie Banken, Versicherungen

304 Vgl. mit entsprechenden Modellrechnungen *Skreta/Veldkamp*, Ratings Shopping and Asset Complexity, S. 14 ff.

305 Vergleichbares konnte bei Standard & Poor's beobachtet warden, vgl. *Partnoy*, 92 Washington L. Rev. 2017, 1407, 1427 m.w.N.

306 Habersack/Mülbert/Schlitt/*Göres*, Hdb Kapitalmarktinformation, § 25, Rn. 18 f.

oder Investment- und Pensionsfonds als Anleger zu gewinnen, die durch interne oder aufsichtsrechtliche Vorgaben an bestimmte Kreditqualitätsstufen gebunden waren bzw. sind.[307] Es kann heute als gesicherte Erkenntnis gelten, dass Ratingagenturen insbesondere in den USA systematisch mit Emittenten zusammenarbeiteten und diese bei der Strukturierung hochkomplexer strukturierter Finanzprodukte nicht bloß neutral berieten, sondern aktiv mit diesen zusammenarbeiteten und bewusst zu positive Ratings vergaben. Teilweise wurden Platzierungen mit dem einzigen Ziel durchgeführt, noch bessere Ratings von den Ratingagenturen zu erhalten.[308]

Die gerichtliche Aufarbeitung dieser Geschehnisse fiel aufgrund der haftungsrechtlichen Ausgangslage in den USA für die Ratingagenturen sehr günstig aus. Dennoch zeigten einige Prozesse, dass ohne ausreichende Datenbasis hochkomplexe Verbriefungsstrukturen ohne Skrupel mit besten Ratingnoten versehen wurden. Aus diversen e-mails, die in Zivilprozessen als Beweismittel eingeführt wurden, geht hervor, dass Analysten teilweise völlig unsubstantiierte Top-Ratings vergaben.[309] Insbesondere die Klage der USA gegen Standard & Poor's, die Anfang 2015 mit Zahlung einer Rekordvergleichssumme endete,[310] wurde in Bezug auf die Sorgfaltspflichtverstöße insbesondere auf internen e-mail- und Messenger-Verkehr von Standard & Poor's Analysten gestützt.[311] Besondere Bekanntheit erlangte ein bereits auf einer Kongressanhörung 2008 veröffentlichter Chat zwischen zwei Standard & Poor's Mitarbeitern.[312]

Die Beratungsleistungen bestanden weniger darin, einen Emittenten generell zu beraten oder ein bestimmtes Finanzprodukt qualitativ zu verbessern, vielmehr sollte die Ratingagentur in Zusammenarbeit mit dem Emittenten

---

307 Siehe hierzu noch § 12 I. 1., II. 1.

308 Vgl. *Darbellay*, S. 116.

309 *Abu Dhabi Commercial Bank v. Morgan Stanley & Co. Inc.*, 888 F. Supp. 2d 431, 459 (S.D.N.Y. 2012): "For example, in an internal e-mail before the SIV was launched, S & P's lead analyst stated "I had difficulties explaining 'HOW' we got to those numbers since there is no science behind it. (…) Similarly, in an e-mail, a lead analyst for Moody's observed that there was "no actual data backing the current model assumptions" on the Cheyne deal.".

310 Siehe § 28 V. 2.

311 *United States of America v. McGraw Hill Companies, Inc. et. al.*, C.D. Cal. No. CV 13-00779 DOC(JCGx), S. 38 ff., Klage vom 05.02.2013. Siehe http://online.wsj.com/public/resources/documents/sandpcalif0709.pdf.

312 "Btw (by the way) that deal is ridiculous." "I know right…model def (definitely) does not capture half the risk." "We should not be rating it." "We rate every deal. It could be structured by cows and we would rate it." Vgl. http://www.cnbc.com/id/27321998.

von einem gewissen Ziel – in der Regeln einem AAA-Rating – ausgehend ein Produkt strukturieren, statt umgekehrt ein bestehendes Produkt unabhängig zu bewerten.[313] Begünstigt wurde dies dadurch, dass strukturierte Finanzprodukte und insbesondere grundpfandrechtlich besicherte Wertpapiere relativ junge Finanzinnovationen waren, bei denen die Ratingagenturen nur über sehr begrenzte historische Ausfalldaten verfügten, die eine bestimmte Bewertung indiziert hätten.[314]

2. *Oligopolistische Marktstruktur*

Bis heute dominieren die *big three* – Standard & Poor's, Moody's und Fitch den weltweiten Ratingmarkt. Die *big three* haben nach wie vor einen Marktanteil von über 90 %, der aller Regulierung zum Trotz nahezu auf Vorkrisenniveau verharrt.[315] Ein wirksamer Wettbewerb wird durch das fest etablierte Oligopol der *big three* verhindert, oder jedenfalls deutlich erschwert. Ein solches Oligopol birgt zum einen die Gefahr von Preisabsprachen und höheren Preisen für Ratings, zum anderen kann es die Qualität von Ratings senken, ohne durch einen wirksamen Reputationsmechanismus am Markt bestraft zu werden. Da ein Hauptaugenmerk der Untersuchung in Kapitel 2 auf die Stärkung des Wettbewerbes auf dem Ratingmarkt gelegt werden soll, sei auf die dort ausführlich erläuterten Gründe des fehlenden Wettbewerbs und entsprechende Verbesserungsmöglichkeiten verwiesen.[316]

3. *Fehlende Haftung*

Auch die fehlenden Möglichkeiten Ratingagenturen zivilrechtlich in Anspruch zu nehmen wurde als Defizit identifiziert.[317] Während in Deutschland und Europa bisher wenig Rechtsprechung zur zivilrechtlichen Haftung von Ratingagenturen für fehlerhafte Ratings existiert,[318] gab es in den USA immer wieder Prozesse gegen Ratingagenturen. Vor der Finanzkrise waren Ratingagenturen dabei praktisch immun gegen zivilrechtliche Haftungsklagen, da sie sich meist sehr erfolgreich darauf berufen konnten, als Presseorgane den Schutz der Presse- und

---

313 Vgl etwa *Darbellay*, S. 122 ff.

314 Vgl. FCIC, The Financial Crisis Inquiry Report, S. 146 f.

315 Siehe § 5 I.

316 Siehe § 9 II.

317 *Stemper*, S. 182 f.

318 Siehe § 14 II.

Meinungsfreiheit zu genießen und daher nur unter sehr hohen Voraussetzungen („*actual malice*") haftbar zu machen („*first amendment defense*").[319]

Wie sich noch zeigen wird, ist aber auch abgesehen davon generell festzustellen, dass Ratingagenturen von einem rein haftungsrechtlichen Ausgangspunkt zu positiven Ratings neigen könnten. Denn Emittenten gegenüber können Ratingagenturen grundsätzlich auf Basis des Ratingvertrages haften, während Anlegern gegenüber keine vertragliche Bindung besteht. Die Tatsache, dass Ratings letztlich dem Investor zugutekommen sollen und Ratingagenturen daher innerhalb einer Prinzipal-Agent-Struktur eigentlich die Agenten der Investoren sind, wird daher nicht nur durch die Bezahlung durch den Emittenten, sondern auch durch diese haftungsrechtliche Ausgangssituation erheblich verzerrt.[320]

4. *Mangelhafter Ressourceneinsatz*

Ein weiterer Kritikpunkt war der zu geringe Personal- und Ressourceneinsatz der Ratingagenturen insbesondere bei der Bewertung komplizierter Verbriefungsstrukturen.[321] Es ist belegt, dass der wachsende Markt für strukturierte Finanzprodukte und somit auch derjenige für Ratings solcher Produkte keine ausreichende Personalaufstockung in den zuständigen Abteilungen der Ratingagenturen mit sich brachte.[322] Hochrangige Manager von Moody's gaben gegenüber der FCIC zu, permanent unterbesetzt gewesen zu sein; aus Profitgründen, oder aber weil die Emittentenseite ständig Personal abwarb.[323] Die Möglichkeiten zu tiefgehender Risikoanalyse seien daher signifikant eingeschränkt gewesen.[324]

5. *Intransparentes Ratingverfahren*

Der Vorwurf mangelnder Transparenz des Ratingverfahrens ist schon alt.[325] Zwar führt ein intransparentes Ratingverfahren nicht zwingend zu einem fehlerhaften Rating, jedoch ist eine zumindest partielle Offenlegung ein Anreiz,

319 Siehe hierzu ausführlich § 27.

320 *Wagner* in: FS Blaurock, 467, 479.

321 *Pukropski*, S. 129; *Wappenschmidt*, Ratinganalyse, S. 32.

322 FCIC, The Financial Crisis Inquiry Report, S. 149 f.

323 FCIC, The Financial Crisis Inquiry Report, S. 149 f.

324 „We were underresourced (…)"; „(the amount of deals) huge (…) but our personal did not go up accordingly"; „We had almost no ability to do meaningful research", FCIC, The Financial Crisis Inquiry Report, S. 149 f.

325 Vgl. *Habersack*, ZHR 169 (2005), 185, 197; *Vetter*, WM 2004, 1701, 1706.

erhöhte Sorgfalt walten zu lassen, da ein Verschulden so leichter aufgedeckt werden kann. Hierbei gilt es jedoch grundsätzlich auch das Interesse der Ratingagenturen an der Wahrung von Geschäftsgeheimnissen zu respektieren, da deren Arbeit ansonsten die Geschäftsgrundlage entzogen wäre.[326] Hiervon geht nun auch der Unionsgesetzgeber aus. Art. 8 Abs. 1 Rating-VO statuiert eine Veröffentlichungspflicht der dem Ratingverfahren zugrunde gelegten Annahmen, Methoden und Modelle. Vor der Finanzkrise galt das Ratingverfahren jedoch als völlige „black-box".[327]

6. *Mangelhafte Ratingmethodik*

Die FCIC titelt in den Abschnitten des Financial Crisis Inquiry Report, die sich mit der Ratingmethodik der Ratingagenturen zur Bewertung strukturierter Finanzprodukte befassen: „Given a blank check"[328] und „Achieved through some alchemy".[329] Gerade die Bewertung von Verbriefungen stellte sich im Nachhinein als defizitär heraus. Auch im Dodd-Frank Act, dem maßgeblichen Regelwerk zur Aufarbeitung der Finanzkrise,[330] finden sich insofern deutliche einleitende Worte: Ratings seien in der Finanzkrise erwiesenermaßen ungenau gewesen und hätten signifikant zum Missmanagement von Risiken auf Benutzerseite beigetragen und sowohl der US- als auch der Weltwirtschaft geschadet (Sec. 931(5) Dodd-Frank Act).

Ein Problem bei der Bewertung der Ausfallwahrscheinlichkeit strukturierter Wertpapiere war zunächst, dass es sich hierbei um relativ junge Wertpapiere handelte, bei denen eine geringe historische Datenbasis, insbesondere im Hinblick auf die zugrunde liegenden Kreditportfolios, bestand.[331] Aufgrund der geringen historischen Daten zu ABS, die überhaupt nur steigende Immobilienpreise als Basis hatten, kam der qualitativen Analyse – also dem subjektiven Urteil des Ratingkomitees – eine besondere Bedeutung zu. Bei den Analysten herrschte jedoch angesichts der bisherigen Entwicklung des Marktes und der erzielten Umsätze offenbar ein ausgeprägter Zweckoptimismus, der die sich abzeichnenden Risiken offenbar bewusst ignorierte. Trotz teilweiser interner Bedenken, ob die zugrunde liegenden Annahmen und angewandten Ratingmethoden

326 *Pukropski*, S. 125; *Schuler*, S. 80 f.
327 *Wappenschmidt*, Ratinganalyse, S. 3 m.w.N.
328 FCIC, The Financial Crisis Inquiry Report, S. 118.
329 FCIC, The Financial Crisis Inquiry Report, S. 146.
330 Siehe hierzu ausführlich § 11 III.
331 Vgl. FCIC, The Financial Crisis Inquiry Report, S. 146 f.

tatsächlich ausreichend akkurat und zutreffend waren, kam es letztlich nie zu durchgreifenden Initiativen einen entsprechenden „*look through*" auf die ursprüngliche Liquiditäts- und Risikoquelle – die Immobilienkredite – durchzuführen.[332] Aufgrund des jahrelangen Booms im Immobiliensektor wurde ein Ausfall von Immobilienkrediten mit darauffolgendem Wertverfall von Immobilien und entsprechenden Grundpfandrechten regelrecht ignoriert und es kam zu keinen Anpassungen der Modelle, bis die Risiken nicht mehr zu ignorieren waren.[333]

Die Ratingagenturen versagten hierbei offenbar gerade in dem Punkt, in dem sie den Investoren entscheidende Analysetätigkeit abnehmen sollten: bei der Analyse der Werthaltigkeit der den Finanzprodukten zugrunde liegende Assets.[334] Insbesondere bei Mehrfachverbriefungen kam es letztlich zu keiner Bewertung der Risiken auf der Ebene der Immobilienkredite.[335]

Dass ein Pooling und eine anschließende Verbriefung von Zahlungsansprüchen gegen *subprime*-Schuldner nicht zu einer Ausgabe von bis zu 80 % AAA-gerateten ABS-Tranchen führen kann, selbst dann nicht, wenn man niedriger bewertete Tranchen bildet, die die Hauptrisiken tragen, gehört zu den einfachen und bitteren Lehren komplexer Finanzmathematik.[336]

7. *Mangelhafte Ratingüberwachung*

Doch nicht nur an der Methodik für die erstmaligen Ratings wurde Kritik laut, insbesondere nicht oder zu spät erfolgende Herabstufungen wurden Ratingagenturen vorgeworfen. Bereits im Enron-Fall gab es entsprechende Herabstufungen erst vier Tage vor der Insolvenz.[337] Erst eine Woche bevor Bear Stearns als erste Großbank bekannt gab, dass ihre in ABS investierenden Fonds praktisch wertlos seien, kam es zu Herabstufungen von ABS seitens der Ratingagenturen.[338] Auch die Insolvenz von Lehman Brothers wird immer wieder als Beispiel für

---

332 Vgl. die Aussagen des ehemaligen Leiters der CDO-Sparte von Moody's *Witt*: FCIC, The Financial Crisis Inquiry Report, S. 146 f.

333 Vgl. FCIC, The Financial Crisis Inquiry Report, S. 121: „We talked about everything (…), but the elephant sitting on the table".

334 FCIC, The Financial Crisis Inquiry Report, S. 149.

335 Vgl. FCIC, The Financial Crisis Inquiry Report, S. 146 f.

336 „They convinced investors that 80 % of a collection of toxic subprime tranches were the ratings equivalent of U.S. Government bonds", FCIC, The Financial Crisis Inquiry Report, S. 148.

337 Vgl. *Pukropski*, S. 17.

338 Vgl. *Andrieu*, S. 16.

eine verspätete Ratinganpassung genannt.[339] Hier bewertete Standard & Poor's Lehman Brothers drei Tage vor der Insolvenz noch mit „A".[340] Es bestand generell ein starker Anreiz dazu, die internen Ressourcen primär auf das Neugeschäft zu konzentrieren, da die Gebühren für Erstratings diejenigen für die laufende Ratingüberwachung deutlich überstiegen.[341]

8. *Übermäßige regulatorische Indienstnahme*

Als weitere Ursache wurde die übermäßige regulatorische Inanspruchnahme von Ratings durch den Gesetzgeber (sog. Regulierung durch Ratings) angesehen. Auf die regulatorische Indienstnahme von externen Ratings in der EU und den USA und die diesbezüglichen aktuellen Entwicklungen wird an anderer Stelle noch ausführlich einzugehen sein. Im Nachgang der Finanzkrise herrschte zunächst ein allgemeiner Konsens, dass die zahlreichen Bezugnahmen auf externe Ratings vor allem im Bank- und Versicherungsaufsichtsrecht zu einem übermäßigen Vertrauen in diese Ratings und zu mangelnder eigener Risikoeinschätzung seitens vieler Finanzmarktakteure geführt hat. Das Financial Stability Board (FSB)[342] forderte 2010 eine grundsätzliche Abkehr von der regulatorischen Indienstnahme von Ratings.[343] Das FSB sieht in der regulatorischen Indienstnahme, die Gefahr von Klippeneffekten und Herdenverhalten, wenn viele Marktteilnehmer gezwungen sind, auf Ratingveränderung in der gleichen Weise (etwa durch Verkauf von Wertpapieren) zu reagieren.[344] Das FSB empfahl daher die Streichung bzw. die weitestgehende Reduzierung von Ratingbezugnahmen in Gesetzen, Verordnungen und Erlassen, sodass sich Marktteilnehmer nicht mehr ausschließlich und automatisch auf Ratings verlassen.[345] Während in den USA im Zuge des Dodd-Frank Acts tatsächlich die Ratingbezugnahmen aus dem US-Bundesrecht gestrichen wurden,[346] tat sich der Unionsgeber deutlich

339 Vgl. etwa *Möllers/Wecker* in Gerechtigkeitsfragen in Gesellschaft und Wirtschaft, 205, 227.

340 *Möllers/Wecker* in Gerechtigkeitsfragen in Gesellschaft und Wirtschaft, 205, 227.

341 Habersack/Mülbert/Schlitt/*Göres*, Hdb Kapitalmarktinformation, § 25, Rn. 27.

342 Das FSB besteht aus Entscheidungsträgern aus Finanzministerien, Zentralbanken und Aufsichtsbehörden der G20-Staaten und arbeitet Leitlinien und Prinzipien aus, an denen sich die nationalen Gesetzgeber orientieren sollen, um weltweit regulatorische Mindeststandards im Finanzaufsichtsrecht zu etablieren, vgl. http://www.fsb.org/about/.

343 FSB, Principles for Reducing Reliance on CRA Ratings, 2010, abrufbar unter: http://www.fsb.org/wp-content/uploads/r_101027.pdf?page_moved=1.

344 FSB, Principles for Reducing Reliance on CRA Ratings, 2010, S. 1.

345 FSB, Principles for Reducing Reliance on CRA Ratings, 2010, S. 1 ff.

346 Siehe hierzu § 13 I.

schwerer damit, auf die Regulierungsfunktion des externen Ratings zu verzichten. Die im Zuge der Basel III-Reformen angestrebte Abkehr von der übermäßigen regulatorischen Indienstnahme von Ratings[347] beruht im Wesentlichen auf der im Basel II-System begründeten automatischen Bezugnahme auf externe Ratings im Rahmen der Ermittlung der Eigenmittelanforderungen von Kreditinstituten. So stellt etwa Erwägungsgrund 71 der CRD-IV-Richtlinie[348] fest: „Die Richtlinien 2006/48/EG und 2006/49/EG[349] sind einer der Hauptfaktoren für die übermäßige Nutzung von externen Bonitätsbeurteilungen." Wie sich noch zeigen wird, hat sich in der EU aber in Bezug auf die regulatorische Indienstnahme von Ratings auch nach Basel III wenig geändert.[350]

Zusammenfassung Kapitel 1

Ratingagenturen spielen an den Kapitalmärkten eine zentrale Rolle als Informationsintermediäre. Durch ihr komprimiertes Urteil sind Investoren weltweit in der Lage sich rasch ein Urteil über die Bonität einer bestimmten Partei zu bilden. Im Rahmen der Tätigkeit von Ratingagenturen ist insbesondere zwischen beauftragtem und unbeauftragtem Rating sowie zwischen Emmisions- und Emittenten- bzw. Unternehmensrating zu unterscheiden. Neben der Marktzugangsfunktion für den Emittenten und der Informationsfunktion für den Anleger haben Ratings auch eine gesamtwirtschaftliche und eine regulatorische Funktion. Denn zum einen tragen sie dazu bei, mehrfache Bonitätsanalysen zu vermeiden und zum anderen nehmen insbesondere in der EU regulatorische Vorschriften im Finanzaufsichtsrecht auf Ratings Bezug. Die US-amerikanischen Ratingagenturen Standard & Poor's, Moody's und Fitch dominieren seit Jahrzehnten nahezu unverändert den Ratingmarkt. In der Finanzkrise der Jahre 2007 bis 2009 spielten Ratingagenturen eine zentrale Rolle, da sie die weltweite Verbreitung von verbrieften Hypothekenkrediten aus den USA durch inflationäre Ratings befeuerten. Als Gründe hierfür konnten im Nachhinein insbesondere Interessenkonflikte, die oligopolistische Marktstruktur, ein unzureichendes Haftungsregime, mangelhafter Ressourceneinsatz und die fehlende staatliche Regulierung des Ratingwesens identifiziert werden. Letzteres änderte sich alsbald im Nachgang der Finanzkrise, worauf im Folgenden eingegangen wird.

---

347 Siehe hierzu § 12 I. 4., 5.

348 RL 2013/38/EU v. 26.06.2013, ABl. (EU) L 176/338 v. 27.06.2013.

349 Diese Richtlinien bilden den Basel II-Rechtsrahmen in der EU, vgl. dazu noch ausführlich § 12 I.

350 Siehe § 12 I. 6.

Kapitel 2: Rating und hoheitliche Regulierung: Regulierung des Ratings und Regulierung durch Ratings

Abschnitt 1: Regulierung von Ratingagenturen

§ 9 Die Notwendigkeit staatlicher Regulierung

Die Regulierung des Ratingwesens durch die Ratingverordnung stellte die zentrale gesetzgeberische Aktion auf die Erfahrungen in der Finanzkrise dar. Mit ihr endete in der EU die Ära der Selbstregulierung des Ratingwesens. Die Genese der hoheitlichen Ratingregulierung erklärt sich nicht nur vor dem Hintergrund der Erfahrungen in der Finanzkrise, sondern auch vor dem Hintergrund der als mangelhaft empfundenen Steuerungswirkung des Wettbewerbs und der unzureichenden Selbstregulierung der Ratingagenturen durch das IOSCO-Regelwerk.[351] Um die Ratingverordnung und insbesondere auch die Notwendigkeit staatlicher Regulierung einzuschätzen, sind zunächst die Wirksamkeit und Grenzen von Wettbewerb und Selbstregulierung im Ratingwesen zu untersuchen.

I. Die freiwillige Selbstregulierung von Ratingagenturen und ihre Defizite

1. Die internationale Vereinigung der Wertpapieraufsichtsbehörden

Die rechtstheoretische Einordnung von IOSCO als Zusammenschluss internationaler Wertpapieraufsichtsbehörden ist nicht eindeutig. Es handelt sich bei ihr weder um eine internationale Organisation im völkerrechtlichen Sinne, da sie zum einen nicht über die klassischen Gründungsmerkmale eines Völkerrechtssubjekts – insbesondere eines Gründungsstatus – verfügt

---

351 Die *International Organisation of Securities Commissions* (IOSCO) wurde 1983 gegründet und hat ihren Sitz in Madrid. Ihr gehören die Wertpapieraufsichtsbehörden von derzeit 115 Jurisdiktionen an, vgl. https://www.iosco.org/about/?subsection=about_iosco.

und nicht die Staaten selbst die Mitglieder sind, noch um eine Nichtregierungsorganisation (NGO), da ihr nationale Behörden angehören.[352]

Für die vorliegende Untersuchung kann eine abschließende rechtstheoretische Einordnung von IOSCO und ihren Regelwerken offenbleiben. Die IOSCO-Regelwerke entfalten weder für ihre Mitglieder, die jeweiligen nationalen Aufsichtsbehörden, noch für ihre Adressaten, die Ratingagenturen, unmittelbare rechtliche Wirkung und sind auch nicht durchsetz- oder sanktionierbar.[353] Ihre Umsetzung soll vielmehr durch den Wettbewerbsdruck mittels des *comply-or-explain*-Mechanismus (s.u.) sichergestellt werden.

Der Ratingsektor hat angesichts des Kreuzfeuers der Kritik, in das Ratingagenturen spätestens im Zuge der Finanzkrise geraten sind, eine erstaunlich lange Periode der Selbstregulierung erlebt. Der Selbstregulierung wurde dabei stets zugutegehalten, dass sie flexibler im Hinblick auf aktuelle Marktentwicklungen und die verschiedenen Ratingagenturen sei und zudem eine niedrigere Marktzutrittsschwelle darstelle als hoheitliche Regulierung.[354] Die Geschehnisse im Zuge der Finanzmarktkrise zeigten jedoch auch die Grenzen der Selbstregulierung auf.

2. Der IOSCO-Kodex als Vorläufer der hoheitlichen Regulierung

a) Die IOSCO-Grundsätze

Der IOSCO-Verhaltenskodex für Ratingagenturen, der „*Code of Conduct Fundamentals for Credit Rating Agencies*“[355] aus dem Jahr 2004 baute auf den IOSCO-Grundsätzen für Ratingagenturen, dem „*Statement of Principles regarding the Activities of Credit Rating Agencies*“[356] auf. Die IOSCO-Grundsätze sollten dabei grobe Leitlinien für qualitativ hochwertige Ratings und deren Verbesserung sein. IOSCO[357] ließ dabei bewusst offen, ob die Grundsätze am besten durch staatliche Regulierung, interne Selbstverpflichtungen der Agenturen, oder einer Kombination hieraus, umgesetzt werden sollten.[358] Die Grundsätze gliedern sich

352 *Rost*, Die Herausbildung transnationalen Wirtschaftsrechts, S. 150.

353 Vgl. nur *Rost*, Die Herausbildung transnationalen Wirtschaftsrechts, S. 150.

354 Vgl. *Darbellay*, Regulating Credit Rating Agencies, S. 65 f.

355 IOSCO, Code of Conduct 2004, abrufbar unter: http://www.iosco.org/library/pubdocs/pdf/IOSCOPD180.pdf.

356 IOSCO, Statement of Principles 2003, abrufbar unter: https://www.iosco.org/library/pubdocs/pdf/IOSCOPD151.pdf.

357 Genauer: Das IOSCO *Technical Committee.*

358 IOSCO, Statement of Principles, S. 1 f.

in vier Abschnitte, Qualität und Integrität des Ratingprozesses (1.), Unabhängigkeit und Interessenkonflikte (2.), Transparenz und Aktualität von Ratingveröffentlichungen (3.) sowie Vertraulichkeit von Informationen (4.). Obwohl die Grundsätze sehr allgemein gehalten sind, enthalten sie doch zweifellos gewisse Mindeststandards für das externe Rating.

Im ersten Abschnitt „Qualität und Integrität des Ratingprozesses" finden sich unter anderem die Forderungen, dass Ratings auf einer gründlichen, systematischen und auf historischen Daten aufbauenden Analyse aufbauen sollten (1.1.), Ratingagenturen Ratings laufend überwachen und wenn nötig ändern müssen (1.2.) und ausreichende Ressourcen (1.4.), insbesondere ausreichend qualifiziertes Personal, was auf der Grundlage von entwickelten Modellen seine Analysen durchführt (1.5.), zur Durchführung des Ratingprozesses vorhalten müssen. Punkt 2 „Unabhängigkeit und Interessenkonflikte" der Principles beginnt mit dem Leitsatz, dass Ratingentscheidungen frei von politischem oder wirtschaftlichem Druck oder Interessenkonflikten der Analysten sein sollten. Der *issuer-pays*-Konflikt wird direkt adressiert: Ratings sollten nicht durch aktuelle oder potenzielle Geschäftsbeziehungen zum Emittenten beeinflusst (2.2.) und die Vergütungsstruktur mit dem Emittenten offengelegt werden (2.6). Der Abschnitt, der die Transparenz des Ratingverfahrens adressiert (3.), legt unter anderem fest, dass Ratingagenturen ausreichende Informationen über ihre Verfahren und Modelle offenlegen sollten, sodass Dritte nachvollziehen können, wie es zum jeweiligen Rating kam (3.3). Unbeauftragte Ratings sollten ausdrücklich als solche gekennzeichnet werden (3.5.). Schließlich wird – kurz – betont, dass Ratingagenturen alle nicht-öffentlichen Informationen, die sie vom Emittenten erhalten, geheim halten und nur zum Zwecke des Ratingverfahrens nutzen sollten (4.).

b) Code of Conduct Fundamentals for Credit Rating Agencies

Da die IOSCO-Grundsätze jedoch sehr allgemeiner Natur waren, wurde aus den Reihen der Wissenschaft und Aufsichtsbehörden, sowie einiger Ratingagenturen gefordert, ein detaillierteres Regelwerk auf den Weg zu bringen, um die Umsetzung der IOSCO-Grundsätze in die Praxis zu vereinfachen.[359] IOSCO betont hierbei stets, dass auch die im *Code of Conduct* präzisierten Vorschriften Raum für die verschiedenen Geschäftsmodelle unterschiedlicher Agenturen bieten sollen. Die Effektivität der Selbstregulierung durch agentureigene Verhaltenskodizes soll dabei über den *comly-or-explain*-Mechanismus erreicht werden: wenn

359 IOSCO, Code of Conduct 2004, S. 2.

eine Ratingagentur vom IOSCO-Kodex abweicht, so soll sie dies kenntlich machen und erläutern, ob und wie die Ziele des *Code of Conduct* im Ergebnis doch erreicht werden.[360]

Inhaltlich und strukturell baut der *Code of Conduct* dabei auf den *Principles* auf. Die ersten beiden Abschnitte „Qualität und Integrität des Ratingprozesses" sowie „Unabhängigkeit und Interessenkonflikte" sind ebenso benannt wie in den *Principles.* Hinzu kommen die Abschnitte „Verantwortung gegenüber Investoren und Emittenten" sowie „Behandlung von vertraulichen Informationen".[361] Da der *Code of Conduct* eine wichtige Blaupause für die der Finanzkrise folgende hoheitliche Regulierung darstellte, soll an dieser Stelle auf einen kursorischen Überblick nicht verzichtet werden. Auffällig ist, dass viele der teils heute noch kritisierten tatsächlichen oder vermeintlichen Defizite im Ratingwesen, wie mangelnde Transparenz, fehlender Ressourceneinsatz, oder Interessenkonflikte im IOSCO-*Code of Conduct* bereits recht eindeutig adressiert wurden.

Gemäß den Ziffern 1.1 – 1.3 des *Code of Conduct* sollen Ratingagenturen konsistente, auf historischen Werten basierende Verfahren anwenden, wobei stets alle der Ratingagentur verfügbaren Informationen ausgewertet werden sollen und der jeweilige Analyst dabei nach den von der Ratingagentur entwickelten Methodologien vorgehen sollte. Ziffer 1.7 mahnt den ausreichenden Einsatz von Ressourcen, insbesondere ausreichend qualifiziertem Personal, an. Hinsichtlich der Aktualität und Überwachung von Ratings schreibt Ziffer 1.9 vor, dass, solange nicht eindeutig gekennzeichnet ist, dass das Rating nicht überwacht wird, Ratings laufend überwacht werden sollen und ein Ratingupdate insbesondere dann geprüft werden soll, wenn die aktuellen Umstände eine Ratingänderung vernünftigerweise möglich erscheinen lassen. Ratings die nicht mehr überwacht werden sollen ebenfalls entsprechend gekennzeichnet werden (1.10). Die Ziffern 1.11 – 1.16 enthalten einige grobe Compliancevorgaben, wie etwa, dass Ratingagenturen und ihre Angestellten vorab keine Garantie für ein bestimmtes Rating in Aussicht stellen dürfen, wobei voraussichtliche Einschätzungen („*prospective assessments*"), die insbesondere im Bereich strukturierter Finanzprodukte Verwendung finden, davon ausgenommen sind (1.14). Ratingagenturen sollen ferner einen Compliancebeauftragten haben, der erfolgsunabhängig zu bezahlen ist (1.15) und an den sich Mitarbeiter wenden können, wenn sie von illegalem Verhalten oder Verstößen gegen den *Code of Conduct* der Ratingagentur erfahren (1.16).

---

360 IOSCO, Code of Conduct 2004, S. 2.

361 IOSCO, Code of Conduct 2004, S. 4 ff.

Der zweite Abschnitt „Unabhängigkeit und Interessenkonflikte" adressiert die vielfach kritisierten Interessenkonflikte, die bei der Bewertung eines Emittenten auftreten können. Ziffer 2.4 mahnt an, dass ein Rating nicht vom Fortbestehen oder der Anbahnung einer Geschäftsbeziehung zwischen der Ratingagentur und dem Emittenten beeinflusst sein sollte.[362] Ferner geht der *Code of Conduct* in Ziffer 2.5 auf einen wichtigen potenziellen Interessenkonflikt ein: die Trennung zwischen Prüfungs- und Beratungsleistungen. So sollen Ratingagenturen rechtlich und operativ das Ratinggeschäft mit seinen Analysten von anderen Geschäftsbereichen, insbesondere dem Beratungsgeschäft, trennen und Maßnahmen in die Wege leiten, um derartige Interessenkonflikte zu minimieren.

Auch auf der Ebene der Mitarbeiter werden Ratingagenturen angehalten, potenziellen Interessenkonflikten vorzubeugen. So sollen Ratinganalysten weder Anteile oder andere Wertpapiere des Emittenten halten, noch vor dem Ratingprozess für diesen gearbeitet, oder mit einem Mitarbeiter des Emittenten direkt verwandt sein (2.13,14). Selbst eine Beziehung zu einem Mitarbeiter des Emittenten soll dem Vorgesetzten offengelegt werden, wenn sie die Gefahr eines potenziellen Interessenkonfliktes darstellt (2.16).

Der dritte Abschnitt des *Code of Conduct* „Verantwortung gegenüber Investoren und Emittenten" behandelt Transparenz- und Vertraulichkeitsgebote. Vor allem die Regelungen zu Transparenz und Aktualität des Ratings fallen vergleichsweise detailliert aus. So werden Ratingagenturen dazu angehalten, ihre Ratingentscheidungen rechtzeitig zu veröffentlichen (3.1) und anzugeben, wann das Rating zuletzt aktualisiert wurde (3.2). Hinsichtlich des Zustandekommens des Ratings sollen die Agenturen ausreichend Informationen über ihre Verfahren und Methodologien sowie dem Rating zugrundeliegende Annahmen veröffentlichen, sodass Außenstehende nachvollziehen können, wie ein Rating zustande kommt, was auch die Bedeutung der einzelnen Ratingkategorien umfasst (3.5). Ein für den Emittenten wichtiger Punkt ist Ziffer 3.7, wonach Ratingagenturen dazu angehalten sind, wenn möglich und angemessen, vor der Veröffentlichung eines Erst- oder Folgeratings den Emittenten über das Rating zu informieren und diesem Gelegenheit zur Stellungnahme zu geben. Die Transparenz erhöhen soll auch die in 3.8 ausgesprochene Empfehlung die historischen Ausfallraten der jeweiligen Ratingkategorien zu veröffentlichen, um die

---

362 Gemeint sind hiermit zu günstige (Folge-)Ratings, die vergeben werden um die Geschäftsbeziehung aufrecht zu halten und zum anderen zu negative unbeauftragte Ratings, die vergeben werden um eine Geschäftsbeziehung mit einem günstigeren beauftragten (und bezahlten) Rating zu etablieren.

Ausfallwahrscheinlichkeit der jeweiligen Ratingkategorien besser vergleichen zu können, was auch einen besseren Vergleich zwischen verschiedenen Ratingagenturen ermöglichen soll. Gemäß Ziffer 3.9 sollen unbeauftragte Ratings als solche gekennzeichnet werden und die Vorgehensweise im Hinblick auf solche Ratings veröffentlicht werden. Schließlich sollen Ratingagenturen auch wesentliche Änderungen in Bezug auf ihre Ratingverfahren und -methodologien veröffentlichen, wenn möglich vor entsprechenden Ratingänderungen, damit es nicht zu unnachvollziehbaren Ratingänderungen kommt.[363] Die weiteren Ziffern 3.11 – 3.18 enthalten Vorschriften über die Vertraulichkeit und Geheimhaltung von Informationen, insbesondere solcher, die die Ratingagenturen und ihre Mitarbeiter im Rahmen des Ratingverfahrens vom Emittenten erhalten.

Der vierte und letzte Abschnitt des *Code of Conduct* behandelt die Offenlegung der agentureigenen Verhaltenskodizes sowie die Kommunikation mit Marktteilnehmern. In Ziffer 4.1 wird der *comply-or-explain* Mechanismus, der dem rechtlich nicht bindenden *Code of Conduct* faktische Geltung verschaffen soll, beschrieben. Hiernach sollen Ratingagenturen ihre agentureigenen Verhaltenskodizes veröffentlichen und beschreiben, wie sie die Vorgaben der *Principles* und des *Code of Conduct* umsetzen und, falls sie hiervon abweichen, erläutern, warum dies der Fall ist und ob bzw. wie die Ziele des *Code of Conduct* im Ergebnis doch erreicht werden. Die Ratingagenturen sollen zudem generell beschreiben, wie sie die Ziele des *Code of Conduct* erreichen wollen und Änderungen ihrer agentureigenen Kodizes rechtzeitig anzeigen.

3. Änderungen des IOSCO-Kodex im Zuge der Finanzmarktkrise

Die Erfahrungen in der Finanzmarktkrise führten seitens IOSCO zu einer Untersuchung der Rolle der Ratingagenturen auf dem Markt für strukturierte Finanzierungen,[364] sowie zu einer Überarbeitung des *Code of Conduct*, der im Mai 2008 veröffentlicht wurde. Die Änderungen betreffen vor allem Ratings von strukturierten Finanzprodukten. Im ersten Abschnitt „Qualität und Integrität des Ratingprozesses" wurden drei Ziffern hinzugefügt. 1.7-1 sowie 1.7-2 halten die Ratingagenturen eher generell zu sorgfältigerer Arbeit und stringenteren internen Review-Prozessen an. 1.7-3 reagiert indes auf ein wesentliches in der

363 So wie 2003 im Fall von ThyssenKrupp, siehe hierzu bereits § 6 II. 2.

364 Vgl. IOSCO, The Role of Credit Rating Agencies in Structured Finance Markets, abrufbar unter: http://www.iosco.org/library/pubdocs/pdf/IOSCOPD270.pdf. Anders als der Report der FCIC ist diese Untersuchung jedoch verhältnismäßig allgemein gehalten.

Finanzkrise aufgetretenes Defizit: Ratingagenturen werden aufgefordert zu prüfen, ob ihre bestehenden Modelle für strukturierte Finanzprodukte, für den Fall, dass die Risiken in den zugrunde liegenden Assets sich wesentlich verändern, angemessen sind. Im Unterabschnitt „Überwachung und Aktualisierung“ wird im überarbeiteten *Code of Conduct* in Ziffer 1.9 vorangeschickt, dass ausreichend personelle und finanzielle Ressourcen für die Überwachung und Aktualisierung vorgehalten werden sollen. In 1.14-1 werden Ratingagenturen dazu aufgefordert, ihren Analysten zu verbieten, Vorschläge oder Empfehlungen zur Strukturierung von Finanzprodukten zu unterbreiten, die die Ratingagentur bewertet. In 2.17 werden Ratingagenturen dazu angehalten, Überprüfungsverfahren für Fälle zu entwickelten, in denen ein Analyst zu einem Emittenten wechselt, an dessen Bewertung er vorher beteiligt war. In 3.3 wurde die Aufforderung hinzugefügt offenzulegen, welche Ratingmethodologie angewendet wurde und wo eine Beschreibung selbiger einzusehen ist. Weitere neue Transparenzvorschriften im dritten Abschnitt des überarbeiteten *Code of Conduct* betreffen strukturierte Finanzprodukte. So sollen Ratingagenturen offenlegen, wie sehr ein Rating eines strukturierten Finanzproduktes von den Risiken in den zugrunde liegenden Assets abhängt und Angaben zur Verlust- und zur Cash-Flow-Analyse machen (3.5 a). Ratingagenturen werden sogar dazu angehalte, für strukturierte Finanzprodukte andere Ratingsymbole als für klassische Industrieanleihen zu schaffen (3.5 b). Der agentureigene Verhaltenskodex sowie weiterführende Informationen über Ratingmethodologien und historische Daten sollen von nun an auf der agentureigenen Internetpräsenz veröffentlicht werden (4.3).

4. *Implementierung durch die Ratingagenturen*

Wie bereits ausgeführt, soll der IOSCO-*Code of Conduct* durch die Ratingagenturen in agentureigene Verhaltenskodizes umgesetzt werden. Die Umsetzung wurde bereits vor der Finanzkrise von IOSCO sowie seitens des Ausschusses der europäischen Aufsichtsbehörden für das Wertpapierwesen (CESR) evaluiert. Ein Bericht des CESR, veröffentlicht unmittelbar vor der Zuspitzung der Finanzkrise im Dezember 2006,[365] untersucht dabei ausführlich die Übereinstimmung und Unterschiede der agentureigenen Verhaltenskodizes mit den IOSCO Vorgaben.

---

365 CESR's Report to the European Commission on the compliance of Credit Rating Agencies with the IOSCO Code, abrufbar unter https://www.esma.europa.eu/sites/default/files/library/2015/11/06_545.pdf.

Das Ergebnis lautet dabei „CESR concludes that CRAs codes comply to a large extent with the IOSCO Code.“[366]

Letztlich ist zu unterscheiden zwischen der formalen Umsetzung der IOSCO Vorgaben und ihrer tatsächlichen Umsetzung. Denn auf formaler Ebene stimmen die agentureigenen Verhaltenskodizes tatsächlich weitestgehend mit den IOSCO Vorgaben überein. Die tatsächliche Umsetzung in der Praxis – etwa ob bei der Bewertung strukturierter Finanzprodukte ausreichend Personal eingesetzt und ausreichend tiefgehende Analysen durchgeführt wurden – kann und konnte IOSCO gar nicht überprüfen. Hier stößt das Konzept der freiwilligen Selbstverpflichtung an seine Grenzen.

5. *Effektivität der Selbstregulierung*

Führt man sich die Defizite im Ratingwesen im Vorfeld der Finanzkrise vor Augen,[367] fällt auf, dass diese bereits 2003 von den IOSCO-*Principles* bzw. 2004 durch den IOSCO-*Code of Conduct* adressiert wurden. Die beschriebenen Defizite im Ratingwesen während und im Vorfeld der Finanzkrise stellten sich nämlich zum einen als strukturelle Probleme – wie etwa Interessenkonflikte, mangelnder Ressourceneinsatz oder fehlender Transparenz – und zum anderen als branchenspezifischen Defizite im Bereich der Bewertung strukturierter Finanzprodukte[368] – fehlende historische Datenbasis, mangelnde Untersuchung der Risiken in den zugrunde liegenden Assets, unreife Methodologien – dar. Insbesondere die genannten strukturellen Defizite wurden aber bereits im Vorfeld durch die IOSCO-Regelwerke adressiert. Und so stellen sich die oben beschriebenen Änderungen des *Code of Conduct* 2008 angesichts der in der Finanzkrise zu Tage getretenen Defizite im Ratingwesen zwar durchaus als inhaltlich konsequente Reaktion dar, ihre tatsächliche Umsetzung in der Praxis, abseits des *comply-or-explain*-Mechanismus, kann IOSCO, vor allem mangels entsprechender Sanktionsmechanismen, jedoch nach wie vor nicht überprüfen und garantieren. Im Übrigen schreibt der *Code of Conduct* keine spezifischen Ratingmethoden und -verfahren für ein Rating vor, die Vorschriften bleiben – auch nach der Überarbeitung 2015, s.u. – vielmehr allgemeine institutionelle und prozessuale Sorgfaltsstandards.[369] Man mag auch dies als Defizit des *Code of Conduct*

---

366 CESR's Report to the European Commission on the compliance of Credit Rating Agencies with the IOSCO Code, S. 4.

367 § 8 II., III.

368 Dies betont etwa *Darbellay*, Regulating Credit Rating Agencies, S. 66.

369 *Richter*, Die Verwendung von Ratings zur Regulierung des Kapitalmarkts, S. 201.

ansehen, wie an anderer Stelle aber noch zu erläutern ist,[370] muss das genaue Verfahren der Bonitätsbewertung aber letztlich auch im Ermessen der Ratingagentur und im Wettbewerb der Ratingagenturen untereinander stehen. Selbst wenn man detaillierte Vorgaben für sinnvoll erachten würde – was einer Art Verstaatlichung des Ratingverfahrens gleichkäme –, Vorgaben für die freiwillige Selbstregulierung, wie sie der IOSCO-*Code of Conduct* macht, wären hierfür jedenfalls der falsche Ansatzpunkt.

Letztlich ist zu konstatieren, dass die vom internationalen Standardsetzer IOSCO angestoßene Selbstregulierung zur Krisenprävention nicht geeignet war – und zwar weniger aufgrund inhaltlicher Mängel, sondern vielmehr aufgrund der mangelnden Verbindlichkeit und mangelnder Anreize die Vorgaben von IOSCO bzw. der agentureigenen Verhaltenskodizes auch tatsächlich einzuhalten. Dieses „Durchsetzbarkeitsdefizit" freiwilliger Selbstverpflichtungen liegt indes in der Natur ihrer Sache.[371] Auch wenn die IOSCO-Vorschriften zur Krisenprävention nicht, jedenfalls nicht ausreichend, beitragen konnten, so konnten die an sich sinnvollen, wenngleich nicht durchsetzbaren, Vorschriften jedoch den Boden bereiten für entsprechende durchsetzbare und sanktionsbewehrte staatliche Regulierung, wie sie dann durch die Ratingverordnung erfolgte.[372]

6. *Erneute Änderungen durch IOSCO-Kodex 2015*

Im März 2015 veröffentlichte IOSCO einen erneut überarbeiteten *Code of Conduct Fundamentals for Credit Rating Agencies*,[373] der den bestehenden *Code of Conduct* (2008) weiter verbessern soll. Durch die staatliche Regulierung und Überwachung von Ratingagenturen nach der Finanzkrise wurde das Konzept der Selbstregulierung also nicht aufgegeben, es steht vielmehr nun neben der hoheitlichen Regulierung – wo eine solche existiert. Sowohl die IOSCO-Regelwerke als auch die agentureigenen Verhaltenskodizes werden weiter bestehen bleiben. IOSCO betont dabei, dass das geltende Recht in den Ländern, in den die Ratingagenturen operieren, dem *Code of Conduct* vorgeht.[374]

---

370 Siehe § 9 II.

371 „self-regulatory bodies emphasise the ‚self' (…) rather than the ‚regulation'", vgl. *Damrau*, Selbstregulierung im Kapitalmarktrecht, S. 81, Fn. 197.

372 Siehe hierzu sogleich § 10.

373 IOSCO, Code of Conduct 2015 Final Report, abrufbar unter: http://www.iosco.org/library/pubdocs/pdf/IOSCOPD482.pdf.

374 Vgl. IOSCO, Code of Conduct 2015 Final Report, S. A-3.

Der *Code of Conduct* wurde 2015 dabei strukturell und inhaltlich geändert und erweitert.[375] Er enthält nun fünf Abschnitte und zwar „1. Qualität und Integrität des Ratingprozesses", „2. Unabhängigkeit der Ratingagenturen und Vermeidung von Interessenkonflikten", „3. Verantwortung der Ratingagenturen gegenüber der Öffentlichkeit, bewerteten Unternehmen und „anderen"[376]", „4. Governance, Risikomanagement und Fortbildung" sowie „5. Veröffentlichungen und Kommunikation mit Marktteilnehmern". Da sich in fast allen Ziffern zumindest redaktionelle Änderungen finden, oder Regelungen verschiedener Teilziffern zusammengefasst oder in andere Ziffern überführt wurden, ohne dabei inhaltliche Änderungen herbeizuführen, soll eine detaillierte Beschreibung der Änderungen gegenüber dem *Code of Conduct* 2008 an dieser Stelle unterbleiben.[377] Vielmehr werden im Folgenden erneut nur die wichtigsten inhaltlichen Änderungen dargestellt.

Der erste Abschnitt enthält nun 24 statt bisher 16 Ziffern, während die Teilüberschrift „Überwachung und Aktualisierung" (nicht aber die zu ihr gehörenden Regelungen) gestrichen wurde. Die Vorschriften über die internen Aufzeichnungen des Ratingprozesses (vormals 1.5) wurden erweitert um eine bessere interne und externe Revision zu ermöglichen (1.9). Ziffer 1.17 enthält nun Vorgaben im Hinblick auf Verfahren zur Verbreitung von Ratings und Ratingberichten, einschließlich der Rücknahme und Aufhebung von Ratings.

Abschnitt 2 zur Unabhängigkeit und Vermeidung von Interessenkonflikten wurde inhaltlich und redaktionell wenig verändert. In Ziffer 2.11 findet sich eine neue Regelung, die dem Umstand der zunehmenden hoheitlichen Aufsicht über Ratingagenturen Rechnung trägt und bestimmt, dass die Mitarbeiter, die mit den jeweiligen Aufsichtsbehörden zu Zwecken der Aufsicht zusammenarbeiten unabhängig von den Mitarbeitern sein sollen, die für die Ratingtätigkeit in den jeweiligen Ländern zuständig sind.

Die Vorschriften im Zusammenhang mit der Unabhängigkeit von Mitarbeitern und Offenlegung von Interessenkonflikten wurden deutlich[378] erweitert. Gem. Ziffer 2.14 *Code of Conduct* gelten die Vorschriften für persönliche

---

375 Vgl. *Berg*, BaFin Journal 9/2014, S. 22 f., abrufbar unter: http://www.bafin.de/SharedDocs/Downloads/DE/BaFinJournal/2014/bj_1409.pdf;jsessionid=D2490DEE464EB98E7B15DB67A300B4F8.1_cid290?__blob=publicationFile&v=10.

376 Im Original: „CRA responsibilities to the investing public, rated entities, obligors, originators, underwriters, and arrangers".

377 Vgl. zu den Änderungen gegenüber der Version 2008 ausführlich die redline comparison in IOSCO, Code of Conduct 2015 Final Report, S. 6 ff.

378 *Berg*, BaFin Journal 9/2014, S. 22 f.

Interessenkonflikte nicht mehr nur noch für die Mitarbeiter der Ratingagenturen, sondern auch für deren nahe Verwandten. Auch der Kreis derjenigen Mitarbeiter, die nicht in die Gebührenverhandlungen einbezogen sein darf, wurde in Ziffer 2.13 deutlich erweitert. Hinsichtlich der Behandlung vertraulicher Informationen stellt der überarbeitete *Code of Conduct* klar, dass diese Pflichten primär bei der Ratingagentur liegen (Ziffer 3.19), während der *Code of Conduct* 2008 diese Pflichten teilweise ausschließlich bei den Mitarbeitern ansiedelte.

Der *Code of Conduct* 2015 stellt eine primär redaktionelle Überarbeitung dar, wenngleich die inhaltlichen Erweiterungen nicht zu unterschätzen sind. Das Hauptsignal was von der Überarbeitung ausgeht ist jedoch, dass auch nach Einführung durchsetzbarer hoheitlicher Regulierung die Zeit des IOSCO-Kodex nicht vorbei ist. Gleichwohl ändert sich sein Zweck: weg von der Selbstregulierung als einer Art Mindestregulierung, hin zu einer Art „*toolbox*" für die Änderung oder Etablierung hoheitlicher Regulierung, etwa in den Ländern, in denen bisher ein entsprechendes Aufsichtsregime noch nicht existiert. Da die Ratingagenturen nach wie vor nach dem „*comply-or-explain*"-Prinzip den IOSCO-Kodex in agentureigene Verhaltenskodizes umsetzen sollen, sichert sich IOSCO ihre Bedeutung als internationaler Standardsetzerin. Im Verhältnis zur (supra-) nationalen Gesetzgebung ist hierbei eine wechselseitige Beeinflussung zu erkennen: während die Ratingverordnung die Regelungen des IOSCO-Kodex 2008 in vielerlei Hinsicht aufgriff und verfeinerte, wurde der IOSCO-Kodex 2015 wiederum durch die zwischenzeitlich erfolgte hoheitliche Regulierung beeinflusst. Der IOSCO-Kodex wird daher vermutlich weiterhin seinen Beitrag dazu leisten, dass die Ratingregulierung *work in progress* bleibt.

7. Fazit und Ausblick

Der im Vorfeld der Finanzkrise geäußerten Hoffnung, dass sich die IOSCO-Regelwerke durch Marktdisziplin und Beobachtung der Öffentlichkeit de facto zu Rechtsvorschriften entwickeln,[379] folgte im Nachgang der Finanzkrise zumeist die konsternierte Feststellung über die weitestgehende Nutzlosigkeit des Regelwerks. Die Folgenabschätzung der Kommission zur Ratingverordnung bezeichnet das Ergebnis der Selbstregulierung als „alles andere als akzeptabel.[380]

379 *Rost*, Die Herausbildung transnationalen Wirtschaftsrechts, S. 152.

380 Folgenabschätzung der Kommission v. 12.11.2008, SEK(2008) 2746 zu KOM(2008) 704 endgültig, S. 7, abrufbar unter http://eur-lex.europa.eu/legal-content/DE/TXT/PDF/?uri=CELEX:52008SC2746&from=de.

Mit einigem zeitlichen Abstand zur Krise gilt es an dieser Stelle ein nüchternes (Zwischen-)fazit zu ziehen: zwar stimmt es, dass die Selbstregulierung die Verfehlungen von Ratingagenturen in der Finanzkrise nicht verhindern konnte, dem IOSCO-Kodex deshalb eine Nutzlosigkeit zu attestieren, erscheint aber zu kurz gegriffen. Zum einen kann er in Jurisdiktionen, in denen die Tätigkeit von Ratingagenturen bislang staatlich noch nicht reguliert ist, Ratingagenturen zur Entwicklung agentureigener Verhaltenskodizes animieren und so – trotz der genannten Defizite – in gewissem Maße verhaltenssteuernd wirken. Zudem können die IOSCO-Verlautbarungen als Blaupause für entsprechende Gesetzgebung dienen und in die nationale Aufsichtspraxis einfließen.[381] Dies war bereits in der EU bei der Schaffung der Ratingverordnung der Fall. Denn rein inhaltlich – so war man sich stets einig – können die Vorgaben des IOSCO-Kodex durchaus überzeugen.[382]

Im Verhältnis zur (supra-)nationalen Gesetzgebung ist hierbei eine wechselseitige Beeinflussung zu erkennen: während die Ratingverordnung die Regelungen des IOSCO-Kodex 2008 in vielerlei Hinsicht aufgriff und verfeinerte, wurde der IOSCO-Kodex 2015 wiederum durch die zwischenzeitlich erfolgte hoheitliche Regulierung beeinflusst. Der IOSCO-Kodex wird daher vermutlich weiterhin seinen Beitrag dazu leisten, dass die Ratingregulierung *work in progress* bleibt. Der überarbeitete *Code of Conduct* 2015 zeigt zudem, dass IOSCO auf aktuelle Entwicklungen eingeht und so weiterhin in nicht zu unterschätzender Weise als Triebfeder und Standardsetzerin im Bereich der Regulierung des Ratingwesens fungiert.

II. Die unzureichende Regelungswirkung des Wettbewerbs

Eine staatliche Regulierung von Ratingagenturen wurde lange Zeit mit der Überlegung abgelehnt, dass Wettbewerb und Marktkräfte für eine ausreichend hohe Ratingqualität sorgen würden. Eine staatliche Regulierung und Anerkennung wurde in diesem Zusammenhang gar als kontraproduktives Wettbewerbshindernis angesehen, da eine staatliche Anerkennung ein Art „Gütesiegel" für etablierte Agenturen sei und die damit einhergehenden Implementierungskosten ein entsprechendes Marktzugangshindernis für kleine Agenturen darstellten.[383] Der Reputationsmechanismus des Marktes erlaube qualitativ minderwertige Ratings nicht, es sei somit im ureigenen Interesse der Agenturen hochwertige

381 *Rost*, Die Herausbildung transnationalen Wirtschaftsrechts, S. 152.
382 *Blaurock*, ZGR 2007, 603, 643.
383 Vgl. etwa *von Randow*, ZBB 1995, 140, 154.

Leistungen zu erbringen und sachfremde Einflüsse auf das Rating auszuschließen.[384] Dass es letztlich doch zu einer staatlichen Regulierung kam ist, abgesehen vom politischen Druck im Nachgang der Finanzmarktkrise, auch der Erkenntnis geschuldet, dass der Ratingmarkt über Jahre hinweg ein stark oligopolistischer Markt blieb und die Marktkräfte und der Reputationsmechanismus offenbar nur eingeschränkt wirkten. Gänzlich unumstritten ist diese Erkenntnis jedoch nicht, denn es gibt auch Stimmen, die in einem höheren Wettbewerb am Ratingmarkt primär Gefahren sehen – und zwar in Form von inflationär positiven Ratings kleinerer in den Markt strebender Ratingagenturen.

1. Gründe für fehlenden Wettbewerb im Ratingmarkt

Eine hohe Marktzugangsbarriere tatsächlicher Art („natürliches Hemmnis")[385] für kleine Ratingagenturen ist ihre mangelnde Reputation am Kapitalmarkt. Emittenten scheuen die Beauftragung von Agenturen, die mangels entsprechendem *track record* nicht über die notwendige Bekanntheit und Akzeptanz auf Investorenseite verfügen.[386]

Darüber hinaus bestehen sog. „Lock-in-Effekte", die einen Wechsel der Ratingagentur erschweren.[387] Mit einem Wechsel der Ratingagentur sind auf Seiten des Emittenten Kosten und die Gefahr eines Reputationsverlustes verbunden, da der Markt als Grund hierfür eine möglicherwiese in Aussicht gestellte Ratingherabstufung annehmen könnte.[388]

Auch die Regulierung bzw. die regulatorische Indienstnahme von Ratings stellt eine Marktzugangshürde für junge Agenturen dar, denn solange diese noch nicht als nach der Ratingverordnung anerkannte Agenturen tätig sind, fehlt ihnen ein entscheidendes „Gütesiegel" am Markt.[389] Hierfür ist wiederum jedoch schon rein faktisch ein funktionierender Geschäftsbetrieb nötig, um die organisatorischen und finanziellen Anforderungen mitzubringen, die die Anerkennung erfordert. Ein weiterer wichtiger, in der rechtswissenschaftlichen Literatur völlig

---

384 *Husisian*, 75 Cornell L. Rev. 1990, 411, 426; *von Randow*, ZBB 1995, 140, 147; *Zimmer*, Gutachten F zum 64. DJT, S. 134 m.w.N.

385 So *Blaurock*, ZGR 2007, 603, 607.

386 *Blaurock*, ZGR 2007, 603, 607; *Deipenbrock*, WM 2005, 261, 262; *Ackermann/Jäckle*, BB 2006, 878, 880.

387 Vgl. Erwägungsgrund 12 zur CRA-III-VO (Fn. 1).

388 *Lerch*, BKR 2010, 402 f.

389 Vgl. *Ekins/Calabria*, CATO Institute Policy Analysis No. 704 2012, S. 11 f., abrufbar unter: http://object.cato.org/sites/cato.org/files/pubs/pdf/PA704.pdf.

vernachlässigter Aspekt ist die Ungleichbehandlung verschiedener Ratingagenturen im Rahmen der regulatorischen Indienstnahme von Ratingagenturen, worauf noch gesondert einzugehen sein wird.[390]

2. Wettbewerb um Reputation oder um Gefälligkeit? – Ist Wettbewerb am Ratingmarkt überhaupt wünschenswert?

Idealerweise führen Konkurrenz und Wettbewerb zu niedrigen Preisen, hoher Produktqualität und gesamtwirtschaftlichem Wohlstand.[391] Insofern liegt beim oligopolistischen Ratingmarkt der Verdacht nahe, dass es hier durch direktes oder indirektes Zusammenwirken der *big three* zu qualitativ schlechteren Ratings kommt, wenn eine überproportional hohe Sorgfaltsanstrengung bei gefestigter Marktposition nicht zu einem signifikanten Reputations- und Marktanteilsgewinn führen kann, oder – anders gewendet – wenn mangels Verdrängungswettbewerb ein Anreiz besteht, den eigenen Ressourceneinsatz zu minimieren.[392] Die Aufarbeitung der Finanzkrise zeigte, dass Ratingagenturen gerade im Marktsegment strukturierter Finanzprodukte mit zu geringem Ressourceneinsatz arbeiteten und die Gefahr eines Reputationsverlustes sich aus Sicht der Agenturen offenbar geringer darstellte als die Gefahr kurzfristiger Umsatzeinbußen. Das legt die Schlussfolgerung nahe, dass es mangels entsprechendem Reputationswettbewerb keinen funktionierenden Reputationsmechanismus am Ratingmarkt gibt,[393] was jedoch auch bereits vor der Finanzkrise bereits bekannt war.[394] Darüber hinaus besteht im Oligopol stets die Gefahr einer Preisbildung zu Lasten der Emittenten.[395]

Vielfacht wird jedoch im Hinblick auf den Ratingmarkt vor dem genauen Gegenteil gewarnt – eines Absinkens der Ratingqualität durch mehr Wettbewerb.[396] Denn neue Wettbewerber ohne entsprechende Reputation und spezielle

390 Siehe § 12 III., IV.

391 Vgl. nur *Piepenbrock/Hennig*, Einführung in die Volkswirtschaftslehre und Mikroökonomie, S. 329 f.

392 Vgl. *Blaurock*, ZGR 2007, 603, 607.

393 *Utzig*, ADBI Working Paper No. 188 2010, S. 6, abrufbar unter: http://www.adb.org/sites/default/files/publication/156043/adbi-wp188.pdf.

394 *Deipenbrock*, WM 2005, 261, 263.

395 *Blaurock*, ZGR 2007, 603, 607.

396 Vgl. etwa *Becker/Milbourn*, How did indreased competition affect credit ratings?, HBS Working Paper 09–051 2010, abrufbar unter: http://www.hbs.edu/faculty/Publication%20Files/09-051_13e0275c-a3a4-48bd-a86a-2324d5d70b57.pdf; *Malik*, Is competition the Right Answer?, LSE The Public Sphere 2014, 57, 64, abrufbar unter: http://publicspherejournal.com/wp-content/uploads/2017/06/2014-Full-Issue.pdf.

Branchenkenntnisse hätten für die Eroberung von Marktanteilen insbesondere den Hebel geringerer Gebühren und besserer Ratings. Unter einer Vielzahl von Wettbewerbern hat ein Emittent wiederum eine größere Möglichkeit sog. *rating shopping* zu betreiben. So bestünde die Gefahr einer „*competition in laxitiy*" – ein Wettbewerb um das dem Auftraggeber günstigste Rating.[397] Denn wenn schon im *issuer-pays*-Modell eine grundsätzliche Gefahr des Gefälligkeitsrating zugunsten des Emittenten wurzelt, so verringert sich diese jedenfalls nicht durch eine steigende Konkurrenz auf dem Ratingmarkt, denn im Oligopol besteht eine größere finanzielle Unabhängigkeit der *big three* von einem einzelnen Emittenten. Diese Bedenken wurden bereits teilweise durch empirische Studien gestützt, die zum Ergebnis kamen, dass durch den Markteintritt von Fitch Ratings die Ratings der bisherigen Duopolisten Moody's und Standard & Poor's besser ausfielen und der Informationswert von Ratings durch steigenden Wettbewerb somit sinke.[398] Andere Stimmen hingegen bezweifeln schlicht das Entstehen neuen Informationswertes durch die Öffnung des Ratingmarktes für Wettbewerb.[399]

3. *Stellungnahme*

Die Frage der Regelungswirkung des Wettbewerbs auf dem Ratingmarkt ist also im Kern folgende: besteht ein funktionierender Wettbewerb um Reputation, in dem akkurate und qualitativ hochwerte Ratings belohnt werden oder besteht ein solcher nicht – mit der Folge, dass Gefälligkeitsratings mit einem Ratingauftrag belohnt werden, ohne dass gleichzeitig eine Sanktionierung in Form eines Reputationsverlustes am Markt erfolgt. Diese Frage erscheint noch nicht abschließend geklärt und bleibt – insbesondere vor dem Hintergrund des Markteintritts weiterer Ratingagenturen – wohl Gegenstand weiterer empirischer Untersuchungen.

Somit bleibt das Zwischenfazit, dass es für den Ratingmarkt tatsächliche und regulatorische Hürden gibt, die den Marktzugang erschweren und es zudem ungewiss erscheint, ob die Ratingqualität mit zunehmendem Wettbewerb am Markt steigt. Im Hinblick auf die Notwendigkeit der Regulierung von Ratingagenturen kann jedoch festgehalten werden, dass die Selbstregulierungskräfte

---

397 Vgl. *Bauer*, S. 28; *Darbellay*, Regulating Credit Rating Agencies, S. 215.

398 *Becker/Milbourn*, How did indreased competition affect credit ratings?, HBS Working Paper 09–051 2010.

399 Vgl. etwa *Partnoy*, How and Why Credit Rating Agencies are Not Like Other Gatekeepers, San Diego Legal Studies Paper No. 07–46, 59, 90 f., abrufbar unter: http://ssrn.com/abstract=900257.

von Markt und Wettbewerb für sich genommen jedenfalls nicht ausreichend waren, um den Ratingmarkt krisenfest zu machen.

Eine staatliche Regulierung muss vor diesem Hintergrund jedoch nicht lediglich als bloße Notwendigkeit, sondern auch als Chance angesehen werden. Denn der Gefahr einer *competition in laxity* durch den Markteintritt neuer Agenturen kann durch aufsichtsrechtliche und zivilrechtliche Sanktionierung wirksam entgegengewirkt werden.[400] Werden dann noch gewisse Marktzutrittshürden abgeschwächt, kann den Selbstregulierungskräften des Marktes durch hoheitliche Regulierung gar zu neuer Geltung verholfen werden. Die wettbewerbsfördernden Maßnahmen der Ratingverordnung, insbesondere die Dispensierungsmöglichkeiten für kleine Agenturen, weisen dabei bereits in die richtige Richtung.[401]

III. Das gescheiterte Projekt einer europäischen Ratingagentur

Der Vollständigkeit halber soll ferner an dieser Stelle auf das Projekt einer europäischen Ratingagentur eingegangen werden. Der Vollständigkeit halber, weil es, trotz teils anders lautender Schlagzeilen, bei nüchterner Betrachtung nie wirklich erfolgversprechend war. Zunächst ist festzustellen, dass der Begriff „europäische Ratingagentur" unterschiedlich verwendet wird. Während der Begriff nach der Finanzkrise oft im Kontext des Vorschlags einer staatlichen europäischen Ratingagentur als Alternative zu privaten Ratingagenturen verwendet wurde, wird er heute meist für private europäische Ratingagenturen benutzt, die sich am Markt als Alternative zu den US-Ratingagenturen etablieren wollen.

Eine besonders weitreichende Forderung in Bezug auf den Ratingmarkt nach der Finanzkrise war die Schaffung einer staatlichen europäischen Ratingagentur als Alternative zu den privaten, US-amerikanischen Agenturen. Nicht nur aus dem linken politischen Spektrum,[402] sondern auch vom Deutschen Institut für Wirtschaftsforschung,[403] von den Sparkassen,[404] aber auch aus der Wissenschaft[405] kamen solche Vorschläge. Sie waren seinerzeit öffentlichkeitswirksam

400 Auch *Kreußlein* betont, dass die Ratingverordnung dem Reputationsmechanismus zu neuer Geltung verhelfen kann, vgl. *Kreußlein*, S. 332.

401 Siehe § 10 V. 6.

402 Die Linke forderte 2009 die „Einrichtung einer eigenständigen staatlichen Ratingagentur", vgl. http://www.sahra-wagenknecht.de/de/article/713.warten-bis-es-zu-spaet-ist-die-kritik-der-regierung-und-der-spd-an-den-rating-agenturen-kommt-reichlich-spaet-was-zu-tun-ist.html.

403 Vgl. http://www.boeckler.de/pdf/magmb_2011_7-8_procontra.pdf.

404 *Theilacker*, ZfgK 2009, 643 f.

405 *Däubler*, ZRP 2011, 191.

zu platzieren, in der Regel jedoch wenig oder gar nicht durchdacht, da schon die elementare damit einhergehende Frage eines Verbots der privaten Ratingagenturen – als offensichtlich grundrechtswidriger Eingriff in die Berufsfreiheit – nie wirklich aufgegriffen oder zu Ende diskutiert wurde.

Als die Aufarbeitung der Finanzkrise in die europäische Staatsschuldenkrise mündete und vor allem Griechenland und Portugal 2011 und 2012 kurz vor dem Staatsbankrott standen, schwand der argumentative Boden für eine staatliche Ratingagentur, denn in diesem Kontext wurde klar, dass staatliche Ratingagenturen dem gleichen Interessenkonflikt ausgesetzt seien würden wie private Agenturen: nämlich der Gefahr, günstige Ratings für die Emittenten – in diesem Fall Staaten – zu produzieren. *Oechsler* kritisierte das Vorhaben einer staatlichen Ratingagentur mit besonders deutlichen Worten: ein politisch zensiertes und interessengeleitetes Rating sei am Kapitalmarkt wertlos, in Bezug auf die Sanierungsbemühungen und Konsolidierungsanstrengungen überschuldeter Staatshaushalte sei das Rating privater Ratingagenturen vielmehr ein dringend notwendiges Korrektiv politischer Macht, das auf lange Sicht das Überleben unseres Gesellschaftsmodells garantiere.[406] Es gab jedoch auch in dieser Situation Stimmen, die sich – ganz nach dem Motto „*shoot the messenger*" – für eine staatliche Ratingagentur aussprachen, gerade *weil* die Finanzlage vieler Staaten so prekär und die Ratings der etablierten privaten Ratingagenturen so schlecht waren.[407] In völliger Verkennung von Ursache und Wirkung wurden Ratingagenturen von dieser Seite für die erschwerte oder, im Falle Griechenlands, nicht mehr mögliche Refinanzierung mancher Staaten am Kapitalmarkt verantwortlich gemacht. Demokratisch nicht legitimierte private Ratingagenturen entschieden so über das Schicksal ganzer Staaten.[408]

Doch selbst die EU-Kommission gab das Projekt einer staatlichen Ratingagentur im Laufe der Zeit auf, da eine solche insbesondere in Bezug auf Länderratings am Markt keine Akzeptanz besäße.[409] Interessanterweise, und von den Befürwortern des Projekts offenbar unbeachtet, sprach sich auch die deutsche Bundesregierung gegen eine staatliche europäische Ratingagentur aus. Bundesfinanzminister Schäuble betonte, Geld aus der deutschen Staatskasse werde es für

406 *Oechsler*, ZRP 2011, 191; kritisch auch *Möllers/Wecker*, ZRP 2012, 106, 108.

407 Vgl. etwa *Däubler*, ZRP 2011, 191; befürwortend auch *Utzig*, die bank 2011, 9, 13.

408 *Däubler*, ZRP 2011, 191.

409 Vgl. den Kommissionsvorschlag zur CRA-III-VO KOM(2011) 747, S. 13, abrufbar unter: https://www.cep.eu/fileadmin/user_upload/cep.eu/Analysen_KOM/KOM_2011_747_Ratingagenturen/KOM_2011_747.pdf.

eine solche Einrichtung „ganz sicher nicht" geben.[410] Bei nüchterner Betrachtung wäre eine solche Einrichtung nämlich nicht im Interesse der Bundesrepublik Deutschland: Da Deutschland nach wie vor von allen etablierten Ratingagenturen das jeweils beste Rating erhält, würden ausschließlich bonitätsschwache europäische Staaten von gefälligen Ratings einer staatlichen Ratingagentur profitieren. Nur diese könnten so in den Genuss erleichterter Refinanzierung am Kapitalmarkt ohne harte wirtschaftspolitische Strukturreformen kommen, auf die Deutschland bei seinen europäischen Partnern aber gerade drängt, um nicht über diverse europäische Ausgleichsmechanismen am Ende direkt oder indirekt für ein Anwachsen der Staatsschulden durch inflationäre Ratings haften zu müssen. Eine Gefahr, die jedoch wohl nur theoretisch besteht, da, wie die Gegner staatlicher Ratingagenturen völlig zu Recht betonen, kein vernünftiger Investor bereit wäre, aufgrund staatlicher Ratings auf Risikoaufschläge für Staatsanleihen bonitätsschwacher Staaten in Form höherer Zinsen zu verzichten.

Ein Konzept, was im Zuge der Diskussion sodann immer mehr an Zustimmung gewann, war eine private europäische Ratingagentur als Alternative zu den *big three* auf Grundlage eines Stiftungsmodells. Die Unternehmensberatung Roland Berger schickte sich an, eine Stiftung und eine operativ tätige Tochtergesellschaft zu gründen, um die erste „global tätige Ratingagentur europäischen Ursprungs" am Markt zu etablieren.[411] Doch das Interesse potenzieller Investoren reichte nicht aus, von den benötigten 300 Mio. EUR Startkapital konnte nicht einmal die Hälfte eingesammelt werden. Anfang 2013 wurde das Scheitern des Projekts verkündet.[412] Das Vorhaben zeigte erneut, dass das Interesse am *investor-pays*-Modell auf Investorenseite sehr gering ist. Denn Roland Berger hatte zuletzt versucht vom Stiftungsmodell auf ein Investorenmodell umzuschwenken – jedoch ohne Erfolg.[413]

410 Der Spiegel v. 21.04.2012, „Schäuble verweigert Geld für Ratingagentur", abrufbar unter: http://www.spiegel.de/politik/deutschland/finanzminister-schaeuble-sieht-keine-chance-fuer-europaeische-rating-agentur-a-828930.html.

411 Der Spiegel v. 26.04.2012: „Europäische Ratingagentur soll doch bald starten", abrufbar unter: http://www.spiegel.de/wirtschaft/unternehmen/europaeische-ratingagentur-nun-doch-kurz-vor-dem-start-a-830057.html.

412 http://www.sueddeutsche.de/wirtschaft/prestigeprojekt-gescheitert-chef-der-europaeischen-ratingagentur-wirft-hin-1.1661943.

413 Finance Magazine v. 29.04.2013: „Europäische Ratingagentur gescheitert", abrufbar unter: http://www.finance-magazin.de/maerkte-wirtschaft/kapitalmarkt/europaeische-ratingagentur-gescheitert-1256861/.

Zuletzt wird der Begriff der europäischen Ratingagentur immer wieder mit einer aufstrebenden deutschen Ratingagentur in Verbindung gebracht. Scope Ratings will nun „die europäische Ratingagentur“[414] werden und insbesondere mit dem Argument der besseren Kenntnis der europäischen Märkte Investoren eine Alternative zum Status Quo am Ratingmarkt bieten.[415] Ein wesentlicher Schritt für die Eroberung signifikanter Marktanteile wird insofern jedoch die noch ausstehende regulatorische Gleichstellung durch die EZB sein.[416]

IV. Fazit: Notwendigkeit staatlicher Regulierung

Die bisherige Untersuchung zeigt, dass weder Wettbewerb noch freiwillige Selbstverpflichtungen die in der Finanzkrise zu Tage getretenen Defizite auf dem Ratingmarkt verhindern konnten. Auch das ohnehin nicht unterstützenswerte Projekt einer staatlichen europäischen Ratingagentur ist gescheitert. Daher entschied man sich in der EU und des USA zu Recht für eine staatliche Regulierung des Ratingwesens, die im folgenden Abschnitt eingehend dargestellt und bewertet werden soll.

§ 10 Die Ratingverordnung als europäische Antwort auf die Finanzmarktkrise

Während die Erforderlichkeit einer staatlichen Regulierung von Ratingagenturen schon lange vor der Finanzkrise immer wieder diskutiert und gefordert wurde,[417] erfolgte der Paradigmenwechsel im Aufsichtsrecht erst durch den faktischen und politischen Druck im Zuge der Finanzmarktkrise. Ratingagenturen standen im Kreuzfeuer der öffentlichen Kritik, sodass der politische Druck derart zunahm, dass die Kommission ihre bis dato zögerliche Haltung in Bezug auf Regulierungsbestrebungen aufgab und im November 2008 einen ersten Entwurf

---

414 FAZ v. 12.08.2016: Scope will erste europäische Ratingagentur werden, abrufbar unter: http://www.faz.net/aktuell/finanzen/anleihen-zinsen/scope-will-erste-europaeische-ratingagentur-werden-14383250.html?printPagedArticle=true#pageIndex_2.

415 https://www.scopegroup.com/#/mission.

416 Siehe hierzu ausführlich Abschnitt 2.

417 Vgl. etwa *Ebenroth/Daum*, WM 1992 (Sonderbeilage Nr. 5), 1, 7; *Fleischer*, Gutachten F, 64. DJT, F 139; *Habersack*, ZHR 169 (2005), 185, 190 ff.; *Vetter*, WM 2004, 1701, 1711 f.; *Witte/Hrubesch*, ZIP 2004, 1346, 1348; ablehnend vor der Finanzkrise noch *Baums*, ZHR 166 (2002), 375, 382; *von Randow*, ZBB 1995, 140, 150.

für eine Verordnung über Ratingagenturen veröffentlichte.[418] Im Dezember 2009 trat die Ratingverordnung schließlich in Kraft.[419]

I. Der Entstehungshintergrund der Ratingverordnung

Im Jahr 2006 – also unmittelbar vor dem Ausbruch der Finanzkrise – war die Kommission noch der Auffassung, dass die bestehende Selbstregulierung durch IOSCO und die bereits zu diesem Zeitpunkt im europäischen Recht zu findende anlassbezogene Ratingregulierung, wie etwa im Basel II-Regelwerk,[420] als ratingbezogene Ratingregulierung vorerst ausreichend und eine direkte Regulierung von Ratingagenturen durch die EU derzeit nicht notwendig sei.[421] Die Kommission behielt sich jedoch ausdrücklich vor, legislative Maßnahmen zu ergreifen, falls sich die gegebenen Umstände, insbesondere im Falle eines Marktversagens auf dem Ratingmarkt, oder im Falle einer Regulierung von Ratingagenturen in anderen Jurisdiktionen, ändern sollten.[422]

Die Folgenabschätzung der Kommission zur Ratingverordnung[423] griff dies auf und führte aus, dass angesichts des Versagens der Ratingagenturen in der Finanzkrise („Risiken (…) klar unterbewertet")[424] und der Tatsache, dass Ratingagenturen seit Sommer 2007 in den USA der Regulierung und Aufsicht unterliegen,[425] ein legislatives Tätigwerden nun angezeigt sei. Im Hinblick auf die Selbstregulierung der Ratingbranche führte die Kommission aus, dass diese aufgrund der zu abstrakten und nicht durchsetzbaren Regelungen „keine angemessene verlässliche Lösung für die Behebung der strukturellen Mängel des Gewerbes" sei.[426] Gleichwohl orientiert sich die Ratingverordnung inhaltlich an den Vorgaben des IOSCO-Kodex. Die Kommission sah den IOSCO-Kodex als „globalen Maßstab" an, der jedoch abstrakt und allgemein gehalten sei und deshalb eingehender Konkretisierung bedürfe.[427] Sie betonte, dass sich aufgrund

418 KOM(2008) 704 endgültig, abrufbar unter: http://eur-lex.europa.eu/legal-content/DE/TXT/PDF/?uri=CELEX:52008PC0704&from=EN.
419 VO (EG) 1060/2009 v. 16.09.2009 (CRA-I), ABl. (EU) L 302/1 v. 17.11.2009.
420 Siehe § 12 I. 1.
421 Vgl. Mitteilung der Kommission (2006/C 59/02), ABl. (EU) C 59/2 ff. v. 11.3.2006.
422 Mitteilung der Kommission (2006/C 59/02), ABl. (EU) C 59/6 a.E. v. 11.3.2006.
423 KOM(2008) 704 endgültig, S. 2.
424 KOM(2008) 704 endgültig, S. 2.
425 Siehe hierzu sogleich § 11.
426 KOM(2008) 704 endgültig, S. 2.
427 KOM(2008) 704 endgültig, S. 3 f.

dessen die Umsetzungskosten auf Seiten der Ratingagenturen in Grenzen halten.[428]

Der Verordnungsvorschlag umfasste dabei vier große Zielsetzungen, die den Ratingprozess verbessern sollen: erstens die Vermeidung oder angemessene Handhabung von Interessenkonflikten, zweitens die Verbesserung der Qualität der von den Ratingagenturen angewandten Methoden und der Ratings, drittens die Erhöhung der Transparenz durch Publizitätspflichten und viertens die Vermeidung von „*forum shopping*"[429] und einer „Regulierungsarbitrage"[430] durch einen effizienten und einheitlichen Registrierungs- und Aufsichtsrahmen.

II. Rechtsgrundlage, Aufbau und Wirkungsweise der Verordnung

Als subsidiäre Ermächtigungsgrundlage zur Verwirklichung der Ziele des Binnenmarktes wurde auf Art. 95 EGV (Art. 114 AEUV) zurückgegriffen. Die Verordnung selbst besteht aus Artt. 1-41 und den Anhängen I-III, die technischen Einzelheiten der Verordnung regeln und von der Kommission gem. Art. 37 i.V.m. Art. 38a Rating-VO durch delegierte Rechtsakte geändert werden können. Anhang III hat im Rahmen der Konkretisierung von Sorgfaltspflichtverstößen für zivil- und aufsichtsrechtliche Zwecke eine besondere Bedeutung. Die Ratingverordnung wurde bis heute zweimal durch Änderungsverordnungen geändert.[431] Mittlerweile existiert auch eine konsolidierte Fassung.[432]

---

428 KOM(2008) 704 endgültig, S. 2.

429 Unter „*forum shopping*" versteht man die rechtstaktische Strategie, Streitigkeiten oder Vermögensgegenstände von einem Staat in einen anderen zu verlagern und auf diese Weise eine verbesserte Rechtsstellung anzustreben, mithin die gezielte Beeinflussung zuständigkeitsbegründender Tatsachen, vgl. etwa MüKo/*Kindler*, Band 12 BGB, Art. 3 EuInsVO, Rn. 33 m.w.N.

430 Unter „Regulierungsarbitrage" versteht man das Bestreben unternehmerische Tätigkeit in dem jeweils günstigsten Regulierungsumfeld vorzunehmen, vgl. etwa *Benicke*, Wertpapiervermögensverwaltung, S. 260.

431 VO (EU) 513/2011 v. 11.05.2011 (CRA-II), ABl. (EU) L 145/30 v. 31.05.2011; VO (EU) 462/2013 v. 21.05.2013 (CRA-III), ABl. (EU) L 146/1 v. 31.05.2013.

432 Abrufbar unter: http://eur-lex.europa.eu/legal-content/DE/TXT/PDF/?uri=CELEX:02009R1060-20140523&from=DE.

III. Die Vorgaben der Ratingverordnung im Einzelnen

1. Gegenstand und Geltungsbereich

Art. 1 S. 1 der Rating-VO gibt als einleitenden Programmsatz an, dass mit der Verordnung ein gemeinsamer Regulierungsansatz eingeführt wird, „um die Integrität, Transparenz, Verantwortung, gute Unternehmensführung und Unabhängigkeit von Ratingtätigkeiten zu fördern und zur Verbesserung der Qualität von in der Union abgegebenen Ratings und zu einem reibungslos funktionierenden Binnenmarkt beizutragen und gleichzeitig ein hohes Maß an Verbraucher- und Anlegerschutz zu gewährleisten."

Art. 2 Abs. 1 Rating-VO bestimmt, dass die Verordnung für Ratings gilt, „die von in der Union registrierten Ratingagenturen abgegeben und der Öffentlichkeit bekannt gegeben oder an Abonnenten weitergegeben werden." Art. 2 Abs. 2 Rating-VO nimmt insbesondere a) private Ratings, die „die von Ratingagenturen aufgrund eines Einzelauftrags abgegeben und ausschließlich an die Person weitergegeben werden, die den Auftrag erteilt hat, und die nicht zur öffentlichen Bekanntgabe oder zur Weitergabe an Abonnenten bestimmt sind" und b) „Kreditpunktebewertungen, Credit-Scoring-Systeme und vergleichbare Bewertungen, die sich auf Verpflichtungen beziehen, die sich aus Beziehungen zu Verbrauchern oder aus geschäftlichen oder gewerblichen Beziehungen ergeben", vom Geltungsbereich der Verordnung aus. Somit entfällt die Anwendung etwa für Banken, die im Rahmen der Kreditwürdigkeitsprüfung ihres Kreditnehmers auf interne Bonitätsanalysen zurückgreifen.[433] Vom Geltungsbereich der Verordnung ebenfalls ausgenommen sind Ratings von Exportversicherungsagenturen, sowie von Zentralbanken (Art. 2 Abs. 2 lit c), d) Rating-VO).

Auch wenn die Ratingverordnung primär die Tätigkeit von Ratingagenturen in der EU reguliert, enthält sie auch einige Vorschriften, die die Verwendung von Ratings durch Dritte, insbesondere Kreditinstitute, regelt. Hierzu zählen Art. 4 Abs. 1 Rating-VO (Verwendung von Ratings zu aufsichtsrechtlichen Zwecken), Art. 5a Abs. 1 Rating-VO (kein übermäßiger Rückgriff auf Ratings durch Finanzinstitute), Art. 8b Rating-VO (Pflicht zur Veröffentlichung von Informationen zu strukturierten Finanzinstrumenten), Art. 8c Rating-VO (doppeltes Rating bei strukturierten Finanzinstrumenten) sowie Art. 8d Rating-VO (Inanspruchnahme mehrerer Ratingagenturen).

---

433 Diese bankinternen Bonitätsbewertungen werden – wie in Art. 2 Abs. 2 lit b) Rating-VO – üblicherweise nicht als Rating- sondern als *Scoring*systeme bezeichnet. Zur Abgrenzung Rating – Scoring siehe § 1 VII.

a) Die Reichweite der Ratingverordnung im Lichte der Registrierungspflicht – ein Widerspruch in sich?

Von ebenso großer Bedeutung wie die Rückausnahmen in Art. 2 Abs. 2 Rating-VO ist die Tatsache, dass Art. 2 Abs. 1 Rating-VO den Geltungsbereich der Verordnung auf nach Artt. 14 ff. Rating-VO *registrierte* Ratingagenturen beschränkt, wobei Art. 14 Abs. 1 Rating-VO bestimmt: „Eine Ratingagentur muss für die Zwecke von Artikel 2 Absatz 1 eine Registrierung beantragen, sofern es sich bei ihr um eine Rechtspersönlichkeit mit Sitz in der Union handelt."[434] Bei näherer Betrachtung von Art. 2 Abs. 1 und Art. 14 Abs. 1 Rating-VO zeigt sich somit ein zirkulärer Konstruktionsmangel: Wenn die Ratingverordnung gem. Art. 2 Abs. 1 Rating-VO nur auf registrierte Ratingagenturen anwendbar ist, welche Ratingagenturen genau trifft dann die Registrierungspflicht nach Art. 14 Abs. 1 Rating-VO? Art. 2 Abs. 1 Rating-VO bestimmt ja, dass die Ratingverordnung – und somit im Grunde auch die Registrierungspflicht selbst – auf nicht registrierte Ratingagenturen gar nicht anwendbar ist.

Die Ratingverordnung beinhaltet somit letztlich keinen eindeutigen Tatbestand, an den sich als Rechtsfolge unmittelbar eine Registrierungspflicht knüpft. Der Hebel, um Ratingagenturen zur Registrierung anzuhalten, ist primär Art. 4 Abs. 1 Rating-VO.[435] Hiernach dürfen institutionelle Anleger, wie Kreditinstitute, Versicherungen und Fonds Ratings für aufsichtsrechtliche Zwecke nur verwenden, wenn es sich um Ratings von Ratingagenturen handelt, die nach der Ratingverordnung registriert sind.[436]

Dieser aufsichtsrechtliche Hebel, der nicht beim Ersteller des Ratings, sondern beim Verwender ansetzt, wird jedoch teilweise als zu eng angesehen. Insbesondere im Rahmen von Art. 35a Rating-VO, der zivilrechtlichen Haftung, erscheint der Befund über den europäischen Haftungstatbestand nur solche Ratingagenturen in Anspruch nehmen zu können, die zu aufsichtsrechtlichen

---

434 Art. 3 Abs. 1 lit c) Rating-VO definiert „Herkunftsmitgliedsstaat" als den Staat, „in dem sich der satzungsmäßige Sitz der Ratingagentur befindet", sodass man in Art. 14 Abs. 1 Rating-VO insofern ebenfalls auf den Satzungssitz abstellen sollte, vgl. *Dutta*, WM 2013, 1729, 1732.

435 *Dutta*, WM 2013, 1729, 1732; *Gomille*, GPR 2011, 186, 188.

436 Daher haben auch die US-amerikanischen Ratingagenturen Moody's und Standard & Poor's europäischer Tochtergesellschaften gegründet und nach der Ratingverordnung registriert. Die Liste der derzeit registrierten Agenturen ist abrufbar unter: https://www.esma.europa.eu/supervision/credit-rating-agencies/risk.

Zwecken nach der Ratingverordnung registriert sind, als unbefriedigend, weshalb in der Literatur teilweise für eine Ausdehnung des Anwendungsbereichs plädiert wird.

b) Meinungsstand

Eine Ansicht geht zunächst davon aus, dass es eine allgemeine Registrierungspflicht nach der Ratingverordnung nicht gibt, ihr regulatorischer Gehalt vielmehr erst dann zur Anwendung gelange, wenn eine Registrierung vorliegt.[437] Eine „echte Registrierungspflicht" bestünde nur insoweit, als dass Art. 4 Abs. 1 Rating-VO die Verwendung von Ratings für aufsichtsrechtliche Zwecke davon abhängig macht, dass die Agentur in der Union (genauer: bei der ESMA) registriert ist.[438] Strebe sie das nicht an, so stehe es ihr frei, die Registrierung dennoch zu beantragen.[439]

Eine weitere Ansicht plädiert ausgehend von Anhang III Abschnitt I Nr. 54 zur Ratingverordnung, der eine Verletzung der Registrierungspflicht als Zuwiderhandlung qualifiziert, die somit nach Art. 24 i.V.m. Art. 36a Rating-VO von der ESMA aufsichtsrechtlich sanktioniert und nach Art. 35a Rating-VO eine zivilrechtliche Haftung nach sich ziehen kann, für eine Ausdehnung des Anwendungsbereichs der Ratingverordnung auf solche Ratingagenturen mit Sitz in der EU, die sich pflichtwidrig noch nicht registriert haben.[440] In der systematischen Zusammenschau zwischen Artt. 2, 14 und Anhang III Abschnitt I Nr. 54 Rating-VO zeige sich, dass sich der Anwendungsbereich der Ratingverordnung eben doch nicht nur auf registrierte, sondern auch auf pflichtwidrig noch nicht registrierte Ratingagenturen erstrecke.[441]

Eine noch weiter gehende Ansicht will den Anwendungsbereich gar auf alle Ratingagenturen mit Sitz in der EU ausdehnen.[442] Aus Erwägungsgrund 75 der Rating-VO, nachdem die Verordnung ein „hohes Maß an Verbraucher- und Anlegerschutz (…) für Ratings, die in der Gemeinschaft abgegeben werden" erreichen will, folge, dass das hohe Ziel des Verbraucher- und Anlegerschutzes

437 *Gomille*, GPR 2011, 186, 188; *Pukropski*, S. 179.

438 *Gomille*, GPR 2011, 186, 188.

439 *Gomille*, GPR 2011, 186, 188.

440 *Dutta*, WM 2013, 1729, 1732; *Happ*, Internationaler Rechtsschutz gegen fehlerhafte Ratings, S. 64.

441 So in Bezug auf die zivilrechtliche Haftung *Dutta*, WM 2013, 1729, 1732, der jedoch offenlässt, für welche Ratingagenturen die Registrierungspflicht letztlich gilt.

442 *Happ*, Internationaler Rechtsschutz gegen fehlerhafte Ratings, S. 64 f., nimmt insofern rechtsirrig eine teleologische Reduktion von Art. 2 Abs. 1 Rating-VO an.

nur erreicht werden könne, wenn per se alle Ratingagenturen mit Sitz in der EU in den Anwendungsbereich der Verordnung fallen, zumal Erwägungsgrund 75 gerade keine Beschränkung im Hinblick auf die Verwendung des Ratings – zu aufsichtsrechtlichen Zwecken – enthalte. Zudem liefe die Registrierungspflicht nach Art. 14 Rating-VO leer, wenn die Ratingverordnung nur für registrierte Agenturen gelte.[443]

c) Stellungnahme

Es gilt, verschiedene Fragestellungen – soweit möglich – zu trennen. Gibt es eine Registrierungsflicht und wenn ja, für welche Ratingagenturen gilt sie? Und zum anderen: Kann die Ratingverordnung generell, oder zumindest einzelne Vorschriften, auch für Agenturen Geltung beanspruchen, die nicht nach der Verordnung registriert sind?

Angesichts des Wortlauts von Art. 14 Abs. 1 Rating-VO: „muss für die Zwecke von Artikel 2 Absatz 1 eine Registrierung beantragen" und der Sanktionsmöglichkeit der Verletzung einer Registrierungspflicht durch die ESMA gem. Art. 24, 36a i.V.m. Anhang III Abschnitt I Nr. 54 Rating-VO, ist der Ansicht, die aus Art. 2 Abs. 1 Rating-VO, der bestimmt, dass die Verordnung nur für registrierte Ratingagenturen gilt, folgert, dass es keine Registrierungspflicht gebe,[444] eine offensichtliche Missachtung des gesetzgeberischen Willens vorzuwerfen. Der Verweis in Art. 14 Abs. 1 Rating-VO „für die Zwecke von Art. 2 Absatz 1" muss angesichts des Wortlauts von Art. 2 Abs. 1 Rating-VO „(…) die von in der Union registrierten Ratingagenturen abgegeben und der Öffentlichkeit bekannt gegeben oder an Abonnenten weitergegeben werden." als Verweis auf das Kriterium der Verbreitung des Ratings verstanden werden, nicht auf die Registrierung als solche. Rechtstechnisch mag der Verweis von Art. 14 Abs. 1 Rating-VO auf Art. 2 Abs. 1 Rating-VO missglückt und partiell zirkulär sein, hieraus zu folgern, es gäbe per se gar keine Registrierungspflicht, muss indes abgelehnt werden.

Doch auf welche Ratingagenturen bezieht sich die Registrierungspflicht? Nur auf solche, die ihre Ratings von Anlegern zu aufsichtsrechtlichen Zwecken verwendet sehen wollen?[445] Für eine solche Einschränkung der Registrierungspflicht gem. Art. 2 Abs. 1 i.V.m. Art. 14 Abs. 1 Rating-VO findet sich im Wortlaut dieser Normen kein Anhaltspunkt. Art. 2 Abs. 1 Rating-VO stellt vielmehr auf die

443 *Happ*, Internationaler Rechtsschutz gegen fehlerhafte Ratings, S. 64 f.
444 Vgl. etwa *Pukropski*, S. 179.
445 So *Gomille*, GPR 2011, 186, 188.

Veröffentlichung und die Verbreitung an Abonnenten ab. Aus einem systematischen Zusammenhang mit Art. 4 Abs. 1 Rating-VO eine solche Beschränkung der Registrierungspflicht abzuleiten,[446] erscheint keinesfalls zwingend. Denn die Vorschrift adressiert nach ihrem erkennbaren Wortlaut die Verwender von Ratings, nicht Ratingagenturen selbst. Auch teleologische Erwägungen sprechen für eine weite Auslegung der Registrierungspflicht. Die Gewährleistung eines hohen Maßes an Anleger- und Verbraucherschutz[447] lässt sich offenkundig eher erreichen, wenn die Registrierungspflicht für alle Ratingagenturen innerhalb der Union, die ihre Ratings veröffentlichen, oder an Abonnenten weitergeben, Geltung beansprucht. Die besseren Gründe sprechen also dafür, die Registrierungspflicht auf alle Ratingagenturen mit Sitz in der EU,[448] die Ratings veröffentlichen oder an Abonnenten weitergeben, anzuwenden.[449]

Von der Frage der Registrierungspflicht ist die Frage der Anwendbarkeit zu trennen. Die Ratingverordnung könnte möglicherweise auch auf nicht nach der Verordnung registrierte Agenturen anwendbar sein.[450] Insbesondere für die zivilrechtliche Haftung nach Art. 35a Rating-VO hätte dies Auswirkungen. Denn während pflichtwidrig nicht registrierte Ratingagenturen mit aufsichtsrechtlichen Sanktionen der ESMA gem. Art. 24, 36a i.V.m. Anhang III Abschnitt I Nr. 54 Rating-VO belangt werden können, stünde Anlegern oder Emittenten der zivilrechtliche Haftungstatbestand Art. 35a Rating-VO im Falle fehlerhafter Ratings von pflichtwidrig nicht registrierten Ratingagenturen nicht zur Verfügung.

Angesichts des Wortlauts von Art. 2 Abs. 1 Rating-VO, der den Geltungsbereich auf in der Union registrierte Agenturen begrenzt, würde dies der Sache

---

446 So *Gomille*, GPR 2011, 186, 188.

447 Erwägungsgrund 75 der Rating-VO.

448 Wobei hierbei auf den Satzungssitz abgestellt werden sollte, vgl. Art. 3 Abs. 1 lit c) Rating-VO.

449 I.E. ebenso *Kreußlein*, S. 156 f. Die Erläuterungen auf der Internetpräsenz der ESMA stützen diese Ansicht: „Any firm that is established in the EU and is carrying out credit rating activities in the EU without prior registration is operating in breach of Articles 2(1) and 14(1) of the CRA Regulation. Action, leading to supervisory measures and fines will be systematically taken by ESMA against firms that conduct credit rating activities without registration or, where appropriate, certification in the EU. <u>Any firm planning to issue credit ratings should immediately apply to ESMA for registration</u> (Hervorhebung durch Verf.). Abrufbar unter: https://www.esma.europa.eu/supervision/credit-rating-agencies/supervision.

450 So *Dutta*, WM 2013, 1729, 1732; *Happ*, Internationaler Rechtsschutz gegen fehlerhafte Ratings, S. 64 f., 67.

nach eine Analogie darstellen.[451] Die analoge Anwendung einer Norm setzt voraus, dass ein Gesetz nach der gesetzgeberischen Regelungsabsicht eine planwidrige Regelungslücke enthält[452]. Zu beachten ist jedoch, dass es sich hierbei um eine analoge Anwendung von sekundärem Unionsrecht handeln würde. Für die analoge Anwendung von Normen des Sekundärrechts prüft der EuGH, ob der geregelte und der streitige Sachverhalt im Hinblick auf Sinn und Zweck der anzuwendenden Norm oder auf übergeordnete Grundsätze des Gemeinschaftsrechts hinreichend ähnlich sind,[453] wobei zu beachten ist, dass den detaillierten Normen des Sekundärrechts[454] in der Regel ein bewusst abschließendes Regelungskonzept zugrunde liegt, was einer analogen Anwendung von Normen im Grundsatz entgegensteht.[455]

Die Befürworter der Anwendung der Ratingverordnung auf nicht registrierte Ratingagenturen argumentieren insbesondere mit der Sanktionsmöglichkeit der ESMA für Verstöße gegen die Registrierungspflicht gem. Art. 24, 36a i.V.m. Anhang III Abschnitt I Nr. 54 Rating-VO.[456] Es erscheint jedoch höchst fraglich hieraus ein dem Wortlaut des Art. 2 Abs. 1 Rating-VO entgegenstehendes generelles Prinzip abzuleiten. Vielmehr streitet die Vorschrift *prima vista* gegen die Analogiefähigkeit von Art. 2 Abs. 1 Rating-VO auf nicht registrierte Agenturen. Denn wofür eine Sanktion für die Verletzung einer Registrierungspflicht, die durch die Rechtsansicht, die Verordnung gelte auch für nicht registrierte Agenturen, im Grunde obsolet gemacht wird? Der Befund eines zirkulären Konstruktionsmangels wird so keineswegs aufgelöst, sondern vielmehr durch einen anderen ersetzt. Der Wortlaut von Art. 2 Abs. 1 Rating-VO ist letztlich zu

---

451 *Happ* befürwortet dies, spricht insofern aber fälschlicherweise von einer teleologischen Reduktion von Art. 2 Abs. 1 Rating-VO, vgl. *Happ*, Internationaler Rechtsschutz gegen fehlerhafte Ratings, S. 67.

452 Vgl. etwa *Honsell* in: Staudinger Eckpfeiler des Zivilrechts, B. Einleitung zum BGB, Rn. 61.

453 Vgl. EuGH, Urt. v. 12.12.1985, Rs. 165/48 („Krohn"), Slg. 1985, 3997, Rn. 14; EuGH, Urt. v. 26.10.2006, C-248/04 („Koninklijke Coöperatie Cosun UA"), Slg. 2006, I-10211, Rn. 35 ff.; *Martens*, Methodenlehre des Unionsrechts, S. 321 ff. m.w.N.

454 Dezidiert kritisch zur unionsrechtlichen Einzelfallgesetzgebung *Honsell* in: Staudinger Eckpfeiler des Zivilrechts, B. Einleitung zum BGB, Rn. 40 ff.: „ins Lächerliche führender Drang, alles zu definieren", „bürokratische Gesetzesflut".

455 EuGH, Urt. v. 26.10.2006, C-248/04 („Koninklijke Coöperatie Cosun UA"), Slg. 2006, I-10211, Rn. 35 ff., 48 ff.; *Martens*, Methodenlehre des Unionsrechts, S. 324.

456 Vgl. *Dutta*, WM 2013, 1729, 1732; *Happ*, Internationaler Rechtsschutz gegen fehlerhafte Ratings, S. 65.

eindeutig,[457] um hier eine Regelungslücke anzunehmen.[458] Im Ergebnis streiten somit weder übergeordnete Grundsätze des Gemeinschaftsrechts noch der Sinn und Zweck der Ratingverordnung dezidiert für eine Anwendung des Geltungsbereiches über den Wortlaut von Art. 2 Abs. 1 Rating-VO hinaus. Pflichtwidrig (noch) nicht registrierte Ratingagenturen fallen somit nach hier vertretener Ansicht nicht in den Geltungsbereich der Verordnung, es sei denn einzelne Vorschriften, wie Artt. 24, 36a i.V.m. Anhang III Abschnitt I Nr. 54 Rating-VO, nehmen ausdrücklich auf diese Bezug. Insofern ist es Sache der ESMA Ratingagenturen, die bisher keine Registrierung beantragt haben, dies aber nach der Verordnung nach tun müssten, hierzu zu veranlassen. Laut BaFin geschieht das auch, wobei insbesondere die Abgrenzung zwischen Ratings und Scorings[459] schwierig sei.[460]

d) Ratingagenturen mit Sitz außerhalb der Union

Die Tatsache, dass der Geltungsbereich der Ratingverordnung gem. Art. 2 Abs. 1 Rating-VO auf in der Union registrierte Ratingagenturen beschränkt ist mag zunächst nicht überraschen, denn warum auch sollten EU-Behörden Ratingagenturen außerhalb der Union beaufsichtigen? Dass ein solcher Regulierungsansatz faktisch jedoch unzureichend ist, leuchtet rasch ein. Es liegt in der Natur des Ratings, seiner globalen Verständlichkeit und einfachen Verbreitung, dass die Aufsicht über das Ratingwesen nationale Aufsichtsbehörden vor Schwierigkeiten stellt. Dieses Problem adressiert die Ratingverordnung in den Artt. 4 ff. Rating-VO.

Art. 4 Abs. 1 Rating-VO bestimmt zunächst den Grundsatz, dass ein Rating zu aufsichtsrechtlichen Zwecken[461] nur verwendet werden darf, wenn es von einer Ratingagentur stammt, die ihren Sitz in der Union hat und nach der Ratingverordnung registriert ist. Die Ratingverordnung enthält jedoch auch ein System zur Anerkennung von Ratings aus Drittstaaten. Gem. Art. 4 Abs. 3 Rating-VO kann eine in der Union ansässige und nach der Ratingverordnung registrierte Ratingagentur ein Rating aus einem Drittland übernehmen. Die Voraussetzungen

---

457 I.E. ebenso *Kreußlein*, S. 156.

458 Vgl. zum Maßstab der Lückenfindung ausführlich *Ahmling*, Analogiebildung durch den EuGH im Europäischen Privatrecht, S. 148 ff.

459 Siehe hierzu § 1 VII.

460 https://www.bafin.de/SharedDocs/Veroeffentlichungen/DE/Fachartikel/2013/fa_bj_2013_01_ratingagenturen.html;jsessionid=279330701B1FC6832692E74421A5AA35.1_cid381?nn=7845970#doc7868724bodyText6.

461 Siehe Art. 3 Abs. 1 lit. g) Rating-VO.

hierfür finden sich in Art. 4 Abs. 3 lit. a) – h) Rating-VO. Hervorzuheben ist, dass es sich um Ratingagenturen derselben Gruppe[462] handeln muss (lit. a)), die Ratingagentur im Drittstaat mindestens so strengen Anforderungen nachkommen muss, wie in Artt. 6–12 Rating-VO festgelegt (lit. b)), es einen objektiven Grund dafür gibt, das Rating im Drittland erstellen zu lassen (lit. e)), die Ratingagentur im Drittland zugelassen oder registriert ist und der Aufsicht unterliegt (lit. f)) und eine Kooperationsvereinbarung zwischen der ESMA und der im Drittland jeweils zuständigen Aufsichtsbehörde besteht (lit. h)).

Im Hinblick auf Ratings für Unternehmen (oder Finanzinstrumente) mit Sitz in Drittländern, die von einer Ratingagentur mit Sitz in einem Drittland abgegeben werden – wenn beispielsweise eine US-amerikanische Ratingagentur ein US-amerikanisches Unternehmen bewertet – besteht mit Art. 5 Abs. 1 Rating-VO eine weitere Ausnahme von Art. 4 Abs. 1 Rating-VO – genauer gesagt von den strengen Übernahmevoraussetzungen nach Art. 4 Abs. 3 Rating-VO. Solche Ratings können von Ratingagenturen in der Union unter den Voraussetzungen von Art. 5 Abs. 1 lit. a) – e) Rating-VO übernommen werden. Hierfür bedarf es insbesondere der Zulassung und Registrierung im Drittland (lit. a)), der Entscheidung der Kommission über die Gleichwertigkeit des Regelungs- und Kontrollrahmens im Drittland nach Art. 5 Abs. 6 Rating-VO (lit. b)) und der Voraussetzung, dass die jeweiligen Ratings keine systembezogene Bedeutung für die finanzielle Stabilität oder Integrität der Finanzmärkte besitzen (lit. c)). Ratingagenturen aus Drittländern können gem. Art. 5 Abs. 2 Rating-VO einen Antrag auf Zertifizierung bei der ESMA stellen. Art. 5 Abs. 8 Rating-VO stellt klar, dass für solche Ratingagenturen aus Drittländern und deren Ratings lediglich die Artt. 20, 23b und 24 Rating-VO Anwendung finden.

e) Zusammenfassung

Die Ausführungen haben gezeigt, dass der Anwendungsbereich der Ratingverordnung nicht unbedingt klar umrissen ist. Zum einen ist dies dem Umstand geschuldet, dass es keinen eindeutigen Tatbestand gibt, an den die Rechtsfolge der Registrierung anknüpft. Art. 2 i.V.m. Art. 14 Rating-VO sind insofern nicht eindeutig. Nach hier vertretener Ansicht besteht eine Registrierungspflicht für alle Ratingagenturen mit Sitz in der Union, die Ratings – unabhängig, ob zu aufsichtsrechtlichen Zwecken, oder nicht – veröffentlichen. Eine allgemeine Geltung auch für nichtregistrierte Ratingagenturen ist angesichts des Wortlauts von Art. 2 Abs. 1 Rating-VO abzulehnen. Zur Registrierung animieren soll

462 Siehe Art. 3 Abs. 1 lit. m) Rating-VO.

letztlich vielmehr ein mittelbar-faktischer Mechanismus, der beim Verwender des Ratings ansetzt, der gem. Art. 4 Abs. 1 Rating-VO zu aufsichtsrechtlichen Zwecken nur Ratings von in der Union registrierten Ratingagenturen verwenden darf. Freilich kann eine EU-Verordnung keinen weltweiten Regelungs- und Kontrollrahmen bieten, doch gerade die Voraussetzungen für die Übernahme im Ausland erstellter Ratings verdeutlichen die Bemühungen ein internationales „*level playing field*“ zu schaffen. Die Zertifizierung von Ratingagenturen mit Sitz außerhalb der Union – im Gegensatz zur Registrierung von Ratingagenturen mit Sitz innerhalb der Union – knüpft daher im Wesentlichen an einen mit der Ratingverordnung vergleichbaren Aufsichtsrahmen an.

2. *Materielle Vorgaben hinsichtlich der Ratingerstellung und -bekanntmachung*

Der Titel II „Abgabe von Ratings“ mit den Artt. 6 – 13 und seinen materiellen Vorgaben hinsichtlich der Ratingerstellung und -bekanntmachung stellt gewissermaßen den Kern der Ratingverordnung dar. Er enthält organisatorische und operationelle Anforderungen, die insgesamt sehr generell gehalten sind. Die Vorgaben werden in den Abschnitten A (organisatorische Anforderungen) und B (operationelle Anforderungen) von Anhang I zur Ratingverordnung konkretisiert. Die Regelungstechnik erlaubt es der Kommission, technische Details in den Anhängen mittels delegiertem Rechtsakt gem. Art. 37 i.V.m. 38a ff. Rating-VO kurzfristig zu ändern.[463] Die folgende Darstellung der materiellen Vorgaben soll überblicksartig die wesentlichen Punkte der materiellen Regulierung durch die Ratingverordnung erläutern und – wo es angezeigt ist – mit dem IOSCO-Kodex vergleichen.

a) *Unabhängigkeit und Interessenkonflikte*

Art. 6 Abs. 1 Rating-VO bestimmt zunächst generalklauselartig, dass eine Ratingagentur alle erforderlichen Schritte unternehmen muss, dass das Rating nicht von bestehenden oder potenziellen Interessenkonflikten der Ratingagentur, ihrer Anteilseigner, Mitarbeiter oder sonstigen Personen beeinflusst wird. Abs. 2 verweist dabei ausdrücklich auf die konkretisierenden Vorschriften in Anhang I.

Die Vorschriften in Anhang I sind dabei sehr konkret und von hoher Detail- und Regelungsdichte. Es zeigt sich hierbei eindeutig, dass die Ratingverordnung gegenüber dem IOSCO-Kodex nicht nur den Vorteil der hoheitlichen

---

463 Vgl. *Deipenbrock*, WM 2009, 1165, 1173.

Durchsetzbarkeit, sondern auch den der größeren Regelungsdichte besitzt. Eine ausführliche Lektüre der Anhänge zur Ratingverordnung begründet dabei sogar eher den Verdacht einer übertriebenen und zu weitreichenden Regulierungsdichte im Sinne eines „*regulatory overkill*". Das dem IOSCO-Kodex attestierte Defizit, dieser sei zu allgemein gehalten und somit auch, abgesehen vom Durchsetzungsproblem, inhaltlich wirkungslos,[464] trifft auf die Ratingverordnung jedenfalls nicht zu.[465]

Die Vorschriften, die etwa die Zusammensetzung von Verwaltungs- und Aufsichtsorganen betreffen, sind für die Agenturen von durchaus weitreichender praktischer Relevanz und modifizieren das für die Ratingagenturen jeweils geltende Gesellschaftsrecht. Zunächst fordert Anhang I Abschnitt A Abs. 1 Rating-VO, dass eine Ratingagentur neben der Geschäftsleitung über ein Verwaltungs- oder Aufsichtsorgan verfügen muss. Mindestens ein Drittel, jedenfalls aber zwei, der Mitglieder des Verwaltungs- oder Aufsichtsorgans müssen unabhängige Mitglieder sein, die nicht in die Ratingtätigkeit eingebunden sind (Anhang I Abschnitt A Abs. 2 S. 3 Rating-VO). Die unabhängigen Mitglieder der entsprechenden Organe dürfen zudem nicht erfolgsabhängig entlohnt werden und länger als 5 Jahre ihr Mandat innehaben. Alle Mitglieder müssen zudem über ausreichende Fachkenntnis im Bereich der Finanzdienstleistung verfügen. (Anhang I Abschnitt A Abs. 2 S. 4, 5 Rating-VO).

Da die nach deutschem Recht gegründeten und nach der Ratingverordnung registrierten Ratingagenturen zumeist als GmbH organisiert sind,[466] stellt sich die Frage, ob, um dem Erfordernis eines Verwaltungs- oder Aufsichtsorgan i.S.v. Anhang I Abschnitt A Abs. 1 Rating-VO nachzukommen, ein Aufsichtsrat gem. § 52 GmbHG gegründet werden muss,[467] oder ob ein satzungsmäßiger Beirat[468] ausreichend ist.[469] Ersteres zu bejahen, hieße einen obligatorischen

464 Siehe § 9 I.

465 Wobei zu berücksichtigen ist, dass der IOSCO-Code of Conduct in seiner neuen Fassung (2015) nicht unerheblich erweitert wurde, vgl. § 9 I. 6.

466 Vgl. die aktuelle Liste der registrierten und zertifizierten Ratingagenturen: https://www.esma.europa.eu/supervision/credit-rating-agencies/risk. Während die Töchter der US-amerikanischen Ratingagenturen als GmbH organisiert sind, tendieren kleinere Ratingagenturen, wie die Creditreform Rating AG, eher dazu als AG aufzutreten. Scope Ratings ist seit neuestem als KGaA in der Form der SE & Co. KGaA organisiert. Im Falle der AG ist das Aufsichtsorgan der aktienrechtlich zwingend bestehende Aufsichtsrat (§ 95 ff. AktG bzw. i.V.m. § 287 AktG im Fall der KGaA).

467 Dafür *Pukropski*, S. 186 f.

468 Vgl. ausführlich etwa MüKo/*Spindler*, § 52 GmbHG, Rn. 714 ff.

469 So *Richter*, in: Grieser/Heemann, Europäisches Bankaufsichtsrecht, 519, 531 f.

Aufsichtsrat nach Unionsrecht zu befürworten. Einen solchen Pflichtaufsichtsrat kennt das deutsche Recht nur im Falle der mitbestimmten GmbH, § 52 Abs. 2 GmbHG i.V.m. § 1 DrittelbG / § 1 MitbestG.[470] Zwar ist die Stellung eines Aufsichtsrates stärker, allein hieraus die Pflicht zur Errichtung eines Aufsichtsrates abzuleiten,[471] erscheint jedoch nicht zustimmungswürdig. Denn der Ratingverordnung kann eine solche gesellschaftsrechtliche Präferenz des dualistischen Systems nicht entnommen werden. Sie trennt zwar zwischen „Geschäftsleitung" und „Verwaltungs- oder Aufsichtsorgan", gibt jedoch keine weiteren konkreten Vorgaben. Ein Blick in die Liste der registrierten Ratingagenturen zeigt, dass die Ratingagenturen aus dem Vereinigten Königreich Großbritanniens ausschließlich als monistisch organisierte *limited* auftreten und ebenfalls nach der Ratingverordnung registriert sind. In diesen Fällen hielt die ESMA offenbar auch die konkrete satzungsmäßige Ausgestaltung für ausreichend, um den Vorgaben von Anhang I Abschnitt A Abs. 1 Rating-VO zu entsprechen.[472] Insofern erscheint ein satzungsmäßiger Beirat mit entsprechenden Befugnissen ausreichend, um dem Erfordernis eines Verwaltungs- oder Aufsichtsorgan i.S.v. Anhang I Abschnitt A Abs. 1 Rating-VO zu entsprechen.

Zudem haben Ratingagenturen gem. Anhang I Abschnitt A Abs. 6 Rating-VO eine Compliance-Funktion zu schaffen und einen Compliance-Beauftragten zu beschäftigen. Anhang I Abschnitt B betrifft operationelle Anforderungen an die Ratingtätigkeit. Neben Transparenzvorschriften im Hinblick auf Ratingausblicke („*rating outlooks*")[473] und maßgebliche Kunden – die Namen der Unternehmen, von denen eine Ratingagentur mehr als 5 % ihrer Jahreseinnahmen erhält, müssen veröffentlicht werden – adressiert Abschnitt B insbesondere Beratungsleistungen („*rating advisory*"), welche in der Finanzkrise eine besonders kritische

---

470 Vgl. etwa MüKo/*Spindler*, § 52 GmbHG, Rn. 38 ff.

471 So letztlich *Pukropski*, S. 186 f.

472 Geschäftsführungsbefugt ist in einer Limited der *director*, bei der Bestellung mehrerer *directors*, das *board of directors*. Ein Kontrollorgan, vergleichbar mit dem deutschen Aufsichtsrat, existiert nicht. Überwachungs- und Kontrollfunktionen können jedoch von sog. *non-executive directors* oder Gremien, die sich aus mehreren directors zusammensetzen, sog. *committees*, übernommen werden, wodurch die Kontrolle und Überwachung primär eine Frage der satzungsrechtlichen Gestaltung ist. Vgl. etwa *Just*, Die englische Limited in der Praxis, S. 37 ff.

473 Siehe § 1 VI.

Rolle gespielt haben.[474] Die Verordnung differenziert hier in Anhang I Abschnitt B Abs. 4 Rating-VO zwischen grundsätzlich verbotenen Beratungsleistungen und grundsätzlich erlaubten Nebendienstleistungen. Es ist Ratingagenturen nun untersagt, Beratungsleistungen, die die Unternehmens- oder Rechtsstruktur, Vermögenswerte, Verbindlichkeiten oder Tätigkeiten des bewerteten Unternehmens betreffen, anzubieten. Einschätzungen der wirtschaftlichen Entwicklung, Preisanalysen und andere Analysen allgemeiner Daten sowie damit zusammenhängende Verteilungsdienste werden hingegen als erlaubte Nebendienstleistungen eingestuft. Doch auch bei solchen muss gewährleistet sein, dass kein Interessenkonflikt mit der Ratingtätigkeit entsteht und im Abschlussbericht für ein veröffentlichtes Rating offengelegt wird, welche Nebendienstleistungen im Zusammenhang mit der Ratingtätigkeit jeweils erbracht wurden.

Bei genauerer Betrachtung wirft die Vorschrift jedoch eine entscheidende Frage auf: das Verbot von Beratungsleistungen bezieht sich auf das „bewertete Unternehmen" (Anhang I Abschnitt B Abs. 4 S. 1 Rating-VO). Rein vom Wortlaut her eröffnet die Vorschrift somit die Möglichkeit der Beratung im Vorfeld der Bewertung des Unternehmens.[475] Nach hier vertretener Ansicht lässt die Vorschrift eine solche Auslegung nicht zu. Die Beratung im Vorfeld der eigentlichen Ratingtätigkeit war im Zuge der Finanzkrise ein entscheidender Interessenkonflikt auf Seiten der Ratingagenturen.[476] Die entsprechenden Regelungen sind als Reaktion hierauf zu verstehen, um solche Missstände zukünftig zu vermeiden. Wenn Anhang I Abschnitt B Abs. 4 S. 3 Rating-VO in Bezug auf Nebendienstleistungen noch einmal generalklauselartig betont, dass auch diese nicht zu Interessenkonflikten führen dürfen, so muss dies für Beratungsleistungen erst recht gelten. Satz 1 ist daher so zu lesen, dass Beratungsleistungen in Bezug auf das bewertete oder *zu bewertende* Unternehmen unzulässig sind. Es zeigt sich somit, dass den Vorschriften im Anhang der Ratingverordnung eine nicht unerhebliche Bedeutung zukommt. Dies ist umso beachtlicher, da sie von der Kommission ohne Beteiligung von Ministerrat und Parlament mittels delegiertem Rechtsakt gem. Art. 37 i.V.m. Art. 38a Rating-VO geändert werden können.

Von einigen der in Art. 6 Rating-VO genannten Vorschriften können sich kleinere Ratingagenturen gem. Abs. 3 jedoch freistellen lassen, sofern sie durch

---

474 Siehe § 8 III. 1. b).

475 So *Pukropski*, S. 190 f.

476 Siehe § 8 III. 1. b).

geeignete Maßnahmen insgesamt gewährleisten, dass die Ziele der Verordnung erreicht werden. Durch CRA-III neu eingefügt wurden zudem Art. 6a und 6b Rating-VO betreffend Interessenkonflikte im Zusammenhang mit Anteilseignern und Vertragspartnern von Ratingagenturen. Nach Art. 6a Rating-VO dürfen Anteilseigner von Ratingagenturen, die mindestens 5 % des Kapitals oder der Stimmrechte halten, nicht in einer anderen Ratingagentur – außerhalb des jeweiligen Konzerns – entsprechend gleichgelagerten Einfluss[477] ausüben. Art. 6b Rating-VO konstituiert im Wesentlichen Rotationspflichten für die Bewertung von Verbriefungen, denen Aktiva desselben Originators zugrunde liegen.[478] Vorbehaltlich von Ausnahmen in Abs. 2 darf eine Ratingagentur Ratings nicht länger als vier Jahre abgeben (Abs. 1) und darf im Anschluss kein entsprechendes Vertragsverhältnis für die Dauer der jeweiligen Vertragslaufzeit eingehen (Abs. 3), sog. „externe Rotation".

Von der Regelung, die thematisch auch bei den Sonderregeln über strukturierte Finanzprodukte, Artt. 8b ff. Rating-VO, hätte angesiedelt werden können, erhofft sich die Kommission eine Stärkung des Wettbewerbs auf dem Ratingmarkt und eine Abschwächung von Interessenkonflikten.[479] Die Kommission sieht in lang andauernden Vertragsbeziehungen zwischen Ratingagentur und zahlendem Emittenten die bereits grundsätzlich gegebene Gefahr von Gefälligkeitsratings in besonderem Maße gegeben. Durch die Möglichkeit eines Reputationsverlustes am Markt im Fall des anlasslosen Wechsels einer Ratingagentur entstünden sog. „Lock-in-Effekte", die einen Wechsel der Ratingagentur erschweren.[480] Da ein Wechsel von Ratingagenturen aber auch Kosten auf Seiten der Emittenten mit sich bringt, hielt es die Kommission für angemessen, die Pflicht zur externen Rotation nur für den Ratingmarkt für Wiederverbriefungen einzuführen.[481] Die Anlassbezogenheit der Transaktionen eigne sich für den Wechsel von Ratingagenturen eher als beim Rating von klassischen Unternehmensanleihen und zudem habe sich bei Wiederverbriefungen in der Finanzkrise eine besondere Krisenanfälligkeit gerade auch im Hinblick auf

477 Vgl. Art. 6a lit. a) – e) Rating-VO.

478 Der Originator ist die Partei in deren eigentlichem Interesse eine Verbriefungstransaktion aufgelegt wird, während formeller Emittent die Zweckgesellschaft ist, weshalb die Kommission es für angebracht hielt die Rotationspflicht an den Originator zu binden, vgl. Erwägungsgrund 16 zur CRA-III-VO (Fn. 1).

479 Vgl. Erwägungsgründe 12 ff. zur CRA-III-VO.

480 Erwägungsgrund 12 zur CRA-III-VO.

481 Für eine umfassendere externe Rotationspflicht etwa *Kreußlein*, S. 348 ff.

Interessenkonflikte gezeigt.[482] Da die Rotationspflichten auch dem Wettbewerb auf dem Ratingmarkt und somit auch kleinen Agenturen zugutekommen soll, sind letztere von der Rotationspflicht gem. Art. 6b Abs. 5 Rating-VO befreit, um sich leichter in diesem Marktsegment etablieren zu können.[483]

Einen im Nachgang der Finanzkrise besonders heiß diskutierten potenziellen Interessenkonflikt adressiert die Ratingverordnung jedoch nicht: das *issuer-pays*-Modell. Ratingagenturen finanzieren sich nach wie vor primär durch den bewerteten Emittenten. Letztlich erscheint es jedoch sinnvoll, als milderes Mittel die Branche zu regulieren und Interessenkonflikten mit Transparenz-, Organisations- und Rotationspflichten zu begegnen, die im Fall ihrer Nichteinhaltung zivil- und aufsichtsrechtlich sanktionierbar sind, zumal das *investor-pays*-Modell ebenfalls Schwächen, insbesondere die fehlende Akzeptanz auf Verwenderseite, hat.

b) Mitarbeiter, Ratinganalysten und sonstige am Rating beteiligte Personen

Art. 7 i.V.m. Anhang I Abschnitt C Rating-VO betrifft die Mitarbeiter und Ratinganalysten von Ratingagenturen. Art. 7 Abs. 1 Rating-VO bestimmt, dass die an der Ratingtätigkeit beteiligten Analysten, Mitarbeiter und sonstigen Personen über angemessene Kenntnisse und Erfahrungen für die ihnen zugewiesenen Aufgaben verfügen müssen. Abs. 4 und 5 legen fest, dass Ratingagenturen ein Rotationssystem für ihre Analysten installieren und dafür sorgen müssen, dass die Vergütung und Bewertung der an der Ratingtätigkeit beteiligten Mitarbeiter nicht von den Einnahmen abhängen darf, die die Ratingagentur mit dem bewerteten Unternehmen erzielt.

Anhang I Abschnitt C konkretisiert die Vorschriften im Hinblick auf Ratinganalysten und sonstige Mitarbeiter. Diese dürfen beispielsweise nicht in Wertpapiere von Emittenten investieren, mit deren Bewertung sie betraut sind (Anhang I Abschnitt C Abs. 1), Insiderinformationen weitergeben (Abs. 2), oder Geschenke oder sonstige Vorteile von Kundenseite annehmen (Abs. 4). Ein im Zuge der Aufarbeitung der Finanzkrise ebenfalls identifizierter potenzieller Interessenkonflikt wird in Abs. 6 und 7 adressiert. Wechselt ein Ratinganalyst zum Unternehmen, an dessen Bewertung er vorher mitgewirkt hat, so muss die Ratingagentur seine Arbeit der letzten zwei Jahre überprüfen (Abs. 6). Zudem darf der Mitarbeiter während der ersten sechs Monate keine Schlüsselposition in der Geschäftsführung des bewerteten Unternehmens einnehmen (Abs. 7).

---

482 Erwägungsgründe 13, 14 zur CRA-III-VO.

483 Erwägungsgrund 17 zur CRA-III-VO.

Schließlich konkretisiert Abs. 8 die Rotationspflicht von Analysten im Hinblick auf die von ihnen bewerteten Unternehmen.

c) Ratingmethoden und -modelle

Die Vorschriften hinsichtlich der seitens der Agenturen verwendeten Methoden und Modelle müssen einen schwierigen Kompromiss bewerkstelligen. Einerseits muss das in der Finanzkrise zu Tage getretene Problem intransparenter und inkohärenter Ratingmethoden adressiert werden, andererseits hat jede Ratingagentur ein Interesse an der freien Wahl und Durchführung von Ratingmethode bzw. -prozess und an deren Geheimhaltung. Und so sind die Vorschriften im Kern relativ allgemein gehalten und weitestgehend an den IOSCO-Kodex angelehnt.

Gem. Art. 8 Abs. 1 Rating-VO müssen Ratingagenturen offenlegen, welche Methoden, Modelle und grundlegenden Annahmen sie verwenden. Hinsichtlich der dem Ratingverfahren zugrunde zu legenden Informationen bestimmt Art. 8 Abs. 2 Rating-VO einen strengen Maßstab: Ratingagenturen müssen ihre Ratings und Ratingausblicke auf eine gründliche Analyse aller ihnen zur Verfügung stehenden Informationen stützen und dafür sorgen, dass diese Informationen von ausreichend guter Qualität sind und aus zuverlässigen Quellen stammen. Die angewandten Ratingmethoden müssen zudem streng systematisch und beständig sein und einer Validierung unterliegen, die auf historischen Erfahrungswerten, insbesondere Rückvergleichen, beruht (Abs. 3). Verspätete Reaktionen auf aktuelle Ereignisse und Entwicklungen werden in Art. 8 Abs. 5 Rating-VO adressiert. Hiernach müssen die Agenturen ihre Ratings und Methoden laufend, mindestens jedoch einmal pro Jahr überprüfen, insbesondere dann, wenn wesentliche Änderung eintreten, die Auswirkungen auf ein Rating haben können. Zudem sind interne Vorkehrungen zu treffen, damit gesamtwirtschaftliche Entwicklungen und veränderte Bedingungen auf den Finanzmärkten überwacht werden.

d) Sonderregelungen für Länderratings und strukturierte Finanzinstrumente

Durch die zweite Änderungsverordnung zur Ratingverordnung,[484] wurden Spezialregelungen zu Länderratings und strukturierten Finanzinstrumenten in die Ratingverordnung aufgenommen. Im Rahmen von Art. 8a Rating-VO, der Länderratings betrifft, ist insbesondere Abs. 3 hervorzuheben, denn hier zeigt sich

484 CRA-III-VO.

die politische Seite der Tätigkeit von Ratingagenturen. Hiernach dürfen Ratingagenturen unbeauftragte Länderratings nur an drei Veröffentlichungszeitpunkten im Jahr, die auf einen Freitag fallen müssen,[485] bekannt geben und müssen diese zudem im Dezember des Vorjahres bekannt geben. Diese Sonderregelung für Staaten steht in eindeutigem Widerspruch zu Art. 8 Abs. 5 Rating-VO, wonach ein Rating stets aktuell sein und auf aktuelle Entwicklungen reagiert werden muss. Der Grund hierfür ist schlicht eine politisch motivierte Sonderbehandlung von Staaten. Steigende Finanzierungskosten durch Ratingherabstufungen sollen so verhindert bzw. auf einen Zeitpunkt verschoben werden, an dem eventuelle Gegenmaßnahmen getroffen werden können.

Als Reaktion auf die Verfehlungen von Ratingagenturen bei der Bewertung strukturierter Finanzprodukte in der Finanzkrise[486] reichlich spät durch die CRA-III-VO (2013) eingeführt wurden Artt. 8b-d Rating-VO über strukturierte Finanzinstrumente.[487] Art. 8b Rating-VO schreibt zunächst umfassende erläuternde Veröffentlichungspflichten für Ratings strukturierter Finanzinstrumente vor, die auf einer von ESMA betriebenen Internetpräsenz zu veröffentlichen sind.[488]

Als wesentlich neuer Bestandteil der Regulierung der Ratingtätigkeit auf dem Markt strukturierter Finanzprodukte erweisen sich Artt. 8c und d Rating-VO. Strukturierte Finanzprodukte müssen nun von zwei verschiedenen Ratingagenturen bewertet werden (Art. 8c Rating-VO). In solchen Fällen muss zudem der Emittent die Beauftragung einer kleineren Ratingagentur, deren Marktanteil unter 10 % liegt, prüfen (Art. 8d Rating-VO). Hiermit soll der Wettbewerb auf dem oligopolistischen Ratingmarkt, der im Bereich der Bewertung strukturierter Finanzprodukte eine besonders hohe Konzentration in den Händen der *big three* aufweist, gestärkt werden.[489] Ob diese Regelung hierfür wirklich geeignet ist, erscheint jedoch fraglich, da sie ihrem Wortlaut nach lediglich die Prüfung einer kleineren Ratingagentur mit einem

---

485 Kursschwankungen und sonstige Auswirkungen an den Finanzmärkten sind so geringer, da sie ggf. „übers Wochenende verdaut werden können".

486 Siehe § 8 III.

487 Zur externen Rotationspflicht beim Rating von Wiederverbriefungen siehe bereits Art. 6b Rating-VO.

488 Die Europäische Ratingplattform ging erst Ende 2016 online; abrufbar unter: https://registers.esma.europa.eu/publication/searchRegister?core=esma_registers_radar.

489 Erwägungsgrund 11 zur CRA-III-VO (Fn. 1).

Marktanteil von weniger als 10 % vorschreibt, nicht jedoch einen tatsächlichen Kontrahierungszwang.[490]

e) Vorschriften zur Erhöhung der Transparenz des Ratingprozesses

Art. 10 Rating-VO regelt die Bekanntgabe und Präsentation von Ratings. Abs. 1 S. 1 bestimmt, dass alle Ratings und Ratingausblicke sowie jede Entscheidung zum Abbruch eines Ratings unterschiedslos und rechtzeitig – offensichtlich mit Ausnahme von Länderratings, s.o. – bekanntgegeben werden müssen. Dies gilt gem. Art. 10 Abs. 1 S. 3 Rating-VO auch für Ratings, die an Abonnenten weitegegeben werden. Unbeauftragte Ratings und Ratings von strukturierten Finanzinstrumenten sind als solche besonders zu kennzeichnen (Abs. 3, 5). Die Grundsätze und Verfahren für unbeauftragte Ratings müssen offengelegt werden (Abs. 4).

Die bei der ESMA registrierten Ratingagenturen müssen zudem Ratings, Ratingänderungen und Angaben zu Ratingänderungen der ESMA in standardisierter Form übermitteln, die diese Daten in einem zentralen Datenspeicher sammelt (Art. 11 Abs. 2 Rating-VO). Die ESMA veröffentlicht die einzelnen Ratings dann auf einer Website, der sog. „Europäischen Ratingplattform".[491] So soll die Transparenz durch leichtere Abrufbarkeit gewährleistet werden, da die meisten Agenturen, unter anderem die *big three*, ihre Ratings erst nach Registrierung auf ihrer Internetpräsenz zugänglich machen. Ratingagenturen müssen zudem einmal jährlich sehr umfangreiche Transparenzberichte gem. Art. 12 i.V.m. Anhang I Abschnitt E Teil III Rating-VO veröffentlichen. Grundsätzlich ist eine solche rechtlich vorgegebene Erhöhung der Transparenz zu begrüßen. In Anhang I Abschnitt D sind zudem weitere Transparenzvorschriften hinsichtlich der Veröffentlichung von Ratings und Ratingausblicken geregelt. Diese sehr detaillierten Regelungen unterteilen sich in Allgemeine Pflichten (I.) und spezielle Vorschriften zu strukturierten Finanzinstrumenten (II.) und Länderratings (III.). Eine nicht zu unterschätzende Vorschrift dürfte Anhang D I. Abs. 1 sein, der vorschreibt, dass bei Ratings und Ratingausblicken Name und Funktion des führenden Ratinganalysten („*lead analyst*") sowie Name und Funktion der Person, die für die Genehmigung der entsprechenden Ratings verantwortlich ist, anzugeben ist. Das kann zweifellos dazu beitragen, dass die entsprechenden Personen entsprechend umsichtig und rechtstreu agieren.

---

490 Was auf Emittentenseite freilich von großer Bedeutung ist, vgl. die Stellungnahme von DAI und BDI zu CRA-III, S. 3, abrufbar unter https://www.dai.de/files/dai_usercontent/dokumente/positionspapiere/2014-04-09%20DAI-BDI-Kommentar%20CRA-III-Umsetzung.pdf.

491 Abrufbar unter: https://registers.esma.europa.eu/publication/searchRegister?core=esma_registers_radar.

f) Zementierung des issuer-pays Modells durch die Ratingverordnung

Die zunächst unscheinbar anmutenden Vorschriften zur Erhöhung der Transparenz enthalten eine inhaltlich äußerst weitgehende wie unverständliche Vorgabe. Wenn Art. 10 Abs. 1 S. 3 Rating-VO die Veröffentlichungspflicht auch auf Abonnentenratings erstreckt wird so mit einem Handstreich ein ganzes Geschäftsmodell zerstört.[492] Kein Abonnent ist bereit für Ratings zu zahlen, die öffentlich kostenlos verfügbar sind. Der in dieser Arbeit favorisierte freie Wettbewerb zwischen *issuer-pays* und *investor-pays* Bezahlmodellen wird so durch den Unionsgesetzgeber ohne Not zugunsten des *issuer-pays* Modells durch die Ermöglichung eines *free rides* entschieden. Vor dem Hintergrund der Entstehung der Ratingverordnung ist diese Regelung umso unverständlicher. Im Rahmen der Aufarbeitung der Finanzkrise geriet das *issuer-pays* Modell derart in Verruf, dass offen über die Notwendigkeit einer Abkehr hiervon diskutiert wurde. Dass die Ratingverordnung das bestehende System nicht nur reguliert, sondern die großen emmittentenfinanzierten Ratingagenturen gegen Wettbewerb vonseiten kleinerer investorenfinanzierten Ratingagenturen schützt, ist unverständlich und scharf zu kritisieren.

3. Beaufsichtigung durch die ESMA

Der Fokus bei der Untersuchung des europäischen Regulierungsrahmens für Ratingagenturen soll auf dem materiellen Recht liegen. Im Folgenden soll daher lediglich ein kursorischer Überblick über die Vorschriften, die die laufende Aufsicht durch die ESMA betreffen, gegeben werden. Mit Inkrafttreten der Ratingverordnung Ende 2009 existierte die ESMA noch gar nicht. Das Registrierungsverfahren lief über den CESR, der die entsprechenden Anträge an die Aufsichtsbehörden der jeweiligen Mitgliedsstaaten weiterleitete.[493] Zweifellos ist angesichts der grenzüberschreitenden Tätigkeit von Ratingagenturen und einer innerhalb der gesamten EU geltenden Verordnung die Einsetzung einer zentralen europäischen Aufsichtsbehörde sinnvoll. Die Artt. 14 ff. Rating-VO in der heutigen Fassung mit der Aufsicht durch die ESMA gehen auf die erste Änderungsverordnung zur Ratingverordnung (CRA-II)[494] zurück. Artt. 14 – 20 Rating-VO betreffen das Registrierungsverfahren sowie den Widerruf der

---

492 Dezidiert kritisch hierzu *Zimmer*, Gutachten G zum 68. DJT, G. 75; Habersack/Mülbert/Schlitt/*Göres*, Hdb Kapitalmarktinformation, § 25, Rn. 77.

493 Vgl. Artt. 14 ff. Rating-VO a.F. (VO 1060/2009 (CRA-I)).

494 *Walla*, BKR 2012, 265, 269.

Registrierung. Die Kernvorschriften im Hinblick auf die laufende Aufsicht stellen Artt. 21 – 25a Rating-VO dar.

a) Die ESMA im System der Europäischen Finanzaufsicht

Die ESMA ist Teil des Europäischen Bankaufsichtssystems (ESFS – European System of Financial Supervision) und wurde – neben EBA (European Banking Authority) und EIOPA (European Insurance and Occupational Pensions Authority) geschaffen, um zu Stabilität, Effektivität, Integrität, Transparenz, und Funktionsfähigkeit des Finanzsystems beizutragen, Art. 1 Abs. 5 ESMA-VO.[495] Die europäischen Aufsichtsbehörden wurden insbesondere vor dem Hintergrund mangelnder Koordinierung der Finanzmarktaufsicht geschaffen, die als Mitursache für die internationale Finanzmarktkrise gilt.[496] Grundsätzlich liegt die laufende Aufsicht über Banken, Versicherungen und sonstige Wertpapierunternehmen aber noch bei nationalen Behörden. Die Aufsicht über Ratingagenturen ist bis dato die einzige direkte Aufsichtstätigkeit, die die ESMA ausübt. Neben den bereits erläuterten unmittelbaren Eingriffsrechten ist die ESMA auch Quelle für Regulierungsrecht unterschiedlicher Regelungsintensität und Bindungswirkung. Zu unterscheiden ist zwischen technischen Regulierungs- und Durchführungsstandards, Artt. 10 ff. ESMA-VO sowie Leitlinien und Empfehlungen, Art. 16 ESMA-VO.[497]

Die Ratingverordnung enthält mehrere Aufforderungen an die ESMA, Entwürfe technischer Regulierungsstandards zu erstellen, etwa in Artt. 8b, 21 Abs. 4, 4a UAbs. 3 Rating-VO. Diese werden im Verfahren nach Artt. 10 ff. ESMA-VO der Kommission übermittelt und von dieser letztlich per Beschluss oder Verordnung angenommen, Art. 10 Abs. 4 ESMA-VO. Die Kommission hat in diesem Zusammenhang die äußerst detaillierten delegierten Verordnungen VO (EU) 2015/1[498] bezüglich der technischen Regulierungsstandards für die regelmäßige Meldung der von den Ratingagenturen erhobenen Gebühren für die Zwecke der laufenden Beaufsichtigung, die VO (EU) 2015/2[499] für die Präsentation von Informationen, die Ratingagenturen der ESMA zur Verfügung stellen und

---

495 VO (EU) 1095/2010 v. 24.11.2010, ABl. (EU) L 331/84 v. 15.12.2010.

496 Vgl. *Buck-Heeb*, Kapitalmarktrecht, § 21, Rn. 1148; *Baur/Boegl*, BKR 2011, 177.

497 Vgl. vertiefend zur Rechtsnatur dieser Rechtsquellen, *Frank*, Die Rechtswirkungen der Leitlinien und Empfehlungen der ESMA, S. 64 ff.

498 Delegierte VO 2015/1 v. 30.09.2014, ABl. (EU) L 2/1 v. 06.01.2015.

499 Delegierte VO 2015/2 v. 30.09.2014, ABl. (EU) L 2/24 v. 06.01.2015.

die VO (EU) 2015/3[500] betreffend die Offenlegungspflichten bei strukturierten Finanzinstrumenten erlassen.

b) Maßnahmen der laufenden Aufsicht

Art. 22a Rating-VO unterstreicht die Bedeutung, die der Unionsgesetzgeber systematischen Ratingmethoden beimisst, die historische Rückvergleiche einbeziehen. Gem. Art. 22a Abs. 1 Rating-VO prüft die ESMA regelmäßig die Einhaltung des Art. 8 Abs. 3 Rating-VO, der strenge, systematische, beständige und einer Validierung, die auf historischen Rückvergleichen beruht, unterliegenden Ratingmethoden vorschreibt. Sie wertet die Ergebnisse dieser Rückvergleiche selbst aus (Abs. 2 lit. b). Trotzdem sollen weder die ESMA noch andere Behörden auf den Inhalt der Ratings oder Methoden Einfluss nehmen (Art. 23 Rating-VO). Als mildestes Mittel um aufsichtsrechtlich relevante Informationen beizutreiben, regelt Art. 23b Rating-VO das einfache Informationsersuchen. Die ESMA kann hierbei nicht nur von Ratingagenturen, sondern auch von an Ratingagenturen beteiligten Personen, bewerteten Unternehmen, mit diesen verbundenen Dritten und anderen Dritten, an die die Ratingagenturen betriebliche Ausgaben ausgelagert haben und sogar allen anderen Personen, die in einer engen und wesentlichen Beziehung oder Verbindung zur Ratingagentur stehen, die Vorlage sämtlicher Informationen verlangen, die sie benötigt.

Weitergehend sind die Befugnisse bei allgemeinen Untersuchungen gem. Art. 23c Abs. 1 Rating-VO, wonach unter anderem Personen vorgeladen und befragt (Abs. 1 lit. c, d), oder gar Aufzeichnungen von Telefongesprächen und Datenübermittlungen angefordert werden können (Abs. 1 lit. e). Letzteres setzt indes eine gerichtliche Genehmigung im Mitgliedsstaat voraus (Abs. 5 S. 1), wobei das nationale Gericht gem. Abs. 6 einem eingeschränkten Prüfungsspielraum unterliegt, der sich praktisch auf eine Willkürkontrolle beschränkt.

Entsprechend ist auch Art. 23d Rating-VO, der die Prüfungen vor Ort regelt, aufgebaut. Auch für die unangekündigte Untersuchung von Geschäftsräumen gilt ein eingeschränkter gerichtlicher Prüfungsmaßstab (Art. 23d Abs. 9 Rating-VO). Nationale Behörden unterstützen die ESMA gegebenenfalls bei Maßnahmen nach Artt. 23c, d Rating-VO. Die entsprechenden Ermächtigungsgrundlagen sind eng an die kartellrechtlichen Befugnisnormen der Kommission in Artt. 18 ff. VO 1/2003[501] angelehnt.

---

500 Delegierte VO 2015/3 v. 30.09.2014, ABl. (EU) L 2/57 v. 06.01.2015.

501 VO (EG) 1/2003 v. 16.12.2002, ABl. (EG) L 1/1 v. 04.01.2003.

Entsprechende Untersuchungen enden mit einer Entscheidung des Rates der Aufseher der ESMA,[502] der gem. Art. 23e Abs. 5 Rating-VO feststellt, ob und welche Verstöße gegen Anhang III der Ratingverordnung vorliegen.[503] Ist dies der Fall, ergreift die ESMA eine Aufsichtsmaßnahme nach Art. 24 Rating-VO und verhängt eine Geldbuße nach Art. 36a Rating-VO. Die Aufsichtsmaßnahmen nach Art. 24 Abs. 1 Rating-VO reichen von der öffentlichen Bekanntmachung (lit. e), über die Aufforderung, den Verstoß zu beenden (lit. d), einem Verbot der aufsichtsrechtlichen Verwendung (lit. c) oder einer generellen Abgabe der Ratings (lit. b) der entsprechenden Agentur, bis hin zum Widerruf der Registrierung der Ratingagentur (lit. a). Beim Erlass der entsprechenden Aufsichtsmaßnahme ist gem. Abs. 2 die Art und Schwere des Verstoßes maßgeblich zu berücksichtigen. Die Geldbußen nach Art. 36a Rating-VO sind in einem, abhängig vom jeweiligen Verstoß, System von Ober- und Untergrenzen ausgestaltet. Anders als im europäischen Kartellrecht, wo die Geldbußen umsatzorientiert sind,[504] orientieren sich die Geldstrafen an in der Verordnung genannten absoluten Beträgen, die bis zu 750.000 EUR betragen können. Zudem bemisst sich die Höhe der Geldbuße nach dem Umsatz der jeweiligen Ratingagentur (Art. 36a Abs. 2 Rating-VO). Es handelt sich also um eine zweistufige Prüfung, bei der zunächst der jeweilige Verstoß gegen Anhang III und der entsprechende Geldbußenrahmen ermittelt werden muss und anschließend innerhalb dieses Rahmens die konkrete umsatzabhängige Geldbuße.

c) Rechtsschutz gegen Aufsichtsmaßnahmen der ESMA

Die verfahrensrechtlichen Vorschriften für Rechtsbehelfe gegen die ESMA finden sich primär in der ESMA-Verordnung. Grundsätzlich muss gegen Maßnahmen der ESMA Beschwerde gegenüber dem Beschwerdeausschuss[505] gem. Art. 60

---

502 Der Rat der Aufseher ist das Hauptbeschlussfassungsorgan der ESMA und setzt sich zusammen aus den Leitern der jeweils zuständigen Behörden der Mitgliedsstaaten und dem Vorsitzenden der ESMA, vgl. Erwägungsgrund 52 zur VO (EU) 1095/2010 v. 24.11.2010, ABl. (EU) L 331/84 v. 15.12.2010.

503 Anhang III enthält selbst keine eigenen materiellen Regelungen, sondern statuiert tatbestandliche Verstöße im Wege des Verweises auf nahezu jede Vorschrift der Ratingverordnung.

504 Art. 23 Abs. 2 UAbs. 2 der VO (EG) 1/2003 v. 16.12.2002, ABl. (EG) L 1/1 v. 04.01.2003 sieht die Kappungsgrenze für Kartellbußgelder der Kommission bei 10 % des Gesamtumsatzes im letzten Geschäftsjahr.

505 Zur Zusammensetzung und Arbeitsweise des Beschwerdeausschusses siehe Art. 58 f. ESMA-VO.

ESMA-VO eingelegt werden, wobei die Beschwerde keine aufschiebende Wirkung hat, Art. 60 Abs. 3 ESMA-VO. Gegen einen Beschluss des Beschwerdeausschusses, oder in Fällen, in denen kein Rechtsbehelf beim Beschwerdeausschuss möglich ist, kann gem. Art. 60 ESMA-VO i.V.m. Art. 263 AEUV Nichtigkeitsklage beim EuGH eingelegt werden. Auch die technischen Regulierungs- und Durchführungsstandards der ESMA sind ohne vorheriges Beschwerdeverfahren mit der Nichtigkeitsklage angreifbar.[506]

Die Möglichkeit einer Beschwerde sieht die Ratingverordnung nur in den Fällen eines Informationsersuchens (Art. 23b Abs. 3 lit. g) Rating-VO) und bei den Aufsichtsmaßnahmen nach Art. 24 Rating-VO gem. Art. 24 Abs. 5 UAbs. 2 Rating-VO vor. Die Maßnahmen der Allgemeinen Untersuchung (Art. 23c Rating-VO) und Prüfungen vor Ort (Art. 23d Rating-VO) können gem. Art. 23c Abs. 3 S. 2, Abs. 6 S. 4 und Art. 23d Abs. 4 S. 2, Abs. 9 S. 4 Rating-VO nur direkt vor dem EuGH im Wege der Nichtigkeitsklage angegriffen werden. Auch bei Rechtsbehelfen gegen Beschlüsse, die Geldbußen oder Zwangsgelder betreffen, ist gem. Art. 36e Rating-VO die Nichtigkeitsklage vor dem EuGH zulässig. Der EuGH hat insofern die Befugnis zu unbeschränkter Nachprüfung der Entscheidung (S. 1) und kann Geldbußen und Zwangsgelder aufheben, herabsetzen oder erhöhen (S. 2).

d) Parallele Durchsetzung der Ratingverordnung durch nationale Behörden

Eine in der Literatur soweit ersichtlich bisher nicht beachtete Möglichkeit und Befugnis der Durchsetzung der Ratingverordnung haben nationale Behörden. Durch das „Gesetz zur Verringerung der Abhängigkeit von Ratings“,[507] wurden im deutschen Finanzaufsichtsrecht zahlreiche sanktionsbewehrte Ordnungswidrigkeiten geschaffen, die tatbestandlich auch an die Ratingverordnung anknüpfen. So wurde in § 120 Abs. 4 WpHG zur Ordnungswidrigkeit erklärt, wenn ein Wertpapierdienstleistungsunternehmen (§ 2 Abs. 10 WpHG) entgegen Artt. 4 ff. Rating-VO ein Rating verwendet, nicht dafür Sorge trägt, dass es eigene Kreditrisikobewertungen vornimmt, einen Auftrag nicht richtig erteilt, nicht dafür Sorge trägt, dass die beauftragten Ratingagenturen die in der Ratingverordnung genannten Voraussetzungen erfüllen oder eine in der Ratingverordnung genannte Dokumentation nicht richtig vornimmt.

506 *Frank*, Die Rechtswirkungen der Leitlinien und Empfehlungen der ESMA, S. 72; *Lehmann/Manger-Nestler*, ZBB 2011, 2, 19.

507 Gesetz zur Verringerung der Abhängigkeit von Ratings vom 10. Dezember 2014, BGBl. 2014 I S. 2085 ff.

Die BaFin kann nun gem. § 46a Abs. 1, 2 KWG einem Institut die Verwendung von Ratings, die nicht von einer nach der Ratingverordnung registrierten Ratingagentur stammen, untersagen und die Verwendung geeigneter Ratings anordnen. Sie kann ferner die, parallel zu § 120 Abs. 4 WpHG ausgestalteten, in § 56 Abs. 4b KWG genannten Ordnungswidrigkeiten ahnden. Gleiches gilt für die neuen, ebenso ausgestalteten §§ 340 Abs. 3 KAGB, 332 Abs. 4 VAG.

V. Bewertung der Ratingverordnung im Hinblick auf ihre Zweckmäßigkeit

1. Unabhängigkeit und Interessenkonflikte

Die während der Finanzkrise zu Tage getretenen elementaren Interessenkonflikte, die Einfluss auf den Ratingprozess haben können, sind Beratungsleistungen – insbesondere im Vorfeld des eigentlichen Ratingprozesses – und das *issuer-pays* Modell als solches. Was Beratungsdienstleistungen angeht, trifft die Ratingverordnung insbesondere in Anhang I Abschnitt B Abs. 4 Rating-VO detaillierte Vorgaben und differenziert zwischen grundsätzlich verbotenen Beratungsleistungen und grundsätzlich erlaubten Nebendienstleistungen. Die Differenzierung erscheint sowohl generell als auch im Einzelnen sinnvoll und gelungen. Die Bezugnahme auf „das bewertete Unternehmen" in Anhang I Abschnitt B Abs. 4 S. 1 Rating-VO ist redaktionell freilich nicht einwandfrei gelungen und sollte in „das bewertete oder zu bewertende" Unternehmen geändert werden, wenngleich die Vorschrift nach hier vertretener Auffassung bereits in der derzeitigen Fassung so auszulegen ist.[508]

Dass die Ratingverordnung das *issuer-pays*-Modell als solches dem Grunde nach nicht in Frage stellt, sondern reguliert, ist per se nicht zu kritisieren. Es ist vielmehr von der regulatorischen Herangehensweise und Grundkonzeption durchaus sinnvoll, vor dem Verbot eines ganzen Geschäftsmodells, dieses – so gesehen als milderes Mittel – zu regulieren. Es darf auch nicht vergessen werden, dass das emittentenfinanzierte Rating sich aus den Schwächen des investorenfinanzierten Ratings entwickelt hat.[509] Dass die Ratingverordnung die für das investorenfinanzierte Rating bestehende Gefahr eines *free ride* durch die Erstreckung der Veröffentlichungspflichten auf investorenfinanzierte Ratings regulatorisch festschreibt und somit ein ganzes Geschäftsmodell gefährdet, ist jedoch völlig unverständlich. Das in Erwägungsgrund 55 angesprochene Ziel,

---

508 Siehe § 10 III. 1.

509 Siehe §§ 3, 4.

den Eintritt neuer Akteure in den Ratingmarkt zu fördern wird so absolut untergraben. Denn gerade für junge Ratingagenturen kann ein Abonnementgeschäft für den Eintritt in den Ratingmarkt interessant sein, um so Einnahmen zu generieren, da sie ohne entsprechenden „*track record*“ oftmals nicht ohne weiteres im Geschäftsfeld mit beauftragen Ratings Fuß fassen können.

2. Ratingmethoden und Transparenz

Es ist zu begrüßen, dass die Methoden, Modelle und grundlegenden Annahmen der Ratingtätigkeit offengelegt werden müssen (Art. 8 Abs. 1 Rating-VO), da dies die Transparenz und Nachvollziehbarkeit des Ratingverfahrens erhöht. Auch dass Ratingagenturen nun verpflichtet sind, im Sinne eines „Plausibilitätschecks“ zu gewährleisten, dass die dem Ratingverfahren zugrunde zu legenden Informationen von ausreichend guter Qualität sind und aus zuverlässigen Quellen stammen (Art. 8 Abs. 2 S. 2 Rating-VO) verdient Zustimmung. Ob in Zweifelsfällen tatsächlich von einem Rating abgesehen wird, oder ein vorhandenes zurückgezogen wird, wie es Anhang I Abschnitt D Abs. 4 grundsätzlich verlangt, erscheint jedoch eher fraglich. Auch das regulatorische Festschreiben einer mindestens jährlichen Überprüfungspflicht ist zu begrüßen, da für zivilrechtliche Klagen aufgrund verspäteter Ratinganpassungen so ein eindeutiger Anknüpfungspunkt für eine Pflichtverletzung besteht. Dass Ratingagenturen nun gem. Art. 8 Abs. 2 S. 3 Rating-VO darauf hinweisen müssen, dass es sich bei den abgegebenen Ratings um eine Meinung handelt, auf die nur in begrenztem Umfang Verlass ist, erscheint jedoch unnötig und unzweckmäßig. Zwar weisen Ratingagenturen hierauf schon seit langem hin, um eine haftungsrechtliche Privilegierung zu erreichen,[510] dass die Ratingverordnung dies hoheitlich festschreibt, erscheint jedoch nicht nachvollziehbar, es ist schlicht nicht erkennbar worin der Nutzen der Regelung liegen soll. Gemessen an dem Ziel der Möglichkeit der zivilrechtlichen Inanspruchnahme von Ratingagenturen gem. Art. 35a Rating-VO ist die Regelung vielmehr unzweckmäßig und steht auch mit der Gesetzesbegründung zur Schaffung von Art. 35a Rating-VO in Widerspruch. Diese unterstreicht, dass Ratings „erheblichen Einfluss auf Anlageentscheidungen haben“ und nicht zuletzt deshalb die Möglichkeit der zivilrechtlichen Haftung bestehen müsse.[511] Da Art. 8 Abs. 2 S. 3 Rating-VO dieses Anliegen, ohne indes erkennbaren Nutzen zu schaffen, desavouiert, sollte der Satz gestrichen werden.

---

510 Siehe zur Einordnung des Ratings als Tatsache oder Meinung noch § 16 II.

511 Erwägungsgrund 32 zur CRA-III-VO (Fn. 1).

Hinsichtlich der Detailtiefe der Veröffentlichungspflicht der grundlegenden Annahmen, Methoden und Modelle (Art. 8 Abs. 1 Rating-VO) besteht freilich ein Interessenkonflikt zwischen dem Transparenzinteresse der Öffentlichkeit und dem Geheimhaltungsinteresse der Ratingagenturen bezüglich ihres Geschäftsgeheimnisses, welches konkret in der Art und Weise der Berechnung des Kreditausfallrisikos liegt. Angesichts der sehr allgemein gehaltenen Regelung, die nur eine Veröffentlichungspflicht für die grundlegenden Annahmen, Methoden und Modelle vorsieht, wurde der Zielkonflikt in der Tendenz zugunsten der Agenturen entschieden. Erwägungsgrund 25 der Ratingverordnung führt hierzu aus: „Durch die Veröffentlichung von Informationen zu den Modellen sollten jedoch keine Geschäftsgeheimnisse preisgegeben oder Innovationen ernsthaft behindert werden." Sieht man sich die seitens der Ratingagenturen auf ihren Internetseiten gemachten Angaben näher an, so stellt man fest, dass es sich in der Tat lediglich um allgemeine Angaben handelt.[512]

a) Vergleich mit „SCHUFA-Rechtsprechung" des BGH

Zwar sind in der Rechtsprechung Fälle mit Ratingbezug bislang eher selten, bezüglich der Bewertung der Reichweite der Transparenzpflichten von Ratingagenturen ist jedoch ein Vergleich zur sog. „SCHUFA-Rechtsprechung" des BGH unausweichlich. Die SCHUFA sammelt und speichert im Rahmen ihrer Tätigkeit personenbezogene Daten, die für die Beurteilung der Kreditwürdigkeit, insbesondere von Verbrauchern, relevant sein können. Hierzu erstellt sie sog. Scorewerte,[513] die aussagen sollen, mit welcher Wahrscheinlichkeit der Betroffene seine Verbindlichkeiten vertragsgemäß erfüllen wird.[514] Gem. Art. 15 DSGVO (früher § 34 Abs. 4 S. 1 Nr. 4 BDSG) kann jedermann bei der SCHUFA Auskunft über das Zustandekommen und die Bedeutung der Wahrscheinlichkeitswerte einzelfallbezogen und in allgemein verständlicher Form verlangen.

In Literatur und Rechtsprechung war lange Zeit umstritten, in welcher Detailtiefe diese Auskunft zu erfolgen hat.[515] Die SCHUFA selbst meint, dass die

---

512 Vgl. etwa die Angaben zur Ratingprozess und -methodik bei Euler Hermes und Creditreform: https://www.ehrg.de/der-weg-zum-rating/die-methodik/; https://www.creditreform-rating.de/de/regulatory-requirements/; die Angaben der *big three* sind nur nach vorheriger Registrierung abrufbar, vgl. etwa https://www.standardandpoors.com/en_US/web/guest/ratings/ratings-criteria/-/articles/criteria/general/filter/all.

513 Zur Abgrenzung Rating – Scoring siehe § 1 VII.

514 BGH NJW 2014, 1235.

515 Für die Offenlegung der sog. „Scoreformel" etwa *Simitis/Dix*, BDSG, § 34 Rn. 33; *Metz*, VuR 2009, 403, 406; dagegen etwa OLG Nürnberg, ZD 2013, 26, 27; *Gürtler/Kriese*, RDV 2010, 47, 53 f.; vgl. jeweils BGH NJW 2014, 1235, 1237, Rn. 23 m.w.N.

Geheimhaltung der genauen Scoringmethoden auch im öffentlichen Interesse stünde, da öffentlich bekannte Scoreverfahren die Gefahr bergen würden, dass Verbraucher ihren Scorewert manipulieren, ohne dass sich die tatsächliche Kreditwürdigkeit verbessert.[516] Der BGH nahm 2014 in seinem „SCHUFA-Urteil" hierzu Stellung. Er entschied, dass die SCHUFA im Rahmen der Auskunft nach § 34 Abs. 4 BDSG a.F: keine Auskunft über die Gewichtung der in die Wahrscheinlichkeitsberechnung eingeflossenen Faktoren und, sofern eine Berechnung mit Hilfe von Vergleichsgruppen vorgenommen wird, auch über die Identität der Vergleichsgruppe und die Gründe, aus denen der Betroffene der Vergleichsgruppe zugeordnet wurde, schuldet.[517] Zusammenfassend stellte der BGH fest, dass diese Einschränkung einen Ausgleich zwischen den Transparenzinteressen der Betroffenen und dem Schutz von Geschäftsgeheimnissen der Auskunfteien schaffe und deshalb den Interessen der Betroffenen durch Mitteilung der in die Berechnung eingeflossenen personenbezogenen Daten, nicht aber durch die Offenlegung von Details des Berechnungsverfahrens, ausreichend entsprochen wird.[518]

b) Stellungnahme

Diese vom BGH für die SCHUFA und andere private Auskunfteien aufgestellten Grundsätze verdienen Zustimmung und sind grundsätzlich auch auf Ratingagenturen übertragbar. Die Veröffentlichungspflicht der grundlegenden Annahmen, Methoden und Modelle nach Art. 8 Abs. 1 Rating-VO entspricht im Grunde weitestgehend der jüngsten SCHUFA-Rechtsprechung des BGH. Wobei im Falle des externen Ratings das allgemeine Transparenzinteresse gegenüber dem Geschäftsgeheimnis eher noch geringer zu bewerten ist als bei privaten Auskunfteien, da bei letzteren der Informationsanspruch auf einem *persönlichen* Interesse des Betroffenen an der Speicherung und Verarbeitung seiner Daten fußt, während im Falle des externen Ratings ein beliebiger Investor sein Interesse an Ratingprozess und –methodik im konkreten Fall nicht auf ein solches stützen kann. Es erscheint also angemessen, die genaue Ratingmethodik, insbesondere im Hinblick auf die Auswahl und Gewichtung einzelner Faktoren, keiner anlasslosen detaillierten Transparenzpflicht zu unterwerfen.[519]

---

516 Vgl. https://www.schufa.de/de/ueber-uns/daten-scoring/scoring/transparente-scoreverfahren/.

517 BGH NJW 2014, 1235, 1237, Rn. 22 ff.

518 BGH NJW 2014, 1235, 1237 f., Rn. 32.

519 Auch der IOSCO-Kodex 2015 fordert keine detaillierte Offenlegung der Ratingmethoden, sondern lediglich die Offenlegung von „ausreichend Information" um zu

Eine andere Interessenlage kann sich jedoch ergeben, wenn Pflichtverletzungen einer Ratingagentur, die etwa zu Anlegerschäden geführt haben, im Raum stehen. Nach hier vertretener Ansicht ist im Falle eines begründeten Verdachts eines Fehlverhaltens seitens der Ratingagentur, diese in der Pflicht darzulegen und zu beweisen, dass eine Pflichtverletzung nicht vorliegt. Dies soll an anderer Stelle im Rahmen der zivilrechtlichen Haftung erörtert werden.[520]

3. *Ratinganalysten und Mitarbeiter*

Die Vorschriften, die Ratinganalysten und Mitarbeiter von Ratingagenturen betreffen erscheinen begrüßenswert und angemessen. Die in Art. 7 i.V.m. Anhang I Abschnitt C Rating-VO getroffenen Regelungen statuieren zwar kein Verbot eines Wechsels von Mitarbeitern einer Ratingagentur hin zum bewerteten Emittenten, beugen aber möglichen Interessenkonflikten und Gefahren für den Ratingprozess vor. Die Überprüfung der Tätigkeit eines Mitarbeiters innerhalb der letzten zwei Jahre vor seinem Wechsel zum Emittenten, das Verbot des direkten Wechsels in Führungspositionen und die generellen Rotationspflichten von Mitarbeitern in Bezug auf die jeweiligen Klienten erscheinen, sofern konsequent angewendet, als angemessene Reaktion auf entsprechende Missstände im Zuge der Finanzkrise,[521] ohne die Berufsfreiheit der Mitarbeiter zu sehr zu beschneiden.

4. *Länderratings*

Die Sondervorschriften für Länderratings und strukturierte Finanzinstrumente, Artt. 8a – 8d Rating-VO sind vor dem Hintergrund der Finanzkrise und der europäischen Staatsschuldenkrise zu sehen. Während die Bewertung strukturierter Finanzinstrumente von besonderer Komplexität geprägt ist und somit die Gefahr von Fehleinschätzungen – wie die Finanzkrise eindrücklich bewies – gegenüber dem Rating anderer Schuldtitel, etwa einer klassischen Industrieanleihe, deutlich erhöht ist, erscheint die besondere „Gefahr“ von Länderratings eher politischer Natur: aufgrund einer (unbeauftragten) Ratingherabstufung haben Staaten höhere Finanzierungskosten. Die gilt freilich für jeden Emittenten, bei Staaten jedoch wird ein eingeschränkter finanzieller Spielraum als gemeinwohlschädlich angesehen, weshalb im Zuge der CRA-III Verhandlungen

---

verstehen, wie ein Rating erstellt wird, vgl. Code of Conduct 2015, Ziffer 3.2 ff., abrufbar unter http://www.iosco.org/library/pubdocs/pdf/IOSCOPD482.pdf.

520 Siehe hierzu § 19 I. 2. d).

521 Siehe § 8 III.

und der Schaffung von Art. 8a Rating-VO auch ein Verbot von Länderratings im Gespräch war.[522] Im Zuge der sich zuspitzenden Euro-Schuldenkrise gab es innerhalb der europäischen Politik vielfach die Wahrnehmung, dass Ratingagenturen durch die vermeintlich unberechtigte Herabstufung der sog. „PIGS"-Länder[523] die EU „kaputtmachen" oder „systematisch in die Pleite treiben",[524] weshalb immer wieder die „Zerschlagung" der *big three* und der Aufbau einer europäischen Ratingagentur im Gespräch war.[525] Diese Äußerungen zeigen eindeutig, dass der Politik im Bereich von Länderratings nicht an unabhängigen, aktuellen und objektiven Ratings, sondern schlicht an positiven Ratings gelegen ist.

Die Sonderregelungen für Länderratings in Artt. 8a Rating-VO sind daher kritikwürdig, da durch vorgegebene Zeitpläne über die Veröffentlichung von Länderratings (Art. 8a Abs. 3 Rating-VO) das übergeordnete Ziel der Aktualität des Ratings (Art. 8 Abs. 5 Rating-VO) aus sachfremden staatlichen Partikularinteressen konterkariert wird. Diese Art der politischen Einflussnahme auf Länderratings diskreditiert jedoch die – mittlerweile wohl ohnehin erledigten – Bemühungen um eine staatliche bzw. europäische Ratingagentur,[526] denn es zeigt sich, dass die politische Einflussnahme auf Ratings ebenfalls eine Gefahr für unabhängige Bonitätsbewertungen und möglicherweise sogar größer ist, als etwa das *issuer-pays*-Modell des gegenwärtigen Ratingmarktes.

5. Ratings von strukturierten Finanzprodukten

Eine positivere Bewertung ergibt sich jedoch in Bezug auf die Sonderregelungen zu strukturierten Finanzinstrumenten. Neben den Sonderregelungen in Art. 8b – d Rating-VO sind insbesondere die speziellen Rotationspflichten und vertraglichen Höchstlaufzeiten für das Rating derartiger Emissionen in Art. 6b Rating-VO positiv hervorzuheben.

---

522 Vgl. etwa Welt v. 20.10.2011: http://www.welt.de/wirtschaft/article13670728/EU-will-Veroeffentlichung-von-Laenderratings-verbieten.html. So meinte Frank-Walter Steinmeier 2011, Ratingagenturen seien nur dem Profit verpflichtet und trieben notleidende Staaten systematisch in die Pleite, vgl. tagesschau.de v. 11.07.2011: http://www.tagesschau.de/wirtschaft/ratingagenturen142.html.

523 Portugal, Italien, Griechenland, Spanien.

524 So seinerzeit die Wortwahl der Justizkommissarin Reding, vgl. tagesschau.de v. 11.07.2011: http://www.tagesschau.de/wirtschaft/ratingagenturen142.html.

525 Siehe hierzu § 9 III.

526 Siehe hierzu § 9 III.

Zudem lässt sich aus Art. 8 Abs. 2 Rating-VO, nachdem eine Ratingagentur eine gründliche Analyse aller ihr zur Verfügung stehenden Informationen, die für das Ratingverfahren von Bedeutung sind, durchführen muss, ohne weiteres ableiten, dass insbesondere auch eine gründliche Analyse der der jeweiligen Strukturierung zugrunde gelegten Assets („*underlyings*")[527] erfolgen muss.

Auch das doppelte Rating für strukturierte Finanzinstrumente (Art. 8c Rating-VO) ist, ebenso wie die Prüfung der Beauftragung einer kleineren Agentur mit einem Marktanteil von weniger als 10 % (Art. 8d Rating-VO), zu begrüßen. Zu beachten ist jedoch, dass es sich bei Art. 8d Rating-VO nicht um einen Kontrahierungszwang, sondern lediglich um eine Prüfpflicht handelt und im Falle einer Nichtbeauftragung einer kleinen Ratingagentur als Rechtsfolge lediglich die Dokumentation, Art. 8d Abs. 1 S. 2 Rating-VO, steht. Eine allzu nachhaltige Stärkung des Wettbewerbs im Bereich des Ratings strukturierter Finanzinstrumente dürfte daher nicht erfolgen, da Emittenten die Beauftragung einer kleinen Ratingagentur mit dem Argument, diese verfüge noch nicht über eine entsprechende Reputation am Markt ablehnen können.[528]

6. *Mehr Wettbewerb auf dem Ratingmarkt*

Es wurde bereits an mehreren Stellen deutlich, dass die Ratingverordnung in vielerlei Hinsicht das regulatorisch mildere Mittel im Vergleich zu anderen, weitreichenderen, Vorschlägen, wie etwa dem Verbot von Ratingagenturen oder der Abkehr vom *issuer-pays*-Modell, ist. Ein weiteres vielfach wahrgenommenes Defizit des Ratingmarktes ist dessen oligopolistische Marktstruktur.[529] Doch auch in dieser Hinsicht sind die Bemühungen des Unionsgesetzgebers eher zaghaft. In den Erwägungsgründen zur Ratingverordnung wird das Thema lediglich in einem Nebensatz aufgegriffen: Das Auftreten neuer Akteure im Ratingmarkt sollte gefördert werden (Erwägungsgrund 55). Wie sich im Folgenden zeigen wird, enthält die Ratingverordnung insgesamt keine nennenswerten Anreize für mehr Wettbewerb im Ratingsektor. Ein Grund für diese Zurückhaltung könnte die Sorge vor einem sog. „*race to the bottom*" sein, also ein Absinken der Ratingqualität durch mehr Wettbewerber.

---

527 Vgl. zur Ausgestaltung strukturierter Finanzinstrumente § 8 I. 2.

528 Vgl. die Stellungnahme von DAI und BDI zu CRA-III, S. 3, abrufbar unter https://www.dai.de/files/dai_usercontent/dokumente/positionspapiere/2014-04-09%20DAI-BDI-Kommentar%20CRA-III-Umsetzung.pdf.

529 Zur Marktstruktur des Ratingmarktes siehe § 5.

Die Ratingverordnung lässt hinsichtlich der Stärkung des Wettbewerbs auf dem Ratingmarkt jedenfalls keine klare Richtung erkennen. Die einzige Vorschrift, die der oligopolistischen Marktstruktur direkt entgegenwirken soll, ist im Grunde Art. 8d Rating-VO, die Pflicht zur Prüfung der Beauftragung einer kleinen Ratingagentur für das Rating strukturierter Finanzinstrumente. Da die Vorschrift jedoch, wie bereits dargestellt, keinen echten Kontrahierungszwang darstellt, ist ihre Wirkmacht begrenzt. Nichtsdestotrotz stellt Art. 8d Rating-VO offenbar den Haupthebel der Aufsicht dar, um für mehr Wettbewerb auf dem Ratingmarkt zu sorgen. Die jährliche Marktanteilsberechnung, die die ESMA gem. Art. 8d Abs. 2 Rating-VO durchführt, fördert jedoch immer wieder zutage: das Oligopol der *big three* ist ungebrochen.[530]

Ferner gibt es die Möglichkeit der Dispensierung von zahlreichen organisatorischen Vorschriften der Ratingverordnung für Ratingagenturen mit weniger als 50 Mitarbeitern, Art. 6 Abs. 3 Rating-VO. Der Unionsgesetzgeber erkennt damit die hohen Implementierungskosten, die die Umsetzung der Vorschriften der Ratingverordnung mit sich bringt, an. Die Grenze von 50 Mitarbeitern ist jedoch bei genauerer Betrachtung verschwindend gering und betrifft praktisch nur absolute Kleinstagenturen, weshalb die praktische Bedeutung der Vorschrift sehr gering ist. Eine weitergehende Privilegierung kleinerer Agenturen stellt der durch CRA-III eingeführte Art. 6b Abs. 5 Rating-VO dar, der nicht nur Ratingagenturen mit weniger als 50 Mitarbeitern auf Gruppenebene, sondern alle Ratingagenturen mit einem Jahresumsatz von weniger als 10 Mio. EUR betrifft und von der externen Rotationspflicht nach Art. 6b Rating-VO, der vertraglichen Höchstlaufzeit von vier Jahren mit Emittenten von Wiederverbriefungen, dispensiert. Eine Anhebung der entsprechenden Schwellenwerte wäre begrüßenswert.

Ein weiterer wettbewerbsfördernder Faktor ist jedoch die Registrierung nach der Ratingverordnung selbst. Denn für kleine Ratingagenturen ohne nennenswerten *track record* stellt die Registrierung eine Art „Gütesiegel“ dar. Die Registrierung nach der Ratingverordnung kann zweifellos reputations- und vertrauensbildend sein. Eine bei der ESMA registrierte Ratingagentur hält gewisse Mindeststandards ein und unterwirft sich für jedermann erkennbar einem nicht zu unterschätzenden Regulierungs- und Haftungsregime.

---

530 Vgl. ESMA Market Share Calculation 2018, abrufbar unter: https://www.esma.europa.eu/sites/default/files/library/cra_market_share_calculation_2018.pdf.

Wettbewerbsfördernd soll zudem die gem. Art. 11a Rating-VO[531] geschaffene Europäischen Ratingplattform sein,[532] die als öffentlich zugänglicher zentraler Ratingdatenspeicher dienen und es Anlegern ermöglichen soll, „alle für ein Unternehmen vorhandenen Ratings mühelos zu vergleichen."[533] Die Europäische Ratingplattform soll dazu beitragen, dass kleinere Ratingagenturen an Bekanntheit gewinnen,[534] indem sie auf der Ratingplattform gleichberechtigt neben anderen Ratings der *big three* stehen und so zudem die Vergleichbarkeit der Treffsicherheit der Ratings, auch im Vergleich zu größeren Agenturen, vereinfacht wird. Interessanterweise gilt die Pflicht zur Veröffentlichung von Ratings und Ratingausblicken jedoch gem. Art. 11a Abs. 3 Rating-VO nicht für solche Ratings, die ausschließlich für Anleger erstellt und offengelegt werden. In den Erwägungsgründen zur CRA-III-VO heißt es: „Um den Ratingagenturen jedoch nicht die Befähigung zu nehmen, nach dem Modell des zahlenden Investors zu verfahren, sollten solche Ratings nicht in die Europäische Ratingplattform aufgenommen werden."[535] Hiermit reagiert der Unionsgesetzgeber offenbar auf die bereits dargestellte und berechtigte Kritik,[536] dass eine umfassende Veröffentlichungspflicht für *investor-pays* Ratings dieses Geschäftsmodell praktisch zunichtemacht.

Jedoch ist zu beachten, dass die Norm, auf die sich die Kritik im Hinblick auf die Veröffentlichungspflicht von investorenfinanzierten Ratings bezieht, Art. 10 Abs. 1 Rating-VO ist, nachdem alle Ratings und Ratingausblicke und -abbrüche unterschiedslos bekannt gegeben werden müssen, mit dem Hinweis in UAbs. 2, dass die Norm auch für die investorenfinanzierten Abonnentenratings gilt, unverändert fortbesteht. Nimmt man Art. 11a Abs. 3 und Art. 10 Abs. 1 Rating-VO wörtlich, ergibt sich daraus, dass investorenfinanzierte Ratings zwar nicht über die Europäische Ratingplattform, jedoch aber auf anderem Wege, etwa auf der Internetpräsenz der Ratingagentur, veröffentlich werden müssen. Die das investorenfinanzierte Rating bedrohende *free rider* Problematik stellt sich jedoch unabhängig von der Art und Weise der Veröffentlichung des Ratings. Angesichts der recht eindeutigen Erwägungsgründe zu Art. 11a Abs. 3

531 Art. 11a Rating-VO wurde 2013 durch die CRA-III-VO (Fn. 1) in die Ratingverordnung einfügt.

532 Abrufbar unter: https://registers.esma.europa.eu/publication/searchRegister?core=esma_registers_radar.

533 Erwägungsgrund 31 zur CRA-III-VO (Fn. 1).

534 Erwägungsgrund 31 zur CRA-III-VO (Fn. 1).

535 Erwägungsgrund 31 zur CRA-III-VO (Fn. 1).

536 Siehe § 10 III 2. f).

Rating-VO, s.o., die das Geschäftsmodell des investorenfinanzierten Ratings gerade auch im Hinblick auf den Schutz kleinerer Wettbewerber erhalten wollen, erscheint die Beibehaltung von Art. 10 Abs. 1 UAbs. 2 Rating-VO im Grunde als Redaktionsversehen. Man mag an dieser Stelle an eine teleologische Reduktion von Art. 10 Abs. 1 Rating-VO, in dem Sinne, dass die Norm auf investorenfinanzierte Ratings nicht anzuwenden ist, nachdenken. Angesichts der eindeutigen Klarstellung in UAbs. 2, dass die Norm auch gerade für Abonnentenratings anzuwenden ist, ist hierfür jedoch wohl kein Spielraum.

Somit ist ein durchwachsenes Fazit zu ziehen. Jedenfalls seit CRA-III und der Einführung der Pflicht zur Prüfung der Beauftragung einer kleinen Ratingagentur und der Dispensierung von der Pflicht zur externen Rotation gibt es jenseits des „Gütesiegels" der Registrierung konkrete wettbewerbsfördernde Mechanismen in der Ratingverordnung. Die jüngsten Marktanteilsberechnungen zeigen jedoch keine nennenswerte Verschiebung von Marktanteilen zugunsten kleinerer Agenturen, was daran liegen mag, dass die Mechanismen letztlich doch relativ schwach ausgestaltet sind und zudem nur die Ratings von strukturierten Finanzprodukten bzw. Wiederverbriefungen betreffen. Eine Ausweitung von Art. 6b und Artt. 8c, d Rating-VO auf weitere Ratingprodukte wie Industrieanleihen oder Fondsratings wäre daher erwägenswert, sollte es nicht zu einer nennenswerten Verschiebung von Marktanteilen kommen.[537] Allerdings ist hierbei zu bedenken, dass solche Maßnahmen in einem Zielkonflikt zur erstrebten Verringerung der regulatorischen Indienstnahme von Ratings, Artt. 5a-c Rating-VO, stünden.[538] Möglicherweise lässt sich die verhältnismäßige Zurückhaltung des Unionsgesetzgebers mit der Sorge um eine *competition in laxity* erklären. Nach hier vertretener Ansicht sollte jedoch, wie bereits angeklungen, der Weg des Abbaus wettbewerbshemmender Marktzugangsbarrieren weiter beschritten werden, da die Gefahr einer *competition in laxity* unter der Geltung eines Regulierungs- und Haftungsregimes, wie ihn die Ratingverordnung darstellt, handhabbar erscheint.

Weiterhin sollte Art. 10 Abs. 1 UAbs. 2 Rating-VO ersatzlos gestrichen werden, um das investorenfinanzierte Rating nicht weiter einer unbilligen und unzweckmäßigen Benachteiligung auszusetzen. Nichtsdestotrotz bleiben die bisherigen Neuregelungen in ihrer Wirkmacht zunächst begrenzt, da sie

---

537 Die Kommission hatte dies bereits bei der Einführung der externen Rotationspflicht im Blick, vgl Erwägungsgrund 13 zur CRA-III-VO.

538 Siehe hierzu Abschnitt 2.

letztlich keine strukturellen Reformen, sondern punktuelle Neuerungen darstellen.[539]

Daher gilt es auch zunächst die Entwicklung weiter abzuwarten und zu beobachten und gegebenenfalls weitere regulatorische Maßnahmen zur Stärkung des Wettbewerbs zu ergreifen. Es ist jedoch in einem funktionierenden Markt nicht zuletzt auch die Aufgabe kleinerer Agenturen durch eigene Anstrengung und Leistung Marktanteile zu erobern, „*reputational capital*" aufzubauen und sich auf dem Ratingmarkt zu etablieren.

VI. Zusammenfassung und Bewertung

Die Ausführungen zur EU-Ratingverordnung haben gezeigt: die europäische Ratingregulierung ist nicht mit einer strukturellen Umwälzung des Ratingmarktes verbunden, wie sie bisweilen gefordert wurde. Weder das emittentenfinanzierte Rating noch die oligopolistische Struktur des Ratingmarktes wurden grundlegend angegangen. Es handelt sich um eine Regulierung und eine partielle Fortentwicklung der bestehenden Strukturen, die in vielerlei Hinsicht als zweckmäßige Antwort auf die Finanzkrise zu bewerten ist. Nachdem die Regulierung von Ratingagenturen durch die Ratingverordnung und die Änderungsverordnungen CRA-II, die vor allem die Aufsichtsstruktur durch die ESMA schuf und CRA-III, die insbesondere die zivilrechtliche Haftung und wettbewerbsstärkende Maßnahmen zum Gegenstand hatte, einen vorläufigen Zwischenstopp erreicht hat, befindet sich die Ratingregulierung insgesamt durch die Verringerung der aufsichtsrechtlichen Indienstnahme von Ratings doch weiter im Fluss. Man mag diese Art der schrittweisen Veränderung und Verbesserung der Ratingregulierung rechtspolitisch für Stückwerk halten. Letztlich orientiert sich diese Herangehensweise jedoch am in Art. 5 Abs. 4 EUV niedergelegten Verhältnismäßigkeitsprinzip. Und auch wenn die Ratingverordnung nicht die ganz großen Strukturveränderungen mit sich brachte, so kann die Einführung verbindlicher und durchsetzbarer regulatorischer Standards durchaus als Paradigmenwechsel in der europäischen Ratingregulierung angesehen werden.

Betrachtet man die Entwicklung der Regulierung des Ratingwesens, zeigt sich, dass diese eng mit der öffentlichen Diskussion um Ratingagenturen in wirtschaftlichen Krisenzeiten verbunden ist. Denn in Zeiten, in denen es viele Insolvenzen und Zahlungsausfälle gibt, werden Ratings in besonderer Weise auf die Probe gestellt. Die Gefahr, dass sich ein Rating als Fehleinschätzung erweist, ist dann ungleich höher als in konjunkturell ruhigen Phasen. Größere strukturelle

539 So auch *Deipenbrock*, WM 2013, 2289, 2293.

Reformen im Bereich der Ratingregulierung sind daher erst unter dem Druck und der Aufarbeitung der nächsten Wirtschafts- und Finanzkrise zu erwarten. Einstweilen bleibt die Ratingregulierung aber weiter *work in progress* mit stückweisen Änderungen und Fortentwicklungen bestehender Regelungen.

§ 11 Ratingregulierung in den USA

Die Regulierung von Ratingagenturen in den USA („*statutory regulation*") erfolgte erstmals 2006 durch den „Credit Rating Agency Reform Act of 2006" (CRA Reform Act). Die erste Ratingregulierung erfolgte somit ein Jahr vor den viel beachteten Geschehnissen im Zuge der Finanzkrise. Daher kam es auch gerade einmal vier Jahre später im Jahr 2010 zu einer umfassenden Überarbeitung der Ratingregulierung im Zuge des *Dodd-Frank Wall Street Reform and Consumer Protection Act 2010* (Dodd-Frank Act – DFA[540]).[541]

I. Vom no-action-letter-Verfahren zum Credit Rating Agency Reform Act

Obwohl Ratings in den USA bereits seit den 1930er Jahren zu regulatorischen Zwecken genutzt wurden,[542] gab es bis zum *Credit Rating Agency Reform Act* keine echten Zulassungsvoraussetzungen für den Ratingmarkt. Seit 1975 vergab die SEC den Satus der „*Nationally Recognzied Statistical Rating Organisation*" (NRSRO). Der Status wurde im sog. „*no-action-letter*"-Verfahren vergeben, wonach die SEC zusicherte, keine Bedenken gegen die regulatorische Verwendung der Ratings der jeweiligen Ratingagentur zu haben.[543] Entscheidendes Kriterium für die Anerkennung als NRSRO war die Reputation der Ratingagentur bei den vorherrschenden Marktteilnehmern.[544] Dies führte freilich dazu, dass zum einen von den wichtigsten Emittenten nur Ratingagenturen mit NRSRO-Status beauftragt wurden, kleine Ratingagenturen aber mangels entsprechender Marktreputation gar nicht den NRSRO-Status erreichen konnten.[545] Trotz dieser

540 Abrufbar unter: https://www.sec.gov/about/laws/wallstreetreform-cpa.pdf.

541 Zu den wesentlichen Eckpunkten des Dodd-Frank Acts, vgl. etwa *Spindler/Brandt/Raapke*, RIW 2010, 746 ff.

542 Vgl. *Deipenbrock*, WM 2007, 2217, 2218; *Partnoy*, 77 Washington ULQ, 1999, 619, 687 ff. und sogleich § 14.

543 Vgl. hierzu SEC, Report on Credit Rating Agencies, 2003, S. 5 ff, abrufbar unter: https://www.sec.gov/news/studies/credratingreport0103.pdf.

544 Vgl. SEC, Report on Credit Rating Agencies, 2003, S. 5 ff.; *Langohr/Langohr*, Rating Agencies, S. 409.

545 Vgl. *Langohr/Langohr*, Rating Agencies, S. 409: „chicken and egg problem".

erkennbar hohen, praktisch kaum überwindbaren, Marktzugangshürde, hielt sich das NRSRO-Konzept in dieser Form bemerkenswert lange und wurde erst durch die Diskussion im Zuge der Enron-Insolvenz[546] auf der Prüfstand gestellt.[547]

II. Der „Credit Rating Agency Reform Act of 2006"

Rechtstechnisch ist der CRA Reform Act ein Bundesgesetz, bestehend aus sieben Paragrafen (Sections),[548] das zahlreiche Wertpapiergesetze, insbesondere den „Securities Exchange Act of 1934" (Exchange Act) änderte und ergänzte. Die Tätigkeit als NRSRO, also als Ratingagentur, deren Ratings zu aufsichtsrechtlichen Zwecken verwendet werden können, wurde erstmals einem formellen Registrierungsprozedere unterworfen. Der bis dato im Rahmen des NRSRO-Konzepts durchgeführte „*no-action letter*"-Ansatz wurde als undurchsichtig und überholt angesehen.[549]

Der CRA Reform Act sollte den Prozess zur Anerkennung einer Ratingagentur als NRSRO weg vom intransparenten, die Markteintrittsschwelle erhöhenden Kriterium der Akzeptanz am Markt, hin zu einem transparenten und gesetzlich geregelten Verfahren führen. Dies sollte insbesondere auch den Wettbewerb auf dem Ratingmarkt fördern und die Ratingqualität stärken.[550] Nicht nur der Registrierungsprozess, sondern auch die Ratingtätigkeit an sich sollte transparenter und nachvollziehbarer werden, indem Tranzparenz- und Veröffentlichungspflichten geschaffen wurden. Zudem wurde die SEC mit Befugnissen in Bezug auf die Überwachung und Durchsetzung der Regelungen ausgestattet.

Gem. Sec. 3 CRA Reform Act wurde in Sec. 3(a)(62) Exchange Act eine Definition der NRSRO-Kriterien aufgenommen. Hiernach ist NRSRO, wer in drei aufeinander folgenden Jahren vor Antragsstellung (62)(A), Ratings gem. (62)(B) abgibt und gem. Sec. 15E Exchange Act registriert ist (62)(C).

Gem. Sec. 4 CRA Reform Act wurde Sec. 15E Exchange Act geschaffen, der unter anderem die dem Registrierungsantrag beizufügenden Informationen konkretisiert, wozu etwa Ratingstatistiken, angewendete Ratingmethoden,

546 Vgl. § 8 III. 7.

547 Vgl. *Deipenbrock*, WM 2007, 2217, 2219.

548 Public Law 109–291, 109th Congress, 120 STAT 2006, 1327 ff., abrufbar unter: https://www.sec.gov/divisions/marketreg/ratingagency/cra-reform-act-2006.pdf.

549 *Hemraj*, Credit Rating Agencies, S. 102.

550 Vgl. *Hemraj*, Credit Rating Agencies, S. 103; *Langohr/Langohr*, Rating Agencies, S. 448.

Organisationsstrukturen, Vorkehrungen zu Compliance und Interessenkonflikten oder eine Liste der 20 größten bewerteten Emittenten zählen, Sec. 15E(a)(1)(B)(i)-(x).

Ein weitreichendes inhaltliches Regulierungsregime sollte mit dem CRA Reform Act jedoch nicht geschaffen werden. Dies geht nicht nur aus der Abstinenz von Regelungen in Bezug auf Organisation, Transparenz und Unabhängigkeit hervor, wie sie im Zuge des Dodd-Frank Acts etabliert wurden, sondern auch aus den im Reform Act enthaltenen ausdrücklichen Limitierungen dessen regulatorischer Reichweite. So wurde durch den CRA Reform Act in Sec. 15E(c)(2) Exchange Act ausdrücklich festgeschrieben, dass die von den Ratingagenturen angewendeten Ratingmethoden und -verfahren inhaltlich nicht vorgegeben und reguliert werden sollten. Zudem sollte die zivilrechtliche Inanspruchnahme aus den Vorschriften des CRA Reform Act ausgeschlossen sein, was in der „*no private right of action*"-Klausel in Sec. 15E(m)(2) Exchange Act zum Ausdruck kam.[551]

Eine inhaltliche Bewertung des CRA Reform Act ist im Nachhinein schwer möglich, da die Finanzkrise diese erste wirkliche gesetzgeberische Regulierung von Ratingagenturen in den USA schnell einholte.[552] Der CRA Reform Act wurde zwar nicht ad absurdum geführt, nicht zuletzt ist der durch ihn geschaffene NRSRO-Registrierungsprozess gem. Sec. 15E(a) Exchange Act so bis heute in Kraft. Da der CRA Reform Act jedoch praktisch keine Vorgaben für die Ratingtätigkeit als solche – insbesondere in Bezug auf strukturierte Finanzinstrumente – beinhaltete, war eine stärkere Regulierung von Ratingagenturen auch in den USA rasch rechtspolitischer Konsens.

Die SEC wurde bereits im CRA Reform Act an verschiedenen Stellen dazu ermächtigt, die Regelungen, insbesondere den Registrierungsprozess, durch sog. „*rulemaking*" zu konkretisieren. So wurde von der SEC im Juni 2007 „Rule 17g" (SEC Rule 17 CFR §240.17g)[553] erlassen, die insbesondere im Nachgang des Dodd-Frank Acts zahlreiche weitere Konkretisierungen und Erweiterungen erfahren hat, weshalb sogleich eine einheitliche Darstellung von Rule 17g in der aktuellen Fassung erfolgen soll.

---

551 Im Zuge des Dodd-Frank Acts wurden Ratingagenturen jedoch zunächst in das Prospekthaftungsregime einbezogen, was jedoch aufgrund massiver Verwerfungen am Kapitalmarkt wieder verworfen werden musste, siehe § 28 IV.

552 Einen positives Fazit unmittelbar vor der Finanzkrise schloss *Deipenbrock*, WM 2007, 2217, 2222: „wesentlicher Schritt zu mehr Transparenz auf dem Ratingmarkt".

553 Damals bestehend aus Rule 17g-1 bis 17g-6, abrufbar unter: https://www.sec.gov/rules/final/2007/34-55857.pdf.

III. Umfassende Regulierung von Ratingagenturen durch den Dodd-Frank Act

Der Dodd-Frank Act aus dem Jahre 2010 war in den USA die wesentliche gesetzgeberische Antwort auf die Finanzkrise. Es handelt sich hierbei um einen regulatorischen Rundumschlag kolossalen Ausmaßes (Sec. 1–1601). Das wesentliche gesetzgeberische Ziel bestand darin, die Finanzmarktstabilität durch Stärkung von Verantwortung und Transparenz zu erhöhen, „*too big too fail*" zu beenden, amerikanische Steuerzahler vor weiteren „*bailouts*" zu schützen und den Verbraucherschutz zu stärken.[554] Es wurden neue Behörden geschaffen und die finanziellen Ressourcen der bereits bestehenden gestärkt.[555] Die im Dodd-Frank Act noch zahlreich enthaltenen Verordnungsermächtigungen zum *rulemaking* wurden in einem jahrelangen Prozess nach und nach umgesetzt.[556] Dem Gegenstand der Untersuchung folgend, sollen lediglich die Vorschriften des Dodd-Frank Acts beleuchtet werden, die Ratingagenturen betreffen.[557] Die entsprechende Kernvorschrift bildet Sec. 932 Dodd-Frank Act „Enhanced Regulation, Accountability, and Transparency of Nationally Recognized Statistical Rating Organisations", durch die die NRSRO Vorschriften in Sec. 15E Exchange Act in der Fassung des CRA Reform Act (Sec. 15E Exchange Act a.F.) erheblich erweitert wurden. Auch nach dem Dodd-Frank Act ist die US-Ratingregulierung nur auf bei der SEC als NRSRO registrierte Ratingagenturen beschränkt, wobei hiermit freilich alle systemrelevanten Ratingagenturen erfasst sind. Ähnlich wie in der EU ist also die Verwendung der Ratings zu aufsichtsrechtlichen Zwecken der primäre Hebel zur Anwendung des Regulierungsregimes auf die jeweilige Ratingagentur.

1. Kompetenzbündelung bei der SEC

Zunächst ist darauf hinzuweisen, dass die Regulierung von Ratingagenturen im Zuge des *Dodd-Frank Acts* auch mit einer Umorganisation und Bündelung der Kompetenzen bei der SEC einherging. Bei der SEC wurde gem. Sec. 15E(p)

---

554 Vgl. die Präambel zum Dodd-Frank Wall Street and Consumer Protection Act, Pub. L. No. 111–203, 123 Stat. 1376 2010, abrufbar unter: https://www.sec.gov/about/laws/wallstreetreform-cpa.pdf.

555 Vgl im Einzelnen *Pollard/Perry*, 47 Indiana L. Rev. 2014, 147, 148 f., abrufbar unter: http://ssrn.com/abstract=2467590.

556 Siehe hierzu die Übersicht der SEC: https://www.sec.gov/spotlight/dodd-frank.shtml.

557 Dodd-Frank Wall Street and Consumer Protection Act, Pub. L. No. 111–203, 123 Stat. 1376 2010, Subtitle C-Improvements to the Regulation of Credit Rating Agencies, Sec. 931 ff.

Exchange Act das Office of Credit Ratings (OCR) eingerichtet. Es ist für die Einhaltung und Verwaltung der SEC Rules in Bezug auf Ratingagenturen verantwortlich und soll im Interesse der Benutzer und der Öffentlichkeit helfen, die Genauigkeit von NRSRO-Ratings zu verbessern und Interessenkonflikte im Ratingsektor einzudämmen, Sec. 15E(p)(1)-(3) Exchange Act.[558] Darüber hinaus liegen im Verantwortungsbereich des OCR jährliche Untersuchungen jeder NRSRO und ein öffentlich zugänglicher Bericht über die daraus gewonnen wesentlichen Erkenntnisse gem. Sec. 15E(p)(3)(C) Exchange Act.[559]

2. *Rechtstechnische Aufteilung der Regulierung auf Gesetzes- und Verordnungsebene*

Sec. 15E Exchange Act a.F. wurde durch Sec. 932 Dodd-Frank Act um die Absätze (p)-(u) erweitert, die bereits in Sec. 15E Exchange Act a.F. enthaltenen Absätze (a)-(o) sowie (p) a.F. wurden in unterschiedlichem Umfang geändert. Die der SEC im Dodd-Frank Act an zahlreichen Stellen übertragenen Ermächtigungen zum *rulemaking* wurden insbesondere durch eine erhebliche Erweiterung von „Rule 17g" (17 CFR §240.17g-1-10) umgesetzt. Rule 17g-1 bis 17g-10 stehen neben den NRSRO-Vorschriften in Sec. 15E Exchange Act und konkretisieren diese. Das Regulierungsregime ist, wie sich zeigen wird, inhaltlich weitestgehend mit dem Europäischen vergleichbar. Auch die Aufteilung der Regulierung auf Gesetzes- und Verordnungsebene entspricht dabei dem Grunde nach dem europäischen Regulierungsdesign. Denn auch die ESMA ist befugt, technische Regulierungs- und Durchführungsstandards zu erlassen, um die Ratingverordnung zu konkretisieren.[560]

Das *rulemaking* der SEC greift inhaltlich jedoch weiter als die technischen Regulierungs- und Durchführungsstandards der ESMA, da die wesentlichen Vorschriften zur Ratingregulierung in der EU praktisch ausschließlich in der EU-Ratingverordnung und somit nicht in einem Exekutiv- sondern einem formellen Parlamentsgesetz zu finden sind, während die wesentlichen Vorschriften zur Ratingregulierung in den USA primär in 17 CFR §240.17g-5 zu finden sind und Sec. 15E Exchange Act insofern nur den rechtlichen Rahmen vorgibt. Die Detaildichte der Ratingverordnung ist also höher als Sec. 15E Exchange Act.

---

558 Vgl. auch https://www.sec.gov/ocr.

559 Abrufbar unter: https://www.sec.gov/ocr, für das Jahr 2017: https://www.sec.gov/ocr/reportspubs/annual-reports/2017-annual-report-on-nrsros.pdf.

560 Vgl. § 10 III. 3.

3. *Interessenkonflikte*

Sec. 15E(h) Exchange Act betrifft Interessenkonflikte und ist, insbesondere in Verbindung mit den konkretisierenden Vorschriften in 17 CFR §240.17g-5 die detaillierteste Norm der NRSRO-Vorschriften in Sec. 15E Exchange Act. So stellt Sec. 15E(h)(1) Exchange Act zunächst generalklauselartig die Verpflichtung voran, dass NRSRO über schriftlich niedergelegte Vorschriften und Prozesse verfügen müssen, um Interessenkonflikte jeder Art, die sich aus der Natur des Geschäftsmodells ergeben können, zu adressieren. Die genauen Regelungen in Bezug auf ratingspezifische Interessenkonflikte, die sich etwa aus der Bezahlung der Ratingagentur, ihrer Eigentümerstruktur, oder einer nicht ausreichenden Trennung von Ratinganalyse und Vertrieb ergeben können, werden gem. Sec. 15E(h)(2),(3) Exchange Act dem *rulemaking* der SEC überlassen.

Sec. 15E(h)(4)(A) Exchange Act schreibt die Überprüfung und nötigenfalls Überarbeitung von Ratings vor, die im Zeitraum von einem Jahr vor dem Wechsel eines Mitarbeiters zum Emittenten vom betreffenden Mitarbeiter bearbeitet wurden. Die entsprechenden Grundsätze und Verfahren, die diesbezüglich von den Ratingagenturen zu entwickeln sind, werden von der SEC mindestens jährlich überprüft, Sec. 15E(h)(4) Exchange Act. Zudem ist der Wechsel von Mitarbeitern der Ratingagentur zu einem Emittenten der SEC unter recht weitgehenden Voraussetzungen anzuzeigen, auch wenn der betreffende Mitarbeiter an Ratings seines neuen Arbeitgebers gar nicht beteiligt war, Sec. 15E(h)(5) Exchange Act.

SEC Rule 17 CFR §240.17g-5 konkretisiert diese Vorschriften im Hinblick auf Interessenkonflikte umfassend. So werden in 17 CFR §240.17g-5(b) zahlreiche Interessenkonflikte, die dieser Section unterfallen, aufgezählt. Bereits 17 CFR §240.17g-5(b)(1),(2) lassen aufhorchen: hiernach stellt ein emittentenfinanziertes Rating *per se* einen Interessenkonflikt dar. Doch auch das investorenfinanzierte Ratinggeschäft wird beinahe ähnlich kritisch gesehen. Nach 17 CFR §240.17g5(b)(4),(5) stellt es auch einen Interessenkonflikt dar, von einem Investor für ein Rating bezahlt zu werden, wenn dieser gegebenenfalls in ein geratetes Wertpapier investiert. Das bezahlte Rating-Abonnementgeschäft stellt somit nach der Vorstellung des US-Gesetzgebers ebenfalls per se einen Interessenkonflikt dar. Neben anderen genannten Interessenkonflikten in Bezug auf Mitarbeiter und deren private Investitionen bzw. Beziehungen zum Emittenten, 17 CFR §240.17g-5(b)(6)-(8), wird – obwohl im Regelfall bereits unter 17 CFR §240.17g-5(b)(1) fallend – der Fall der Bewertung von strukturierten Finanzinstrumenten, insbesondere von ABS, in 17 CFR §240.17g-5(b)(9) gesondert genannt. Dies zum einen, weil bei ABS-Transaktionen nicht immer der Emittent selbst, der oftmals lediglich ein SPV[561] ist, die Ratingagentur bezahlt, sondern die dahinter stehenden Sponsoren, aber auch weil an 17 CFR §240.17g-5(b)(9) eine besondere Transparenz- und Offenlegungspflichten auslösende Rechtsfolge geknüpft wird.

17 CFR §240.17g-5(3) schreibt NRSRO detaillierte Transparenz- und Offenlegungspflichten in Bezug auf das Rating von strukturierten Finanzinstrumenten vor. Hiernach ist es NRSRO verboten, ein Rating für strukturierte Finanzinstrumente abzugeben, wenn sie nicht auf einer von ihnen unterhaltenen passwortgeschützten Website alle wesentlichen Informationen in Bezug auf das bewertete Produkt, die Beauftragung und den Ratingprozess anderen NRSRO unter bestimmten Voraussetzungen zur Verfügung stellen. Des Weiteren müssen auch die Emittenten bzw. Konsortialführer die entsprechenden Informationen auf einer passwortgeschützten Website anderen NRSRO unter bestimmten Voraussetzungen zur Verfügung stellen. Mit diesem durchaus weitgehenden Eingriff will die SEC offensichtlich den Wettbewerb im Ratingmarkt für strukturierte Finanzinstrumente ankurbeln, der noch mehr als andere Marktsegmente von den *big three* beherrscht wird. Ebenso soll offenbar der Gefahr eines kollusiven Zusammenwirkens[562] zwischen Emittent und Ratingagentur vor dem Hintergrund des *issuer-pays*-Konfliktes vorgebeugt werden, indem weitere Akteure Einsicht in den Ratingprozess erhalten.

Die in 17 CFR §240.17g-5(b) genannten Interessenkonflikte sind eher allgemeiner Natur, wie etwa die Bezahlung durch den Emittenten, jedoch unter der Prämisse der Offenlegung und Etablierung von internen Grundsätzen und Verfahren, um jene Interessenkonflikte zu adressieren, erlaubt. Anders ist dies bei den in 17 CFR §240.17g-5(c) genannten Interessenkonflikte, die stets ausnahmslos verboten sind. Hierzu zählen etwa das Verbot von Ratings für Emittenten, die mehr als 10 % zum Nettoumsatz der Ratingagentur beisteuern, ein Verbot von Ratings für Emittenten, bei denen die Ratingagentur oder die verantwortlichen Analysten direkte Beteiligungen halten, sowie das Gebot einer personellen Trennung von Vertrieb, Marketing – insbesondere in Bezug auf Gebührenverhandlung – und Analysetätigkeit, 17 CFR §240.17g-5(c)(1)-(8).

---

561 Vgl. zu ABS-Transaktionen und SPV § 8 I. 2. b).

562 „It could be structured by cows and we would rate it" – interne e-mail eines Standard & Poor's Mitarbeiters, vgl. http://www.cnbc.com/id/27321998.

4. *Transparenz- und Offenlegungspflichten*

Ratingagenturen müssen in der nach 17 CFR §240.17g-7(a)(1)(i) vorgeschriebenen Form äußerst detaillierten Transparenz- und Offenlegungspflichten nachkommen, weshalb diese hier nur kursorisch dargestellt werden sollen. Zu diesen offenzulegenden Informationen gehören gem. 17 CFR §240.17g-7(a)(1)(ii) insbesondere die Erläuterung des Ratingsymbols innerhalb der Ratingskala der Agentur, die dem Rating zugrundeliegende Ratingmethodik sowie wesentlichen Annahmen, die dem Rating sowie der angewendeten Ratingmethodik zugrunde liegen. Im Fall von Ratings für strukturierte Finanzinstrumente sind zudem die wesentliche Annahmen in Bezug auf die zugrunde liegenden Assets zu veröffentlichen.

Aber auch die Grenzen von Ratings sollen den Verwendern erläutert werden: darzustellen sind etwa die Risiken die ein Credit Rating nicht bewertet, die Qualität der im Ratingprozess verwendeten und dem Rating zugrunde liegenden Informationen, sowie die Daten und Risikobewertungen, die der Ratingagentur von Dritten zur Verfügung gestellt worden sind (sog. „*third party due dilligence*"). Ferner müssen Ratingagenturen offenlegen, ob und von wem sie für ihre Ratingtätigkeit oder beratende Dienstleistungen bezahlt wurden.

Detaillierte Informationen müssen in Bezug auf die Volatilität von Ratings sowohl generell als auch konkret auf das jeweilige Rating angegeben werden. Hierzu zählen etwa die bisherige Entwicklung des Ratings in Bezug auf das jeweilige Ratingobjekt sowie die Nennung der wesentlichen Risiken, wobei, wenn möglich, fünf konkrete Annahmen benannt werden müssen, die, falls sie sich als unzutreffend erweisen, den größten Effekt auf das Rating haben können.

Neben diesen in 17 CFR §240.17g-7(a) beschriebenen Vorgaben in Bezug auf „*rating actions*" unterliegen NRSRO gem. 17 CFR §240.17g-7(b) auch detaillierten Veröffentlichungspflichten hinsichtlich der historischen Entwicklung von Ratings. So müssen Ratingagenturen auf einer „kostenlosen und einfach zugänglichen" Internetseite die bisherige Entwicklung des jeweiligen Ratings und der jeweiligen Ratingklasse angeben, wozu insbesondere die jeweils bewertende Agentur, das Datum der Ratingveränderung und die Angabe, ob es sich um ein Erst- oder Folgerating handelt, gehört. Ratingagenturen müssen die vorgeschriebenen Informationen auf ihrer Internetpräsenz jeweils 12 bis 24 Monate vorhalten.

5. *Interne Grundsätze, Verfahren und Kontrollen*

Neben den Vorschriften zum Umgang mit Interessenkonflikten und den Vorgaben zu Transparenz- und Veröffentlichungspflichten betrifft der dritte große

Regulierungskomplex von Rule 17g interne Organisationspflichten. Gem. 17 CFR §240.17g-8(a) müssen Ratingagenturen Grundsätze und Verfahren etablieren um sicherzustellen, dass die angewandten Ratingmethoden von der Geschäftsführung („*board of directors*") genehmigt sind, und dass wesentliche Änderungen der Ratingmethoden konsistent, nachhaltig und nicht lediglich kurzfristiger Natur sind und auf der Internetpräsenz der Agentur veröffentlicht werden. Ebenfalls offengelegt werden muss die in Bezug auf jedes Rating angewendete Ratingmethode. 17 CFR §240.17g-8(b) und (c) betreffen jeweils Grundsätze und Verfahren in Bezug auf die benutzten Ratingsymbole und Rückschauberichte („*look-back reviews*"). Die umfassenden Vorschriften bezüglich interner Kontrollmechanismen in 17 CFR §240.17g-8(d) konkretisieren Sec. 15E(c)(3)(A) Exchange Act.

Kontrollen in Bezug auf Ratingmethoden müssen insbesondere sicherstellen, dass aktuell verwendete Ratingmethoden regelmäßig, auch auf Initiative von Marktteilnehmern, überprüft werden und, dass Anpassungen in angemessener Weise in die Ratingtätigkeit eingebettet und vom Management genehmigt wurden. Weiterhin sind besondere Kontrollen einzurichten, die sicherstellen sollen, dass beim erstmaligen Rating von Wertpapierklassen, die die Ratingagentur zuvor nicht bewertet hat, ausreichend Informationen, Kompetenzen und Ressourcen vorhanden sind, um der mangelnden Erfahrung insofern Rechnung zu tragen. Neben weiteren, teilweise recht detaillierten Regelungen, wie etwa der Vorgabe, dass Kontrollen für die internen Kontrollen von Ratingmethoden einzurichten sind, sind schließlich auch andere interne Kontrollen einzurichten, die das Geschäft, die Organisation und die Größe der Ratingagentur betreffen, 17 CFR §240.17g-8(d)(1),(2).

6. *Unternehmensleitung, Compliance Officer, Mitarbeiter*

17 CFR §240.17g-9 betrifft die Qualifikation von Ratinganalysten. Ratingagenturen müssen für entsprechende Fort- und Weiterbildungsstandards ihrer Mitarbeiter sorgen und sicherstellen, dass die jeweiligen Ratinganalysten das für ihre Tätigkeit notwenige Wissen über quantitative und qualitative Ratingverfahren, sowie die von ihnen bewerteten Unternehmen oder Wertpapiere haben.

7. *Sonstige Vorschriften*

17 CFR §240.17g-10 i.V.m. Sec. 15E(s)(4)(B) Exchange Act betrifft die Anforderungen und Transparenzpflichten in Bezug auf Drittanbieter von Due Diligence-Dienstleistungen hinsichtlich strukturierter Finanzprodukte. 17 CFR §240.17g-2, 3 betrifft die Aufbewahrung und Archivierung wichtiger Unterlagen

und Aufzeichnungen. Hierzu gehören etwa die am Ratingprozess beteiligten Personen und Analysten, sowie praktisch sämtliche dem Ratingprozess zugrunde liegenden Informationen. Zudem sind der SEC nach jedem Geschäftsjahr der Jahresabschluss und zahlreiche weiterführende Unterlagen, wie etwa die nach bestimmten Kriterien aufgeschlüsselten Umsätze, zu übermitteln. Auf die besondere Aufmerksamkeit erregende Aufhebung der prospekthaftungsrechtlichen Privilegierung von Ratingagenturen, SEC Rule 436(g), durch Sec. 939G DFA wird im Rahmen der Ausführungen zur Haftung von Ratingagenturen eingegangen.[563]

8. Durchsetzung der Regelungen durch die SEC

Die SEC zeigte bereits kurz nach Inkrafttreten des Dodd-Frank Acts und der „Rule 17g-Regulierung", dass sie entschlossen ist, diese auch durchzusetzen. Im Januar 2015 verkündete die SEC einen Vergleich mit Standard & Poor's aufgrund festgestellten Fehlverhaltens im Zusammenhang mit der Bewertung von MBS in den Jahren 2011 bis 2014.[564] Die Vorwürfe bezogen sich insbesondere auf inkonsistente Ratingmethoden und Diskrepanzen zwischen tatsächlichen angewandten und Dritten gegenüber kommunizierten Annahmen. Die verhängten Bußgelder von knapp 80 Mio. US-Dollar sind jedoch für amerikanische Verhältnisse eher symbolischer Natur. Das Verfahren zeigt vielmehr, dass die SEC bereit ist, Fehlentwicklungen auf dem Ratingmarkt aufzuarbeiten, selbst wenn diese kein systemgefährdendes Ausmaß erreichen. Deutlich höhere Summen mussten die großen US-Ratingagenturen indes aufgrund der vom US-Justizministerium betriebenen Klageverfahren, die noch die Finanzkrise betrafen, zahlen.[565]

Abschnitt 2: Die regulatorische Indienstnahme von Ratings

§ 12 Die regulatorische Indienstnahme von Ratings in der EU

Der Rechtsrahmen von Ratings erschöpft sich nicht in der Regulierung von Ratingagenturen durch die Ratingverordnung und den Dodd-Frank Act. Ein weiterer wesentlicher Aspekt ist die Kapitalmarktregulierung *durch* Ratings.

---

563 § 28 IV.

564 Vgl. https://www.sec.gov/news/pressrelease/2015-10.html. Hierbei handelte es sich um Vorgänge nach der Finanzkrise.

565 Siehe hierzu § 28 V. 2.

Verschiedenste aufsichtsrechtliche Regelungen, die auf Ratings Bezug nehmen, geben dem Rating neben seiner dargestellten faktischen und ökonomischen Bedeutung eine vom Gesetzgeber gewollte rechtliche Bedeutung. Dem Rating selbst kommt somit eine Regulierungsfunktion an den Kapitalmärkten zu. Diese regulatorische Indienstnahme zeigt, dass der Gesetzgeber dem Rating – auch nach der Finanzkrise – einen Nutzen zuspricht, den er für regulatorische Zwecke nutzbar macht. Die hohe Bedeutung, die Ratingagenturen heutzutage an den Finanzmärkten haben, ist zweifellos auch auf die diese regulatorische Indienstnahme zurückzuführen.[566]

Der regulatorische Nutzen ist dabei mit der gesamtwirtschaftlichen Funktion von Ratings eng verknüpft. Statt zahlreicher einzelner Kreditrisikoanalysen im Hinblick auf dasselbe Analyseobjekt durchzuführen, können Finanzinstitute und Anleger zur Bestimmung der von ihnen eingegangenen Kreditrisiken auf externe Ratings und somit eine zentrale und im Idealfall professionell durchgeführte Risikoanalyse zurückgreifen. Weil durch einen Rückgriff zahlreicher Marktteilnehmer auf dieselbe Risikoanalyse aber auch gleichzeitig die Folgerisiken einer fehlerhaften Risikoeinschätzung potenziert werden, sog. „Klippeneffekte", und sich dies in der Finanzkrise auch zeigte, war ein wesentlicher Aspekt des neu zu schaffenden Regulierungsregimes von Ratingagenturen, die Abkehr von der regulatorischen Indienstnahme von Ratings. Dieser gesetzgeberische Prozess, der der Regulierung von Ratingagenturen durch Ratingverordnung und Dodd-Frank Act zeitlich nachgelagert war, bzw. ist, führt, wie sich zeigen wird, den Nutzen und die Risiken von Ratings eindrücklich vor Augen.

I. Ratings im europäischen Bankaufsichtsrecht

1. Eigenkapitalunterlegung nach risikogewichteten Aktiva

Vorrangiges Ziel des Basel II-Regelwerks war es, die von Kreditinstituten vorzuhaltenden Eigenmittel[567] von den tatsächlich eingegangenen ökonomischen Risiken abhängig zu machen. Je höher ein eingegangenes Kreditrisiko, desto mehr

---

566 Vgl. hierzu etwa *Partnoy*, 77 Wash. U.L.Q. 1999, 619, 681 ff.

567 Man unterscheidet aufsichtsrechtliche Eigenmittel und gesellschaftsrechtliches Eigenkapital, da aufsichtsrechtliche Eigenmittel insgesamt primär auf Unternehmensfortführung zielen und weiter gefasst sind als das gesellschaftsrechtliche Eigenkapital. Insbesondere das Ergänzungskapital (Art. 59 ff. CRR (§ 10 Abs. 2b KWG a.F.)) umfasst Posten, die nicht zum bilanziellen Eigenkapital gehören, vgl. *Fischer* in: Schimanski/Bunte/Lwowski, Bankrechtshandbuch Band II, § 129, Rn. 13 ff.; *Köhler* in: Schwintowski, Bankrecht, Kap. 5, Rn. 265 ff.

Eigenmittel muss das Kreditinstitut vorweisen. Die Novelle löste den Baseler Akkord von 1988 (Basel I) ab, dessen standardisierte Berechnung von Kreditrisiken als zu grob und ungenau empfunden wurde.[568] Das vom Basler Ausschuss für Bankenaufsicht (BCBS)[569] vorgeschlagene Regelwerk[570] wurde auf Normsetzungsebene zunächst auf unionsrechtlicher Ebene durch die EU-Richtlinien 2006/48/EG[571] und 2006/49/EG[572] umgesetzt und dann wiederum von den Mitgliedsstaaten in nationales Recht umgesetzt.[573] Die Aufsichtstriade „Basel – Brüssel – Berlin" wird von *Schulte-Mattler* auch das „Triple B der Bankenaufsicht" genannt.[574] Dem Basel II-Regelwerk liegt ein Drei-Säulen-Konzept zugrunde, die erste Säule (im Sinne eines Regelungskomplexes) behandelt Eigenkapitalanforderungen, die zweite das aufsichtsrechtliche Überprüfungsverfahren und die dritte Markttransparenz und Offenlegungspflichten.[575]

Die Quote für angemessene Eigenmittel liegt bereits seit Basel-I bei 8 % (Solvabilitätskoeffizient) der risikogewichteten Aktiva (*risk weighted assets*/rwa).[576] Für die Risikogewichtung der eingegangenen Forderungen (Kredit- bzw. Adressausfallrisiko) können Kreditinstitute dabei auf entweder auf externe Bonitätsbeurteilungen von Ratingagenturen im Rahmen des Standardansatzes – in Deutschland sog. Kreditrisikostandardansatz (KSA) – oder auf bankinterne Ratings – *internal*

---

568 Vgl. etwa *Paul* in: Hofmann, Basel III, 3 ff.

569 Der Baseler Ausschuss für Bankenaufsicht ist bei der Bank für Internationalen Zahlungsausgleich (BIZ) in Basel angesiedelt und veröffentlicht Arbeitspapiere, Empfehlungen und Standards, denen zwar keine unmittelbare Rechtswirkung zukommt, die jedoch meist in weitgehend unveränderter Form in Unionsrecht oder nationales Recht umgesetzt werden. Wichtigstes Beispiel ist die Baseler Eigenkapitalvereinbarung von 1988 (Basel I) und ihre Nachfolgevereinbarungen Basel II und Basel III. Ihm gehören derzeit Repräsentanten von Zentralbanken und Aufsichtsbehörden aus 27 Staaten an. Vgl. *Neus* in: Luz/Neus/Schaber u.a., KWG, Einf. Rn. 141 ff.

570 Vgl. BCBS, Internationale Konvergenz der Eigenkapitalmessung und der Eigenkapitalanforderungen, Überarbeitete Rahmenvereinbarung Juni 2004, Basel II.

571 RL 2006/48/EG vom 14.06.2006, ABl L 177, S. 1 ff. (auch „Bankenrichtlinie")

572 RL 2006/49/EG vom 14.06.2006, ABl L 177, S. 201 ff. (auch „Kapitaladäquanzrichtlinie"); gemeinsam auch als „Capital Requirements Directive" (CRD) oder auch Basel II bezeichnet.

573 Die Umsetzung in Deutschland erfolgte insb. durch § 10 KWG i.V.m. der Solvabilitätsverordnung (SolvV).

574 *Schulte-Mattler* in: Boos/Fischer/Schulte-Mattler, KWG/CRR-VO, CRR-VO, Einführung, Rn. 8 f.

575 Vgl. etwa *Wolf* in: Becker/Gaulke/Wolf, Basel II, S. 5 ff.

576 Vgl. Deutsche Bundesbank, Monatsbericht April 2011, S. 16.

rating based approaches (IRB-Ansatz oder IRBA) – zurückgreifen. Im Gegensatz zum Basel I-Akkord wurden die jeweils anzusetzenden Risikogewichte im Rahmen von Basel II weiter ausdifferenziert. Denn aufgrund pauschalierter Risikogewichte unter Basel I kam es dazu, dass ein Anreiz bestand, Kredite an Kreditnehmer mit niedriger Bonität zu vergeben, da potenziellen Gewinnen aus höheren Zinsmargen keine erhöhte Eigenkapitalunterlegungspflicht gegenüberstand. Mit Basel II sollte also unter anderem die pauschalierte Unterlegungspflicht des Basel I-Systems durch eine individuellere, risikosensitivere Art der Kreditrisikomessung mittels gespreizter Risikogewichte ersetzt werden.[577]

Risikogewichtung bedeutet in diesem Zusammenhang, dass eine Forderung an einen Schuldner geringerer Bonität mit mehr, eine Forderung an einen Schuldner mit guter Bonität mit weniger Eigenkapital zu unterlegen ist. Für einen Schuldner mit dem Risikogewicht von 100 % ist somit bei einer Kreditsumme von eintausend Euro EUR 1000 x 100 % x 8 % = 80 EUR[578] regulatorisches Eigenkapital vorzuhalten. Die entsprechenden von den Ratingagenturen benutzten Bonitätsbeurteilungskategorien werden dabei den Bonitätsstufen für die Risikogewichtung (zumeist 20 – 150 %) nach Basel zugeordnet, sog. *mapping*.[579]

2. *Ermittlung der Risikogewichtung durch KSA- oder IRBA*

Das aufsichtsrechtlich vorzuhaltende Eigenkapital für Kreditrisiken kann also entweder mit dem KSA oder dem IRB-Ansatz berechnet werden.[580] Während das Risikogewicht beim KSA über externe Ratings anerkannter Ratingagenturen ermittelt wird, wird es beim IRBA über ein bankinternes Ratingsystem ermittelt. Damit es hierbei nicht zu einer Art Selbstveranlagung der Kreditrisiken mit zu geringer Eigenkapitalunterlegung kommt, bedürfen IRB-Ansätze zur Ermittlung der Eigenkapitalanforderungen für Kreditrisiken der Genehmigung durch die zuständige Aufsichtsbehörde.

Innerhalb des IRBA wird noch einmal zwischen dem Basisansatz[581] (Foundation Approach) und dem Fortgeschrittenen Ansatz (Advanced Approach) unterschieden. Während beim Basisansatz nur die mit einer (internen) Ratingklasse verbundene Ausfallwahrscheinlichkeit (Probability of Default/PD) geschätzt

577 Vgl. ausführlich *Paul* in: Hofmann, Basel III, 3 ff.

578 Den Solvabilitätskoeffizienten von 8 % zugrunde gelegt.

579 Siehe hierzu ausführlich § 12 III.

580 Unter Basel III nun in Artt. 114 ff. (KSA) bzw. Artt. 142 ff. (IRBA) CRR-VO geregelt.

581 Auch: „einfacher Ansatz".

wird, werden beim fortgeschrittenen Ansatz auch die ausstehende Forderungshöhe (Exposure at Default/EAD) und der Verlust bei Ausfall (Loss given Default/LGD) in die Berechnung des Kreditrisikos einbezogen.[582]

Bei der Methodenwahl hängt die Entscheidung für den KSA oder IRB-Ansatz von einer Vielzahl unterschiedlicher Kriterien ab, die hier nicht abschließend erläutert werden sollen.[583] Insbesondere muss beachtet werden, dass der Aufbau und Unterhalt eines den aufsichtsrechtlichen Anforderungen genügenden internen Ratingsystems zeit- und kostenintensiv ist. Für die Etablierung entsprechender Systeme muss mit erheblichem finanziellen und zeitlichen Aufwand gerechnet werden.[584] Ferner nimmt der Aufbau und Betrieb von IRB-Ratingsystemen erhebliche personelle Mittel in Anspruch, sodass letztlich nur Großbanken den IRBA nutzen und kleine oder mittelgroße Banken und Sparkassen oftmals auf den KSA zurückgreifen.[585] Dass große Institute auf den IRBA nutzen[586] entspricht insofern auch den Erwartungen der Bankenaufsicht.[587]

3. *Die EU-ECAI-Regulierung*

Allerdings dürfen für die Ermittlung des regulatorischen Eigenkapitals nur solche Ratings verwendet werden, die von einer seitens der Aufsichtsbehörden anerkannten Ratingagentur stammen, sog. „recognised eligible external credit assessment institution" (ECAI).[588] Die Statuierung dieser Voraussetzungen im Basel Regelwerk kann als erste hoheitliche Regulierung des Ratingwesens in der EU angesehen werden. Es handelte sich gewissermaßen um eine Regulierung des Ratings im Rahmen der Regulierung durch Ratings.

Die Basel II-Rahmenvereinbarung des Baseler Ausschusses statuierte Anerkennungsverfahren, Anerkennungs- und Umsetzungskriterien für Ratingagenturen, die unter dem Basel II-Regime als ECAI anerkannt werden wollten.

---

582 Vgl. *Paul* in: Hofmann, Basel III, 3, 23 f.

583 Vgl. ausführlich *Döhring/Hromadka* in: Hofmann, Basel III, 83, 92 ff.

584 *Döhring/Hromadka* in: Hofmann, Basel III, 83, 92.

585 *Bauer*, BB 2013, 363, 365; *Döhring/Hromadka* in: Hofmann, Basel III, 83, 94 f.; *Schulte-Mattler/Affeld*, die Bank 02/2016, 8, 12.

586 Eine Übersicht der deutschen IRB-Institute ist abrufbar unter: https://www.bafin.de/SharedDocs/Downloads/DE/Eigenmittel_BA/dl_irba_institute_ba.pdf?__blob=publicationFile&v=2 (Stand August 2017).

587 *Döhring/Hromadka* in: Hofmann, Basel III, 83, 95.

588 Vgl. BCBS, Internationale Konvergenz der Eigenkapitalmessung und der Eigenkapitalanforderungen, „Basel II", S. 25, Abs. 52, S. 22 f., Abs. 90 ff.; im Rahmen der CRD „anerkannte Ratingagentur" bezeichnet, vgl. RL 2006/48/EG, Art. 81.

Als sechs Anerkennungskriterien wurden dabei Objektivität, Unabhängigkeit, Internationaler Zugang/Transparenz, Offenlegung, Ressourcen und Glaubwürdigkeit festgelegt,[589] wobei die nationalen Aufsichtsbehörden entscheiden sollten, ob eine Ratingagentur diese Voraussetzungen erfüllt.[590] Auf unionsrechtlicher Ebene fanden diese Kriterien nahezu unverändert Eingang die Bankenrichtlinie.[591] Diese abstrakten Kriterien wurden durch das „Committee of European Banking Supervisors“ (CEBS)[592] in den „Guidelines for the recognition of External Credit Assessment Institutions“ (CEBS-Guidelines) vom 20.01.2006 konkretisiert.

In Deutschland wurde das Konzept in § 52, 53 SolvV a.F. umgesetzt. Die Vorgaben orientierten sich dabei eng an den CEBS-Guidelines.[593] § 52 Abs. 1 S. 1 SolvV a.F. bestimmte dabei, dass Ratingagenturen zur Bonitätsbeurteilung Objektivität, Unabhängigkeit, laufende Überprüfung und Transparenz gewährleisten. In Bezug auf die Methodik mussten die Voraussetzungen von § 53 S. 1 Nr. 1 – 8 SolvV eingehalten werden. Es ist auffällig, dass viele dieser Vorschriften später in ähnlicher Form Eingang in die Ratingverordnung erhalten haben. Insofern ist das Basel II Regelwerk nicht bloß als eine Regulierung – insbesondere der Eigenmittelanforderungen an Kreditinstitute – mit Hilfe von Ratings („Regulierung *durch* Ratings“), sondern auch als eine erste Regulierung *des* Ratings, zu sehen. Jedenfalls partiell: denn die Vorschriften für ECAIs unter Basel II galten nur für solche Ratingagenturen, die einen Antrag auf Anerkennung (in Deutschland: Antrag an die BaFin gem. § 52 Abs. 2 S. 1 SolvV) stellten, um ihre Ratings für Kreditinstitute zum Zwecke der Risikogewichtung nutzbar zu machen. Die nach der Finanzkrise folgende umfassende hoheitliche Regulierung des Ratingwesens

589 Vgl. BCBS, Basel II, S. 22 f., Abs. 91.

590 BCBS, Basel II, S. 22, Abs. 90.

591 Vgl. RL 2006/48/EG, Anhang VI Teil 2.

592 Das Committee of European Banking Supervisors (CEBS) war eine unabhängige Beratergruppe der europäischen Bankaufsichtsbehörden. Ihm gehörten hochrangige Vertreter der nationalen Aufsichtsbehörden, Notenbanken sowie der EZB an. Ziel war es, zu einer konsequenten und einheitlichen Umsetzung von EU-Richtlinien beizutragen und die Aufsichtsarbeit in den Mitgliedsstaaten abzustimmen. Es wurde durch Beschluss der Kommission 2004/5/EG vom 5.11.2003, ABl. (EG) L 3/28 eingesetzt. Vgl. ausführlich Deipenbrock, WM 2006, 2237, 2238 f. CEBS ist durch Beschluss der Kommission vom 2009/79/EG vom 23.01.2009, Abl. (EG) L 25/25 mit Wirkung zum 1.1.2011 in der European Banking Authority (EBA) aufgegangen.

593 Vgl. *Richter*, Die Verwendung von Ratings zur Regulierung des Kapitalmarkts, S. 182, *Stemper*, S. 186.

durch die Ratingverordnung stellte den Gesetzgeber schließlich vor die Aufgabe diese beiden Regulierungskomplexe sinnvoll zu verzahnen.

Die den Basel II-Akkord umsetzenden Richtlinien 2006/48/EG (Bankenrichtlinie) und 2006/49/EG (Kapitaladäquanzrichtlinie) wurden im Rahmen des Basel III-Regelwerks[594] durch die CRR-Verordnung[595] und die CRD-IV-Richtlinie[596] (zusammen „CRD-IV Paket“[597]) ersetzt. Die ECAI-Regulierung mit den in der SolvV genannten Anerkennungskriterien wurde im Nachgang der Schaffung der Ratingverordnung aufgegeben. Für die aufsichtsrechtliche Verwendung von Ratings in der EU zugelassene Ratingagenturen sind nun solche, die erfolgreich nach der Ratingverordnung registriert sind, Art. 4 Tz. 98 CRR-VO. Die Europäische Zentralbank hingegen verwendet zur Bewertung der von ihr eingegangen Kreditrisiken zwar auch externe Ratings, nutzt für die Anerkennung von Ratingagenturen jedoch gänzlich andere Kriterien als die Ratingverordnung. Hierauf wird noch gesondert einzugehen sein.[598]

4. *Das Ziel der Abkehr von der regulatorischen Indienstnahme von Ratings*

Die regulatorische Indienstnahme von externen Ratings zur Ermittlung des Eigenkapitalbedarfs von Kreditinstituten wird vielfach als entscheidender Grund für die Abhängigkeit der Finanzmärkte von Ratings und Ratingagenturen genannt.[599] Das Financial Stability Board (FSB) forderte bereits 2010 im Zuge der Aufarbeitung der Finanzkrise eine grundsätzliche Abkehr von der regulatorischen Indienstnahme von Ratings. Das FSB empfahl daher Ratingbezugnahmen in Gesetzen, Verordnungen und Erlassen zu streichen, damit sich Marktteilnehmer nicht mehr ausschließlich und automatisch auf Ratings verlassen.[600]

Zentraler, im Jahr 2013 durch die CRA-III-VO in die Ratingverordnung aufgenommener, Programmsatz für die Abkehr von der regulatorischen Indienstnahme von Ratings im Unionsrecht sind Artt. 5a-5c Rating-VO. In Art. 5a Abs. 1 Rating-VO heißt es, dass Finanzinstitute eigene Kreditrisikobewertungen

594 BCBS, Basel III: Ein globaler Regulierungsrahmen für widerstandsfähigere Banken und Bankensysteme, abrufbar unter: https://www.bis.org/publ/bcbs189_de.pdf.

595 VO (EU) 575/2013 v. 26.06.2013, ABl. (EU) L 176/1 v. 26.06.2013.

596 RL 2013/36/EU v. 26.06.2013, ABl. (EU) L 176/338 v. 27.06.2013.

597 Deutsche Bundesbank, Monatsbericht Juni 2013, S. 58, Fn. 3.

598 Siehe § 12 IV.

599 Siehe bereits § 8 III. 8.

600 FSB, Principles for Reducing Reliance on CRA Ratings, 2010, S. 1 ff. abrufbar unter: http://www.fsb.org/wp-content/uploads/r_101027.pdf?page_moved=1.

vornehmen müssen und sich bei der Bewertung der Bonität eines Unternehmens oder eines Finanzinstrumentes nicht ausschließlich auf Ratings stützen dürfen. In Art. 5c Rating-VO formuliert der Unionsgesetzgeber gar auf Verordnungsebene, dass er das Ziel verfolgt, „bis zum 1. Januar 2020 alle Vorschriften im Unionsrecht zu streichen, die die Nutzung oder Abgabe von Ratings zu aufsichtsrechtlichen Zwecken erfordern oder gestatten, sofern geeignete Alternativen für die Bewertung des Kreditrisikos gefunden und umgesetzt sind."[601] Auch die Erwägungsgründe und einzelne Vorschriften des Basel III-Paketes machen hinreichend deutlich, dass ein übermäßiger und automatischer Rückgriff auf externe Ratings verringert werden soll.[602] Die folgenden Ausführungen werden zeigen, dass dies, zumindest in der EU, bisher nicht erfolgt ist.

5. *Erste Abkehr von externen Ratings im Rahmen von Basel III?*

Der Basel III-Akkord ist zweifellos als regulatorische Antwort auf die Erfahrungen aus der Finanzkrise anzusehen. Dennoch sind die Änderungen nicht als Reaktion im Hinblick auf die im Zusammenhang mit Ratingagenturen empfundenen Defizite zu verstehen. Basel III soll in erster Linie für eine Stärkung der Eigenkapitaldecke der Banken sorgen und diese im Krisenfall weniger anfällig für eine Insolvenz bzw. staatliche Unterstützungsmaßnahmen machen.[603]

Wie auch der Basel II-Akkord geht Basel III im Wesentlichen auf die vom Baseler Ausschuss ausgearbeiteten Rahmenvereinbarungen zurück,[604] die sodann vom Unionsgesetzgeber in der CRR-Verordnung[605] und der CRD-IV-Richtlinie[606] umgesetzt wurden. Da weite Teile des Basel III-Akkords in der in den Mitgliedsstaaten unmittelbar anwendbaren CRR-Verordnung umgesetzt wurden, bedarf es diesbezüglich keines nationalen Umsetzungsaktes mehr, Art. 288 Abs. 2 AEUV. Die europäische Rechtssetzungsebene gewinnt somit

---

601 Vgl. auch Erwägungsgründe 6, 8 zur CRA-III-VO (Fn. 1).

602 Vgl. dazu sogleich § 12 I. 5. b).

603 Vgl. *Schulte-Mattler* in: Boos/Fischer/Schulte-Mattler, KWG/CRR-VO, CRR-VO, Einführung, Rn. 27 ff.

604 Vgl. insb. BCBS, Basel III: Ein globaler Regulierungsrahmen für widerstandsfähigere Banken und Bankensysteme, abrufbar unter: https://www.bis.org/publ/bcbs189_de.pdf.

605 VO (EU) 575/2013 v. 26.06.2013, ABl. (EU) L 176/1. v. 27.06.2013.

606 RL 2013/38/EU v. 26.06.2013, ABl. (EU) L 176/338 v. 27.06.2013.

gegenüber der Nationalen weiter an Bedeutung. Insbesondere KWG und SolvV verlieren mit Geltung des Basel III-Akkords erheblich an Bedeutung.[607]

a) *Kernpunkte der Basel III-Reform*

Die Quote für angemessene Eigenmittel liegt auch unter Basel III bei 8 % der risikogewichteten Aktiva („*risk weighted assets*" – rwa). Sie wird jedoch ergänzt durch einen Kapitalerhaltungspuffer von 2,5 % und einen von der BaFin festzusetzenden antizyklischen Kapitalpuffer von 0 – 2,5 %.[608] Ein Hauptaugenmerk der Reform lag zudem auf der Steigerung der Qualität des regulatorischen Eigenkapitals. Die 8 %-Kapitalquote setzt sich nun zusammen aus 4,5 % hartem Kernkapital, 1,5 % zusätzlichem Kernkapital und 2 % Ergänzungskapital. Sowohl Kapitalerhaltungspuffer und antizyklischer Kapitalpuffer müssen aus hartem Kernkapital bestehen.[609] Ein weiterer wesentlicher Aspekt von Basel III sind Vorschriften über Gewährleistung ausreichender Liquidität im Krisenfall.[610]

b) *Ratingspezifische Änderungen*

Für die vorliegende Untersuchung von primärem Interesse sind jedoch ratingspezifische Änderungen des Eigenmittelrechts unter Basel III. Die im Schrifttum vielfach vertretene Forderung nach einer Reduzierung der regulatorischen Indienstnahme des Ratings und diesbezüglicher gesetzlicher Anknüpfungspunkte[611] wurde vom Unionsgesetzgeber aufgegriffen. Das CRD-IV-Paket hat – ebenso wie die Ratingverordnung[612] – zum Ziel, den automatischen Rückgriff auf externe Bonitätsbeurteilungen zu verringern.

Bereits die Erwägungsgründe der CRD-IV-Richtlinie[613] sprechen den Programmsatz der aufsichtsrechtlichen Abkehr von externen Ratings deutlich an. Laut Erwägungsgrund 70 sollen sich die Eigenmittelanforderungen für das Kreditrisiko nur soweit wie nötig auf externe Ratings stützen. Bei bedeutenden

---

607 Vgl. etwa Deutsche Bundesbank, Monatsbericht Juni 2013, S. 71 ff.; *Schätzle*, Die Auswirkung von Basel III auf Genossenschaftsbanken, S. 8 ff.

608 Vgl. *Köhler* in: Schwintowski, Bankrecht, Kap. 5, Rn. 286 ff. Oftmals ist daher auch die Rede von einer höheren Eigenkapitalquote von 10,5 %, vgl. etwa *Gergen*, Rechtsfragen der Regulierung außerbörslich gehandelter derivativer Finanzinstrumente, S. 292.

609 Vgl. etwa *Eilenberger*, Bankbetriebswirtschaftslehre, S. 108 f.

610 Vgl. zur Liquidity-Coverage-Ratio (LCR) *Eilenberger*, Bankbetriebswirtschaftslehre, S. 108 f.

611 Siehe bereits § 8 III. 8.

612 Vgl. Artt. 5a ff. Rating-VO.

613 RL 2013/38/EU v. 26.06.2013, ABl. L 176/338 v. 27.06.2013.

Kreditrisiken sollen Institute generell bestrebt sein, interne Modelle zu verwenden. Der Kreditrisikostandardansatz solle hingegen nur angewendet werden, wenn das Kreditrisiko nicht ganz so bedeutend ist, was insbesondere bei kleinen Instituten der Fall ist. Hieran anknüpfend enthält Art. 77 der CRD-IV-Richtlinie die Vorgabe, dass die zuständige Behörde Institute, die aufgrund ihrer Größe, ihrer internen Organisation und der Art, des Umfangs und der Komplexität ihrer Geschäfte von erheblicher Bedeutung sind, dazu anhalten soll, interne Kapazitäten für die Kreditrisikobewertung zu entwickeln und zur Berechnung der Eigenmittelanforderungen für das Kreditrisiko verstärkt den IRBA zu verwenden. Auch in den Erwägungsgründen 71 und 72 macht der Unionsgesetzgeber deutlich, dass der übermäßige Rückgriff auf Ratings und entsprechende Automatismen verringert werden sollen und Banken sowohl bei Kreditvergabeentscheidungen als auch bei der Berechnung der Eigenmittelanforderungen interne Modelle statt externer Ratings nutzen sollen.

Die aufsichtsrechtliche Abkehr vom externen Rating ist somit sowohl in der Ratingverordnung als auch im Basel III-Regime hinreichend deutlich als Programmsatz formuliert. Sucht man jedoch nach einer entsprechenden rechtsverbindlichen Umsetzung im Basel III-Regelwerk, wird man nicht fündig. Der Standardansatz zur Messung des Kreditrisikos wurde in der CRR-VO in den Artt. 111 ff. umgesetzt. Die Risikogewichtung mit Hilfe externer Ratings hat vom Grundsatz her keine strukturellen Änderungen erfahren. Die auf die verschiedenen Forderungsklassen anzuwendenden Risikogewichte – zumeist 20 bis 150 % – sind in Artt. 114 ff. CRR-VO normiert und wie unter Geltung von Basel II ist das einer Position zugrunde zulegende Risikogewicht abhängig vom externen Rating einer anerkannten Ratingagentur. So kann letztlich allenfalls von einer Förderung interner Modelle und des IRBA durch den Basel III-Akkord gesprochen werden.[614] Der Unionsgesetzgeber setzte offenbar zunächst darauf, dass Kreditinstitute freiwillig oder auf Empfehlung bzw. Drängen der Aufsicht zur Eigenmittelberechnung vom KSA auf den IRBA wechseln, während eine rechtlich verbindliche Abkehr vom KSA separat geplant wurde.

6. *Ein überarbeiteter Kreditrisikostandardansatz? – Vorschläge des BCBS zur Finalisierung von Basel III*

Während die in Artt. 5a-5c Rating-VO formulierten Vorgaben für die gänzliche Abkehr von der regulatorischen Indienstnahme von Ratings einstweilen nur ein Programmsatz ohne unmittelbare Rechtswirkung für die Ratinganwender

614 *Bauernfeind*, WM 2015, 1743, 1745.

waren, schien sich mit der Initiative des Baseler Ausschuss für Bankenaufsicht (BCBS) für einen neuen Kreditrisikostandardansatz insofern eine Änderung abzuzeichnen. Im Dezember 2014 wurde vom Baseler Ausschuss ein erstes Konsultatationspapier zur Überarbeitung des Kreditrisikostandardansatzes vorgelegt.[615] Und es deutete in der Tat auf die Abkehr vom externen Rating im Rahmen des Kreditrisikostandardansatzes und somit auf nicht weniger als einen Paradigmenwechsel im bankaufsichtsrechtlichen Eigenmittelrecht hin.[616]

a) Erstes Konsultationspapier 307: Geplantes Aus für externe Ratings im neuen KSA

Das im Dezember 2014 veröffentlichte erste Konsultationspapier für eine Überarbeitung des KSA[617] beschreibt zunächst einige Schwächen des geltenden KSA und formuliert entsprechende Ziele einer Überarbeitung der CRR-Verordnung. Als Hauptproblem des geltenden KSA wurde die übermäßige Abhängigkeit von externen Ratings identifiziert. Als Grund hierfür wird insbesondere das teilweise blinde Vertrauen („*mechanistic reliance*") von Marktteilnehmern in externe Ratings angesehen, was zu mangelnder Sorgfalt und schlechtem Risikomanagement geführt habe. Das automatische Anknüpfen an externe Ratings könne zudem zum sprunghaften Ansteigen der Risikogewichte und entsprechenden Klippeneffekten führen. Im Übrigen sei auch zu beachten, dass viele Unternehmen nicht über ein externes Rating verfügten und dies zu einer mangelnden Risikodifferenzierung[618] im KSA führe.[619] Als weitere Schwachpunkte des geltenden KSA wurden die veraltete Kalibrierung der Risikoklassen, die unzureichende Vergleichbarkeit mit den Forderungsklassen beim IRBA, sowie Unterschiede in der nationalen Anwendung genannt.[620]

Als alternatives Modell wurde eine Risikogewichtung nach sog. Risikotreibern vorgeschlagen. Für verschiedene Forderungsklassen sollte jeweils anhand von zwei klassenspezifischen Finanzkennzahlen das jeweils anzusetzende Risikogewicht

615 BCBS, Revisions to the Standardized Approach for credit risk 2014, abrufbar unter: https://www.bis.org/bcbs/publ/d307.pdf.

616 *Baule/Tallau*, ZfgK 2016, 215.

617 BCBS, Revisions to the Standardized Approach for credit risk 2014.

618 Bei fehlendem Rating werden grds. je nach Forderungsklasse pauschale Risikogewichte, meist 100 %, angesetzt.

619 Vgl. BCBS, Revisions to the Standardized Approach for credit risk 2014, Sec. 1, 1.1., 1.2.

620 BCBS, Revisions to the Standardized Approach for credit risk 2014, Sec. 1, 1.1., 1.2.

bestimmt werden („*two-risk-driver-approach*"). In der Forderungsklasse Banken sollten diese Risikotreiber die harte Kapitalquote (CET1-Quote) und die Net-Non-Performing-Assets-Quote sein,[621] während etwa in der Forderungsklasse Unternehmen der Umsatz und die Verschuldung des Schuldners vorgesehen waren.[622] Je nach Höhe der jeweiligen Parameter, bzw. ihrem Verhältnis zueinander, wurde den Risikotrebern dann das jeweils anzusetzende Risikogewicht zugeordnet.

Auffällig im ersten Konsultationspapier waren zudem die teilweise deutlich erhöhten Risikogewichte in den einzelnen Forderungsklassen. Während in den Forderungsklassen Banken und Unternehmen das maximale Risikogewicht bei jeweils 150 % lag, war im ersten Konsultationspapier in diesen Forderungsklassen eine maximale Risikogewichtung von 300 % für den neuen KSA angedacht.[623] Im Rahmen des Konsultationsprozesses kam es daher zu zahlreichen kritischen Stellungnahmen von Seiten der Marktteilnehmer. Kritisiert wurden insbesondere die völlige Abkehr von externen Ratings und die in einzelnen Forderungsklassen teilweise deutlich gestiegenen Risikogewichte.[624]

b) Zweites Konsultationspapier 347: (Fast) Alles beim Alten

Im Dezember 2015 veröffentlichte der BCBS sodann das zweite Konsultationspapier für die Überarbeitung des KSA.[625] Während das erste Konsultationspapier vorschlug, von externen Ratings zur Berechnung der Risikogewichte Abstand zu nehmen und diese durch zwei Risikotreiber zu ersetzen, wurde hiervon im zweiten Konsultationspapier 347 wieder abgewichen. Auch die im ersten Konsultationspapier teils erheblich gespreizten und erhöhten Risikogewichte wurden wieder an die derzeit geltenden CRR-Risikogewichte angepasst. Diese Risikogewichte sollten jedoch lediglich „Basisgewichte" sein, während sich das einer Forderung zugrunde zu legende Risikogewicht erst nach einer sog.

---

621 Zur Berechnung dieser Parameter siehe BCBS, Revisions to the Standardized Approach for credit risk 2014, Sec. 2, 2.1. (ii).

622 Vgl. BCBS, Revisions to the Standardized Approach for credit risk 2014, Sec. 2, 2.1., 2.2.

623 Eine Übersicht für alle Forderungsklassen findet sich etwa bei Deloitte, Der neue Kreditrisiko-Standardansatz, White Paper Nr. 65, 2015, S. 5, abrufbar unter: http://www2.deloitte.com/content/dam/Deloitte/de/Documents/financial-services/WP%2065%20-%20Neuer%20KSA%20150611_neu.pdf.

624 Vgl. http://www.bis.org/bcbs/publ/comments/d307/overview.html.

625 BCBS, Revisions to the Standardized Approach for credit risk 2015, abrufbar unter: http://www.bis.org/bcbs/publ/d347.pdf.

„Due-Diligence-Prüfung", also einer sorgfältigen Analyse und Beurteilung der Bonität des Kreditnehmers durch die jeweilige Bank,[626] ergeben sollte. Kommt die Bank dabei zu einem höheren Risiko, wäre das Basisgewicht der nächst höheren Risikoklasse anzusetzen.[627]

In der Forderungsklasse Banken wurden dabei ein „External Credit Risk Assessment Approach" (ECRA) und ein „Standardised Credit Risk Assessment Approach" (SCRA) vorgeschlagen.[628] Der ECRA ist prinzipiell mit dem bisherigen KSA zu vergleichen, die Basisrisikogewichte reichen, wie im derzeit geltenden Basel III-Regelwerk, abhängig vom Rating, von 20 bis 150 %.[629] Der SCRA gibt vereinfachte standardisierte Risikogewichte für Schuldner, die über kein Rating verfügen, oder für Jurisdiktionen, in denen die Verwendung externer Ratings zur Ermittlung der Risikogewichtung nicht (mehr) zugelassen ist, vor.[630]

In der Forderungsklasse Unternehmen[631] waren Risikogewichte von 20 bis 150 % vorgesehen, wenn ein Rating vorhanden ist. Im Übrigen wurde ein pauschales Risikogewicht von 100 % vorgeschlagen, wobei es teilweise Ausnahmen geben sollte, etwa für Forderungen gegenüber kleinen und mittelständischen Unternehmen.[632]

Wie die jeweils durchzuführende Due-Dilligence-Prüfung im Einzelfall aussehen sollte, war stets unklar. Das Konsultationspapier selbst beinhaltete keine Vorgaben hierzu. Während Eingaben aus der Anwaltschaft bereits für durchaus spezifische und weitgehende Kriterien plädierten,[633] wurde mangels hinreichend konkreter Kriterien im BCBS-Papier bereits von einem reinen „Alibi-Charakter" der Überprüfungsvorschriften gesprochen.[634] Es sei schwer vorstellbar, dass

---

626 *Schulte-Mattler/Affeld*, Risiko Manager 02/2016, 12, 15.

627 Vgl. BCBS, Revisions to the Standardized Approach for credit risk 2015, Annex I A. 4. Tz. 14 ff.; *Schulte-Mattler/Affeld*, die Bank 2016/2, 9.

628 Vgl. BCBS, Revisions to the Standardized Approach for credit risk 2015, Annex I A. 4. Tz. 16 ff.

629 BCBS, Revisions to the Standardized Approach for credit risk 2015, Annex I A. 4. Tz. 17.

630 BCBS, Revisions to the Standardized Approach for credit risk 2015, Annex I A. 4. Tz. 19 ff.

631 Vgl. BCBS, Revisions to the Standardized Approach for credit risk 2015, Annex I A. 4. Tz. 31 ff.

632 Vgl. BCBS, Revisions to the Standardized Approach for credit risk 2015, Annex I A. 4. Tz. 34 ff. Eine Übersicht für alle Forderungsklassen mit ausführlichen Erläuterungen findet sich etwa bei *Schulte-Mattler/Affeld*, Risiko Manager 02/2016, 12, 13 ff.

633 Vgl. *di Prima/Bauernfeind*, Risiko Manager 04/2016, 12, 15 ff., die im Ergebnis aber auch substantielle Änderungen der Risikopositionen für „fraglich" halten.

634 *Baule/Tallau*, ZfgK 2016, 215, 218.

eine Bank nach Durchführung der Überprüfung freiwillig ein höheres Risikogewicht ansetze. So würden im Ergebnis nur Kosten produziert, ohne eine erhöhte Risikosensivität oder eine Reduzierung der Abhängigkeit von externen Ratings zu erzielen.[635] Teilweise wurde der Einzug einer Art IRB-Ansatz im KSA befürchtet,[636] was insbesondere kleinere Institute, die den KSA nutzen, benachteiligen würde, da diese dann erhebliche zusätzliche Ressourcen für die Kreditrisikobewertung aufbauen müssten. Wäre dies tatsächlich der Fall, würde sich in der Tat eine Art Hybridmodell zwischen IRBA und KSA entwickeln,[637] da sich IRBA-Institute bei der Berechnung der „*floors*"[638] – je nachdem wie diese wiederum konkret ausgestaltet werden – an den Kapitalanforderungen des KSA orientieren müssten und die KSA-Institute wiederum eine IRBA-ähnliche Due-Diligence durchzuführen hätten

c) *Finales Positionspapier 424: Keine wesentlichen Änderungen*

Im Dezember 2017 veröffentlichete der BCBS schließlich seine finalen Vorschläge zur Finalisierung von Basel III.[639] Das Papier greift mehrere vorangegangene Konsultationspapiere, unter anderem BCBS 347 zum KSA, auf und bündelt sie zu einem umfangreichen Reformvorschlag für das Basel III-Regelwerk. Hinsichtlich der Verwendung externer Ratings im Rahmen des KSA ergeben sich praktisch keine Änderungen mehr gegenüber dem Konsultationspapier BCBS 347. In der Forderungsklasse Banken bleibt es beim Vorschlag eines ECRA und SCRA.[640] Im Rahmen des ECRA wurde das Basisrisikogewicht für Gegenparteien mit dem Rating A+ bis A- von 50 auf 30 % reduziert. Ebenso bleibt es beim beschriebenen Due-Diligence-Erfordernis, wenn auf externe Ratings zurückgegriffen wird.[641]

---

635 *Baule/Tallau*, ZfgK 2016, 215, 218.

636 *Bauernfeind*, WM 2016, 1528, 1531 f.

637 *Bauernfeind*, WM 2016, 1528, 1531 f.

638 Eine Art Mindestkapitalgrenze, vgl. etwa BCBS, Capital floors: the design of a framework based on standardised approaches 2014, abrufbar unter http://www.bis.org/bcbs/publ/d306.pdf.

639 BCBS, Basel III: Finalising post-crisis reforms, Dezember 2017, abrufbar unter: https://www.bis.org/bcbs/publ/d424.pdf.

640 BCBS, Basel III: Finalising post-crisis reforms, A. 4. Tz. 17 ff.

641 Vgl. für die Risikoklasse Banken, Covered Bonds und Coporates (Unternehmen): BCBS, Basel III: Finalising post-crisis reforms, A. 4. Tz. 20; A. 5. Tz. 36; A. 7. 39.

Ob und wie das Due-Diligence-Erfordernis im Rahmen des Gesetzgebungsprozesses schließlich konkretisiert wird, bleibt abzuwarten. Letztlich erscheint es aber eher unwahrscheinlich, dass die Institute aufgrund des Due-Diligence-Erfordernisses in nennenswertem Maße von den Basisrisikogewichten abweichen werden – nicht zuletzt weil in einigen speziellen Forderungsklassen die Risikogewichte leicht ansteigen werden.[642] Die durchzuführende Due-Diligence ist letztlich als Mindestmaß an Umsetzung von Art. 5a Rating-VO anzusehen, wonach Finanzinstitute eigene Kreditrisikobewertungen vornehmen sollen und sich bei der Bewertung der Bonität eines Unternehmens oder eines Finanzinstruments nicht ausschließlich oder automatisch auf Ratings stützen sollen. Dass die finalen Vorschläge des BCBS bezüglich eines überarbeiteten KSA im Wesentlichen – anders als in den USA[643] – vom Unionsgesetzgeber in das Basel III-Regelwerk übernommen werden, gilt indes als sehr wahrscheinlich.[644]

II. Ratings im Versicherungsaufsichtsrecht

Vergleichbar mit den aufsichtsrechtlichen Anforderungen an die Eigenmittelausstattung von Kreditinstituten existieren ebensolche Anforderungen auch für Versicherungsunternehmen.[645] In ähnlicher Form wie im Bankaufsichtsrecht sind Versicherungsunternehmen gehalten, abhängig von den eingegangenen Risiken, ausreichende Eigenmittel vorzuhalten. Ebenso wie Kreditinstitute können Versicherungsunternehmen hierbei Standardmodelle und interne Modelle verwenden, wobei auch hier externe Ratings Verwendung finden. Ebenso wie im Bankaufsichtsrecht stand im Versicherungsaufsichtsrecht dabei die Verringerung der Ratingbezugnahmen auf der gesetzgeberischen Agenda.

1. Solvency-II und Solvenzkapitalanforderungen

Das Versicherungsaufsichtsrecht fußt auf der Solvency-II-Richtlinie (Solvabilität II) der EU.[646] Diese wurde durch die sog. „Omnibus-II"-Richtlinie[647] 2014 geändert und 2015 durch die Mitgliedsstaaten in nationales Recht umgesetzt. In Deutschland wurde die Solvency-II-Richtlinie durch das Gesetz zur

---

642 *Schulte-Mattler/Affeld*, Risiko Manager 02/2016, 12, 14, 19.

643 Siehe hierzu § 13 I.

644 *Schulte-Mattler/Affeld*, Risiko Manager 02/2016, 12, 19.

645 Im Versicherungsaufsichtsrecht wird jedoch üblicherweise von Solvabilitäts- oder Solvenzkapitalanforderungen gesprochen.

646 RL 2009/138/EG v. 25.11.2009, ABl. EU L 335/1 v. 17.12.2009.

647 RL 2014/51/EU v. 16.04.2014, ABl. EU L 153/1 v. 22.05.2014.

Modernisierung der Finanzaufsicht über Versicherungen (10. VAG-Novelle) umgesetzt.[648] Ein Unterschied in der rechtstechnischen Umsetzung gegenüber dem Basel III-Akkord – und der unmittelbar geltenden CRR-Verordnung – liegt also darin, dass das Solvency-II-Regelwerk im Wesentlichen auf einer umsetzungsbedürftigen Richtlinie basiert. Allerdings waren die Umsetzungsspielräume für die nationalen Gesetzgeber sehr begrenzt, da Solvency-II der Gedanke der Vollharmonisierung zugrunde liegt,[649] sodass sich die am 01.01.2016 in Kraft getretene 10. VAG Novelle sehr eng an den europäischen Vorgaben orientiert.[650] Ende 2014 wurde von der EU-Kommission zudem eine umfangreiche Delegierte Verordnung (DVO) mit Durchführungsbestimmungen erlassen.[651]

Ebenso wie der Basel II-Akkord fußt das Solvency-II-Regelwerk auf drei Säulen: Quantitative Anforderungen (1), Qualitatives Risikomanagement und Aufsicht (2) und Veröffentlichungspflichten (3).[652] Externe Ratings spielen dabei, wie im Bankaufsichtsrecht, insbesondere im quantitativen Eigenmittelrecht eine bedeutende Rolle.

Zwei Kapitalanforderungen sind zu unterscheiden: die Solvabilitätskapitalanforderung ((SCR), auch „Zielsolvenzkapital“) und die Mindestkapitalanforderung ((MCR), auch „Minimumsolvenzkapital“). Während das MCR einen Schwellenwert darstellen soll, bei dessen Unterschreitung die Fortführung der Versicherungstätigkeit ein unannehmbares Risiko darstellen würde, § 122 Abs. 1 VAG, stellt das SCR eine Zielkapitalgröße dar, bei der das Insolvenzrisiko des Versicherers im Folgejahr maximal 0,5 % betragen soll.[653]

Im Unterschied zum bankaufsichtsrechtlichen Eigenkapital wird das Solvenzkapital nicht forderungsspezifisch ermittelt, sondern auf an verschiedenen versicherungsspezifischen Risiken angelehnten Modulen aufbauend, auf Unternehmensebene aggregiert, um zur Insolvenzwahrscheinlichkeit von weniger als 0,5 % zu gelangen, § 97 Abs. 2 VAG.[654]

---

648 Gesetz zur Modernisierung der Finanzaufsicht über Versicherungen vom 01.04.2015, BGBl. 2015 I Nr. 14, S. 434 ff.

649 Vgl. etwa *Krämer* in: Dreher/Wandt, Solvency II in der Rechtsanwendung 2012, 5, 10.

650 Aus diesem Grund wird im Folgenden als Rechtsquelle der jeweiligen Anknüpfungspunkte für ratingbezogene Regulierung primär auf das VAG abgestellt.

651 Delegierte Verordnung (EU) 2015/35 vom 10.10.2014, ABl. (EU) L 12/1 v. 17.01.2015.

652 Vgl. *Gründl/Kraft*, Solvency II – Eine Einführung, S. 4.

653 Vgl. *Heukamp*, Das neue Versicherungsaufsichtsrecht nach Solvency II, S. 33 f., 44; *Hübel*, Aufsichtsrechtliche Eigenmittelanforderungen nach Solvency II, S. 62 f.

654 Vgl. hierzu und zu weiteren Unterschieden von Basel II/III und Solvency-II vgl. *Ziegler*, Die künftigen Eigenkapitalvorgaben für Versicherungsunternehmen, S. 42 ff.

2. *Die Bedeutung von Ratings im Versicherungsaufsichtsrecht*

a) *Ratings und Solvenzkapitalanforderung*

Für die Berechnung der Solvabilitätskapitalanforderung im Rahmen der ersten Säule können Versicherungsunternehmen zwischen der Standardformel und internen Modellen wählen, § 96 Abs. 1 VAG.[655] Die mindestens zu berücksichtigen Risiken sind gem. § 97 Abs. 3 VAG das nichtlebensversicherungstechnische Risiko, das lebensversicherungstechnische Risiko, das krankenversicherungstechnische Risiko, das Marktrisiko, das Kreditrisiko und das operationelle Risiko.

Wählt das Versicherungsunternehmen die Standardformel, so kommen externe Ratings insbesondere bei den versicherungstechnischen Risikomodulen zur Berechnung des Basissolvabilitätskapitalanforderung (BSCR) als Teil der SCR zum Einsatz, §§ 100 ff. VAG. Ratings spielen vor allem beim Gegenparteiausfallrisiko und kreditrisikoähnlichen Marktrisiken, wie dem Spreadrisiko, eine Rolle.[656]

Die Voraussetzungen für die Verwendung von externen Ratings im Rahmen der Standardformel sind in Artt. 3 ff. DVO normiert. Zunächst dürfen gem. Art. 4 Nr. 1 DVO nur Ratings von einer gemäß der Ratingverordnung registrierten Ratingagentur verwendet werden. In Artt. 4 Nr. 2 ff. DVO sind weitere Voraussetzung bei der Verwendung normiert, die insbesondere eine restriktive und konsistente Verwendung von Ratings vorschreiben. So müssen Ratings einheitlich und nicht selektiv verwendet werden und im Fall des Vorliegens von zwei verschiedenen Ratings im Hinblick auf eine Position muss das niedrigere der beiden Ratings der Berechnung zugrunde gelegt werden.

b) *Ratings und Risikomanagement*

Auch im Rahmen der zweiten Säule spielen Ratings eine gewisse Rolle. So enthält Art. 259 Abs. 1 S. 1 DVO die Vorgabe, dass „die internen Risikomanagementmethoden sich nicht ausschließlich oder automatisch auf externe Ratings stützen dürfen." Auch § 28 Abs. 1 VAG bestimmt erneut:[657] „Damit ein übermäßiges Vertrauen auf externe Ratingagenturen vermieden wird, überprüfen die Versicherungsunternehmen bei der Nutzung externer Ratings für die Berechnung der versicherungstechnischen Rückstellungen und der

655 Vgl. *Heukamp*, Das neue Versicherungsaufsichtsrecht nach Solvency II, S. 35 ff.

656 Vgl. zu den jeweiligen finanzmathematischen Formeln etwa *Hübel*, Aufsichtsrechtliche Eigenmittelanforderungen nach Solvency II, S. 128 ff.

657 Da die delegierte Verordnung bereits unmittelbar geltendes Recht ist, hat die erneute Wiederholung dieses Programmsatzes allenfalls deklaratorischen Charakter.

Solvabilitätskapitalanforderung im Rahmen ihres Risikomanagements die Angemessenheit dieser externen Ratings, indem sie soweit praktisch möglich zusätzliche Bewertungen vornehmen, um eine automatische Abhängigkeit von externen Ratings zu verhindern." Diese Vorschriften stimmen vom Sinngehalt und sogar vom Wortlaut her praktisch mit Art. 5 Abs. 1 Rating-VO überein. Auf diese Vorschrift wird sogar nochmal über den Verweis auf die Ratingverordnung in § 28 Abs. 2 VAG Bezug genommen. Obwohl an dieser Stelle unter dem rechtlichen Aspekt des Risikomanagements dargestellt, ist zu konstatieren, dass die aufsichtsrechtlichen Vorgaben an eine nicht ausschließliche oder automatische Übernahme von Ratings sowohl die Eigenmittelanforderungen der ersten, als auch Risikomanagementaspekte der zweiten Säule betreffen, letztlich aber kaum trennscharf voneinander abzugrenzen sind.[658]

III. Mapping

1. Zuordnung von Ratings zu bankaufsichtsrechtlichen Risikogewichten

Ein wichtiger aufsichtsrechtlicher Mechanismus in Bezug auf externe Ratings im Zusammenhang mit der aufsichtsrechtlichen Indienstnahme ist die Zuordnung von Ratings zu bestimmten Bonitätsstufen der CRR-VO. Diese spielen insbesondere im bankaufsichtsrechtlichen Kreditrisikostandardansatz eine wichtige Rolle und haben wiederum Rückwirkungen auf den Ratingmarkt. Wie bereits dargestellt,[659] hängt die konkrete Höhe des vorzuhaltenden bankaufsichtsrechtlichen Eigenkapitals vom jeweiligen Risikogewicht der Forderung ab. Um dieses zu ermitteln, wird im KSA das jeweilige Risikogewicht – in der Regel zwischen 20 und 150 % – einer Bonitätsstufe zugeordnet.[660] Die Bonitätsstufe hängt dabei vom Rating des jeweiligen Schuldners ab. Die Verknüpfung von externem Rating und anzusetzendem Risikogewicht ist somit nur eine mittelbare: ob bei einem guten Rating eines Schuldners tatsächlich ein niedriges Risikogewicht und somit weniger Eigenkapital angesetzt werden darf, hängt davon ab, ob einem guten Rating einer Ratingagentur auch tatsächlich eine niedrige Bonitätsstufe zugewiesen ist, an die wiederum das anzusetzende Risikogewicht anknüpft. Diese Zuweisung bezeichnet man als „*mapping*".

Dieses gem. Art. 136 CRR-VO durchzuführende *mapping* nimmt der gemeinsame Ausschuss der Europäischen Aufsichtsbehörden EBA, EIOPA und ESMA

---

658 *Dreher/Ballmaier*, WM 2015, 1357, 1369.

659 § 12 I. 1.

660 Siehe Artt. 120 ff. CRR-VO.

(„Joint Committee of the ESAs (European Supervisory Authorities)")[661] vor. Es ersetzt das *mapping*, das von den nationalen Aufsichtsbehörden, aufbauend auf den CEBS-Vorgaben, durchgeführt wurde.[662] Die Kommission erlässt daraufhin gem. Art. 136 Abs. 1, 3 CRR-VO auf Vorschlag von EBA, EIOPA und ESMA die jeweiligen technischen Durchführungsstandards.

Art. 136 Abs. 2 CRR-VO gibt dabei nur grobe Leitlinien vor. So sollten EBA, EIOPA und ESMA sowohl quantitative Faktoren, wie die langfristige Ausfallquote aller Posten mit derselbe Bonitätsbeurteilung, als auch qualitative Faktoren, wie den beurteilten Emittentenkreis, die Bandbreite der Bonitätsbeurteilungen, die Bedeutung jeder Bonitätsbeurteilung und die von der ECAI verwendete Ausfalldefinition berücksichtigen. Insbesondere sind die von einer ECAI verzeichneten Ausfallquoten einem Referenzwert gegenüberzustellen, der anhand der von anderen ECAI verzeichneten Ausfallquoten für einen mit gleichwertigem Kreditrisiko behafteten Emittentenkreis ermittelt wurde. Diese Kriterien entsprechen weitestgehende den Kriterien aus § 52 SolvV a.F., als die BaFin noch für das *mapping* zuständig war.

Vor dem Hintergrund, dass der Unionsgesetzgeber sowohl in der Ratingverordnung als auch in der CRR-Verordnung das Ziel der Stärkung des Wettbewerbs auf dem Ratingmarkt vor Augen hat, kommt dem *mapping* eine nicht zu unterschätzende Bedeutung zu. Denn wenn etwa ein „AAA"-Rating einer kleineren Agentur einer schlechteren Bonitätsstufe zugeordnet wird, als ein „AAA"-Rating einer *big-three*-Agentur, müssen Banken für dieselbe Forderung deutlich mehr Eigenkapital vorhalten. Für Emittenten besteht daher ein eindeutiger Anreiz, solche Ratingagenturen zu beauftragen, deren Ratings im bankaufsichtsrechtlichen *mapping* „gut abschneiden", da somit ein Kaufanreiz für die von ihnen ausgegebenen Wertpapiere besteht. Noch vor einigen Jahren war dies kein Thema, da die wenigen ECAI-Ratingagenturen, namentlich vor allem die *big-three*, alle praktisch identisch eigestuft worden waren. Mit anderen Worten: ein „AAA" verschiedener Ratingagenturen, wurde unterschiedslos der Bonitätsstufe 1, ein „BBB" unterschiedslos der Bonitätsstufe 3 zugeordnet.

Mit der erfolgreichen Registrierung zahlreicher kleinerer Ratingagenturen bei der ESMA tritt ein regulatorischer Zielkonflikt zutage: auf der einen Seite besteht die Gefahr, dass kleinere Ratingagenturen durch zu laxe Ratings in den Markt drängen, wodurch Emittenten geringere Finanzierungskosten haben und Banken für die entsprechenden Forderungen weniger Eigenkapital vorhalten

661 https://esas-joint-committee.europa.eu/.

662 Vgl. https://www.eba.europa.eu/documents/10180/16094/Revised-Guidelines.pdf.

müssen. Auf der anderen Seite ist eine Differenzierung zwischen Ratingagenturen dergestalt, dass die gleichen Ratings verschiedener Agenturen unterschiedlichen Bonitätsstufen und somit unterschiedlichen Risikogewichten zugeordnet werden, ein bedeutender Wettbewerbsnachteil für kleinere Ratingagenturen. Denn selbst wenn der Markt beim Rating einer kleineren Agentur den gleichen Risikoaufschlag in Form eines höheren Zinses vom Emittenten verlangt, wie es beim Rating einer der *big three*-Ratingagenturen der Fall gewesen wäre, besteht für den Emittenten ein Anreiz eine etablierte Agentur zu beauftragen, wenn das Rating der kleineren Agentur im Rahmen des *mappings* einer schlechteren Bonitätsstufe zugeordnet wird. Mit anderen Worten: es besteht ein Zielkonflikt zwischen einem konservativen Ansatz beim *mapping* und der Förderung des Wettbewerbs auf dem Ratingmarkt.

2. *Benachteiligung kleinerer Ratingagenturen im zunächst vorgeschlagenen Mapping*

a) *Der Vorschlag der ESAs für einen technischen Durchführungsstandard*

Im Ende 2015 veröffentlichten Entwurf der ESAs für einen technischen Durchführungsstandard betreffend das nach Art. 136 CRR-VO durchzuführende *mapping*[663] zeigte sich bei genauerer Durchsicht der *mapping*-Tabellen[664] vor allem eine Besonderheit. Während lediglich die „AAA"-Ratings[665] der *big three* sowie der kanadischen DBRS der Kreditqualitätsstufe 1 zugeordnet waren, ergab sich für die jeweiligen Ratings der sonstigen nach der Ratingverordnung registrierten oder zertifizierten kleineren Ratingagenturen nur die Kreditqualitätsstufe 2 für deren beste Ratings. Konkret bedeutet dies also, dass Banken für Wertpapiere die etwa von Euler Hermes oder Scope mit „AAA" bewertet sind etwa doppelt so viel Eigenkapital vorhalten müssten, als es bei einem erstklassigen Rating der *big three* der Fall wäre.

---

663 Joint Final draft Implementing Technical Standards on the mapping of ECAIs' credit assessment under Article 136(1) and (3) of Regulation (EU) No 575/2013 (Capital Requirements Regulation – CRR), im Folgenden: ESAs *mapping* ITS, abrufbar unter: https://www.eba.europa.eu/documents/10180/1269185/Final+Draft+ITS+on+ECAIs%27%20Mapping.pdf. Hierbei handelt es sich um die Zuordnung von Ratings zu Kreditqualitätsstufen mit Ausnahme der Forderungsklasse Verbriefungen.

664 ESAs *mapping* ITS, Annex III.

665 Moody's verwendet dabei leicht unterschiedliche Ratingnoten; das beste Rating, das Moody's vergibt lautet bspw. „Aaa".

Der Grund für die konservativere Einstufung kleinerer Agenturen war das Fehlen entsprechender Daten zu historischen Ausfallraten, mit denen deren Ratingnoten einer Kreditqualitätsstufe hätten zugeordnet werden können. In diesem Fall sollten die Ratingnoten gem. Art. 136 Abs. 2 lit. a) i.V.m. Art. 6 ITS den Kreditqualitätstufen im Wege der Schätzung zugeordnet wurden. Hierbei legten die ESAs jedoch, zumindest im Rahmen der Kreditqualitätsstufen 1 und 2, konservative Maßstäbe zulasten der kleineren Agenturen an. Die ESAs begründeten dies mit dem Mangel an quantitativen historischen Daten der kleineren Agenturen. Daher sei es im Sinne einer umsichtigen Finanzmarktregulierung geboten, einen konservativeren Ansatz zu wählen, um ein „*level-playing field*“ sicherzustellen.[666]

b) Abweichende Haltung der Kommission

Die Kommission erkannte den Wettbewerbsnachteil, der kleinen und neuen Ratingagenturen durch die Zuweisung ihrer Ratings zu schlechteren Kreditqualitätsstufen zu entstehen drohte. Sie forderte daher die ESAs im Konsultationsprozess zu Änderungen auf. Die Reaktion der ESAs hierauf fiel eindeutig aus. Sie offenbart die Bedeutung, die das *mapping* sowohl für den Ratingmarkt als auch für die Finanzmarktregulierung insgesamt hat. Die ESAs wiesen das Anliegen der Kommission, den Wettbewerb auf dem Ratingmarkt mittels einheitlichen *mappings* zu stärken, als politische Einflussnahme der Kommission auf eine prinzipiengeleitete Finanzmarktaufsicht zurück.

Die ESAs wiesen in dem Zusammenhang zunächst auf Erwägungsgrund 98 der CRR-VO hin, der die Stärkung des Wettbewerbs auf dem Ratingmarkt zum Ziel hat: „Ohne das Verfahren einfacher oder weniger anspruchsvoll zu machen, sollten die EBA und die Zentralbanken des ESZB dafür sorgen, dass mehr Ratingagenturen als ECAI anerkannt werden, um den Markt für andere Unternehmen zu öffnen.“ Sie betonen dabei, dass das Anerkennungsverfahren eben gerade nicht einfacher und weniger anspruchsvoll gestaltet werden solle und sich somit auch aus Sicht des Unionsgesetzgebers als Kompromiss zwischen der Stärkung des Wettbewerbs auf dem Ratingmarkt und einer umsichtigen und prinzipiengeleiteten Finanzmarktaufsicht darstelle, wobei der Fokus auf letzterem liege.[667]

---

666 ESAs *mapping* ITS, Erwägungsgrund 12.

667 Opinion of the ESAs, S. 3 Punkt 2, abrufbar unter: https://eba.europa.eu/documents/10180/1359456/ESAs+2016+41+%28Joint+Opinion+on+EC+amend+ITS+ECAIs+Mapping+CRR%29.pdf.

Zudem müsse bei der Stärkung des Wettbewerbs auf dem Ratingmarkt auch bedacht werden, dass der Wettbewerb unter den Ratingagenturen dadurch verfälscht werden könne, dass neue Akteure am Markt ohne historische Ausfalldaten einen ungerechtfertigten Wettbewerbsvorteil gegenüber den etablierten Agenturen erlangen könnten, wenn ihre Ratings, ohne historische Ausfalldaten bereitzustellen, unterschiedslos den gleichen Risikogewichten zugewiesen würden, wie die der großen Agenturen. Würde zudem auf unbestimmte Zeit auf historische Ausfalldaten für das *mapping* verzichtet, würde dies, entgegen der Vorgabe in Art. 136 CRR-VO, einem Verzicht auf quantitative Faktoren gleichkommen.[668] Die Sicht der ESAs auf den im Raum stehenden Zielkonflikt wird mit dem Satz auf den Punkt gebracht, das primäre Ziel von CRR-VO und Solvency-II-Regelwerk sei die makroprudenzielle Finanzaufsicht und nicht die Stärkung des Wettbewerbs in der Ratingindustrie.[669]

3. *Kommission stellt ECAI im Mapping nach Artt. 136, 270 CRR-VO weitgehend gleich*

Die Kommission hat schließlich Ende 2016 eine Durchführungsverordnung zur Festlegung technischer Durchführungsstandards im Hinblick auf die Zuordnung von Ratings erlassen,[670] in der sie die Ratings der nach der Ratingverordnung registrierten Ratingagenturen (ECAI) im Rahmen des *mapping* weitestgehend gleichstellt. Gem. Art. 16 i.V.m. Anhang III der Durchführungsverordnung (EU) 2016/1799 sind nun die Ratings fast aller ECAI denselben Bonitätsstufen der CRR-VO zugewiesen.[671] Die Kommission betont dabei ausdrücklich, dass wesentlicher Grund für die Abweichung vom gemeinsamen Vorschlag der ESAs für einen technischen Durchführungsstandard die Vermeidung von Wettbewerbsnachteilen kleinerer Ratingagenturen ist. Die Bedeutung quantitativer Ausfalldaten wurde für die Zuordnung relativiert, was die Kommission in Ergänzungsgrund 12 damit begründet, dass im Interesse eines ausgewogenen Gleichgewichts zwischen aufsichtsrechtlichen Zielen und Markterwägungen

---

668 Opinion of the ESAs, S. 5 Punkt 8.

669 „The primary objective of the mapping under both the CRR and Solvency-II Directive is prudential, rather than to stimulate competition in the credit rating industry.", Opinion of the ESAs, S. 4 Punkt 5.

670 Durchführungsverordnung (EU) 2016/1799 v. 07.10.2016, ABl. (EU) L 275/3 v. 12.10.2016.

671 Unterschiedliche Zuordnung erfahren bspw. „AAA" und „AA" der European Rating Agency, a.s. und „BBB" der FERI EuroRating Services AG.

unzumutbare wesentliche Nachteile für ECAI, die aufgrund ihrer kürzeren Präsenz am Markt nur über begrenzte quantitative Daten verfügen, vermieden werden sollen. In Erwägungsgrund 27 betont die Kommission, dass ein „ausgewogenes Gleichgewicht zwischen einem soliden aufsichtsrechtlichen Ansatz und dem Wettbewerb auf dem Ratingmarkt" gewährleistet werden müsse, um unzumutbare wesentliche Nachteile für kleinere/neuere ECAI abzuwenden.

Eine weitestgehende Gleichstellung erfolgte auch im Rahmen des *mappings* für Verbriefungspositionen. Gem. Art. 267 CRR-VO dürfen Institute Ratings nur dann zur Bestimmung des Risikogewichts einer Verbriefungsposition heranziehen, wenn diese von einer nach der Ratingverordnung registrierten Ratingagentur abgegeben wurden. Das nach Art. 270 CRR-VO durchzuführende *mapping* für Verbriefungspositionen, als Pendant zum *mapping* nach Art. 136 CRR-VO (s.o.), wurde von der Kommission in der Durchführungsverordnung (EU) 2016/1801 vorgenommen.[672] Bereits im EBA-Entwurf für den technischen Durchführungsstandard war – anders als im Vorschlag der ESAs für das nach Art. 136 CRR-VO durzuführende *mapping*[673] – eine weitestgehende Gleichstellung der Ratings der verschiedenen Ratingagenturen vorgesehen,[674] was ironischerweise daran lag, dass die EBA die historischen Ausfalldaten für Ratings von Verbriefungen der *big three* als weitestgehend unbrauchbar erachtete, da diese eine Zuordnung zu den niedrigen Kreditqualitätsstufen 4 und 5 erforderlich gemacht hätten, weil die entsprechend gut bewerteten Kreditverbriefungen während der Finanzkrise massenhaft ausfielen.[675]

4. *Die Gleichstellung beauftragter und unbeauftragter Ratings nach Art. 138 CRR-VO*

Art. 138 CRR-VO erlaubt Kreditinstituten für die bankaufsichtsrechtliche Risikogewichtung von Aktiva auch die Nutzung unbeauftragter Ratings „wenn die EBA bestätigt hat, dass zwischen ohne Auftrag abgegebenen Bonitätsbeurteilungen

672 Durchführungsverordnung (EU) 2016/1801 v. 11.10.2016, ABl. (EU) L 275/27 v. 12.10.2016.

673 § 12 III. 2.

674 EBA Final draft Implementing Technical Standards on the mapping of ECAI's credit assessments for securisation positions under Article 270 of Regulation (EU) No 575/2013 (Capital Requirements Regulation – CRR), im Folgenden: EBA mapping ITS, abrufbar unter: https://www.eba.europa.eu/documents/10180/1370122/EBA-ITS-2016-02+(Final+draft+ITS+on+ECAI+mapping+for+securitisation+positions).pdf.

675 Vgl. EBA mapping ITS, S. 4 ff.; 52 f.

einer ECAI und in Auftrag gegebenen Bonitätsbeurteilungen dieser ECAI keine Qualitätsunterschiede bestehen." Die für regulatorische Verhältnisse kurze und kurz begründete Entscheidung der EBA listet die Ratingagenturen auf, deren unbeauftragte Ratings gleichwertig mit den beauftragten Ratings sind.[676] Die Gleichstellung gilt für die meisten, gleichwohl nicht für alle, bei der ESMA registrierten bzw. zertifizierten Ratingagenturen. Die Begründung zeigt, dass die EBA an dieser Stelle weniger streng vorgegangen ist, als die ESAs beim Vorschlag für das *mapping* nach Art. 136 CRR-VO (s.o.). Laut Erwägungsgrund 8 der Verordnung wurden beauftragte und unbeauftragte Ratings einer Agentur gleichgestellt, solange keine Tatsachen ermittelt wurden, die dagegen sprechen würden, insbesondere, dass unbeauftragte Ratings nicht als Druckmittel zu einer Beauftragung der Ratingagentur eingesetzt werden. Die weitgehende Gleichbehandlung der verschiedenen Ratingagenturen hinsichtlich beauftragter und unbeauftragter Ratings ist zu begrüßen, da es für Ratingagenturen einen nicht zu unterschätzenden Wettbewerbsnachteil darstellt, wenn ihre unbeauftragten Ratings nicht für regulatorische Zwecke genutzt werden können.

IV. Die ECAF-Regulierung der EZB in Bezug auf Ratingagenturen

Ein weiterer unscheinbarer, von der rechtswissenschaftlichen Literatur völlig unbeachteter, dafür aber umso bedeutender Teil des Rechtsrahmens für Ratingagenturen in der EU ist das Eurosystem Credit Assessment Framework (ECAF) der Europäischen Zentralbank (EZB). Ein Kreditrisiko ergibt sich für die EZB insbesondere im Rahmen ihrer Offenmarkt- und Kreditgeschäfte. Art. 18.1 der Satzung des Europäischen Systems der Zentralbanken (ESZB) und der Europäischen Zentralbank (EZB-Satzung)[677] erlaubt der EZB Offenmarkt- und Kreditgeschäfte zu tätigen. Art. 18.1 der Satzung bestimmt zugleich, dass für EZB-Darlehen ausreichende Sicherheiten seitens der Marktteilnehmer gestellt werden müssen. Nach Art. 18.2 der EZB-Satzung stellt die EZB dabei Grundsätze und Bedingungen für ihre Offenmarkt- und Kreditgeschäfte auf.

---

676 EBA, Decision of the European Banking Authority confirming that the unsolicited credit assessments of certain ECAIs do not differ in quality from their solicited credit assessments, EBA/DC/2016/151, 17.05.2016, Annex, abrufbar unter: https://www.eba.europa.eu/documents/10180/1466166/EBA-DC-2016-151+Decision+on+the+Use+of+Unsolicited+Credit+Assessments.pdf/bcf8746e-c2a8-4217-bec6-79219f8914a1.

677 Abrufbar unter: https://www.ecb.europa.eu/ecb/legal/pdf/de_statute_2.pdf.

1. Bonitätsabhängige Zentralbanksicherheiten und Anleihekäufe der EZB

Banken müssen im Gegenzug für die ihnen gewährten Zentralbankkredite der EZB bestimmte Sicherheiten stellen. Die Voraussetzungen für zentralbankfähige Sicherheiten sind in Teil 4 (Artt. 58 ff.) der Leitlinie (EU) 2015/510[678] der EZB (EZB-Leitlinie) aufgeführt. Gem. Art. 71 EZB-Leitlinie müssen Schuldtitel die in Artt. 82 ff. EZB-Leitlinie festgelegten Bonitätsanforderungen erfüllen, um notenbankfähige Sicherheiten zu sein. Zur Beurteilung der Bonitätsanforderungen greift das ECAF dabei auf verschiedene Quellen zurück, und zwar externe Ratingagenturen, interne Bonitätsanalysen der nationalen Zentralbanken, interne Ratingverfahren der Banken (IRBA) und Ratingverfahren externer Anbieter, Artt. 120 ff. EZB-Leitlinie.[679] Primär stellen Artt. 82 ff. EZB-Leitlinie jedoch auf Ratings externer Ratingagenturen (ECAI) ab. Nach Art. 82 Nr. 1. EZB-Leitlinie müssen marktfähige Sicherheiten dabei mindestens ein *investment grade*-Rating einer ECAI aufweisen. Anders als im Rahmen der CRR-Verordnung (Art. 4 Tz. 98 CRR-VO) reicht für den ECAI-Status innerhalb des Eurosystems allerdings die Registrierung der Ratingagentur nach der Ratingverordnung nicht aus. Vielmehr gibt Art. 120 EZB-Leitlinie nur sehr unklare Kriterien für die Zulassung von ECAI innerhalb des ECAF-Systems vor. Hiernach müssen ECAF-ECAIs nach der Ratingverordnung registriert oder zertifiziert[680] sein und „operationale Kriterien erfüllen und entsprechende Abdeckungsgrade aufweisen, um die effiziente Umsetzung des Rahmenwerks für Bonitätsbeurteilungen im Eurosystem zu gewährleisten."

Nachdem diese Kriterien lange Zeit an keiner Stelle der Richtlinie oder woanders definiert oder konkretisiert waren, die EZB indes als ECAI innerhalb des ECAF nur die amerikanischen *big three* und die kanadische DBRS anerkannte und auf die Kritik in Bezug auf die unklaren Kriterien, die nur die etablierten Agenturen zum Zug kommen ließen, lapidar auf den *track record* der etablierten Agenturen hinwies,[681] veröffentlichte die EZB im Januar 2016 auf ihrer Internetpräsenz die „Minimalanforderungen für ECAI innerhalb des ECAF".[682]

---

678 Leitlinie (EU) 2015/510 der EZB v. 19.12.2014, ABl. (EU) L 91/3 ff. v. 02.04.2015.

679 Vgl. https://www.ecb.europa.eu/paym/coll/risk/ecaf/html/index.en.html.

680 Zum Unterschied siehe § 10 III. 1.

681 Vgl. FAZ v. 12.1.2015, http://www.faz.net/aktuell/finanzen/anleihen-zinsen/rating-agenturen-hohe-huerden-fuer-newcomer-in-europa-13365370.html.

682 ECB, Minimum coverage requirements for ECAIs in the ECAF, Januar 2016, abrufbar unter: https://www.ecb.europa.eu/paym/coll/risk/pdf/minimum_coverage_requirements201601.en.pdf?816e791bb77e4982a2b24bc7995c2407.

Eine essenzielle Rolle spielten externe Ratings für die EZB auch im Rahmen ihres Programms zum Ankauf von Vermögenswerten (*expanded asset purchase programme* – APP), das zunächst bis Ende 2018 lief, wobei danach sogleich wieder eine Neuauflage diskutierte wurde. Der mit Abstand größte Teil des APP entfiel auf den Kauf von Staatsanleihen (*public sector purchase programm* – PSPP).[683] Das PSPP ist angesichts des Verbots der Staatsfinanzierung durch die EZB, Art. 123 AEUV, hochproblematisch. Die EZB umging das Verbot dadurch, dass sie die Staatsanleihen nicht direkt auf dem Primärmarkt von den jeweiligen Staaten erwarb, sondern von anderen Finanzmarktteilnehmern auf dem Sekundärmarkt.[684] Das BVerfG äußerte hiergegen erheblich Bedenken und legte die Frage, ob das PSPP gegen Art. 123 AEUV verstößt, dem EuGH zur Entscheidung vor.[685] Dieser entschied daraufhin, dass dies nicht der Fall ist.[686]

Voraussetzung für den Kauf der Wertpapiere im Rahmen des APP war jedenfalls unter anderem, dass diese mit einem externen Rating einer Ratingagentur, die die ECAI-Kriterien des ECAF erfüllt, von BBB- (oder Äquivalent der Kreditqualitätsstufe 3) oder besser (*investment grade*) bewertet sind.[687] Wenn also eine Geschäftsbank im Gegenzug für die Gewährung eines Zentralbankkredites der EZB Sicherheiten stellen muss, oder ein Staat oder ein Unternehmen am APP der EZB teilhaben wollte, musste mindestens ein *investment grade*-Rating einer von der EZB anerkannten Ratingagentur vorliegen. Die Kriterien, die die EZB für die Anerkennung einer Ratingagentur anlegt, sollen im Folgenden eingehender untersucht und bewertet werden.

2. *Die konkretisierten ECAI-Kriterien innerhalb des ECAF*

Den konkretisierten ECAI-Kriterien der EZB[688] ist zunächst vorangestellt, dass sich die EZB in jedem Fall vorbehält, eine Ratingagentur als ECAI innerhalb

683 Vgl. https://www.ecb.europa.eu/mopo/implement/omt/html/index.en.html.

684 Siehe hierzu etwa https://www.ecb.europa.eu/mopo/implement/omt/html/pspp-qa.en.html.

685 BVerfG NJW 2017, 2894.

686 EuGH, Urt. v. 11.12.2018 - Rs. C-493/17.

687 Die Voraussetzungen sind in den jeweiligen Leitlinien zu den einzelnen Kaufprogrammen niedergelegt, für das CSPP vgl. EZB Pressemitteilung v. 21.04.2016, deutsche Version abrufbar unter: https://www.bundesbank.de/Redaktion/DE/Downloads/Presse/EZB_Pressemitteilungen/2016/2016_04_21_cspp.pdf?__blob=publicationFile, für das PSPP vgl. Art. 3 Abs. 1 a) Beschluss (EU) 2015/774 der EZB v. 04.03.2015 über ein Programm zum Ankauf von Wertpapieren des öffentlichen Sektors an den Sekundärmärkten (EZB/2015/10), ABl. (EU) L 121/20 v. 14.05.2015.

688 ECB, Minimum coverage requirements for ECAIs in the ECAF, 1., 3.

des ECAF anzuerkennen. Bei dieser Entscheidung sollen insbesondere folgende Kriterien eine Rolle spielen: eine Ratingagentur muss Wertpapiere von mindestens drei der vier Forderungsklassen Bankanleihen, Industrieanleihen, gedeckte Schuldverschreibungen und ABS bewerten, wobei wiederum bestimmte Anteile auf den Euroraum bzw. Euroraum-Länder entfallen müssen (1.(a)). Weiterhin müssen Länderratings für alle Länder, in denen die Ratingagentur Forderungen bewertet, vorgehalten werden (1. (b)). Die Einhaltung dieser Kriterien zu mindestens 80 % muss darüber hinaus über einen Zeitraum von drei Jahren nachgewiesen werden, bevor eine Anerkennung als ECAF-Ratingagentur erfolgen kann.

3. Benachteiligung kleiner Ratingagenturen

Es liegt auf der Hand, dass diese Kriterien, die die EZB für den ECAI-Status innerhalb des ECAF heranzieht, kleinere Ratingagenturen benachteiligen. Dass Ratingagenturen in der Lage sein müssen über verschiedenste Assetklassen hinweg praktisch für alle Euroländer Ratings vorzuhalten, setzt eine starke Etablierung am Markt voraus, die aber wiederum ohne die Anerkennung innerhalb des ECAF nur sehr schwierig zu erreichen ist.

Denn wenn ein Emittent ein Wertpapier als zentralbankfähige Sicherheit anerkannt, oder Zugang zu den Kaufprogrammen der EZB haben will, benötigt er ein Rating einer der von der EZB anerkannten Ratingagenturen, mithin der *big three* oder der kanadischen DBRS. Es stellt sich damit in einem sehr wichtigen Aspekt der Ratingregulierung das altbekannte „Henne-Ei-Problem", nämlich dass eine Ratingagentur ohne entsprechende regulatorische „Zertifizierung" nur schwer in der Lage ist, neue Marktanteile zu gewinnen, umgekehrt die regulatorische Anerkennung aber eine gewissen Marktmacht voraussetzt.

Für Emittenten ist die fehlende ECAF-Akkreditierung kleinerer Agenturen zweifellos ein entscheidendes Kriterium gegen die Beauftragung von am Markt weniger etablierten Ratingagenturen,[689] denn ihre Wertpapiere erhalten weder Zugang zu den Kaufprogrammen der EZB, noch können sie von Banken bei der EZB als zentralbankfähige Sicherheit eingereicht werden.

689 „Ein Rating hat für ein Unternehmen nur einen eingeschränkten Wert, wenn es von der EZB nicht anerkannt wird.", so der Vorstandsvorsitzende von Scope Ratings zur FAZ v. 12.08.2016, abrufbar unter: http://www.faz.net/aktuell/finanzen/anleihen-zinsen/scope-will-erste-europaeische-ratingagentur-werden-14383250.html.

4. *Fazit und Stellungnahme: ECAI-Kriterien der EZB und mögliche Alternativen*

Die ECAF-Anforderungen an Ratingagenturen bevorzugen somit eindeutig die etablierten *big three*. Sie erweisen sich als nicht zu unterschätzender wettbewerbshemmender Faktor innerhalb des europäischen Ratingmarktes. In Bezug auf den Wettbewerb auf dem Ratingmarkt wäre eine Modifikation oder Aufgabe der auf Leitlinie 2015/510 der EZB beruhenden Kriterien isoliert betrachtet sicher wünschenswert. Es darf jedoch nicht vergessen werden, dass diese Kriterien nicht einfach durch den Unionsgesetzgeber geändert werden können. Die EZB ist in der Ausübung ihrer Befugnisse unabhängig, Art. 282 Abs. 3 AEUV. Die Kriterien für die Anerkennung von Ratingagenturen für die Zwecke des ECAF sind Teil der Geldpolitik der Union, die der EZB-Rat gem. Art. 127 Abs. 2 AEUV i.V.m. Art. 12 Abs. 1 der EZB-Satzung in Form von Leitlinien und Entscheidungen selbstständig festlegt. Dies erklärt, warum die ECAI-Kriterien im Rahmen des bankaufsichtsrechtlichen Kreditrisikostandardansatzes, wo Art. 4 Tz. 98 CRR-VO alle nach der Ratingverordnung registrierten Ratingagenturen als ECAI anerkennt, andere sind. Der Unionsgesetzgeber hat auf die ECAI-Kriterien innerhalb des ECAF keinen regulatorischen Einfluss. Die Kriterien haben jedoch durchaus substanziellen Einfluss auf den Ratingmarkt, den die EU indes umfassend regulieren möchte.

Wie bereits dargestellt, ist ein Gleichlauf der Regulierung von Ratingagenturen einerseits und der Verringerung der regulatorischen Indienstnahme von Ratings andererseits schwierig. Dieser fehlende Gleichlauf erweist sich dabei als veritables regulatorisches Dilemma, denn auch wenn die EZB-Kriterien für den Ratingmarkt von hoher Bedeutung sind, sind sie der inhaltlichen Gestaltung durch den Unionsgesetzgeber entzogen.

Eine Änderung der ECAI-Kriterien innerhalb des ECAF muss daher die EZB selbst, genauer gesagt, der EZB-Rat, beschließen. Ob es hierzu alsbald kommt, erscheint aber fraglich. Es würde sich durchaus anbieten, auch innerhalb des ECAF all diejenigen Ratingagenturen als ECAI zuzulassen, die bei der ESMA nach der Ratingverordnung registriert sind. Denn wenn Geschäftsbanken oder Versicherungen ihre Kreditrisiken mit dem Standardansatz bewerten, stehen grundsätzlich auch alle nach der Ratingverordnung registrierten Ratingagenturen als ECAI zur Verfügung.[690]

690 Art. 4 Tz. 98 CRR-VO.

V. Reformbedarf bei der regulatorischen Verwendung von Ratings an Börsen für „Mittelstandsanleihen"?

1. *Der deutsche Markt für Mittelstandsanleihen*

Die Fremdfinanzierung von Unternehmen durch die Ausgabe von Anleihen hat in Deutschland seit Anfang der 2010er Jahre deutlich an Bedeutung gewonnen. Denn durch die mittlerweile etablierten Mittelstandssegmente an deutschen Börsen haben zunehmend auch mittelständische Unternehmen die Möglichkeit, unabhängig von der Hausbank Fremdkapital am Kapitalmarkt aufzunehmen. Als Alternative zum klassischen Bankdarlehen sprechen insbesondere geringere Zinsen und die im Regelfall entbehrlichen Sicherheiten für die Fremdfinanzierung über Anleihen.[691] Die im Nachgang der Finanzkrise bestehenden finanziellen Schwierigkeiten zahlreicher Großbanken in Kombination mit den strengeren Eigenkapitalvorschriften nach Basel III und das steigende Interesse auf Investorenseite trugen ebenfalls zum Wachstum des Anleihenmarktes in Deutschland bei.[692]

2. *Ratingvorgaben für Anleihen in den Geschäftsbedingungen der Börsen*

Die „Mittelstandssegmente" deutscher Börsen sind keine regulierten Märkte i.S.v. § 32 Abs. 1 BörsG, sondern Handelssegmente des Freiverkehrs gem. § 48 BörsG, dessen Organisation die Börsen durch Handelsordnungen und Geschäftsbedingungen selbst regeln.[693] Der Ausdruck „Mittelstandsanleihe" für die in diesen Segmenten gehandelten Anleihen hat sich mittlerweile etabliert, obwohl die Emittenten nicht immer mittelständische Unternehmen im klassischen Sinne sind.[694]

Die Marktsegmente für Anleihen an den deutschen Börsen schreiben mit teils unterschiedlichen Regelungen im Regelfall ein Rating der Anleihe oder des Emittenten für die Zulassung einer Anleihe zum Handel vor. Mindestratings sind an keiner Börse (mehr)[695] vorgesehen. Die Geschäftsbedingungen der

---

691 Vgl. hierzu etwa *Schmitt*, BB 2012, 1079; *Schüler/Kaufmann*, ZBB 2014, 69.

692 *Schmitt*, BB 2012, 1079; *Schüler/Kaufmann*, ZBB 2014, 69.

693 Gem. § 48 Abs. 2 BörsG kann die Börsenaufsichtsbehörde jedoch den Handel im Freiverkehr untersagen, wenn ein ordnungsgemäßer Handel für die Wertpapiere nicht mehr gewährleistet erscheint.

694 Vgl. *Schüler/Kaufmann*, ZBB 2014, 69.

695 Zu den früher teilweise bestehenden Mindestratingvorgaben von BB oder BB+ vgl. *Schroeter*, ZIP 2016, 703, 706.

Deutschen Börse AG für den Freiverkehr an der Frankfurter Wertpapierbörse schreiben ein Emittenten- oder Emissionsrating einer nach der Ratingverordnung registrierten Ratingagentur vor, wobei jedoch Ausnahmen vorgesehen sind, wenn Aktien des Emittenten an einem inländischen regulierten Markt gehandelt werden oder der Umsatz des Emittenten in den letzten drei Geschäftsjahren mindestens 300 Mio. EUR betrug.[696] An der Stuttgarter Börse wird ein Emissions- oder Emittentenrating („Unternehmens- / Wertpapierrating") verlangt, wobei auch hier Ausnahmen möglich sind, namentlich wenn Aktien des Emittenten an einem inländischen regulierten Markt gehandelt werden oder bei Konzernstrukturen, wo ein Emittentenrating des Rechtsträgers ausreicht, der das „eigentliche wirtschaftliche Risiko" der Anleihe trägt.[697] Eine solche Regelung findet sich auch in den Geschäftsbedingungen der Berliner Börse.[698] Die Geschäftsbedingungen für den Freiverkehr an der Börse München verlangen ein regelmäßig aktualisiertes Folgerating auf der Internetpräsenz des Emittenten.[699] Die Geschäftsbedingungen für den Freiverkehr an den Börsen Hamburg und Hannover verlangen zwar nicht explizit ein Rating, sehen jedoch in den einzureichenden Unterlagen für das Listing die Beibringung von Emissions- und Emittentenrating vor.[700]

3. *Reformbedarf?*

Schroeter sieht in den Vorgaben der Geschäftsbedingungen der Börsen, die lediglich ein Rating einer nach der Ratingverordnung registrierten Ratingagentur

---

696 Vgl. §§ 19 Abs. 1, 2, 22 Abs. 1, 2 der AGB der Deutsche Börse AG für den Freiverkehr an der Frankfurter Wertpapierbörse (Stand: 01.12.2018), abrufbar unter: http://www.xetra.com/blob/1198484/96e42d3a3cc4ecf35e92652e43ed21e0/data/AGB-Freiverkehr-2018-12-01.pdf.

697 §§ 50, 51 der Geschäftsbedingungen für den Freiverkehr an der Baden-Württembergischen Wertpapierbörse (Stand: 07.01.2019), abrufbar unter: https://www.boerse-stuttgart.de/files/geschaeftsbedingungen_fuer_den_freiverkehr_7.1.19.pdf.

698 § 8 Abs. 5 der Geschäftsbedingungen für den Freiverkehr an der Börse Berlin (Stand: 01.11.2012), abrufbar unter: http://www.boerse-berlin.de/data/files/boerse_berlin_geschaeftsbedingungen_fuer_den_freiverkehr_november_2012.pdf.

699 Vgl. § 15 Abs. 2 Geschäftsbedingungen für den Freiverkehr an der Börse München (Stand: 03.01.2018), abrufbar unter: https://www.boerse-muenchen.de/MediaLibrary/4af8d61d-05eb-4d42-b2ae-bdbcc65c5a36/180103_Gesch%C3%A4ftsbedingungen%20Freiverkehr.pdf.

700 Vgl. Anlage 2b) zu AGB-Freiverkehr Informationsblatt Anleihen der Börsen Hamburg und Hannover (Stand Oktober 2015 (Hannover) / August 2017 (Hamburg)), abrufbar unter: http://www.boersenag.de/Regelwerke.

verlangen, die Gefahr des „*rating shopping*" begründet, da die jungen deutschen Ratingagenturen, wie Scope, Creditreform oder Euler Hermes durch inflationäre Ratings in den Ratingmarkt für Mittelstandsanleihen streben würden und somit eine besondere Gefahr für die zahlreichen Privatanleger in diesem Marktsegment bestehe.[701] *Schroeter* fordert daher für Mittelstandsanleihen mindestens zwei Emmissionsratings, von „am Markt anerkannter" Ratingagenturen, um eine realistische Abbildung des Ausfallrisikos der Anleihen zu gewährleisten und der Gefahr von *rating shopping* zu begegnen, wobei hiermit ausdrücklich die US-amerikanischen *big three* gemeint sind.[702]

Tatsächlich liegen Studien vor, die zeigen, dass sich die Ratings von im Freiverkehr der Mittelstandssegmente gehandelten Anleihen über die Jahre 2010 bis 2013 verschlechtert haben – Erstratings wurden im Folgerating häufig zurückgestuft und fielen über die Jahre betrachtet auch schlechter aus.[703] Zudem fiel bisher eine durchaus nennenswerte Zahl an Mittelstandsanleihen aus: Ende August 2016 waren 43 von 214 Mittelstandsanleihen, die seit 2010 angeboten wurden, ausgefallen. Zwar hatte die Mehrheit der ausgefallenen Anleihen kein *investment grade*-Rating, nichts desto trotz kam Kritik an zu positiven Ratings seitens der deutschen Ratingagenturen auf. Insbesondere der Ausfall der „Traumschiff-Anleihe" sorgte für Aufsehen: Scope Ratings AG bewertete eine Anleihe der „MS Deutschland" Beteiligungsgesellschaft mbH im Erstrating mit „A", obwohl das Emittentenrating nur bei „C" lag und begründet dies mit der Besicherung der Anleihe durch die „MS Deutschland". Der Zeitwert des Schiffes zum Bewertungszeitpunkt war jedoch sehr optimistisch angesetzt.[704]

4. *Stellungnahme*

Aus den bisherigen Ausfällen von Mittelstandsanleihen ein inflationäres *rating shopping* abzuleiten, erscheint übertrieben. Angesichts der Einstufungen der Mittelstandsanleihen, die zumeist im Bereich BB bis BBB liegen,[705] im Sinne konservativer und realistischer Bewertungen, ein zusätzliches Rating der

701 *Schroeter*, ZIP 2016, 703, 707 f.

702 *Schroeter*, ZIP 2016, 703, 708.

703 Vgl. *Schüler/Kaufmann*, ZBB 2014, 69, 72 ff.

704 Vgl. zu Prozess und Vergleich Handelsblatt v. 09.10.2018: „Traumnoten bis zum Untergang", abrufbar unter: https://www.handelsblatt.com/finanzen/anlagestrategie/trends/ms-deutschland-traumnoten-bis-zum-untergang-ratingagentur-scope-entschaedigt-kleinanleger-fuer-zu-gute-bewertung/23164264.html?ticket=ST-2332638-P0AGjvNJ-XUmSTKD3Z3nZ-ap1.

705 Vgl. *Schüler/Kaufmann*, ZBB 2014, 69, 72, Tabelle 1.

Ratingagenturen zu fordern, die im Vorfeld der Finanzkrise tausendfach Emissionen mit AAA bewerteten, muss zumindest überraschen.

Die Forderung ist auch aufgrund ganz grundsätzlicher Erwägungen abzulehnen, denn sie betrifft eine grundlegende Frage der Regulierung – und zwar die der bereits im Zusammenhang mit den *mapping*-Vorgaben angesprochene regulatorische Gleichbehandlung junger Ratingagenturen. Die Forderung nach einem obligatorischen Rating einer *big three*-Ratingagentur läuft auf eine Besitzstandswahrung zugunsten der etablierten Agenturen und eine Zementierung deren ohnehin schon riesiger Marktmacht hinaus. Dass kleinere deutsche Ratingagenturen derzeit auf Wachstumskurs sind, ist begrüßenswert und der Markt für Mittelstandsanleihen, der für große internationale Ratingagenturen offenbar auch nicht lukrativ genug ist, erscheint nicht nur als hoffnungsvolles Wachstumssegment für die mittelständische Unternehmensfinanzierung, sondern auch für deutsche Ratingagenturen.

Der Gefahr der Eroberung und Sicherung von Marktanteilen durch inflationäre Ratings, die von jungen Ratingagenturen möglicherweise ausgeht, begegnet der Gesetzgeber durch die umfassende Regulierung von Ratingagenturen durch die Ratingverordnung, deren Nichteinhaltung mit aufsichtsrechtlichen Maßnahmen und zivilrechtlicher Haftung sanktioniert werden kann. Die Forderung eines zwingenden Ratings einer amerikanischen Ratingagentur erscheint angesichts der jüngsten regulatorischen Entwicklungen wie eine Forderung von gestern. Zum einen führte die Finanzkrise vor Augen, dass die „am Markt etablierten" Ratingagenturen keineswegs für hohe Qualität bürgen. Zum anderen liegt der Regulierung nach der Ratingverordnung der Grundgedanke der regulatorischen Gleichstellung der bei der ESMA registrierten Ratingagenturen zugrunde, wobei Verfehlungen durch die nun hoheitlich festgelegten Standards sanktioniert werden können. Zudem ist das zivilrechtliche Haftungsregime bereits *de lege lata* so zu nutzen, dass ihm zusätzlich verhaltenssteuernde Wirkung zukommt.[706] Wer jedoch wie *Schroeter* eine zivilrechtliche Haftung für fehlerhafte Ratings aufgrund des Prognosecharakters von Ratings für unmöglich hält,[707] mag indes in der Tat geneigt sein, der Gefahr fehlerhafter Ratings durch klassische Marktzugangsbarrieren zu begegnen, obwohl die Erfahrungen in der Finanzkrise gerade zeigten, dass ein Oligopol keineswegs für hohe Standards am Ratingmarkt bürgt.

---

706 Siehe zur verhaltenssteuernden Wirkung des Haftungsrechts § 14 III.

707 *Schroeter*, S. 796 ff.

Es erscheint zudem mehr als fraglich, ob eine solche Maßnahme des deutschen Gesetzgebers unionsrechtskonform wäre. Denn die Ratingverordnung schreibt ein obligatorisches Zweitrating nur für strukturierte Finanzprodukte vor (Art. 8c Abs. 1 Rating-VO). Diese Vorschrift wurde wohlgemerkt gerade zur Stärkung des Wettbewerbs auf dem Ratingmarkt in die Ratingverordnung aufgenommen.[708] Darüber hinaus für weitere Fälle – in diesem Fall für klassische Anleihen – auf nationaler Ebene ein obligatorisches Zweitrating vorzuschreiben, erscheint daher unionsrechtlich nicht zulässig, da hierdurch ein durch die Ratingverordnung abschließend geregelter Sachverhalt, nämlich die Frage nach einem obligatorischem Zweitrating, betroffen ist. Dass die Forderung dann auch noch ein zwingendes Zweitrating zugunsten der *big three* betrifft, ist zudem mit dem Ziel der Ratingverordnung, den Wettbewerb auf dem Ratingmarkt zu fördern, keineswegs vereinbar.

Die Forderung nach einem oder mehreren obligatorischen Ratings von US-amerikanischen Ratingagenturen für deutsche Mittelstandsanleihen ist daher im Ergebnis eindeutig abzulehnen. Gleichwohl zeigen die Ratingvorgaben für Anleihen in den Geschäftsbedingungen der deutschen Börsen, dass die Abkehr von der rechtlichen Indienstnahme des Ratings auch im Bereich der privaten Regelsetzung nicht erfolgt ist.

VI. Fazit und Bewertung: Regulatorische Indienstnahme von Ratings in der EU

Die Verwendung von externen Ratings zur Ermittlung der Risikogewichte im Rahmen des Kreditrisikostandardansatzes ist die zentrale regulatorische Indienstnahme externer Ratings innerhalb der EU. Dass trotz dem in der Ratingverordnung formulierten Programmsatz, den Vorschlägen im ersten Konsultationspapier des BCBS 307/2014 und den entsprechenden regulatorischen Entwicklungen in den USA die Abkehr vom externen Rating weder im Bankaufsichts- noch im Versicherungsaufsichtsrecht vollzogen wurde, ist wohl auch mit der gesamtwirtschaftlichen Funktion des Ratings zu erklären.[709] Dass durch zentral vorgenommene Kreditrisikoanalysen die Notwendigkeit zahlreicher einzelner Risikoanalysen entfällt, ist nicht zuletzt auch im deutschen Markt von Bedeutung. Denn hier gibt es viele kleine und mittelständische Banken, Sparkassen und Versicherungen die auf den Kreditrisikostandardansatz bzw. die Standardformel zurückgreifen. Darüber hinaus zeigten die Stellungnahmen zum

708 Vgl. Erwägungsgrund 11 zur VO (EU) 462/2013 (CRA-III).
709 Siehe § 6 IV.

ersten Konsultationspapier des BCBS 307/2014, dass viele Marktteilnehmer das externe Rating schätzen und der Expertise externer Ratingagenturen mehr Vertrauen entgegenbringen als bisher unerprobten Modellen.

Die Entwicklung zeigt auch, dass die im Nachgang der Finanzkrise politisch gewünschte Abkehr vom externen Rating im Laufe der Zeit in den zähen Konsultationsprozessen auf technischer Ebene geradezu zermahlen wurde. Während nach der Finanzkrise noch von einer Zerschlagung von Ratingagenturen und einer grundsätzlichen Neuorganisation des Ratingmarktes die Rede war, gelingt es nicht, die Bedeutung externer Ratings im Eigenmittelrecht nennenswert zu begrenzen. Das an den Basisrisikogewichten anknüpfende Due-Diligence-Erfordernis ist letztlich lediglich als Minimalumsetzung von Art. 5a Rating-VO anzusehen und geht, solange inhaltlich nicht konkreter ausgestaltet, letztlich auch kaum über die im Bankaufsichts- und Versicherungsrecht zahlreich anzutreffenden Aufforderungen, sich nicht automatisch und mechanisch auf externe Ratings zu verlassen, hinaus.

Das Ringen um einen überarbeiteten Kreditrisikostandardansatz wirft auch ein prägnantes Schlaglicht auf die grundsätzliche Bedeutung von Ratings und Ratingagenturen. Sie sind zwar nicht alternativlos, jedoch praktisch und günstig. Denn viele dezentrale Kreditrisikoanalysen im Hinblick auf dasselbe Analyseobjekt binden Ressourcen, die kleinere Banken und Investoren nicht haben. Die diskutierten Alternativen im Eigenmittelrecht zeigen, dass Alternativen zu teuer – flächendeckender IRBA –, nicht risikosensitiv genug – pauschale Risikogewichte –, oder zu ungewiss bzw. eine Mischung dieser Probleme – an wenigen Parametern anknüpfende Risikotreiber – sind.

Zusammenfassend ist also festzuhalten, dass trotz Basel III- und Solvency-II-Reformen, die regulatorische Bedeutung von Ratings in der EU, unter dem Vorbehalt ihrer „kritischen Verwendung", nahezu unverändert bleibt. Von einer „Renaissance der Bedeutung externer Ratings im Bereich der Finanzdienstleistungen"[710] zu sprechen, erscheint jedoch übertrieben, vielmehr handelt es sich in der EU weitestgehend um die Beibehaltung des status quo.

Ein wichtiger Aspekt im Rahmen der regulatorischen Indienstnahme von Ratings ist die Zuweisung von Ratings zu gewissen aufsichtsrechtlichen Risikogewichtigen, das sog. *mapping*. Begrüßenswerterweise erfolgte im europäischen Bankaufsichtsrecht jüngst eine weitgehende Gleichstellung der nach der Ratingverordnung registrierten Ratingagenturen. Eine wettbewerbshemmende Ungleichbehandlung besteht jedoch nach wie vor im Rahmen des ECAF, da die

---

710 *Dreher/Ballmaier*, WM 2015, 1357, 1364.

EZB nur Schuldtitel, die mit Ratings der *big three* und DBRS bewertet sind, als zentralbankfähige Sicherheiten anerkennt.

§ 13 Die regulatorische Indienstnahme von Ratings in den USA

Die Verringerung der aufsichtsrechtlichen Indienstnahme von Ratings wird in den USA deutlich ernster genommen als in der EU. Während in der EU die aufsichtsrechtliche Indienstnahme von Ratings mangels entsprechender „Ratingtradition" nicht allzu verbreitet ist und insbesondere das bankaufsichtsrechtliche Eigenmittelrecht betrifft, hat die Bezugnahme auf externe Ratings in der Finanzmarktregulierung in den USA eine deutlich längere Tradition und war insgesamt auch viel stärker ausgeprägt. Das im Dodd-Frank Act vom US-Gesetzgeber eindeutig formulierte Ziel der Revision und Überarbeitung der gesamten Finanzmarktregulierung, die auf Ratings Bezug nimmt, ist damit ein Schritt von erheblicher Tragweite.

I. Eindeutiger gesetzgeberischer Auftrag zur Abkehr von der regulatorischen Indienstnahme von Ratings in den USA

Der Dodd-Frank Act schreibt in den Sec. 939 ff. ausdrücklich umfangreiche Änderungen an der ratingbasierten Finanzmarktregulierung in den USA vor. Sec. 939A DFA fordert jede US-Bundesbehörde[711] auf, jegliche Ratingbezugnahmen in dem ihr obliegenden Regulierungsbereich zu identifizieren und diese durch andere geeignete Standards zu ersetzen. Die weitere Darstellung der ratingbasierten Regulierung sowie deren Ersetzung erhebt nicht den Anspruch der Vollständigkeit, sondern will vielmehr anhand einiger wichtiger Beispiele deutlich machen, dass die USA in Bezug auf die Abkehr von der regulatorischen Indienstnahme von Ratings einen anderen Weg eingeschlagen haben als die EU.

II. Eigenmittelrecht

Während in der EU die ratingbasierte Finanzmarktregulierung nicht übermäßige Verbreitung fand und primär im Eigenmittelrecht zu finden ist, gilt dies für das US-Finanzmarktrecht in gewisser Hinsicht mit umgekehrten Vorzeichen. Denn der Standardansatz zur Risikogewichtung von Forderungen hatte in den USA nie eine allzu große Bedeutung. Dies liegt vor allem daran, dass die USA

---

711 Inwiefern Ratingbezugnahmen auch im Recht der US-Bundesstaaten gestrichen wurden, soll nicht Gegenstand der Untersuchung sein.

den Basel II-Akkord nie vollständig umsetzten. Für die US-amerikanischen Eigenmittelrichtlinien wurde zunächst nur der IRB-Ansatz übernommen. Erst im Juli 2008 wurde nach langen Vorarbeiten vom US-Finanzministerium und dem Federal Reserve System (FED) ein Entwurf zur Übernahme des Standardansatzes vorgelegt.[712] Hierzu kam es aufgrund der Finanzkrise dann jedoch nie. Gleichwohl fanden sich im US-Eigenmittelrecht stets zahlreiche Bezugnahmen auf externe Ratings.[713]

Während die USA das Basel III-Regelwerk schneller und umfassender umsetzten als den Basel II-Akkord, wird im neuen US-Eigenmittelrecht[714] aufgrund von Sec. 939A DFA weder im Standardansatz noch im IRB-Ansatz auf externe Ratings zurückgegriffen. Während, wie beschrieben, im ersten Konsultationspapier des BCBS für einen überarbeiteten KSA als Alternativmodell eine Risikogewichtung durch forderungsspezifische Risikotreiber angedacht war, wählten die US-Finanzaufseher ein mit dem Basel I-Akkord vergleichbares Modell, das primär auf pauschalierte Risikogewichte setzt.

So sind beispielsweise Unternehmensanleihen mit einem pauschalen Risikogewicht von 100 % anzusetzen.[715] Die Begründung spricht Bände über die Sinnhaftigkeit der kompletten Streichung von Ratingbezugnahmen. Man habe verschiedenste Eingaben aus dem Schrifttum, wie etwa die Übernahme der Basel III-Regelungen, die Unterscheidung zwischen verschiedenen Anleihearten, oder auch verschiedene pauschale Risikogewichte, wie etwa 50 oder 75 %, gewürdigt und sei zum Schluss gekommen, dass unter den Zwängen von Sec. 939A DFA, die pauschale Risikogewichtung von 100 % angemessen sei.[716] Die Begründung, dass dies letztlich auch eine risikoadäquate Gewichtung von Kreditrisiken darstelle, da in einem gut diversifizierten Portfolio angesichts der verschiedenen Risiken einzelner Forderungen, die 100 %-Gewichtung ein angemessener Mittelwert sei,[717] überzeugt nicht. Da es keinen gesetzlichen Zwang zur

---

712 Department of the Treasury, FED, Proposed Rules, 73 FR 43982 ff., abrufbar unter: https://www.gpo.gov/fdsys/pkg/FR-2008-07-29/pdf/E8-16262.pdf.

713 In den sog. „Risk-Based Capital Rules“, 12 CFR 208, 225, App. A a.F.; 12 CFR 208 App. F, 225 App. G a.F., für eine ausführliche Übersicht siehe http://www.federalreserve.gov/publications/other-reports/credit-ratings-report-201107.htm.

714 Department of the Treasury, FED, Final Rules betreffend 12 CFR 3, 5, 6, 165, 167, 208, 217, 225, 78 FR 62018 ff., abrufbar unter: http://www.federalreserve.gov/reportforms/formsreview/baseliii_20131011_ffr.pdf.

715 78 FR 62018, 62087.

716 78 FR 62018, 62087.

717 78 FR 62018, 62087.

angemessenen Diversifizierung eines jeden Portfolios gibt, kann, ohne mathematische Berechnungen anzustellen, konstatiert werden, dass für risikoreiche Forderungen, denen etwa im Standardansatz nach Basel II oder auch Basel III noch Risikogewichte von 150 % und mehr zugewiesen waren, ein pauschales Risikogewicht von 100 % niedrig und bei risikoärmeren Portfolien hoch ist. Das mit dem Basel II-Akkord verfolgte Ziel der Eigenmittelunterlegung nach *risikogewichteten* Aktiva wurde somit zugunsten der Abkehr von der regulatorischen Nutzung von Ratings aufgegeben.

Anderen Forderungsklassen liegt ebenfalls im Wesentlichen das Konzept der pauschalierten Risikogewichte zugrunde, die, abhängig von Forderungsklasse und zusätzlichen Faktoren, zumeist zwischen 50 und 150 % liegen.[718] Bemerkenswert ist die Risikogewichtung bei Forderungen gegenüber Staaten (Exposures to Sovereigns). Hier erfolgt eine Risikogewichtung zwischen 0 und 150 %, abhängig von der OECD Country Risk Classification (CRC).[719] Die OECD CRC stellten offenbar für die US-Regulierer ein mit externen Ratings vergleichbares Substitut dar, obwohl die OECD selbst gerade betont, dass die CRC nicht mit Länderratings externer Ratingagenturen verwechselt werden darf.[720]

III. Weitere Streichungen von Ratingbezugnahmen im US-Finanzaufsichtsrecht

Die US-Behörde, die im Anschluss an die von Sec. 939A DFA durchzuführende Prüfung in ihrem Zuständigkeitsbereich zweifellos die meiste ratingbasierte Regulierung vorfand und umfangreiche *rules* zur Streichung und Ersetzung ratingbasierter Regulierung auf den Weg bringen musste, war die SEC. Änderungen betrafen insbesondere „Broker-Dealer",[721] den Investment Company Act of 1940, den Securities Act of 1933, den Securities Exchange Act of 1934[722] und Geldmarktfonds.[723]

718 Vgl. 78 FR 62018, 62083 ff.

719 78 FR 62018, 62084.

720 „The country risk classifications are not sovereign risk classifications and should not, therefore, be compared with the sovereign risk classifications of private credit rating agencies (CRAs)." Vgl. http://www.oecd.org/tad/xcred/crc.htm.

721 SEC Final Rule, Release No. 34–71194 zur Änderung von 17 CFR §§240, 249, 79 FR 1522 ff., abrufbar unter https://www.gpo.gov/fdsys/pkg/FR-2014-01-08/pdf/2013-31426.pdf.

722 SEC Final Rule, Release Nos. 33–9506, IC-30847 zur Änderung von 17 CFR §§239, 270, 274, abrufbar unter: https://www.sec.gov/rules/final/2013/33-9506.pdf.

723 SEC Final Rule, Release No. IC–31184, 80 FR 58124 ff., abrufbar unter: https://www.gpo.gov/fdsys/pkg/FR-2015-09-25/pdf/2015-24015.pdf.

1. *Anlagevorschriften für nationale Kreditinstitute*

Ein wesentliches und historisch betrachtet wohl das älteste[724] Beispiel ratingbasierter Regulierung stellen die Anlagevorschriften für *national banks* dar. Das dem Finanzministerium unterstellte „Office of the Comptroller of the Currency" (OCC) war im Zuge von Sec. 939A DFA zuständig für die Überprüfung und Streichung von Ratingbezugnahmen im Recht der Anlagevorschriften für nationale Banken.[725]

Die Definition des Begriffs *Investment Grade* stellte in 12 CFR §1.2(d) a.F. bis 2012 darauf ab, ob das Wertpapier von ein bzw. zwei NRSRO in einer der vier höchsten Ratingkategorien eingestuft wurde. 12 CFR §1.2(e) definiert den Begriff *Investment Security* als Wertpapier mit *Investment Grade.* 12 CFR §1.2(d) wiederum definiert den Begriff *Investment Grade* nun ratingunabhängig als Investment, bei dem der Emittent eines Wertpapiers eine ausreichende Kapazität besitzt, seine finanzielle Verpflichtungen im Rahmen der Laufzeit der Anlage zu erfüllen.[726] Dass durch die Streichung der rechtlichen Bezugnahme auf Ratings, die tatsächliche Bedeutung von Ratings in Bezug auf die Investmententscheidung allenfalls relativiert wird, zeigt ein Blick in die Erwägungsgründe der Final Rule, sowie in die OCC-Guidance. Die nun durchzuführende Risikoanalyse („*Due Diligence*") soll neben internen Analysen und Berechnungen, Ausfallstatistiken und anderen Parametern[727] auch die Auswertung externer Ratings beinhalten.[728] Nach den Erwägungen des OCC soll der neue „ratingunabhängige" Standard so konsistent mit dem alten ratingbasierten Standard

724 Die *investment grade*-Vorschriften des OCC gehen zurück auf das Jahr 1936, vgl. etwa *Deipenbrock*, WM 2005, 261, 263.

725 Vgl. hierzu insb. Department of the Treasury, OCC, Final Rule, RIN 1557–AD36, 77 FR 35253 ff., abrufbar unter: https://www.gpo.gov/fdsys/pkg/FR-2012-06-13/pdf/2012-14169.pdf; Department of the Treasury, OCC, Final Guidance, RIN 1557–AD36, 77 FR 35259 ff.; abrufbar unter: http://www.occ.gov/news-issuances/federal-register/77fr35259.pdf.

726 Auch an zahlreichen anderen Stellen im CFR ist der Begriff *investment grade* nun ratingunabhängig beschrieben.

727 Die OCC-Guidance gibt insofern für verschiedene Arten von Wertpapieren jeweils verschiedene zu prüfende Parameter vor, vgl. 77 FR 35259, 35261.

728 77 FR 35253, 35254; 35259, 35261.

sein, dass sich keine wesentlichen Änderungen für die Kreditinstitute ergeben sollen.[729] Es drängt sich somit die Schlussfolgerung auf, dass die Streichung der Ratingbezugnahmen primär formeller Natur ist, um den Vorgaben von Sec. 939A DFA Genüge zu tun und sich somit an der tatsächlichen Bedeutung von Ratings wenig ändern wird.

2. *Broker-Dealer-Regulierung*

Die „Rule 15c3-1" (17 CFR §240.15c3-1), besser bekannt als *„net capital rule"*, beinhaltet Kapital- und Liquiditätsvorschriften für sog. *„broker-dealer"*.[730] Sie ist nicht nur aufgrund ihrer Bedeutung im Rahmen der *„broker-dealer-regulation"* ein bedeutendes Beispiel für ratingbasierte Ratingregulierung, sondern auch weil die Bezeichnung NRSRO ursprünglich aus der 1975 geänderten *net capital rule* stammt. Die *net capital rule* schreibt Broker-Dealern Mindestkapital und -liquidität vor. Hierzu müssen Broker-Dealer zunächst die von ihnen gehaltenen Wertpapiere zu Marktpreisen bewerten und können dann zur Berechnung des vorzuhaltenden Kapitals risikoabhängige Abschläge, sog. *„haircuts"* vornehmen.[731]

Während hierfür unter 17 CFR §240.15c3-1 a.F. externe NRSRO-Ratings maßgeblich waren, wurden diese an objektive und externe Umstände anknüpfenden Vorschriften durch einen internen und subjektiveren Standard ersetzt, den sog. *„minimal amount of credit risk standard"*. Hiernach können Broker-Dealer *haircuts* grundsätzlich nach eigenen internen Regelungen und Verfahren nun, vergleichbar mit den neuen Investitionsvorgaben für nationale Banken, in einer Art Selbstveranlagung bestimmen. Doch selbst nach den Vorstellungen der SEC sollen hierzu externe Ratings von zentraler Bedeutung sein. Denn im Rahmen des *minimal amount of credit risk standard* sollen Broker-Dealer externe Ratings und andere Marktdaten heranziehen, um geeignete und angemessene interne Regelungen und Verfahren zu entwickeln, wohlgemerkt ohne, dass es dabei im Ergebnis zu einer Aufweichung der Kapitalvorschriften kommen soll.[732] Es

---

729 Vgl. 77 FR 35253, 35254: „The OCC does not intend for the elimination of references to credit ratings, in accordance with the Dodd-Frank Act, to change substantively the standards national banks must follow when deciding whether a security is "investment grade" (...)".

730 Wertpapierhändler für fremde (Broker) oder eigene Rechnung (Dealer).

731 Vgl. hierzu etwa die einleitende Darstellung der SEC, 79 FR 1522, 1523, siehe im Einzelnen nun 17 CFR §240.15c3-1(c).

732 Vgl. 79 FR 1522, 1525 f.: „However, the Commission does not intend for the new standard to result in a more liberal requirement that broadens the scope of the rule by allowing more positions to qualify for the lower haircuts. The Commission notes

drängt sich aber auch hier der Schluss auf, dass trotz Streichung der rechtlichen Ratingbezugnahmen in tatsächlicher Hinsicht möglichst „alles beim alten" bleiben sollte.

3. *Geldmarktfonds*

Ein ähnliches Vorgehen lässt sich bei der Regulierung von Geldmarktfonds („*money market funds*") beobachten. Gem. „Rule 2a-7" (17 CFR §270.2a-7) dürfen Geldmarktfonds stets nur in geeignete Wertpapiere, sog. „*eligible securities*" investieren. Bis zur jüngsten Änderung von Rule 2a-7 aufgrund von Sec. 939A DFA,[733] waren dies Wertpapiere mit einer Restlaufzeit von 397 Tagen oder weniger, die zudem von zwei zu benennenden NRSRO in einer der beiden höchsten Ratingkategorien für kurzfristige Schuldverschreibungen („*short term rating category*") eingestuft waren, 17 CFR §270.2a-7(a)(12) a.F.

Dieses Erfordernis wurde durch den „*minimal credit risk standard*" ersetzt. Demnach stellt ein *eligible security* ein Wertpapier dar, bei dem die Geschäftsführung des Fonds ermittelt hat, dass es nur minimale Kreditrisiken beinhaltet. Hierfür muss gem. 17 CFR §270.2a-7(a)(11) nun eine Analyse durchgeführt werden, die verschiedene Faktoren berücksichtigt. Hierzu gehören etwa die finanzielle Situation, die Liquiditätsquellen, die finanzielle Belastbarkeit in Krisenzeiten, sowie branchenspezifische Risikofaktoren des Emittenten. Da diese normierten Faktoren aber bewusst nicht abschließend sein sollen,[734] ist mit einiger Sicherheit davon auszugehen, dass Fonds zu dieser Analyse auch externe Ratings heranziehen werden. Zudem müssen die Fonds in der gem. 17 CFR §274.201 erlassenen „Form N-MFP" gegenüber der SEC anzeigen, ob und wenn ja, welche Ratings sie zur Risikoanalyse genutzt haben.[735]

IV. Fazit und Bewertung: Regulatorische Indienstnahme von Ratings in den USA

Die USA haben somit im Eigenmittelrecht und an zahlreichen anderen Stellen im Finanzmarktaufsichtsrecht die regulatorische Indienstnahme von Ratings – wie

---

that credit ratings and market data (such as credit spreads and yields) can serve as useful benchmarks for evaluating whether a broker-dealer's policies and procedures, as applied to the minimal amount of credit risk standard (…)".

733 SEC Final Rule, Release No. IC–31184, 80 FR 58124 ff., abrufbar unter: https://www.gpo.gov/fdsys/pkg/FR-2015-09-25/pdf/2015-24015.pdf.

734 Vgl. 80 FR 58124, 58128.

735 Vgl. *Partnoy*, 92 Washington L. Rev. 2017, 1407, 1422.

vom Dodd-Frank Act gefordert – massiv verringert. Dieser Prozess, der mehrere Jahre in Anspruch nahm, führt vor Augen, wie schwer jeweils geeignete Alternativkonzepte zur Messung des Kreditrisikos zu finden sind. Im Eigenmittelrecht wählten die US-Regulierer dabei pauschale Risikogewichte, denen eine Art „Mischkalkulation" der Risiken zugrunde liegt. Die USA bleiben damit bei der Risikogewichtung der Adressausfallrisiken praktisch auf Basel I-Niveau. Dass dies sowohl der forderungsspezifischen Risikosensivität als auch der internationalen Harmonisierung des Eigenmittelrechts abträglich ist, ist kaum zu bestreiten.

Die anderen genannten Alternativkonzepte zur Risikomessung ohne regulatorische Ratingbezugnahmen zeigen ein noch größeres Dilemma auf. Die Streichung von regulatorischen Ratingbezugnahmen zur Verminderung der Abhängigkeit von Ratingagenturen birgt auf Seiten von Banken und anderen bisherigen Adressaten ratingbezogener Regulierung aber auch die Gefahr einer Selbstveranlagung von Risiken.[736] Insofern stellt sich die Frage, ob im neuen Rechtsrahmen die eigene Risikobewertung nicht zu sehr gegenüber der einer Ratingagentur betont wird. Wohl auch deshalb sehen die neuen Vorschriften oftmals sogar explizit vor, dass für interne Risikobewertungsmodelle auch externe Ratings genutzt werden können bzw. sollen. Nichtsdestotrotz verbleiben Ratingbezugnahmen an einigen Stellen im US-Bundesrecht.[737] Daher wird das neue Regulierungsregime in den USA an der tatsächlichen Bedeutung von Ratings wohl wenig ändern.[738]

Zusammenfassung Kapitel 2

Die Untersuchung hat gezeigt, dass weder die freiwillige Selbstregulierung durch den IOSCO-Kodex noch der Reputationsmechanismus am Markt die Fehlentwicklungen auf dem Ratingmarkt während der Finanzkrise verhindern konnten. Es zeigte sich ferner, dass der neue regulatorische Rahmen für Ratingagenturen den Ratingmarkt nicht grundlegend reformiert, sondern die bestehenden Strukturen fortentwickelt hat und grundsätzlich als zweckmäßige Antwort im Hinblick auf die in der Finanzkrise zu Tage getretenen Defizite zu bewerten ist. Die neuen Regelungen betreffen insbesondere die Themen Interessenkonflikte, Transparenz und Ratings von strukturierten Finanzprodukten. Eingeschränkt wurden insbesondere Beratungsleistungen im Zusammenhang mit der Ratingtätigkeit. Trotz

736 Vgl. *Schroeter*, S. 117, 483 m.w.N.
737 Vgl. *Partnoy*, 92 Washington L. Rev. 2017, 1407, 1421.
738 So auch *Partnoy*, 92 Washington L. Rev. 2017, 1407, 1419 ff.

des erklärten Ziels der Stärkung des Wettbewerbs auf dem Ratingmarkt gehen von der Ratingverordnung jedoch wenige wettbewerbsfördernde Impulse aus.

Es ist festzustellen, dass die Regulierung von Ratingagenturen in der EU und den USA keine wesentlichen strukturellen Unterschiede aufweist, was nicht zuletzt in der Anerkennung der Gleichwertigkeit des Regelungs- und Kontrollrahmens der USA seitens der Kommission zum Ausdruck kommt.[739] Auf Durchsetzungsebene zeigten SEC und US-Justizministerium jedoch bisher einen stärkeren Willen zur Sanktionierung von Fehlverhalten als die europäischen Behörden.

Zwischen der Regulierung von Ratingagenturen und der Reduzierung der Kapitalmarktregulierung *durch* Ratings besteht ein Zielkonflikt. Der regulatorische Programmsatz beidseits des Atlantiks eine Branche umfassend zu regulieren und ihre aufsichtsrechtliche Bedeutung an anderer Stelle gleichzeitig auszuschalten, ist von einer gewissen Widersprüchlichkeit geprägt.

In der EU zeigt sich dies bereits auf rechtlicher Ebene, da sowohl das Bank- als auch das Versicherungsaufsichtsrecht im branchenspezifischen Eigenkapitalrecht weiter auf externe Ratings Bezug nehmen. In den USA wurden, anknüpfend an den eindeutigen gesetzgeberischen Auftrag im Dodd-Frank Act, Ratingbezugnahmen aus dem Bundesrecht tatsächlich weitestgehend gestrichen, was für das US-Finanzaufsichtsrecht mit langer „Ratingtradition“ ein veritabler Paradigmenwechsel ist. Die auf den Weg gebrachte Alternativregulierung bietet indes eine kuriose Melange aus fragwürdigen Alternativkonzepten, die in tatsächlicher Hinsicht darauf beruhen, dass de facto doch alles beim Alten bleibt.

In diesem rechtsvergleichenden Befund erweist sich die gescheiterte Streichung der wesentlichen Ratingbezugnahmen im Unionsrecht letztlich als begrüßenswert. Denn Ratings und Ratingagenturen haben gesamtwirtschaftliche Vorteile, die sich die Regulierungsbehörden nicht zu Unrecht lange Zeit zu Eigen gemacht haben. Das europäische Finanzaufsichtsrecht scheint gegenüber dem US-amerikanischen dabei im Ergebnis den konsistenteren und letztlich besseren Kompromiss zwischen der Reduzierung ratingbedingter systematischer Risiken für den Finanzmarkt einerseits und dem Nutzen von Ratings für eine günstige, flexible und effiziente Kapitalmarktregulierung andererseits gefunden zu haben.

Auf der regulatorischen Ebene, die die Regulierung von Ratings betrifft, besteht nach hier vertretener Ansicht kein weiterer wesentlicher Reformbedarf

---

739 Durchführungsbeschluss der Kommission v. 05.10.2012, ABl. (EU) L 274/32 v. 09.10.2012.

auf Normsetzungsebene. Ratingagenturen in der Union sind durch die Ratingverordnung nun umfassend reguliert. Die Regelungen adressieren in sinnvoller Weise die in der Finanzkrise zutage getretenen Probleme im Ratingsektor. Kleinere Änderungen, die nichtsdestotrotz angegangen werden sollten, sind die Freistellung abonnentenfinanzierter Ratingagenturen von den umfangreichen Transparenz- und Veröffentlichungspflichten, die Streichung der Vorgabe der Kennzeichnung von Ratings als Meinung, sowie die Ausweitung der Dispensmöglichkeiten für Kleinagenturen hinsichtlich verschiedener Organisationspflichten. Im Hinblick auf die Regulierungsfunktion des Ratings, also die regulatorische Ebene, die die Regulierung durch Ratings betrifft und die sich in der EU nach wie vor im Stadium der regulatorischen Reform befindet, ist es zu begrüßen, dass die Kommission dem Vorschlag der ESAs für das *mapping* nach Artt. 136, 270 CRR-VO nicht gefolgt ist und sich stattdessen weitestgehend für eine regulatorische Gleichstellung der bei der ESMA registrierten Ratingagenturen entschieden hat, um den Wettbewerb auf dem Ratingmarkt zu fördern.

Die von der EZB und zunächst auch von den ESAs vorgebrachten Gründe zur Benachteiligung kleinerer Ratingagenturen sind nicht länger haltbar. Um das „Henne-Ei-Problem“ an der Wurzel zu packen, sind die bei der ESMA registrierten Ratingagenturen auch im Rahmen des ECAF gleichzustellen und als ECAI anzuerkennen. Erst eine solche Gleichbehandlung böte die Chance, den Wettbewerb auf dem europäischen Ratingmarkt nachhaltig zu stärken und die Dominanz der US-Ratingagenturen zu schwächen.

Kapitel 3: Zivilrechtliche Haftung als Regulierungsinstrument

Abschnitt 1: Die Haftung von Ratingagenturen nach deutschem Recht

§ 14 Bedeutung des nationalen Haftungsrechts

I. Deutsches Haftungsrecht neben Art. 35a Rating-VO anwendbar

Auch nach Einführung von Art. 35a Rating-VO ist die Beschäftigung mit der Haftung von Ratingagenturen nach deutsem Recht keineswegs überflüssig geworden. Zum einen ist der Geltungsbereich der Ratingverordnung auf registrierte Ratingagenturen beschränkt, zum anderen eröffnet Art. 35 Abs. 5 Rating-VO ausdrücklich auch ein Vorgehen nach nationalem Recht. Da aber der neue europäische Haftungstatbestand, wie sich zeigen wird, gerade kein einheitliches Sachrecht schafft, bedarf die Auslegung des neuen Haftungstatbestandes ohnehin des Rückgriffs auf nationales Recht.[740] Umgekehrt vermögen aber auch die Existenz und der Inhalt des europäischen Haftungstatbestandes die Diskussion über die Haftung von Ratingagenturen nach nationalem Recht zu befruchten. Denn mit der Schaffung eines Haftungstatbestandes für die Inanspruchnahme von Ratingagenturen mag so mancher dogmatische Kunstgriff, mit dem bis dato insbesondere eine Dritthaftung von Ratingagenturen gegenüber Anlegern begründet wurde, nicht mehr so dringend angezeigt sein wie bisher. Nicht zuletzt kann erst nach einem Vergleich der verschiedenen Haftungsregime ein Vorschlag *de lege ferenda* erfolgen. Das deutsche Haftungsrecht steht hinsichtlich der Frage nach der Haftung von Ratingagenturen gleich vor mehreren grundsätzlichen Problemen. Hierzu zählen der Prognosecharakter des Ratings, prozessuale Fragen der Durchsetzbarkeit der Ansprüche, die Quantifizierung eines in Ansatz zu bringenden Schadens oder aber die Bestimmung des Kreises der anspruchsberechtigten Personen.

740 Siehe insb. Art. 35a Abs. 4 Rating-VO.

II. Hierzulande bisher wenige Klagen gegen Ratingagenturen

Trotz der mittlerweile wachsenden Bedeutung von Ratings und der Fremdkapitalaufnahme über den Kapitalmarkt waren deutsche Gerichte bisher mit der Haftung von Ratingagenturen kaum beschäftigt. Ein möglicher Grund hierfür kann auf Seite der Emittenten die bestehende Geschäftsbeziehung zur Ratingagentur sein, die nicht durch etwaige Schadensersatzklagen belastet werden soll. Die oligopolistische Marktstruktur im Ratingmarkt verschärft dieses Dilemma für den Emittenten zusätzlich. Vor allem Anleger ohne vertragliche Beziehung zur Ratingagentur sehen sich bereits materiell-rechtlich in einer schwierigen Ausgangssituation.

Im Zusammenhang mit einem unbeauftragten Rating wies das Kammergericht die Klage eines bewerteten Unternehmens ab – mit Hinweis auf den Beurteilungsspielraum der Ratingagenturen ebenso zustünde wie der Stiftung Warentest.[741] Da in den letzten Jahren kleinere deutsche Ratingagenturen vermehrt im Segment sog. „Mittelstandsanleihen" tätig waren, könnte es hier in Zukunft bei Insolvenzen vermehrt zu Klagen gegen Ratingagenturen kommen, denn zum einen bestehen hier nicht die Rechtsunsicherheiten, die grenzüberschreitende Sachverhalte bei Klagen gegen internationale Ratingagenturen mit sich bringen, zum anderen erscheint es zumindest theoretisch möglich, dass die jungen ambitionierten Ratingagenturen versuchen, Marktanteile durch zu positive Ratings zu erobern (*rating shopping*). Dass die stetig wachsende Zahl von Anlegeranwälten versuchen wird, mit Klagen gegen Ratingagenturen ein neues Geschäftsfeld zu erschließen, erscheint zudem alles andere als fernliegend. Die Fälle Future Business KGaA[742] und MS Deutschland[743] („Traumschiff") stehen

---

741 KG WM 2006, 1432 f.

742 „Hoppenstedt Kreditinformationen GmbH" (nun Bisnode GmbH) bewertete die Orderschuldverschreibungen der Future Business KGaA (nun in Abwicklung) mit der Bestnote für Kreditwürdigkeit, bis diese insolvent ging. Allerdings war es umstritten, ob es sich um Ratings oder Scorings handelt, siehe hierzu etwa http://achtunganleihe.de/future-business-klage-ratingagentur-erhoben/. Die Klagen waren sowohl erstinstanzlich vor dem LG Darmstadt als auch in der Berufungsinstanz vor dem OLG Frankfurt a.M. unerfolgreich, vgl. LG Darmstadt, Urt. v. 18.06.2016 – 17 O 248/15 -, juris; LG Darmstadt, Urt. v. 23.02.2016 – 13 O 195/14 (unveröffentlicht); OLG Frankfurt a.M., Hinweisbeschluss. v. 24.04.2017 - 13 U 172/16 -, juris; OLG Frankfurt a.M., Urt. v. 22.09.2017 - 24 U 34/16 -, juris.

743 Die deutsche Ratingagentur Scope Ratings bewertete eine Anleihe der MS „Deutschland" Beteiligungsgesellschaft mbH im Erstrating mit „A", obwohl das Emittentenrating nur bei „C" lag und begründet dies mit der Besicherung der Anleihe durch die „MS Deutschland", wobei die Werthaltigkeit der Besicherung zum Bewertungszeitpunkt

hier möglicherweise am Anfang einer entsprechenden Entwicklung. Auch erfolgreiche Klagen gegen Ratingagenturen im Ausland,[744] die zunehmende Beschäftigung der rechtswissenschaftlichen Literatur mit dem Thema und die Kodifizierung von Art. 35a Rating-VO dürften potenzielle Kläger und deren Anwälte vermehrt zu Klagen ermutigen. Größere Beachtung im Schrifttum fand jüngst das Urteil das OLG Düsseldorf, in dem entschieden wurde, dass Ratingagenturen Anlegern gegenüber grundsätzlich weder nach Art. 35a Rating-VO noch nach den Grundsätzen des Vertrags mit Schutzwirkung für fehlerhafte Emittentenratings haften,[745] sodass hierauf gesondert einzugehen sein wird.[746]

III. Schadensersatz zwischen Verhaltenssteuerung und Schadensausgleich

Mit der Kodifizierung von Art. 35a Rating-VO erhielt im Jahr 2013 ein zivilrechtlicher Haftungstatbestand Einzug in die bis dato ausschließlich rein regulatorische Vorgaben beinhaltende Ratingverordnung. Die Tatsache, dass die tatbestandliche Pflichtverletzung i.S.v. Art. 35a Abs. 1 Rating-VO ausdrücklich an eine regulatorische Verhaltenspflicht der Ratingverordnung anknüpft, verdeutlicht den aufsichtsrechtlichen Charakter des neuen Haftungstatbestandes.

Traditionell wird die Funktion des Haftungsrechts indes eher im Schadensausgleich gesehen.[747] Dieser Blickwinkel sieht den funktionalen Ansatz des Haftungsrechts eher als individualistisch und repressiv. In jüngerer Zeit wird aber mehr und mehr auch die Steuerungswirkung des Haftungsrechts im Sinne einer Präventionsfunktion betont.[748] Zudem enthält das deutsche Zivilrecht – mittlerweile –an einigen Stellen zweifellos verhaltenssteuernde Elemente.[749] Eine

---

offenbar der Hauptstreitpunkt war. Die Klage wurde im Oktober 2018 verglichen, wobei die Klägerforderung vollständig erfüllt wurde. Vgl. etwa http://www.finance-magazin.de/geld-liquiditaet/kredite-und-anleihen/fragwuerdiges-rating-scope-wertet-ms-deutschland-um-vier-notches-ab-1268271/; https://www.handelsblatt.com/finanzen/anlagestrategie/trends/ms-deutschland-traumnoten-bis-zum-untergang-ratingagentur-scope-entschaedigt-kleinanleger-fuer-zu-gute-bewertung/23164264.html?ticket=ST-6164405-Aum2bcoTO39J9MpA20nQ-ap1.

744 Siehe Abschnitt 3.

745 OLG Düsseldorf NJW 2018, 1615.

746 Siehe § 17 III. 3. f), § 24 I. 2.

747 Vgl. etwa Staudinger/*Hager*, Vorbem zu §§ 823 ff., Rn. 9 m.w.N.

748 Vgl. ausführlich *Wagner*, AcP 206 (2006), 355 ff.

749 Beispiele hierfür sind etwa § 241a oder § 817 BGB oder die Rechtsprechung zum Schmerzensgeld und zum Persönlichkeitsschutz. Vgl. etwa *Wagner*, AcP 206 (2006), 355, 364 mit weiteren Beispielen.

verhaltenssteuernde Wirkung erreicht das Haftungsrecht, wo der potenzielle Schädiger sein Verhalten so anpasst, dass er eine Inanspruchnahme auf Schadensersatz nach Möglichkeit vermeidet.[750] Ob dies im Einzelfall so ist, ist gleichwohl eine empirische Frage, die jedoch zumindest allgemein durch Studien dahingehend beantwortet wurde, dass das Haftungsrecht das Verhalten seiner Adressaten in der Tat beeinflusst.[751]

Allgemein und in Bezug auf Ratingagenturen im Speziellen wird zudem konstatiert, dass eine präventive und verhaltenssteuernde Wirkung auch von solchen Ansprüchen ausgehen kann, die nur schwer durchsetzbar sind, etwa weil sie nur eine Haftung für grobe Fahrlässigkeit vorsehen, weil auch in diesem Fall der Adressat bemüht sei, schadensvermeidende Anstrengungen zu unternehmen.[752] Auch wenn die Präventionsfunktion des Haftungsrechts grundsätzlich anerkannt ist, so wird sie doch eher als Annex der Schadensausgleichsfunktion in dem Sinne angesehen, dass das Maß der Prävention durch den Umfang des auszugleichenden Schadens determiniert wird.[753] Zunehmend wird jedoch erkannt, dass in einzelnen Bereichen des Wirtschaftsrechts die Geltendmachung des individuellen Vermögensschadens derartige Schwierigkeiten bereitet, dass sie unterbleibt, wodurch das Haftungsrecht keine verhaltenssteuernde Wirkung mehr entfalten kann. Beispiele hierfür sind etwa Streuschäden im Kartell- oder Kapitalanlagerecht. Daher wird zunehmend dafür plädiert, dass das erstrebte Maß an Prävention den Umfang des Schadensausgleichs und die Ausgestaltung von Haftungstatbeständen determinieren sollte.[754]

Von daher ist die Haftung von Ratingagenturen nach nationalem und europäischem Recht auch unter dem Blickwinkel der Funktion des Haftungsrechts zu betrachten: Ist die potenzielle Haftung von Ratingagenturen geeignet, tatsächlich schadensausgleichend zu wirken, oder gehen von ihr allenfalls verhaltenssteuernde Effekte aus? Oder ist eine Haftung für fehlerhafte Ratings gar derart unwahrscheinlich, dass selbst das nicht der Fall ist?

---

750 Staudinger/*Hager*, Vorbem zu §§ 823 ff., Rn. 10.

751 Vgl. MüKo/*Wagner*, Vor § 823 BGB, Rn. 65 m.w.N.

752 Vgl. *Blaurock*, ZGR 2007, 603, 628; *Habersack*, ZHR 169 (2005), 185, 203.

753 *Wagner*, AcP 206 (2006), 355, 469.

754 *Wagner*, AcP 206 (2006), 355, 469 f.

§ 15 Vertragliche Haftung gegenüber dem Emittenten beim beauftragten Rating

I. Der Ratingvertrag

Wird eine Ratingagentur zur Erstellung eines Ratings beauftragt, kommt ein Ratingvertrag zustande. Durch ihn verpflichtet sich die Ratingagentur zur Erstellung eines Ratings, der Emittent zur Zahlung einer entsprechenden Gebühr und zum Verschaffen der für die Ratingerstellung notwendigen Informationen. Die meist sehr kurzen und standardisierten Verträge enthalten im Regelfall tatsächlich keine expliziten weitergehenden Pflichten.[755]

1. Rechtliche Qualifikation des Ratingvertrages

Der Ratingvertrag ist ein vergleichsweise neuer Vertragstyp des modernen Wirtschafts- und Privatrechts und im deutschen Recht nicht kodifiziert. Die Qualifikation des Ratingvertrages muss sich dabei eng an den tatsächlichen Gegebenheiten des Ratinggeschäfts orientieren. Während ein Auftragsverhältnis nach §§ 662 ff. BGB bereits an der Unentgeltlichkeit scheitert, kommen von den im BGB kodifizierten Vertragstypen der Geschäftsbesorgungsvertrag, der Dienstvertrag, sowie der Werkvertrag in Betracht.

a) Geschäftsbesorgungsvertrag

Eine Geschäftsbesorgung ist dadurch gekennzeichnet, dass sich der Geschäftsbesorger gegenüber dem Geschäftsherrn dazu verpflichtet, eine selbstständige Tätigkeit wirtschaftlicher Art zur Wahrnehmung fremder Vermögensinteressen durchzuführen.[756] Externe Ratings sind Bonitätsbeurteilungen, die von den Ratingagenturen als Geschäftsbesorger eigenverantwortlich, mit einem gewissen Handlungs- und Entscheidungsspielraum erstellt werden und dem Wirtschaftsleben zuzuordnen sind. Die Tätigkeit ist damit selbstständig und wirtschaftlicher Art.[757] Fraglich ist jedoch, ob das Rating auch fremdnützig erfolgt. Eine Tätigkeit ist fremdnützig, wenn sie objektiv in fremdem Interesse liegt und insofern auch objektiv fremdnützig ist.[758] Dies scheitert im Fall des beauftragten Ratings nicht

---

755 Siehe ein Vertragsmuster bei *Eisen*, Anhang I, S. 383.

756 Sog. „Geschäftsbesorgungsformel" des BGH, vgl. BGHZ 45, 223, 228; Staudinger/*Martinek/Omlor*, § 675 BGB, Rn. A 9.

757 Vgl. zu den einzelnen Merkmalen etwa MüKo/*Heermann*, § 675 BGB, Rn. 3 ff; Staudinger/*Martinek/Omlor*, § 675 BGB, Rn. A 10 ff.

758 Staudinger/*Martinek/Omlor*, § 675 BGB, Rn. A 19.

schon daran, dass Ratingagenturen auch im Eigeninteresse, namentlich um Gewinne zu erzielen und die eigene Reputation durch einen möglichst hohen *track record* zu steigern, tätig werden. Fremdnützigkeit wird ganz allgemein bereits bejaht, wenn die Tätigkeit zwar „auch" im Eigeninteresse liegt, der Schwerpunkt der Tätigkeit aber im Fremdinteresse liegt.[759]

Eine Besonderheit des Ratings liegt indes darin, dass es doppelt fremdnützig ist. Zum einen soll die Kreditwürdigkeit des Emittenten bewertet werden, zum andern soll der Kapitalmarkt allgemein adressiert und das Informationsdefizit von Anlegern im Hinblick auf den Emittenten verringert werden. Stellt man zudem mit der Rechtsprechung darauf ab, ob es sich um eine Tätigkeit handelt, für die der Geschäftsherr ursprünglich selbst zu sorgen hatte,[760] kommt man beim externen Rating zum Ergebnis, dass eine unabhängige Bonitätseinschätzung per se nicht vom Emittenten selbst erstellt werden kann und somit gar nicht fremdnützig sein kann. Folgt man dieser statischen begrifflichen Abgrenzung mit guten Gründen nicht und nimmt eine typologische Abgrenzung vor, die die Interessen der Beteiligten in den Mittelpunkt rückt und danach fragt, ob die Tätigkeit des Geschäftsbesorgers tragende und leitende Vermögensinteresse des Geschäftsherrn betrifft,[761] gelangt man indes zu einem anderen Ergebnis. Gerade beim beauftragten Rating ist Ausgangspunkt der Ratingerstellung ein Finanzierungsinteresse des Emittenten, woraufhin die Ratingagentur als Geschäftsbesorger tätig wird. Ohne das Informationsinteresse des Kapitalmarktes als sekundär anzusehen, sind die Funktionen die das Rating gegenüber Dritten, etwa Kapitalanlegern oder Regulierungsbehörden, erfüllt, nicht dazu geeignet, die Tätigkeit der Ratingagenturen gegenüber dem Emittenten als nicht fremdnützig anzusehen. Wenn die objektive Fremdnützigkeit schon bei einer Tätigkeit, die auch im eigenen Interesse erfolgt gegeben sein kann, so muss dies auch für eine Tätigkeit, die auch in fremdem Drittinteresse – hier etwa der Anleger – erfolgt, gelten.[762]

Jedoch ist zu beachten, dass die sich aus der Anwendung des Auftragsrechts ergebende Rechtsfolge der Weisungsgebundenheit des Geschäftsbesorgers auf

---

759 Staudinger/*Martinek/Omlor*, § 675 BGB, Rn. A 19.

760 In Abgrenzung zu einer Tätigkeit, die durch das Tätigwerden des Geschäftsbesorgers erst geschaffen wird; vgl. BGHZ 45, 223, 228 f. = NJW 1966, 1452; Palandt/*Sprau*, § 675 BGB, Rn. 4.

761 So die erstarkende Meinung, die den Geschäftsbesorgung als Subordinationsverhältnis ansieht, vgl. MüKo/*Heermann*, § 675 BGB, Rn. 9; Staudinger/*Martinek/Omlor*, § 675 BGB, Rn. A 22. Monographisch hierzu *Bergmann*, Die Geschäftsführung ohne Auftrag als Subordinationsverhältnis.

762 A.A. *Stemper*, S. 136 f.; *von Rimon*, S. 139.

das Verhältnis zwischen Emittenten und Ratingagentur nicht passt. §§ 675 Abs. 1 i.V.m. 665 BGB stellt eine Ausnahme von der dem Auftragsrecht immanenten Weisungsbindung des Auftraggebers dar.[763] Zwar bemisst sich die Reichweite des Weisungsrechts nach der Parteiabrede und der Art der Tätigkeit, dem Auftragsrecht lässt sich jedoch, anders als dem Werkvertragsrecht, gerade keine Unabhängigkeit des Beauftragten dergestalt entnehmen, dass er von Weisungen des Geschäftsherren unabhängig sein kann.[764] Die weisungsgebundene Interessenwahrung zugunsten des Geschäftsherrn ist Hauptpflicht des Geschäftsbesorgers, sie kennzeichnet den Geschäftsbesorgungsvertrag als Subordinationsvertrag und ist das zentrale Aliud gegenüber dem schlichten Dienst- oder Werkvertrag.[765] Dem Auftragsrecht liegt das Verständnis zu Grunde, dass der Auftraggeber Herr des dem Beauftragten anvertrauten Geschäfts bleibt und dieser ihm Gehorsam schuldet.[766] Ratingagenturen führen das Ratingverfahren nach ihren jeweiligen Methodologien im Einklang mit aufsichtsrechtlichen Bestimmungen durch. Weder der Ratingprozess noch das Rating an sich können durch den Emittenten unmittelbar beeinflusst werden.[767] Das Rating kann seine spezifischen Funktionen[768] zudem nur erfüllen, wenn die Unabhängigkeit der Ratingagentur bei der Erstellung des Ratings gewährleistet ist. Die Funktion von Ratingagenturen als neutrale und unabhängige Informationsintermediäre wäre im Falle eines Weisungsrechts von Emittentenseite nicht gegeben und würde auch nicht dem entsprechenden Selbstverständnis der Ratingagenturen entsprechen. Der Ratingvertrag lässt sich deshalb nicht als entgeltliche Geschäftsbesorgung i.S.d. § 675 Abs. 1 BGB ansehen.[769]

b) Werkvertrag

In Betracht kommt aber eine Einordnung des Ratingvertrages als Werkvertrag gem. § 631 BGB. Gegen einen Dienstleistungsvertrag spricht, dass eine Ratingagentur nicht die bloße B-onitätsanalyse schuldet, sondern das Rating und dessen Publikation als Ergebnis der vorgelagerten Analysetätigkeit. Es steht somit

763 MüKo/*Schäfer*, § 665 BGB, Rn. 1; Staudinger/*Martinek/Omlor*, § 665 BGB, Rn. 1.
764 So aber die entgeltliche Geschäftsbesorgung bejahend, *Eisen*, S. 222 f.
765 Staudinger/*Martinek/Omlor*, § 665 BGB, Rn. 6 ff.
766 Vgl. MüKo/*Schäfer*, § 665 BGB, Rn. 2 f.; Staudinger/*Martinek/Omlor*, § 665 BGB, Rn. 1.
767 Eine mittelbare Beeinflussung kann etwa über Bemühungen, die eigene Bonität positiv zu beeinflussen, erzielt werden.
768 Vgl. §§ 6, 7.
769 So auch *Bauer*, S. 25; *Hennrichs* in: FS Hadding, 875, 879, *Schuler*, S. 191; i.E. auch *von Rimon*, S. 139, *Stemper*, S. 137; a.A. *Eisen*, S. 222 f.; *von Schweinitz*, WM 2008, 953, 956.

nicht das bloße Wirken, sondern das Produzieren eines Arbeitsergebnisses im Sinne eines Arbeitserfolges im Vordergrund. Jedenfalls für die erstmalige Erstellung eines Ratings scheint daher die Einordnung des Ratingvertrages als Werkvertrag naheliegend. Dafür spricht auch die Parallele zu sonstigen Gutachterverträgen, die regelmäßig als Werkverträge einzuordnen sind.[770]

Hiergegen wurde teilweise angeführt, dass die körperliche Entgegennahme und somit die Abnahme des Ratings i.S.v. § 631 BGB nicht möglich sei.[771] Wird ein Rating in einem Abschlussbericht schriftlich oder elektronisch dem Emittenten übergeben, so hat sich das Rating als geistige Leistung verkörpert und ist somit abnahmefähig.[772] Der Einwand der fehlenden Abnahmefähigkeit geht folglich schon für den Regelfall der Ratingpraxis ins Leere. In Fällen, in denen die Ratingagentur das Rating ohne vorherige Übergabe eines entsprechenden Berichts veröffentlicht, mag es zwar an einem körperlichen, abnahmefähigen Werk fehlen, an die Stelle der Abnahme tritt dann indes gem. § 646 BGB die Vollendung des Werkes.[773] Ohnehin scheint die Meinung, die das Rating als nicht abnahmefähiges, unkörperliches Werk ansieht der überholten Auffassung anzuhängen, die Abnahme der Werkleistung bedürfe deren körperlicher Hinnahme.[774]Nach dem mittlerweile herrschenden zweigliedrigen Abnahmebegriff gilt die Billigung der Leistung als im Wesentlichen vertragsgemäß, neben der Übergabe des Werkes mittlerweile als wesentliches Kernstück der Abnahme.[775] Die Abnahme kann insbesondere auch konkludent erfolgen.[776] Eine solche konkludente Abnahme kann im Falle des beauftragten Ratings etwa im Zuge der Schlussbesprechung zwischen Emittent und Ratingagentur, durch Zahlung der vereinbarten Vergütung oder durch die Zustimmung zur Veröffentlichung des Ratings erfolgen.[777]Der Einwand der nicht möglichen Abnahme vermag daher nicht zu überzeugen und steht der Einordnung der beauftragten Ratingerstellung als Werkvertrag nicht entgegen.[778]

---

770 MüKo/*Busche*, § 631 BGB, Rn. 149 ff.; Palandt/*Sprau*, Einf v § 631 BGB, Rn. 27.
771 *Ebenroth/Daum*, WM 1992 (Sonderbeilage Nr. 5), 1, 7; *Peters*, S. 77.
772 Zutreffend *Stemper*, S. 142; vgl. auch MüKo/*Busche*, § 640 BGB, Rn. 8 f.
773 MüKo/*Busche*, § 631 BGB, Rn. 65.
774 Vgl. Staudinger/*Peters/Jacoby*, § 640 BGB Rn. 7 m.w.N.
775 Staudinger/*Peters/Jacoby*, § 640 BGB Rn. 7; MüKo/*Busche*, § 640 BGB, Rn. 15; juris-PK-BGB/*Genius*, § 640 BGB, Rn. 12.
776 Palandt/*Sprau*, § 640 BGB, Rn. 6 f.
777 Vgl. *Hennrichs* in: FS Hadding, 875, 879; *Stemper*, S. 143.
778 So die h.M., *Hennrichs* in: FS Hadding, 875, 879; *Deipenbrock*, BB 2003, 1849, 1851; *Fischer*, S. 83; *Stemper*, S. 143; *Vetter*, WM 2004, 1701, 1705.

Weiterhin wird gegen eine Einordnung als Werkvertrag angeführt, der Emittent als Besteller habe keine Einflussmöglichkeit auf die Ratingerstellung und damit auf das Rating als Werk, was für einen Werkvertrag aber charakteristisch sei.[779] Dem ist entgegenzuhalten, dass die Unabhängigkeit des Werkunternehmers die Annahme eines Werkvertrages weder bedingt noch ausschließt. Es entspricht vielmehr dem Wesen des Werkvertrages, dass der Werkunternehmer die Leistung frei und in eigener Verantwortung erbringt,[780] was insbesondere für die Erbringung geistiger Leistungen gilt.[781] Die freie und eigenverantwortliche Leistungserbringung spricht, gerade auch in Abgrenzung zum Dienstvertrag,[782] eher für statt gegen eine Einordnung als Werkvertrag.[783] Insbesondere bei komplexen Werken ist eine Einflussmöglichkeit regelmäßig undienlich und kaum praktikabel.[784] Dies gilt gerade auch beim Rating, welches seine spezifischen Funktionen nur erfüllen kann, wenn Unabhängigkeit und Neutralität der Ratingagentur gewährleistet sind.[785] Das Fehlen von unmittelbaren Einflussmöglichkeiten des Emittenten auf die Ratingagentur spricht somit ebenfalls nicht gegen eine Einordnung als Werkvertrag.[786]

Des Weiteren wird argumentiert, dass die Ratingagenturen über die Verwertung und Veröffentlichung des Ratings entscheiden könnten und daher mangels Ablieferung des Werkes beim Besteller kein Werkvertrag vorliegen könne.[787] Tatsächlich besteht bei körperlichen Werken die Verpflichtung zur Ablieferung bzw. Verschaffung des Werkes. Der Unternehmer hat dem Besteller dabei das Eigentum oder die sonstige Rechtsinhaberschaft zu verschaffen.[788] Bei unkörperlichen Werken besteht die Pflicht zur Zugänglichmachung des Werkes.[789] In der Ratingpraxis steht am Ende des Ratingprozesses die Entscheidung des Analystenteams über das jeweilige Rating. Der Veröffentlichung ist jedoch in

779 *Ebenroth/Koos* in Büschgen/Everling, HdB Rating, 1. Aufl., S. 483, 487 f.; *Deipenbrock*, BB 2003, 1849, 1851.
780 Staudinger/*Peters/Jakoby*, § 633 BGB, Rn. 54.
781 MüKo/*Busche*, § 631 BGB, Rn. 68.
782 Vgl. Staudinger/*Peters/Jakoby*, § 633 BGB, Rn. 54.
783 So auch *Stemper*, S. 141.
784 Vgl. auch *Stemper*, S. 141; *von Rimon*, S. 141.
785 Vgl. *von Rimon*, S. 141.
786 So auch *Fischer*, S. 83; *Stemper*, S. 141; *Vetter*, WM 2004, 1701, 1705; *von Rimon* , S. 141.
787 *Ebenroth/Daum*, WM 1992 (Sonderbeilage Nr. 5), 1, 7; *Hennrichs* in: FS Hadding, 875, 879, *Peters*, S. 78; teilweise zustimmend *Stemper*, S. 143 ff.
788 Staudinger/*Peters/Jakoby*, § 631 BGB, Rn. 18.
789 MüKo/*Busche*, § 631 BGB, Rn. 61.

aller Regel die Entscheidung des bewerteten Emittenten vorgelagert, ob und wann das Rating publiziert wird. Wird von diesem „Vetorecht“ kein Gebrauch gemacht, obliegt es der Publizierungsfreiheit der Ratingagentur die Vertriebs- und Publikationswege zu wählen. In diesem Regelfall des Zustimmungserfordernis kann die Verschaffung der Rechtsinhaberschaft gesehen werden, die, was die Art und Weise der Veröffentlichung angeht, sogleich wieder an die Ratingagentur zurückübertragen wird.[790] Doch auch in Fällen, in denen die Vertragsbedingungen ausnahmsweise kein solches Zustimmungserfordernisses vorsehen und die Ratingagenturen auch über das „ob“ der Veröffentlichung nach eigenem Ermessen entscheiden, kann durchaus eine Verschaffung des Werkes gesehen werden. Denn auch hier wird dem Emittenten das Rating als Werk durch die Veröffentlichung des Ratings zugänglich gemacht. An der typologischen Zuordnung zum Werkvertrag können solche speziellen Ausgestaltungen hinsichtlich der Veröffentlichung jedenfalls nichts ändern, bleibt doch der werkvertraglicher Charakter der Rechtsbeziehung angesichts der den Vertragstypus prägenden Werkleistung insgesamt bestehen.[791]

Fraglich ist jedoch, ob dies auch gelten kann, wenn der Ratingvertrag auch die Überwachung und Überprüfung des Ratings – mit der Möglichkeit der Ratingänderung – vorsieht. Nicht erst seit der Geltung von Art. 8 Abs. 5 Rating-VO, der die laufende, mindestens jährliche, Überprüfung[792] von Ratings aufsichtsrechtlich vorsieht, ist es gängige Ratingpraxis, dass externe Ratings laufend überprüft und überwacht werden. Die laufende Überprüfung und Überwachung trägt der Tatsache Rechnung, dass Bonität eine dynamische Größe ist, die Veränderungen unterworfen ist. Daher ist an dieser Stelle zu betonen, dass sich, sofern nichts Gegenteiliges vereinbart wurde, aus dem Ratingvertrag die Pflicht der Ratingagentur ergibt, das Rating laufend zu überwachen und es gegebenenfalls entsprechend anzupassen. Diese Überwachung, das sog. „*monitoring*“ könnte jedoch, anders als die erstmalige Erstellung eines Ratings, eher dem Dienstvertrag, § 611 BGB, zuzuordnen sein. Für

790 *Stemper*, S. 144 f.; zust. *von Rimon* , S. 143 f.

791 Vgl. Staudinger/*Peters/Jakoby*, § 631 BGB, Rn. 18; so i.E. auch *Schuler*, S. 193; a.A. für die generelle Einordnung als atypisches Vertragsverhältnis *Deipenbrock*, BB 2003, 1849, 1851; *Ebenroth/Daum*, WM 1992 (Sonderbeilage Nr. 5), 1, 7; *Ebenroth/Koos* in Büschgen/Everling, HdB Rating, 1. Aufl., S. 483, 488; *Fischer*, S. 84; *Peters*, S. 78; *von Rimon*, S. 144; nur für die Fälle ohne Zustimmungsvorbehalt des Emittenten zur Veröffentlichung *Hennrichs* in: FS Hadding, 875, 879 f.; *Peters*, S. 78; *Stemper*, S. 146.

792 Im Falle von Länderratings ist eine mindestens halbjährliche Überprüfung vorgesehen.

den dienstvertraglichen Charakter dieser Tätigkeit spricht bereits das zeitliche Moment. Nach der Vertragstypik des BGB ist der Dienstvertrag regelmäßig, der Werkvertrag, trotz Leistungserbringung über einen längeren Zeitraum, regelmäßig nicht als Dauerschuldverhältnis einzuordnen.[793] Doch auch im Falle von Folgeratings ist primär danach zu fragen, ob die Ratingagentur hier eine Tätigkeit als solche oder einen darüber hinausgehenden Werkerfolg schuldet. Diesen wird man, unabhängig von der Bestätigung und Änderung des Erstratings, bereits in der Aufrechterhaltung der Kapitalmarktfunktion des Ratings sehen müssen. Denn das Rating hat am Kapitalmarkt dynamischen Informationswert, es entspricht gerade den Erwartungen der Investoren und dementsprechend auch denen des Emittenten, dass das Rating möglichst eine Momentaufnahme der Bonität darstellt. Daher liegt auch in der Überwachung des Ratings, die mit der Bestätigung oder Änderung des Erstratings in Form von Folgeratings einhergeht, eine erfolgsbezogene Leistungspflicht,[794] weshalb der Ratingvertrag mit der h.M. als Werkvertrag i.S.v. § 631 BGB einzuordnen ist.[795] Insgesamt ist die typologische Einordnung des Ratingvertrages für die Haftungsfrage jedoch eher sekundär. Denn für die Frage, ob eine Pflichtverletzung vorliegt, müssen die vertraglichen Pflichten im Wege der Auslegung ermittelt werden. Beim Ratingvertrag stellt sich insofern insbesondere die Frage, wann ein fehlerhaftes Rating vorliegt.

II. Pflicht der Ratingagentur zur Erstellung eines mangelfreien Ratings

Die Ratingagentur schuldet gem. § 633 Abs. 1 BGB ein sach- und rechtsmangelfreies Rating. Wann ein Rating mangelfrei, oder anders gewendet, wann es fehlerhaft ist, ist im Schrifttum sehr umstritten. Das überrascht nicht, ist doch das Rating als Bonitätseinschätzung stets eine Prognose, die Möglichkeit ihres Nichteintritts ist ihr immanent.

Um sich dem Problem zu nähern, sind zunächst die Gründe zu erläutern, warum die Konkretisierung eines fehlerhaften Ratings derartige Schwierigkeiten bereitet. Ratings sind Prognosen. Es liegt in der Natur von Prognosen, dass sich diese ex-post betrachtet als falsch erweisen können. Bei der gerichtlichen

---

793 Vgl. nur MüKo/*Müller-Glöge*, § 611 BGB, Rn. 22 ff.; MüKo/*Busche*, § 631 BGB, Rn. 1.

794 *Lemke*, S. 28; *Stemper*, S. 140

795 *Amort*, EuR 2013, 272, 274; *Arntz*, BKR 2012, 89, 90; *Habersack*, ZHR 169 (2005), 185, 203; Habersack/Mülbert/Schlitt/*Göres*, HdB Kapitalmarktinformation, § 25, Rn. 51; *Schuler*, S. 193; *Vetter*, WM 2004, 1701, 1705; *Witte/Hrubesch*, ZIP 2014, 1346, 1349.

Überprüfung besteht somit die Gefahr vom Nichteintritt der Prognose auf deren Fehlerhaftigkeit im rechtlichen Sinne zu schließen, sog. Rückschaufehler („*hindsight bias*").[796] Eng verknüpft hiermit ist die Frage, ob Ratings bloße Meinungen der Ratingagenturen darstellen, oder rechtlich als Tatsachen zu qualifizieren sind.[797] Diese Probleme, die im Schrifttum und insbesondere vonseiten der Ratingagenturen als eine Art „unverbindlicher Blick in die Zukunft ohne Haftung" vermengt werden, bestimmen bereits die Frage, was die Ratingagentur eigentlich schuldet.

In dogmatischer Hinsicht ist zu klären auf welcher Ebene der Prognoseunsicherheit haftungsrechtlich Rechnung getragen wird: auf der Ebene des Pflichtenmaßstabs, auf der Ebene des Verschuldens, oder erst auf Rechtsfolgenebene? Fragt man also nach einer Pflichtverletzung im haftungsrechtlichen Sinne ist zunächst zu klären, was Anknüpfungspunkt der Haftung ist: ein objektiv zutreffendes Ratingergebnis, oder ein prozedural ordnungsgemäßes durchgeführtes Ratingverfahren?

1. *Abstrahierung der Pflichten: Das Rating zwischen Verfahrens- und Ergebnisanforderungen*

a) 1. Anknüpfungspunkt: Zutreffendes Ratingergebnis

Erster denkbarer und naheliegender Anknüpfungspunkt einer Haftung könnte ein unrichtiges Ratingergebnis sein.[798] Jedoch ist zu beachten, dass aus dem Nichteintritt einer Prognose allein nicht ohne weiteres auf deren Unrichtigkeit geschlossen werden kann. Und so wird dann auch weithin vertreten, dass aus

---

796 Auch in anderen Rechtsgebieten mit zukunftsbezogenen Entscheidungen beschäftigt das Phänomen des Rückschaufehlers die Forschung - zum *hindsight bias* in der Vorstandshaftung, vgl. Hüffer/Koch/*Koch*, § 93 AktG, Rn. 9 m.w.N.; in der Geschäftsführerhaftung, MüKo/Fleischer, § 43 GmbHG, Rn. 67; allgemein zum hindsight bias jüngst *Ott/Klein*, AG 2017, 209.

797 Siehe hierzu § 16 II.

798 So *Ebenroth/Daum*, WM 1992 (Sonderbeilage Nr. 5), 1, 8, die von einer „Unrichtigkeit" des Ratings sprechen, wenn das Rating die tatsächliche Situation des Emittenten, insbesondere die Rückzahlungswahrscheinlichkeit, falsch einschätzt. Auch *Ebenroth/Koos* in Büschgen/Everling, HdB Rating, 1. Aufl., S. 483, 487 f. und im Anschluss daran *Deipenbrock*, BB 2003, 1849, 1852, sprechen von einem Mangel im Falle der objektiven Unrichtigkeit, ohne dies jedoch weiter zu konkretisieren. Auch die ökonomische Analyse geht zumindest in einfachen Modellen davon aus, dass sich es-post ein Rating aus ex-ante Sicht als zu hoch oder zu niedrig erweisen kann, vgl. *Schweizer*, The Bonn Journal of Economics, Volume II(1) July 2013, 67, 70 ff.

einem sich ex-post als falsch erweisenden Rating nicht auf dessen Unrichtigkeit ex-ante geschlossen werden könne und es somit keine objektiv richtigen oder falschen Bewertungen geben könne.[799] Soweit dem Ratingergebnis als solchem haftungsrechtliche Relevanz beigemessen wird, so wird diese wiederum dadurch relativiert, dass den Ratingagenturen ein breiter Ermessensspielraum im Hinblick auf das Ratingergebnis[800] zugestanden wird. Teilweise wird das Rating erst als fehlerhaft angesehen, wenn es sich als willkürlich,[801] schlechthin unvertretbar,[802] oder offensichtlich unbillig[803] darstellt. Eine starke Meinung will den aus der Rechtsprechung zu Warentests entwickelten Ermessensspielraum anlegen, nachdem ein Rating dann als fehlerhaft anzusehen sein soll, wenn es als nicht mehr vertretbar oder diskutabel erscheint.[804] Andere Stimmen begründen den Ermessensspielraum mit einem Vergleich zum Ermessensspielraum bei Unternehmensbewertungen.[805]

b) 2. Anknüpfungspunkt: Ordnungsgemäßes Ratingverfahren

Die h.M. sieht die Pflichten der Ratingagenturen zur Erstellung eines mangelfreien Ratings als reine Verfahrenspflichten an. Da das Rating eine wertende Prognose darstelle, sei es als solches im Ergebnis nicht oder nur eingeschränkt[806] überprüfbar, weshalb haftungsrechtlicher Anknüpfungspunkt ausschließlich oder primär das Verfahren einer sorgfältigen Ratingerstellung sein könne.[807]

---

799 So die ganz h.M., vgl. nur *Blaurock*, ZGR 2007, 603, 628; *Hennrichs* in: FS Hadding, 875, 881; *Möllers/Wecker* in Gerechtigkeitsfragen in Gesellschaft und Wirtschaft, 205, 227; *Wagner* in: FS Blaurock, 467, 473 f.

800 Anders als etwa im Verwaltungsrecht werden hier die Begriffe Beurteilungs- und Ermessensspielraum synonym verwandt.

801 *Lemke*, S. 35.

802 *Thiele*, S. 36 f.

803 *Habersack*, ZHR 169 (2005), 185, 209.

804 *Habersack*, ZHR 169 (2005), 185, 199 ff.; *Vetter*, WM 2004, 1701, 1704 f.; *Wagner* in: FS Blaurock, 467, 473 f.; *Witte/Hrubesch*, ZIP 2004, 1346, 1350 f.

805 So *Schuler*, S. 178.

806 Mit oben genannten Ermessensspielräumen.

807 Vgl. etwa *Blaurock*, ZGR 2007, 603, 628; *Fischer*, S. 54 ff.; *Hennrichs* in: FS Hadding, 875, 881; *Lampe*, S. 95 ff.; *Möllers/Wecker* in Gerechtigkeitsfragen in Gesellschaft und Wirtschaft, 205, 227; *Oellinger*, S. 148; *Wagner* in: FS Blaurock, 467, 473 f.

c) Kritik: Fixierung auf reine Verfahrenshaftung als Gefahr für Justiziabilität

Die Haftung für die Nichteinhaltung eines ordnungsgemäßen Verfahrens ist aus anderen Rechtsgebieten bekannt, ein prominentes und viel diskutiertes Beispiel ist die aktienrechtliche Vorstandshaftung, die keine Erfolgshaftung, sondern eine Haftung für sorgfaltswidriges Verhalten ist.[808] Auch wenn manche Gründe, wie etwa die Entscheidung unter Unsicherheit, oder die Gefahr eines Rückschaufehlers, mit dem Rating durchaus vergleichbar sind, so ist doch zu beachten, dass die Vorstandshaftung vom Grundsatz her als reine Binnenhaftung ausgestaltet ist.[809] Dem Vorstand wird gegenüber der Gesellschaft ein Haftungsfreiraum durch Einhaltung eines ordnungsgemäßen Verfahrens zugestanden, um risikoaverses Verhalten zu begrenzen. Die Haftung von Ratingagenturen gegenüber anderen Kapitalmarktteilnehmern ist demgegenüber eine Außenhaftung. Ratings als Bonitätseinschätzungen sollten weder risikoavers noch risikogeneigt sein, sondern möglichst zutreffend.

Ohne die Notwendigkeit eines ordnungsgemäßen Ratingverfahrens zu bestreiten, sind doch einige Punkte zu beleuchten, warum das einseitige Abstellen auf prozedurale Sorgfaltsstandards allein nicht ausreichend ist. Zunächst ist die Frage zu stellen, warum die h.M. den Ratingvertrag zwar als Werkvertrag einstuft, da mit dem Rating ein werkvertraglicher Erfolg geschuldet sei, die Hauptpflicht dieses Vertrages jedoch als prozedurale Sorgfaltspflicht im Sinne einer Verfahrenspflicht ansieht, denn dies würde eher für einen Dienst- als für einen Werkvertrag sprechen. Ferner ist daran zu erinnern, dass Ratingagenturen als Kapitalmarktintermediäre ein Informationsdefizit auf Seiten der Investoren schließen sollen. Ein solches Defizit besteht aber hinsichtlich der tatsächlichen Bonität und nicht hinsichtlich eines ordnungsgemäßen Ratingverfahrens.

Die Meinung, die sich mit einer gerichtlichen Überprüfbarkeit des Ratingergebnisses so schwer tut, führt stets an, dass man aus dem Eintritt oder Nichteintritt einer Prognose ex-post nicht auf deren Richtigkeit ex-ante schließen könne. Dies impliziert, die Fehlerhaftigkeit eines Ratings könne expost nur am Eintritt oder Nichteintritt der Insolvenz gemessen werden. Dies verkennt jedoch, dass Ratings als Bonitätseinschätzungen den Insolvenzeintritt des Schuldners nicht mit einem simplen ja oder nein beantworten, sondern mit einer im Rating symbolisierten Wahrscheinlichkeit. Fragt man nach einer wie auch immer gearteten Ergebnisrichtigkeit des Ratings, dann muss nach einer zutreffenden Einschätzung eben dieser Wahrscheinlichkeit gefragt

---

808 MüKo/*Spindler*, § 93 AktG, Rn. 5; Spindler/Stilz/*Fleischer*, § 93 AktG, Rn. 60.

809 Vgl. nur *Fleischer*, Vorstandsrecht, § 11, Rn. 1.

werden. Der berechtigte Hinweis auf die Gefahr eines Rückschaufehlers darf nicht suggerieren, es gäbe keinerlei gerichtlich überprüfbaren Wahrscheinlichkeiten. Unterschiedliche Ratings können beträchtliche Unterschiede in den Finanzierungskosten für den Emittenten hervorrufen, insbesondere die Unterscheidung *investment grade* und *speculative grade* kann nicht nur über das *wie*, sondern auch über das *ob* einer Finanzierung entscheiden. Allzu große Beurteilungsspielräume hinsichtlich des Ratingergebnisses, oder ein einseitiges Abstellen auf ein ordnungsgemäßes Ratingverfahren führen zu einer nicht akzeptablen Einschränkung der Rechtsschutzmöglichkeiten von Emittenten und Anlegern.

Die Meinung, die primär oder ausschließlich auf ein ordnungsgemäßes Ratingverfahren abstellt, scheint letztlich davon auszugehen, dass ein ordnungsgemäß erstelltes Rating eine im Ergebnis zutreffende Bonitätseinschätzung darstellt. Was aber, wenn die zugrunde gelegten Daten falsch sind, etwa weil der Emittent bewusst zu positive Daten übermittelt hat? Selbst wenn das Ratingverfahren fehlerfrei durchlaufen wird, steht am Ende eine unzutreffende Bonitätseinschätzung. Denkbar ist auch der Fall, dass eine Ratingagentur schlichtweg das falsche Rating veröffentlicht, oder irrtümlich Bonitätsanpassungen vornimmt.[810]

Ein gewichtiger Einwand gegen die vorschnelle Ausblendung des Ratingergebnisses aus dem Pflichtenkanon der Ratingagentur betrifft indes die Quantifizierung des Schadens der jeweiligen Anspruchsteller. Denn diese müssen im Rahmen der Quantifizierung ihres Schadens die Kausalität der Pflichtverletzung für den Schaden geltend machen. Ein Emittent muss darlegen, dass er bei einem besseren Rating niedrigere Finanzierungskosten gehabt hätte, ein Anleger, dass er bei besserem Rating einen niedrigeren Preis für den jeweiligen Schuldtitel gezahlt, oder den Kauf unterlassen hätte. Dies setzt unstreitig voraus, dass das Rating anders ausgefallen ist, als es bei ordnungsgemäßer Erstellung der Fall gewesen wäre.[811] Auf Rechtsfolgenebene muss also ein hypothetisches (ex-ante) Rating ermittelt werden, das vom tatsächlich ermittelten Rating abweicht. Dann ist es aber inkonsistent, von der Ratingagentur kein objektiv zutreffendes Rating

810 So stufte Standard & Poor's Ende 2011 Frankreich irrtümlich herab und korrigierte den Fehler erst Stunden später: http://www.faz.net/aktuell/wirtschaft/ermittlungen-eingeleitet-ratingagentur-stuft-versehentlich-frankreich-herab-11524995.html; nach eigenen Angaben handelte es sich um einen technischen Defekt.

811 Siehe hierzu noch § 19.

zur verlangen, vom Anspruchsteller aber die Darlegung eines hypothetisch zutreffenden Ratings zur Quantifizierung seines Schadens.

Die Entkopplung der haftungsrelevanten Pflichten von einem zutreffenden Ratingergebnis ist einer der zahlreichen Punkte, aufgrund dessen das externe Rating aus juristischer Sicht nur als eingeschränkt überprüfbares, nicht hinreichend justiziables, Phänomen angesehen wird. Die Pflicht zur Erstellung eines fehlerfreien Ratings bewegt sich also zwischen Verfahrens- und Ergebnisanforderungen. Das hat zur Folge, dass im Rahmen der Pflichtverletzung abstrakt sowohl das Ratingverfahren als auch das Ratingergebnis von Bedeutung sind. Auch Art. 35 Abs. 1 Rating-VO greift bereits auf Ebene der Pflichtverletzung beide Aspekte auf.[812]

Für die gerichtliche Überprüfbarkeit sollte folgendes gelten: Die Einhaltung eines ordnungsgemäßen Ratingverfahrens ist, unabhängig von der Verteilung der Darlegungs- und Beweislast, gerichtlich voll überprüfbar. Dem – daraus abgeleiteten – Ratingergebnis wohnt aufgrund der Zukunftsbezogenheit eine prognostische und aufgrund der Beurteilung qualitativer Faktoren wie Management und Geschäftsmodell eine teils subjektive Komponente inne, die es rechtfertigt, einer Ratingagentur einen eingeschränkten Ermessensspielraum im Hinblick auf das Ratingergebnis einzuräumen. Im Folgenden sind Kriterien eines ordnungsgemäßen Ratingverfahrens und der Ermessensspielraum im Hinblick auf das Ratingergebnis zu konkretisieren.

2. *Konkretisierung der Pflichten*

a) *Konkretisierung der Pflichten für ein prozedural ordnungsgemäßes Ratingverfahren*

Da Ratingverträge zumeist nur als kurzer *„fee letter"* ausgestaltet sind[813] und keine Angaben dazu enthalten, wie das Ratingverfahren konkret ablaufen muss, ist nun danach zu fragen, woraus die konkreten Pflichten der Ratingagenturen zur ordnungsgemäßen Ratingerstellung abgeleitet werden können.

---

812 „Hat eine Ratingagentur vorsätzlich oder grob fahrlässig eine der in Anhang III aufgeführten Zuwiderhandlungen begangen und hat sich diese auf ein Rating ausgewirkt, (…). Somit kann aus den in Anhang III der Rating-VO detailliert aufgeführten Pflichten im Hinblick auf die Ratingerstellung nicht geschlossen werden, dem Haftungskonzept von Art. 35a Rating-VO läge allein eine Haftung für die Nichteinhaltung eines ordnungsgemäßen Ratingverfahrens zugrunde.

813 *Eisen*, Anhang I, S. 383.

aa) Stiftung-Warentest-Rechtsprechung

Eine verbreitete Meinung will die Sorgfaltspflichten der Ratingagenturen anhand der von der Rechtsprechung zu Warentests entwickelten Kriterien konkretisieren.[814] Die Veröffentlichung von Warentests ist nach ständiger Rechtsprechung zulässig, wenn die Untersuchungen neutral, objektiv und sachkundig durchgeführt worden sind und sowohl die Art des Vorgehens bei der Prüfung als auch die aus den Untersuchungen gezogenen Schlüsse vertretbar, das heißt diskutabel, erscheinen.[815]

Zwischen Warentests und Ratings bestehen jedoch gravierende strukturelle Unterschiede. Während Ratingagenturen gewinnorientierte, erwerbswirtschaftlich tätige Unternehmen sind, ist die Stiftung Warentest eine durch die Bundesrepublik Deutschland als Stifterin eingerichtete Stiftung bürgerlichen Rechts, die laut § 2 ihrer Satzung selbstlos tätig ist und deren Zweck die Förderung des Verbraucherschutzes ist.[816] Adressat von Warentests ist der Verbraucher.[817] Typische Adressaten des Ratings sind professionelle Investoren. Dass Ratings der Verbraucheraufklärung dienen, lässt sich angesichts der Legaldefinition des § 13 BGB[818] kaum behaupten.[819] Auch die Gefahr von Interessenkonflikten ist geringer, da sich Ratingagenturen ganz überwiegend aus den Einnahmen von den durch sie bewerteten Emittenten finanzieren, während sich die Stiftung Warentest überwiegend aus den Einnahmen der Publikationen finanziert[820] und daher vom Testobjekt unabhängiger ist.[821] Auch die regulatorische Indienstnahme von

814 Vgl. etwa KG, WM 2006, 1432; *Peters*, S. 67 f.; *Schultes*, S. 149 ff.; *Witte/Hrubesch*, ZIP 2004, 1346, 1350.

815 BGHZ 65, 325, 328, 334 f. = BGH NJW 1976, 620; BGH NJW 1987, 2222; BGH NJW 1989, 1923; BGH NJW BGH 1997, 2593.

816 Vgl. die Satzung der Stiftung, abrufbar unter http://www.test.de/unternehmen/stiftungsgremien/satzung/.

817 In § 2 Abs. 1 der Satzung tritt der geradezu fürsorgliche Charakter der Stiftung zu Tage: sie „klärt die Verbraucher über Möglichkeiten und Techniken der optimalen privaten Haushaltsführung, über eine rationale Einkommensverwendung (…)“ auf.

818 § 13 BGB: Verbraucher ist jede natürliche Person, die ein Rechtsgeschäft zu Zwecken abschließt, die überwiegend weder ihrer gewerblichen noch ihrer selbständigen beruflichen Tätigkeit zugerechnet werden können.

819 So aber KG, WM 2006, 1432, 1433.

820 Im Jahr 2013 lag der Umsatzerlös aus dem Vertrieb der Publikationen, insb. der Zeitschriften „test“ und „Finanztest“, bei ca. 40 Mio. Euro, ca. 5,5 Mio. Euro betrugen die Zuwendungen vom zuständigen Bundesministerium, http://www.test.de/unternehmen/zahlen/.

821 So auch *Schuler*, S. 217.

Ratings[822] findet keine Parallele im Rahmen der Warentests. Zwischen Ratings und Warentests existieren somit gravierende strukturelle Unterschiede. Diese stehen einer Übernahme des weiten Ermessensspielraums für das Ratingergebnis entgegen. Die Kriterien der Neutralität, Objektivität und Sachkunde an sich mögen taugliche Anknüpfungspunkte für das Ratingverfahren sein, jedoch ist, insbesondere angesichts der oben dargelegten strukturellen Unterschiede, zu bedenken, dass der Gedanke der Übertragbarkeit dieser Kriterien noch aus der Zeit stammt, als das Rating noch weitestgehend unreguliert war. Mittlerweile stehen durch den IOSCO-*Code of Conduct* und die Ratingverordnung weitaus sachnähere Anknüpfungspunkte zur Verfügung, denen die Kriterien der Neutralität, Objektivität und Sachkunde jedoch keineswegs fremd sind.

bb) IOSCO-Kodex

Der von der internationalen Organisation der Wertpapieraufsichtsbehörden (IOSCO) herausgegebene „Code of Conduct Fundamentals for Credit Rating Agencies" (IOSCO-Kodex)[823] läutete eine erste wichtige Regulierung von Ratingagenturen im Sinne einer Selbstregulierung ein, um die Qualität von Ratings zu verbessern.[824] Als internationale Vereinigung von Börsenaufsichtsbehörden hat die IOSCO keine Rechtsetzungsbefugnis, ihre Empfehlungen als solche sind rechtlich unverbindlich.[825] Da Sanktionsmechanismen fehlen, ist die Einhaltung nicht durchsetzbar.[826] Auch wenn dem IOSCO-Kodex im Falle dessen Nichtbefolgung keine unmittelbare haftungsrechtliche Relevanz zukommt,[827] so sind dessen Vorgaben zur Konkretisierung der Sorgfaltspflichten der Ratingagenturen mittelbar als Auslegungshilfe heranzuziehen.[828] Dogmatischer Anknüpfungspunkt im deutschen Recht ist hierzu die ergänzende Vertragsauslegung.[829]

---

822 Siehe hierzu Kapitel 2, Abschnitt 2.

823 Abrufbar unter: http://www.iosco.org/library/pubdocs/pdf/IOSCOPD271.pdf.

824 Siehe bereits ausführlich § 10 I.

825 Vgl. *Rost*, Die Herausbildung transnationalen Wirtschaftsrechts, S. 150.

826 Vgl. *Buck-Heeb/Dieckmann*, Selbstregulierung im Privatrecht, S. 112 f.; *Rost*, Die Herausbildung transnationalen Wirtschaftsrechts, S. 150.

827 *Habersack*, ZHR 169 (2005), 185, 193 f.

828 Habersack/Mülbert/Schlitt/*Göres*, HdB Kapitalmarktinformation, § 25, Rn. 39, § 31 Rn. 36; *Hennrichs* in: FS Hadding, 875, 882; die Parteien können jedoch privatautonom den IOSCO-Kodex oder den agentureigenen Kodex oder Teile davon durch entsprechende Bezugnahme Vertragsbestandteil werden lassen, Habersack/Mülbert/Schlitt/*Göres*, HdB Kapitalmarktinformation, § 25, Rn. 39.

829 *Blaurock*, ZGR 2007, 603, 628; *Schuler*, S. 182,

Eine gewisse Parallele findet sich in den Prüfungsstandards des Instituts der Wirtschaftsprüfer (IDW). Auch bei diesen ist anerkannt, dass sie zwar mangels Rechtsnormqualität haftungsrechtlich nicht unmittelbar verbindlich sind, den Gerichten trotzdem eine wichtige Entscheidungshilfe geben und de facto als Mindestanforderungen einer ordnungsgemäßen Prüfung fungieren.[830]

Der IOSCO-Kodex hat jedoch nach Verabschiedung der Ratingverordnung, zumindest in deren Geltungsbereich, durch den Paradigmenwechsel von der Selbstregulierung zur hoheitlichen Regulierung, an Bedeutung verloren. Dies gilt angesichts der detaillierteren Regelungen in der Ratingverordnung auch für die Sorgfaltspflichten im Hinblick auf die Ratingerstellung. Letztlich spricht jedoch nichts dagegen, zur Bestimmung der Sorgfaltspflichten der Ratingagenturen auch auf den IOSCO-Kodex zurückzugreifen. So nimmt Erwägungsgrund 8 der Rating-VO ausdrücklich auf den IOSCO-Kodex Bezug und stellt klar, dass Ratingagenturen den Kodex weiterhin anwenden sollen.

cc) EU-Ratingverordnung

Die Ratingverordnung kodifizierte zahlreiche Verhaltenspflichten für Ratingagenturen. Insbesondere in Titel II „Abgabe von Ratings" finden sich in Artt. 6 – 13 zahlreiche auf das Ratingverfahren bezogene Verhaltenspflichten. In Anhang III werden diese Pflichten negativ formuliert wiedergegeben und teils konkretisiert, um einen Verstoß gegen die in Titel II der Rating-VO kodifizierten Pflichten festzustellen. Die Tatbestände von Art. 35a Rating-VO (Zivilrechtliche Haftung) und Art. 36a (Geldbußen der ESMA) setzten jeweils einen Verstoß gegen Anhang III Rating-VO voraus. Die Heranziehung dieser ursprünglich rein aufsichtsrechtlichen Pflichten im Rahmen des bürgerlichen Haftungsrechts erscheint nicht völlig unproblematisch. Jedoch ist die Heranziehung von aufsichtsrechtlichen Pflichten zur Bestimmung von zivilrechtlichen Sorgfaltspflichten dem deutschen Recht an sich nicht völlig fremd. So ist im Recht der Wertpapierdienstleistungen, §§ 63 ff. WpHG, anerkannt, dass die dort normierten aufsichtsrechtlichen Regelungen auch zivilrechtlich relevant sind. Die h.M. nimmt eine Ausstrahlungswirkung der in §§ 63 ff. WpHG normierten Wohlverhaltenspflichten auf zivilrechtliche Anlageberatungsverträge, etwa im Bereich der vorvertraglichen Aufklärungspflichten, an.[831] Grund hierfür ist, dass

---

830 Baumbach/Hopt/*Hopt/Merkt*, § 323 HGB, Rn. 1; MüKo/*Ebke*, § 323 HGB, Rn. 32.

831 BGHZ 170, 226, Rn 18; *Harnos*, BKR 2014, 1, 3; *Hopt*, ZHR 159 (1995), 135, 160; *Lang*, WM 2000, 450, 453; Schwark/Zimmer/*Schwark*, Vor § 31 WpHG, Rn. 16 f.; Schwark/Zimmer/*Koch*, § 31a WpHG, Rn. 61 f., § 31d WpHG Rn. 92 f.; *Lang*, WM 2000, 450, 453.

sowohl im Aufsichts- als auch im Zivilrecht die gleichen Regelungs- und Interessenkonflikte zu bewältigen sind.[832] Gegen eine unmittelbare Wirkung im Sinne einer aufsichts- und zivilrechtlichen Doppelnatur[833] wird zurecht eingewandt, dass die Annahme einer mittelbaren Ausstrahlungswirkung ausreicht, um den nötigen Gleichlauf von Zivil- und Aufsichtsrecht herzustellen, ohne die Vertragsfreiheit zu sehr einzuschränken.[834] Dass Inhalt und Umfang der zivilrechtlichen Aufklärungs- und Beratungspflichten auch anhand des Aufsichtsrechts (im Wege der Vertragsauslegung) ermittelt werden, folgt aus der Überlegung, dass der Kunde eines Wertpapierdienstleistungsunternehmens nach Treu und Glauben erwarten kann, dass das Unternehmen das einschlägige Aufsichtsrecht befolgt.[835]

Dadurch, dass Art. 35a Rating-VO (Zivilrechtliche Haftung) und Art. 36a (Geldbußen der ESMA) durch die Bezugnahme auf Anhang III an dieselben Verhaltenspflichten aus der Rating-VO anknüpfen, liegt den Verhaltenspflichten der Ratingverordnung seit der Einführung von Art. 35a zudem augenscheinlich das Verständnis einer Doppelwirkung aufsichtsrechtlicher Pflichten zugrunde. Dies ist jedoch im Kontext des Haftungsregimes der Ratingverordnung zu sehen. Der zivilrechtliche Haftungstatbestand wurde erst nach der Ermächtigungsgrundlage zur Verhängung von Bußgeldern eingeführt, eine Bezugnahme auf die bereits normierten Sorgfaltsverstöße nach Anhang III war daher naheliegend. Eine unmittelbare Geltung der Verhaltenspflichten der Ratingverordnung im Rahmen nationaler zivilrechtlicher Haftungsansprüche ist jedoch weder nötig noch angezeigt. Vielmehr sollte man das aus dem Recht der Wertpapierdienstleistungsunternehmen bekannte Konzept der mittelbaren Ausstrahlungswirkung des Aufsichtsrechts auf das Zivilrecht auch für die Verhaltenspflichten der Ratingverordnung anwenden.[836] Eine mittelbare Berücksichtigung der Verhaltenspflichten im Rahmen nationaler Haftungsansprüche muss jedoch das spezielle Haftungskonzept der Ratingverordnung beachten. So listet die Ratingverordnung in Anhang III sehr detailliert Sorgfaltsverstöße auf, um so einen einfachen Anknüpfungspunkt für die zivil- oder aufsichtsrechtliche Haftung zu schaffen, der aber gerade dadurch relativiert wird, dass die Haftung

---

832 Schwark/Zimmer/*Koch*, § 31a WpHG, Rn. 61 f.

833 KölnerKomm/*Möllers*, § 31 WpHG, Rn. 9; Köndgen in: FS Canaris, Band. II, 2007, S. 183, 205 f.; Schwark/Zimmer/*Koch*, § 31a WpHG, Rn. 59 m.w.N.

834 Vgl. Schwark/Zimmer/*Koch*, § 31a WpHG, Rn. 61.

835 Vgl. MüKo/*Nobbe/Zahrte*, HGB Band 6 Anlageberatung, Rn. 62.

836 So i.E. auch *Dumont du Voitel*, S. 258 f.

auf grobe Fahrlässigkeit begrenzt ist. Daher wird kaum jeder Verstoß gegen Titel II i.V.m. Anhang III der Rating-VO dahingehend auslegt werden können, dass die Ratingagentur gegen ihre vertraglichen Pflichten verstoßen hat. Vor allem diejenigen Regelungen der Ratingverordnung, die die Erstellung des Ratings an sich betreffen, sollten mittelbar auch zivilrechtliche Relevanz besitzen. Dies gilt insbesondere für Art. 8 Rating-VO, der etwa in Abs. 2 bestimmt: „*die von ihr* [Anm.: der Ratingagentur] *abgegebenen Ratings und Ratingausblicke auf einer gründlichen Analyse aller Informationen basieren, die ihr zur Verfügung stehen und für ihre Analyse nach den anwendbaren Ratingmethoden von Bedeutung sind. Sie trifft alle erforderlichen Maßnahmen, um zu gewährleisten, dass die ihren Ratings und Ratingausblicken zugrunde liegenden Informationen von ausreichend guter Qualität sind und aus zuverlässigen Quellen stammen.*“ Auch der Vorgabe in Art. 8 Abs. 3 Rating-VO, wonach die angewendeten Ratingmethoden streng, systematisch und beständig und einer Validierung unterliegen müssen, die auf historischen Erfahrungswerten, insbesondere Rückvergleichen, beruht, lässt sich zweifellos auch eine zivilrechtliche Relevanz beimessen, denn der den Auftrag gebende Emittent kann nach Treu und Glauben erwarten, dass die Ratingagentur im Hinblick auf die Ratingerstellung gerade dieses einschlägige Aufsichtsrecht befolgt.

dd) Ergebnis

Auch wenn die in der Warentest-Rechtsprechung entwickelten Kriterien der Neutralität, Objektivität und Sachkunde an sich auch im Ratingverfahren Geltung beanspruchen können, ist ihre konzeptionelle Übertragung auf das Ratingverfahren angesichts der fortschreitenden Konkretisierung der Sorgfaltsstandards durch IOSCO-Kodex und Ratingverordnung überholt. Auch ohne unmittelbare zivilrechtliche Geltung können die dort normierten Sorgfaltsstandards im Rahmen der ergänzenden Vertragsauslegung mittelbar berücksichtigt werden. Eine solche Berücksichtigung eröffnet dem zur Entscheidung berufenen Gericht gleichzeitig eine gewisse Flexibilität bei der Feststellung einer Pflichtverletzung.

b) Konkretisierung des Ermessensspielraums im Hinblick auf das Ratingergebnis

Weite Beurteilungs- bzw. Ermessensspielräume hinsichtlich des Ratingergebnisses sind kritisch zu sehen, denn sie vernachlässigen die oben beschriebene Relevanz des Ratingergebnisses und führen zu einer nicht ausreichenden Justiziabilität des Ratings. Ein derart weiter Beurteilungsspielraum, wie er von der

Rechtsprechung für Warentests entwickelt wurde, ist für das externe Rating nicht angezeigt. Warentests müssen nach dieser Rechtsprechung neutral, sachkundig und objektiv vorgenommen werden. Die aus den durchgeführten Untersuchungen gezogenen Schlüsse sind erst dann juristisch zu beanstanden, wenn sie als sachlich nicht mehr vertretbar und diskutabel erscheinen. Zwischen Warentests und Ratings bestehen jedoch, wie oben dargelegt, gravierende strukturelle Unterschiede. Die strukturellen Unterschiede der jeweiligen Tätigkeit sind zu groß, als dass ein identischer Ermessensspielraum im Hinblick auf die Ergebnisse der jeweiligen Tätigkeit angelegt werden sollte. Jedoch ist Ratingagenturen, wie oben dargelegt, aufgrund des eingeschränkt prognostischen und subjektiven Charakters des Ratings ein gewisser Ermessensspielraum im Hinblick auf das Ratingergebnis zuzugestehen. Dieser kann jedoch nicht so weit gehen, als dass das Ratingergebnis lediglich plausibel, nicht willkürlich, oder noch vertretbar sein muss. Diese aus dem pluralistischen, gesellschaftlichen Meinungskampf abgeleiteten Kriterien passen nicht auf am Kapitalmarkt tätige und gewinnorientierte Informationsintermediäre. Der Ermessensspielraum von Ratingagenturen im Hinblick auf das Ratingergebnis ist im Sinne eines Bestrebens um objektive Richtigkeit als möglichst geringer Ermessensspielraum zu verstehen.

Das Rating muss nach hier vertretener Auffassung auf einem ordnungsgemäßen Ratingverfahren beruhen und im Bemühen um objektive Richtigkeit muss darauf aufbauend ein hinreichend nachvollziehbares Rating abgeleitet werden. Hinreichende Nachvollziehbarkeit bedeutet nach hier vertretener Auffassung einen engeren Ermessensspielraum gegenüber der bisher h.M., die den recht weiten Ermessensspielraum aus der Warentest-Rechtsprechung heranzieht.

Auch wenn, wie oben aufgezeigt, ein ordnungsgemäßes Verfahren nicht zwingend zu einem zutreffendem Ratingergebnis führen muss, so liegt es auf der Hand, dass die Wahrscheinlichkeit eines objektiv zutreffenden Ratingergebnisses sinkt, je mehr Fehler das Ratingverfahren aufweist. Der Ermessensspielraum der Ratingagenturen muss also sinken, wenn das Ratingverfahren nachweislich Fehler aufweist. Umso mehr Fehler das Verfahren aufweist, umso weniger sollte es Ratingagenturen erlaubt sein, sich hinsichtlich des Ratingergebnisses auf gerichtlich eingeschränkt überprüfbare Ermessensspielräume zu berufen. Je fehlerhafter und unnachvollziehbarer das Ratingverfahren ist, desto geringer muss der Ermessensspielraum im Hinblick auf das Ratingergebnis ausfallen. Im Extremfall eines völlig unzureichenden Verfahrens, muss bereits prima facie auf ein fehlerhaftes Ergebnis geschlossen werden.

Somit ist festzuhalten, dass eine haftungsbegründende Pflichtverletzung entweder ein Fehler im Ratingverfahren oder ein Fehler im Ratingergebnis sein kann, wobei bei letzterem ein enger Ermessensspielraum besteht.

III. Vertragliche Anspruchsgrundlagen beim beauftragten Rating

In Bezug auf das Erstrating kann der Emittent die sich aus § 634 BGB ergebenen Mängelrechte geltend machen.[837] Erhöhte Finanzierungskosten in Form erhöhter Zinszahlungen sind gem. § 634 Nr. 4 i.V.m § 280 Abs. 1 BGB geltend zu machen. Das Verschulden der Ratingagentur wird gem. § 280 Abs. 1 S. 2 BGB vermutet. Problematisch ist insbesondere der Nachweis des Kausalzusammenhangs zwischen Pflichtverletzung und Schaden. Denn ein Schaden in Form erhöhter Finanzierungskosten setzt erhöhte Finanzierungskosten gegenüber einem hypothetisch besseren Rating voraus. Der Nachweis, dass sich die Pflichtverletzung der Ratingagentur auf das Rating ausgewirkt hat, dieses also ohne Pflichtverletzung besser ausgefallen wäre, wird jedoch oftmals nur schwer zu erbringen sein.[838]

§ 16 Deliktische Haftung gegenüber dem Emittenten

Eine deliktsrechtliche Haftung von Ratingagenturen kommt mangels vertraglicher Beziehung mit dem Emittenten insbesondere beim unbeauftragten Rating in Betracht. Umgekehrt sind beim beauftragten Rating deliktsrechtliche Ansprüche möglich, wobei Anspruchskonkurrenz zu vertraglichen Ansprüchen besteht.[839] Da § 823 Abs. 1 BGB nur bestimmte absolute Rechtsgüter schützt, aber nicht das Vermögen als solches,[840] ist die Ausgangslage des Emittenten jedoch naturgemäß schlechter als beim beauftragten Rating. In Betracht kommen jedoch Ansprüche aus sittenwidriger Schädigung, § 826 BGB, aus Kreditgefährdung, § 824 BGB, aus der Verletzung des Rechts am Gewerbebetrieb als „sonstigem Recht“ i.S.d. § 823 Abs. 1 BGB und aus der Verletzung eines Schutzgesetzes i.V.m. § 823 Abs. 2 BGB.

I. Anspruch aus vorsätzlicher sittenwidriger Schädigung, § 826 BGB

Ein Anspruch aus § 826 BGB bedarf ausweislich des Wortlauts der Norm einer vorsätzlichen sittenwidrigen Schädigung eines anderen. Die stiefmütterliche Behandlung der Norm im Zusammenhang mit der Haftung von Ratingagenturen wird ihrer Bedeutung als Zentralnorm des deliktischen Vermögensschutzes,

837 Vgl. Habersack/Mülbert/Schlitt/*Göres*, HdB Kapitalmarktinformation, § 31, Rn. 44.

838 Vgl. etwa Habersack/Mülbert/Schlitt/*Göres*, HdB Kapitalmarktinformation, § 31, Rn. 49: „wird nur im Ausnahmefall gelingen“.

839 Sog. Kumulationsprinzip, vgl. MüKo/*Wagner*, Vor § 823 BGB, Rn. 78.

840 Vgl. nur *Kötz/Wagner*, Deliktsrecht, Rn. 164.

die etwa bei der Durchgriffshaftung gegen GmbH-Gesellschafter[841]oder Vorstandsmitglieder einer börsennotierten AG im Zusammenhang mit fehlerhaften Ad-hoc Mitteilungen[842] besondere Bedeutung erlangt, nicht gerecht.[843] Zumeist wird die Möglichkeit einer Haftung von Ratingagenturen nach § 826 BGB mit einem kurzen Hinweis auf die Beweisschwierigkeiten im Zusammenhang mit dem Nachweis des Schädigungsvorsatzes oder der Sittenwidrigkeit abgetan.[844] Dies greift zu kurz und ist genauer zu untersuchen.

In subjektiver Hinsicht ist im Rahmen von § 826 BGB bedingter Schädigungsvorsatz, also das Bewusstsein, dass die Schädigung im Bereich des Möglichen liegt und die billigende Inkaufnahme des Schädigungsrisikos ausreichend.[845] Objektiv leichtfertiges Handeln ist, genau wie das Handeln trotz hoher Wahrscheinlichkeit des Schadenseintritts, ein Indiz für vorsätzliches Handeln.[846] Übertragen auf Ratingfälle heißt das, dass jedenfalls (die wohl eher theoretischen) Fälle der Veröffentlichung bewusst fehlerhafter Ratings unter § 826 BGB fallen.[847] Da es der BGH für die Annahme von Vorsatz aber auch ausreichen lässt, dass der Schädiger so leichtfertig gehandelt hat, dass er eine Schädigung des anderen Teils in Kauf genommen hat,[848] kann die Haftung nach § 826 BGB nicht damit ihr Bewenden haben, dass die Ratingagentur bewusst ein zu niedriges Rating publiziert. Eine Haftung von Ratingagenturen nach § 826 BGB kommt vielmehr bereits dann in Betracht, wenn ein Rating publiziert wird, von dessen Richtigkeit die Ratingagentur angesichts ihres grob sorgfaltswidrigen Vorgehens nicht mehr überzeugt sein kann und damit ein fehlerhaftes Rating und einen entsprechenden Schaden beim Emittenten billigend in Kauf nimmt.[849] Freilich erscheint auch der Beweis eines solchen durch um objektive Umstände konkretisierten Schädigungsvorsatzes nicht einfach, jedoch keineswegs unmöglich.

---

841 BGHZ 173, 246 = NJW 2007, 2689 („Trihotel").

842 BGH ZIP 2004, 1270 („EM.TV"); BGHZ 160, 134 („Infomatec I").

843 Vgl. *Kötz/Wagner*, Deliktsrecht, Rn. 250; *Wagner* in: FS Blaurock, 467, 477.

844 *Haar*, NZG 2010, 1281, 1285; *Krämer*, in: Hadding/Hopt/Schimansky, Internes und externes Rating, S. 3, 24; *Peters*, S. 50; *Wildmoser/Schiffer/Langoth*, RIW 2009, 657, 664.

845 *Kötz/Wagner*, Deliktsrecht, Rn. 269.

846 Vgl. MüKo/*Wagner*, § 826 BGB, Rn. 30 ff.

847 *Ebenroth/Daum*, WM 1992 (Sonderbeilage Nr. 5), 1, 7; *Habersack*, ZHR 169 (2005), 185, 209; *Schuler*, S. 209; *Vetter*, WM 2004, 1704, 1708.

848 BGHZ 176, 281, Rn. 46.

849 Ähnlich *Wagner* in: FS Blaurock, 467, 478.

In objektiver Hinsicht setzt § 826 BGB einen Verstoß gegen die „guten Sitten“ voraus. Während die Konkretisierung dieses Tatbestandsmerkmals im Detail äußerst umstritten ist,[850] legt die Rechtsprechung letztlich ähnliche Kriterien wie beim Vorsatz an. So liegt ein Verstoß gegen die guten Sitten etwa vor, wenn ein leichtfertiges Verhalten als Gewissenlosigkeit oder grobe Rücksichtlosigkeit zu werten ist.[851] Kann der Anspruchsteller zudem bedingten Vorsatz im Sinne eines grob sorgfaltswidrigen Vorgehens nachweisen, wird gleichwohl wahrscheinlich auch der Nachweis gelingen, dass das Rating fehlerhaft ist. Eine eingehendere Beschäftigung mit den Tatbestandsmerkmalen soll im Rahmen der Erläuterung der Haftung von Ratingagenturen gegenüber Anlegern erfolgen,[852] da § 826 BGB als Anspruchsgrundlage des Emittenten aufgrund der höheren Tatbestandsvoraussetzungen gegenüber einem vertraglichen Schadensersatzanspruch, oder einem Anspruch nach § 824 Abs. 1 BGB, wenig Relevanz hat.

II. Anspruch aus Kreditgefährdung, § 824 Abs. 1 BGB

Ein Anspruch aus Kreditgefährdung gem. § 824 BGB setzt voraus, dass der Anspruchsgegner der Wahrheit zuwider einer Tatsache behauptet oder verbreitet, die geeignet ist, den Kredit eines anderen zu gefährden oder sonstige Nachteile für dessen Erwerb oder Fortkommen herbeizuführen. Die Vorschrift setzt insbesondere voraus, dass unwahre Tatsachen mitgeteilt werden, nicht bloße Werturteile. Vor abwertenden Meinungsäußerungen und Werturteilen bietet § 824 BGB hingegen keinen Schutz.[853] Unstreitig kommt eine Haftung nach § 824 BGB dann in Betracht, wenn in der publizierten Analyse zu einem Rating falsche Tatsachenbehauptungen enthalten sind.[854] Ob hingegen das Rating an sich als Tatsache oder Meinung einzuordnen ist, ist höchst umstritten.

Nach der wohl h.M. sind Ratings als von Art. 5 Abs. 1 GG geschützte Meinungsäußerungen anzusehen, weshalb eine Haftung gem. § 824 Abs. 1 BGB nach dieser Ansicht ausscheidet.[855] Teilweise wird einschränkend vertreten, dass Ratings im unteren *investment grade*-Bereich die Tatsachenbehauptung

---

850 Vgl. MüKo/*Wagner*, § 826 BGB, Rn. 9 ff.

851 BGH WM 1985, 1531; vgl. *Vetter*, WM 2004, 1704, 1708; MüKo/*Wagner*, § 826 BGB, Rn. 31 m.w.N.

852 § 19 II.

853 BGHZ 166, 84 = NJW 2006, 830 („Kirch“); BGH NJW 2011, 2204.

854 KG, WM 2006, 1432, 1433; MüKo/*Wagner*, § 826 BGB, Rn. 139.

855 Habersack/Mülbert/Schlitt/*Göres*, Hdb Kapitalmarktinformation, § 25, Rn. 45; MüKo/*Wagner*, § 826 BGB, Rn. 139; *Deipenbrock*, BB 2003, 1849, 1852; *Eisen*, S. 309; *Stemper*, S. 168 f.; *Vetter*, WM 2004, 1701, 1707; *Witte/Hrubesch*, ZIP 2004, 1346, 1350.

innewohne, dass der Emittent bereits gegenwärtig in finanziellen Schwierigkeiten sei,[856] oder eine Haftung nach § 824 Abs. 1 BGB dann in Betracht komme, wenn eine Ratingagentur eine Analyse publiziert hat, in der falsche Tatsachenbehauptungen enthalten sind.[857] Jüngere Stimmen in der Literatur sehen Ratings hingegen schwerpunktmäßig als Tatsachenbehauptungen an, weil sie auf einer faktenbasierten und in weiten Teilen standardisierten Analyse beruhen.[858]

1. *Grundsätzliche Abgrenzungskriterien*

Für die Einstufung einer Aussage als Tatsachenbehauptung kommt es nach ständiger Rechtsprechung darauf an, ob die Aussage einer Überprüfung auf ihre Richtigkeit mit Mitteln des Beweises zugänglich ist.[859] Demgegenüber sind Werturteile durch die subjektive Beziehung des sich Äußernden zum Inhalt der Aussage und durch die Elemente der Stellungnahme und des Dafürhaltens gekennzeichnet und lassen sich daher nicht als wahr oder unwahr erweisen.[860]

Bei Äußerungen, die sowohl Tatsachenbehauptungen als auch Meinungsäußerungen oder Werturteile enthalten, kommt es auf den Kern oder die Prägung der Aussage an, insbesondere darauf, ob die Äußerung insgesamt durch ein Werturteil geprägt ist und ihr Tatsachengehalt gegenüber der subjektiven Wertung daher in den Hintergrund tritt, oder aber ob überwiegend, wenn auch vermischt mit Wertungen, über tatsächliche Vorgänge oder Zustände berichtet wird.[861] Zur Ermittlung des Aussagegehalts ist auf die Perspektive eines objektiven verständigen Empfängers abzustellen.[862] Es kommt weder darauf an, wie der Erklärende die Aussage gemeint hat, noch wie der Empfänger sie aufgefasst hat, entscheidend ist vielmehr das tatsächliche Wahrnehmungsverhalten einer Durchschnittsperson aus dem jeweiligen Adressatenkreis.[863]

---

856 *Peters*, S. 54, *Stemper*, S. 169, *Arntz*, BKR 2012, 89 93.

857 MüKo/*Wagner*, § 826 BGB, Rn. 139.

858 *Hellgardt*, Kapitalmarktdeliktsrecht, S. 54 f.; *Schuler*, S. 205.

859 BVerfGE 94, 1, 8; BGHZ 166, 84 = NJW 2006, 830 („Kirch"); BGH NJW 2005, 279, 281;

860 BVerfGE 85, 1, 15 = NJW 1992, 1439, 1440; BGHZ 139, 95, 102 = NJW 1998, 3047 f.; vgl. MüKo/*Wagner*, § 824 Fn. 14 ff. m.w.N.

861 BVerfGE 61, 1, 8 f. = NJW 1983, 1415; BGHZ 166, 84 = NJW 2006, 830, 836 („Kirch") m.w.N.

862 MüKo/*Wagner*, § 824 BGB, Rn. 11.

863 BVerfGE 82, 272, 282 f. = NJW 1991, 95 f.; BVerfG NJW 1994, 2943 f. („Soldaten sind Mörder"); vgl. MüKo/*Wagner*, § 824 BGB, Fn. 23 m.w.N.

2. *Übertragung auf Ratingagenturen*

Aus letztgenanntem lässt sich bereits unschwer folgern, dass die gebetsmühlenartige Wiederholung seitens der Ratingagenturen, ihre Ratings seien lediglich subjektive Meinungsäußerungen, für die rechtliche Einordnung des Ratings als Tatsache oder Werturteil nicht relevant ist. Adressaten des Ratings sind primär professionelle und private Investoren. Entscheidend ist daher, ob das Rating aus der Sicht eines verständigen, objektiven Anlegers als Tatsache oder Werturteil angesehen wird. Für eine Einordnung als Werturteil streiten im Wesentlichen zwei Aspekte. Zum einen der prognostische und zum anderen der subjektive Charakter des Ratings.

Im Rahmen des Ratingverfahrens werden vergangene und aktuelle quantitative und qualitative Unternehmensdaten analysiert. Insbesondere die Analyse qualitativer Aspekte wie Geschäftsführung, Geschäftsmodell und Marktentwicklung unterliegen der subjektiven Einschätzung der Analysten. Gleiches gilt auch für die das Ratingverfahren abschließende Ableitung eines Ratingergebnisses.[864] Das Rating ist zudem eine zukunftsgerichtete Prognose über die künftige Fähigkeit des Emittenten seinen Verbindlichkeiten nachzukommen. Aussagen über zukünftige Ereignisse sind aber aufgrund ihrer mangelnden Beweisbarkeit grundsätzlich keine Tatsachen.[865] Allerdings ist zu bedenken, dass eine Aussage über die zukünftige Fähigkeit seinen Verbindlichkeiten nachzukommen eben auch eine Aussage über die aktuelle Kreditwürdigkeit beinhaltet.[866] Die Analyse zahlreicher quantitativer Daten als „hard facts“[867] nach anerkannten wirtschaftswissenschaftlichen Erkenntnissen stellt die objektive Seite des Ratingverfahrens dar.

3. *Stellungnahme: Rating als Tatsache*

Daher ist das Rating letztlich als Mischtatbestand zwischen Tatsache und Werturteil anzusehen, bei der nach deren Schwerpunkt zu fragen ist und es letztlich

---

864 Vgl. *Stemper*, S. 168; *Witte/Hrubesch*, ZIP 2004, 1346, 1350.

865 Vgl. BGH NJW 1998, 1223 f.; MüKo/*Wagner*, § 824 BGB Rn. 21.

866 Vgl. *M & T Bank Corp. v Gemstone CDO VII, Ltd.* No. 7064/08, WL 921381 (Erie County S.C. 2009): "Ratings by Moody's and S & P are not just predictions of future valuation but a present analysis of current valuation. Such ratings have been highly regarded and eagerly sought for years. To characterize them merely as predictions or opinions would undercut the necessary reliability such ratings furnish in the world of credit.".

867 Vgl. *Witte/Hrubesch*, ZIP 2004, 1346, 1350.

darauf ankommt, ob die Äußerung insgesamt durch die Elemente der Stellungnahme, des Dafürhaltens oder Meinens geprägt ist, weil ihr Tatsachengehalt so substanzarm ist, dass er gegenüber der subjektiven Wertung in den Hintergrund tritt.[868]

Betrachtet man die Ereignisse während der Finanzmarktkrise, so erscheint es äußerst fraglich, ob es wirklich substanzarme, subjektive Meinungen waren, die wesentlich dazu beitragen konnten, dass die Finanzkrise ein derart gravierendes Ausmaß annehmen konnte. Der Aussagegehalt von Ratings an den Kapitalmärkten ist unbestreitbar hoch. Ratings sind für Investoren ein wesentliches Kriterium im Rahmen ihrer Anlageentscheidung und für Emittenten ein wesentlicher Faktor, der über den Erfolg am Kapitalmarkt entscheidet. Auch die regulatorische Indienstnahme des Ratings durch den Gesetzgeber,[869] unterstreicht die Bedeutung, aber auch die Objektivität des Ratings. Im Hinblick auf die Subjektivität des Ratings ist ferner anzumerken, dass die qualitativen Kriterien und die Ableitung der Ratingnote zwar nicht streng objektiv ablaufen können, das Rating aber nur durch ein Bemühen um möglichst hohe Objektivität auch in diesem Bereich einen Aussagegehalt erhält, der am Markt akzeptiert wird. So kann ein Analyst die Geschäftsleitung, das Geschäftsmodell oder die Marktentwicklung nicht einfach nach persönlicher Sympathie und eigenem Gutdünken bewerten. Er wird vielmehr im Bemühen um Objektivität auch diese Aspekte in Bezug zu anderen äußeren Geschehnissen setzen und sie etwa aufgrund historischer Entwicklungen oder Vergleichen zu anderen Unternehmen oder Branchen rationalen Erwägungen unterziehen. Der Einwand der Subjektivität verliert nicht zuletzt durch die immer stärkere Verwendung standardisierter und rein quantitativer Ratingsysteme an Schlagkraft.[870]

Der Einwand des Prognosecharakters des Ratings muss sich dem der Situationsbezogenheit stellen. Die Tatsache, dass das Rating nicht nur eine Prognose über die zukünftige Fähigkeit Zahlungsverpflichtungen nachzukommen, sondern zugleich ein Urteil über die aktuelle Bonität ist, manifestiert sich an konkreten Umständen. So gibt die mittlerweile übliche laufende Überwachung des Ratings, die zu Herauf- oder Herabstufungen führen kann, dem Rating den Charakter einer Momentaufnahme[871] und liefert dem Kapitalmarkt einen dynamischen Informationswert. Verschlechtert sich etwa das Rating, ist mit

---

868 BVerfG NJW 1983, 1415; BGH NJW 1982, 2246; vgl. Palandt/*Sprau*, § 824 BGB, Rn. 4.
869 Siehe dazu Kapitel 2, Abschnitt 2.
870 Vgl. *Hellgardt*, Kapitalmarktdeliktsrecht, S. 54 f.; *Schuler*, S. 205.
871 Zutreffend *Arendts*, WM 1993, 229, 230; *Mühl*, S. 101.

Kursverlusten und Desinvestitionen bei betroffenen Wertpapieren zu rechnen. Über Rating-Trigger-Klauseln erhöhen sich an anderer Stelle unmittelbar die Zinszahlungen. Das Rating ist eben nicht nur als einmalige Prognose für Investoren am Primärmarkt, die eine Anleihe bis zum Laufzeitende halten wollen, von Bedeutung, sondern gerade auch für Anleger, die am Sekundärmarkt tätig sind. Auch für den Emittenten ist die Fungibilität am Sekundärmarkt wichtig. Das Rating hat hier dynamischen Informationswert, der am Markt auch so wahrgenommen wird. Die einseitige Betonung des Prognosecharakters gegenüber dem Gegenwartsbezug wird dem Rating daher nicht gerecht.

Die Argumentation, weshalb das Rating von der h.M. als Meinung angesehen wird, ist zudem teilweise zirkulär. Von der Notwendigkeit eines Ermessensspielraums wird auf das Vorliegen einer Meinung und die Anwendbarkeit des Tatbestandes § 823 Abs. 1 BGB geschlossen, sodann die Parallele mit der Warentest-Rechtsprechung gezogen, um dann erneut den Ermessensspielraum auf das Maß der Warentest-Rechtsprechung zu erhöhen und diesen sodann als unkonturiertes Pflichtenprogramm auf die vertragliche Ebene zu transferieren. Ähnlich widersprüchlich ist auch jüngere Rechtsprechung, die Scorings[872] nur dann als Meinungsäußerungen ansieht, wenn diese auf einer zutreffenden Tatsachengrundlage beruhen.[873] Vorzugswürdig und konsequenter wäre es, das Rating generell als dem Beweis zugängliche Tatsachenbehauptung anzusehen und im Falle eines fehlerhaften Ratings eine fehlerhafte Tatsachenbehauptung i.S.v. § 824 Abs. 1 BGB zu sehen.

Nicht zuletzt sei noch einmal daran erinnert, dass eine Tatsache einer Überprüfung auf ihre Richtigkeit oder Unrichtigkeit lediglich zugänglich sein muss. Auf die Beweisbarkeit in jedem Einzelfall kann es also gar nicht ankommen. Die Aussage muss auf Richtigkeit oder Unrichtigkeit lediglich überprüfbar sein. Die h.M. kann den Ratingagenturen im Hinblick auf eine etwaige Fehlerhaftigkeit des Ratings noch so große Ermessensspielräume einräumen, solange man anerkennt, dass das Rating nicht nach völligem Belieben abgegeben werden kann, so ist es denknotwendig zumindest grundsätzlich einer Überprüfung auf seine Richtigkeit oder Unrichtigkeit zugänglich.[874]

---

872 Siehe zur Abgrenzung Rating – Scoring § 1 VII.

873 BGH NJW 2011, 2204, 2205; OLG Frankfurt, NJOZ 2015, 1913.

874 Somit ist auch die Einordnung einer Bonitätsauskunft einer Auskunftei als Meinung in BGH NJW 2011, 2204 f. kritikwürdig. Im Unterschied zum Rating wird diese jedoch von einem Dritten und nicht vom bewerteten Unternehmen in Auftrag gegeben, wodurch, anders als beim beauftragten Rating, keine Insiderinformationen zur Verfügung stehen, vgl. *Arendts*, WM 1993, 229 f. Einen weiteren Unterschied stellt

Dass das Rating angesichts seiner Bedeutung im Wesentlichen durch die Elemente der Stellungnahme, des Meinens oder Dafürhaltens geprägt sein soll, kann nicht überzeugen. Diese aus dem pluralistischen Meinungskampf bekannten Kriterien sichern den offenen, gesellschaftlichen Diskurs vor dem Hintergrund von Art. 5 Abs. 1 GG ab. Sie passen nicht zu Ratings, denen gerade aufgrund ihrer Substantiiertheit eine derart hohe wirtschaftliche Bedeutung zukommt. Geht man davon aus, dass § 824 BGB gerade solche Äußerungen deprivieren will, denen aufgrund ihres Anscheins subjektiver Konsensfähigkeit besondere Bedeutung im Meinungsbildungsprozess zukommt, sodass sie nicht lediglich als irgendeine mögliche Meinung Dritter zur Kenntnis genommen werden,[875] so ist die Einordnung des Ratings als schwerpunktmäßige Tatsache dogmatisch deutlich naheliegender als die Einordnung als Meinung. Auch in den USA, wo Ratings von der Rechtsprechung lange Zeit als Meinungen eingestuft und so haftungsrechtlich privilegiert wurden (sog. „*first amendment defense*") zeigt sich in der jüngeren Rechtsprechung eine Trendumkehr.[876] Somit ist festzuhalten, dass nach hier vertretener Ansicht das Rating einen Mischtatbestand zwischen Meinung und Tatsache darstellt, der Schwerpunkt jedoch im Tatsachenbereich zu verorten ist.[877]

4. *Weitere Anspruchsvoraussetzungen*

Eine Kreditgefährdung ist die Erschütterung des Vertrauens Dritter in die Zahlungsfähigkeit des Betroffenen.[878] Dass ein negatives Rating die Finanzierungskosten eines Emittenten deutlich erhöhen, oder die (Re-)Finanzierung gar unmöglich machen und somit kreditgefährdend i.S.d. § 824 BGB sein kann, ist offenkundig. Unwahrheit i.S.d. § 824 liegt vor, wenn der Aussagegehalt der Äußerung mit dem objektiven Sachverhalt nicht übereinstimmt.[879] Dass beim Rating ein begrenzter Ermessensspielraum im Hinblick auf das Ratingergebnis besteht, muss bei der Auslegung des Tatbestandsmerkmals „der Wahrheit zuwider" berücksichtigt werden.

---

die regulatorische Indienstnahme des Ratings gegenüber eine gewöhnlichen Kreditauskunft dar.

875 Vgl. hierzu grundlegend MüKo/*Wagner*, § 824 BGB, Rn. 19.

876 Siehe § 26 III.

877 So i.E. auch *Hellgardt*, Kapitalmarktdeliktsrecht, S. 54 f.; *Schuler*, S. 206 f.

878 Vgl. MüKo/*Wagner*, § 824 BGB, Rn. 37 f. m.w.N.

879 Palandt/*Sprau*, § 824 BGB, Rn. 7.

Ein Anspruch nach § 824 BGB kann ferner an § 824 Abs. 2 BGB scheitern. Hiernach haftet der Mitteilende nicht, wenn die Unwahrheit der Mitteilung unbekannt ist und er oder der Empfänger ein berechtigtes Interesse an der Mitteilung hat. Empfänger des Ratings ist nicht nur der Emittent, sondern auch der Investor.[880] Veröffentlicht die Ratingagentur also fahrlässig ein fehlerhaftes Rating, kommt es auf das berechtigte Interesse seitens des Empfängers an. Im Rahmen von § 824 Abs. 2 BGB hat eine Gesamtabwägung aller Interessen zu erfolgen.[881] Auch wenn das Rating schwerpunktmäßig als Tatsache einzustufen ist, so fällt es doch als Mischtatbestand jedenfalls auch in den Schutzbereich des Art. 5 Abs. 1 GG. Konkret wird die Güterabwägung jedoch durch die Sorgfaltsanforderungen an die ordnungsgemäße Ratingerstellung determiniert. Liegt ein fehlerhaftes Rating vor, so fällt die Güterabwägung zu Lasten der Ratingagentur aus. Dies lässt sich bereits am Wortlaut von § 824 Abs. 2 BGB festmachen. Ein berechtigtes Interesse i.S.d. § 824 Abs. 2 BGB hat der Kapitalmarkt nicht schon an der Veröffentlichung des Ratings an sich. Nur ein zutreffendes Bonitätsurteil liegt im berechtigten Interesse von Emittenten und Investoren.

5. *Ergebnis*

Ratingagenturen haften somit nach hier vertretener Ansicht gegenüber dem Emittenten gem. § 824 Abs. 1 BGB. Relevant ist der Haftungstatbestand insbesondere bei unbeauftragten Ratings, da der Emittent dann keinen vertraglichen Schadensersatzanspruch gem. § 280 Abs. 1 BGB geltend machen kann. Das Rating stellt sich als Mischtatbestand zwischen Tatsache und Werturteil dar, wobei der Schwerpunkt im Regelfall im Tatsachenbereich zu verorten ist.

III. Ersatzfähige Schäden

Ersatzfähig sind insbesondere die dem Emittenten durch ein zu negatives Rating entstehenden zusätzlichen Kapitalkosten. Je schlechter das Rating ausfällt, umso höher sind die Zinskosten, die der Emittent aufbringen muss.[882] Auch Kosten im Hinblick auf Verträge, die durch Rating-Trigger-Klauseln Bezug auf das Rating nehmen, gehören zu den durch ein zu negatives Rating verursachten typischen Schäden. Es erscheint darüber hinaus durchaus denkbar, dass potentielle

---

880 Vgl. *Hellgardt*, Kapitalmarktdeliktsrecht, S. 55 f.

881 Palandt/*Sprau*, § 824 BGB, Rn. 9.

882 Vgl. *Blaurock*, ZGR 2007, 603, 611.

Vertragspartner von zukünftigen Geschäften und Verträgen mit dem Emittenten Abstand nehmen. Auch dies stellt gem. § 252 BGB einen Schaden dar.

IV. Haftungsausschlüsse

Ratingverträge enthalten stets umfassende Haftungsausschlüsse zugunsten der jeweiligen Ratingagentur.[883] Umfassen diese auch Vorsatz, sind sie bereits gem. § 276 Abs. 3 BGB unwirksam. Da es sich um für eine Vielzahl von Verträgen vorformulierte Haftungsausschlüsse handelt und diese von den Ratingagenturen einseitig gestellt werden, sind diese hinsichtlich fahrlässigen Fehlverhaltens an den §§ 305 ff. BGB zu messen. Sowohl bei Ratingagenturen, als auch beim Emittenten handelt es sich um Unternehmer i.S.d. § 14 BGB. Die Klauselverbote der §§ 308, 309 BGB gelten somit nicht unmittelbar, sondern werden gem. § 310 Abs. 1 S. 2 BGB bei der Auslegung der „unangemessenen Benachteiligung" i.S.d. § 307 BGB mit Rücksicht auf die im Handelsverkehr geltenden Gewohnheiten

---

883 Die Freizeichnungsklausel von Moody's lautet beispielsweise: „Under no circumstances shall MOODY'S have any liability to any person or entity for (a) any loss or damage in whole or in part caused by, resulting from, or relating to, any error (negligent or otherwise) of other circumstance or contigency within or outside the control of MOODY'S or any of its directors, officers employees or agents in connection with the procurement, collection, compilation, analysis, interpretation, communication, publication, or delivery of any of such information, or (b) any direct, indirect, special, consequential, compensatory or incidental damages whatsoever (including without limitation, lost profits), even if MOODY'S is advised in advance of the possibility of such damages, resulting from the use of or inability to use, any such information. The scores, credit ratings, and financial reporting analysis observations, if any, constituting part of Moody's Information contained herein are, and must be construed solely as, statements of opinion and not statements of fact or recommendations to purchase, sell or hold any securities. NO WARRANTY, EXPRESS OR IMPLIED, AS TO THE ACCURACY, TIMELINESS, COMPLETENESS, MERCHANTABILITY OR FITNESS FOR ANY PARTICULAR PURPOSE OF ANY SUCH SCORE, RATING, OR OTHER OPINION OR MOODY'S INFORMATION IS GIVEN OR MADE BY MOODY'S IN ANY FORM OR MANNER WHATSOEVER. Each score, rating, or other opinion must be weighed solely as one factor in any investment decision made by or on behalf of any user of the information contained herein, and each such user must accordingly make its own study and evaluation of each security and of each issuer and guarantor of, and each provider of credit support for, each security that it may consider purchasing, holding or selling." Zitiert nach *Wagner* in: FS Blaurock, 467, 485 f.; Vgl. auch Habersack/Mülbert/Schlitt/*Göres*, HdB Kapitalmarktinformation, § 32, Fn. 183; www.moodysanalytics.com.

und Gebräuche berücksichtigt. Gem. § 310 Abs. 1 S. 2 BGB findet über die Generalklausel des § 307 Abs. 2 Nr. 2 BGB das Klauselverbot des § 309 Nr. 7 b) BGB also auch im Fall von Unternehmern Anwendung, mit der Folge der Unwirksamkeit der Freizeichnung von grober Fahrlässigkeit.

Auch ein Haftungsausschluss für einfache Fahrlässigkeit kann gem. § 307 Abs. 1 i.V.m. Abs. 2 Nr. 2 BGB unwirksam sein, wenn hierdurch wesentliche Vertragspflichten, sog. Kardinalpflichten, so eingeschränkt werden, dass der Vertragszweck gefährdet wird.[884] Kernpflichten der Ratingagentur sind insbesondere die ordnungsgemäße Erstellung und Überwachung des Ratings nach den erläuterten Maßstäben.[885] Ein diesbezüglicher Haftungsausschluss stellt einen Haftungsausschluss für vertragliche Kardinalpflichten dar und ist somit gem. § 307 Abs. 1 i.V.m. Abs. 2 Nr. 2 BGB unwirksam. Dem entspricht es, dass auch bei Auskunftsverträgen über die Art der Geldanlage eine formularmäßige Haftungsfreizeichnung nicht möglich ist.[886] Pauschale Haftungsausschlüsse sind aufgrund des Verbots geltungserhaltender Reduktion regelmäßig gänzlich unwirksam.[887] Somit sind die Freizeichnungsklauseln deutlich schwächer als sie zunächst erscheinen mögen.[888]

V. Zusammenfassung: Haftung gegenüber dem Emittenten

Für die Frage der Haftung von Ratingagenturen gegenüber dem bewerteten Emittenten ist zunächst zwischen beauftragtem und unbeauftragtem Rating zu unterscheiden. Beim beauftragten Rating kommt ein Ratingvertrag zustande. Dieser ist als Werkvertrag i.S.v. § 631 BGB einzuordnen. Ein fehlerhaftes Rating stellt eine Pflichtverletzung i.S.v. § 280 Abs. 1 BGB dar. Aufgrund des eingeschränkt prognostischen und subjektiven Charakters besteht jedoch ein gewisser Ermessensspielraum im Hinblick auf das Ratingergebnis. Dieser kann jedoch angesichts der Bedeutung des Ratings nicht als bloßes Willkürverbot verstanden werden. Es muss nach hier vertretener Auffassung ein gegenüber der Warentest-Rechtsprechung strengerer Prüfungsmaßstab angelegt werden. Das Rating muss, aufbauend auf einem ordnungsgemäßen Ratingverfahren, im Bemühen um objektive Richtigkeit hinreichend nachvollziehbar sein. Die Pflichten der

884 Palandt/*Grüneberg*, § 309, Rn. 48.
885 Siehe § 15 II.
886 BGH NJW-RR 2001, 768, 769.
887 Vgl. Palandt/*Grüneberg*, § 306, Rn. 6 m.w.N.
888 So auch *Arntz*, BKR 2012, 89, 93.

Ratingagenturen zur ordnungsgemäßen Ratingerstellung lassen sich mit der Ratingverordnung und ergänzend mit dem IOSCO-Kodex konkretisieren.

Deliktischen Ansprüchen kommt insbesondere beim unbeauftragten Rating Bedeutung zu. Eine Haftung nach § 826 BGB ist entgegen verbreiteter Auffassung mehr als nur reine Theorie. Nach hier vertretener Auffassung ist zudem eine Haftung wegen Kreditgefährdung gem. § 824 Abs. 1 BGB möglich, da ein Rating schwerpunktmäßig als Tatsache anzusehen ist. Haftungsausschlüsse sind regelmäßig nach den §§ 307 ff. BGB zu beurteilen und unterliegen insofern strengen Anforderungen, denen pauschale Haftungsausschlüsse jedenfalls nicht gerecht werden. Während eine Haftung von Ratingagenturen gegenüber Emittenten im Regelfall des beauftragten Ratings wegen Vertragsverletzung dem Grunde nach durchaus in Betracht kommt, so ist die zentrale Herausforderung für die erfolgreiche Geltendmachung eines Anspruch stets, dass der Ratingagentur nachgewiesen werden kann, dass das Rating bei pflichtgemäßem Verhalten besser ausgefallen wäre, sprich, dass sich der in Rede stehende Verfahrensfehler auch auf das Rating ausgewirkt hat.[889]

§ 17 Vertragliche Haftung gegenüber Anlegern

Neben dem bewerteten Emittenten können auch Anleger Schäden durch fehlerhafte Ratings erleiden. Ist ein Emittent oder eine Emission zu positiv bewertet, kann einem Anleger auf verschiedene Weisen Schaden entstehen. Im schlimmsten Fall kann es sein, dass eine Anleihe gar nicht, oder nur zum Teil zurückgezahlt wird. Ein fälschlicherweise zu gut bewertetes Wertpapier kann am Sekundärmarkt zu einem zu hohen Preis erworben werden. Die Verzinsung eines zu gut bewerteten Wertpapiers fällt zudem geringer aus als bei schlechterer Bonität. Jedoch ist auch der Fall denkbar, dass bei einem zu negativen Rating der Kurs einer Anleihe über Gebühr fällt und der Anleger das Papier mit Verlusten zu einem Kurs verkauft, der nicht dem tatsächlichen Ausfallrisiko entspricht.

Auch für die Haftung von Ratingagenturen gegenüber Kapitalanlegern ist die Unterscheidung zwischen vertraglicher und außervertraglicher Haftung von zentraler Bedeutung. Während die Ratingagentur mit der allgemeinen Anlegerschaft im Normalfall in keinerlei vertraglicher Beziehung steht, beziehen institutionelle Investoren Ratings teilweise von der Ratingagentur über ein Abonnement. Es ist also zu unterscheiden zwischen Anlegern, die mit der Ratingagentur rechtsgeschäftlich verbunden sind und solchen die es nicht sind.

889 Siehe hierzu noch § 19 III.

I. Die Haftung gegenüber Anlegern aus Abonnementvertrag

Zunächst ist die Haftung gegenüber Anlegern, die mit der Ratingagentur einen Abonnementvertrag geschlossen haben, zu untersuchen. Durch den Abonnementvertrag verpflichtet sich die Ratingagentur den Abonnenten periodisch mit Ratings zu versorgen, der Abonnent zur Zahlung einer entsprechenden Gebühr.[890] Der Mehrwert für die Investoren besteht hierbei insbesondere in der zielgerichteten Information mit den gewünschten Ratings, sowie in detaillierteren Analysen und Berichten als sie in den öffentlich zugänglichen Ratings – wenn überhaupt – enthalten sind.[891] Der Bezug von Ratings gegen Entgelt durch Investoren kann durch die Belieferung mit gedruckten Periodika oder – und heute wohl von praktisch höherer Bedeutung – durch elektronischen Versand entsprechender Publikationen, etwa per email, oder durch Abruf auf der Internetpräsenz der Ratingagentur, erfolgen. Wie schon beim Ratingvertrag zwischen Ratingagentur und Emittenten sind für die Frage der Haftung die Rechtsnatur und der Vertragsinhalt eines solchen Bezugsvertrages zu untersuchen.

1. *Meinungsstand hinsichtlich Rechtsnatur und Inhalt des Abonnementvertrags über Ratings*

Der Abonnementvertrag ist gesetzlich nicht kodifiziert. Bei einem fortgesetzten Bezug von Sachen oder Dienstleistungen spricht man von einem Abonnementvertrag.[892] In Anlehnung an ein Zeitschriftenabonnement scheint es zunächst naheliegend, den Bezugsvertrag über externe Ratings als Kaufvertrag einzuordnen.[893] Hierbei ist jedoch zu beachten, dass es den Anlegern nicht primär auf die Übergabe und Übereignung der Publikation als solcher ankommt, sondern

---

890 Das OLG Frankfurt a.M. begründete bei einer Klage eines deutschen Anlegers (ohne Abonnementvertrag) gegen Standard & Poor's den besonderen Gerichtsstand des Vermögens gem. § 23 ZPO mit den in Deutschland belegenen Forderungen aus Abonnementverträgen, die sich nach Beweisaufnahme auf bis zu 4000 EUR pro Abonnent beliefen, vgl. OLG Frankfurt a.M., WM 2011, 2360; bestätigt durch BGH NJW 2013, 386.

891 Vgl. etwa *Lynch*, Case Western Reserve L. Rev. 2009, 227, 239, Fn. 57.

892 *Lehmann-Richter* in: Graf von Westphalen, Vertragsrecht und AGB-Klauselwerke, Abonnementvertrag, Rn. 1.

893 Doch bereits dessen Rechtsnatur ist nicht unumstritten: *Lehmann-Richter* in: Graf von Westphalen, Vertragsrecht und AGB-Klauselwerke, Abonnementvertrag, Rn. 5 sieht im Druckschriftenbezug eine Typenkombination aus Kauf und Dienstleistung (Anlieferung), die wohl h.M. sieht hierin einen reinen Kaufvertrag in Form eines Sukzessivlieferungsvertrages, vgl. BGH NJW 1978, 997 („Börsendienst").

auf die in ihr enthaltene Information, dem Rating. Aus diesem Grund wird eine kaufrechtliche Betrachtungsweise solcher Bezugsverträge über Ratings entweder für nicht sachgerecht gehalten,[894] oder aber eine Haftung abgelehnt, weil die inhaltliche Unrichtigkeit einer Publikation keinen kaufrechtlichen Sachmangel darstellen könne.[895]

Stets wird auf die *Börsendienst*-Entscheidung des BGH rekurriert, bei der ein Börseninformationsdienst seinen Abonnenten bestimmte Wertpapiere ausdrücklich zur Anlage empfohlen hatte und in der der BGH eine kaufrechtliche Betrachtungsweise allein für nicht sachgerecht hielt und die Haftung des Börsendienstes für die fehlerhafte Information auf die Verletzung einer neben die kaufvertraglichen Pflichten tretende Beratungspflicht stützte.[896] Begründet wurde diese Beratungspflicht nicht nur mit der ausdrücklichen Empfehlung bestimmter Wertpapiere, sondern auch mit den nicht unerheblichen Bezugskosten.[897] Anders als solche Börsendienste geben Ratingagenturen jedoch gerade keine Anlageempfehlungen für bestimmte Wertpapiere ab. Auch wenn das Rating ein wichtiges, möglicherweise entscheidendes, Investitionskriterium ist, treten die Ratingagenturen Anlegern gegenüber nicht als Berater in Bezug auf bestimmte Investitionen auf. Aus diesem Grund lehnt eine starke Literaturmeinung die Übertragbarkeit der *Börsendienst*-Entscheidung für Ratingfälle ab und verneint eine Haftung für die inhaltliche Richtigkeit derartiger Publikationen.[898]

Ein weiteres in diesem Zusammenhang oft zitiertes Judikat ist die *Nottestamentmappen*-Entscheidung des BGH.[899] Hierin ging es um die (fehlerhafte) Anleitung für die Beurkundung von Nottestamenten. Der Hersteller pries die Anleitung zur Errichtung von Nottestamenten mit der Aussage an, dass sie den jeweiligen Gemeinden „jede Sorge vor Irrtümern und unabsehbaren Haftungskosten" nehme.[900] Aus diesen Werbeaussagen und dem Bestimmungszweck der Mappe leitete der BGH eine zugesicherte Eigenschaft i.S.d. § 459 Abs. 2 BGB a.F. ab und lies den Hersteller der Mappe wegen Nichterfüllung gem. § 463 BGB a.F. haften.[901] Die Übertragung dieser Entscheidung auf Ratingbezugsverträge

894 Vgl. etwa *Lampe*, S. 103.
895 Vgl. *Stemper*, S. 173; *Wagner* in: FS Blaurock, 467, 475 f.
896 BGH NJW 1978, 997, 998.
897 BGH NJW 1978, 997.
898 *Deipenbrock*, BB 2003, 1849, 1852; *Ebenroth/Daum*, WM 1992 (Sonderbeilage Nr. 5), 1, 12; *Krämer*, in: Hadding/Hopt/Schimansky, Internes und externes Rating, S. 3, 24; *Vetter*, WM 2004, 1701, 1708; *Wagner* in: FS Blaurock, 467, 475 f.
899 BGH NJW 1973, 843.
900 BGH NJW 1973, 843, 845.
901 BGH NJW 1973, 843, 844 f.

wurde jedoch abgelehnt, da Ratingagenturen gerade keine derartigen werbenden Aussagen tätigten, sondern vielmehr deutlich machten, mit der Veröffentlichung keine Zusicherung über die Richtigkeit der Ratings zu machen.[902]

Teilweise wird in Anlehnung an die *Börsendienst*-Entscheidung eine Haftung für die inhaltliche Richtigkeit aus einer rein kaufrechtlichen Betrachtung heraus abgelehnt, jedoch ein über den Kaufvertrag hinausgehender *Auskunfts*vertrag angenommen und eine Haftung hieraus bejaht.[903] Wiederum andere sehen in dem bezugsrechtlichen Verhältnis eine Geschäftsbesorgung i.S.d. § 675 BGB.[904] Letztere kann jedoch ebenso wenig wie im Verhältnis zwischen Ratingagentur und Emittenten angenommen werden, denn auch auf das Verhältnis zwischen Ratingagentur und Anleger passen die sich aus §§ 675 Abs. 1, 665 BGB ergebenden Rechtsfolgen nicht. Denn auch dem Anleger gegenüber liegt keine weisungsgebundene Interessenwahrnehmung vor.

2. *Stellungnahme: Kaufvertrag und Gewährleistungspflicht für inhaltliche Richtigkeit der Ratingpublikation*

Es ist grundsätzlich anerkannt, dass in der modernen Informationsgesellschaft auch unkörperliche Werte, wie etwa Werbeideen, Herstellungsverfahren, unpatentierte Erfindungen, Designs, Domain-Adressen und eben auch Informationen als Immaterialgüter sonstige Gegenstände i.S.d. § 453 Abs. 1 Var. 2 BGB sein können.[905]

Erneut[906] ist zunächst zu betonen, dass die typologische Einordnung nicht von einer Auslegung des Vertrages zur Ermittlung der aus ihm hervorgehenden Pflichten entbindet. Angesichts der rechtsgeschäftlichen Verbindung und der teils beträchtlichen Vergütung erscheint eine rechtsgeschäftliche Haftung für

902 *Ebenroth/Daum*, WM 1992 (Sonderbeilage Nr. 5), 1, 12; *Peters*, S. 89 f.

903 *Lampe*, S. 103.

904 Vgl. *Eisen*, S. 333 ff., der einen Dienstvertrag i.S.d. § 611 BGB annimmt, der als Geschäftsbesorgung i.S.d. § 675 Abs. 1 zu qualifizieren sei; ebenso *Peters*, S. 95 ff.; ohne rechtliche Qualifizierung des Vertragstyps *Kontogeorgou*, DStR 2014, 1397, 1400 f.

905 Palandt/*Weidenkaff*, § 453 BGB, Rn. 9; Staudinger/*Beckmann*, § 453 BGB, Rn. 75; anders als bei sozialen Netzwerken wie Facebook, bei denen man die Nutzung einer Plattform als Dienst- oder Werkvertrag einordnet, vgl. Hoeren/Sieber/Holznagel/*Redeker*, Multimedia-Recht, Teil 12, Rn. 419 ff., steht beim Abrufen von Ratings gegen Entgelt der kaufrechtliche Aspekt gegenüber der Plattformnutzung im Vordergrund. Ist der Anleger Verbraucher, § 14 BGB, wird man überdies wohl zur Anwendung der § 474 ff. BGB gelangen, vgl. Staudinger/*Beckmann*, § 453 BGB, Rn. 75.

906 Vgl. insofern zum Ratingvertrag bereits § 15 I.

die inhaltliche Richtigkeit des Bezugsobjekts zunächst durchaus angezeigt. Die Ablehnung oder Befürwortung einer solchen mit Vergleichen zur *Börsendienst-* oder *Nottestamentmappen*-Entscheidung zu begründen, ist jedoch angesichts der elektronischen Bezugsmöglichkeiten tatsächlich und angesichts des neuen Kaufrechts auch dogmatisch wenig überzeugend.[907] Entscheidendes Argument für eine vertragliche Haftung von Ratingagenturen gegenüber Anlegern im Rahmen von Ratingbezugsverträgen ist jedoch die nicht unerhebliche vertragliche Gegenleistung im Form von Bezugsgebühren. In einem US-amerikanischen Judikat aus dem Jahr 1989 wurde festgestellt, dass über 7.500 Abonnenten Standard & Poor's 1.300 US-Dollar Gebühren für den jährlichen Bezug der gewünschten Ratings bezogen.[908] Dies würde, inflationsbereinigt, unter der Annahme der gleichen Zahl an Abonnenten, einem Umsatz von über 16 Mio. US-Dollar entsprechen. Die korrespondierende synallagmatische Hauptleistungspflicht insofern als völlig haftungsfreie Zone einzustufen, kann nicht überzeugen.

Beim Kauf von sonstigen Gegenständen i.S.d. § 453 Abs. 1 Var. 2 BGB kann § 434 BGB und somit das Sachmängelrecht entsprechend angewendet werden, soweit der Mangel auf die Beschaffenheit bezogen werden kann.[909] Beim Kauf einer Information kann deren Richtigkeit sowohl eine Beschaffenheitsvereinbarung i.S.d. § 434 Abs. 1 S. 1 BGB,[910] oder jedenfalls als vertraglich vorausgesetzte Verwendung i.S.d. § 434 Abs. 1 S. 2 Nr. 1 BGB anzusehen sein.[911] Allerdings ist zu beachten, dass die Ratingagenturen im Rahmen des Abschlusses solcher Bezugsverträge eine vertragliche Bindung und ein Einstehenmüssen für die Richtigkeit der Information ausdrücklich ausschließen.[912] Hierin wird man eine (negative) Beschaffenheitsvereinbarung i.S.v. § 434 Abs. 1 S. 1 BGB in Bezug auf das Rating sehen müssen. Nun wird man gewiss einwenden können, dass ein fehlerhaftes

907 Wobei der BGH schon in der *Börsendienst*-Entscheidung die erstaunliche zukunftsbezogene Feststellung traf, dass es „für die rechtliche Wertung eines vertraglich geschuldeten Börsentips keinen entscheidenden Unterschied ausmachen [kann], ob dieser - wie hier - in einem periodisch erscheinenden Druckwerk niedergelegt ist, oder ob der Interessent ihn auf andere Weise gegen Zahlung des vereinbarten Entgelt bei Informationen „abruft."".

908 *First Equity Corp. of Florida v. Standard & Poor's Corp.*, 869 F.2d 175 (2nd Cir. 1989).

909 Palandt/*Weidenkaff*, § 453 BGB, Rn. 21b.

910 So *Habersack*, ZHR 169 (2005), 185, 209, der bei den Bezugsvertrag über Ratings wohl von einer konkludenten Beschaffenheitsvereinbarung bzgl. der inhaltlichen „Qualität und Solidität" ausgeht.

911 Palandt/*Weidenkaff*, § 453 BGB, Rn. 21b.

912 Vgl. die entsprechende Klausel, bei *Peters*, S. 201, oder bei Schroeter, S. 879.

Rating sich zur vertraglich vorausgesetzten Verwendung der Investoreninformation über die Bonität von Ratingobjekten nicht eignet und somit ein Mangel i.S.v. § 434 Abs. 1 S. 2 BGB vorliegt. Jedoch ist zu beachten, dass nur „soweit" eine Beschaffenheit nicht vereinbart ist, gem. § 434 Abs. 1 S. 2 Nr. 1 BGB darauf abzustellen ist, ob sich die Sache zur vertraglich vorausgesetzten Verwendung eignet. Nach h.M. ergibt sich aus der Reihenfolge der Normen in § 434 Abs. 1 BGB ein Stufenverhältnis, daher kann nur auf die vertraglich vorausgesetzte Verwendung abgestellt werden, wenn keine Beschaffenheitsvereinbarung getroffen wurde.[913]

Können also Ratingagenturen nach deutschem Recht durch entsprechende Hinweise, dass ihre Informationen keineswegs richtig und vollständig und als Entscheidungshilfe für Investitionsentscheidungen dienen sollen die Mangelhaftigkeit eines Ratings in Form einer negativen Beschaffenheitsvereinbarung völlig ausschließen? Es erscheint augenscheinlich widersprüchlich, dass seitens der Abonnenten hohe Bezugspreise für Informationen bezahlt werden, die aber nicht dafür verwendet werden dürfen, wofür sie aber tatsächlich genutzt werden – nämlich als Entscheidungshilfe für Vermögensdispositionen.

Die entsprechenden Hinweise werden in aller Regel AGB i.S.v. § 305 Abs. 1 BGB sein. Dagegen könnte jedoch sprechen, dass solche Hinweise kontrollfreie Leistungsbeschreibungen sind und daher nach § 307 Abs. 3 S. 1 BGB nicht der Inhaltskontrolle unterliegen.[914] Nicht kontrollfähige Leistungsbeschreibungen sind allerdings nur solche Bestimmungen, die Art, Umfang und Güte der geschuldeten Leistung festlegen.[915] Klauseln, die das Hauptleistungsversprechen einschränken, ausgestalten oder modifizieren, sind hingegen inhaltlich zu kontrollieren.[916] Zur Abgrenzung ist auf den Schutzzweck des AGB-Rechts abzustellen, der darin besteht, dass der Vertragspartner des Verwenders durch die Inhaltskontrolle vor einseitig ausbedungener, inhaltlich unangemessener Verkürzung der vollwertigen und nach Gegenstand und Zweck des Vertrages

---

913 Vgl. nur Staudinger/*Matusche-Beckmann*, § 434 BGB, Rn. 1; *Oechsler*, Vertragliche Schuldverhältnisse, Rn. 95 f.

914 So *Schroeter*, S. 879; *Vetter*, WM 2004, 1701, 1708.

915 BGH NJW 1999, 2279, 2880.

916 MüKo/*Wurmnest*, § 307 BGB, Rn. 13 f.; BGHZ 100, 157, 173 = NJW 1987, 1931; OLG München MMR 2006, 614, 615; die Grenzziehung zwischen kontrollfähigem und kontrollfreiem Bereich ist in der Lit. hochumstritten, vgl. Staudinger/*Coester*, § 307 BGB, Rn. 310 ff. m.w.N.

zu erwartenden Leistung geschützt werden soll.[917] Bezieht ein Investor Ratings gegen Entgelt, so erwartet er sorgfältig erstellte und möglichst zutreffende Ratings damit diese als entsprechende Entscheidungshilfe für Vermögensdispositionen dienen können, sodass hier eine Einschränkung, gar eine völlige Aushöhlung der nach dem Zweck des Vertrages zu erwartenden Leistung vorliegt. Diese Überlegung wird dadurch gestützt, dass die in Rede stehenden Formulierungen im Ergebnis völligen Haftungsausschlüssen gleich kommen, welche aber wiederum stets kontrollfähig sind, wie auch §§ 309 Nr. 7 und 8 BGB zeigen.[918] Der Grund hierfür liegt darin, dass eine Haftungsbeschränkung stets – zumindest implizit – eine entsprechende primäre Vertragspflicht voraussetzt, sodass eine Einschränkung sekundärer Haftungsausschlüsse nicht zugleich eine Leistungsbeschreibung der Hauptleistungspflichten sein kann.[919] Instanzgerichtliche Entscheidungen zeigen, dass die Rechtsprechung solche „versteckten Haftungsausschlüsse" auf Ebene der (vermeintlichen) Leistungsbeschreibung nicht anerkennt.[920]

Selbst wenn man jedoch statt einer kontrollfähigen Leistungsverkürzung eine kontrollfreie Leistungsbeschreibung annimmt, so ist jedenfalls eine Transparenzkontrolle vorzunehmen.[921] Der Verwender muss dem Vertragspartner klar und verständlich vor Augen führen, was dieser erwarten kann,[922] wobei die notwendige Deutlichkeit auch von dem Erwartungshorizont des Vertragspartners und dessen durchschnittlichen Erkenntnismöglichkeiten abhängt.[923] Wird in forumularmäßigen Bezugsverträgen die Haftung für fehlerhafte Ratings ausgeschlossen und zugleich die Eignung von Ratings als Investitionsfaktor generell negiert, so wird der Kaufgegenstand Rating letztlich in der Summe als nutzlos dargestellt um nicht zu haften. Diese Summierung und Vermischung von fehlendem Haftungs- und fehlendem Leistungswillen macht es für den Vertragspartner, entgegen seiner Erwartung fundierte Bonitätseinschätzungen zu beziehen,

---

917 BGH NJW 1999, 2279, 2280.

918 MüKo/*Wurmnest*, § 307 BGB, Rn. 15.

919 Vgl. MüKo/*Wurmnest*, § 307 BGB, Rn. 15.

920 Vgl. LG Köln ZIP 1997, 1328, 1329, nachdem eine Klausel unwirksam ist, durch die der Kunde einer Direktbank auf jede Form der Beratung bei der Vermittlung von Wertpapiergeschäften verzichtete, da eine solche Klausel in Wirklichkeit auf eine Haftungsfreizeichnung gerichtet sei. Kritisch im Hinblick auf die Nichtakzeptanz eines Geschäftsmodells durch ein Gericht MüKo/*Wurmnest*, § 307 BGB, Rn. 15.

921 Staudinger/*Coester*, § 307 BGB, Rn. 315; BGH ZIP 1990, 980 f.; BGH NJW 1994, 213.

922 BGH NJW 1999, 2279, 2280.

923 Staudinger/*Coester*, § 307 BGB, Rn. 317.

nicht mehr nachvollziehbar was das synallagmatische Äquivalent seiner Geldzahlung ist.

Solche Klauseln erwecken nicht den Eindruck unter bestimmten Voraussetzungen nicht haften zu wollen, sondern weder haften noch leisten zu wollen. Dies stellt keine kontrollfreie Leistungsbeschreibung i.S.d. § 307 Abs. 3 S. 1 BGB dar, sondern vielmehr eine unangemessene Benachteiligung gem. § 307 Abs. 1, Abs. 2 Nr. 2 BGB, die zudem gegen das Transparenzgebot verstößt. Da diese Klauseln einer AGB-Kontrolle nicht standhalten, können sie keine negative Beschaffenheitsvereinbarung i.S.d. § 434 Abs. 1 S. 1 BGB darstellen.

Fehlerhafte Ratings eignen sich nicht zur – jedenfalls konkludent – vertraglich vorausgesetzten Verwendung gem. § 434 Abs. 1 S. 2 Nr. 1 BGB.[924] Eine negative Beschaffenheitsvereinbarung gem. § 434 Abs. 1 S. 1 BGB steht dem bei umfassenden Haftungsausschlüssen, die Primär- und Sekundärebene vermengen, nicht entgegen. Selbst wenn man einen Mangel gem. § 434 Abs. 1 S. 2 Nr. 1 BGB mangels (konkludenter) vertraglicher Voraussetzung ablehnt, so ist jedenfalls ein Mangel gem. § 434 Abs. 1 S. 2 Nr. 2 BGB zu bejahen, da sich ein fehlerhaftes Rating für die gewöhnliche Verwendung von Ratings zur Investoreninformation nicht eignet.

Zusammenfassend ist also festzuhalten, dass ein fehlerhaftes Rating einen Mangel i.S.v. § 434 Abs. 1 BGB darstellt und eine Haftung der Ratingagenturen auf bezugsvertraglicher Grundlage daher möglich ist.[925] Die Ratingagentur schuldet daher ihren Abonnenten eine sorgfältige Ratingerstellung und ein darauf aufbauend hinreichend nachvollziehbares Ratingergebnis nach den beschriebenen Kriterien.[926]

3. *Verschulden*

Teilweise wird erwogen, die Haftung für fehlerhafte Ratings in Abonnementfällen auf grobe Fahrlässigkeit zu beschränken, wie es der BGH in der *Börsendienst*-Entscheidung vorgenommen habe.[927] Abgesehen von der Frage, warum dann

---

924 So i.E. auch *Hennrichs* in: FS Hadding, 875, 887, *Schuler*, S. 230; a.A. *Schroeter*, S. 879.

925 I.E. auch *Habersack*, ZHR 169 (2005), 185, 209; *Hennrichs* in: FS Hadding, 875, 887; *Seibt* in Steuerungsfunktion des Haftungsrechts im Gesellschafts- und Kapitalmarktrecht, S. 191, 205; *Schuler*, S. 230; a.A. *Wagner* in: FS Blaurock, 467, 473 f.; *Schroeter*, S. 880 f., der aus dem gleichen Inhalt des Ratings gegenüber Abonnenten und allgemeiner Anlegerschaft, ungeachtet der bezugsvertraglichen Beziehung, einen zwingenden haftungsrechtlichen Gleichklang folgert.

926 § 15 II. 2.

927 Vgl. *Lampe*, S. 107, der dies i.E. aber ablehnt.

Ratingagenturen nicht generell nur für grobe Fahrlässigkeit – etwa dem Emittenten gegenüber – haften sollten, ist zu betonen, dass auch nach hier vertretener Auffassung den Ratingagenturen ein eingeschränkter Ermessensspielraum im Hinblick auf das Ratingergebnis zuzugestehen ist, eine Schadensersatzpflicht nur für adäquat kausale Schäden besteht und dass zudem die Möglichkeit besteht, die Haftung gegenüber dem Vertragspartner zu begrenzen, sodass der Prognoseunsicherheit nicht noch zusätzlich auf Verschuldensebene Rechnung getragen werden sollte – jedenfalls dann nicht, wenn mit dem potentiellen Anspruchsteller eine vertragliche Beziehung besteht. Zudem muss an dieser Stelle betont werden, dass der BGH die Haftung von Börsendiensten keineswegs auf grobe Fahrlässigkeit beschränkt hat, sondern in der Börsendienst-Entscheidung eine Haftung *jedenfalls* für grobe Fahrlässigkeit bejahte.[928]

II. Die Haftung aus einem konkludenten Auskunftsvertrag

Teilweise wird in der Literatur auf die Möglichkeit einer Haftung aus einem konkludenten Auskunftsvertrag aufmerksam gemacht.[929] So könnte man etwa das Einstellen und Zurverfügunghalten von Ratings auf den Internetseiten der Ratingagenturen als (konkludentes) Angebot auf Abschluss eines Auskunftsvertrages mit einem Anleger ansehen. Zwar stellt § 675 Abs. 2 BGB klar, dass „wer einem anderen einen Rat oder eine Empfehlung erteilt, unbeschadet der sich aus einem Vertragsverhältnis, einer unerlaubten Handlung oder einer sonstigen gesetzlichen Bestimmung ergebenden Verantwortlichkeit, zum Ersatz des aus der Befolgung des Rates oder der Empfehlung entstehenden Schadens nicht verpflichtet ist", jedoch könnte zwischen Ratingagenturen und Anlegern ja möglicherweise ein Vertragsverhältnis in Form eines (konkludenten) Auftragsverhältnisses bestehen. Der stillschweigend geschlossene Auskunftsvertrag, bei dem üblicherweise zwischen „Einmalkontakt" und „Drittweitergabe" unterschieden wird,[930] ist ein älteres Konstrukt der Rechtsprechung, das auf die Rechtsprechung des RG zurückgeht[931] und vom BGH in älteren Entscheidungen

928 Vgl. BGH NJW 1978, 997, 998 f.

929 Vgl. *Ebenroth/Daum*, WM 1992 (Sonderbeilage Nr. 5), 1, 12 f.; *Eisen*, S. 342 ff.; *Schuler*, S. 231 ff.

930 Vgl. etwa *Koch*, AcP 204 (2004), 59, 60 f., der als Beispiel für den Einmalkontakt die Kreditauskunft einer Bank gegenüber einem Nichtkunden und als Beispiel für die Drittweitergabe Gutachten, die der Auftraggeber sogleich an einen Dritten weiterleitetet, nennt.

931 RGZ 52, 365, 366 f.; RGZ 101, 297, 301.

übernommen wurde.[932] Ein konkludenter Vertragsschluss ist hiernach anzunehmen, wenn die Umstände des Einzelfalls unter Berücksichtigung der Auffassung und Bedürfnisse des Verkehrs den Rückschluss zulassen, dass beide Teile nach dem objektiven Inhalt ihrer Erklärung die Auskunft zum Gegenstand vertraglicher Rechte und Pflichten gemacht haben,[933] was bei Vereinbarung einer Vergütung, aber auch bei einer unentgeltlichen Auskunft aus Gefälligkeit der Fall sein kann.[934] Nun ist zwischen Ratingagenturen und Anlegern, wenn, wie im Regelfall, kein Abonnementvertrag besteht, gerade keine Vergütung vereinbart. Auch lässt sich kaum behaupten, dass das Rating aus Gefälligkeit gegenüber dem Anleger erstellt und publiziert wird.

Ein konkludenter Auskunftsvertrag kann nach der Rechtsprechung jedoch in Betracht kommen, wenn für den Erteilenden erkennbar ist, dass die Auskunft für den Anfragenden von erheblicher Bedeutung ist und dieser sie zur Grundlage wesentlicher Entscheidungen machen will.[935] Dies sei insbesondere dann der Fall, wenn der Auskunftgeber für die Erteilung besonders sachkundig oder selbst wirtschaftlich interessiert ist.[936] Zweifellos kann das Rating für Anleger von erheblicher Bedeutung sein und auch als Grundlage für Investitionsentscheidungen dienen. Ratingagenturen gelten für die Erstellung von Bonitätsauskünften als besonders sachkundig und auch ein wirtschaftliches Interesse der Ratingagentur wird man durchaus bejahen können – zwar nicht unbedingt im Hinblick auf eine bestimmte Investitionsentscheidung eines Anlegers, jedoch hat die Ratingagentur ein wirtschaftliches Interesse an der generellen Verbreitung ihrer Ratings.

In jüngerer Zeit ist die Rechtsprechung jedoch vom Konzept des stillschweigend geschlossenen Auskunftsvertrages in den sog. „Drittweitergabefällen"[937] zunehmend abgerückt und löst diese Fälle über den Vertrag mit Schutzwirkung zugunsten Dritter.[938] Daher erscheint die Konstruktion eines stillschweigend geschlossenen Auskunftsvertrages heute als eine überholte Rechtsfigur, um Fälle einer Haftung für fehlerhafte Auskünfte gegenüber Dritten zu begründen. In Fällen, in denen der Auskunftgeber weiß, dass seine Auskunft an einen bestimmten

---

932 BGHZ 7, 371, 374; BGHZ 74, 103, 106.

933 BGH NJW 1986, 180.

934 BGH WM 1974, 685; vgl. Palandt/*Sprau*, § 675 BGB, Rn. 36.

935 Palandt/*Sprau*, § 675 BGB, Rn. 36; BGH NJW 1989, 2882; ZIP 1999, 275.

936 BGHZ 74, 103, 106; BGH NJW 1989, 1029; BGH NJW 1989, 1836; BGH NJW-RR 1992, 1011.

937 Vgl. hierzu etwa Staudinger/*Martinek/Omlor*, § 675 BGB, Rn. C 28 ff.

938 Vgl. etwa BGH NJW 1998, 1948; BGH NJW 2001, 3115; BGH NJW 2002, 1196.

Dritten weitergegeben wird, liegt eine Lösung solcher Fälle über die Rechtsfigur des Vertrages mit Schutzwirkung zugunsten Dritter näher. Einen konkludenten Vertragsschluss auch anzunehmen, wenn der Auskunftgeber nicht weiß, dass seine Auskunft weitergegeben wird, oder zwar weiß, dass sich jemand auf seine Auskunft verlässt, aber noch nicht weiß, wer auf seine Auskunft vertrauen wird, ist strikt abzulehnen.[939] Ein entsprechender Rechtsbindungswille ist letztlich reine Fiktion,[940] die Annahme eines Auskunftsvertrages in diesen Fällen würde zu einer nicht mehr überschaubaren Haftung des Auftraggebers führen und im Ergebnis einen faktischen Kontrahierungszwang darstellen.[941] So würde letztlich aus der Auskunft an sich ein Auskunftsvertrag konstruiert, was der Wertung des § 675 Abs. 2 BGB zuwider liefe. § 675 Abs. 2 BGB kann nämlich durchaus als Auslegungsregel dahingehend verstanden werden, dass im Zweifel kein Rechtsbindungswille des Auskunftgebenden anzunehmen ist.[942]

Im Einstellen eines Ratings auf einer Internetseite ein konkludentes Angebot auf Abschluss eines Auskunftsvertrages zu sehen, ist also eindeutig abzulehnen. Denn dies würde ein Angebot *ad incertas personas* darstellen, für das letztlich keine Indizien vorliegen. Im Gegenteil betonen Ratingagenturen auf allen Kommunikationskanälen stets, dass sie mit der allgemeinen Anlegerschaft gerade keine vertragliche Bindung wünschen und dass sie jegliche Haftung ausschließen. Wenn schon im Bereich das allgemeinen e-commerce das Einstellen von Waren auf Internetseiten als „virtuelles Schaufenster" und somit als *invitatio ad offerendum* und nicht als Angebot betrachtet wird,[943] kann man dem Einstellen von Ratings auf Internetseiten schwerlich eine stärkere rechtsgeschäftliche Bindungswirkung beimessen.

Ein konkludenter Auskunftsvertrag zwischen Ratingagentur und Anlegern kommt daher nicht in Betracht, um eine Haftung von Ratingagenturen gegenüber der allgemeinen Anlegerschaft zu begründen.[944] Der konkludente Auskunftsvertrag als eigenständiges dogmatisches Konzept sollte vielmehr aufgegeben werden, denn neben allgemeinen rechtsgeschäftlichen Grundsätzen über den Vertragsschluss im Falle des unmittelbaren Auskunftskontakts und den

939 So auch Staudinger/*Martinek/Omlor*, § 675 BGB, Rn. C 32.

940 Vgl. *Kersting*, S. 69 m.w.N.; MüKo/*Ebke*, § 323 HGB, Rn. 126 m.w.N.

941 *Ebenroth/Daum*, WM 1992 (Sonderbeilage Nr. 5), 1, 13.

942 Vgl. Staudinger/*Martinek/Omlor*, § 675 BGB, Rn. C 7 ff., 10.

943 So die ganz h.M., vgl. nur MüKo/*Busche*, § 145 BGB, Rn. 14; OLG Frankfurt a.M. MMR 2003, 405.

944 So auch *Ebenroth/Daum*, WM 1992 (Sonderbeilage Nr. 5), 1, 13; *Schuler*, S. 236.

etablierten Instituten vertraglicher Dritthaftung in den sog. „Drittweitergabefällen“ gibt es für ihn richtigerweise keinen Raum.

III. Die Haftung aus einem Vertrag mit Schutzwirkung zugunsten Dritter

Die Frage der Haftung von Ratingagenturen gegenüber Anlegern nach den Grundsätzen des Vertrags mit Schutzwirkung zugunsten Dritter ist wohl die Kernfrage der Haftung von Ratingagenturen gegenüber Anlegern nach deutschem Recht. Ob der Ratingvertrag zwischen Ratingagentur und Emittent Schutzwirkung zugunsten der Anleger hat, ist im Schrifttum umstritten. Das mag daran liegen, dass die Befürwortung der Einbeziehung bestimmter Rechtssubjekte in den Schutzbereich eines zwischen anderen Rechtssubjekten geschlossen Vertrages letztlich immer eine Wertungsfrage ist, die stets unterschiedlich beantwortet werden kann. Doch woran liegt es, dass der Ratingvertrag einerseits als „Idealfall eines Vertrages mit Schutzwirkung zugunsten Dritter“[945] bezeichnet wird, andere hingegen eine „Deliktshaftung durch die Hintertür“[946] befürchten?

Zweifellos würde die Einbeziehung der allgemeinen Anlegerschaft in den Schutzbereich des Ratingvertrages eine erhebliche Ausweitung der vertraglichen Haftung von Ratingagenturen bedeuten. Die Beantwortung dieser Frage berührt Kernfragen des Bürgerlichen Rechts. Wäre die Annahme einer Schutzwirkung zugunsten der allgemeinen Anlegerschaft – zu der theoretisch jedermann gehören kann – eine Aufgabe der gesetzgeberischen Grundentscheidung gegen eine allgemeine Fahrlässigkeitshaftung für reine Vermögensschäden und somit in der Tat eine „Deliktshaftung durch die Hintertür“?[947] Oder ist das Rating letztlich nicht gerade für die Anleger gedacht und muss deren Vertrauen in das Rating daher konsequenterweise auch haftungsrechtlich geschützt sein? Um diese Fragen zu beantworten bedarf es einer sorgfältigen Analyse des Instituts des Vertrags mit Schutzwirkung zugunsten Dritter. Zunächst soll daher der Vertrag mit Schutzwirkung dogmatisch verortet (1.) und seine Voraussetzungen und schrittweise Ausweitung durch die Rechtsprechung erläutert werden (2.), um darauf aufbauend schließlich dessen Anwendung auf den Ratingvertrag zu prüfen (3.). Gleichwohl ist zu betonen, dass die Frage nur dann Relevanz hat, wenn das Rating ein beauftragtes („*solicited*“) Rating ist.

---

945 *Ebenroth/Daum*, WM 1992 (Sonderbeilage Nr. 5), 1, 14.

946 *Wagner* in: FS Blaurock, 467, 480 ff.

947 *Wagner* in: FS Blaurock, 467, 480 ff.

1. *Dogmatischer Hintergrund und Rechtsgrundlage*

Neben dem Vertrag zugunsten Dritter gem. § 328 BGB wurde der Vertrag mit Schutzwirkung zugunsten Dritter von der Rechtsprechung als spezielle Art des Drittschutzes entwickelt.[948] Der Vertrag mit Schutzwirkung stellt eine Erweiterung der Vertragshaftung dar und zielt auf eine Verbesserung der Rechtsposition Dritter gegenüber dem Schuldner ab. Grund hierfür sind die Unzulänglichkeiten des Deliktsrechts, wie etwa das Fehlen eines umfassenden Vermögensschutzes, die schwächere Gehilfenhaftung nach § 831 BGB gegenüber § 278 BGB, oder die gegenüber § 280 Abs. 1 S. 2 BGB fehlende Verschuldensvermutung.[949] Ihre normative Berechtigung sucht die Ausweitung der Vertragshaftung durch die Einbeziehung Dritter in den Schutzbereich eines Vertrages darin, dass die mit der gesteigerten Einwirkungsmöglichkeit verbundenen Gefahren nicht nur den Vertragspartner treffen können, sondern auch dritte Personen, die mit der Leistungshandlung oder dem Leistungserfolg des anderen Teils nach dem Zweck des Vertrags oder der Natur der Leistung in Berührung kommen und damit den von dem Schuldverhältnis ausgehenden Gefahren in gleicher Weise ausgesetzt sind wie der Gläubiger selbst.[950]

Die Rechtsgrundlage des Vertrags mit Schutzwirkung ist umstritten. Während die Rechtsprechung traditionell eine eher subjektive Betrachtung pflegt und die Rechtsgrundlage in einer ergänzenden Vertragsauslegung (§§ 133, 157 BGB) sieht,[951] geht die Literatur eher von einer rechtsfortbildenden Ausgestaltung des dispositiven Rechts nach Treu und Glauben, § 242 BGB, aus.[952] Nach der Schuldrechtsreform gibt es zudem eine zunehmend erstarkende Meinung, die die Rechtsgrundlage des Vertrags mit Schutzwirkung in § 311 Abs. 3 S. 1 BGB verortet.[953]

Da die Art der Dritthaftung unstreitig vertraglicher Natur ist und auch deren Reichweite sich letztlich am Vertrag zwischen Gläubiger und Schuldner orientiert, erscheint es durchaus sinnvoll, die Rechtsgrundlage der Dritthaftung im Vertrag zwischen Gläubiger und Schuldner und einer ergänzenden

---

948 Palandt/*Grüneberg*, § 328 BGB, Rn. 13.
949 Palandt/*Grüneberg*, § 328 BGB, Rn. 13.
950 Staudinger/*Klumpp*, § 328 BGB, Rn. 84.
951 BGH NJW 1987, 2510; BGH NJW 1995, 2551.
952 Vgl. *Grunewald*, Bürgerliches Recht, § 18, Rn. 9; MüKo/*Gottwald*, § 328 BGB, Rn. 170 m.w.N.; *Saar*, JuS 2000, 220, 223.
953 Vgl. *Canaris*, JZ 2001, 499, 520; *Looschelders*, Schuldrecht AT, § 9, Rn. 6 f.; *Brox/Walker*, Schuldrecht I, § 33, Rn 6.

Vertragsauslegung dieses Vertrages zu sehen. Der BGH spricht davon, dass „die Rechtsprechung [zum Vertrag mit Schutzwirkung] auf einer maßgeblich durch das Prinzip von Treu und Glauben (§ 242 BGB) geprägten ergänzenden Vertragsauslegung (§ 157 BGB) beruht"[954] und berücksichtigt damit bei der Auslegung des (hypothetischen) Parteiwillens auch die Grundsätze von Treu und Glauben. Im Ergebnis stimmen die verschiedenen Ansichten im Ergebnis jedoch ohnehin praktisch überein, da die einzelnen von der Rechtsprechung entwickelten Voraussetzungen dem Grunde nach unumstritten sind.[955]

2. *Die Voraussetzungen im Einzelnen*

Im Rahmen der Vertragsfreiheit ist es den Parteien unbenommen, nicht nur Leistungspflichten, sondern auch Schutzpflichten zugunsten am Vertrag nicht beteiligter Dritter zu vereinbaren. An solchen Vereinbarungen wird es jedoch regelmäßig fehlen, sodass sich die Reichweite der Schutzwirkung des Vertrages aus einer sorgfältigen Abwägung der Interessen der Vertragsparteien ergibt.[956] Unabhängig von der Grenzziehung im Einzelfall besteht Einigkeit darüber, dass die Grenzen des Drittschutzes tendenziell eng zu ziehen sind, um die Haftung des Schuldners nicht unkalkulierbar auszudehnen und die Grenze zwischen Vertrags- und Deliktshaftung nicht derart zu verwischen, dass das Institut des Vertrags mit Schutzwirkung zu einem Ersatz für eine deliktsrechtliche Generalklausel wird.[957] Für die Einbeziehung Dritter in den Schutzbereich des Hauptvertrages müssen vier Voraussetzungen erfüllt sein.

Zunächst muss die Leistungsnähe, oder auch Vertragsnähe,[958] gegeben sein. Der Dritte muss bestimmungsgemäß mit der Leistung in Berührung kommen und der Gefahr von Schutzpflichtverletzungen ebenso ausgesetzt sein, wie der Gläubiger selbst.[959] Das Leistungsverhalten muss daher inhaltlich zumindest auch drittbezogen sein.[960]

Weiterhin muss das sog. Gläubigerinteresse gegeben sein. Der Gläubiger muss ein Interesse daran haben, dass sich die Sorgfalts- und Rücksichtnahme- oder Leistungspflichten gerade auch auf den Dritten erstrecken. Nach früherer

954 BGH NJW 2012, 3165, 3166.
955 Vgl. Palandt/*Grüneberg*, § 328 BGB, Rn. 14; Staudinger/*Klumpp*, § 328 BGB, Rn. 96.
956 Vgl. Staudinger/*Klumpp*, § 328 BGB, Rn. 97, 102.
957 MüKo/*Gottwald*, § 328 BGB, Rn. 182.
958 So MüKo/*Gottwald*, § 328 BGB, Rn. 184.
959 BGH NJW 2008, 2245.
960 Palandt/*Grüneberg*, § 328 BGB, Rn. 17a.

Rechtsprechung war die Gläubigernähe gegeben, wenn der Gläubiger für das „Wohl und Wehe" des Dritten mitverantwortlich ist und ihm Schutz und Fürsorge schuldet.[961] Dieses Erfordernis einer engen persönlichen Bindung zwischen Gläubiger und Dritten wurde mit der Zeit immer weiter aufgegeben. Heute wird ein Drittschutz von der Rechtsprechung bereits dann angenommen, wenn der Gläubiger am Schutz des Dritten ein besonderes Interesse hat, was anzunehmen ist, wenn Inhalt und Zweck des Vertrags erkennen lassen, dass die Leistung zumindest auch dem Dritten zugutekommen soll.[962]

Des Weiteren müssen die Drittbezogenheit der Leistung und die Gläubigernähe für den Dritten auch erkennbar sein.[963] Name und Zahl der zu schützenden Dritten müssen dem Schuldner zwar nicht bekannt sein, die zu schützende Personengruppe muss jedoch objektiv abgrenzbar sein, damit das Vertrags- und Haftungsrisiko bei Vertragsabschluss kalkulierbar und versicherbar ist.[964] Diesem Kriterium kommt bei der Untersuchung der Frage, ob Kapitalanleger in den Schutzbereich des Ratingvertrages zwischen Ratingagentur und Emittent einbezogen sind, entscheidende Bedeutung zu.

Außerdem muss der Dritte schutzbedürftig sein. Eine Ausdehnung des Vertragsschutzes zugunsten des Dritten muss ausscheiden, wenn der Dritte wegen des Sachverhalts, aus dem er seinen Anspruch herleitet, einen inhaltsgleichen vertraglichen Anspruch gegen den Gläubiger oder einen anderen hat.[965]

3. *Anwendung der Voraussetzungen auf Ratingagenturen*

Der folgende Gang der Darstellung soll primär die Rechtslage nach der richterrechtlichen lex lata wiederspiegeln, eigene – kritische – Gedanken zur Ausweitung des Rechtsinstituts respektive seiner Voraussetzungen indes nicht aussparen. Die obergerichtliche Rechtsprechung hatte jüngst erstmals Gelegenheit sich mit der Anwendung der Grundsätze des Vertrags mit Schutzwirkung auf Ratingfälle auseinanderzusetzen. Die Oberlandesgerichte Düsseldorf und Frankfurt haben[966] eine Haftung insofern relativ eindeutig verneint. Nur auf die

961 BGH 51, 96; BGH NJW 1970, 40.

962 BGH NJW 2004, 3035, 3037 f.

963 BGH NJW 1985, 489; BGH NJW 2004, 3035, 3036.

964 BGHZ 133, 168, 173 = NJW 1996, 2927, 2928 f.; MüKo/*Gottwald*, § 328 BGB, Rn. 190 m.w.N.

965 Vgl. etwa BGH NJW 2004, 3630, 3632; MüKo/*Gottwald*, § 328 BGB, Rn. 191 m.w.N.

966 Bonitätsbeurteilungen eines deutschen Unternehmens – wobei streitig war, ob es sich um Ratings oder Credit-Scores handelt – wurden von der Future Business KGaA

viel beachtete Entscheidung des OLG Düsseldorf[967] wird nachfolgend gesondert eingegangen,[968] da die Beklagte im vom OLG Frankfurt entschiedenen Fall[969] keine nach der Ratingverordnung registrierte Ratingagentur und ein „Quasi-Rating" streitgegenständlich war.

a) Leistungsnähe

Sinn und Zweck des Ratings ist es, Anlegern eine zukunftsgerichtete Bonitätseinschätzung zur Verfügung zu stellen, die eine Entscheidungsgrundlage für Vermögensdispositionen bietet. Hiervon profitiert auch der Emittent durch eine Verbesserung der Möglichkeiten zur Kapitalaufnahme. Somit kommt das Rating funktionell auch dem Emittenten zugute, eigentlicher Adressat aber ist der Investor. Der Drittbezug des Leistungsverhältnisses ist somit, noch deutlicher als bei Testaten von Wirtschaftsprüfern oder Wertgutachten für Grundstücke, geradezu evident. Anleger kommen mit dem Rating im Rahmen ihrer Investitionsentscheidungen bestimmungsgemäß in Berührung und sind den Gefahren von Schlechtleistungen – fehlerhafter Ratings – ebenso ausgesetzt wie der Emittent.[970] Eine Leistungsnähe der Anleger ist somit zu bejahen.[971]

b) Gläubigernähe

Des Weiteren muss die Gläubigernähe gegeben sein. Wie bereits dargestellt, ist es nach heutiger Rechtsprechung erforderlich, aber auch ausreichend, dass der Gläubiger an der Einbeziehung des Dritten ein besonderes Interesse hat und der Vertrag dahingehend ausgelegt werden kann, dass der Dritte in Anerkennung dieses Interesses in den vertraglichen Schutz einbezogen werden soll, was insbesondere dann der Fall ist, wenn die Leistung des Schuldners nach dem Sinn und Zweck des konkreten Vertrags nicht nur dem Gläubiger, sondern zumindest

---

verwendet, um Anleger für Wertpapiere zu werben, http://achtunganleihe.de/future-business-klage-ratingagentur-erhoben/.

967 OLG Düsseldorf NJW 2018, 1615.

968 Siehe § 17 III. 3. f), § 23 I. 2

969 OLG Frankfurt a.M., Urt. v. 22.09.2017 - 24 U 34/16 -, juris.

970 Die Tatsache, dass Anleger primär durch ein zu hohes Rating, Emittenten durch ein zu niedriges Rating geschädigt werden, ändert nichts daran, dass beide im Ausgangspunkt in *gleicher Weise* durch die Verletzung von Sorgfaltspflichten der Ratingagentur gefährdet sind. Eine mögliche Gegenläufigkeit der Interessen von Gläubiger und Drittem ist ein Problem des Gläubigerinteresses. So auch *Schuler*, S. 244.

971 Ablehnend für Emittentenratings OLG Düsseldorf NJW 2018, 1615, 1617.

auch gegenüber dem Dritten erbracht werden soll oder letztlich den Interessen des Dritten dient.[972]

Auch eine Gegenläufigkeit der Interessen von Gläubiger und Drittem schließt eine Schutzwirkung zugunsten des Dritten nach der Rechtsprechung nicht aus.[973] Dies hat der BGH auch schon ausdrücklich für den Fall einer Bonitätsbewertung durch einen Steuerberater entschieden.[974] Dass im Fall der Gegenläufigkeit der Interessen von Gläubiger und Drittem ein besonderes Interesse des Gläubigers an der Einbeziehung des Dritten in den Schutzbereich des Vertrages besteht, ist freilich ein beinahe fiktionales Strapazieren des Parteiwillens. Auch bezogen auf den Ratingvertrag wird man dem Emittenten kaum unterstellen können, er habe ein besonderes Interesse daran, dass Anleger im Fall einer zu positiven Bonitätseinschätzung einen vertraglichen Haftungsanspruch gegen die Ratingagentur innehaben sollen. Angesichts der gefestigten Rechtsprechung in diesem Bereich wird man aber auch die Gläubigernähe in Ratingfällen bejahen können.[975]

c) *Erkennbarkeit*

Die Ratingagentur haftet jedoch nur dann, wenn Drittbezogenheit der Leistung und Gläubigernähe des Dritten erkennbar sind. Während der Drittbezug des Ratings an sich für die Ratingagentur ohne weiteres erkennbar ist, bereitet die Eingrenzung des Kreises erkennbar in den Vertrag einbezogener Dritter, aufgrund der Vielzahl und Anonymität potentieller Anleger, erhebliche Schwierigkeiten. Zwar müssen Name und Zahl der zu schützenden Dritten dem Schuldner nicht bekannt sein, der geschützte Personenkreis muss aber objektiv abgrenzbar sein, damit das Haftungsrisiko kalkulierbar und versicherbar bleibt.[976] Um den Drittschutz des Ratingvertrages treffend beurteilen zu können, bedarf es einer näheren Betrachtung des Merkmals der „Erkennbarkeit“.

---

972 BGHZ 138, 257, 261 = NJW 1998, 1948; BGH NJW 2001, 3115 BGH NJW 2004, 3035, 3036 f.; vgl. Staudinger/*Klumpp*, § 328 BGB, Rn. 117 ff.

973 BGHZ 127, 378, 380 = NJW 1995, 392; BGH NJW 1998, 1059, 1060; BGH NJW 2001, 3115, 3116; BGH NJW 2009, 217, 218.

974 BGH NJW-RR 1989, 696.

975 Ablehnend für Emittentenratings OLG Düsseldorf NJW 2018, 1615, 1617.

976 BGHZ 181, 12; BGHZ 133, 168, 173 = NJW 1996, 2927, 2928 f.; vgl. MüKo/*Gottwald*, § 328 BGB, Rn. 190 m.w.N.

aa) Das Kriterium der „Erkennbarkeit" als Schuldnerschutz: Erkennbarkeit der konkret geschützten Dritten oder Erkennbarkeit des summenmäßigen Haftungsrisikos?

Zweifellos dient das Kriterium der „Erkennbarkeit" dem Schutz des Schuldners. Das Kriterium der Erkennbarkeit korrespondiert mit dem Interesse des Gläubigers an der Einbeziehung Dritter in den Vertrag und soll den Schuldner vor einer überbordenden Haftung schützen.[977] Geht man mit der Prämisse des Schuldnerschutzes davon aus, dass Leistungs- und Gläubigernähe für diesen erkennbar sein müssen, so liegt es eigentlich nahe die „Erkennbarkeit" als ein rein subjektives Merkmal anzusehen.[978] Zumal auch das „Gläubigerinteresse" schon semantisch ein subjektives Merkmal zu sein scheint. Doch auch letzteres wurde, wie bereits dargestellt, dadurch konkretisiert, dass dieses Interesse bereits dann gegeben ist, wenn die Leistung objektiv einem Dritten zugutekommen soll. Nun bemüht sich die Rechtswissenschaft allerorten darum, subjektive Merkmale dadurch justiziabel zu machen, indem von objektiven Umständen auf subjektive Bewusstseinsinhalte geschlossen wird.[979] Und so kann auch die stets bemühte Formel, die Erkennbarkeit für den Schuldner sei gegeben, wenn der Kreis geschützter Dritter objektiv abgrenzbar und damit versicherbar ist letztlich nicht überraschen. In sich konsistent ist die so geschaffene Objektivität jedenfalls nicht: denn die Versicherbarkeit und die objektive Abgrenzbarkeit des Personenkreises stehen weder komplementär zueinander noch bedingen sie sich – es sind schlicht völlig verschiedene Kriterien. Hier kondensiert sich die Frage nach den Kriterien der Bestimmung der Reichweite einer vertraglichen Dritthaftung: ist entscheidend die konkret-objektive Abgrenzbarkeit potentieller Dritter, die insbesondere den Parteiwillen berücksichtigt, oder aber die schlichte Höhe des summenmäßigen Haftungsrisikos des Schuldners? Das Beispiel des Ratingvertrages ist wie geschaffen, um dieses Spannungsfeld zu illustrieren.

---

977 Vgl. *Kersting*, Dritthaftung für Informationen, S. 28 f.

978 Die Subjektivität spricht lediglich MüKo/*Gottwald*, § 328 BGB, Rn. 190 an: „Der Kreis der geschützten Dritten muss für den Schuldner subjektiv erkennbar (vorhersehbar) sein" – um dann sogleich das allerorts bemühte objektive Kriterium der Versicherbarkeit zu bemühen.

979 Vgl. etwa *Wagner* in: FS Blaurock, 467, 477 f. zum Nachweis des Vorsatzerfordernisses i.R.v. § 826 BGB.

bb) „Erkennbarkeit" in Ratingfällen: Der Meinungsstand in Literatur und Rechtsprechung

Die Meinungen in der Literatur gehen an dieser Stelle weit auseinander und stehen sich teils diametral gegenüber. Während eine starke Ansicht die Erkennbarkeit und die Einbeziehung der allgemeinen Anlegerschaft generell bejaht,[980] lehnt eine andere Ansicht dies generell ab.[981] Andere Stimmen differenzieren mit jeweils unterschiedlichen Kriterien.

Für eine Einbeziehung der allgemeinen Investorenöffentlichkeit wird angeführt, dass Ratings als qualifizierte Bonitätseinschätzungen gerade an Dritte gerichtet sind und nicht unerheblichen Einfluss auf Investitionsentscheidungen haben.[982] Teilweise wird der Ratingvertrag sogar als „Idealfall eines Vertrages mit Schutzwirkung für Dritte" angesehen.[983] Der Kapitalmarkt sei zwar anonym, es sei für Ratingagenturen jedoch erkennbar, dass Investoren als auf das Rating vertrauende Dritte geschädigt werden können, und dass dies nach objektiven Kriterien von vorneherein ausreichend erkennbar sei, da es nicht erforderlich sei, dass dem Gläubiger die potentiellen Gläubiger bekannt sein müssten.[984] Ratingfälle werden mit Gutachtenfällen als vergleichbar angesehen, bei denen ein für den Gutachter zunächst unbekannter Dritter auf das Gutachten – etwa bei Wertgutachten für Immobilien – vertraut.[985] Diese Meinung betont, dass Name und Zahl potentieller Dritter dem Schuldner nicht bekannt sein müssten und der Kreis Dritter mit den auf ein Rating vertrauenden Anlegern auch objektiv ausreichend abgrenzbar sei.

Das andere Ende des Meinungsspektrums lehnt die „Erkennbarkeit" und somit eine Haftung aus dem Vertrag mit Schutzwirkung generell ab. Der Kreis in den Vertrag einbezogener Dritter sei gerade nicht abgrenzbar, da Ratings *ad incertas personas* abgegeben würden[986] und nach Veröffentlichung zu einem

---

980 *Amort*, EuR 2013, 272, 276; *Ebenroth/Daum*, WM 1992 (Sonderbeilage Nr. 5), 1, 14; *Fleischer*, Gutachten F, 64. DJT, F 141; *von Schweinitz*, WM 2008, 953, 956; *Witte/Hrubesch*, ZIP 2004, 1346, 1351.

981 *Deipenbrock*, BB 2003, 1849, 1853; *Haar*, DB 2013, 2489, 2490; *Kontogeorgou*, DStR 2014, 1397, 1401; *Schuler*, S. 244 ff.; *Wagner* in: FS Blaurock, 467, 480 ff.; *Wojcik*, NJW 2013, 2385, 2386 f.

982 So *Witte/Hrubesch*, ZIP 2004, 1346, 1351, was freilich nichts über die Erkennbarkeit des Kreises Dritter und das Haftungsrisiko aussagt.

983 *Ebenroth/Daum*, WM 1992 (Sonderbeilage Nr. 5), 1, 14.

984 *Amort*, EuR 2013, 272, 276; *von Schweinitz*, WM 2008, 953, 956 f.

985 *von Schweinitz*, WM 2008, 953, 956.

986 *Deipenbrock*, BB 2003, 1849, 1853.

„*public good*“[987] würden, wodurch der Kreis der in den Ratingvertrag einbezogenen Anleger gerade nicht objektiv abgrenzbar sei.[988]

Auch die Oberlandesgerichte Düsseldorf[989] und Frankfurt a.M.[990] lehnten zuletzt in Ratingfällen die Erkennbarkeit des Kreises der geschützten Dritten ab.[991]

cc) Kriterien einer Differenzierung

(1) Unterscheidung zwischen Emissions- und Emittentenrating

Teilweise wird eine Differenzierung zwischen Emissions- und Emittentenrating erwogen.[992] Anknüpfend an die von der Rechtsprechung entwickelte Formel, dass Name und Zahl der potentiell geschützten Dritten dem Schuldner vorab nicht bekannt sein müssen, das Haftungsrisiko jedoch bei Vertragsabschluss kalkulierbar und versicherbar sein muss, wird der Fokus stärker auf die potentielle Haftungssumme statt auf die Individualisierbarkeit eines konkreten Dritten gelegt und die Erkennbarkeit in den Fällen von Emissionsratings bejaht.[993] Das Haftungsrisiko bei einer konkreten Emission sei durch den Nominalbetrag der Schuldverschreibung begrenzt und daher kalkulierbar und versicherbar.[994]

(2) Unterscheidung zwischen Primär- und Sekundärmarkt

Eine andere Ansicht, die eher die Individualisierbarkeit eines konkreten Dritten in den Vordergrund rückt, will zwischen den Erwerbern am Primär- und Sekundärmarkt unterscheiden.[995] Nur die Ersterwerber einer Anleihe seien die insofern objektiv abgrenzbare Personengruppe, die in den Schutzbereich des Ratingvertrages einbezogen sei, während nachfolgende Käufer sowie sonstige Gläubiger und Geschäftspartner des Emittenten nicht geschützt seien.[996]

---

987 *Berger/Stemper*, WM 2010, 2289, 2292.

988 Vgl. etwa *Wagner* in: FS Blaurock, 467, 480 ff.

989 OLG Düsseldorf NJW 2018, 1615.

990 OLG Frankfurt a.M., Hinweisbeschluss. v. 24.04.2017 - 13 U 172/16 -, juris; OLG Frankfurt a.M., Urt. v. 22.09.2017 - 24 U 34/16 -, juris, jeweils in Fällen, in denen es sich lediglich um „Quasi-Ratings“, sog. „Bonitätszertifikate“ handelte.

991 OLG Düsseldorf NJW 2018, 1615, 1618; OLG Frankfurt a.M., Hinweisbeschluss. v. 24.04.2017 - 13 U 172/16 -, juris, Rn. 26 f.; OLG Frankfurt, Urt. v. 22.09.2017 - 24 U 34/16 -, juris, Rn. 74 ff.

992 Vgl. *Eisen*, S. 351 ff.; *Wildmoser/Schiffer/Langoth*, RIW 2009, 657, 666.

993 *Wildmoser/Schiffer/Langoth*, RIW 2009, 657, 666.

994 *Wildmoser/Schiffer/Langoth*, RIW 2009, 657, 666.

995 *Peters*, S. 114 ff.; *Korth*, S. 94 f., der die Dritthaftung von Ratingagenturen indes in als eigenständige Expertendritthaftung auf Grundlage von § 311 Abs. 3 S. 1 BGB ansieht.

996 *Peters*, S. 114.

dd) Stellungnahme und eigener Ansatz zur Auslegung der „Erkennbarkeit“

Zunächst ist der Unterscheidung zwischen Käufern am Primär- und Sekundärmarkt entgegenzutreten. Misst man die Unterscheidung anhand der Kriterien der Kalkulierbarkeit und Versicherbarkeit, so ist damit nichts gewonnen: denn das maximale Haftungsrisiko ist beim Emissionsrating in der Tat auf die Höhe der Emission beschränkt und verändert sich nicht durch den Handel am Markt. Es wird de facto erst durch die rechtliche Wertung, dass im Falle von Fehlbewertungen nur dem Ersterwerber Schadensersatz zusteht, verringert. Die Individualisierbarkeit potentiell einbezogener Dritter steigt nach hier vertretener Auffassung nicht: denn inwiefern die Gruppe der Ersterwerber gegenüber der allgemeinen Investorenöffentlichkeit besser individualisierbar ist, erscheint fraglich. Eine solche Unterscheidung wäre darüber hinaus mit dem ökonomischen Zweck des Ratings kaum vereinbar. Das Rating hat durch seine Überwachung und Aktualisierung dynamischen Informationswert.[997] Auch der Emittent hat an der Handelbarkeit in der Regel ein Interesse, denn die flexible Handelbarkeit von Schuldverschreibungen ist ein Grund der Fremdkapitalfinanzierung über den Kapitalmarkt. Die Projektbezogenheit als Kriterium zur Eingrenzung des geschützten Personenkreises[998] erschöpft sich daher, anders als z.B. bei der Bewertung eines Kunstgegenstandes, nicht in der Emission.[999] Insbesondere wenn die Ratingagentur fehlerhafte Folgeratings abgibt und der Schuldtitel am Markt gehandelt wird, liefe die Haftung letztlich leer, da jedenfalls das Ausfallrisiko dann ausschließlich bei Käufern am Sekundärmarkt liegt. Auch aus diesen ökonomischen Erwägungen heraus, ist eine Unterscheidung zwischen Käufern am Primär- und Sekundärmarkt abzulehnen.

Eine genauere Betrachtung verdient indes die Differenzierung zwischen Emissions- und Emittentenrating. Denn betont man im Rahmen der „Erkennbarkeit“ primär die Kalkulierbarkeit und Versicherbarkeit des Haftungsrisikos, lässt sich das Emissionsrating durchaus unter das Kriterium der „Erkennbarkeit“ subsumieren. Doch hat sich die Rechtsprechung tatsächlich völlig von der objektiven Abgrenzbarkeit im Sinne einer Individualisierbarkeit gelöst? In einer Entscheidung über die Haftung eines Gutachters wegen eines fehlerhaft zu niedrig angesetzten Grundstückswertes stellte der X. Zivilsenat des BGH fest, dass es einer Beschränkung des Kreises der in den Vertrag einbezogenen Dritten

---

997 *Ebenroth/Daum*, WM 1992 (Sonderbeilage Nr. 5), 1, 5.

998 Vgl. *Korth*, S. 90; *Canaris*, ZHR 163 (1999), 206, 235 ff.

999 So aber *Korth*, S. 93; *Canaris* hingegen deutet die mangelnde Vergleichbarkeit mit dem Umlauf von Anleihen bereits in ZHR 163 (1999), 206, 237 an.

nicht bedarf, wenn durch ihre Einbeziehung eine Ausweitung des Haftungsrisikos nicht eintritt.[1000] Nichts anderes könne gelten, wenn der Auftraggeber – etwa eine Bank – das Gutachten nicht zur Erlangung eines üblichen Darlehens verwendet, sondern eine Anleihe auflegt, die dann von Dritten gezeichnet wird. Es könne keinen Unterschied machen, ob statt eines Kaufinteressenten eine Käufergruppe geschützt würde, da das Haftungsrisiko dann lediglich auf diese aufgeteilt würde.[1001]

In einer früheren Entscheidung über die Dritthaftung eines Wirtschaftsprüfers führte der III. Zivilsenat des BGH jedoch aus: „*Die Einbeziehung einer unbekannten Vielzahl von Gläubigern, Gesellschaftern oder Anteilserwerbern in den Schutzbereich des Prüfauftrages (…) Daß der Abschlußprüfer bereit ist, ein so weitgehendes Haftungsrisiko zu übernehmen, kann regelmäßig nicht angenommen werden. Anders liegt es indessen, wenn die Vertragsteile bei Auftragserteilung, gegebenenfalls auch zu einem späteren Zeitpunkt, übereinstimmend davon ausgehen, daß die Prüfung auch im Interesse eines bestimmten Dritten durchgeführt werde und das Ergebnis diesem Dritten als Entscheidungsgrundlage dienen soll.*“[1002]

Jedoch entschied der III. Zivilsenat zuletzt auch, dass Wirtschaftsprüfer für Testate, die in Emissionsprospekten verwendet werden, Anlegern gegenüber nach den Grundsätzen des Vertrags mit Schutzwirkung haften, da das Haftungsrisiko hier auf die Emissionssumme begrenzt sei und die Aufnahme der testierten Gewinnerwartung im entschiedenen Fall gesetzlich nicht vorgeschrieben war.[1003]

Die besseren Gründe sprechen gegen einen entsprechenden Drittschutz. Vergleicht man nur die beiden in Rede stehenden Entscheidungen, ist der Sachverhalt der Wirtschaftsprüferhaftung in Bezug auf den Ratingvertrag tendenziell sachnäher.[1004] Wirtschaftsprüfer sind ebenso wie Ratingagenturen Informationsintermediäre, die aus der Analyse von Unternehmensdaten ein komprimiertes Urteil bilden. Während im vom X. Senat entschiedenen Wertgutachtenfall die Person des Dritten aus einer unbekannten, aber letztlich begrenzten privaten Käufergruppe für austauschbar befunden wurde, sah sich der III. Senat mit den am Kapitalmarkt aktiven Anlegern einer völlig

---

1000 BGH NJW 2004, 3035, 3038.
1001 BGH NJW 2004, 3035, 3038.
1002 BGHZ 138, 257, 262 = NJW 1998, 1948, 1950; bestätigt durch BGH NZG 2006, 862, 863, mit Hinweis auf die möglicherweise abweichende Auffassung des X. Senats. Hervorhebung durch Verf.
1003 BGH NJW 2014, 2345, 2347.
1004 So auch *Wagner* in: FS Blaurock, 467, 481.

anonymen, nicht abgrenzbaren Vielzahl von Personen gegenüber, die objektiv kaum mehr als „Gruppe“ im Wortsinn verstanden werden kann. Anders als der Wertgutachter, der bei einem fehlerhaft zu hoch angesetztem Grundstückswert nur auf die Differenz zum tatsächlichen Wert haftet, würde die Ratingagentur im Falle des Komplettausfalls für die gesamte Anleihesumme haften. Schon der Vergleich mit der bisherigen Rechtsprechung spricht daher eher gegen die Einbeziehung der allgemeinen Investorenöffentlichkeit in den Schutzbereich des Ratingvertrages. Solange die Kriterien der Kalkulierbarkeit und Versicherbarkeit im Raum stehen, kann jedoch nicht sicher davon ausgegangen werden, dass der BGH den Drittschutz der Anleger – jedenfalls für die Fälle des Emissionsratings – wirklich verneint.

Doch wie sollte das Kriterium der „Erkennbarkeit“ grundsätzlich ausgelegt werden: restriktiv, im Sinne einer konkreten Individualisierbarkeit des geschützten Dritten, oder eher weit im Sinne einer bloßen Versicherbarkeit der potentiellen Haftung? Die allerorten zitierte Formel, dass der geschützte Personenkreis objektiv abgrenzbar sein muss, um so das Haftungsrisiko kalkulierbar und versicherbar zu halten, suggeriert einen Zusammenhang, den es tatsächlich gar nicht gibt, denn die Kriterien der Kalkulierbarkeit und Versicherbarkeit des Haftungsrisikos dienen in Wahrheit gar nicht der Konkretisierung der Abgrenzbarkeit des geschützten Personenkreise. Der geschützte Personenkreis muss nämlich gar nicht erkennbar und objektiv abgrenzbar sein, wenn es lediglich um die Versicherbarkeit des Haftungsrisikos geht. Während beim Gläubigerinteresse trotz eventueller Interessengegenläufigkeit immer noch an den Schutz bestimmter Personen oder Personengruppen angeknüpft wird, entkernt man den Parteiwillen so letztlich völlig. Es ist zu bedenken, dass es sich bei einem Anspruch aus Vertrag mit Schutzwirkung immer noch um einen vertraglichen Anspruch handelt. Eine völlige Entkopplung der Haftung vom Parteiwillen hin zu normativen Billigkeitserwägungen ist daher abzulehnen.

Letztlich sprechen für eine restriktive Auslegung des Merkmals der „Erkennbarkeit“ und gegen die Einbeziehung der allgemeinen Investorenöffentlichkeit ganz grundlegende dogmatische Gründe. Zwar soll der Vertrag mit Schutzwirkung zugunsten Dritter seit jeher Schutzlücken des Deliktsrechts im Bereich fahrlässig verursachter Vermögensschäden schließen, eine Einbeziehung der allgemeinen Investorenöffentlichkeit in den Schutzbereich des Ratingvertrages würde die Grenze zwischen Vertrags- und Deliktsrecht jedoch völlig unkenntlich machen. Es wäre schlichtweg *jedermann* in den Schutzbereich des Ratingvertrages einbezogen. Pflichten gegenüber jedermann sind jedoch deliktischer

Natur.[1005] Dem ließe sich entgegenhalten, dass zwar grundsätzlich jedermann als auf ein Rating vertrauender Anleger auftreten kann, dies praktisch jedoch gar nicht der Fall sein kann und somit eben doch eine abgrenzbare Gruppe von am Kapitalmarkt aktiven Investoren existiert.[1006] Doch allein die Tatsache, dass praktisch natürlich nie jedermann als Anspruchssteller in Betracht kommt, macht deliktische Pflichten nicht zu vertraglichen Pflichten. Wendet man es nur lange genug, lassen sich immer Argumente dafür finden, die vertragliche Haftung von Fall zu Fall eben noch eine Stufe weiter auszudehnen. Man verliert dabei freilich den Charakter des Vertrages als rechtliche Sonderverbindung völlig aus den Augen und erreicht im Ergebnis in der Tat eine „Deliktshaftung durch die Hintertür".[1007]

Die bis heute andauernde Diskussion um die treffende Verortung der Produzentenhaftung ist ein ähnliches Beispiel des Verhältnisses von Vertrags- und Deliktsrecht. Eine ausführliche Darstellung würde den Rahmen an dieser Stelle sprengen. Doch die von der Rechtsprechung in der *Hühnerpest*-Entscheidung begründete Linie, dass der Vertrag zwischen Hersteller und Händler keine Schutzwirkung zugunsten des Endkäufers begründet, beansprucht nach h.M. heute noch Geltung.[1008] Auch wenn diese Rechtsprechung auf das fehlende Näheverhältnis mangels personenrechtlichen Einschlags abstellte, lässt sie sich mindestens ebenso auf die fehlende Erkennbarkeit stützen.[1009] Ebenso ist im Franchiserecht anerkannt, dass der Vertrag zwischen Franchisegeber und Franchisenehmer keine Schutzwirkung zugunsten des Endkunden hat.[1010] Der diesen Entscheidungen zugrundeliegende dogmatische Hintergrund ist hier wie dort aber letztlich die gesetzgeberische Grundentscheidung gegen eine allgemeine Fahrlässigkeitshaftung für reine Vermögensschäden.

1005 Vgl. *Eisen*, S. 335.

1006 In diese Richtung wohl *Amort*, EuR 2013, 272, 276; *von Schweinitz*, WM 2008, 953, 956 f.

1007 So zutreffend *Wagner* in: FS Blaurock, 467, 480.

1008 BGHZ 51, 91, 96 = BGH NJW 1969, 269 („Hühnerpest"); BGH NJW 1974, 1503, 1504 („Prüfzeichen"); BGH NJW 1989, 1029; Soergel/*Hadding*, Anh § 328 BGB, Rn. 15, 17; a.A. etwa *Canaris*, der auf Grundlage der Vertrauenshaftung den Hersteller gegenüber dem Endabnehmer haften lassen will, vgl. *ders.* in: FS Larenz, 1983, 27, 100 ff.; JZ 1968, 494, 501 ff.

1009 Soergel/*Hadding*, Anh § 328 BGB, Rn. 17; a.A. *Steinmeyer*, DB 1988, 1048, 1055, der es für das Erfordernis der Erkennbarkeit genügen lässt, dass die Gruppe der Endabnehmer erkennbar sei.

1010 Staudinger/*Klumpp*, § 328 BGB, Rn. 247.

Aus alledem folgt, dass eine weite Auslegung des Merkmals der „Erkennbarkeit" im Sinne einer bloßen Versicherbarkeit des Haftungsrisikos abzulehnen ist und der Ratingvertrag über das externe *public rating* unter keinen Umständen Schutzwirkung zugunsten der Anleger entfaltet. Ein anderes Ergebnis stünde in diametralem Widerspruch zur gesetzgeberischen Grundentscheidung gegen eine allgemeine Fahrlässigkeitshaftung für reine Vermögensschäden. Das Merkmal der „Erkennbarkeit" ist unter Beachtung dieser gesetzgeberischen Grundentscheidung vielmehr eng auszulegen und umfasst nach hier vertretener Auffassung nur *bestimmte* Dritte denen die vertragliche Leistung bei Vertragsschluss, jedenfalls aber zum Zeitpunkt der Leistungserbringung, erkennbar zugutekommen soll.

Die hier vertretene enge Auslegung der Erkennbarkeit und die Ablehnung der Schutzwirkung des Ratingvertrages zugunsten der Anleger mag möglicherweise nicht dem in Rechtsprechung und Teilen der Literatur zu beobachtenden Trend zur Expansion des Vertragsrechts folgen, sie sieht sich jedoch in guter Gesellschaft mit einer zunehmend zu beobachtenden Weichenstellung des Gesetzgebers. Die Haftung für fehlerhafte Ad-hoc Publizität, §§ 97, 98 WpHG, für fehlerhafte Abschlussprüfung, § 323 HGB, die Prospekthaftungstatbestände im WpPG, KAGB, VermAnlG und nun auf europäischer Ebene die Schaffung von Art. 35a Rating-VO zeigen, wie der nationale und der europäische Gesetzgeber im Bereich des Kapitalmarktrechts als unbillig empfundene Haftungslücken im Grenzbereich von Vertrags- und Deliktsrecht schließen: durch die Schaffung von Sonderdeliktsrecht und nicht durch die Expansion des Vertragsrechts.

Auch in den jüngsten Entscheidungen der Oberlandesgerichte Düsseldorf[1011] – hier ging es um ein Unternehmensrating – und Frankfurt a.M.[1012] – im Fall eines „Quasi-Ratings" – wurde die Erkennbarkeit des Kreises der geschützten Dritten abgelehnt.[1013]

d) *Anderes Ergebnis für „private rating"*

Etwas anderes muss jedoch gelten, wenn es sich um sog. „*private ratings*", also solche Ratings, die, anders als das klassische „*public rating*", keine öffentlichen

1011 OLG Düsseldorf NJW 2018, 1615.

1012 OLG Frankfurt a.M., Hinweisbeschluss. v. 24.04.2017 - 13 U 172/16 -, juris; OLG Frankfurt a.M., Urt. v. 22.09.2017 - 24 U 34/16 -, juris, jeweils in Fällen, in denen es sich lediglich um „Quasi-Ratings", sog. „Bonitätszertifikate" handelte.

1013 OLG Düsseldorf NJW 2018, 1615, 1618; OLG Frankfurt, Hinweisbeschluss. v. 24.04.2017 - 13 U 172/16 -, juris, Rn. 26 f.; OLG Frankfurt a.M., Urt. v. 22.09.2017 - 24 U 34/16 -, juris, Rn. 74 ff.

Kapitalmarktinformationen darstellen, sondern lediglich einem abgrenzbaren Kreis von Investoren, also quasi „privat", zur Verfügung gestellt werden. Die Ratingverordnung definiert private Ratings in Art. 2 Abs. 2 lit. a) Rating-VO – für die die Ratingverordnung nicht gilt – als „*Ratings, die von Ratingagenturen aufgrund eines Einzelauftrags abgegeben und ausschließlich an die Person weitergegeben werden, die den Auftrag erteilt hat, und die nicht zur öffentlichen Bekanntgabe oder zur Weitergabe an Abonnenten bestimmt sind*".

Diese Definition ist zu eng geraten, da unter privaten Ratings üblicherweise auch solche Ratings verstanden werden, die nicht nur für eine bestimmte Person, sondern für einen bestimmten Personenkreis, etwa eine Investorengruppe erstellt werden.[1014] Unabhängig von der aufsichtsrechtlichen Bezeichnung ist haftungsrechtlich die Einbeziehung bestimmter Anleger in den Schutzbereich des Ratingvertrages jedoch dann anzunehmen, wenn auf Seiten der Ratingagentur klar ist, dass es sich um ein Rating handelt, welches einem bestimmten Personenkreis als Entscheidungsgrundlage dienen soll.[1015]

Dass der Ratingvertrag in seltenen Fällen drittschützenden Charakter hat, lässt sich auch auf die bereits zitierte Rechtsprechung zur Dritthaftung von Wirtschaftsprüfern stützen, wo der BGH einen Drittschutz des Prüfungsvertrages bejaht hat, wenn die Prüfung im Interesse eines *bestimmten* Dritten erfolgt.[1016] Eine Parallele kann zudem zur US-amerikanischen Rechtsprechung gezogen werden, da Gerichte in den USA Ratingagenturen die pauschale Schutzwirkung der Meinungs- und Pressefreiheit („*first amendment defense*") in jüngerer Zeit jedenfalls dann nicht mehr zukommen lassen, wenn es sich um private Ratings handelt, da hier keine „Publikation" vorliegt, die einen entsprechenden Schutz rechtfertigen würde.[1017] Auch australische Gerichte bejahten eine Haftung von Ratingagenturen für fehlerhafte Ratings jedenfalls gegenüber einer abgrenzbaren Investorengruppe.[1018]

Eine Haftung von Ratingagenturen auf Grundlage des Rechtsinstituts des Vertrags mit Schutzwirkung im Falle privater Ratings schließt zudem auch

1014 So auch in den Haftungsprozessen „*Abu Dhabi*" und „*Bathurst*", vgl. § 28 V. 1. b), VI.

1015 So auch *Schroeter*, S. 563 f:

1016 BGHZ 138, 257, 262 = NJW 1998, 1948, 1950.

1017 *Abu Dhabi Commercial Bank v. Morgan Stanley & Co. Inc.*, 651 F. Supp. 2d 155 (S.D.N.Y. 2009); *Abu Dhabi Commercial Bank v. Morgan Stanley & Co. Inc.*, 888 F. Supp. 2d 431 (S.D.N.Y. 2012), siehe hierzu noch ausführlich § 28 V. 1. b).

1018 *Bathurst Regional Council v Local Government Financial Services Pty Ltd (No 5)* [2012] FCA 1200, bestätigt durch *ABN AMRO Bank NV v Bathurst Regional Council* [2014] FCAFC 65, siehe hierzu noch ausführlich § 28 VI.

Schutzlücken, da Art. 35a Rating-VO in diesen Fällen nicht greift. Denn gem. Art. 2 Abs. 2 lit. a) Rating-VO gilt die Ratingverordnung nicht für private Ratings.

e) *Schutzbedürftigkeit*

Selbst wenn man dem Ratingvertrag allgemein oder in bestimmten Fällen eine Schutzwirkung zugunsten von Anlegern zugesteht, müsste der Anleger als Dritter auch schutzbedürftig sein.[1019] Angesichts der vielfältigen und grundsätzlichen dogmatischen Probleme, die sich an dieser Stelle ergeben, verwundert es, dass dieser Punkt in der Literatur generell[1020] und in Ratingfällen speziell bisher wenig Beachtung gefunden hat. Obwohl die Einbeziehung der allgemeinen Anlegerschaft in den Schutzbereich des Ratingvertrages nach hier vertretener Auffassung abgelehnt wird, soll das Kriterium der Schutzbedürftigkeit daher an dieser Stelle nicht unbeachtet bleiben.

Beim Kriterium der Schutzbedürftigkeit handelt es sich um ein dogmatisch weitestgehend unbeleuchtetes Problem, was angesichts der häufig auftretenden Anspruchskonkurrenzen im Bereich der mehrpoligen Vertrags- und Interessenstrukturen wie sie in Dritthaftungsfällen auftreten, überrascht. Man wird sagen können, dass das Erfordernis der Schutzwürdigkeit grundsätzlich die Subsidiarität des vertraglichen Drittschutzes gegenüber eigenen Ansprüchen des Dritten gewährleisten soll. Während Leistungs- und Gläubigernähe sowie deren Erkennbarkeit den Kreis der geschützten Dritten einschränken, dient das Merkmal der Schutzbedürftigkeit dazu, den vertraglichen Drittschutz entfallen zu lassen, wenn dem Dritten eigene Ansprüche gegen den Gläubiger oder einen anderen zustehen, die mit denen aus dem Vertrag mit Schutzwirkung inhaltlich gleichwertig sind.[1021] Hier kommen Ansprüche gegen den Gläubiger (Emittent), den Schuldner (Ratingagentur) und Dritte (Anlageberater) in Betracht, die die Schutzwürdigkeit des Anlegers entfallen lassen könnten.

aa) Ansprüche gem. Art. 35a Rating-VO

Die Schutzbedürftigkeit könnte aufgrund von Ansprüchen nach Art. 35a Rating-VO ausgeschlossen sein. Jedoch ist zu beachten, dass die Schutzbedürftigkeit des

---

1019 Soergel/*Hadding*, Anh § 328 BGB, Rn. 16.

1020 Eine eingehende dogmatische Auseinandersetzung findet sich lediglich bei *Schwarze*, Subsidiarität des vertraglichen Drittschutzes?, AcP 203 (2003), 348, der das Erfordernis der Subsidiarität des Drittschutzes im Ergebnis ganz verneint.

1021 BGHZ 129, 136, 169 = NJW 1995, 1739; BGHZ 133, 168 = NJW 1996, 2927; Staudinger/*Klumpp*, § 328 BGB, Rn. 124 f.

Dritten nach h.M. nur bei eigenen vertraglichen Ansprüchen entfällt, deliktische Ansprüche sind insofern nicht gleichwertig.[1022] Art. 35a Rating-VO ist jedoch richtigerweise als (Sonder-)Deliktsrecht zu qualifizieren,[1023] sodass die Schutzbedürftigkeit nicht entfallen sollte.

bb) Ansprüche aus Abonnementvertrag

Die Schutzbedürftigkeit fehlt jedoch bei Anlegern, die mit der Ratingagentur über einen Abonnementvertrag verbunden sind, aus dem sie nach hier vertretener Auffassung vertragliche Ansprüche im Falle eines fehlerhaften Ratings geltend machen können.[1024]

cc) Ansprüche gegen den Anlageberater

Die Schutzbedürftigkeit entfällt auch, wenn Anleger vertragliche Ansprüche wegen Falschberatung gegen ihren Anlageberater geltend machen können.[1025] Kann ein Anleger erfolgreich entsprechende Ansprüche geltend machen, was gerade auch dann der Fall sein kann, wenn der Anlageberater im Rahmen der notwendigen anlage- und objektgerechten Beratung[1026] auf ein entsprechendes Rating nicht hingewiesen hat, so steht ihm ein vertraglicher bzw. quasivertraglicher Anspruch zu, weshalb ein Anspruch gegen die Ratingagentur aufgrund eines fehlerhaften Ratings ausgeschlossen sein muss.

1022 MüKo/*Gottwald*, § 328 BGB, Rn. 191 m.w.N.

1023 Vgl. ausführlich § 23 II. 1.

1024 So i.E. auch *Peters*, S. 112; *Schroeter*, S. 940, der dies annimmt, obwohl der abonnierende Anleger aus dem Abonnementvertrag gar keine Ansprüche wegen fehlerhafter Ratings gegen die Ratingagentur herleiten könne, was – wenn man das von der Rspr. entwickelte Kriterium der mangelnden Schutzwürdigkeit im Fall anderweitiger *Ansprüche* anlegt – kaum vertretbar erscheint. Denn mag man die Schutzwürdigkeit im Falle uneinbringbarer Ansprüche noch verneinen, da ja in diesem Fall immerhin Tatbestand und Rechtsfolge eines Anspruchs erfüllt sind, jedoch erscheint dasselbe Ergebnis im Fall einer vertraglichen Beziehung ohne entsprechende Ansprüche äußerst zweifelhaft, da dann ja gerade kein Anspruch gegeben ist.

1025 OLG Frankfurt a.M., Hinweisbeschluss v. 24.04.2017 – 13 U 172/16 -, juris, Rn. 28; OLG Frankfurt a.M., Urt. v. 22.09.2017 - 24 U 34/16 -, juris, Rn. 82 ff., jeweils im Fall „Future Business KGaA“ (siehe § 14 II.).

1026 Siehe § 7 II.

dd) Ansprüche gegen den Emittenten

Ein bisher kaum beachtetes Problem ist die Tatsache, dass im Fall des Ausfalls eines Wertpapiers der Anleger (nicht mehr einbringbare) vertragliche Primäransprüche gegen den Emittenten hat. Hält ein Anleger eine Anleihe, so hat er gegen den Emittenten einen vertraglichen Rückzahlungsanspruch aus der Schuldverschreibung. Ist ein Rating fehlerhaft zu positiv und fällt der Emittent in die Insolvenz, könnte der Anleger seitens der Ratingagentur was Ansprüche aus Vertrag mit Schutzwirkung anbelangt also auf die entsprechenden – nun uneinbringbaren und wertlosen – Ansprüche gegen den Emittenten verwiesen werden. Im Haftungskomplex „Future Business KGaA“[1027] verneinte das OLG Frankfurt a.M. die Schutzbedürftigkeit der klagenden Anleger daher.[1028]

Auch der BGH lässt in solchen Fällen die Schutzbedürftigkeit entfallen. Er verneinte die Haftung eines Rechtsanwalts aus einem Anwaltsvertrag mit einem mittellosen Mandaten gegenüber einem mit dem Mandaten ebenfalls vertraglich verbundenem Dritten und fand dafür bemerkenswert klare Worte: „(…)denn das von der Rechtsprechung entwickelte Rechtsinstitut des Vertrags mit Schutzwirkung zu Gunsten Dritter bezweckt nicht die Absicherung des Risikos, dass die vertraglich verpflichtete Person zum Ersatz des Schadens finanziell nicht in der Lage ist.“[1029]

Diese Worte klingen allein schon angesichts der bloßen Existenz des Vertrags mit Schutzwirkung kurios. Die Subsidiarität zu verneinen und den Drittschutz zu bejahen mag man für eine unbillige Auferlegung des Insolvenzrisikos des Gläubigers zu Lasten des Schuldners halten. Doch es fragt sich, welche Geltung dieses Argument im Schatten des Vertrags mit Schutzwirkung überhaupt hat. Angesichts dieser Worte könnte man meinen, das Institut des Vertrags mit Schutzwirkung sei frei von jeden Billigkeitserwägungen und das Prinzip der Relativität der Schuldverhältnisse beanspruche in jedem Fall absolute Geltung. Das Gegenteil ist der Fall. Warum bezweckt der Vertrag mit Schutzwirkung nicht auch die Absicherung des Risikos, dass die vertraglich verpflichtete Person zum Ersatz des Schadens finanziell nicht in der Lage ist? Diese einseitig auf die Relativität des Schuldverhältnisses abzielende Argumentation wird bereits der Existenz des Instituts Vertrag mit Schutzwirkung nicht gerecht. Denn warum sollen einem vertraglich nicht berechtigten Dritten vertragliche Ansprüche aus Verträgen zugutekommen, an denen er gar nicht beteiligt ist? Die Klarheit

---

1027 Siehe § 14 II.
1028 OLG Frankfurt a.M., Hinweisbeschluss v. 24.04.2017 - 13 U 172/16 -, juris, Rn. 28.
1029 BGH NJW 2004, 3630, 3632.

aus oben zitierter Entscheidung widerspricht dem Schweigen aus anderen Entscheidungen: Warum etwa sollte der Hauskäufer im Wertgutachtenfall nicht auf Ansprüche gegen den Verkäufer, der den Wertgutachter vorsätzlich über wertbelastenden Faktoren im Unklaren ließ, beschränkt sein?

Bejaht man die Schutzwirkung eines Vertrages, ist damit die entscheidende Weiche zu Lasten des Schuldners und einer sich nicht unmittelbar aus dem Vertrag ergebenden Haftungserweiterung bereits gestellt. Letztlich sprechen die besseren Gründe dafür, den Drittschutz nicht aufgrund anderweitiger wertloser Ansprüche des Dritten entfallen zu lassen. Vergleicht man die großzügige und flexible Handhabung der Merkmale des Gläubigerinteresses und der Erkennbarkeit, wäre eine derart restriktive Handhabung der Schutzwürdigkeit nicht wirklich kohärent. Allgemein anerkannt ist zudem, dass die anderweitigen Ansprüche des Dritten *inhaltlich gleichwertig* sein müssen.[1030] Was an einem wertlosen Anspruch gegen den insolventen Gläubiger im Vergleich zu einem Anspruch aus Vertrag mit Schutzwirkung gegen den solventen Schuldner inhaltlich gleichwertig sein soll, erscheint höchst fraglich. Erkennt man sogar mit der h.M. deliktische Ansprüche als nicht inhaltlich gleichwertig an,[1031] drängt sich ein erst-recht-Schluss (argumentum a fortiori) auf: wenn schon deliktische Ansprüche die Schutzbedürftigkeit nicht entfallen lassen und auch zu Ansprüchen aus Prospekthaftung Anspruchskonkurrenz besteht,[1032] dann dürfen nicht einbringbare Ansprüche die Schutzbedürftigkeit erst recht nicht entfallen lassen, denn eine wirtschaftliche Privilegierung des Dritten tritt dann gar nicht ein.

Die Argumentation des BGH überzeugt insbesondere aufgrund ihrer Pauschalität nicht: sie betont einzig die Solvenz des Gläubigers, während die Leistung als solche ausgeblendet wird. Doch auch beim Gläubigerinteresse kommt es wesentlich darauf an, ob die Leistung dem Dritten bestimmungsgemäß zugutekommen soll. Es ist daher nur konsequent, auch im Rahmen der Schutzwürdigkeit auf die Art und den Drittbezug der Leistung abzustellen.[1033] Denn wenn die Leistung erkennbar dem Dritten zugutekommen soll und der Schuldner die Letztverantwortlichkeit für den Drittschaden innehat, wäre es unbillig, ihn aufgrund der Insolvenz des Gläubigers aus der haftungsrechtlichen Verantwortlichkeit zu entlassen, obwohl dem Dritten aufgrund seiner wertlosen Ansprüche gegen den Gläubiger keine wirtschaftliche Privilegierung zugutekommt.

1030 Jauernig/*Stadler*, § 328 BGB, Rn. 26 f.

1031 Vgl. MüKo/*Gottwald*, § 328 BGB, Rn. 191 m.w.N.

1032 BGH NJW 2004, 3420.

1033 Staudinger/*Klumpp*, § 328 BGB, Rn. 124 f.

Die Pflichtverletzung des Schuldners bliebe unsanktioniert, obwohl die Pflicht gerade dem Schutz der Vermögensinteressen des Dritten gilt. Im Fall des Ratingvertrages wird dies besonders deutlich, denn das Rating dient gerade der Einschätzung der Bonität des Gläubigers. Wird diese Pflicht in der Weise verletzt, dass die Bonität fehlerhaft zu positiv eingeschätzt wird und fällt der Emittent in die Insolvenz, wäre es unbillig, den Anleger auf seine wertlosen Ansprüche gegen den Emittent zu verweisen, denn die verletzte Pflicht soll den Anleger gerade vor dem konkret eingetretenen Zahlungsausfall schützen.[1034] Wertlose Ansprüche gegen den insolventen Emittenten können somit nach hier vertretener Ansicht die Schutzbedürftigkeit des Dritten nicht entfallen lassen, da hierdurch keine wirtschaftliche Privilegierung des Dritten eintritt.[1035]

f) OLG Düsseldorf: Keine Haftung von Ratingagenturen gegenüber Anlegern für Emittentenratings aus Vertrag mit Schutzwirkung – eine Kritik

Das OLG Düsseldorf entschied jüngst[1036] im Einklang mit der Vorinstanz,[1037] dass Ratingagenturen Anlegern gegenüber für Emittenten- bzw. Unternehmensratings grundsätzlich und insbesondere aus Vertrag mit Schutzwirkung und Art. 35a Rating-VO[1038] nicht haften. Das Gericht, das erkennbar um eine Negierung der Ansprüche dem Grunde nach bemüht war, lehnte eine Haftung der verklagten Ratingagentur aus einem Vertrag mit Schutzwirkung aufgrund mangelnder Leistungs- und Gläubigernähe sowie fehlender Erkennbarkeit ab. Während man dem Gericht hinsichtlich der fehlenden Erkennbarkeit im Falle von Emittentenratings[1039] sicher beipflichten kann,[1040] verdient die Argumentationslinie des Gerichts hinsichtlich der Leistungs- und Gläubigernähe in ihrer

1034 Insofern besteht auch der entscheidende Unterschied zu dem in BGH NJW 2004, 3630, 3632 entschiedenen Fall, in dem der Rechtsanwalt (Schuldner) den Gläubiger des Anwaltsvertrages (mittelloser Beschuldigter im Strafprozess) nicht über die Möglichkeit aufklärte, die von einem Dritten auf einem Anderkonto des Rechtsanwalts hinterlegte Kaution durch Abtretung an den Dritten vor dem Zugriff der Gläubiger des Beschuldigten zu schützen. Die rechtliche Beratung des Mandaten soll grds. und speziell in diesem Fall primär dem Mandanten und nicht dem Dritten zugutekommen.

1035 So grds. auch *Feddersen*, WM 1999, 105, 110; *Zugehör*, NJW 2008, 1105, 1006; a.A. auch speziell in Ratingfällen *Schroeter*, S. 941.

1036 OLG Düsseldorf NJW 2018, 1615.

1037 LG Düsseldorf WM 2017, 816.

1038 Siehe hierzu § 23 I. 2.

1039 OLG Düsseldorf NJW 2018, 1615, 1618.

1040 Siehe § 17 III. 3. c).

Pauschalität wenig Zustimmung. Ein die Entscheidung tragender Gedanke des Gerichts ist nämlich, dass Emittentenratings bei Investitionen in bestimmte Anleihen, selbst wenn diese nicht über ein Emissionsrating verfügen, keine Rolle bei der Investitionsentscheidung spielen.

So fehle es bereits an der Leistungsnähe, „weil die Ratings nicht der Bewertung der Anleihen dienten."[1041] Auch die Gläubigernähe liege nicht vor, da die Ratings lediglich dem Listing der Anleihen an der Stuttgarter Börse, die für Mittelstandsanleihen ein Emittentenrating verlangt,[1042]dienten.[1043] Genau an dieser Stelle offenbart sich der Hauptkritikpunkt, der dem Gericht entgegengehalten werden muss. Hat eine Anleihe kein Emissionsrating, das die Anleihe begebende Unternehmen aber ein Emittentenrating, so ersetzt letzteres in seiner Bedeutung das nicht vorhandene Emissionsrating. Es erscheint praxisfern anzunehmen, dass das Unternehmensrating mit der begebenen Anleihe in diesem Fall nichts zu tun hat. Die Vergleichbarkeit der Bedeutung von Emissions- und Emittentenrating, gerade im Segment der Mittelstandsanleihen, zeigt sich in den Geschäftsbedingungen der Börsen, die für das Listing von Anleihen im Regelfall nur ein Emittentenrating ausreichen lassen.[1044] Somit wird deutlich: Investoren verlangen für die Chancen-Risiko-Bewertung einer Anleihe nicht zwingend ein Emissionsrating, wenn ein Emittentenrating vorliegt. Gerade wenn, wie im vom Gericht entschiedenen Fall, ein Rating mit „BBB", also am unteren Ende des *investment grade*-Bereichs vorliegt, kann umso weniger davon ausgegangen werden, dass das Emittentenrating bei der Investitionsentscheidung keine oder nur eine untergeordnete Rolle spielt. Im Rahmen des Vertrags mit Schutzwirkung mag dies vom Ergebnis her zu vernachlässigen sein, da auch nach hier vertretener Ansicht der Ratingvertrag über das externe *public rating* mangels Erkennbarkeit keine Schutzwirkung zugunsten der Anleger entfaltet. Seine eigentliche Bedeutung erlangt das Urteil dadurch, dass das Gericht Art. 35a Rating-VO bei Emittentenratings für nicht anwendbar hält, worauf gesondert einzugehen sein wird.[1045]

1041 OLG Düsseldorf NJW 2018, 1615, 1617.

1042 Siehe § 12 V. 2.

1043 OLG Düsseldorf NJW 2018, 1615, 1618.

1044 Eine Übersicht hierzu findet sich unter § 12 V. 2.

1045 Siehe § 23 I. 2.

4. Ergebnis

Die vorstehenden Ausführungen haben gezeigt, dass die richterrechtlichen Voraussetzungen der Einbeziehung Dritter in den Schutzbereich eines Vertrages im Laufe der Zeit aufgeweicht wurden und letztlich auch ineinander übergehen. Während die Ausweitung des Gläubigerinteresses in den bereits beschriebenen Fällen der Interessengegenläufigkeit bereits problematisch und kritikwürdig erscheint, lässt sich ein entsprechendes Gläubigerinteresse nach den Kriterien der Rechtsprechung in Ratingfällen durchaus noch bejahen, da das Rating als Leistung den Kapitalanlegern bestimmungsgemäß zugutekommen soll.

Zu einem anderen Ergebnis kommt man nach hier vertretener Auffassung aber im Rahmen der Erkennbarkeit. Die Einbeziehung einer unbestimmten Vielzahl von Dritten bei einem gleichzeitigen Einstehenmüssen für eine unbestimmte Haftungssumme würde die Grenzen der Vertragshaftung sprengen. Auch die in der Literatur vorgeschlagenen Differenzierungen – insbesondere die Annahme eines Drittschutzes bei Emissionsratings – können nach hier vertretener Auffassung nicht überzeugen, da im Rahmen des Kriteriums der Erkennbarkeit primär auf eine objektive Abgrenzbarkeit im Sinne einer Individualisierbarkeit des zu schützenden Personenkreises und nicht auf die reine Versicherbarkeit der möglichen Haftungssumme abzustellen ist. Eine Haftung von Ratingagenturen gegenüber dem allgemeinen Anlegerpublikum wäre keine Fortschreibung der richterrechtlichen Kriterien des Vertrags mit Schutzwirkung, es wäre ein Paradigmenwechsel: gegen den erklärten Parteiwillen würden vertragliche Leistungspflichten gegenüber jedermann begründet.

Eine Haftung von Ratingagenturen gegenüber dem allgemeinen Anlegerpublikum für das externe *public rating* muss daher nach hier vertretener Auffassung generell ausscheiden. Eine Haftung kommt jedoch im Falle des sog. *private rating* bei Privatplatzierungen in Betracht, wenn eine Bonitätseinschätzung gegenüber einem bestimmten Dritten, oder einer bestimmten Gruppe von Dritten, abgegeben wird und für diese Grundlage weiterer Vermögensdispositionen ist.

IV. Vertrauenshaftung gem. § 311 Abs. 3 S. 2 BGB

1. Kodifizierung der Norm im Rahmen der Schuldrechtsmodernisierung

§ 311 Abs. 3 S. 2 BGB wurde ebenso wie Abs. 2 durch das Schuldrechtsmodernisierungsgesetz (SMG)[1046] in das BGB aufgenommen. § 311 Abs. 3 S. 1 BGB bestimmt zunächst, dass ein Schuldverhältnis auch mit Personen entstehen

1046 Gesetz zur Modernisierung des Schuldrechts v. 26.11.2001, BGBl. 2011 I S. 3138 ff.

kann, die gar nicht selbst Vertragspartei werden sollen.[1047] Damit sind ausweislich der Gesetzesbegründung insbesondere die Fälle der Eigenhaftung des Vertreters oder Verhandlungsgehilfen angesprochen.[1048] Obwohl die Gesetzesbegründung hierzu nichts aussagt, wird § 311 Abs. 3 S. 1 BGB heute teilweise als Rechtsgrundlage des Vertrags mit Schutzwirkung angesehen.[1049] Mit S. 2 der Vorschrift sollten ausweislich der Gesetzesbegründung insbesondere auch die Fälle der Sachwalterhaftung einschließlich der Haftung von Sachverständigen und anderer „Auskunftspersonen" gegenüber Dritten erfasst werden.[1050]

§ 311 Abs. 3 S. 2 BGB kann mit Fug und Recht als partielle Kodifizierung der von *Canaris* begründeten Vertrauenshaftungslehre angesehen werden. *Canaris* befürwortete schon lange vor der Schuldrechtsmodernisierung einen Perspektivwechsel im Bereich der Expertenhaftung weg vom Vertrag zwischen Experten und Gläubiger, hin zum Vertrag zwischen Gläubiger und Drittem und dem Vertrauen, dass der Experte im Rahmen dieses Vertragsschlusses für sich in Anspruch nimmt.[1051] Wesentlicher Begründungsansatz waren stets die dogmatischen Unstimmigkeiten des Vertrages mit Schutzwirkung, insbesondere im Bereich der divergierenden Interessen von Gläubiger und Drittem und der Geltung von Haftungsausschlüssen gegenüber dem Dritten.

Die dogmatischen Unstimmigkeiten des Vertrages mit Schutzwirkung gaben stets Anstoß zur Diskussion und Entwicklung diverser Alternativvorschläge. Doch während so manches Konzept heute nicht mehr zur Debatte steht,[1052] entwickelte sich durch die Kodifizierung von § 311 Abs. 3 BGB eine breitere Rezeption der von *Canaris* entwickelten Vertrauenshaftungslehre.[1053] § 311 Abs. 3 BGB kann daher heute nicht mehr bloß als einzelner Alternativvorschlag zur Dritthaftung gesehen werden, sondern stellt sich gerade auch durch seine Kodifizierung als

---

1047 Reg. Begr. SMG, BT-Drs. 14/6040, S. 163.

1048 Reg. Begr. SMG, BT-Drs. 14/6040, S. 163.

1049 Vgl. etwa *Looschelders*, Schuldrecht AT, § 9, Rn. 6 f.

1050 Reg. Begr. SMG, BT-Drs. 14/6040, S. 163.

1051 Vgl. etwa *Canaris*, JZ 1995, 441 ff.; *ders.* JZ 1998, 603 ff.; ZHR 163 (1999), 206 ff;

1052 Und deshalb an dieser Stelle auch nicht weiter erläutert werden soll – vgl. etwa die sog. Selbstbindung ohne Vertrag, *Köndgen*, Selbstbindung ohne Vertrag, zur sog. Berufshaftung etwa *v. Bar*, Verkehrspflichten, S. 204 ff., oder die sog. konkludenten Garantieerklärung, die dem konkludenten Auskunftsvertrag in Drittweitergabefällen ähnelt, vgl. auch *Schuler*, S. 237 m.w.N.

1053 Vgl. etwa *Canaris*, Die Vertrauenshaftung im deutschen Privatrecht; *ders.* JZ 1995, 441; JZ 1998, 603; ZHR 163 (1999), 206.

ernsthaftes und vielfach befürwortetes Alternativkonzept im Bereich der (Experten-)Dritthaftung dar.[1054]

2. *Versuche einer Konkretisierung von § 311 Abs. 3 S. 2 BGB durch die Literatur*

a) *Inanspruchnahme von Vertrauen*

Das Tatbestandsmerkmal der Inanspruchnahme von Vertrauen hat den Zweck, dass ein Schuldverhältnis nicht einseitig seitens des Vertrauenden begründet werden kann, in dem er dem Experten vertraut. Das Vertrauen muss seitens des Dritten auch in Anspruch genommen werden.[1055] Hierfür sollte es jedoch richtigerweise auf den objektiven Empfängerhorizont ankommen, also darauf, ob der Vertrauensempfänger aus objektiver Sicht von einem Inanspruchnahmewillen des Dritten ausgehen durfte.[1056] Es kommt daher nicht auf ein tatsächliches Vertrauen, sondern auf ein normatives Vertrauendürfen an.[1057]

b) *In besonderem Maße*

§ 311 Abs. 3 S. 2 BGB verlangt nicht bloß die Inanspruchnahme von Vertrauen an sich, sondern die Inanspruchnahme von Vertrauen *in besonderem Maße*.[1058] Die Gesetzesbegründung verweist ausdrücklich auf die bereits von der Rechtsprechung entwickelten Kriterien zur Eigenhaftung des Vertreters aus c.i.c.[1059] Danach läge ein Vertrauen in besonderem Maße dann vor, wenn der Vertreter ein besonderes wirtschaftliches Interesse am Abschluss des Vertrages hat, oder wenn er in besonderem Maße persönliches Vertrauen in Anspruch genommen hat.[1060] Ausweislich der Gesetzesbegründung muss das besondere Vertrauen über das normale Verhandlungsvertrauen hinausgehen.[1061] Dazu reicht nach der

---

1054 Vgl. etwa *Kersting*, Die Dritthaftung für Informationen im Bürgerlichen Recht; *Koch*, AcP 204 (2004), 59, 70 ff.; *ders.* WM 2005, 1208, 1211; *Schneider*, ZHR 163 (1999), 246, 253.

1055 *Faust*, AcP 210 (2010), 555, 565.

1056 *Faust*, AcP 210 (2010), 555, 565.

1057 *Koch*, AcP 204 (2004), 59, 75.

1058 Die Gesetzesmaterialien sprechen insofern von „besonderem Vertrauen", vgl. Reg. Begr. SMG, BT-Drs. 14/6040, S. 163.

1059 Reg. Begr. SMG, BT-Drs. 14/6040, S. 163, die Gesetzesbegründung verweist dabei ausdrücklich auf BGH NJW-RR 1991, 1242 und somit auf die von der Rspr. entwickelten Kriterien zur Eigenhaftung des Vertreters.

1060 BGHZ 88, 67, 69 = NJW 1983, 2696; BGH NJW-RR 1991, 1242.

1061 Reg. Begr. SMG, BT-Drs. 14/6040, S. 163.

auf die von der Gesetzesbegründung Bezug genommenen Rechtsprechung, der allgemeine Hinweis auf die beim Vertreter vorhandene Sachkunde nicht aus. Vielmehr müsse der Vertreter über das allgemeine Verhandlungsvertrauen hinaus eine zusätzliche, von ihm persönlich ausgehende Gewähr für die Seriosität und Erfüllung des Geschäfts bieten.[1062]

Das Erfordernis des Vertrauens „in besonderem Maße" soll wohl letztlich dem vielfach gegen die Vertrauenshaftungslehre von *Canaris* vorgebrachten Einwand der „Ubiquität des Vertrauens" begegnen.[1063] Daher wird in der Literatur betont, dass das „Vertrauen in besonderem Maße" beträchtlich über das zwischen normalen Vertragspartnern oder das in „Jedermann-Beziehungen" herrschende Vertrauen auf das Unterlassen unerlaubter Handlungen hinausgehen müsse.[1064]

3. *Heranziehung von § 311 Abs. 3 S. 2 BGB in Ratingfällen*

Die Dritthaftung von Ratingagenturen nach § 311 Abs. 3 S. 2 BGB hätte – sofern man die Haftung von Ratingagenturen gegenüber der Investorenöffentlichkeit für einfache Fahrlässigkeit für angezeigt hält – einen praktischen Vorteil gegenüber einer Lösung über den Vertrag mit Schutzwirkung. Dieser betrifft unbeauftragte Ratings. Sowohl beauftragten als auch unbeauftragten Ratings kommt eine ähnliche Bedeutung am Kapitalmarkt zu, jedoch scheidet eine Dritthaftung für unbeauftragte Ratings auf Grundlage des Instituts des Vertrags mit Schutzwirkung per se aus, da in diesen Fällen kein Ratingvertrag als Anknüpfungspunkt für die Dritthaftung vorhanden ist.

Während insbesondere jüngere Stimmen in der Literatur eine Haftung von Ratingagenturen gegenüber der allgemeinen Anlegerschaft gem. § 311 Abs. 3 S. 2 BGB bejahen,[1065] lehnen andere eine solche Haftung ab.[1066] Zunächst müssten Ratingagenturen also Vertrauen in besonderem Maße in Anspruch nehmen. Es erscheint jedoch bereits der generelle Wille Vertrauen überhaupt in Anspruch zu nehmen fraglich, da die Ratingagenturen ihren Ratings stets jeden Empfehlungscharakter absprechen und eine Garantenstellung für die inhaltliche Richtigkeit ihrer Ratings ausdrücklich ablehnen.[1067] Dem wird entgegengehalten, dass es für

---

1062 BGHZ 88, 67, 69 = NJW 1983, 2696; BGH NJW-RR 1991, 1242.

1063 *Faust*, AcP 210 (2010), 555, 563.

1064 *Faust*, AcP 210 (2010), 555, 565.

1065 *Kersting*, S. 544; *Schantz*, S. 243 ff.; *Schuler*, S. 257 f.; *Schultes*, S. 198 f.

1066 MüKo/*Wagner*, § 826 BGB, Rn. 140; *Berger/Stemper*, WM 2010, 2289, 2291 f.; *Haar*, NZG 2010, 1281, 1283; *Habersack*, ZHR 169 (2005), 185, 186.

1067 *Vetter*, WM 2004, 1701, 1710.

die Annahme einer Sonderverbindung gem. § 311 Abs. 3 S. 2 BGB eines rechtsgeschäftlichen Willens nicht bedürfe.[1068] Dem ist zuzugeben, dass es schlicht widersprüchlich ist, ein auf Vertrauen basierendes Geschäftsmodell erfolgreich zu betreiben, das in Anspruch genommene Vertrauen aber einseitig zurückzuweisen, um nicht zu haften. Es entspricht auch dem in § 242 BGB enthaltenem Rechtsgedanken des *venire contra factum proprium*,[1069] dass die auf Vertrauen basierende Sonderverbindung daher tatbestandlich nicht durch einseitige Äußerungen eingeschränkt werden kann, die als Rechtsfolge des vertrauensbegründenden Verhaltens die Haftung ausschließen oder begrenzen wollen.[1070]

4. Stellungnahme

Wird seitens der Ratingagenturen gegenüber der allgemeinen Investorenöffentlichkeit tatsächlich Vertrauen „in besonderem Maße" in Anspruch genommen? Die Befürworter einer Haftung nach § 311 Abs. 3 S. 2 BGB lassen hierfür das bloße Zurverfügungstellen von Information zur Begründung einer Sonderverbindung ausreichen.[1071] Die Schwäche dieses Ansatzes zeigt sich bereits auf semantischer Ebene: es gibt keine *Sonder*verbindung gegenüber der Allgemeinheit. Hier zeigt sich letztlich das Dilemma eines jeden vertraglichen Dritthaftungskonzeptes: die dogmatisch durchaus berechtigte Kritik am Vertrag mit Schutzwirkung darf nicht den Eindruck erwecken, ein alternatives Haftungskonzept – etwa über § 311 Abs. 3 S. 2 BGB – sei über das zentrale Problem einer jeden Dritthaftungskonstellation erhaben: der Konkretisierung dessen Reichweite. Zwar gibt § 311 Abs. 3 S. 2 BGB mit dem Tatbestand „Vertrauen in besonderem Maße" eine Vorgabe; die Auslegung dieser Begriffe bereitet jedoch die gleichen Probleme wie die Auslegung der von der Rechtsprechung entwickelten Kriterien des Vertrags mit Schutzwirkung. Erneut erscheint ein Blick in die Gesetzesbegründung angezeigt: der Schuldrechtsmodernisierungsgesetzgeber wollte mit § 311 Abs. 3 S. 2 BGB ausdrücklich auch die Sachwalterhaftung ansprechen.[1072] Die Gesetzesbegründung erklärt hierzu: „Es handelt sich um

1068 *Kersting*, S. 541; *Schroeter*, S. 914 f. *Schuler*, S. 257.

1069 Vgl. *Hennrichs* in: FS Hadding, 875, 879; *Wildmoser/Schiffer/Langoth*, RIW 2009, 657, 666 f.

1070 So merken *Kersting*, S. 541 und im Anschluss daran *Schuler*, S. 257 an, das Vertrauen in Ratings könne nur dadurch erschüttert werden, dass die Ratingagentur erkläre, dass ihre Ratings tatsächlich nutzlos seien, weil sie etwa gewürfelt sind.

1071 *Kersting*, S. 540, *Schuler*, S. 256.

1072 Reg. Begr. SMG, BT-Drs. 14/6040, S. 163.

die Haftung von Sachverständigen oder anderer „Auskunftspersonen", die nicht selbst ein Eigeninteresse an einem Abschluss des Vertrags haben, dennoch aber durch ihre Äußerungen entscheidend zum Vertragsabschluss beitragen, weil sich ein Verhandlungspartner auf ihre Objektivität und Neutralität verlässt." Nun könnte man Ratingagenturen auf den ersten Blick als unter § 311 Abs. 3 S. 2 BGB fallende Sachwalter ansehen: sie sind sachverständige Auskunftspersonen und der Anleger verlässt sich bei Vertragsschluss auf das jeweilige Rating, welches durchaus auch entscheidend zum Kauf eines Wertpapiers beiträgt. Auch ein Eigeninteresse von Ratingagenturen am Kauf im Sinne eines mittelbaren Eigeninteresses wird man noch bejahen können. Bei genauer Betrachtung wird jedoch deutlich, dass diese Kriterien zu Ratingagenturen nicht passen:

Die Konzeption der Sachwalterhaftung, auf die § 311 Abs. 3 S. 2 BGB zwar nicht abschließend, aber doch exemplarisch Bezug nimmt, geht von einer persönlichen Bindung bzw. einem persönlichen Kontakt aus, der sich in einer Verhandlungssituation oder einem Vertragsschluss,[1073] manifestiert. Auf die Anonymität des Kapitalmarktes passen diese Kriterien nicht. Diese Anonymität besteht sowohl zwischen Anleger und Ratingagentur als auch zwischen Anleger und Emittenten. Dass in dieser Konstellation das Vertrauen von Anlegern in das Rating „über das allgemeine Verhandlungsvertrauen" hinaus reicht, erscheint sehr fragwürdig,[1074] denn es fehlt an jeglichen Verhandlungen.

Die Dritthaftungskonzepte von § 311 Abs. 3 S. 2 BGB und dem Vertrag mit Schutzwirkung mögen sich perspektivisch unterscheiden, da sie jedoch beide rechtsgeschäftlicher Natur sind, müssen sie auch einen gemeinsamen rechtsgeschäftlichen dogmatischen Kern haben. „Vertrauen in besonderem Maß" ist nach hier vertretener Ansicht daher *konkretes* Vertrauen. Ein derartiges Vertrauen seitens des Anlegers bei einer gewöhnlichen Kapitalmarkttransaktion anzunehmen, ist eindeutig abzulehnen. Ein derartiges Verständnis überdehnt die Grenzen vertraglicher Haftung indem es den Begriff des „konkreten Vertrauens", der das Dritthaftungskonzept von § 311 Abs. 3 S. 2 BGB an dessen rechtsgeschäftliche Wurzel rückkoppeln will, völlig entkernt und relativiert. Das Substrat dieser Rechtsansicht ist Beliebigkeit. Konkretes Vertrauen nimmt vielmehr nur derjenige in Anspruch, der ein bestimmtes Rechtsgeschäft vor Augen hat. Zudem muss ein Mindestmaß an personalem Bezug zwischen Experten und Drittem bestehen, damit das Vertrauen „besonders" ist. An beidem fehlt es in Ratingfällen: Weder hat die Ratingagentur bei einem Emissions- oder

1073 Vgl. § 311 Abs. 3 S. 2 a.E.

1074 So aber *Schuler*, S. 252 f.

Emittentenrating einen bestimmten Anleger im Blick noch eine bestimmte von diesem getätigte Investition.

Um der Grundkonzeption des Bürgerlichen Rechts hinsichtlich der Nichthaftung für fahrlässige Vermögensschäden und der Relativität der Schuldverhältnisse Rechnung zu tragen, ist das „Vertrauen in besonderem Maße" i.S.d. § 311 Abs. 3 S. 2 BGB nach hier vertretener Ansicht so auszulegen, dass es im Gegensatz zu abstrakt-typisiertem Vertrauen nur konkret-persönliches Vertrauen umfasst, welches der Experte in Anbahnung eines *konkreten* Vertrages gegenüber einem *konkreten* Dritten in Anspruch nehmen will. Ratingagenturen können daher von der allgemeinen Anlegerschaft nicht gem. § 311 Abs. 3 S. 2 BGB wegen fehlerhafter Ratings in Anspruch genommen werden. Ob bei *private ratings*, ein konkretes „Vertrauen in besonderem Maße" angenommen werden kann, soll hier, wenngleich durchaus naheliegend, nicht weiter diskutiert werden, da dann der Ratingvertrag Schutzwirkung zugunsten der Investorengruppe entfaltet und die Rechtsprechung für die Begründung einer Dritthaftung dann mit einiger Sicherheit auf die Grundsätze des Vertrags mit Schutzwirkung zurückgreifen würde.[1075]

§ 18 Deliktische Haftung gegenüber Anlegern

I. § 823 Abs. 2 BGB

§ 823 Abs. 2 BGB statuiert eine Schadensersatzpflicht für einen Verstoß gegen ein Schutzgesetz. Entscheidend ist dabei, ob die verletzte Vorschrift auch dem Schutz von Individualinteressen zu dienen bestimmt ist.[1076] § 823 Abs. 2 BGB stellt so gewissermaßen einen „Transmissionsriemen" für die in anderen Rechtsgebieten getroffenen Wertungen in das Deliktsrecht dar.[1077] Die de facto wichtigste Funktion von § 823 Abs. 2 BGB ist es, eine Anspruchsgrundlage für den Ersatz reiner Vermögensschäden außerhalb von § 823 Abs. 1 BGB zu gewährleisten.[1078] Diese Durchsetzung von Verhaltensanforderungen, etwa öffentlich-rechtlicher Art, über das Zivilrecht birgt freilich die Gefahr der deliktischen Haftungsausuferung und der Untergrabung der gesetzgeberischen Grundentscheidung gegen eine allgemeine Haftung für reine Vermögensschäden. Die Rechtsprechung stellt

---

1075 Vgl. *Wimmer*, S. 376: „Bedeutung mit „Null" zu bewerten".

1076 Vgl. etwa BGHZ 28, 359, 365; 69, 1, 16; 150, 343, 352; BGHZ 186, 58, Rn. 27 = NJW 2010, 3651.

1077 MüKo/*Wagner*, § 823 BGB, Rn. 474.

1078 Vgl. Staudinger/*Hager*, § 823 BGB, Rn. G 4.

daher auf die Funktion von § 823 Abs. 2 BGB im haftungsrechtlichen Gesamtgefüge ab und fragt in Zweifelsfällen auch stets danach, ob eine Haftung gem. § 823 Abs. 2 BGB „im Lichte des haftpflichtrechtlichen Gesamtsystems tragbar" erscheint.[1079]

1. Vorschriften der Ratingverordnung als Schutzgesetz i.S.v. § 823 Abs. 2 BGB?

Grundsätzlich können auch unionsrechtliche Vorschriften Schutzgesetze i.S.d. § 823 Abs. 2 BGB sein, sofern sie unmittelbare Geltung beanspruchen.[1080] Bei der Ratingverordnung ist dies der Fall, da sie, anders als eine Richtlinie, in den Mitgliedsstaaten unmittelbar anwendbar ist, Art. 288 Abs. 2 AEUV. Der EuGH selbst hält im Sinne einer effektiven Durchsetzung (*effet utile*) des Unionsrechts private Schadensersatzansprüche im Fall der Zuwiderhandlung gegen Verordnungen oder nationale Umsetzungsgesetze bei der Richtliniengesetzgebung nicht nur für möglich, sondern grundsätzlich auch für geboten.[1081]

a) Die Regelungstechnik von Art. 35a Rating-VO

Die Regelungstechnik von Art. 35a Rating-VO, der eine Pflichtverletzung einer Ratingagentur im Falle einer Zuwiderhandlung gegen Anhang III vorsieht, der wiederum in sehr großem Maße auf fast alle aufsichtsrechtlichen Verhaltenspflichten aus der Ratingverordnung verweist, spricht auf den ersten Blick für den individualschützenden Charakter weiter Teile der Ratingverordnung. Dabei ist zu beachten, dass die in Anhang III konkretisierten Verhaltensverstöße zunächst geschaffen wurden, um aufsichtsbehördliches Vorgehen der ESMA zu ermöglichen. Es bot sich also an, mit Schaffung von Art. 35a Rating-VO im Rahmen von CRA-III[1082] diesen Katalog auch für die zivilrechtliche Haftung nutzbar zu machen. In der Literatur wurde bis zur Einführung von Art. 35a Rating-VO eine Schutzgesetzeigenschaft der Vorschriften der Ratingverordnung mit dem rein aufsichtsrechtlichen Charakter der Verordnung abgelehnt.[1083] Nachdem das

---

1079 BGHZ 66, 388, 390 = NJW 1976, 1740; BGHZ 106, 204, 207 = NJW 1989, 974; BGHZ 176, 281, Rn. 51 = ZIP 2008, 1222; BGH ZIP 2012, 318, Rn. 21, vgl. MüKo/*Wagner*, § 823 BGB, Rn. 503 ff. m.w.N.

1080 MüKo/*Wagner*, § 823 BGB, Rn. 481.

1081 EuGH Slg. 2002, I-7289, 7321 f. „Muñoz/Frumar", vgl. MüKo/*Wagner*, § 823 BGB, Rn. 481; *ders.*, AcP 206 (2006), 352, 404 ff.

1082 Fn. 1.

1083 Allenfalls die Kennzeichnungspflicht für unbeauftragte Ratings gem. Art. 10 Abs. 5 S. 2 Rating-VO oder für strukturierte Finanzinstrumente gem. Art. 10 Abs. 3

ursprünglich rein aufsichtsrechtliche Regelungsregime jedoch durch Art. 35a Rating-VO auch für den zivilrechtlichen Schadensersatz nutzbar gemacht wurde, mag man dies mit guten Gründen anders sehen.[1084]

b) *Unionsrechtskonforme Auslegung oder Anwendung nationaler Kriterien der Schutzzweckanalyse?*

Es erscheint jedoch rechtsdogmatisch angezeigt, eine Stufe vorher anzusetzen und zunächst danach zu fragen, ob die traditionellen Kriterien der Schutznormtheorie zur Bewertung der Schutzgesetzeigenschaft von Art. 35a Rating-VO überhaupt anwendbar sind. Die Schwierigkeit besteht vorliegend nämlich gerade darin, dass es nicht um ein rein bürgerlich-rechtliches Haftungssystem geht, sondern um ein haftungsrechtliches Mehrebenensystem. Bedenken einer ungerechtfertigten Umgehung von Art. 35a Rating-VO durch das nationale Haftungsrecht manifestieren sich insbesondere am Erfordernis der groben Fahrlässigkeit in Art. 35a UAbs. 1 S. 1 Rating-VO.[1085] Eine Haftung nach § 823 Abs. 2 BGB i.V.m. den (gleichen Vorschriften auf die Art. 35a Rating-VO Bezug nimmt) Vorschriften der Ratingverordnung hieße, genau dieses Erfordernis der groben Fahrlässigkeit zu umgehen, da i.R.v. § 823 Abs. 2 BGB einfache Fahrlässigkeit ausreicht.[1086] Oder gebietet eine unionsrechtskonforme Auslegung ein möglichst effektives *private enforcement* und somit eine Haftung von Ratingagenturen gegenüber Anlegern gem. § 823 Abs. 2 BGB i.V.m. den Vorschriften den Ratingverordnung?

aa) Bisherige Bedeutung von § 823 Abs. 2 BGB im europäischen Mehrebenensystem

Der bisherige Hauptanwendungsfall von § 823 Abs. 2 BGB im Unionsrecht betrifft das Wettbewerbs- und Kartellrecht. So hat der BGH die Schutzgesetzeigenschaft von Art. 101 AEUV (Kartellschadensersatz) und Art. 108 Abs. 3 S. 3

Rating-VO wurde in den Bereich der „investor education“ verortet und somit ein gewisser Individualschutz beigemessen, vgl. *Berger/Stemper*, WM 2010, 2290, 2293; *Schuler*, S. 268 f. *Haar*, NZG 2010, 1281, 1285 hält den Individualschutz für „äußerst fraglich bzw. im Einzelfall begründungsbedürftig“; ebenso für einen rein aufsichtsrechtlichen Charakter der Ratingverordnung jedenfalls vor Schaffung von Art. 35a Rating-VO, LG Darmstadt, Urt. v. 23.02.2016 – 13 O 195/14 (unveröffentlicht).

1084 *Dutta*, WM 2013, 1729, 1735; *Veil/Teigelack* in: Veil, Europäisches Kapitalmarktrecht, 1. Aufl. 2011, § 21, Rn. 55, in 2. Aufl. 2014, § 27, Rn. 67 offengelassen.

1085 Tendenziell befürwortend, *Dutta*, WM 2013, 1729, 1735.

1086 Ablehnend daher *Berger/Ryborz*, WM 2014, 2241, 2247.

AEUV (beihilferechtliches Durchführungsverbot) bejaht.[1087] In diesem Zusammenhang wurde von *Wagner* herausgearbeitet, dass in diesen Fällen über den Anspruchsinhalt und den Individualschutzzweck der verletzten Norm allein das europarechtliche Effektivitätsgebot (*effet utile*) entscheiden solle und die nationalen Kriterien der Schutzzweckanalyse keine Rolle spielen dürften.[1088] Die allgemeine deliktsrechtliche Norm des § 823 Abs. 2 BGB bedürfe ausschließlich einer unionsrechtskonformen Auslegung, soweit es um Verstöße gegen unmittelbar geltendes EU-Recht oder in nationales Recht transformierte Richtlinien geht. § 823 Abs. 2 BGB nehme so eine spezifisch europarechtliche Färbung an, bei der nicht der Schadensausgleich, sondern die angemessene Sanktionierung von Rechtsverstößen im Vordergrund stünde.[1089]

bb) Kein zwingender Konflikt zwischen Schutznormtheorie und unionsrechtskonformer Auslegung

Es mag auf den ersten Blick so sein, dass § 823 Abs. 2 i.V.m. unionsrechtlichen Vorschriften ein Spannungsverhältnis zwischen dem unionsrechtlichem Effektivitätsgebot und dem deutschen Grundsatz der Nichthaftung für fahrlässig verursachte Vermögensschäden aufwirft. Eine unionsrechtskonforme Auslegung der Vorschriften der Ratingverordnung kann vor dem Hintergrund des Erfordernisses des groben Verschuldens in Art. 35a UAbs. 1 S. 1 Rating-VO aber kaum bedeuten, dass § 823 Abs. 2 BGB unionsrechtskonform so auszulegen ist, dass die ursprünglich rein aufsichtsrechtlichen Vorschriften der Ratingverordnung Schutznormqualität innehaben und Ratingagenturen Emittenten wie Anlegern stets für einfache Fahrlässigkeit haften, denn Art. 35a Abs. 1 Rating-VO – der durch deutsche Gerichte selbstverständlich unionsrechtskonform ausgelegt werden muss – sieht selbst genau für diesen Fall höhere Hürden für die Haftung vor.

Methodisch lässt sich dieses Ergebnis – wenngleich dieses Verhältnis von § 823 Abs. 2 BGB und Art. 35a Rating-VO bisher ohne Vorbild ist – am ehesten mit der fehlenden Auslegungskompetenz europäischer Gerichte bei überschießender Richtlinienumsetzung vergleichen.[1090] Auch ein milderer Maßstab beim Verschulden kann in diesem Zusammenhang als „überschießend" und

1087 BGHZ 190, 145, Rn. 14 ff. „ORWI" = NJW 2012, 928.

1088 MüKo/*Wagner*, § 823 BGB, Rn. 483.

1089 Vgl. MüKo/*Wagner*, § 823 BGB, Rn. 482 f.; *ders*, AcP 206 (2006), 352, 414 ff.

1090 Vgl. dazu nur BGHZ 195, 135 Rn. 20 = NJW 2013, 220, eine Pflicht zur richtlinienkonformen Auslegung richtlinienfreien Rechts kann sich nur ausnahmsweise aus dem nationalen Recht selbst ergeben.

außerhalb des Erfordernisses unionsrechtskonformer Auslegung angesehen werden. Der *effet-utile* Gedanke gebietet gerade auch deshalb kein anderes Ergebnis, weil ein *private enforcement* grundsätzlich ja bereits durch die Existenz von Art. 35a Rating-VO gewährleistet ist.

Damit soll keineswegs Art. 35a Abs. 5 Rating-VO übergangen werden, wonach die Haftung nach nationalem Recht weitergehend sein kann.[1091] Die Haftung *kann* weitergehend sein, sie *muss* es aber nicht. So kann nach hier vertretener Auffassung etwa ein Emittent die beauftragte Ratingagentur für fahrlässige Pflichtverletzungen auf Grundlage des Ratingvertrages haftbar machen.[1092] Dass Art. 35a Rating-VO die Haftung von Ratingagenturen für einfache Fahrlässigkeit – auch wenn Anspruchsteller ein Anleger ist – nach nationalem Recht grundsätzlich verbietet, kann daher kaum angenommen werden.[1093] Die französische Haftungsnorm Art. L544-5 Code monétaire et financier lässt Ratingagenturen auch Dritten gegenüber für „fautes" haften und statuiert somit ebenfalls einen niedrigeren Verschuldensmaßstab als Art. 35 Abs. 1 Rating-VO.[1094] Für aufsichtsrechtliche Geldbußen der ESMA nach Art. 36a Abs. 1 Rating-VO reicht im Übrigen auch einfache Fahrlässigkeit aus.

Nach hier vertretener Auffassung ist die Lösung also im nationalen Recht zu suchen. Es erscheint zwanglos möglich, dort wo das Unionsrecht nichts anderes gebietet, hier also weder eine weite Handhabung im Sinne des *effet utile*-Grundsatzes, noch eine engere Handhabung im Sinne einer *lex specialis*, weiterhin auf die bekannten und bewährten Kriterien der Schutznormtheorie abzustellen. Es ist also danach zu fragen, ob die Vorschriften der Ratingverordnung individualschützend sind und eine entsprechende Haftung aus § 823 Abs. 2 BGB im haftungsrechtlichen Gesamtsystem tragbar erscheint.

1091 Vgl. Ergägungsgrund 135 der Ratingverordnung.

1092 Siehe dazu § 15.

1093 So aber methodisch wenig überzeugend *Berger/Ryborz*, WM 2014, 2241, 2247.

1094 „Les agences de notation de crédit mentionnées à l'article L. 544-4 engagent leur responsabilité délictuelle et quasi délictuelle, tant à l'égard de leurs clients que des tiers, des conséquences dommageables des fautes et manquements par elles commis dans la mise en œuvre des obligations définies dans le règlement (CE) n° 1060 / 2009 du Parlement européen et du Conseil, du 16 septembre 2009, précité." Diese Haftungsnorm wurde 2010 in den Code monétaire et financier eingefügt und ist somit älter als Art. 35a Rating-VO. Zur allgemeinen zivilrechtlichen Haftung nach französischem Recht vgl. etwa *Wimmer*, S. 328 ff.

c) *Die Schutzgesetzeigenschaft von §§ 63 ff. (§§ 31 ff. a.F.) WpHG*

Die Rechtsprechung zur Haftung für fehlerhafte Anlageberatung kann trotz, oder gerade wegen, einer Klageflut von „Legionen von Anleger“[1095] keineswegs als dogmatisch konsistent angesehen werden. Ein Kernproblem ist nach wie vor das ungeklärte Verhältnis von aufsichtsrechtlichen und zivilrechtlichen Beratungsvorgaben im Anlegerschutz.[1096] Während in der Literatur umstritten ist, ob die Wohlverhaltenspflichten aus §§ 63 ff. (§§ 31 ff. a.F.) WpHG als Schutzgesetze i.S.v. § 823 Abs. 2 BGB anzuerkennen sind,[1097] ist es mittlerweile gefestigte Rechtsprechung, dass die §§ 63 ff. WpHG rein aufsichtsrechtlicher Natur sind und jedenfalls nicht als Schutzgesetze i.S.d. § 823 Abs. 2 BGB anzusehen sind.[1098] Angesichts des Wortlauts etwa von § 63 Abs. 1 WpHG, der bestimmt, dass das Wertpapierdienstleistungsunternehmen, seine Dienstleistungen „ehrlich, redlich und professionell im bestmöglichen Interesse seiner Kunden zu erbringen.“ hat, erscheint dies jedoch keineswegs unmittelbar einleuchtend.[1099] Dass der BGH unter dem Gesichtspunkt – in diesem Fall wohl eher dem Deckmantel – mangelnder Tragbarkeit im haftungsrechtlichen Gesamtsystem die Schutzgesetzeigenschaft doch verneint,[1100] hat wohl vielmehr den Grund, dass der BGH so für die privatrechtliche Haftung im Bereich der Anlageberatung den Zwang zur Vorlage an den EuGH vermeidet.[1101]

d) *Stellungnahme und Ergebnis*

Angesichts der Rechtsprechung des BGH zur Schutzgesetzeigenschaft der Wohlverhaltenspflichten gem. §§ 63 ff. WpHG im Rahmen der Anlageberatung kann nicht davon ausgegangen werden, dass der BGH die Vorschriften der Ratingverordnung als Schutzgesetz i.S.d. § 823 Abs. 2 BGB einstufen würde. Während im Bereich der §§ 63 ff. WpHG dieses Ergebnis wohl insbesondere auch den Zwang zur Vorlage zum EuGH vermeiden will und im Ergebnis wenig Zustimmung

1095 *Koch*, ZBB 2014, 211, 213.

1096 Vgl. hierzu etwa *Harnos*, BKR 2014, 1 ff.; *Koch*, ZBB 2014, 211 ff.

1097 Grds. dafür etwa MüKo/*Wagner*, § 823 BGB, Rn. 511 ff.; Schwark/Zimmer/*Koch*, § 31d WpHG, Rn. 106; *Harnos*, BKR 2012, 185, 190; *ders.* BKR 2014, 1, 7; *Koller*, ZBB 2007, 197, 200; *Lang/Balzer*, ZIP 2009, 456, 459, dagegen etwa *Podewils/Reisich*, NJW 2009, 116, 120; *Schäfer*, WM 2007, 1872, 1877 f.; *Grigoleit*, ZHR 177 (2013), 264, 279 f.

1098 Vgl. etwa BGHZ 175, 276, 281, Rn. 16, 18 = NJW 2008, 1734. 1735 f.

1099 Vgl. MüKo/*Wagner*, § 823 BGB, Rn. 511: „Viel deutlicher kann der Individualschutzzweck eigentlich nicht mehr formuliert werden“.

1100 BGHZ 175, 276, 281, Rn. 18 = NJW 2008, 1734, 1736.

1101 Vgl. MüKo/*Wagner*, § 823 BGB, Rn. 514; *Harnos*, BKR 2014, 1, 7.

verdient, erschiene es im Falle der Vorschriften der Ratingverordnung dogmatisch durchaus wohl begründbar. Denn anders als in § 63 Abs. 1 WpHG – „im bestmöglichen Interesse seiner Kunden" –, finden sich in den aufsichtsrechtlichen Verhaltens- und Organisationspflichten der Ratingverordnung im Normtext selbst keine direkten Hinweise auf den Individualschutz. Zwar spricht der Verweis in Art. 35a Rating-VO auf aufsichtsrechtliche Wohlverhaltenspflichten durchaus dafür, dass den Verhaltens- und Organisationspflichten der Ratingverordnung auch zivilrechtliche Relevanz zukommt, die besseren Gründe sprechen jedoch dafür, eine Haftung von Ratingagenturen gegenüber Anlegern aufgrund von § 823 Abs. 2 i.V.m. Vorschriften der Ratingverordnung im Ergebnis abzulehnen.

Der Verweis von Art. 35a Rating-VO über Anhang III auf die Wohlverhaltenspflichten der Ratingverordnung geht mit einer Aktivlegitimierung von „Anleger oder Emittent" einher. Dies bedeutet die Aktivlegitimierung einer de facto nicht mehr eingrenzbaren Zahl an potenziellen Anspruchstellern. Vor diesem Hintergrund ist auch die Begrenzung der Haftung auf grobe Fahrlässigkeit zu sehen und genau deshalb kann auch kein *Individualschutz* i.S.d. § 823 Abs. 2 BGB mehr angenommen werden. Im Bereich der Anlageberatung wäre dies durchaus möglich: der einzelne beratene Kunde kann eben vom Wertpapierdienstleistungsunternehmen, anders als der anonym am Kapitalmarkt auftretende Anleger von der Ratingagentur, im Vorfeld eines konkreten Geschäfts individualisiert werden. Die Vorschriften der Ratingverordnung sind somit bereits mangels Individualschutz nicht als Schutzgesetz i.S.d. § 823 Abs. 2 BGB anzusehen.[1102]

Zum anderen ist zu bedenken, dass im Fall der Anerkennung der Vorschriften der Ratingverordnung als Schutzgesetze i.S.v. § 823 Abs. 2 BGB die zentrale Wertung des BGB gegen eine allgemeine Fahrlässigkeitshaftung für reine Vermögensschäden ins Wanken geriete – und dies entgegen der Wertung in § 826 BGB und Art. 35a Rating-VO. Selbst wenn man den Individualschutz der Normen der Ratingverordnung noch bejahen würde scheidet eine Haftung von Ratingagenturen gem. § 823 Abs. 2 BGB i.V.m. Vorschriften der Ratingverordnung daher auch unter dem Aspekt der Tragbarkeit im haftungsrechtlichen Gesamtsystem aus.[1103]

An dieser Stelle ist darauf hinzuweisen, dass die rechtsdogmatische und praktische Bedeutung des § 823 Abs. 2 BGB in Zukunft wohl zunehmen wird. Denn weder das Kriterium des Individualschutzes noch die Tragbarkeit der Haftung

---

1102 *Berger/Stemper*, WM 2010, 2290, 2293; *Haar*, NZG 2010, 1281, 1285; *Schuler* S. 268 f.
1103 A.A. *Dumont du Voitel*, S. 348 ff.

im haftungsrechtlichen Gesamtsystem sind derzeit durch die Rechtsprechung ausreichend klar und präzise konturiert, um der Flut an regulatorischer Gesetzgebung, insbesondere im Bereich des Kapitalmarktrechts, derart standzuhalten, dass sich eine haftungsrechtlich berechenbare Rechtslage ergibt, die sowohl dogmatisch als auch praktisch überzeugt. Die Vermutung, dass sich so manche Streitfrage um die Reichweite des vertraglichen Drittschutzes in Zukunft im Bereich des deliktisches Vermögensschutzes i.R.v. § 823 Abs. 2 BGB wiederfindet, erscheint keineswegs fernliegend. Ob die Rechtsprechung dauerhaft *„chinese walls"* zwischen (europäischem) Aufsichts- und Zivilrecht aufrechterhalten kann, bleibt abzuwarten. Der Konzeption des § 823 Abs. 2 BGB wird dies nicht unbedingt gerecht. Ob der Gesetzgeber des § 823 Abs. 2 BGB bei der Schaffung der Norm die Regelungswurt der modernen Mehrebenengesetzgebung vor Augen hatte, erscheint jedenfalls äußerst fraglich.

Zusammenfassend ist also festzuhalten, dass Art. 35a Abs. 5 Rating-VO zwar eine weitergehende nationale Haftung von Ratingagenturen ausdrücklich zulässt, eine Haftung nach § 823 Abs. 2 BGB i.V.m. Vorschriften der Ratingverordnung anhand nationaler Kriterien *zu* weitgehend wäre und somit nach hier vertretener Auffassung abzulehnen ist.

II. § 826 BGB

1. § 826 BGB als Auffang- und Reservetatbestand im Bereich der Informationsdeliktshaftung

Eine mittlerweile zentrale Bedeutung im deliktischen Anlegerschutz genießt § 826 BGB. Ein wichtiger Anwendungsfall ist die Informationsdeliktshaftung für fehlerhafte Kapitalmarktinformation. So ist in §§ 97 Abs. 4, 98 Abs. 4 WpHG klargestellt, dass weitergehende Ansprüche aus Vertrag oder vorsätzlich begangener unerlaubter Handlung unberührt bleiben, sodass der BGH eine Kapitalmarktinformationshaftung auf deliktsrechtlicher Grundlage neben die §§ 97, 98 WpHG gestellt hat,[1104] die insbesondere bei Kapitalmarktinformationen, die keine Ad-hoc-Mitteilungen sind, Bedeutung erlangt.

Ein Anspruch aus § 826 BGB bedarf einer vorsätzlichen sittenwidrigen Schädigung eines anderen. An dieser Stelle kann hinsichtlich der Haftungsvoraussetzungen weitestgehend auf die Ausführungen zur Haftung von Ratingagenturen gegenüber Emittenten verwiesen werden.[1105] Auch gegenüber den Anlegern wird

---

1104 Vgl. MüKo/*Wagner*, § 826 BGB, Rn. 108 ff.
1105 Siehe § 16 I.

im Schrifttum die Haftung von Ratingagenturen in der Regel mit einem kurzen Hinweis auf die Beweisschwierigkeiten im Zusammenhang mit dem Nachweis des Schädigungsvorsatzes oder der Sittenwidrigkeit abgetan.[1106]

Doch abermals ist zu betonen, dass in subjektiver Hinsicht im Rahmen von § 826 BGB bedingter Schädigungsvorsatz, also das Bewusstsein, dass die Schädigung im Bereich des Möglichen liegt, sowie das billigende Inkaufnehmen des Schädigungsrisikos, ausreichend sind.[1107] Objektiv leichtfertiges Handeln ist, genau wie das Handeln trotz hoher Wahrscheinlichkeit des Schadenseintritts, ein Indiz für vorsätzliches Handeln.[1108]

Eine Haftung von Ratingagenturen gegenüber Anlegern nach § 826 BGB kommt daher bereits dann in Betracht, wenn ein Rating publiziert wird, von dessen Richtigkeit die Ratingagentur angesichts ihres grob sorgfaltswidrigen Vorgehens nicht mehr überzeugt sein kann und damit ein fehlerhaftes Rating und einen entsprechenden Schaden beim Anleger billigend in Kauf nimmt.[1109] Bei konsequenter Beachtung der von der Rechtsprechung entwickelten Kriterien zur Auslegung von § 826 BGB ist somit auch für Anleger eine Inanspruchnahme von Ratingagenturen keineswegs ausgeschlossen. Dass § 826 BGB für Anlegerklagen gegen Ratingagenturen auch nach Einführung von Art. 35a Rating-VO ein nicht zu unterschätzendes Potential beinhaltet, zeigt die bisherige Entwicklung der Kapitalmarktinformationshaftung, wo sich § 826 BGB zu einer Art Auffang- und Reservetatbestand entwickelt hat.

2. *Verhältnis zum europäischen Haftungsregime*

Das problematische Verhältnis von § 823 Abs. 2 BGB zur Haftung nach Art. 35a Rating-VO sollte auch im Rahmen von § 826 BGB Anlass dazu geben, das Verhältnis der Tatbestände § 826 BGB und Art. 35a Rating-VO kurz zu beleuchten. Die Problematik bei § 823 Abs. 2 BGB resultierte, wie oben ausführlich dargestellt, gerade darauf, dass sich ein anderer Verschuldensmaßstab – einfache Fahrlässigkeit bei § 823 Abs. 2 BGB gegenüber grober Fahrlässigkeit bei Art. 35a Rating-VO – ergibt und dies bei gleichbleibendem Pflichtenmaßstab. Diese Problematik stellt sich jedoch bezogen auf § 826 BGB so nicht. Denn das Erfordernis

---

1106 *Haar*, NZG 2010, 1281, 1285; *Krämer*, in: Hadding/Hopt/Schimansky, Internes und externes Rating, S. 3, 24; *Peters*, S. 50; *Wildmoser/Schiffer/Langoth*, RIW 2009, 657, 664.

1107 *Kötz/Wagner*, Deliktsrecht, Rn. 269.

1108 Vgl. MüKo/*Wagner*, § 826 BGB, Rn. 27 ff.

1109 Ähnlich *Wagner* in: FS Blaurock, 467, 478.

der vorsätzlichen sittenwidrigen Schädigung geht sogar über das einschränkende Merkmal des groben Verschuldens in Art. 35a Rating-VO hinaus.[1110] Anders als bei § 823 Abs. 2 BGB i.V.m. Vorschriften der Ratingverordnung besteht hier keine Gefahr einer ausufernden Haftung für reine Vermögensschäden gegenüber jedermann. § 826 BGB kann somit gem. Art. 35a Abs. 5 Rating-VO neben Art. 35a Rating-VO geltend gemacht werden.

3. *Zurechnung des Fehlverhaltens von Mitarbeitern*

§ 826 BGB ist, wie die anderen deliktischen Haftungstatbestände der §§ 823 ff. BGB, auf das deliktische Handeln einer natürlichen Person ausgelegt, die die jeweiligen Tatbestandsmerkmale der Norm verwirklicht.[1111] Soll ein Unternehmen gem. § 826 BGB – oder aufgrund anderer deliktischer Normen – haftbar gemacht werden, so muss das deliktische Verhalten der Mitarbeiter dem Unternehmen zugerechnet werden können. Als Zurechnungsnorm deliktischen Verhaltens wird gem. § 31 BGB das Fehlverhalten eines Mitglied des Vorstands oder eines anderen verfassungsmäßig berufenen Vertreters des Vereins diesem zugerechnet, wobei die Norm nicht nur auf den Verein, sondern auch auf andere Kapitalgesellschaften (analog) angewandt wird.[1112] An dieser Stelle ist zu betonen, dass § 31 BGB als Zurechnungsnorm von der Rechtsprechung sehr weit ausgelegt wird und es somit, abweichend von der Exkulpationsmöglichkeit für Verrichtungsgehilfen im Rahmen von § 831 BGB, zu einer sehr weitreichenden Unternehmenshaftung für deliktisches Handeln von Angestellten und „Repräsentanten" kommt, die jedenfalls im Ergebnis unstreitig ist.[1113]

Einstandspflichtig ist die Körperschaft dabei für jedermann, der einen bestimmten Aufgaben- oder Funktionsbereich innerhalb der Organisation selbstständig und eigenverantwortlich wahrnimmt, wobei es nicht maßgeblich ist, ob der Mitarbeiter innerhalb des Unternehmens in leitender Position tätig ist, entscheidend ist vielmehr der „Verkehrsschutz im Außenverhältnis".[1114]

1110 So meint etwa *Wagner*, dass der Haftungsstandard des groben Verschuldens nach Art. 35a Rating-VO praktisch nicht über § 826 BGB hinaus gehe, vgl. MüKo/*Wagner*, § 826, Rn. 142.

1111 MüKo/*Wagner*, § 826 BGB, Rn. 37.

1112 Vgl. etwa MüKo/*Wagner*, § 823 BGB, Rn. 95 ff.

1113 Vgl. hierzu ausführlich MüKo/*Wagner*, § 823 BGB, Rn. 97 ff.; zur Anwendung von § 31 BGB auf nicht verfassungsmäßig berufene Repräsentanten von Verbänden monografisch erstmals *Martinek*, Repräsentantenhaftung, S. 196 ff.

1114 Vgl. etwa BGHZ 49, 19, 21 = NJW 1968, 391 f.; BGH NJW 1977, 2259, 2260.

Übertragen auf Ratingagenturen bedeutet dies, dass ein entsprechendes deliktisches Verhalten der für ein Rating zuständigen Analysten der Ratingagentur gem. § 31 BGB zuzurechnen ist, auch wenn diese innerhalb des Unternehmens nicht in der Geschäftsführung oder dem Vorstand[1115] tätig sind. New Yorker Gerichte nahmen jüngst eine derartige Zurechnung unproblematisch an.[1116]

III. Prospekthaftung

Da das Emittenten- und/oder das Emissionsrating für die Anlageentscheidung von zentraler Bedeutung ist, findet es sich regelmäßig in den entsprechenden Wertpapierprospekten wieder. Im System der Haftung für fehlerhafte Kapitalanlagen betrifft die Verkaufsprospekthaftung dabei den Erwerb von Wertpapieren am Primärmarkt, während für den Erwerb am Sekundärmarkt insbesondere §§ 97, 98 WpHG und § 826 BGB als Anspruchsgrundlagen in Betracht kommen.[1117] Bevor der Frage nachzugehen ist, ob Ratingagenturen zum Kreise der Prospektverantwortlichen gehören und somit prospekthaftungsrechtlich belangt werden können, ist zunächst zu klären, ob eine gesetzliche Pflicht besteht, Ratings in Wertpapierprospekte aufzunehmen.

1. Gesetzliche Pflicht zur Aufnahme von Ratings in Wertpapierprospekte?

Ob ein Prospekt erstellt werden muss, bestimmt sich nach den jeweils einschlägigen gesetzlichen Bestimmungen, etwa §§ 3, 4 WpPG oder § 6 VermAnlG. Die BaFin entscheidet gem. § 13 Abs. 1 S. 2 WpPG über die Billigung eines Prospekts nach Abschluss einer Vollständigkeitsprüfung des Prospekts einschließlich einer Prüfung der Vollständigkeit, Kohärenz und Verständlichkeit der vorgelegten Informationen.

§ 7 WpPG verweist hinsichtlich der Mindestangaben, die in einem Prospekt enthalten sein müssen, auf die Prospektverordnung.[1118] Die Prospektverordnung enthält auch Vorgaben, in welchen Fällen ein Rating in ein Wertpapierprospekt

---

1115 Die in Deutschland tätigen Ratingagenturen sind alle in der Rechtsform einer AG oder GmbH organisiert, vgl. https://www.esma.europa.eu/supervision/credit-rating-agencies/risk.

1116 Vgl. etwa *Abu Dhabi Commercial Bank v. Morgan Stanley & Co. Inc.*, 888 F. Supp. 2d 431, 459 f. (S.D.N.Y. 2012), siehe hierzu eingehend § 28 V. 1. b).

1117 Vgl. MüKo/*Wagner*, § 826 BGB, Rn. 108 ff.

1118 VO (EG) Nr. 809/2004 der Kommission v. 29.04.2004, ABl. (EU) L 149/1 v. 30.04.2004.

mit aufzunehmen ist.[1119] So enthält Art. 8 Abs. 1 i.V.m. Anhang V unter Tz. 7.5. die Vorgabe, dass für die Wertpapierbeschreibung von Schuldtiteln mit einer Einzelstückelung von weniger als 100.000 EUR das Kreditrating an sich, sowie eine kurze Erläuterung der Bedeutung des Ratings, im Prospekt enthalten sein muss.

2. Prospekthaftung von Ratingagenturen

a) Spezialgesetzliche Prospekthaftung

Im Rahmen der Haftung für fehlerhafte Prospekte ist zunächst zwischen der spezialgesetzlichen und der zivilrechtlichen (auch: bürgerlich-rechtlichen) Prospekthaftung zu unterscheiden.[1120] Im Rahmen der zivilrechtlichen Prospekthaftung ist wiederum zwischen der Prospekthaftung im engeren und der Prospekthaftung im weiteren Sinne zu unterscheiden, wobei auch die spezialgesetzliche Prospekthaftung eine Prospekthaftung im engeren Sinn ist. Maßgeblicher Haftungstatbestand für die spezialgesetzliche Prospekthaftung ist mittlerweile die Haftung für Prospekte, die in Wertpapieren verbriefte Vermögensanlagen nach dem WpPG betreffen, §§ 21, 22 WpPG. Ganz ähnlich ausgestaltet, aber aufgrund des eingeschränkten Geltungsbereichs von geringerer Bedeutung, sind die anderen spezialgesetzlichen Prospekthaftungstatbestände für fehlende oder fehlerhafte Prospekte. Diese betreffen Vermögensanlagen, die keine Wertpapiere im Sinne des WpPG sind, §§ 20, 21 VermAnlG bzw. unrichtige oder unvollständige Prospekte für Anteile an Investmentvermögen nach dem KAGB gem. § 306 KAGB.[1121] Prospektverantwortliche Adressaten der Prospekthaftung sind grundsätzlich diejenigen „die für den Prospekt Verantwortung übernommen haben", § 21 Abs. 1 S. 1 Nr. 1 WpPG, und diejenigen

1119 Auf Seiten der Rspr. hat bisher lediglich das LG Frankfurt a.M. in einer seiner Bond-Entscheidungen judiziert, dass die fehlende Aufnahme eines Rating-Downgrading ein die Prospekthaftung auslösender Umstand sein kann, LG Frankfurt a.M., NJW-RR 1993, 502, 503 f. Eine generelle Pflicht zur Aufnahme von Ratings in Wertpapierprospekte kann hieraus jedoch kaum abgeleitet werden und wurde im Schrifttum auch weitestgehend abgelehnt, vgl. etwa *Assmann*, ZIP 2002, 637, 649; *Schroeter*, S. 201, Fn. 20 m.w.N.

1120 Vgl. nur MüKo/*Emmerich*, § 311 BGB, Rn. 141 ff.

1121 Vgl. zur Abgrenzung insb. die jeweiligen Anwendungsbereiche der Gesetze nach § 1 WpPG/VermAnlG/KAGB.

„von denen der Erlass des Prospekts ausgeht“, § 21 Abs. 1 S. 1 Nr. 2 WpPG. Beides ist bei Ratingagenturen nicht der Fall.[1122] Da die spezialgesetzliche Prospekthaftung nach h.M. eine Gesamtverantwortlichkeit für den Prospekt voraussetzt, kommt für berufliche Sachkenner, die nur einzelne Teile zum Prospekt beisteuern, jedenfalls *de lege lata*,[1123] eine Haftung nach §§ 21, 22 WpPG oder anderen spezialgesetzlichen Prospekthaftungstatbeständen nicht in Betracht.[1124] Dies wird insbesondere auf § 5 Abs. 4 S. 1 WpPG gestützt, wonach der Prospekt Angaben zu den Personen oder Gesellschaften enthalten muss, „die für seinen Inhalt die Verantwortung übernehmen“.[1125] Daher haften Ratingagenturen, sofern sie nicht als Person oder Gesellschaft, die Verantwortung für den Prospekt übernehmen, was in der Praxis jedoch gerade nicht der Fall ist,[1126] auch dann nicht nach §§ 21, 22 WpPG, wenn ihre Ratings mit ihrem Einverständnis in den Prospekt aufgenommen wurden.[1127] Entsprechendes muss für die parallel ausgestalteten Prospekthaftungstatbestände nach VermAnlG und KAGB gelten.

b) Zivilrechtliche Prospekthaftung

aa) Abnehmende Bedeutung der zivilrechtlichen Prospekthaftung

Neben der gesetzlichen Prospekthaftung kommt eine Haftung von Ratingagenturen nach den Grundsätzen der zivilrechtlichen Prospekthaftung in Betracht. Diese wurde von der Rechtsprechung auf der Grundlage der culpa in contrahendo entwickelt und „hat ihren Ursprung und klassischen Anwendungsbereich

---

1122 Habersack/Mülbert/Schlitt/*Göres*, Hdb Kapitalmarktinformation, § 32, Rn. 81; *Deipenbrock*, BB 2003, 1849, 1854; *Haar*, NZG 2010, 1282 f.

1123 Für eine gesetzliche Prospekthaftung von Experten *de lege ferenda* etwa *Assmann*, AG 2004, 436; *Hopt/Voigt*, WM 2004, 1803.

1124 *Assmann*, AG 2004, 436 f.; Habersack/Mülbert/Schlitt/*Habersack*, Hdb Kapitalmarktinformation, § 29, Rn. 30; Assmann/Schütze/*Assmann*, Hdb Kapitalanlagerecht, § 5, Rn. 158 m.w.N.

1125 Habersack/Mülbert/Schlitt/*Habersack*, Hdb Kapitalmarktinformation, § 29, Rn. 30 m.w.N. und dem Hinweis, dass auch die Prospektrichtlinie eine solche „beitragsbezogene“ Gesamtverantwortlichkeit nicht gebietet.

1126 Habersack/Mülbert/Schlitt/*Göres*, Hdb Kapitalmarktinformation, § 32 Rn. 81.

1127 So die ganz h.M., vgl etwa *Blaurock*, ZGR 2007, 603, 636; *Deipenbrock*, BB 2003, 1849, 1854; *Haar*, NZG 2010, 1281, 1282 f.; Habersack/Mülbert/Schlitt/*Göres*, Hdb Kapitalmarktinformation, § 32, Rn. 81.

im früher gesetzlich nicht regulierten „grauen Kapitalmarkt"."[1128] Diese Schutzlücke, die neben der damals ausschließlich im Börsengesetz geregelten Prospekthaftung bestand, sollte durch die Kodifizierung von §§ 20, 21 VermAnlG und § 306 KAGB geschlossen werden. Daher stellt sich heute die Frage, welchen Anwendungsbereich die zivilrechtliche Prospekthaftung neben der spezialgesetzlichen Prospekthaftung noch hat. Hierbei ist zunächst zwischen der zivilrechtlichen Prospekthaftung im engeren und der zivilrechtlichen Prospekthaftung im weiteren Sinne zu unterscheiden.

Bei der Prospekthaftung im weiteren Sinne handelt es sich im Grunde um eine „normale Haftung aus c.i.c."[1129] für die Verletzung von Aufklärungspflichten bei der Anlagevermittlung, für die sowohl die für den Prospekt Verantwortlichen, als auch Anlageberater oder –vermittler einzustehen haben, wenn sie im Rahmen der Vermittlung einer Kapitalanlage gegenüber Dritten konkretes und persönliches Vertrauen in Anspruch nehmen, sich dabei eines Prospektes bedienen und sich die darin enthaltenen Angaben zu eigen machen.[1130] Die Prospekthaftung im engeren Sinne hingegen betrifft, neben der klassischen börsenrechtlichen Prospekthaftung (jetzt §§ 21, 22 WpPG), vor allem die Fälle, mit denen der BGH die Prospektverantwortlichen am „grauen Kapitalmarkt" in die Haftung nahm und die jetzt im VermAnlG und im KAGB geregelt sind. Daneben wurde die Prospekthaftung im engeren Sinne teilweise auch auf sog. „Hintermänner", die auf die Gestaltung des Anlagemodells Einfluss ausgeübt haben, Investmentbanken, die den Emissionsprozess begleitet haben und andere „Garanten", die eine allgemein anerkannte und hervorgehobene Stellung genießen, sowie berufsmäßige Sachkenner, wie etwa Wirtschaftsprüfer, angewendet.[1131] Fraglich ist nun, ob die Prospekthaftung im engeren Sinne weiterhin für solche Fälle anwendbar ist, oder ob die spezialgesetzliche Prospekthaftung, der der Gedanke der Gesamtverantwortlichkeit für den Prospekt zugrunde liegt,[1132] insofern abschließend ist.

Weitestgehende Einigkeit besteht zunächst darin, dass die Prospekthaftung im weiteren Sinne weiterhin neben die spezialgesetzliche Prospekthaftung tritt, was mittlerweile auch höchstrichterlich bestätigt ist.[1133] In den Bereichen

---

1128 BGH NJW 2015, 236, 240 Rn. 71; vgl. ferner etwa MüKo/*Wagner*, § 826 BGB, Rn. 98 ff.

1129 MüKo/*Emmerich*, § 311 BGB, Rn. 168.

1130 Vgl. MüKo/*Emmerich*, § 311 BGB, Rn. 168.

1131 Vgl. etwa BGH WM 2013, 689, Rn. 12 m.w.N.

1132 Siehe § 18 III. 2. a).

1133 Vgl. BGH NZG 2013, 980, 982 m.w.N.

des Wirtschaftslebens, in denen nach wie vor keine gesetzliche Prospektpflicht besteht, wie etwa bei Bauherren- und Bauträgermodellen, ist die zivilrechtliche Prospekthaftung im engeren Sinne wohl auch in Zukunft noch von Relevanz.[1134] Zudem wird die Prospekthaftung im engeren Sinne überwiegend auch nach wie vor für die Haftung sog. „Hintermänner"[1135] und anderer „Garanten", beispielsweise Wirtschaftsprüfern, für anwendbar gehalten.[1136] Auch der BGH betonte zuletzt 2013, dass eine Prospekthaftung im engeren Sinne für Wirtschaftsprüfer grundsätzlich in Betracht kommt, ließ aber nicht nur offen, ob dies nun dogmatisch ein Fall der spezialgesetzlichen oder der zivilrechtlichen Prospekthaftung ist, sondern auch, ob die Voraussetzungen im konkreten Fall erfüllt waren, da er eine Haftung des Wirtschaftsprüfers jedenfalls aus § 826 BGB sowie § 823 Abs. 2 BGB i.V.m. § 264a Abs. 1, 27 StGB und § 332 HGB bejahte.[1137] Die h.M. in der Literatur verortet die Prospekthaftung beruflicher Sachkenner jedenfalls in der zivilrechtlichen Prospekthaftung.[1138]

bb) Ratingagenturen als „Garanten"?

Bei der Frage der Haftung von Ratingagenturen für im Prospekt angegebene Ratings handelt es sich somit um die Frage der Prospektverantwortung beruflicher Sachkenner als sog. „Garanten". Hierunter versteht man Personen, die mit Rücksicht auf ihre berufliche Sachkenntnis bestimmte Teile zum Prospekt beisteuern und somit einen zusätzlichen, nach außen erkennbaren und für Anleger relevanten Vertrauenstatbestand schaffen.[1139] Betrachtet man die diesbezügliche Rechtsprechung überrascht es, dass in der Literatur eine entsprechende Haftung von Ratingagenturen kaum diskutiert und, falls dies der Fall ist, pauschal ohne viel Begründungsaufwand abgelehnt wird.[1140] So entschied der BGH etwa, dass Wirtschaftsprüfungsgesellschaften als „Garanten" in Betracht kommen, wenn sie die Prüfung eines Prospekts und der Kapitalanlage vorgenommen haben und einen hieran anknüpfenden Prüfungsbericht erstellt haben und dieser in den Prospekt aufgenommen wurde oder von den Anlegern angefordert

1134 MüKo/*Emmerich*, § 311 BGB, Rn. 169.
1135 Vgl. MüKo/*Wagner*, § 826 BGB, Rn. 102 m.w.N.
1136 MüKo/*Emmerich*, § 311 BGB, Rn. 168 f.
1137 BGH WM 2013, 689, Rn. 12 ff.
1138 Vgl. etwa Habersack/Mülbert/Schlitt/*Habersack*, Hdb Kapitalmarktinformation, § 29, Rn. 31; MüKo/*Emmerich*, § 311 BGB, Rn. 169 m.w.N.
1139 MüKo/*Emmerich*, § 311 BGB, Rn. 169 m.w.N.
1140 *Blaurock*, ZGR 2007, 603, 636; *Ebenroth/Daum*, WM 1992 (Sonderbeilage Nr. 5), 1, 15 f.; *Lemke*, S. 73 f.; *Schroeter*, S. 887; *Schuler*, S. 59 f.

werden kann.[1141] Als für eine zivilrechtliche Prospektverantwortlichkeit nicht ausreichend sah es der BGH jedoch an, wenn lediglich der Bestätigungsvermerk zum Jahresabschluss und gegebenenfalls noch die Erklärung, dass im nächsten Geschäftsjahr keine Änderungen zu erwarten seien, in den Prospekt aufgenommen werden.[1142] Ausschlaggebend hierfür sei, dass, anders als bei der Prüfung der Kapitalanlage und des Prospekts selbst, dem jährlichen Bestätigungsvermerk keine qualifizierte Aussage über die zukünftige Vermögenssituation des Emittenten zu entnehmen sei.[1143]

Ein Rating hat wohl einen höheren Aussagegehalt in Bezug auf die zukünftige Vermögenssituation des Emittenten als das jährliche Testat eines Wirtschaftsprüfers. Denn das Testat bestätigt lediglich, dass der Jahresabschluss ein den tatsächlichen Verhältnissen entsprechendes Bild der Vermögens-, Finanz- und Ertragslage der Gesellschaft darstellt, unabhängig davon ob dieses Bild ein Gutes oder ein Schlechtes ist. Ein Rating hingegen hat einen spezifischeren Aussagegehalt im Hinblick auf die Qualität der konkreten Anlage, da es eine Aussage darüber enthält, ob der Emittent in der Lage sein wird, seine Verbindlichkeiten in der Zukunft zu erfüllen.

cc) Stellungnahme: Anwendung der zivilrechtlichen Prospekthaftung im engeren Sinne auf Ratingagenturen im Einzelfall möglich

Somit überrascht es nicht nur angesichts der bisherigen Rechtsprechung des BGH zur zivilrechtlichen Prospekthaftung sog. „Garanten", insbesondere von Wirtschaftsprüfern, sondern auch vom dogmatischen Ausgangspunkt her, dass eine zivilrechtliche Prospekthaftung von Ratingagenturen einhellig abgelehnt wird, eine Vertrauenshaftung von Ratingagenturen gegenüber Anlegern nach § 311 Abs. 3 S. 2 BGB jedoch mehr und mehr Zuspruch erfährt.[1144] Denn die zivilrechtliche Prospekthaftung im engeren Sinne betrifft *typisiertes* Vertrauen während die Haftung nach § 311 Abs. 3 S. 2 BGB an *konkretes*, rechtsgeschäftliches Vertrauen anknüpft. Das Vertrauensverhältnis zwischen Ratingagenturen und Anlegern am Kapitalmarkt ist jedoch vielmehr von typisiertem als von konkretem, rechtsgeschäftlichem Vertrauen, oder wie § 311 Abs. 3 S. 2 BGB

1141 MüKo/*Wagner*, § 826 BGB, Rn. 102 f.; BGH NJW 2004, 3420.

1142 BGH NJW-RR 2006, 611, Rn. 14 ff.

1143 BGH NJW-RR 2006, 611, Rn. 28: „Einem durchschnittlichen Anlageinteressenten (…) musste klar sein, dass der unter dem 27.10.2000 abgegebene Bestätigungsvermerk über 2001 nichts aussagen konnte."

1144 Siehe § 17 IV.

es selbst vorgibt, „besonderem" Vertrauen geprägt. Daher ist der Prospekt als Bezugspunkt typisierten Vertrauens dogmatisch ein besserer Ausgangspunkt zur Begründung einer Haftung von Ratingagenturen gegenüber Anlegern als die fiktionale Konstruktion eines konkreten, rechtsgeschäftlichen Vertrauens zwischen Ratingagenturen und Kapitalanlegern. Somit kommt nach hier vertretener Ansicht eine zivilrechtliche Prospekthaftung von Ratingagenturen gegenüber Anlegern zumindest bei Emissionsratings zumindest grundsätzlich in Betracht. Dabei wird man eine Haftung umso eher bejahen können, wenn das Rating in einer besonders werbenden und anpreisenden Weise im Prospekt eingesetzt wird und somit einen noch über das typisierte Vertrauen in dessen Richtigkeit hinausgehenden Vertrauenstatbestand beim Anleger erzeugt.

Ob die Rechtsprechung diesen Weg gehen wird, erscheint aber durchaus fraglich. Denn eine wirklich hinreichend ausdifferenzierte Kasuistik im Hinblick auf die Prospekthaftung beruflicher Sachkenner, deren Sachverstand nach außen hin sichtbar Eingang in den Prospekt gefunden ist, existiert nicht wirklich. Zudem ist auch fraglich, inwieweit die Rechtsprechung nach der Kodifizierung weiterer spezialgesetzlicher Prospekthaftungstatbestände noch auf die Prospekthaftung sog. „Garanten" zurückgreifen wird und ob sie Ratingagenturen dann auch als solche einstufen wird. Die jüngste Rechtsprechung zur Wirtschaftsprüferhaftung zeigt, dass der BGH hier vorzugsweise mit deliktischen Ansprüchen, insbesondere § 826 BGB, arbeitet, um die recht diffuse Dogmatik zur Prospekthaftung beruflicher Sachkenner zu umgehen.[1145]

§ 19 Durchsetzbarkeit und Rechtsfolgenseite materiell-rechtlicher Ansprüche

Im Folgenden sollen Aspekte der Durchsetzbarkeit und Beweisführung näher beleuchtet werden. Eine erfolgreiche Inanspruchnahme von Ratingagenturen setzt neben einer Pflichtverletzung sowohl einen Schaden auf Seiten des Anspruchstellers als auch eine Kausalität von Pflichtverletzung und Schaden voraus. Es wird sich zeigen, dass die Darlegung und Substantiierung dieser Haftungsvoraussetzungen Anspruchsteller vor erhebliche Schwierigkeiten stellt. Dies betrifft insbesondere Anleger, die in Bezug auf den Ratingprozess völlig außerhalb des entscheidenden Geschehensablaufs und vor dem schwierigen Problem des Nachweises einer Pflichtverletzung auf Seiten der Ratingagentur stehen. Angesichts dieser Schwierigkeiten bei der Durchsetzung materiell-rechtlicher

1145 BGH WM 2013, 689.

Ansprüche wird ein besonderes Augenmerk auf in Betracht kommende Darlegungs- und Beweiserleichterungen zu legen sein, damit die Durchsetzung von entsprechenden Ansprüchen nicht nur eine „theoretische Remedur“[1146] ist.

Um unnötige doppelte Ausführungen zu vermeiden, soll nur soweit es jeweils erforderlich ist, zwischen Rechtsdurchsetzungsproblemen von Emittenten und Anlegern unterschieden werden. Zunächst ist darzustellen, wie der Nachweis einer Pflichtverletzung auf Seiten der Ratingagentur zu führen ist. Anschließend werden mögliche Schäden und deren Nachweis auf Emittenten- bzw. Anlegerseite erläutert, um mit dem – insbesondere auf Anlegerseite – hochproblematischen Nachweis der Kausalität von Pflichtverletzung und Schaden abzuschließen.

I. Nachweis einer Pflichtverletzung der Ratingagentur

Das Hauptproblem bei der Beweisführung im Hinblick auf den Nachweis einer Pflichtverletzung einer Ratingagentur ist sicherlich, dass der Ratingprozess für Außenstehende nicht einsehbar ist und eine Art „*blackbox*“ darstellt. Wie kann nun ein Anspruchsteller nachweisen, dass ein Rating nicht pflichtgemäß erstellt oder überwacht wurde? Bereits dieser Ausgangspunkt ist für die weiteren Fragen von Kausalität und Schaden essenziell. Selbst wenn man, entgegen der hier vertretenen Ansicht, auf materiell-rechtlicher Ebene Anlegern mit reichlich Begründungsaufwand vom Grunde her vertragliche Ansprüche gegen Ratingagenturen zugesteht, so sind diese wertlos, wenn keine entsprechende Tatsachengrundlage für eine erfolgversprechende gerichtliche Geltendmachung der Ansprüche besteht.

1. Darlegungs- und Beweislast im Allgemeinen

Die allgemeine, in der ZPO nicht normierte, Grundregel der Beweislastverteilung lautet, dass der Anspruchsteller die Beweislast für alle rechtsbegründenden Tatbestandsmerkmale, der Anspruchsgegner die Beweislast für alle rechtshindernden, rechtsvernichtenden und rechtshemmenden Tatbestandsmerkmale trägt.[1147] Die Beweislast ist dabei das Risiko einer Partei, den Prozess wegen Nichterweislichkeit der ihren Sachvortrag tragenden Tatsachenbehauptungen zu verlieren.[1148]

1146 So *Vetter*, WM 2004, 1704, 1711.

1147 MüKo/*Prütting*, § 286 ZPO, Rn. 111; Zöller/*Greger*, Vor § 284 ZPO, Rn. 17a.

1148 Zöller/*Greger*, Vor § 284 ZPO, Rn. 18.

Von der Beweislast zu trennen ist die sog. Darlegungs- oder Behauptungslast. Hierunter versteht man die Obliegenheit einer Partei im Zivilprozess diejenigen Tatsachenbehauptungen aufzustellen, um die Tatbestandsvoraussetzungen der von ihr begehrten Rechtsfolge zu erhalten.[1149] Die Darlegungslast folgt in allen wesentlichen Fragen der Beweislast.[1150] In der gerichtlichen Praxis von erheblicher Bedeutung ist die konkrete Substantiierungslast (konkrete Behauptungslast). Dies ist die Obliegenheit jeder Partei, je nach der konkreten Situation des Prozesses ihre Behauptungen näher zu konkretisieren und zu substantiieren. Sie kann im Laufe eines Prozesses zwischen den Parteien wechseln und ist deshalb von der abstrakten Darlegungs- oder Beweislast zu unterscheiden.[1151]

2. *Mögliche Beweiserleichterungen*

a) *Beweislastumkehr*

Sofern das Gesetz keine Beweislast vorgibt, ist eine Beweislastumkehr stets eine richterliche Abweichung von der gesetzlichen Ausgangslage, dass der Kläger für die für ihn günstigen Umstände beweispflichtig ist.[1152] Solche Fälle der Beweislastumkehr stellen daher Ausnahmen dar und werden nur in seltenen Fallgruppen, wie etwa der Arzthaftung oder der Produkthaftung, angewendet.[1153] Teilweise wird die Ansicht vertreten, dass mangels Einblick in die Organisationsstruktur der Ratingagentur und den Ratingprozess, dem Anspruchsteller in Ratingprozessen eine Beweislastumkehr zugutekommen soll.[1154] Eine Beweislastumkehr zugunsten des Anspruchstellers ist in Ratingprozessen jedoch sowohl in Bezug auf die Pflichtverletzung, als auch in Bezug auf die Kausalität abzulehnen. Denn zum einen droht so eine Offenlegung von Interna und Betriebsgeheimnissen von Ratingagentur und Emittent, zum anderen wäre diese stärkste Form der Beweiserleichterung nicht mit dem Ausnahmecharakter der Beweislastumkehr vereinbar, zumal das Zivilprozessrecht diverse andere, weniger weit reichende Erleichterungen im Rahmen der Beweisführung kennt, die, wie sich zeigen wird,

---

1149 MüKo/*Prütting*, § 286 ZPO, Rn. 134.

1150 MüKo/*Prütting*, § 286 ZPO, Rn. 134; Zöller/*Greger*, § 138 ZPO, Rn. 8b, Vor § 284 ZPO, Rn. 18.

1151 Vgl. MüKo/*Prütting*, § 286 ZPO, Rn. 136; Zöller/*Greger*, § 138 ZPO, Rn. 8 f.

1152 MüKo/*Prütting*, § 286 ZPO, Rn. 123.

1153 MüKo/*Prütting*, § 286 ZPO, Rn. 124 f.

1154 Vgl. *Oellinger* in: Achleitner/Everling, Rechtsfragen im Rating, 357, 369, wonach die Beweislastumkehr wohl aber primär für die Kausalität zwischen Pflichtverletzung und Ratingergebnis gelten soll, vgl. hierzu sogleich § 19 III. 1.

passgenauer und interessengerechter sind. Eine Ablehnung jeglicher Beweiserleichterungen, weil eine Beweislastumkehr die Offenlegung der Ratingmethodik und des Geschäftsgeheimnisses der jeweiligen Agentur zur Folge hätte,[1155] ist angesichts der verschiedensten Darlegungs- und Beweiserleichterungen, die das deutsche Zivilprozessrecht kennt, indes ebenfalls als zu pauschal abzulehnen.

b) Anscheinsbeweis

Die Anwendung der Rechtsfigur des Anscheinsbeweises muss auf Ebene der Pflichtverletzung ebenfalls ausscheiden. Denn die Beweiserleichterung des Anscheinsbeweises wendet die Rechtsprechung nur für typische Geschehensabläufe zur Ermittlung der Kausalität oder des Verschuldens an, die an eine feststehende Pflichtverletzung anknüpfen. Eine „umgekehrte Kausalität", die etwa aus der Insolvenz eines Emittenten auf eine Pflichtverletzung der Ratingagentur schließt, ist weder mit dem Prognosecharakter des Ratings noch mit den Grundsätzen des Anscheinsbeweises vereinbar.

c) Materiell-Rechtlicher Auskunftsanspruch

In Betracht kommt ferner ein materiell-rechtlicher Auskunftsanspruch gem. § 242 BGB, aufgrund dessen Anspruchsteller von Ratingagenturen Auskunft über das Ratingverfahren verlangen könnten, um mögliche Pflichtverletzungen benennen zu können. Ein solcher auf § 242 BGB beruhender Auskunftsanspruch ist inzwischen gewohnheitsrechtlich anerkannt und zwar dort, wo der Berechtigte in entschuldbarer Weise über das Bestehen oder den Umfang seines Rechts im Ungewissen ist, der zur Auskunft Verpflichtete aber unschwer in der Lage ist, solche Auskünfte zu erteilen.[1156]

Auf den ersten Blick zeigen sich – zumindest für die Konstellation des klagenden Anlegers – gewisse Parallelen zu Ratingfällen: der Anspruchsteller steht außerhalb des Ratingprozesses und kann die entscheidenden Informationen über Pflichtverstöße, die er benötigt, um seiner Darlegungs- und Beweislast nachzukommen, praktisch nicht besorgen, während es für die Ratingagentur unschwer möglich wäre, solche Auskünfte zu erteilen. Deshalb wird auch teilweise für die

---

1155 *Berger/Stemper*, WM 2010, 2289, 2294; *Berger/Ryborz*, WM 2014, 2241, 2244.

1156 MüKo/*Krüger*, § 260 BGB, Rn. 12; Staudinger/*Olzen/Looschelders*, § 242 BGB, Rn. 605; BGHZ 10, 385, 387 = BGH NJW 1954, 70; BGHZ 55, 201, 203 = BGH NJW 1971, 656; vgl. für Fallgruppen und Einzelfälle MüKo/*Krüger*, § 260 BGB, Rn. 21 ff.

Anwendung des auf § 242 BGB beruhenden Auskunftsanspruchs in Ratingfällen plädiert.[1157]

Voraussetzung für einen materiell-rechtlichen Auskunftsanspruch aus § 242 BGB ist zudem eine rechtliche Sonderverbindung zwischen den Parteien, denn es genügt nicht, dass eine Partei Informationen besitzt, die für einen anderen bedeutsam sind.[1158] Ferner setzt der Auskunftsanspruch im Regelfall einen dem Grunde nach feststehenden Leistungsanspruch voraus.[1159] Während hiervon bei vertraglichen Beziehungen Ausnahmen, etwa bei dem begründeten Verdacht einer Vertragsverletzung, gemacht werden, müssen bei deliktischen Schadensersatzansprüchen sämtliche Tatbestandsvoraussetzungen gegeben sein, denn hier entsteht die Sonderverbindung erst durch die schadensbegründende Handlung.[1160]

Geht man von einer die Vertragshaftung auslösenden Sonderverbindung zwischen Ratingagenturen und Anlegern gem. § 311 Abs. 3 BGB aus,[1161] so erscheint ein Auskunftsanspruch aus § 242 BGB für die Rechtsdurchsetzung durchaus folgerichtig. Jedoch ist eine solche Sonderverbindung, wie bereits an anderer Stelle ausführlich dargestellt, abzulehnen.[1162] Daher verdient auch die Anwendung des materiell-rechtlichen Auskunftsanspruchs aus § 242 BGB auf Ratingfälle, jedenfalls im Rahmen von Anlegerklagen, wo das Rechtsverhältnis zwischen den Parteien rein deliktischer Natur ist, keinen Zuspruch. Auch wenn der Anspruchsteller der bewertete Emittent ist, erscheint, wie sich zeigen wird, das Instrument der sekundären Darlegungslast als das praktisch sinnvollere gegenüber dem aus § 242 BGB abgeleiteten Auskunftsanspruch, der in der Praxis auf sehr enge Fallgruppen begrenzt ist und somit Ausnahmecharakter hat. Im Hinblick auf den zusätzlichen Verfahrensaufwand, der durch die vor- oder innerprozessuale Durchsetzung materiell-rechtlicher Auskunftsansprüche entsteht, sollte den prozessualen Aufklärungsinstrumenten indes ohnehin tendenziell Vorrang eingeräumt werden.[1163]

1157 *Schuler*, S. 299 ff.

1158 MüKo/*Krüger*, § 260 BGB, Rn. 13; BGHZ 95, 174, 175 = BGH NJW 1986, 1244, 1245.

1159 MüKo/*Krüger*, § 260 BGB, Rn. 15; Staudinger/*Olzen*/*Looschelders*, § 242 BGB, Rn. 607; Staudinger/*Bittner*, § 260 BGB, Rn. 19a.

1160 Vgl. MüKo/*Krüger*, § 260 BGB, Rn. 15 m.w.N.; *Schuler*, S. 301 f.

1161 So *Schuler*, S. 254 ff. der daran anknüpfend auch für die Anwendung des Auskunftsanspruch nach § 242 BGB plädiert.

1162 § 17 IV. 4.

1163 Zöller/*Greger*, Vor § 284 ZPO, Rn. 36.

d) Sekundäre Darlegungslast

aa) Die Rechtsfigur der Sekundären Darlegungslast im Allgemeinen

Schließlich kommt als Erleichterung der Beweisführung für den Anspruchsteller in Ratingfällen die Rechtsfigur der sekundären Darlegungslast in Betracht.[1164] Hiernach unterliegt die Gegenpartei einer gesteigerten Substantiierungslast, wenn die grundsätzlich beweisbelastete Partei – also die Partei, die die „Anfangsdarlegungslast" trägt – außerhalb des für ihren Anspruch erheblichen Geschehensablaufs steht und deshalb die maßgeblichen Tatsachen im Einzelnen nicht kennt und sich somit in einer unverschuldeten Beweisnot befindet, während die entsprechenden Tatsachen der Gegenpartei bekannt sind.[1165] Die sekundäre Darlegungslast kommt insbesondere zur Anwendung, wenn ein deutliches Informationsgefälle zwischen Schädiger und Geschädigtem besteht, wie etwa im Arzthaftpflichtprozess, oder bei der Haftung des GmbH-Geschäftsführers.[1166] Kommt die Gegenpartei ihrer sekundären Darlegungslast nicht nach, so greift zugunsten des Klägers die Geständnisfiktion des § 138 Abs. 3 ZPO.[1167] Der BGH greift dabei immer häufiger zum Instrument der sekundären Darlegungslast, was teilweise die Kritik auslöst, die Rechtsprechung forciere eine allgemeine zivilprozessuale Aufklärungspflicht.[1168]

bb) Anwendung bei fehlerhaften oder unterlassenen Ad-hoc-Mitteilungen

Eine wichtige Parallele ist zur bereits besser entwickelten Dogmatik im Rahmen fehlerhafter oder unterlassener Ad-hoc-Mitteilungen zu ziehen.[1169] Auch hier steht ein gegen den Emittenten klagender Anleger zunächst vor dem Problem, dass er über kursrelevante Tatsachen nicht, oder nicht rechtzeitig informiert wurde, diese Tatsachen aber häufig aus der Sphäre des Emittenten stammen. Hier hat die Rechtsprechung bereits das Institut der sekundären Darlegungslast zugunsten des geschädigten Anlegers angewendet.[1170] Für den Übergang der

---

1164 Dies erwägt, soweit ersichtlich, erstmals *Mühl*, S. 142 f.

1165 Vgl. etwa MüKo/*Prütting*, § 286 ZPO, Rn. 103, Zöller/*Greger*, Vor § 284 ZPO, Rn. 34 ff., m.w.N.

1166 MüKo/*Prütting*, § 286 ZPO, Rn. 103.

1167 MüKo/*Prütting*, § 286 ZPO, Rn. 103; BGH NJW 1986, 3193 f.

1168 Zöller/*Greger*, Vor § 284 ZPO, Rn. 34d.

1169 Zur Vergleichbarkeit der „Ad-hoc-Fälle" mit Ratingfällen insofern siehe § 19 III. 2. b) (4).

1170 OLG Düsseldorf, Urt. v. 27.01.2010 - I-15 U 230/09 -, juris (vom BGH auf die Revision der Klägerin im „IBK-Urteil" aufgehoben, die Ausführungen zur Darlegungslast wurden jedoch vom Revisionsgericht nicht beanstandet); OLG Düsseldorf, Urt.

Darlegungslast auf den beklagten Emittenten ist jedoch Voraussetzung, dass die in Rede stehende Ad-hoc-pflichtige Insiderinformation auch tatsächlich aus der für den Anleger nicht einsehbaren Sphäre des Emittenten stammt, während bei öffentlich zugänglichen Informationen die Darlegungslast beim Anleger verbleiben soll.[1171]

cc) Anwendung auch in Ratingfällen sinnvoll

Die Anwendung des Instituts der sekundären Darlegungslast in Ratingfällen erscheint unmittelbar einleuchtend. Der Anspruchsteller steht außerhalb des für die Ermittlung einer Pflichtverletzung maßgeblichen Ratingprozesses, es ist ihm ohne die Unterlagen, die den Ratingprozess dokumentieren, praktisch unmöglich auf die Vermutung einer entsprechenden Pflichtverletzung – etwa des Ausfalls einer Anleihe trotz guten Ratings – hinreichend konkret vorzutragen, während die Ratingagentur ihrerseits über genau diese Informationen verfügt.

Dass Ratingagenturen dabei die Aufdeckung ihrer Geschäftsgeheimnisse aufgrund einer einfachen Tatsachenbehauptung des Anspruchsstellers[1172] droht, ist dabei nicht zu befürchten.[1173] Denn für den Wechsel der Substantiierungslast muss der Anspruchssteller ausreichend konkret und so gut es ihm eben möglich ist, vortragen und so eine Pflichtverletzung bestmöglich plausibilisieren.[1174] Der Umfang der Substantiierungslast ist dabei letztlich von der konkreten Prozesssituation abhängig.[1175] Insofern ergeben sich auch Unterschiede, je nachdem, ob der Anspruchssteller Emittent oder Anleger ist. Denn der Emittent hat beim beauftragten Rating durchaus einen gewissen Einblick in das Ratingverfahren, in dem er die Ratingagentur mit Informationen versorgt und das Ratingverfahren zu einem gewissen Grad begleitet.[1176] Er muss also, verglichen mit einem

---

v. 04.03.2010 - I-6 U 94/09, 6 U 94/09 -, juris = OLG Düsseldorf AG 2011, 31, 34; Assmann/Schneider/*Sethe*, §§ 37b, 37c WpHG, Rn. 70.

1171 OLG Düsseldorf, Urt. v. 27.01.2010 - I-15 U 230/09 -, juris; OLG Düsseldorf, Urt. v. 04.03.2010 - I-6 U 94/09, 6 U 94/09 -, juris = OLG Düsseldorf AG 2011, 31, 34; Assmann/Schneider/*Sethe*, §§ 37b, 37c WpHG, Rn. 70; *Habbe/Gieseler*, NZG 2016, 454, 456.

1172 So *Vetter*, WM 2004, 1701, 1706.

1173 Ebenso *Dumont du Voitel*, S. 205.

1174 *Habbe/Gieseler*, NZG 2016, 454, 456 sprechen – bezogen auf „Ad-hoc-Fälle" – von „anbeweisen".

1175 MüKo/*Prütting*, § 286 ZPO, Rn. 131, 136.

1176 Siehe hierzu § 2 I.

gewöhnlichen Anleger, der keinen Einblick in den konkreten Ratingprozess hat, konkreter vortragen.

Es sollte im Vergleich zu Ad-hoc-Mitteilungen aber bedacht werden, dass eine Pflichtverletzung einer Ratingagentur noch weniger aus öffentlich zugänglichen Quellen heraus plausibilisiert werden kann, als dies bei fehlerhaften oder unterlassenen Ad-hoc-Mitteilungen der Fall ist. Insofern sollten die Anforderungen für den Übergang der Darlegungslast auf die Ratingagentur im Anschluss an einen plausiblen Klägervortrag nicht überspannt werden.

Inwiefern jeweils vorgetragen und der „Anfangsdarlegungslast" genüge getan werden muss, ist letztlich Einzelfallfrage. Es ist jedoch jedem Anspruchsteller zuzumuten und für den Übergang der Darlegungslast auf die beklagte Ratingagentur auch zu fordern, dass alle zur Verfügung stehenden Informationen über den Ratingprozess der Ratingagentur im Allgemeinen und im streitgegenständlichen Fall ausgewertet und zum Gegenstand des Parteivortrags gemacht werden. Hier ist insbesondere an die Offenlegungspflichten der Ratingagenturen bezüglich der angewendeten Methoden, Modelle und grundlegenden Annahmen gem. Art. 8 Abs. 1 Rating-VO zu denken. Gegebenenfalls sind richterliche Hinweise gem. § 139 ZPO zu geben. Sollten tatsächlich wichtige Betriebsgeheimnisse im Prozess eine Rolle spielen, kann gem. § 172 Nr. 2 GVG die Öffentlichkeit ausgeschlossen werden. Die Ausführungen haben gezeigt, dass das Instrument der sekundären Darlegungslast auch in Ratingfällen Anwendung finden sollte.

II. Nachweis von Schäden beim Anspruchssteller

1. *Schäden auf Emittentenseite*

Ersatzfähig sind insbesondere die dem Emittenten durch ein zu negatives Rating entstehenden zusätzlichen Kapitalkosten. Je schlechter das Rating ausfällt, umso höher sind die Zinskosten, die der Emittent aufbringen muss.[1177] Konkret ersatzfähig ist also gem. § 249 Abs. 2 S. 1 BGB die Differenz zwischen den tatsächlichen Finanzierungskosten und jenen, die bei zutreffendem Rating bestanden hätten. Dies ist sowohl in der Konstellation des fehlerhaften Erstratings als auch in der einer verfehlten Ratingherabstufung, oder aber einer unterlassenen Heraufstufung denkbar.

Auch Kosten im Hinblick auf Verträge, die durch Rating-Trigger-Klauseln dynamisch Bezug auf das Rating nehmen, gehören zu den durch ein zu negatives Rating verursachten typischen Schäden. So kann eine Ratingherabstufung

---

1177 Vgl. *Blaurock*, ZGR 2007, 603, 611.

zu einer Erhöhung der zu leistenden Kreditzinsen führen, oder auch einen Anspruch auf Gewährung zusätzlicher Sicherheiten auslösen.[1178] Es erscheint darüber hinaus durchaus denkbar, dass potenzielle Vertragspartner von Geschäften mit dem Emittenten Abstand nehmen, was einen ersatzfähigen entgangenen Gewinn darstellt, § 252 BGB.

2. Schäden auf Anlegerseite

a) Differenzierung zwischen Naturalrestitution und Kursdifferenzschaden

Die Darstellung möglicher Schäden auf Anlegerseite vor der Darstellung der Frage Kausalität soll insbesondere deshalb erfolgen, weil die in Betracht kommenden Beweiserleichterungen für die Kausalität, wie sich zeigen wird, auch von der gewählten Art des Schadensausgleichs abhängen. Mögliche Anlegerschäden durch fehlerhafte Ratings weisen dabei vom Grunde her strukturelle Gemeinsamkeiten mit Anlegerschäden aufgrund fehlerhafter Ad-hoc-Mitteilungen auf. Die Erörterung ersatzfähiger Anlegerschäden durch Ratings ist ohne eine Rekapitulation der sehr ähnlich gelagerten Problematik in „Ad-hoc-Fällen“ praktisch gar nicht möglich.

Im Rahmen der Haftungstatbestände §§ 97, 98 WpHG und 826 BGB war es lange Zeit äußerst umstritten, welche Art von Schaden ein Anleger gegen den Emittenten oder dessen Organe geltend machen kann.[1179] In Frage kommen ganz grundsätzlich der sog. Kursdifferenzschaden und die Naturalrestitution (auch Transaktionsschaden, Vertragsabschlussschaden oder Erwerbsschaden). Der Kursdifferenzschaden ist dabei die Differenz zwischen dem tatsächlichen und dem hypothetischen, „wahren“, Wert eines Wertpapiers, der bei korrektem Informationsverhalten des Emittenten bestünde.[1180] Schadensersatz in Form der Naturalrestitution bedeutet die Rückgängigmachung der Wertpapiertransaktion und Erstattung des Kaufpreises als Vertragsabschlussschaden, Zug-um-Zug

---

1178 *Blaurock*, ZGR 2007, 603, 611; siehe zu sog. „rating-trigger-Klauseln“ § 7 I.

1179 §§ 97, 98 WpHG ist nur dann die einschlägige Anspruchsgrundlage, wenn es um Ersatz von Schäden durch Ad-hoc-Mitteilungen vom Emittenten geht. Sind Anspruchsgegner die Organmitglieder oder werden Ansprüche aufgrund anderer Kapitalmarktinformationen, wie etwa Pressemitteilungen, gegen den Emittenten geltend gemacht, so ist regelmäßig § 826 BGB einschlägig, wobei umgekehrt eine fehlerhafte Ad-hoc-Mitteilung auch den Tatbestand des § 826 BGB erfüllen kann, vgl. Assmann/Schneider/*Sethe*, §§ 37b, 37c WpHG, Rn. 140 ff.

1180 Vgl. *Buck-Heeb*, Kapitalmarktrecht, § 6, Rn. 491; Habersack/Mülbert/Schlitt/*Maier-Reimer/Seulen*, Hdb Kapitalmarktinformation, § 30, Rn. 101 f., 122 ff.

gegen Rückübereignung der Wertpapiere, sofern noch nicht weiterveräußert.[1181] Der Unterschied besteht also im Kern in der Frage, ob der Schaden durch die Investition oder Desinvestition als solche entstanden ist, oder dadurch, dass sie zum falschen Preis erfolgte.[1182]

Es ist auffällig und unverständlich, warum in den bisherigen Eingaben zur Haftung von Ratingagenturen die Rechtsfolgenseite so spärlich und die in Betracht kommenden Schäden mit ihren Kausalitätsanforderungen praktisch gar nicht dargestellt werden. Die Ausführungen erschöpfen sich oftmals in pauschalen Aussagen, dass die Transaktionskausalität für „den Schaden" kaum je nachweisbar sei.[1183] Teilweise werden auch schadensrechtliche Konzepte ohne jeden Bezug zur ähnlich gelagerten Dogmatik der kapitalmarktrechtlichen Informationshaftung entwickelt.[1184] Dabei ist die Haftung für fehlerhafte Ratings zweifellos ein Fall der kapitalmarktrechtlichen Informationshaftung. Ein sinnvolles und justiziables Haftungskonzept muss sich daher an der bestehenden Dogmatik orientieren.

b) Bisherige Streitfragen

Im Rahmen der Haftung für fehlerhafte oder unterlassene Ad-hoc-Mitteilungen war es vor dem IKB-Urteil lange Zeit hochumstritten, ob der geschädigte Anleger den Kursdifferenzschaden, oder nur den Erwebsschaden verlangen können soll. Nach einer – wohl herrschenden – Meinung in der Literatur ist nur der Kursdifferenzschaden, also die Differenz zwischen tatsächlich gezahltem Preis und dem Preis, der bei richtiger Informationslage bestanden hätte, ersatzfähig.[1185] Nach der Gegenansicht ist auch die Rückgängigmachung des Rechtsgeschäfts und der Ersatz des Erwerbsschadens von §§ 97, 98 WpHG umfasst.[1186]

1181 Vgl. *Buck-Heeb*, Kapitalmarktrecht, § 6, Rn. 471; Habersack/Mülbert/Schlitt/*Maier-Reimer/Seulen*, Hdb Kapitalmarktinformation, § 30, Rn. 101 f., 129 ff.

1182 Habersack/Mülbert/Schlitt/*Maier-Reimer/Seulen*, Hdb Kapitalmarktinformation, § 30, Rn. 106.

1183 Vgl. etwa *Deipenbrock*, BB 2003, 1849, 1852; *Habersack*, ZHR 169 (2005), 185, 201; *Stemper*, S. 181.

1184 *Korth*, S. 171 ff.

1185 Assmann/Schneider/*Sethe*, §§ 37b, 37c WpHG, Rn. 70 ff.; Schwark/Zimmer/*Zimmer/Grotheer*, § 37c WpHG, Rn. 86 ff.; Habersack/Mülbert/Schlitt/*Maier-Reimer/Seulen*, Hdb Kapitalmarktinformation, § 30, Rn. 129 f.; vgl. BGHZ 192, 90 = BGH NJW 2012, 1800, 1805 Rn. 49 („IKB") m.w.N.

1186 Kümpel/Wittig/*Oulds*, Bank- und Kapitalmarktrecht, Rn. 14.267; *Hennrichs* in: FS Kollhosser, Band II, S. 201, 206 f.; *Möllers/Leisch*, BKR, 2002, 1071, 1077 ff.; vgl. BGHZ 192, 90 = BGH NJW 2012, 1800, 1805, Rn. 50 („IKB") m.w.N.

c) *BGH im IKB-Urteil: Wahlrecht des geschädigten Anlegers zwischen Erwerbsschaden und Kursdifferenzschaden im Rahmen von §§ 97, 98 WpHG (§§ 37b, 37c WpHG a.F.)*

Der BGH entschied den Streit im IKB-Urteil dahingehend, dass vor dem Hintergrund von § 249 BGB, der als Grundsatz die Totalreparation vorsieht, unter gewissen Kausalitätsvoraussetzungen, auch der Erwerbsschaden, Zug-um-Zug gegen Hingabe der erworbenen Finanzinstrumente, verlangt werden könne.[1187] Die ausführliche Begründung[1188] stellt insbesondere auf den Wortlaut von § 37c Abs. 1 WpHG a.F. ab, der den Emittent „zum Ersatz des Schadens verpflichtet, der dadurch entsteht, dass der Dritte auf die Richtigkeit der Insiderinformation vertraut". Die so vorausgesetzte Kausalität zwischen fehlerhafter Ad-hoc-Mitteilung und Anlageentschluss wäre überflüssig, wenn der Emittent nur zum Ersatz des Kursdifferenzschadens verpflichtet sei.[1189]

Auch den Bedenken, dass der Ersatz des Erwerbsschadens dazu führen würde, dass dem Anleger hierdurch auch das allgemeine Risiko einer möglicherweise negativen Marktentwicklung zulasten des Emittenten abgenommen wird,[1190] ließ der BGH nicht gelten: mit einer Parallele zum Kaufrecht, wo die Gefahr der zufälligen Verschlechterung der zurückzugewährenden Sache beim Schädiger liege, sei das allgemeine Marktrisiko eher dem Emittenten als dem Anleger aufzubürden, zumal die infolge allgemeiner Marktrisiken eingetretene Vermögensminderung auch eine Folge der fehlerhaften oder unterlassenen Ad-hoc-Mitteilung sei.[1191] Dem ist im Ergebnis vor allem unter Präventionsgesichtspunkten und den hohen Hürden, die an die Transaktionskausalität für den Erwerbsschaden gestellt werden, zuzustimmen.[1192]

1187 BGHZ 192, 90 = BGH NJW 2012, 1800 („IKB").

1188 BGHZ 192, 90 = BGH NJW 2012, 1800, 1805 f., Rn. 51 ff. („IKB").

1189 BGHZ 192, 90 = BGH NJW 2012, 1800, 1806, Rn. 53 („IKB").

1190 Vgl. etwa Schwark/Zimmer/*Zimmer/Grotheer*, § 37c WpHG, Rn. 89; *Fleischer*, BB 2002, 1869, 1871; *Mülbert/Steup*, WM 2005, 1633, 1637.

1191 BGHZ 192, 90 = BGH NJW 2012, 1800, 1806, Rn. 58 („IKB").

1192 Vgl. *Fleischer*, DB 2004, 2031, 2035.

III. Nachweis der Kausalität von Pflichtverletzung für den eingetretenen Schaden

1. *Kausalität der Pflichtverletzung für das Ratingergebnis*

Der Beweis, dass sich die Pflichtverletzung auf das Ratingergebnis ausgewirkt hat, ist indes sehr schwer zu führen.[1193] Denn es kann gut sein, dass die Ratingagentur bei ordnungsgemäßer Ratingerstellung zum gleichen Rating gelangt wäre. Möglicherweise könnte dem Anspruchsteller jedoch hier für den Nachweis dieser Kausalität der Anscheinsbeweis zugutekommen. Denn dieser wurde gerade für Fälle „typischer Beweisnot" im Rahmen von Kausalverläufen entwickelt.[1194]

Die Heranziehung der Grundsätze des Anscheinsbeweises erscheint bei näherer Betrachtung jedoch alles andere als unproblematisch. Denn Voraussetzung hierfür ist ein typischer Geschehensablauf, also ein sich aus der Lebenserfahrung bestätigender gleichförmiger Vorgang, durch dessen Typizität es sich erübrigt, die tatsächlichen Einzelumstände eines bestimmten Geschehens nachzuweisen.[1195]

Solche typischen Geschehensabläufe wiederum sind im Ratingverfahren, vor allem angesichts des Beurteilungsspielraums von Ratingagenturen, schwer auszumachen. Insbesondere die fehlende Rechtsprechung zu Ratingfällen wird es dem Anspruchsteller erschweren, ein Gericht von der Typizität von Geschehensabläufen im Ratingverfahren zu überzeugen. Hinzu kommt, dass die Rechtsprechung bei individuellen Willensentschlüssen im Rahmen der Kapitalmarktinformationshaftung einen Anscheinsbeweis zugunsten des Anlegers sogar dann ausgeschlossen hat, wenn die Falschinformation extrem unseriös war.[1196] Jedoch ist die Kausalität von Pflichtverletzung der Ratingagentur für das Ratingergebnis nur ein Zwischenschritt im Sinne einer Vorstufe für den weiteren zu beweisenden kausalen Zusammenhang zwischen Ratingergebnis und eingetretenem Schaden – etwa durch den Kauf von Wertpapieren.

Sicherlich hat nicht jeder Verfahrensfehler Auswirkungen auf die Ratingnote. Sollte die bewiesene Pflichtverletzung jedoch eine schwerwiegende sein – dies wird bei reinen Verfahrensfehlern, wie etwa bei Verstößen gegen

---

1193 *Stemper*, S. 180, spricht von „extremen Einzelfällen".

1194 Vgl. etwa Zöller, Vor § 284 ZPO, Rn. 30. ff.; *Kollhosser*, AcP 165 (1965), 46, 62.

1195 MüKo/*Prütting*, § 286 ZPO, Rn. 48 m.w.N.

1196 Sog. „Comroad-Fälle", erstmals BGH ZIP 2007, 681 („Comroad I"), vgl. MüKo/*Prütting*, § 286 ZPO, Rn. 79 m.w.N.

Transparenz- und Offenlegungspflichten regelmäßig ausscheiden, bei einer Erstellung auf unvollständiger Tatsachengrundlage oder offenkundiger Verletzung der Überwachungspflicht aber durchaus in Betracht kommen –, so spricht nach hier vertretener Ansicht der Beweis des ersten Anscheins dafür, dass die Pflichtverletzung kausal für das Ratingergebnis war.[1197] Fraglich ist auch, durch welches Beweismittel die Fehlerhaftigkeit eines Ratings letztlich zu beweisen ist. Sicherlich sind Urkunden und Zeugen mit Bezug zum Ratingverfahren von Relevanz, entscheidend für die Frage, ob sich ein Pflichtverstoß tatsächlich auf die Ratingnote ausgewirkt hat, wird aber der Sachverständigenbeweis sein.

Obwohl nach hier vertretener Ansicht bei schwerwiegenden Verfahrensfehlern die Rechtsfigur des Anscheinsbeweises angewendet werden sollte, so erscheint es doch sehr fraglich, ob sie in der gerichtlichen Praxis in Ratingfällen tatsächlich zur Anwendung kommen wird. Es darf nicht vergessen werden, dass die Anwendung des Anscheinsbeweises letztlich von der freien richterlichen Beweiswürdigung, § 286 ZPO, abhängt.[1198] Mangels entsprechender Rechtsprechung in Ratingfällen erscheint es aber eher unwahrscheinlich, dass ein Gericht bei der Beurteilung von Kausalverläufen in Ratingfällen von sich aus einen typischen Geschehensablauf annehmen wird. Es ist zu erwarten, dass zumindest die instanzgerichtliche Rechtsprechung an dieser Stelle vom Anspruchsteller die Erbringung des Vollbeweises erwarten wird. Umso eher erscheint es angezeigt, bereits eine Stufe vorher der beklagten Ratingagentur die sekundäre Darlegungslast im Hinblick auf ein ordnungsgemäß durchgeführtes Ratingverfahren aufzuerlegen.

2. *Kausalität der Pflichtverletzung für den eingetretenen Schaden*

a) *Emittent*

Der Nachweis eines Schadens beim Emittenten dürfte sich als nicht allzu problematisch, jedenfalls deutlich einfacher als der Nachweis eines Anlegerschadens, darstellen. Denn es ist allgemein anerkannt und empirisch bewiesen, dass negative Ratings zu steigenden Kapitalkosten führen.[1199] Wenn Verträge mittels *rating trigger* auf bestimmte Ratingklassen Bezug nehmen und sich so nachweisen lässt, dass gerade durch eine konkrete fehlerhafte Ratingeinstufung der *trigger* ausgelöst wurde, der zu höheren Zinsen oder Sicherheiten führt, lässt sich auch

1197 So auch *Eisen*, S. 247 ff.
1198 *Schilken*, ZPO, Rn. 494.
1199 Siehe § 16 III.

insofern der Kausalitätsnachweis relativ problemlos führen. Allein der Nachweis, dass Lieferanten oder Kunden aufgrund von Ratingherabstufungen ihre Geschäftsbeziehung beenden, liegt nicht in der Sphäre des Emittenten selbst und ist schwieriger, etwa durch Zeugenbeweis, zu führen.

b) Anleger

Das schwierigste Problem im Rahmen der Durchsetzbarkeit materiell-rechtlicher Ansprüche ist wohl der Nachweis der haftungsbegründen Kausalität zwischen Pflichtverletzung der Ratingagentur und dem Anlegerschaden. Die haftungsbegründende Kausalität ist bei eigenverantwortlichen Anlageentscheidungen stets ein besonderes rechtliches Problem. Es handelt sich hierbei letztlich um die Wertungsfrage, ob ein Anleger für einen Anlageverlust primär selbst verantwortlich ist, oder ob vielmehr der beklagte Dritte hierfür die Verantwortung trägt. Es handelt sich also gewissermaßen um ein Spannungsfeld „zwischen Freiheit und Haftung".[1200] Dabei ist dieses Spannungsfeld auch aus anderen Bereichen des Kapitalmarkt- und Kapitalanlagerechts bekannt, namentlich aus dem Recht der Beratungshaftung, der Prospekthaftung oder der kapitalmarktrechtlichen Informationshaftung.

Die Rechtsprechung hat dabei dem Anleger in verschiedenen Fallkonstellationen im Rahmen der Beweisführung Beweiserleichterungen zugesprochen, sie an anderer Stelle aber auch verwehrt. Eine Rekapitulation dieser Konstellationen ist daher an dieser Stelle dringend angezeigt.

aa) Mögliche Beweiserleichterungen

(1) Vermutung aufklärungsrichtigen Verhaltens

Teilweise wird eine Beweislastumkehr, wie sie beim aufklärungs- oder beratungsrichtigen Verhalten in der Anlageberatung für die Kausalität von Beratungsfehler und Anlageentscheidung angenommen wird, vorgeschlagen.[1201] Hiernach ist derjenige, der vertragliche oder vorvertragliche Aufklärungspflichten verletzt hat, beweispflichtig dafür, dass der Schaden auch eingetreten wäre, wenn er sich pflichtgemäß verhalten hätte, der Geschädigte den Rat oder Hinweis also unbeachtet gelassen hätte.[1202] Hierbei handelt es sich nach jüngerer

1200 *Weller* in: FS Hoffmann-Becking, 1341.

1201 So *Krimphove* in: Achleitner/Everling, Rechtsfragen im Rating, 65, 71 für alle Kausalitätsfragen; nur für die Kausalität von fehlerhaftem Rating und Erwerb der Anleihe *Peters*, S. 139.

1202 BGH WM 1984, 221, 222; BGH WM 2009, 1274, 25, Rn. 22; BGHZ 193, 159 = NJW 2012, 2427, Rn. 31.

BGH-Rechtsprechung nicht lediglich um eine Beweiserleichterung im Sinne eines Anscheinsbeweises, sondern um eine zur Beweislastumkehr führende widerlegliche Vermutung,[1203] die der BGH in jüngster Rechtsprechung weiter ausgedehnt hat.[1204]

Jedoch geben Ratingagenturen, anders als Anlageberater, gerade keine Empfehlung zum Kauf oder Verkauf eines Wertpapiers ab. Eine Anlageberatung wird zudem, anders als ein Rating, möglichst alle für die jeweilige Vermögensdisposition relevanten Umstände erläutern. Des Weiteren stellen Ratings generalisierende Prognosen an den anonymen Kapitalmarkt dar, während bei der Anlageberatung ein persönlicher Bezug besteht, der dann auch den Entlastungsbeweis – etwa durch Bezugnahme auf ein Beratungsprotokoll – erleichtert.

Auch im Rahmen der Haftung für fehlerhafte oder unterlassene Ad-hoc-Mitteilungen hat der BGH die Übernahme der Rechtsfigur der Vermutung aufklärungsrichtigen Verhaltens mangels Konkretisierung auf eine bestimmte Anlageentscheidung abgelehnt.[1205] Eine solche Beweislastumkehr für individuell-anonyme Anlageentscheidungen passt nicht auf die Konstellation der Investition am anonymen Sekundärmarkt und ist somit im Ergebnis für Haftungsklagen gegen Ratingagenturen nicht fruchtbar zu machen.

(2) Positive Anlagestimmung

Teilweise wird, mit im Detail leicht unterschiedlichen Begründungen, vorgeschlagen, die im Prospekthaftungsrecht entwickelte Beweislastumkehr[1206] der sog. positiven Anlagestimmung für die haftungsbegründende Kausalität auch in Ratingfällen anzuwenden. Sie wurde von der Rechtsprechung in Ausnahme zum Grundsatz, dass es bei individuellen Willensentschlüssen keinen Anscheinsbeweis für bestimmte Anlageentscheidungen geben könne, entwickelt und schließlich im Prospekthaftungsrecht kodifiziert.[1207] Die Rechtsprechung ging zugunsten des Anlegers davon aus, dass ein Prospekt die Einschätzung eines Wertpapiers in Fachkreisen mitbestimmt und damit eine Anlagestimmung erzeugt, unabhängig davon, ob den Anleger im Einzelfall tatsächlich Kenntnis

---

1203 BGHZ 193, 159 = NJW 2012, 2427, 2430, Rn. 32.

1204 So greift die Kausalitätsvermutung seit BGHZ 193, 159 = NJW 2012, 2427 auch dann, wenn der Anleger bei gehöriger Aufklärung vernünftigerweise mehr als eine Handlungsalternative gehabt hätte, vgl. BGHZ 193, 159 = NJW 2012, 2427, 2430 f., Rn. 35 ff.

1205 BGHZ 192, 90 = BGH NJW 2012, 1800, 1807, Rn. 64 („IKB").

1206 Teilweise wird auch von einem Anscheinsbeweis ausgegangen, vgl. etwa *Weller* in: FS Hoffmann-Becking, S. 1341, 1353.

1207 Vgl. etwa *Buck-Heeb*, Kapitalmarktrecht, § 6, Rn. 466 f., 488.

vom Prospekt hatte.[1208] Im Wertpapierprospektrecht erhielt die Figur der Anlagestimmung Einzug in § 23 Abs. 2 Nr. 1 WpPG und § 20 Abs. 4 Nr. 1 VermAnlG, wo die Darlegungs- und Beweislast für den Erwerb der Anlage jeweils beim Anspruchsgegner liegt.[1209]

Teilweise wird vertreten die Figur der Anlagestimmung als Beweislastumkehr auf Ratingfälle zu übertragen.[1210] Ratings könnten aufgrund ihrer Bedeutung am Kapitalmarkt eine bestimmte Anlagestimmung erzeugen.[1211] Sie bildeten, anders als Ad-hoc-Mitteilungen, die sich nur ausschnittartig auf bestimmte Tatsachen bezögen, die Bonität eines Emittenten umfassend ab, was auch zu einer Anlagestimmung führen könne, unabhängig davon, ob der Erwerb auf dem Primär- oder Sekundärmarkt erfolge.[1212]

Diese Ansicht ist abzulehnen. Sie passt weder inhaltlich zu Ratingfällen, noch fügt sie sich widerspruchsfrei in das neuere kapitalmarktrechtliche Beweisrecht ein. Zunächst ist festzuhalten, dass die Figur der Anlagestimmung für Fälle des Erwerbs oder des Haltens eines von einer Ratingagentur bewerteten Wertpapiers am Sekundärmarkt nicht passt. Denn der Fall, dass eine Ratingagentur es pflichtwidrig unterlässt, ein Wertpapier herabzustufen, wird so nicht erfasst, da ein Unterlassen denknotwendig keine Anlagestimmung erzeugen kann. Es überrascht daher auch nicht, dass der BGH schon seit längerem die Übernahme der Rechtsfigur der Anlagestimmung auf Ad-hoc-Mitteilungen in ständiger Rechtsprechung ablehnt.[1213] Dass der BGH sogar angesichts der besonders gravierenden Fehlinformationen der Anleger in den „Comroad"-Fällen die Anwendung der Rechtsfigur der Anlagestimmung im Rahmen von Ad-hoc-Haftungsfällen ablehnte,[1214] zeigt letztlich nur, dass sich das Konzept der Anlagestimmung in den Fällen der fehlerhaften Sekundärmarktinformation nie durchgesetzt hat und auch nie durchsetzen wird.[1215]

Im IKB-Urteil[1216] trug der BGH jedoch der sich an die „Comroad"-Rechtsprechung anschließenden Kritik der unverhältnismäßig schwierigen Beweisführung

---

1208 BGHZ 139, 225 = BGH NJW 1998, 3345, 3347; BGHZ 160, 134 = BGH NJW 2004, 2664, 2667 („Infomatec I").

1209 Zu den Möglichkeiten den Entlastungsbeweis zu führen, vgl. *Grunewald/Schlitt*, Einführung in das Kapitalmarktrecht, S. 238 f.

1210 *von Schweinitz*, WM 2008, 953, 958; *Schuler*, S. 288 ff.

1211 *Schuler*, S. 290.

1212 *Schuler*, S. 291

1213 Vgl. BGHZ 192, 90 = BGH NJW 2012, 1800, 1807, Rn. 64 m.w.N. („IKB").

1214 Vgl. BGH ZIP 2007, 681, 682 f. („Comroad I").

1215 Vgl. *Richter*, Schadenszurechnung, S. 91: „Bedeutung tendiert gegen Null.".

1216 BGHZ 192, 90 = BGH NJW 2012, 1800 („IKB").

in Bezug auf die haftungsbegründende Kausalität, die sich auch auf die Ablehnung der Anwendung der Rechtsfigur der Anlagestimmung bezog, Rechnung und stellte die Beweisführung für die haftungsbegründende Kausalität im Rahmen von fehlerhaften oder unterlassenen Ad-hoc-Mitteilungen auf ein völlig neues Fundament, das, wie sich zeigen wird, Zustimmung verdient und auf Ratingfälle übertragen werden sollte.

Eine Übernahme der letztlich stets auf das Prospektrecht – vor der Zeit der Kodifiktation von § 23 Abs. 2 Nr. 1 WpPG und § 20 Abs. 4 Nr. 1 VermAnlG – begrenzten Rechtsprechung zur Anlagestimmung ist daher als veraltet und inhaltlich unpassend abzulehnen.

(3) Fraud-on-the-market-Theorie

Die *fraud-on-the-market-theory* ist eine vom US Supreme Court erstmals in *Basic v. Levinson*,[1217] und zuletzt in *Halliburton v. Erica P. John Fund*[1218] bestätigt und konkretisierte, richterrechtlich entwickelte Beweiserleichterung im US-amerikanischen Kapitalmarktschadensrecht.[1219] Ihr liegt im Wesentlichen die Erwägung zugrunde, dass bei anonymen Erwerbsvorgängen von Wertpapieren am Kapitalmarkt der geschädigte Anleger darauf vertraut, dass der Wertpapierkurs an einem effizienten Kapitalmarkt alle verfügbaren Informationen beinhaltet (sog. „*efficient capital market hypothesis*"),[1220] sodass es für den Nachweis der haftungsbegründenden Kausalität ausreichend ist, dass der geschädigte Anleger den Nachweis erbringt, dass sich eine fehlerhafte oder unterlassene Information im Kurs des Wertpapiers auf einem effizienten Kapitalmarkt[1221] niedergeschlagen hat und er in der Zeit des unrichtigen Kurses (sog. „Desinformationsphase") einen Schaden durch den Kauf oder Verkauf eines Wertpapiers zum verzerrten Marktpreis erlitten hat.[1222]

Da somit in der fehlerhaften oder unterlassenen Marktinformation primär ein „Betrug am Markt" (*fraud on the market*) und nicht am einzelnen Anleger

---

1217 US Supreme Court, *Basic v. Levinson*, 485 U.S. 224 ff. (1988), abrufbar unter: https://supreme.justia.com/cases/federal/us/485/224/case.html.

1218 US Supreme Court, *Halliburton v. Erica P. John Fund*, 573 U.S. ___ = AG 2014, 828 ff., abrufbar unter: https://supreme.justia.com/cases/federal/us/573/13-317/.

1219 Vgl. ausführlich etwa *Sauer*, Haftung für Falschinformation des Sekundärmarktes, S. 123 ff.; *Klöhn*, AG 2014, 807 ff.

1220 *Sauer*, Haftung für Falschinformation des Sekundärmarktes, S. 127 ff.

1221 Wobei es ausreicht, dass der Kläger nachweist, dass von einem „generell effizienten Markt" gesprochen werden kann, vgl. US Supreme Court, *Halliburton v. Erica P. John Fund*, 573 U.S. ___ = AG 2014, 828, 830.

1222 US Supreme Court, *Basic v. Levinson*, 485 U.S. 224, 241 f. (1988).

zu sehen ist, muss umgekehrt der einzelne Anleger auch nicht beweisen, dass die fehlerhafte oder unterlassene Kapitalmarktinformation kausal für *seine* Investition oder Desinvestition war, sondern eben nur, dass sie kausal für einen verzerrten Marktpreis war und dass er in der Zeit des verzerrten Marktpreises die streitgegenständliche Transaktion getätigt hat.

Übersetzt ins deutsche Recht bedeutet dies, dass der US Supreme Court in Bezug auf den Kursdifferenzschaden vom Nachweis der konkreten Transaktionskausalität absieht. Wie sich zeigen wird, ringt der BGH darum, diesen Kerngedanken der *fraud-on-the-market-theory* in das deutsche Kapitalmarktschadensrecht zu übertragen, wobei man wohl konstatieren kann, dass der *fraud-on-the-market-theory* im „IKB-Urteil" der Durchbruch in das deutsche Kapitalmarktschadensrecht gelungen ist.

(4) Nachweis der Transaktionskausalität abhängig von der gewählten Art der Schadensberechnung

(aa) Meinungsstand und bisherige Rechtsprechung

Sehr umstritten ist, welche Anforderungen in Prozessen wegen fehlerhafter Kapitalmarktinformation an die Kausalität falscher Informationen für eine Anlageentscheidung zu stellen sind.[1223] Der Streit dreht sich insbesondere um den Begriff der Transaktionskausalität. Danach ist eine fehlerhafte Kapitalmarktinformation dann kausal für einen Schaden, wenn der Anlageschaden dadurch entstanden ist, dass der Anleger die Investition (= Transaktion) gerade wegen der fehlerhaften Kapitalmarktinformation getätigt hat.

Die Eingaben in der Literatur, welcher Schaden unter welchen Kausalitätsvoraussetzungen ersetzbar sein sollte, sind mannigfaltig.[1224] Einigkeit besteht praktisch nur darin, dass der Erwerbsschaden, wenn überhaupt, nur unter der Voraussetzung des Nachweises der Transaktionskausalität ersetzbar sein soll und dass in jedem Fall der Kursdifferenzschaden ersatzfähig ist.[1225] Ob der Kursdifferenzschaden nur unter der Voraussetzung des Nachweises der Transaktionskausalität ersatzfähig ist,[1226] oder ob es ausreicht, dass der Anleger nachweist, dass

---

1223 Vgl. hierzu ausführlich Habersack/Mülbert/Schlitt/*Maier-Reimer/Seulen*, Hdb Kapitalmarktinformation, § 30, Rn. 171 ff.

1224 Siehe Habersack/Mülbert/Schlitt/*Maier-Reimer/Seulen*, Hdb Kapitalmarktinformation, § 30, Rn. 109 ff. m.w.N.

1225 Vgl. Habersack/Mülbert/Schlitt/*Maier-Reimer/Seulen*, Hdb Kapitalmarktinformation, § 30, Rn. 109 ff. m.w.N.

1226 So in Bezug auf § 826 BGB noch BGH NZG 2007, 346, 347 („Comroad II").

sich die falsche oder unterlassene Ad-hoc-Mitteilung auf den Wertpapierkurs ausgewirkt hat (sog. Preiskausalität),[1227] ist indes sehr umstritten.[1228]

Der II. Zivilsenat des BGH hat in seiner Rechtsprechung zu § 826 BGB stets betont, dass dem Anleger der volle Nachweis der Transaktionskausalität obliegt. Im Rahmen der Infomatec/ComRoad-Rechtsprechung unterstrich der BGH mehrmals, dass im Rahmen von § 826 BGB auf den Nachweis des konkreten Kausalzusammenhangs zwischen der Täuschung und der Willensentscheidung des Anlegers nicht verzichtet werde könne und ein Anknüpfen an die Integrität der Marktpreisbildung und das enttäuschte allgemeine Anlegervertrauen im Sinne der *fraud-on-the-market-theory* abzulehnen sei.[1229] Diesem Denkansatz wohne die Gefahr einer uferlosen Ausweitung des ohnehin offenen Haftungstatbestandes der sittenwidrigen vorsätzlichen Schädigung auf dem Gebiet der kapitalmarktrechtlichen Informationshaftung inne.[1230] Danach muss im Rahmen der Informationsdeliktshaftung gemäß § 826 BGB der Nachweis des konkreten Kausalzusammenhangs zwischen einer fehlerhaften Kapitalmarktinformation und der individuellen Anlageentscheidung selbst dann geführt werden, wenn die Marktinformation vielfältig und extrem unseriös gewesen ist.[1231]

Von dieser Haltung rückte der XI. Zivilsenat des BGH im IKB-Urteil jedenfalls partiell ab. In einem *obiter dictum* schloss sich der BGH der wohl h.M. im Schrifttum an. Der BGH unterstrich, dass der Erwerbsschaden nur unter dem Nachweis der Transaktionskausalität ersatzfähig ist, der Kläger also den vollen Kausalitätsnachweis zwischen unterbliebener Ad-hoc-Mitteilung und Kaufentschluss erbringen muss, wofür das Berufungsgericht insbesondere die zeitliche Nähe zwischen Ad-hoc-Mitteilung und Kaufentscheidung zu würdigen hat.[1232] Für den Fall, dass der Kläger diesen Kausalitätsnachweis nicht führen könne – und hierin liegt die besondere Bedeutung des „IKB"-Urteils – käme es jedoch

---

1227 So in Bezug auf §§ 37b/c WpHG nun BGHZ 192, 90 = BGH NJW 2012, 1800 („IKB").

1228 Vgl. zum Meinungsstand Habersack/Mülbert/Schlitt/*Maier-Reimer/Seulen*, Hdb Kapitalmarktinformation, § 30, Rn. 109 ff. m.w.N.

1229 BGH NZG 2007, 346, 347 („Comroad II"); BGH ZIP 2007, 1560, 1561 f. („Comrad IV") m.w.N.

1230 BGH NZG 2007, 346, 347 („Comroad II"); BGH ZIP 2007, 1560, 1561 f. („Comrad IV") m.w.N.

1231 BGHZ 160, 134 = BGH NJW 2004, 2664, 2667 („Infomatec I"); BGH NZG 2007, 346, 347 („Comroad II"); BGH ZIP 2007, 1560, 1561 f. („Comrad IV"); zuletzt BGH ZIP 2008, 829, 830 („Comroad VIII"); vgl. für weitere Rspr. Habersack/Mülbert/Schlitt/*Maier-Reimer/Seulen*, Hdb Kapitalmarktinformation, § 30, Rn. 170 ff.

1232 BGHZ 192, 90 = BGH NJW 2012, 1800, 1806, Rn. 66 („IKB").

nicht darauf an, ob der Käufer bei rechtzeitiger Veröffentlichung der Insiderinformation vom Kauf Abstand genommen hätte, es sei lediglich darzulegen und gegebenenfalls zu beweisen, dass – wäre die Ad-hoc-Mitteilung rechtzeitig erfolgt – der Kurs zum Zeitpunkt des Kaufs niedriger gewesen wäre, sog. „Preiskausalität".[1233] Die Höhe des Kursdifferenzschadens sei dabei – sofern ein solcher grundsätzlich als erwiesen angesehen werden könne – gem. § 287 ZPO zu schätzen.

(bb) Stellungnahme und Ausblick

Angesichts des vom XI. Senat in der IKB-Entscheidung ausgesprochenen *obiter dictum*, dass für den Ersatz des Kursdifferenzschadens im Rahmen von §§ 97, 98 WpHG der Nachweis der konkreten Transaktionskausalität nicht mehr vonnöten ist, lässt sich die ständige. Rechtsprechung des BGH aus den Infomatec/Comroad-Fällen, wo der BGH im Rahmen von § 826 BGB stets auf das Erfordernis der Transaktionskausalität insistierte, im Grunde nicht mehr halten.[1234] Denn man wird wohl sagen können, dass der BGH sich die *fraud-on-the-market-theory* für die Fälle des Kursdifferenzschadens grundsätzlich zu Eigen gemacht hat[1235] und der Nachweis der Transaktionskausalität für den Ersatz des Kursdifferenzschadens unabhängig von der jeweiligen Anspruchsgrundlage nicht mehr vonnöten ist.

(cc) Übernahme (auch) dieser Grundsätze für Ratingfälle

Die vom BGH in der IKB-Entscheidung entwickelten schadensrechtlichen Grundsätze sollten auch bei Anlegerklagen gegen Ratingagenturen gelten. Ist der Tatbestand von § 826 BGB tatbestandlich erfüllt, so kann ein Anleger von der Ratingagentur Schadensersatz in Form des Erwerbsschadens oder in Form des Kursdifferenzschadens verlangen, wobei für den Ersatz des Erwerbsschadens der volle Nachweis der Transaktionskausalität zu erbringen ist. Für den Ersatz des Kursdifferenzschadens sollte es hingegen ausreichend sein, dass ein Anleger die Auswirkung des fehlerhaften Ratings auf den Kurs des Wertpapiers und eine Transaktion während der sog. „Desinformationsphase" nachweist.

Wird das Wertpapier nicht am Markt gehandelt, kommt als Schaden nur der Erwerbsschaden, unter den dargestellten höheren Kausalitätsanforderungen, in Betracht. Aber auch Schäden durch Investitionen, die am Primärmarkt

---

1233 BGHZ 192, 90 = BGH NJW 2012, 1800, 1806, Rn. 67 („IKB").

1234 Assmann/Schneider/*Sethe*, §§ 37b, 37c WpHG, Rn. 148 f.; Habersack/Mülbert/Schlitt/*Maier-Reimer/Seulen*, Hdb Kapitalmarktinformation, § 30, Rn. 170; *Wagner* in: FS Blaurock, 467, 495.

1235 *Wagner* in: FS Blaurock, 467, 495.

getätigt werden, sollten im Anschluss an die BGH-Rechtsprechung zu fehlerhaften Ad-hoc-Mitteilungen im Wege des Erwerbsschadens geltend gemacht werden können. Insofern erweist sich der Vorschlag von *Wagner*, Ratingagenturen grundsätzlich nur für den Kursdifferenzschaden haften zu lassen,[1236] als unnötige Haftungsimmunisierung vor Schäden durch fehlerhafte Erstratings von am Kapitalmarkt gehandelten und nicht am Kapitalmarkt gehandelten Wertpapieren.

Dem Ersatz des Erwerbsschadens sollte dabei auch nicht entgegenstehen, dass der Anleger die Wertpapiere nicht von der Ratingagentur, sondern vom Emittenten oder einem anderen Dritten erworben hat. Denn der zum Schadensersatz verpflichtete Schädiger hat im Rahmen der Naturalrestitution nur für den Geschädigten die Lage herzustellen, die ohne das schädigende Ereignis bestünde, nicht aber auch für Dritte.[1237]

Insofern begegnet die Übertragung der im IKB-Urteil aufgestellten schadensrechtlichen Grundsätze auf Ratingfälle keinen durchgreifenden Bedenken im Hinblick auf den anderen Tatbestand – § 826 BGB statt §§ 97, 98 WpHG – oder das andere Haftungssubjekt – Ratingagentur statt Emittent. Auch die Tatsache, dass es sich bei Ratings nicht um Ad-hoc-Mitteilungen handelt, steht dem nicht entgegen. Denn diese Grundsätze sind ohne weiteres als schadensrechtliche Grundsätze für die Haftung für fehlerhafte Kapitalmarktinformation verallgemeinerungsfähig, sodass auf Rechtsfolgenseite ein entsprechender Gleichlauf bestehen sollte.

Der wesentliche Unterschied in der Haftung für fehlerhafte Ratings und der Haftung für fehlerhafte Ad-hoc-Mitteilungen liegt vielmehr bereits auf tatbestandlicher Ebene im Rahmen der schadensbegründenden Handlung bzw. des schadensbegründenden Unterlassens. Denn im Vergleich zur Haftung für fehlerhafte Ratings knüpft die Haftung für fehlerhafte oder unterlassene Ad-hoc-Mitteilungen an die deutlich einfacher zu ermittelnden Tatbestandsmerkmale der „unwahren Insiderinformationen“ oder der „unterlassenen unverzüglichen Veröffentlichung von Insiderinformationen“ an und hat damit einen deutlich stärkeren Tatsachenbezug als das fehlerhafte Rating. Hat ein Anleger erst einmal den schwierigen Nachweis der Kausalität einer Pflichtverletzung für

---

1236 *Wagner* in: FS Blaurock, 467, 495, der gleichwohl für den Kursdifferenzschaden in Ratingfällen im Anschluss an „IKB“ auf den Nachweis der Transaktionskausalität verzichten will.

1237 Habersack/Mülbert/Schlitt/*Maier-Reimer/Seulen*, Hdb Kapitalmarktinformation, § 30, Rn. 170; a.A. *Kort*, NZG 2005, 708.

das Ratingergebnis und somit den Beweis des Ratings als fehlerhaft erbracht, so erscheint es keineswegs unbillig, ihm den Kursdifferenzschaden auch ohne Nachweis der Transaktionskausalität zu ersetzen.

(dd) Konkretisierung der Kausalitätsanforderungen

Da es sich bei einer Anlageentscheidung um eine individuelle Willensentscheidung handelt, die einer Typisierung nicht zugänglich ist,[1238] muss ein genereller Anscheinsbeweis ausscheiden. Für den Ersatz des Erwerbsschadens ist vielmehr der volle Nachweis der Transaktionskausalität erforderlich. Jedoch erscheint es durchaus möglich, dass der Anleger diese im Einzelfall wird darlegen können. Sollte das Rating statt eines *investment grade* ein *speculative grade* aufweisen, wird bei institutionellen Investoren, die an *investment grade*-Anlagen gebunden sind, der Nachweis der Transaktionskausalität wohl sicher gelingen. Auch für Privatanleger wird dies ein starkes Indiz sein, aus dem heraus sich auch ein Anscheinsbeweis begründen ließe.

Im Rahmen einer umfassenden Beweiswürdigung wird auch das bisherige Anlegerverhalten und die allgemeine Risikoaffinität, wie sie Banken bei Privatanlegern im Rahmen der Erstellung eines Risikoprofils ermitteln, eine wichtige Rolle spielen. Eine besonders starke Fehleinschätzung der Agentur wird die Beweisführung sicher erleichtern. Ein Abonnementvertrag hingegen wird kein allzu starkes Indiz darstellen,[1239] da er eher etwas über die besondere Bedeutung des Ratings für den Anleger verrät, als über dessen Risikoneigung und somit auch wenig über die Transaktionskausalität aussagt. Ein wichtiges Kriterium ist, wie im Bereich der fehlerhaften Ad-hoc-Mitteilungen, sicherlich die zeitliche Nähe von Kauf und Ratingänderung.[1240] Der Ersatz des Erwerbsschadens mit dem erforderlichen Nachweis der Transaktionskausalität wird dabei insbesondere in Fällen des Erwerbs am Primärmarkt oder beim Erwerb von Wertpapieren außerhalb des Kapitalmarkts, etwa im Rahmen einer Privatplatzierung, in Betracht kommen.

Man wird für den Nachweis der Transaktionskausalität sicherlich auch die Art des bewerteten Wertpapiers in Betracht ziehen müssen, denn ein Rating hat für verschiedene Arten von Wertpapieren durchaus eine unterschiedliche Bedeutung. So hat etwa ein Emissionsrating für eine bestimmte Anleihe oder ein

1238 BGHZ 160, 134 = BGH NJW 2004, 2664, 2666 („Infomatec I").

1239 In diese Richtung wohl *Stemper*, S. 180.

1240 Vgl. zur Bedeutung der zeitlichen Nähe von Kaufentscheidung und fehlerhafter Ad-hoc-Mitteilung BGHZ 192, 90 = BGH NJW 2012, 1800, 1806, Rn. 66 f. („IKB"); BGH WM 2005, 1358, 1361.

strukturiertes Finanzprodukt tendenziell eine höhere unmittelbare Bedeutung für die Investition in die Anleihe als das Emittentenrating einer börsennotierten Aktiengesellschaft für die Investition in die Aktie. Denn die Fähigkeit eines Schuldners seine Verbindlichkeiten vollständig und termingerecht zu erfüllen, welche das Rating abbildet, hat naturgemäß einen engeren Bezug zu Investitionen in Fremdkapital als in Eigenkapital. Letztlich kommt es für den Nachweis der inneren Willensbildung eines Anlegers jedoch auf alle Umstände des Einzelfalls an.

Der Nachweis der Transaktionskausalität für den Ersatz des Erwerbsschadens erscheint somit nicht nur theoretisch möglich, gleichwohl aber sehr schwer. Dies ist aber nicht unbillig, denn es ist keinesfalls gesagt, dass eine geringe Abweichung des Ratingergebnisses, etwa im *investment grade*-Bereich, wirklich Auswirkungen auf eine Anlageentscheidung hat. Nicht zu vergessen ist an dieser Stelle auch, dass nicht jedes fehlerhafte Rating gleich einen Anlegerschaden auslöst, etwa wenn ein statt B+ bewertetes Wertpapier fälschlicherweise mit AAA bewertet wurde, es aber trotzdem nicht ausfällt und es der Anleger bis zum Laufzeitende hält, entsteht für solche Fälle des Kaufs am Primärmarkt dem Anleger keinerlei Schaden. Wenn der Anleger den Erwerbsschaden geltend macht, muss ihn auch deshalb die volle Härte des Beweisrechts treffen, da das Rating nur eine generalisierende ex-ante Prognose und einer unter mehreren die Anlageentscheidung beeinflussenden Faktoren ist. Denn die Bedenken gegen den Ersatz des Erwerbsschadens im Rahmen fehlerhafter Ad-hoc-Mitteilungen gelten in Ratingfällen genau so, wenn nicht gar mehr: denn hier wird der Ratingagentur durch die Verpflichtung zum Ersatz des Erwerbsschadens nicht nur das allgemeine Marktrisiko, sondern auch das Emittentenrisiko zugewiesen. Da diese Bewertung aber gerade Aufgabe und Geschäft von Ratingagenturen ist, erscheint dies im Ergebnis aber doch gerechtfertigt.

Für den Ersatz des Erwerbsschadens ist also der volle Nachweis der Transaktionskausalität zu führen. Ein Ratingfehler könnte sonst allzu schnell als Vorwand benutzt werden, eine misslungene Investition – für die immer noch der Anleger selbst die primäre Verantwortung trägt – rückgängig zu machen und Ratingagenturen sowohl das Emittenten- als auch das Marktrisiko zuzuweisen.

Im Hinblick auf den Kursdifferenzschaden ist anzumerken, dass dieser in Ratingfällen wohl schwerer nachzuweisen sein wird als in Fällen fehlerhafter oder unterlassener Ad-hoc-Mitteilungen. Denn für die Ermittlung des Kursdifferenzschaden bei Ad-hoc-Fällen ist entscheidender Anhaltspunkt für die Ermittlung des Kurses, der bei richtiger Marktinformation bestanden hätte, die

Kursreaktion nach Bekanntwerden der tatsächlichen Lage.[1241] Ob sich hingegen ein fehlerhaftes oder unterlassenes Rating auch auf den Kurs eines Wertpapiers ausgewirkt hat, wird demgegenüber schwieriger festzustellen sein. Denn während etwa eine unterlassene Gewinnwarnung zweifellos direkte Kursrelevanz hat, ist dies bei einer fehlerhaften oder unterlassenen Ratinganpassung eine im Einzelfall schwieriger zu beantwortende Frage. Denn der Anleger muss auch im Fall der Geltendmachung des Kursdifferenzschadens geltend machen, dass der fehlerhafte Marktpreis auch auf der fehlerhaften oder unterlassenen Ratinganpassung beruht und nicht auf anderen, bereits im Markt bekannten, Umständen. Es erscheint daher nicht ausgeschlossen, dass ein fehlerhaftes Erstrating und die Geltendmachung des Erwerbsschadens trotz des Erfordernisses der Transaktionskausalität im Ergebnis einfacher nachzuweisen sind als die sog. Preiskausalität bei der Geltendmachung des Kursdifferenzschadens. Auch deshalb ist der Vorschlag *Wagners*, Anleger in Ratingfällen, unter Ausschluss der Möglichkeit der Geltendmachung des Erwerbsschadens, allein auf den vermeintlich leichter nachzuweisenden Kursdifferenzschaden zu verweisen eine keineswegs zustimmungswürdige Verkürzung des Anlegerrechtsschutzes.

IV. Mitverschulden

Ein bisher praktisch nicht beachtetes Problem im Zusammenhang mit der Haftung von Ratingagenturen betrifft ein mögliches Mitverschulden des Anspruchstellers, insbesondere bei Anlegerklagen. Es erscheint nur allzu naheliegend, dass sich Ratingagenturen mit dem Argument des Mitverschuldens gegen Anlegerklagen verteidigen werden.

Sicherlich ist im Falle der positiven Kenntnis der Fehlerhaftigkeit eines Ratings ein Anspruch ausgeschlossen. Dies entspricht auch §§ 23 Abs. 2 Nr. 3 WpPG, §§ 97 und 98 Abs. 3 WpHG, sowie 22 Abs. 4 VermAnlG. Einem Anleger bei fehlerhaften Ratings einen Fahrlässigkeitsvorwurf dergestalt zu machen, er hätte statt auf ein Rating zu vertrauen, besser eine eigene umfassende Kreditrisikoanalyse durchgeführt, ist jedoch abzulehnen. Denn dies käme einem gänzlichen Haftungsausschluss sehr nahe. Es käme zudem zu einem nicht zu überbrückenden dogmatischen Widerspruch, wenn im Rahmen der Kausalität ein hohes Maß an Vertrauen auf das Rating gefordert wird, dieses haftungsbegründende Vertrauen im Rahmen des Mitverschuldens dann jedoch als haftungsauschließend zu bewerten.

1241 Vgl. Habersack/Mülbert/Schlitt/*Maier-Reimer/Seulen*, Hdb Kapitalmarktinformation, § 30, Rn. 138.

Auch in Bezug auf institutionelle Anleger wird man vor dem Hintergrund von Art. 5a Rating-VO, wonach Finanzinstitute eigene Kreditrisikobewertungen durchführen müssen und sich nicht ausschließlich oder automatisch auf Ratings verlassen sollen, zu keinem anderen Ergebnis gelangen. Denn diese Vorschrift hat einen primär aufsichtsrechtlichen Charakter. Eine zivilrechtliche Relevanz für Anlegerklagen sollte ihr auch mangels Verweises von Art. 35a Rating-VO auf Art. 5a Rating-VO nicht zugesprochen werden.

V. Möglichkeit von Kapitalanleger-Musterverfahren nach dem KapMuG

Während in den USA die sog. „*class actions*" sowohl bewährte als auch gefürchtete Instrumente des Anlegerschutzes sind und auch schon erfolgreich gegen Ratingagenturen eingesetzt wurden,[1242] ist diese Art des kollektiven Rechtsschutzes für Anleger in bürgerlichen Rechtsstreitigkeiten wegen falscher, irreführender oder unterlassener Kapitalmarktinformation[1243] in Deutschland noch relativ neu, weshalb insofern erst relativ geringe Erfahrungswerte bestehen. Grundsätzlich erscheint ein Musterverfahren nach dem KapMuG wegen fehlerhafter Ratings durchaus möglich, da Ratings gem. § 1 Abs. 2 KapMuG „öffentliche Kapitalmarktinformationen über Tatsachen, Umstände, Kennzahlen und sonstige Unternehmensdaten, die für eine Vielzahl von Kapitalanlegern bestimmt sind und einen Emittenten von Wertpapieren oder einen Anbieter von sonstigen Vermögensanlagen betreffen" sind. Jedoch werden die Feststellungen zugunsten des Musterklägers bei einer Vielzahl klagender Anleger, nicht allen Anspruchstellern zugutekommen, da insbesondere die Fragen der Kausalität und des Schadens für jeden Anspruchsteller gesondert geklärt werden müssen. Die Frage, ob ein Rating fehlerhaft ist, wäre hingegen ein notwendiges Feststellungsziel des Musterklägers, wovon auch andere Verfahren abhängen.[1244] Auch in der „*Abu Dhabi*"-*class action* gegen Moody's und Standard & Poor's verhielt es sich so, dass das New Yorker Bezirksgericht insbesondere das Erfordernis der Kausalität („*reliance*") für jeden Anspruchssteller gesondert prüfte,[1245] während die Fehlerhaftigkeit des Ratings für alle Antragssteller gemeinsam geprüft wurde.[1246] Ob

1242 Siehe Kapitel 3, Abschnitt 3.

1243 Vgl. § 1 Abs. 1 KapMuG.

1244 Vgl. § 8 Abs. 1 KapMuG.

1245 *Abu Dhabi Commercial Bank v. Morgan Stanley & Co. Inc.*, 888 F. Supp. 2d 431, 462 ff. (S.D.N.Y. 2012). Siehe hierzu noch ausführlich § 28 V. 1. b).

1246 *Abu Dhabi Commercial Bank v. Morgan Stanley & Co. Inc.*, 888 F. Supp. 2d 431, 448 (S.D.N.Y. 2012).

das KapMuG in Zukunft bei Klagen gegen Ratingagenturen eine Rolle spielen wird, bleibt abzuwarten.

VI. Zusammenfassung: Geltendmachung und Durchsetzung materiell-rechtlicher Ansprüche

Nach hier vertretener Auffassung weist die Rechtsfolgenseite der Haftung für fehlerhafte Ratings strukturelle Gemeinsamkeiten mit der Haftung für fehlerhafte oder unterlassene Ad-hoc-Mitteilungen auf. Eine Übernahme der neueren Rechtsprechung des XI. Senats in Bezug auf die Geltendmachung von Naturalrestitution und Kursdifferenzschaden mit den entsprechenden Kriterien für die haftungsbegründende Kausalität bietet sich daher an. Für den Ersatz des Erwerbsschadens muss der geschädigte Anleger somit den vollen Nachweis der Transaktionskausalität führen, für den Kursdifferenzschaden hingegen nicht, da hier der Schaden bereits in der fehlerhaft bepreisten Markttransaktion liegt. Entscheidend wird daher in Ratingprozessen sein, dass ein Anleger tatsächlich den Beweis führt, dass ein Rating fehlerhaft ist. Denn hat sich eine Pflichtverletzung einer Ratingagentur nicht auf ein Rating ausgewirkt, kann einem Anleger denknotwendig aus der Pflichtverletzung auch kein Schaden entstanden sein.

Für den Nachweis der Kausalität zwischen Pflichtverletzung und Ratingergebnis sollte nach hier vertretener Ansicht zumindest in den Fällen gravierender Pflichtverstöße ein Anscheinsbeweis zugunsten des Anlegers gelten. Es werden hier ähnliche Maßstäbe anzulegen sein, wie bei der Substantiierung der vorsätzlichen sittenwidrigen Schädigung im Rahmen des Tatbestandes von § 826 BGB. Damit ein geschädigter Anleger überhaupt in der Lage ist, den Nachweis einer Pflichtverletzung und deren Kausalität für das Ratingergebnis darzulegen, ist der beklagten Ratingagentur, auf das schlüssige und bestmöglich substantiierte Vorbringen des Klägers hin, die sekundäre Darlegungslast für ein ordnungsgemäß durchgeführtes Ratingverfahren aufzuerlegen.

Insgesamt ist allerdings festzuhalten, dass auch mit den hier vorgeschlagenen Beweiserleichterungen, ein unbilliges Abwälzen des Investitionsrisikos auf Ratingagenturen keineswegs zu befürchten ist. Vielmehr erscheinen die Hürden auf Rechtsfolgenseite für potenzielle Kläger auch nach der hier vertretenen Ansicht durchaus hoch.

§ 20 (Internationale) Zuständigkeit in Ratingprozessen

Ein weiterer Faktor, der Rechtsunsicherheit erzeugt und potenzielle Kläger von Klagen gegen Ratingagenturen abschrecken mag, ist die Frage nach der

Zuständigkeit deutscher Gerichte und dem anwendbaren Recht. Lediglich bei Klagen gegen Ratingagenturen mit Sitz in der Bundesrepublik Deutschland ist zweifellos deutsches Recht anwendbar und die örtliche Zuständigkeit eines Gerichts richtet sich nach §§ 12 ff. ZPO.

Bei Sachverhalten mit Auslandsbezug ist es jedoch erforderlich zu prüfen, welche nationalen Gerichte zuständig sind und welches Recht anzuwenden ist. Hierfür kommt es insbesondere bei den internationalen Ratingagenturen darauf an, welche Gesellschaft konkret verklagt wird. Die folgenden Ausführungen konzentrieren sich auf die internationale Zuständigkeit deutscher Gerichte, da die Frage der örtlichen Zuständigkeit deutscher Gerichte bei innerdeutschen Sachverhalten weniger Probleme aufwirft und allein nach den Regeln der ZPO zu beantworten ist.

I. Klagen gegen europäische Ratingagenturen sowie Töchter amerikanischer Ratingagenturen

Bei Klagen gegen Ratingagenturen mit Sitz in der europäischen Union ist die „Verordnung über die gerichtliche Zuständigkeit und die Anerkennung und Vollstreckung von Entscheidungen in Zivil- und Handelssachen" (EuGVVO / Brüssel-Ia-Verordnung)[1247] einschlägig. Abgesehen von „rein europäischen", also spanischen, französischen oder italienischen Ratingagenturen, mit Satzungssitz oder Hauptverwaltung in einem Mitgliedsstaat, ist in diesem Zusammenhang die Frage der Haftung der europäischen Tochtergesellschaften der US-amerikanischen Ratingagenturen von besonderem Interesse. An dieser Stelle sei kurz die Konzernstruktur der *big three* in Erinnerung gerufen: während Moody's und Fitch über deutsche Tochtergesellschaften mit Sitz in Frankfurt verfügen, unterhält Standard & Poor's das Frankfurter Büro als Niederlassung einer Gesellschaft mit Sitz im Vereinigten Königreich.[1248]

Unproblematisch ist regelmäßig der allgemeine internationale Gerichtsstand nach Art. 4 Abs. 1 EuGVVO einschlägig, wonach der Beklagte vor den Gerichten des Mitgliedsstaates, in dem er seinen Wohnsitz hat, zu verklagen ist. Gem. Art. 63 Abs. 1 EuGVVO haben Gesellschaften und juristische Personen ihren Wohnsitz an dem Ort, an dem sich ihr satzungsmäßiger Sitz, ihre Hauptverwaltung oder ihre Hauptniederlassung befindet.

Eine Ratingagentur mit Sitz in einem Mitgliedsstaat kann aber auch vor den Gerichten eines anderen Mitgliedsstaates verklagt werden, wenn einer der in

1247 VO (EU) 1215/2012 v. 12.12.2012, ABl. (EU) L 351/1 v. 20.12.2012.
1248 Siehe § 5 III.

Art. 7 EuGVVO genannten besonderen Gerichtsstände einschlägig ist, wobei insbesondere der Gerichtsstand des Erfüllungsortes sowie der Gerichtsstand der unerlaubten Handlung in Betracht kommen.

1. Gerichtsstand des Erfüllungsortes

Der Gerichtsstand des Erfüllungsortes nach der EuGVVO kann eine Rolle spielen, wenn ein bewertetes Unternehmen gegen „seine" Ratingagentur aufgrund eines vermeintlich fehlerhaft zu niedrigen Ratings vorgehen will. Da der Begriff der „Dienstleistung" im Rahmen von Art. 7 Nr. 1 b) EuGVVO weit auszulegen ist und hierzu auch Werk- oder Werklieferungsverträge gehören,[1249] wird man den Ratingvertrag unabhängig von der genauen typologischen Einordnung des Ratingvertrages[1250] als Dienstleistungsvertrag i.S.v. Art. 7 Nr. 1 b) EuGVVO einzuordnen haben. Somit kann an dem Ort in einem Mitgliedsstaat geklagt werden, an dem die Dienstleistung erbracht worden ist oder hätte erbracht werden müssen, Art. 7 Nr. 1 b) EuGVVO.

Grundsätzlich ist hierbei von dem Ort auszugehen, bei dem die engste Verknüpfung zwischen dem streitgegenständlichem Vertrag und dem erkennenden Gericht besteht, was regelmäßig das berufliche Arbeitszentrum des Dienstleistungserbringers sein wird.[1251] Beim Ratingvertrag ist also auf den Arbeitsplatz des Analysten bzw. des Analystenteams abzustellen, an dem das Ratingverfahren durchgeführt wurde. Somit kann beispielsweise ein deutsches Unternehmen, welches von den Frankfurter Analysten von Standard & Poor's bewertet wurde, die „Standard & Poor's Credit Market Services Europe Limited" (UK), welche in Frankfurt eine Niederlassung unterhält, nach hier vertretener Auffassung gem. Art. 7 Nr. 1 b) EuGVVO in Frankfurt verklagen, wenn das Ratingverfahren primär dort durchgeführt wurde.

2. Gerichtsstand der Niederlassung

Bei Anleger- oder Emittentenklagen gegen unbeauftragte Ratings ist darüber hinaus auch der Gerichtsstand der Niederlassung von Bedeutung. Nach Art. 7 Nr. 5 EuGVVO ist für Streitigkeiten aus dem Betrieb einer Zweigniederlassung, einer Agentur oder einer sonstigen Niederlassung das Gericht des Ortes

---

1249 Vgl. etwa Musielak/Voit/*Stadler*, Art. 7 EuGVVO, Rn. 9.

1250 Siehe § 15 I.

1251 Vgl. Musielak/Voit/*Stadler*, Art. 7 EuGVVO, Rn. 12 m.w.N.

zuständig an dem sich diese befindet. Der Begriff der „Niederlassung“[1252] ist dabei zur Sicherung einer einheitlichen Anwendung der EuGVVO vertragsautonom auszulegen.[1253] Eine „Niederlassung“ in diesem Sinne liegt vor, beim „Mittelpunkt geschäftlicher Tätigkeit (…), der auf Dauer als Außenstelle des Stammhauses hervortritt, eine Geschäftsführung hat und sachlich so ausgestattet ist, dass er in der Weise Geschäfte mit Dritten betreiben kann, dass diese, obgleich sie wissen, dass möglicherweise ein Rechtsverhältnis mit dem im Ausland ansässigen Stammhaus begründet wird, sich nicht unmittelbar an dieses zu wenden brauchen, sondern Geschäfte an dem Mittelpunkt geschäftlicher Tätigkeit abschließen können, der dessen Außenstelle ist.“[1254] Eine bloße Kontakt- oder Anlaufadresse ist keine Niederlassung in diesem Sinne, wenn dort keine Geschäftstätigkeit von gewisser Selbständigkeit stattfindet.[1255] Da eine Tochtergesellschaft ihre gewöhnlichen Geschäfte eigenständig abwickelt und grundsätzlich eine selbständige juristische Person ist, kann insofern von einer gerichtsstandsbegründenden „Niederlassung“ der Muttergesellschaft nicht ausgegangen werden.[1256]

Insofern erscheint es zweifellos möglich, beispielsweise die bereits erwähnte „Standard & Poor’s Credit Market Services Europe Limited“ mit Sitz im Vereinigten Königreich in Frankfurt zu verklagen, da diese Ratingtätigkeit mit zahlreichen Analysten in Deutschland betreibt und auch bereits nach dem Internetauftritt von Standard & Poor’s das Frankfurter Büro eine Niederlassung dieser Gesellschaft ist.[1257] Gleiches gilt natürlich auch für andere Ratingagenturen mit Sitz in einem Mitgliedsstaat, die eine Niederlassung in Deutschland betreiben, die keine selbstständige Tochtergesellschaft ist.

1252 Wobei „Zweigniederlassung“, „Agentur“ und „sonstige Niederlassung“ Unterbegriffe des Begriffs „Niederlassung“ sind, Rauscher/*Leible*, Art. 7 Brüssel-Ia-VO, Rn. 155.

1253 Rauscher/*Leible*, Art. 7 Brüssel-Ia-VO, Rn. 155.

1254 EuGH Rs. 33/78, „Somafer/Saar-Ferngas“, EuGHE 1978, 2183, Rn. 1; vgl. Rauscher/*Leible*, Art. 7 Brüssel-Ia-VO, Rn. 155; MüKo/*Gottwald*, Art. 7 Brüssel Ia-VO, Rn. 81 f. m.w.N.

1255 LG Wuppertal, Urt. v. 08.09.1993 - 2 O 25/93 -, juris.

1256 Rauscher/*Leible*, Art. 7 Brüssel-Ia-VO, Rn. 155; MüKo/*Gottwald*, Art. 5 EuGVO, Rn. 86. Zur Zuständigkeit aufgrund des Rechtsscheins einer Niederlassung vgl. Rauscher/*Leible*, Art. 7 Brüssel-Ia-VO, Rn. 157.

1257 Vgl. Pressemitteilung v. 18.07.2014: „Die Frankfurter Niederlassung von Standard & Poor’s Credit Market Services Europe Ltd. (Niederlassung Deutschland) (…).“, abrufbar unter: http://ratingsinfo.standardandpoors.com/content/Neues_F%C3%BChrungsteam.

3. *Gerichtsstand der unerlaubten Handlung*

Zwar erfasst der Gerichtsstand der Niederlassung grundsätzlich auch deliktische Ansprüche,[1258] jedoch kommt zusätzlich auch der Gerichtsstand der unerlaubten Handlung nach Art. 7 Nr. 2 EuGVVO in Betracht. Dieser eröffnet die Zuständigkeit des Gerichts an dem Ort, „an dem das schädigende Ereignis eingetreten ist". Das Verhältnis dieser beiden Gerichtsstände im Falle deliktischen Handelns einer Niederlassung erscheint noch weitestgehend ungeklärt. Während bei deliktischem Handeln einer Niederlassung der Ort der Niederlassung häufig auch der Handlungsort der unerlaubten Handlung sein wird, ist es durchaus denkbar, dass sich bei einem Auseinanderfallen von Handlungs- und Erfolgsort der deliktischen Handlung ein weiterer Gerichtsstand ergibt. Zunächst ist jedoch darauf einzugehen, wo in Ratingfällen der Erfolgsort, also der Schadenseintrittsort liegt. Die rechtliche Lokalisierung des Erfolgsortes bereitet in Internet- und Kapitalmarktfällen besondere Schwierigkeit, da sich geschädigte Anleger bzw. ihr Vermögen theoretisch überall befinden können.

Grundsätzlich hat der Kläger im Rahmen des Gerichtsstands der unerlaubten Handlung nach Art. 7 Nr. 2 EuGVVO die Wahl, ob er den Beklagten am Ort, an dem der Schaden eingetreten ist (Erfolgsort), oder am Ort des ursächlichen deliktischen Geschehens (Handlungsort) verklagen will.[1259] Der Ort, an dem sich hieran anknüpfend dann ein weiter Schaden manifestiert (Ort des weiteren Schadenseintritts), begründet als bloßer Folgeschaden hingegen keine Zuständigkeit.[1260]

a) *Relevanz des Erfolgsortes im Rahmen der EuGVVO und der Rom-II-VO*

Dutta sieht in Ratingfällen den nach der EuGVVO und Rom-II-VO maßgeblichen Schadenseintrittsort am Sitz des bewerteten Unternehmens. Die Auswirkungen fehlerhafter Ratings auf das Anlegervermögen sei hingegen eine unbeachtliche „indirekte Schadensfolge".[1261] Dort seien sowohl die Vermögensinteressen des

---

1258 Vgl. zum Merkmal der Betriebsbezogenheit der Streitigkeit etwa Rauscher/*Leible*, Art. 7 Brüssel-Ia-VO, Rn. 161; MüKo/*Gottwald*, Art. 5 EuGVO, Rn. 88.

1259 EuGH, Urt. v. 30.11.1976 - Rs. 21/76, Slg. 1976, 1735, Tz. 24 f.; EuGH, Urt. v.10.06.2004 - Rs. C-168/02, Slg. 2004, I-6009, Tz. 16 - „Kronhofer" = NJW 2004, 2441; BGH WM 2010, 2214, Rn. 21 m.w.N.

1260 EuGH, Urt. v. 19.09.1995 - Rs. C-364/93, Slg. 1995, I-2719, Tz. 11 f. - „Marinari"; vgl. Rauscher/*Leible*, Art. 7 Brüssel-Ia-VO, Rn. 121 m.w.N.

1261 *Dutta*, WM 2013, 1729, 1731; *ders.*, IPRax 2014, 33, 38 f.; zum „alten" deutschen Kollisionsrecht so wohl auch *Eisen*, S. 275.

Anlegers als auch des Emittenten durch das Rating zuerst betroffen. Zudem sei ein Anknüpfen an den Sitz des bewerteten Unternehmens sowohl für Emittenten als auch Anleger vorhersehbar und somit vorzugswürdig.[1262] Der Preis dieser Rechtssicherheit für den Anleger ist freilich, dass er, sofern das Unternehmen seinen Sitz nicht im Wohnsitzstaat des Anlegers hat, nicht die heimischen Gerichte anrufen kann. Ein Blick in die jüngere Rechtsprechung zum Deliktsgerichtsstand nach der EuGVVO zeigt jedoch, dass diese Rechtsansicht, die insbesondere dem Anleger eher zum Nachteil gereicht, keineswegs zwingend ist und sich die Zuständigkeit deutscher Gerichte in Ratingfällen nach Art. 7 Nr. 2 EuGVVO durchaus bejahen lässt.

b) Der Erfolgsort in Ratingfällen

So entschied das OLG Frankfurt a.M., dass für Ansprüche nach §§ 97, 98 WpHG der Sitz der Börse, an der die streitgegenständlichen Wertpapiere zum Handel zugelassen sind, als Erfolgsort i.S.v. Artikel 5 Nr. 3 EuGVVO a.F. anzusehen ist.[1263] Dies sei sachgerecht, da der Ort, an dem Wertpapiere zum Handel zugelassen sind, der Ort sei, an dem sich die unterlassene oder fehlerhafte Kapitalmarktinformation als Schädigungshandlung im Marktpreis manifestiert.[1264] Auch in der Literatur wird der Marktort teilweise als Erfolgsort im Sinne der EuGVVO angesehen.[1265] Dem ist grundsätzlich zuzustimmen, denn für Kläger und Beklagten ist in diesem Fall ein Gerichtsstand im Voraus erkennbar, sodass weder unverhältnismäßig hohe Rechtsunsicherheit, noch die Gefahr eines unbotmäßigen *forum shopping* im Vorfeld einer Klage besteht.

Auch die Spezialkommission „Finanzmarktrecht" des deutschen Rates für IPR hat 2012 vorgeschlagen, die Rom-II-VO *de lege ferenda* um eine spezielle Kollisionsnorm zu ergänzen, die primär an den Marktort anknüpft.[1266] Bemerkenswert ist in diesem Zusammenhang allerdings, dass die IPR-Kommission nicht nur eine Öffnungsklausel zugunsten des Rechts des Staates mit dem das deliktische Verhalten eine offensichtlich engere Verbindung als dem Marktort hat, vorgeschlagen hat,[1267] sondern in einem zu schaffenden Erwägungsgrund als Beispiel hierfür die Haftung für ein fehlerhaftes Rating des Emittenten nennt, bei

---

1262 *Dutta*, WM 2013, 1729, 1731; *ders.*, IPRax 2014, 33, 39.

1263 OLG Frankfurt a.M., AG 2010, 880, 881.

1264 OLG Frankfurt a.M., AG 2010, 880, 881.

1265 Vgl. *Bachmann*, IPRax 2007, 77, 82 m.w.N.

1266 Siehe hierzu *Lehmann*, IPRax 2012, 399 ff., 470 f. (Entwurfsvorschlag).

1267 Art. 6a Abs. 2 Rom-II-VO-E, IPRax 2012, 470.

dem eine engere Verbindung zum Herkunftsstaat des Emittenten bestünde.[1268] *Lehmann* meint gar, die Anwendung des Rechts des Marktortes in diesen Fällen sei aus Sicht der Ratingagentur willkürlich, da diese nicht das am Markt bewertete Instrument bewertet habe, sondern den Emittenten. Diese Begründung ist schon auf den ersten Blick zu oberflächlich, da es neben Emittenten- natürlich auch Emissionsratings gibt. Dass sie sich auch nicht gut in die neuere einzelfallbezogene Rechtsprechung zum Erfolgsort einfügt sei im Folgenden erläutert. Denn hiernach ist im Einzelfall sogar der Wohnsitzstaat bzw. der Belegenheitsort des Vermögens des Anlegers als Erfolgsort i.S.v. Art. 7 Nr. 2 EuGVVO bzw. Art. 4 Abs. 1 Rom-II-VO anzusehen.

c) *Erfolgsort im Wohnsitzstaat des Anlegers nach neuerer Rechtsprechung möglich*

Zwar entschied der EuGH im Fall *Kronhofer* im Ausgangspunkt zunächst, dass einem österreichischen Kläger, der Geld an eine deutsche Anlagegesellschaft verloren hatte, kein Gerichtsstand der unerlaubten Handlung in Österreich zugutekommt, er formulierte aber bereits den Leitsatz der Entscheidung so, dass dies in einem anders gelagerten Fall durchaus der Fall sein könne: der Wohnsitz des Klägers sei „nicht schon deshalb" Erfolgsort im Sinne der EuGVVO a.F., weil diesem dort ein finanzieller Schaden entstanden sei.[1269] Einen weiteren Schritt hin zum Deliktsgerichtsstand am klägerischen Wohnsitz ging der EuGH dann im Fall *Zuid-Chemie*, wo er entschied, dass der Schadenseintrittsort der Ort sei, an dem sich der durch das fehlerhafte Erzeugnis verursachte Schaden konkret zeige.[1270]

Diese durchaus offenen Vorgaben nutzte der BGH und entschied in einer wohl begründeten Entscheidung, dass der Erfolgsort i.S.v. Art. 5 Nr. 3 EuGVVO a.F. in Kapitalanlagesachen auch im Wohnsitzstaat des Klägers liegen könne.[1271] In diesem Fall überwies der Kläger das Anlagekapital erst als Folge einer unerlaubten Handlung von seinem in Deutschland geführten Girokonto an den Beklagten, „so dass die durch die unerlaubte Handlung verursachte Minderung des Kontoguthabens den für die Bestimmung des Erfolgsortes maßgeblichen

1268 Erwägungsgrund 20a Rom-II-VO-E, IPRax 2012, 470 f.

1269 EuGH, Urt. v.10.06.2004 - Rs. C-168/02, Slg. 2004, I-6009 - „Kronhofer" = NJW 2004, 2441.

1270 EuGH, Urt. v. 10.07.2009 - Rs. C-189/08, Slg. 2009, I-6917, Tz. 27 - „Zuid Chemie" = NJW 2009, 3501.

1271 BGH ZIP 2010, 2004, im Anschluss hieran ebenfalls den Deliktsgerichtsstand in Deutschland bejahend BGH WM 2014, 1614.

Schaden darstellt.“, so der BGH.[1272] Der BGH stützte dieses Urteil insbesondere auf systematische und teleologische Erwägungen. Er betonte den Ausnahmecharakter des besonderen Gerichtstands der unerlaubten Handlung gegenüber dem allgemeinen Gerichtsstand am Wohnsitz des Beklagten. Im vorliegenden Fall sei es jedoch gerechtfertigt, den Deliktsgerichtsstand im Wohnsitzstaat zu bejahen, da das dortige Gericht die für eine geordnete Rechtspflege und sachgerechte Prozessgestaltung erforderliche größere Nähe zum Streitgegenstand besitze, was insbesondere für die im konkreten Einzelfall erforderliche Beweisführung gelte.[1273]

Im Bereich des Kartelldeliktsrechts hat der EuGH sogar vor kurzem den Erfolgsort (auch) am Wohnsitz des Geschädigten verortet, da hier der durch die kartellbedingten Mehrkosten verursachte Schaden eingetreten sei und eine sachgerechte Prozessführung in Bezug auf die Schadensberechnung am ehesten durch die Gerichte am Wohnsitz des Klägers erfolgen könne.[1274] Dies ist durchaus überraschend, da dies in dieser Allgemeinheit grundsätzlich für alle Schadenansprüche gilt und sich der EuGH so, entgegen seiner ständigen Rechtsprechung und Art. 4 Abs. 1 EuGVVO, einem allgemeinen Klägergerichtsstand annähert.[1275] Ob der EuGH diese Rechtsprechung über das Kartellschadensrecht hinaus auch auf andere Bereiche ausdehnt bleibt abzuwarten. Es kann jedoch konstatiert werden, dass sowohl der EuGH, als auch nationale Gerichte zunehmend einen Gerichtsstand am Wohnsitz oder im Wohnsitzstaat des Klägers annehmen.

Eine Übertragung dieser Grundsätze auf Ratingfälle führt jedenfalls zu keinem eindeutigen Ergebnis. Zunächst ist sich die Konstellation vor Augen zu führen, in der diese Erwägungen überhaupt relevant werden. Es handelt sich hierbei um Klagen gegen Ratingagenturen mit Sitz in einem Mitgliedsstaat, die über keine Niederlassung im Wohnsitzstaat des Klägers verfügen. Zudem geht es – jedenfalls nach hier vertretener Auffassung – auch nicht um Wertpapiere, die an einer Börse im Wohnsitzstaat des Klägers zum Handel zugelassen sind. Der Deliktsgerichtsstand wird also vor allem bei Anlegerklagen gegen Ratingagenturen mit Sitz in einem anderen Mitgliedsstaat relevant, etwa wenn eine britische Ratingagentur ohne Niederlassung in Deutschland ein Unternehmen

---

1272 BGH ZIP 2010, 2004, Rn. 32.

1273 BGH ZIP 2010, 2004, Rn. 33.

1274 EuGH, Urt. v. 21.5.2015 - Rs. C-352/13, Tz. 51 ff. - „CDC Hydrogen Peroxide“ = ZIP 2015, 584.

1275 *Harms/Sanner/Schmidt*, EuZW 2015, 584, 590.

in den Niederlanden bewertet und ein deutscher Anleger diese Wertpapiere an einer Börse außerhalb Deutschlands erwirbt. Führt man sich dies vor Augen, relativiert sich nicht nur Bedeutung dieser Konstellation, es zeigt sich auch, wie schwer die Bestimmung der sachlichen Nähe zum Streitgegenstand ist. Was hätte in diesem Fall eine höhere Bedeutung im Rahmen der Beweiserhebung: die Zeugenaussagen der britischen Analysten, die der Mitarbeiter des niederländischen Emittenten oder die des deutschen Anlegers? Zur Fehlerhaftigkeit des Ratingverfahrens und einem Verschulden der Ratingagentur hätte ein deutsches Gericht nicht die größte sachliche Nähe, zur Anlageentscheidung des Anlegers indes schon. Es scheint also nicht ausgeschlossen, dass sich deutsche Gerichte bei Anlegerklagen gegen Ratingagenturen mit Sitz in einem Mitgliedsstaat gem. Art. 7 Nr. 2 EuGVVO für international zuständig erklären.[1276] Im sogleich darzustellenden Fall einer Haftungsklage eines deutschen Anlegers gegen eine US-amerikanische Ratingagentur hat der BGH die internationale Zuständigkeit des LG Frankfurt a.M. jedenfalls über den Vermögensgerichtsstand nach § 23 ZPO bestätigt. Zwar kennt die EuGVVO keinen Vermögensgerichtsstand, es zeigt sich jedoch allgemein, dass der BGH durchaus bemüht ist, deutschen Anlegern je nach Einzelfall im Rahmen des rechtlich möglichen ein deutsches forum zu eröffnen.

d) Stellungnahme

Die Ausführungen zeigen somit, dass die Rechtsprechung durchaus einzelfallabhängig und an die Umstände des Einzelfalls anknüpfend den Erfolgsort am Marktort, am Belegenheitsort des Vermögens, oder am Wohnsitz des Klägers ansiedelt. Dass der deutsche Rat für IPR just in Ratingfällen den Marktort für ungeeignet hält, weil er aus Sicht der Ratingagentur willkürlich sei und eine offensichtlich engere Verbindung mit dem Sitz des Emittenten bestünde, ist aus mehreren Gründen abzulehnen. Zum einen erfasst diese Begründung nicht die Fälle des Emissionsratings, zum anderen kann – wenn man schon auf die Sicht einer Prozesspartei abstellen will – der Sitz des Emittenten aus Sicht des Anlegers ebenfalls sehr willkürlich erscheinen. Wenn etwa bei strukturierten Finanzprodukten als Emittent eine Zweckgesellschaft mit Sitz in einem sog. „Finanzparadies“ auftritt, erweist sich der Sitz des Emittenten sicherlich nicht als der Ort mit

1276 Zumal der BGH in den genannten Fällen, in denen er den Deliktsgerichtsstand in Deutschland verortete aufgrund offenkundiger Rechtslage auf ein Vorabentscheidungsverfahren verzichtete, vgl. BGH ZIP 2010, 2004, Rn. 33; BGH WM 2014, 1614, Rn. 41.

der engsten Verbindung zum Rechtsstreit. Auch wenn man stattdessen auf den tatsächlichen Sitz abstellen würde,[1277] scheint das Ergebnis trotzdem sehr fraglich. Die zahlreichen Anlegerklagen rund um die Lehman Brothers Insolvenz mögen dies veranschaulichen. Als Emittentin trat hier die niederländischen Lehman Brothers Treasury Co. B.V. auf, wobei die US-amerikanische Lehman Brothers Holdings Inc. als Garantin fungierte. In der Haftungsklage vor dem LG Frankfurt wurden die streitgegenständlichen Zertifikate der Lehman Brothers Treasury Co. B.V., in die ein deutscher Anleger investierte, von dem New Yorker Büro von Standard & Poor's bewertet. Sähe man den Erfolgsort in Amsterdam, käme nach Art. 4 Abs. 1 Rom-II-VO niederländisches Recht zur Anwendung. Das Beispiel zeigt, dass die Vorstellung, dass sich die Interessen von Anleger, Ratingagentur und Emittenten am Sitz des Emittenten praktisch „treffen" möglicherweise für den Fall eines Anleihen begebenden Industrieunternehmens zutreffend sein mag, zahlreiche andere Konstellationen, wozu insbesondere Emissionen über sog. Zweckgesellschaften gehören, aber kaum erfasst. Denn im Ergebnis führt das Abstellen auf den Sitz des Emittenten bei Anlegerklagen gegen Ratingagenturen dann dazu, dass – bezogen auf Art. 4 Abs. 1 Rom-II-VO – ein Sachrecht zur Anwendung gelangt, was beiden Prozessparteien fremd ist.

Es zeigt sich somit, dass eine flexible Auslegung der die allgemeinen Kollisionsnormen prägenden Begriffe, wie der des Erfolgsortes mit guten Gründen der Rechtsprechung überlassen werden sollte, statt weitere spezielle Kollisionsnormen bzw. diese konkretisierende Erwägungsgründe zu schaffen. So können auch komplizierte Dreierkonstellationen wie Ratingfälle so erfasst werden, dass ein Gleichlauf von internationaler Zuständigkeit und anwendbarem Sachrecht entsteht. Dies kann in Ratingfällen durch ein Abstellen auf den Marktort oder den Wohnsitz des Klägers erreicht werden. Letzteres entspricht zwar nicht unbedingt der Systematik der EuGVVO, aber durchaus der jüngeren Rechtsprechung von BGH und EuGH, die immer mehr auf die Frage der Nähe der entscheidenden Gerichte zum Streitgegenstand abstellen.

4. *Verbrauchergerichtsstand*

Der Verbrauchergerichtsstand gem. Art. 18 Abs. 1 EuGVVO wird in Ratingfällen wohl kaum je eine Bedeutung spielen. Hiernach kann ein Verbraucher gegen den anderen Vertragspartner auch vor dem Gericht des Ortes, an dem er seinen Wohnsitz hat, klagen. Dies gilt auch, wenn der Beklagte seinen Sitz außerhalb der

---

1277 So *Dutta*, IPRax 2014, 33, 39.

EU hat („ohne Rücksicht auf den Wohnsitz des anderen Vertragspartners").[1278] Allerdings findet der Verbrauchergerichtsstand seinem Wortlaut nach nur auf vertragliche Ansprüche Anwendung. Dies wäre in Ratingfällen nur bei Anlegern der Fall, die über einen Abonnementvertrag mit der Ratingagentur vertraglich verbunden sind, wobei dann wieder sehr fraglich ist, ob diese Abonnenten noch als Verbraucher anzusehen sind,[1279] da Ratingagenturen ihr Abonnenementgeschäft praktisch ausschließlich mit institutionellen Investoren betreiben.

II. Klagen gegen US-amerikanische Ratingagenturen

1. Nichtanwendbarkeit der EuGVVO

Da die EuGVVO auf Klagen gegen amerikanische Ratingagenturen mangels „Wohnsitz"[1280] der Gesellschaften in einem Mitgliedsstaat nicht anwendbar ist, bestimmt sich die internationale Zuständigkeit nach der *lex fori* der Mitgliedsstaaten.[1281] Natürlich besteht theoretisch auch die Möglichkeit einer Klage vor US-amerikanischen Gerichten, was im Falle der *big three* regelmäßig das New Yorker Bezirksgericht[1282] sein wird. Insbesondere für Anleger dürfte sich dies jedoch aufgrund des hohen Aufwandes, der mit einer Klage vor US-Gerichten verbunden ist, als wenig attraktive Option darstellen.

2. Deutscher Vermögensgerichtsstand bei Klagen gegen US-Ratingagenturen

Während in der Literatur die Möglichkeit der internationalen Zuständigkeit deutscher Gerichte für Klagen gegen US-amerikanische Ratingagentur nur sehr vereinzelt diskutiert, aber mit unterschiedlicher Begründung bejaht wurde,[1283] hat der BGH[1284] mittlerweile im Anschluss an das OLG Frankfurt a.M.[1285] die

---

1278 Musielak/Voit/*Stadler*, Art. 18 EuGVVO, Rn. 5.

1279 Zweifelnd auch *Dutta*, IPRax 2014, 33, 36.

1280 I.S.v. Art. 63 Abs. 1 EuGVVO.

1281 Vgl. *Dutta* IPRax, 2014, 33, 36.

1282 U.S. District Court for the Southern District of New York (S.D.N.Y.).

1283 *Eisen* bejaht den Gerichtsstand der Niederlassung nach § 21 ZPO, da er einen Bezug US-amerikanischer Ratingagenturen zum Geschäftsbetrieb der deutschen Niederlassungen annimmt, vgl. *Eisen*, S. 214. *Wildmoser/Schiffer/Langoth*, RIW 2009, 657, 663 verneinen dies, halten aber aufgrund der deutschen Tochtergesellschaften den Vermögensgerichtsstand nach § 23 ZPO für einschlägig.

1284 BGH NJW 2013, 386.

1285 OLG Frankfurt a.M., ZIP 2012, 215.

örtliche und internationale Zuständigkeit des LG Frankfurt a.M. aus dem Vermögensgerichtsstand nach § 23 ZPO bejaht.

Gem. § 23 ZPO ist für Klagen wegen vermögensrechtlicher Ansprüche gegen eine Person, die im Inland keinen Wohnsitz hat, das Gericht zuständig, in dessen Bezirk sich Vermögen derselben befindet. Das OLG Frankfurt a.M. stellte dabei primär gar nicht auf die deutschen Tochtergesellschaften selbst, sondern auf die von ihnen geschlossenen Abonnementverträge ab, mit denen Standard & Poor's in Deutschland Erträge in sechsstelliger Höhe generiere.[1286] Einen hinreichenden Inlandsbezug der Klage bejahte das OLG Frankfurt a.M., da der Kläger seinen Aufenthalt und Wohnsitz in Deutschland hatte und darüber hinaus auch deutscher Staatsbürger war. Aufgrund dessen liege auch vor dem Hintergrund des Erfordernisses der einschränkenden Auslegung von § 23 ZPO bei extraterritorialen Sachverhalten keine unangemessene Einmischung in fremde Angelegenheiten vor.[1287]

Der BGH bestätigte diese Auslegung von § 23 ZPO vollumfänglich und betonte, dass es der Wille des historischen Gesetzgebers in Bezug auf § 24 CPO von 1877 war, einen Auffanggerichtsstand für klagende Inländer zu schaffen, da Ausländer mit im Inland belegenem Vermögen andernfalls nicht verklagt werden könnten. Da die EuGVVO keinen Vermögensgerichtsstand kennt, erscheint es aufgrund dieser durchaus weiten Auslegung des Inlandsbezuges durchaus möglich, dass der Vermögensgerichtsstand der ZPO eher zu einem deutschen Gerichtsstand führt als die EuGVVO.

III. Gerichtsstandsvereinbarungen

Im Geltungsbereich der EuGVVO richtet sich die Wirksamkeit von Gerichtsstandsvereinbarungen nach Art. 25 EuGVVO. Haben hiernach die Parteien vereinbart, dass ein Gericht oder die Gerichte eines Mitgliedsstaats über eine bereits entstandene Rechtsstreitigkeit oder über eine künftige aus einem bestimmten Rechtsverhältnis resultierende Rechtsstreitigkeit entscheiden sollen, so sind diese Gerichte zuständig, es sei denn die Vereinbarung ist nach dem Recht dieses Mitgliedsstaats materiell nichtig. Weitere Voraussetzungen für wirksame Gerichtsstandsvereinbarungen finden sich in Art. 25 Abs. 1 S. 3 EuGVVO. Wichtig ist hierbei insbesondere das Schriftformerfordernis. Eine wirksame Gerichtsstandsvereinbarung kann also nur ausdrücklich und im Vorhinein geschlossen werden, weshalb eine Gerichtsstandsvereinbarung zwischen Ratingagenturen

1286 OLG Frankfurt a.M., ZIP 2012, 293, 294 f.
1287 OLG Frankfurt a.M., ZIP 2012, 293, 294 f.

und Anlegern oder Emittenten beim unbeauftragten Rating im Allgemeinen ausscheidet, es sei denn es handelt sich um Anleger, die mit der Ratingagentur einen Abonnementvertrag[1288] geschlossen haben.[1289] Gegenüber Emittenten beim beauftragten Rating hingegen ist eine Gerichtsstandsvereinbarung etwa zugunsten US-amerikanischer Gerichte aber durchaus möglich.[1290]

IV. Zusammenfassung

Die Ausführungen haben gezeigt, dass deutsche Kläger auch gegen ausländische Ratingagenturen vor deutschen Gerichten vorgehen können. Zunächst muss jedoch der richtige Klagegegner ermittelt werden. Dies kann gerade bei den *big three* aufgrund der komplizierten Konzernstruktur Schwierigkeiten bereiten. Richtiger Klagegegner ist die Gesellschaft, die konkret mit dem Ratingverfahren betraut war. Da bei deutschen Emittenten oder Wertpapieren oftmals auch deutsche oder europäische Analysten den Ratingprozess begleiten ist Klagegegner die jeweilige deutsche oder europäische Tochter der *big three*. Wurde das Rating von einer Gesellschaft mit Sitz in einem Mitgliedsstaat durchgeführt, wird oftmals bereits der Gerichtsstand des Erfüllungsortes oder der Niederlassung die internationale Zuständigkeit deutscher Gerichte begründen. Verlässt sich hingegen ein Anleger bei seiner Investition auf ein Rating eines Emittenten mit Sitz im EU-Ausland, so verhilft ihm nach hier vertretener Auffassung der Deliktsgerichtsstand der EuGVVO zu einem Prozess vor deutschen Gerichten, wenn das Wertpapier an einer deutschen Börse gehandelt wird. Doch auch wenn dies nicht der Fall sein sollte, erscheint es möglich, dass sich deutsche Gerichte für international zuständig erklären würden. Auch Ratingagenturen mit Sitz in den USA können, wenn sie über im Inland belegenes Vermögen verfügen, von Personen mit Wohnsitz in Deutschland gem. § 23 ZPO vor deutschen Gerichten verklagt werden. Gerichtsstandsvereinbarungen sind im Voraus nur mit Emittenten und Ratingabonnenten möglich.

Von ähnlich großer Bedeutung wie die Frage nach der Zuständigkeit deutscher Gerichte ist für potenzielle Kläger die Frage nach dem anwendbaren Recht in Ratingprozessen. Die Ausführungen hierzu sollen noch vor der Darstellung von Art. 35a Rating-VO erfolgen, da, wie sich zeigen wird, bei Ratingagenturen mit Sitz außerhalb der Union Art. 35a Rating-VO gar nicht anwendbar ist und

1288 Siehe hierzu § 17 I.

1289 *Dutta*, IPRax 2014, 33, 36.

1290 *Dutta*, IPRax 2014, 33, 36.

zum anderen ein Kläger auch bei innereuropäischen Sachverhalten seine Klage nicht auf Art. 35a Rating-VO stützen muss.

Das anwendbare Recht bestimmt sich bei Zivil- und Handelssachen, die eine Verbindung zum Recht verschiedener Staaten aufweisen, je nachdem, ob es sich um vertragliche oder außervertragliche Ansprüche handelt, nach der Rom-I-Verordnung[1291] oder nach der Rom-II-Verordnung.[1292] Beide Verordnungen beanspruchen dabei gem. Art. 2 Rom-I-VO bzw. Art. 3 Rom-II-VO universelle Geltung, das heißt die Verordnung findet – anders als die EuGVVO, auf die nur bei Klagen gegen europäische Ratingagenturen zurückgegriffen werden kann – auch auf Sachverhalte mit einer Verbindung zum Recht eines Drittstaates Anwendung, wodurch auch das Recht dieses Drittstaates, etwa der USA, zur Anwendung kommen kann.

V. Anwendbares Recht bei vertraglichen Ansprüchen

1. Rechtswahl

Zunächst gilt im Rahmen der Rom-I-Verordnung das Prinzip der freien Rechtswahl zwischen den Parteien. Nach Art. 3 Abs. 1 Rom-I-VO muss die Rechtswahl allerdings ausdrücklich erfolgen oder sich eindeutig aus den Bestimmungen des Vertrages oder aus den Umständen des Falles ergeben. Eine Rechtswahl zwischen den Parteien kann auch durch AGB getroffen werden.[1293] Ob zwischen Ratingagentur und Emittent oder Abonnent eine wirksame Rechtswahl getroffen wurde, ist im Einzelfall zu ermitteln.[1294]

2. Objektive Anknüpfung

Doch auch ohne Rechtswahl wird man in grenzüberschreitenden Ratingfällen auch im Wege der objektiven Anknüpfung regelmäßig zum Recht am Sitz der Ratingagentur gelangen. Nach Art. 4 Abs. 1 lit. b) Rom-I-VO unterliegen

---

1291 VO (EG) Nr. 593/2008 v. 17.06.2008, ABl. (EU) L 177/6 v. 04.07.2008.

1292 VO (EG) Nr. 864/2007 v. 11.07.2007, ABl. (EU) L 199/40 v. 31.07.2007.

1293 BGHZ 108, 353 = IPRax 1991, 338; Staudinger/*Magnus*, Art. 3 Rom-I-VO, Rn. 64, 176; wobei sich dabei die hier nicht zu vertiefende Frage stellt, nach welchem Recht sich die Einbeziehung der Rechtswahlklausel stellt. Nach h.M. ist hierfür das in Aussicht genommene Recht maßgeblich, vgl. Staudinger/*Magnus*, Art. 3 Rom-I-VO, Rn. 176; *Roth*, IPRax, 515, 519 m.w.N.

1294 Offenbar unterliegen die mit deutschen Emittenten geschlossenen Verträge auch mehrheitlich deutschem Recht, so jedenfalls *Eisen*, S. 180, *Wildmoser/Schiffer/Langoth*, RIW 2009, 657, 663; a.A. *Dutta*, IPRax 2014, 33, 37.

Dienstleistungsverträge dem Recht des Staates, in dem der Dienstleister seinen gewöhnlichen Aufenthalt hat. Der Begriff des Dienstleistungsvertrages ist autonom und weit auszulegen und umfasst Verträge mit Anwälten, Wirtschaftsprüfern und Anlageberatern, wobei nach ganz h.M. sogar Werkverträge im Sinne des BGB unter den Dienstleistungsbegriff fallen.[1295] Daher wird man den Ratingvertrag, unabhängig von der vertragstypologischen Einordnung im deutschen Recht,[1296] kollisionsrechtlich als Dienstleistungsvertrag i.S.v. Art. 4 Abs. 1 lit. b) Rom-I-VO einordnen müssen, mit der Folge, dass sich das anwendbare Recht nach dem Ort der Hauptverwaltung richtet, der nach Art. 19 Abs. 1 Rom-I-VO der „gewöhnliche Aufenthalt" i.S.v. Art. 4 Abs. 1 lit. b) Rom-I-VO von juristischen Personen ist.[1297] Zwar steht dem Ort des gewöhnlichen Aufenthalts der Ort, an dem sich eine Zweigniederlassung, Agentur oder sonstige Niederlassung befindet gleich, aber nur, wenn der Vertrag im Rahmen des Betriebs dieser Niederlassung geschlossen wurde, Art. 19 Abs. 2 Rom-I-VO. Dies betrifft also nur den Fall, dass ein Vertrag mit der deutschen Niederlassung einer internationalen Ratingagentur geschlossen wurde, die in Deutschland keine selbstständige Gesellschaft unterhält. Dies ist etwa bei der Standard & Poor's Credit Market Services Europe Ltd. (Niederlassung Deutschland)[1298] der Fall.

Auch für Abonnenten ergibt sich kein anderes Ergebnis, da diese nach hier vertretener und wohl h.M. als Kaufverträge einzuordnen sind und somit gem. Art. 4 Abs. 1 lit. a) Rom-I-VO ebenfalls dem Recht des Staates unterliegen, in dem der Verkäufer seinen gewöhnlichen Aufenthalt hat. Der Fall, dass bei einem Abonnementvertrag der Vertragspartner der Ratingagentur Verbraucher ist, mit der Folge, dass der Vertrag gem. Art. 6 Abs. 1 lit. b) Rom-I-VO dem Recht des Staates, in dem der Verbraucher seinen gewöhnlichen Aufenthalt hat, unterliegt, erscheint eher unwahrscheinlich.

VI. Anwendbares Recht bei deliktischen Ansprüchen

1. Anwendbarkeit der ROM-II-Verordnung

Auch für außervertragliche Ansprüche gilt gem. Art. 14 der Rom-II-VO das Prinzip der freien Rechtswahl. Allerdings muss die Rechtswahl nicht nur ausdrücklich erfolgen, sie kann im deliktischen Bereich gem. Art. 14 Abs. 1 a)

1295 Vgl. MüKo/*Martiny*, Art. 4 Rom-I-VO, Rn. 36; Staudinger/*Magnus*, Art. 4 Rom-I-VO, Rn. 40.

1296 Siehe hierzu § 15 I. 1.

1297 So auch *Dutta*, IPRax, 33, 37; Staudinger/*Magnus*, Art. 4 Rom-I-VO, Rn. 360c.

1298 Vgl. § 5 III.

Rom-II-VO erst nach Eintritt des schädigenden Ereignisses erfolgen, sodass es zumindest in Ratingfällen als eher unwahrscheinlich gelten kann, dass zwischen Ratingagenturen und Anlegern im Falle einer Anlegerklage eine Rechtswahl getroffen wird, zumal beklagte Ratingagenturen kaum einen Anreiz haben die Rechtsunsicherheit, die in Ratingprozessen unter anderem im Bereich des anzuwenden Rechts besteht, durch eine Rechtswahl zu beseitigen.

2. Objektive Anknüpfung

Haben die Parteien, wie dies bei deliktischen Ansprüchen viel eher der Fall sein wird als bei vertraglichen Ansprüchen, keine Rechtswahl getroffen, so ist auch im Rahmen der Rom-II-VO das anwendbare Recht im Wege der objektiven Anknüpfung zu ermitteln. Mangels einschlägiger spezieller Kollisionsnormen in den Artt. 5 ff. Rom-II-VO ist auf die allgemeine Kollisionsnorm Art. 4 Rom-II-VO zurückzugreifen. Hiernach ist das Recht des Staates anzuwenden, in dem der Schaden eintritt, unabhängig davon, in welchem Staat das schadensbegründende Ereignis oder indirekte Schadensfolgen eingetreten sind. Der Schadenseintrittsort ist nach allgemeiner Auffassung nach denselben Kriterien zu bestimmten wie im Rahmen der EuGVVO.[1299] Daher stellt sich insofern im Rahmen von Art. 4 Rom-II-VO ebenso wie bei Art. 7 Nr. 2 EuGVVO das Problem der Lokalisierung des Erfolgsortes in Ratingfällen. Nach hier vertretener Auffassung ist dieser Erfolgsort am Marktort oder am Wohnsitz des Klägers anzusiedeln.[1300]

Dass, wie teilweise vertreten, Art. 4 Abs. 2 Rom-II-VO, nachdem das Recht des Staates anwendbar ist, indem beide Parteien zum Zeitpunkt des Schadenseintritts ihren gewöhnlichen Aufenthalt haben, regelmäßig zur Anwendung deutschen Rechts führt,[1301] ist jedoch zu bezweifeln. Denn bei juristischen Personen ist der Ort des gewöhnlichen Aufenthalts gem. Art. 23 Abs. 1 Rom-II-VO der Ort ihrer Hauptverwaltung, der bei den internationalen Agenturen nicht in Deutschland ist. Zwar steht dem Ort des gewöhnlichen Aufenthalts der Ort, an dem sich eine Zweigniederlassung, Agentur oder sonstige Niederlassung befindet gleich, aber nur, wenn das schadensbegründenden Ereignis oder der Schaden gerade aus dem Betrieb dieser Niederlassung herrührt, Art. 23 Abs. 1 Rom-II-VO. Dies betrifft also nur den Fall, dass ein Ratingverfahren in der

1299 Vgl. *Dutta*, IPRax 2014, 33, 37 f.
1300 Siehe dazu ausführlich bereits § 20 I. 3.
1301 So offenbar *Schuler*, S. 177.

deutschen Niederlassung einer internationalen Ratingagentur durchgeführt wurde, die in Deutschland keine selbstständige Gesellschaft unterhält. Dies ist etwa bei der Standard & Poor's Credit Market Services Europe Ltd. (Niederlassung Deutschland)[1302] der Fall.

Der Vollständigkeit halber sei noch kurz auf die Frage nach der kollisionsrechtlichen Qualifizierung des Vertrages mit Schutzwirkung zugunsten Dritter eingegangen. Zwar wird man den Vertrag mit Schutzwirkung kollisionsrechtlich als außervertraglich und damit die Frage des anwendbaren Rechts nach Art. 4 Abs. 1 Rom-II-VO zu qualifizieren haben,[1303] allerdings ist eine vertiefte Beschäftigung mit dieser Problematik an dieser Stelle nicht angezeigt, denn nach hier vertretener Auffassung entfaltet der Ratingvertrag über die Erstellung eines *public rating* keine Schutzwirkung zugunsten der Anleger.[1304]

§ 21 Zusammenfassung: Haftung von Ratingagenturen nach deutschem Recht

Zusammenfassend ist festzuhalten, dass nach hier vertretener Ansicht Ratingagenturen sowohl Emittenten als auch Anlegern gegenüber für fehlerhafte Ratings haften können. Ein allzu großes Ermessen in Bezug auf das jeweilige Ratingergebnis ist Ratingagenturen jedoch nicht einzuräumen, da Ratings eine faktenbasierte Analyse der gegenwärtigen Bonität sind und keine unverbindliche Meinung in Bezug auf die Zukunft. Für Emittenten ist der Ratingvertrag hierbei die wesentliche Anspruchsgrundlage. Die Pflichten zur ordnungsgemäßen Ratingerstellung ergeben sich aus der Auslegung des Ratingvertrages. Die aufsichtsrechtlichen Sorgfaltspflichten der Ratingverordnung können für diese Auslegung herangezogen werden.

Anleger, die über einen Bezugsvertrag mit einer Ratingagentur vertraglich verbunden sind, können Ratingagenturen auf dieser Grundlage für fehlerhafte Ratings in Anspruch nehmen. Handelt es sich um Ratings, die für eine bestimmte Investorengruppe erstellt werden, kann dabei der Ratingvertrag Schutzwirkung zugunsten der Investoren entfalten. Grundsätzlich ist eine Haftung von Ratingagenturen auf vertraglicher Grundlage, sei es über die Grundsätze des Vertrags mit Schutzwirkung oder über eine Vertrauenshaftung nach § 311 Abs. 3 BGB, sowohl für Emittenten- als auch für Emissionsratings gegenüber der allgemeinen

1302 Vgl. § 5 III.
1303 *Dutta*, IPRax 2009, 293
1304 Siehe hierzu § 17 III.

Anlegerschaft jedoch abzulehnen. Eine solche Ausweitung des Vertragsrechts überdehnt eindeutig den Parteiwillen und findet dogmatisch keine Stütze im bürgerlichen Vermögensrecht. Auch die jüngste Rechtsprechung der Oberlandesgerichte Düsseldorf und Frankfurt a.M. hat eine vertragliche Dritthaftung von Ratingagenturen gegenüber Anlegern bisher eindeutig abgelehnt. Eine Haftung gem. § 823 Abs. 2 BGB i.V.m. Vorschriften der Ratingverordnung muss ausscheiden, da die Vorschriften der Ratingverordnung grundsätzlich nicht individualschützend sind und eine solche Haftung im haftpflichtrechtlichen Gesamtsystem nicht tragbar wäre. Die Rechtsprechung wird daher wohl allenfalls auf § 826 BGB zurückgreifen, der nach hier vertretener Ansicht als Reservetatbestand der Informationsdeliktshaftung die maßgebliche Anspruchsgrundlage für Haftungsklagen von Anlegern gegen Ratingagenturen nach deutschem Recht darstellt.

Entscheidend für erfolgreiche Klagen gegen Ratingagenturen ist indes die prozessuale Durchsetzbarkeit von Ansprüchen. Insbesondere der Nachweis, dass ein Rating fehlerhaft ist, ist schwer zu führen. Auch wenn man Ratingagenturen insofern die sekundäre Darlegungslast auferlegt, muss der Anleger trotzdem den schwierigen Nachweis erbringen, dass sich ein fehlerhaftes Rating auch auf den geltend gemachten Schaden ausgewirkt hat. Der Anleger kann hierbei zwischen der Geltendmachung des Erwerbsschadens und des Differenzschadens wählen. Für die Liquidierung des Kursdifferenzschadens ist dabei mit der neuen Rechtsprechung „lediglich" der Nachweis der sog. Preiskausalität notwendig. Der klagende Anleger muss insofern darlegen und beweisen, dass sich das fehlerhafte Rating auf den Kurs eines Wertpapiers ausgewirkt hat und er zu diesem verzerrten Marktpreis das Wertpapier gekauft oder verkauft hat. Wird hingegen der Erwebsschaden geltend gemacht, muss der Anleger den vollen Nachweis der Transaktionskausalität erbringen, was bedeutet, dass er nachweisen muss, dass er bei einem hypothetisch zutreffenden Rating ohne Pflichtverletzung die Transaktion unterlassen hätte.

Abschnitt 2: Die unionsrechtliche Haftung von Ratingagenturen

§ 22 Hintergrund und Kontext von Art. 35a Ratingverordnung

I. Entstehungsgeschichte von Art. 35a Ratingverordnung

Die im Dezember 2009 in Kraft getretene Ratingverordnung (CRA-I)[1305] war zunächst nur reines Aufsichtsrecht und enthielt keine Regelung über die zivilrechtliche Haftung von Ratingagenturen. Die zivilrechtliche Haftung sollte vielmehr weiter dem nationalen Recht überlassen bleiben.[1306] Dies änderte sich mit der 2. Änderungsverordnung (CRA-III)[1307] zur Ratingverordnung, die 2013 in Kraft trat und durch die unter anderem Art. 35a Rating-VO in die Ratingverordnung eingefügt wurde, wonach Ratingagenturen nun, unter sogleich näher zu erläuternden Voraussetzungen, Emittenten und Anlegern gegenüber zivilrechtlich haften können. Die letztlich in Kraft getretene Fassung von Art. 35a Rating-VO[1308] unterscheidet sich jedoch deutlich vom ursprünglichen Kommissionsvorschlag.[1309]

II. Art. 35a Ratingverordnung zwischen einheitlichem Sachrecht und subsidiär geltendem Haftungsstatut

Art. 35a Rating-VO stellt den seltenen Fall eines deliktischen Haftungstatbestandes innerhalb des EU-Primärrechts dar. Art. 35a Rating-VO gilt gem. Art. 288 Abs. 2 AEUV unmittelbar in allen Mitgliedsstaaten. Doch die Norm hat keineswegs in allen Mitgliedsstaaten oder Haftungsfällen denselben tatbestandlichen Inhalt. Das liegt daran, dass Art. 35a Rating-VO bei näherem Hinsehen nur das Grundgerüst des eigentlichen Tatbestandes und der Rechtsfolgen vorgibt. Denn in Art. 35a Abs. 4 Rating-VO findet sich ein weitgehender Verweis auf nationales Recht bezüglich zentraler Tatbestandsmerkmale:

> *„Begriffe wie ‚Schaden', ‚Vorsatz', ‚grobe Fahrlässigkeit', ‚in vertretbarer Weise verlassen', ‚gebührende Sorgfalt', ‚Auswirkung', ‚angemessen' und ‚verhältnismäßig', die in diesem Artikel genannt aber nicht definiert werden, werden im Einklang mit dem jeweils geltenden*

1305 VO (EG) 1060/2009 v. 16.09.2009 (CRA-I), ABl. (EU) L 302/1 v. 17.11.2009.

1306 Vgl. Erwägungsgrund 69 zur CRA-I.

1307 VO (EU) 462/2013 v. 21.05.2013 (CRA-III), ABl. (EU) L 146/1 v. 31.05.2013 zur Änderung der VO (EG) Nr. 1060/2009.

1308 Siehe Anhang I dieser Arbeit.

1309 KOM(2011) 747 v. 15.11.2011, abrufbar unter: https://www.cep.eu/fileadmin/user_upload/cep.eu/Analysen_KOM/KOM_2011_747_Ratingagenturen/KOM_2011_747.pdf.

nationalen Recht gemäß den einschlägigen Bestimmungen des internationalen Privatrechts ausgelegt und angewandt. Fragen der zivilrechtlichen Haftung einer Ratingagentur, die nicht von dieser Verordnung geregelt werden, unterliegen dem jeweils geltenden nationalen Recht gemäß den einschlägigen Bestimmungen des internationalen Privatrechts.“

Zu unterscheiden sind somit interne und externe Lücken, also Begriffe, die im Tatbestand genannt, aber nicht definiert werden, sowie Fragen der Haftung, die überhaupt nicht von der Verordnung geregelt werden.[1310] Beide sind nach dem „gemäß den einschlägigen Bestimmungen des internationalen Privatrechts“ zu bestimmenden nationalen Recht auszulegen. *Dutta* bezeichnete dies als „subsidiäres nationales Haftungsstatut“.[1311] Die Formulierung „im Einklang mit dem jeweils geltenden nationalen Recht“ zeigt jedoch, dass diese internen und externen Lücken wohl auch keinen rein nationalen Inhalt haben sollen. Es handelt sich um einen unionsrechtlichen Mischtatbestand,[1312] was zur Folge hat, dass ein nationales Gericht bei Zweifeln über die Auslegung ein Vorabentscheidungsverfahren nach Art. 267 AEUV anstrengen müsste. In jüngster Zeit zeichnet sich zunehmend die Entwicklung ab, dass zivilrechtliche Ansprüche auf Verordnungsebene im europäischen Recht kodifiziert werden. Beispiele hierfür sind etwa Artt. 4 ff. Fluggastrechte-VO,[1313] Art. 11 Abs. 2 PRIIP-VO[1314] und Art. 82 DSGVO.[1315]

III. Die Gesetzgebungskompetenz der Union

Der Unionsgesetzgeber stützte die CRA-III-VO, und somit auch Art. 35a Rating-VO, auf Art. 114 AEUV. Hiernach besitzt die Union die Kompetenz zur Rechtsangleichung im Binnenmarkt. Problematisch erscheint Art. 35a Rating-VO im Lichte von Art. 114 AEUV jedoch vor allem deswegen, weil der Haftungstatbestand hinsichtlich zentraler Tatbestandsmerkmale auf nationales

1310 Vgl. *Wojcik*, NJW 2013, 2385, 2388 f.

1311 *Dutta*, WM 2013, 1729 f.

1312 *Veil/Teigelack* in: Veil, Europäisches Kapitalmarktrecht, § 27, Rn. 75 sprechen von einem „zwitterartigen Charakter“ des neuen Haftungsregimes.

1313 VO (EG) Nr. 261/2004 v. 11.02.2004, ABl. (EU) L 46/1 v. 17.02.2004.

1314 VO (EU) Nr. 1286/2014 v. 26.11.2014, ABl. (EU) L 352/1 v. 09.12.2014. Für die Einordnung als eigenständige unionsrechtliche Anspruchsgrundlage vgl. etwa *Wilhelmy/Kuschnereit*, ZBB 2018, 288, 291 f.

1315 VO (EU) 2016/679 v. 27.04.2016, ABl. (EU) L 119/1 v. 04.05.2016. Für die Qualifizierung als deliktischer Schadensersatzanspruch vgl. etwa Paal/Pauly/*Frenzel*, Art. 82 DSGVO, Rn. 1. *Buck-Heeb*, WM 2018, 1197, 1199, beschreibt sowohl Art. 35a Rating-VO als auch Art. 11 Abs. 2 PRIIP-VO als Haftungstatbestände „hybrider Natur“.

Recht verweist und somit von Fall zu Fall einen unterschiedlichen Inhalt haben kann, was die Frage aufwirft, ob es sich tatsächlich um eine Rechtsangleichung im Binnenmarkt handelt.[1316] Art. 114 AEUV fordert lediglich „Maßnahmen zur Angleichung der Rechts- und Verwaltungsvorschriften der Mitgliedstaaten (...)". Der Begriff der Angleichung ist jedoch weit auszulegen und nicht im Sinne einer Rechtsvereinheitlichung und Vollharmonisierung zu verstehen,[1317] wie ihn ohnehin nur Verordnungen oder Richtlinien, die auf Vollharmonisierung abzielen, schaffen können. Zwar kann Art. 35a Rating-VO, je nachdem, welches nationale Recht subsidiär Anwendung findet, von Fall zu Fall einen unterschiedlichen Inhalt haben, dass hierdurch jedoch kompetenzrechtlich das Mindestmaß an „Angleichung" im Sinne von Art. 114 Abs. 1 AEUV unterschritten wird, ist auch angesichts des großen Spielraums, den der EuGH dem Unionsgesetzgeber im Rahmen des Art. 114 AEUV gewährt,[1318] nicht anzunehmen. Der Unionsgesetzgeber vollzieht somit gewissermaßen eine haftungsrechtliche Mindestharmonisierung auf Verordnungsebene.

Jedenfalls ist der in Anhang III dieser Arbeit gemachte Vorschlag für eine Neufassung von Art. 35 Rating-VO besser mit Art. 114 AEUV vereinbar, da der Vorschlag durch den Verzicht auf die Verweisung auf nationales Recht einen höheren Harmonisierungsgrad erreicht und den Zielen des gemeinsamen Binnenmarktes eher gerecht wird als die derzeitige Fassung.

IV. Ausnahme vom Grundsatz der autonomen Auslegung des Unionsrechts

Die Frage, ob privatrechtliche Ansprüche auf Unionsebene eher als einheitliches Sachrecht oder unter Rückgriff auf nationales Recht ausgestaltet werden, ist freilich nicht gänzlich neu. Sie steht im Zusammenhang mit der Frage, wie Unionsrecht auszulegen und anzuwenden ist. Grundsätzlich betont der EuGH in ständiger Rechtsprechung, dass für die Ermittlung des Sinngehalts und der Bedeutung einer Vorschrift des Unionsrechts, die nicht ausdrücklich auf das Recht des Mitgliedsstaates verweist, in der Regel in der gesamten Union eine autonome und einheitliche Auslegung und Anwendung zu erfolgen hat.[1319]

1316 Zweifelnd insofern *Gietzelt/Ungerer*, GPR 2013, 333, 336.

1317 Vgl. Callies/Ruffert/*Korte*, Art. 114 AEUV, Rn. 22.

1318 Zur integrationspolitischen Bedeutung von Art. 114 AEUV vgl. etwa von der Groeben/Schwarze/Hatje/*Classen*, Art. 114 AEUV, Rn. 5 ff. m.w.N.

1319 Vgl. etwa EuGH, Urt. v. 18.01.1984 - Rs. 327/82, „Ekro", Slg. 1984, 107, Rn. 11; EuGH, Urt. v. 18.10.2011 - Rs. C-34/10, „Bürstle/Greenpeace", Slg. 2011, I-9822 = RIW 2012, 50, Rn. 25 m.w.N.

Insofern ist es bemerkenswert, wie weit bereits der europäische Gesetzgeber Art. 35a Rating-VO vom Grundsatz der autonomen Auslegung entfernt hat. Der weitgehende Verweis auf ein subsidiär anzuwendendes nationales Recht verkompliziert den Tatbestand unnötig, ohne dass hierfür ein triftiger Grund ersichtlich wäre. Im Grunde handelt es sich bei Art. 35a Rating-VO nur um eine Art „Rumpftatbestand". Die Anwendung und Auslegung der zentralen Tatbestandsmerkmale, die in Art. 35a Abs. 4 S. 1 Rating-VO genannt sind, hätte ohne weiteres der Rechtsprechung überlassen werden können.

Gerade auch im Vergleich zu Art. 7 Fluggastrechte-VO, der dem betroffenen Fluggast Schadensersatz für Nichtbeförderung, Annullierung oder Verspätung (Artt. 4 ff. Fluggastrechte-VO) zuspricht, zeigt sich, dass effektiv ausgestaltetes unionsrechtliches Deliktsrecht durchaus weitgehend bzw. praktisch ausschließlich autonom ausgestaltet werden kann.

§ 23 Der Haftungstatbestand im Einzelnen

I. Anwendungsbereich von Art. 35a Rating-VO

1. Persönlicher Anwendungsbereich des Haftungstatbestandes

Der persönliche Anwendungsbereich des europäischen Haftungstatbestandes für Ratingagenturen wird von Art. 35a Abs. 1 Rating-VO vorgegeben: aktivlegitimiert sind Anleger und Emittenten. Art. 3 Abs. 1 lit. s) Rating-VO verweist dabei für die Definition des Emittentenbegriffs auf Art. 2 Abs. 1 lit. h) der Prospektrichtlinie,[1320] die den „Emittent" als „Rechtspersönlichkeit, die Wertpapiere begibt oder zu begeben beabsichtigt" definiert. Der Begriff des Anlegers ist in der Ratingverordnung nicht definiert, sodass er als in Art. 35a Rating-VO genannter, aber in der Verordnung nicht definierter Begriff gem. Art. 35a Abs. 4 S. 1 Rating-VO nach dem subsidiären Haftungsstatut auszulegen ist.[1321] Den Begriff der Ratingagentur definiert Art. 3 Abs. 1 lit. b) Rating-VO als „eine Rechtspersönlichkeit, deren Tätigkeit die gewerbsmäßige Abgabe von Ratings umfasst". Der persönliche Anwendungsbereich des unionsrechtlichen Haftungstatbestandes wird jedoch letztlich ganz maßgeblich von Art. 2 Abs. 1 Rating-VO bestimmt, der den allgemeinen Geltungsbereich der Ratingverordnung definiert. Die Ratingverordnung gilt nämlich nur „für Ratings, die von in der Union

1320 RL (EG) 71/2003 v. 04.11.2003, ABl. (EU) L 345/64 v. 31.12.2003.

1321 *Dutta*, WM 2013, 1729, 1731.

registrierten Ratingagenturen abgegeben und der Öffentlichkeit bekannt gegeben oder an Abonnenten weitergegeben werden."

a) Keine (analoge) Anwendung auf US-Ratingagenturen

Ratingagenturen mit Sitz außerhalb der EU, etwa die US-amerikanischen Konzernmütter der *big three*, oder deren US-amerikanische Tochtergesellschaften sind daher vom Anwendungsbereich der Verordnung und somit auch vom Anwendungsbereich von Art. 35a Rating-VO ausgenommen. Man mag dies als Schwäche des europäischen Haftungstatbestandes ansehen, methodisch ist an diesem Monitum jedoch nicht zu rütteln. Denn aus mehreren Gründen kommt eine analoge Anwendung von Art. 35a Rating-VO auf US-amerikanische oder sonstige außereuropäische Ratingagenturen nicht in Betracht.

An anderer Stelle wurde bereits ausführlich dargelegt, dass nach hier vertretener Ansicht die Registrierungspflicht der Ratingverordnung weit ausgelegt werden sollte, der Anwendungsbereich jedoch, mit Ausnahme jener Vorschriften, die explizit keine Registrierung voraussetzen, wie etwa Artt. 24, 36a i.V.m. Anhang III Abschnitt I Nr. 54 Rating-VO,[1322] auf registrierte Ratingagenturen beschränkt sein sollte.[1323] Zudem ist der Wortlaut von Art. 2 Abs. 1 Rating-VO, wonach die Verordnung nur für in der Union registrierte Ratingagenturen gilt, hinreichend eindeutig. Die Registrierungspflicht nach Art. 14 Abs. 1 Rating-VO knüpft ebenfalls in eindeutiger Weise an „eine Rechtspersönlichkeit mit Sitz in der Union" an.

Angesichts der eindeutigen Beschränkung der Ratingverordnung auf in der Union registrierte Ratingagenturen hätte ein darüber hinausgehender Anwendungsbereich von Art. 35a Rating-VO im Wortlaut der Verordnung klar zum Ausdruck kommen müssen. Da dies nicht der Fall ist, bleibt es auch in Bezug auf Art. 35a Rating-VO bei der in Art. 2 Abs. 1 Rating-VO getroffenen Grundentscheidung der begrenzten Anwendbarkeit der Ratingverordnung auf in der Union registrierte Ratingagenturen.

b) Haftung europäischer Tochtergesellschaften für Ratings ihrer US-Mütter?

Somit kommen US-Ratingagenturen nicht als Klagegegner einer Haftungsklage nach Art. 35a Rating-VO in Betracht. Eine in der Literatur fast völlig übersehene Möglichkeit, die nach der Ratingverordnung registrierten Ratingagenturen

1322 Hierbei handelt es sich um Sanktionsmöglichkeiten bei Verstößen gegen die Registrierungspflicht.

1323 Siehe § 10 III. 1.

für die Ratings von US-Ratingagenturen haftbar zu machen, bietet jedoch Art. 4 Abs. 5 Rating-VO. Hiernach ist eine in der Union registrierte Ratingagentur für in einem Drittland abgegebenes „Rating sowie für die Einhaltung der darin enthaltenen Bedingungen uneingeschränkt verantwortlich", wenn sie ein solches Rating gem. Art. 4 Abs. 3 Rating-VO übernimmt. Diese Bestimmung erinnert auf den ersten Blick durchaus an die Haftung des Importeurs gem. Art. 3 Abs. 2 der Produkthaftungsrichtlinie[1324] bzw. § 4 Abs. 2, 3 ProdHaftG. Fraglich ist jedoch, ob die in Art. 4 Abs. 5 Rating-VO genannte „uneingeschränkte Verantwortlichkeit" tatsächlich auch eine zivilrechtliche Verantwortlichkeit gem. Art. 35a Rating-VO meint,[1325] oder ob sich diese Verantwortlichkeit vielmehr nur in einer aufsichtsrechtlichen Verantwortlichkeit erschöpft. Hiergegen könnte zunächst sprechen, dass in diesen Fällen im Ratingprozess schlicht keine europäische Ratingagentur eingebunden ist, die gegen europäische Ratingstandards verstoßen könnte.[1326]

Dass Art. 35a Abs. 1 Rating-VO tatbestandlich an den Verstoß einer Ratingagentur gegen Anhang III anknüpft ist sicher richtig, jedoch gilt dies grundsätzlich für alle Verhaltenspflichten der Ratingverordnung. Auch die von der ESMA zu verhängenden Geldbußen nach Art. 36 Abs. 1 Rating-VO knüpfen an den Verstoß einer Ratingagentur gegen Anhang III an. Wenn aber die nach der Verordnung registrierten Ratingagenturen weder aufsichtsrechtlich noch zivilrechtlich für die übernommenen Ratings haften, worin soll dann die „uneingeschränkte Verantwortlichkeit" i.S.v. Art. 4 Abs. 5 Rating-VO liegen? Die Rechtsansicht von *Dutta*, dass Art. 35a Rating-VO keine Anwendung auf nach Art. 4 Abs. 3 Rating-VO übernommene Ratings findet, ist im Ergebnis nichts anderes als eine eingeschränkte Verantwortlichkeit für diese übernommenen Ratings. Für die Haftung europäischer Agenturen für übernommene Ratings spricht auch Art. 4 Abs. 4 UAbs. 1 Rating-VO, wonach ein übernommenes Rating als ein solches angesehen wird, „das von einer Ratingagentur abgegeben wurde, die ihren Sitz in der Union hat und im Einklang mit dieser Verordnung registriert wurde". Diese Legalfiktion hilft über die Tatsache hinweg, dass das Tatbestandsmerkmal „Ratingagentur" im Rahmen von Art. 35a Abs. 1 Rating-VO, wie alle anderen Vorschriften der Ratingverordnung, grundsätzlich nur eine nach der Verordnung registrierte Agentur meint.[1327] Die nach der Ratingverordnung

1324 RL (EWG) 85/374 v. 25.07.1985, ABl. (EG) L 210/29 v. 07.08.1985.

1325 So, jedoch ohne Begründung *Gietzelt/Ungerer*, GPR 2013, 333, 339; a.A. *Dutta*, IPRax 2014, 33, 40 f.

1326 *Dutta*, IPRax 2014, 33, 40.

1327 I.E. auch *Gietzelt/Ungerer*, GPR 2013, 333, 339.

registrierten Ratingagenturen haften nach hier vertretener Meinung somit gem. Art. 35a i.V.m. Art. 4 Abs. 4, 5 Rating-VO auch zivilrechtlich für die übernommenen Ratings.

Das macht Art. 35a Rating-VO noch nicht zu einem allgemeinen Haftungstatbestand für Ratingagenturen, sondern gewährleistet vielmehr, dass für die Ratings, die aufsichtsrechtlich in der Union verwendet werden, auch zivilrechtlich gehaftet wird. Sonst bestünde insbesondere für die *big three* die Möglichkeit, haftungsträchtige Bewertungen europäischer Emittenten in den USA vorzunehmen bzw. dies so zu deklarieren, um anschließend das Rating von einer nach der Ratingverordnung registrierten Gesellschaft übernehmen zu lassen, um so die Haftung aus Art. 35a Rating-VO zu umgehen. Insofern hat die hier vertretene Ansicht auch eine wettbewerbsfördernde Komponente, da kleinere europäische Ratingagenturen diese Möglichkeit nicht haben. Zu beachten ist aber, dass auch im Fall übernommener Ratings die übernehmende Ratingagentur mit Sitz in der Union Beklagte bleibt, weshalb auch nur diese mit ihrem Vermögen haftet. Dass angesichts dessen zu befürchten ist, dass die amerikanischen Ratingagenturen versuchen werden, das Vermögens ihrer Töchter so gering wie möglich zu halten,[1328] um einer Durchsetzung von Ansprüchen notfalls aus dem Weg zu gehen, ist kaum zu befürchten. Zu hoch erscheint der potenzielle Reputationsverlust für die *big three*, der mit der öffentlichkeitswirksamen Insolvenz einer Tochtergesellschaft verbunden wäre. Auch die Einschätzung, dass die europäischen Tochtergesellschaften bloß „Briefkastenfirmen" seien,[1329] erscheint angesichts der zahlreichen Mitarbeiter der big three insbesondere in London, aber auch in Frankfurt, verfehlt.

c) Anwendung von Art. 35a Rating-VO nach Rechtsscheingrundsätzen?

Eine möglicherweise praxisrelevantere Anwendungsbeschränkung der Ratingverordnung im Hinblick auf den zivilrechtlichen Haftungstatbestand stellt Art. 2 Abs. 2 lit. b) Rating-VO dar. Hiernach findet die Ratingverordnung keine Anwendung auf „Kreditpunktebewertungen, Credit-Scoring-Systeme und vergleichbare Bewertungen, die sich auf Verpflichtungen beziehen, die sich aus Beziehungen zu Verbrauchern oder aus geschäftlichen oder gewerblichen Beziehungen ergeben". Die Unterscheidung von Scoring und Rating kann mangels gesetzlicher Definition im Einzelfall durchaus Probleme bereiten.[1330]

1328 Vgl. *Dutta*, IPRax 2014, 33, 41; *Wimmer*, S. 402 m.w.N.
1329 *Wimmer*, S. 402, m.w.N.
1330 Siehe § 1 VII.

Haftungsrechtlich besteht möglicherweise ein Anreiz für kleinere Ratingagenturen, etwa für Transaktionen am grauen Kapitalmarkt, Ratingtätigkeit als Scoring zu labeln, oder den eigenen Unternehmensgegenstand als Scoring oder „Unternehmensscoring" zu beschreiben, obwohl es sich eigentlich um Ratings handelt. So bewertete etwa die „Hoppenstedt Kreditinformationen GmbH" (nun Bisnode GmbH) die Orderschuldverschreibungen emittierende Future Business KGaA (nun in Abwicklung) mit der Bestnote für Kreditwürdigkeit, bis diese insolvent ging.[1331] Von der Emittentin wurden diese Bewertungen als „TOP Rating" beworben, während die Hoppenstedt Kreditinformationen GmbH ihre Kreditwürdigkeitsanalysen grundsätzlich stets bloß als „credit scorings" unter dem Namen „CreditCheck" (Ergebnisse auf einer Skala von 1,0 bis 6,0) vertrieb.[1332] Das OLG Frankfurt a.M. kam zum Schluss, dass die Bezeichnungen „Top-Rating" und „AAA" trotz fehlender Registrierung nach der Ratingverordnung ausreichend seien, um von einem Ratingvertrag auszugehen.[1333] Die Anwendung von Art. 35a Rating-VO schied in diesem Fall aber ohnehin aus, da dieser erst nach der Abgabe der in Rede stehenden Bewertungen in Kraft trat. Nichtsdestotroz verdeutlicht der Fall die Schwierigkeit der Abgrenzung von Rating und Scoring.

Jedoch sollte in solchen Fällen die Anwendung von Art. 35a Rating-VO unter Rechtsscheingesichtspunkten ausscheiden. Auch insofern sollte gelten, dass die Anwendbarkeit der Ratingverordnung als Aufsichtsrecht grundsätzlich an die Registrierung der Ratingverordnung bei der ESMA anknüpft, Art. 2 Abs. 1 Rating-VO. Der Rechtsunsicherheit, die durch die Abgrenzung von Rating und Scoring entsteht, kann am ehesten dadurch begegnet werden, dass gem. Art. 35a Rating-VO nur die Ratingagenturen verklagt werden können, die bei der ESMA registriert sind, was auch öffentlich einfach einzusehen ist.[1334] Zudem gilt als allgemeiner Grundgedanke einer Rechtsscheinhaftung stets, dass der Anspruchsteller auch schutzwürdig sein muss. Art. 2 Abs. 1 UAbs. 2 Rating-VO verlangt dabei vom Anleger, der Schadensersatz verlangt, dass er sich „in vertretbarer Weise im Einklang mit Artikel 5a Absatz 1 oder in sonstiger Weise mit gebührender Sorgfalt auf dieses Rating verlassen hat." Angesichts dessen wird man schwerlich sagen können, dass sich eine solche Sorgfalt auch auf Ratings einer

---

1331 Erstinstanzlich: LG Darmstadt, Urt. v. 18.06.2016 - 17 O 248/15 -, juris; LG Darmstadt, Urt. v. 23.02.2016 - 13 O 195/14 (unveröffentlicht).

1332 Vgl. https://www.mybcc.ch/de/bisnode/.

1333 OLG Frankfurt a.M., Urt. v. 22.09.2017 - 24 U 34/16 -, juris, Rn. 44 ff.

1334 https://www.esma.europa.eu/supervision/credit-rating-agencies/risk.

nicht bei der ESMA registrierten Ratingagentur beziehen kann. Der Gedanke einer Rechtsscheinhaftung ist mit dem begrenzten Anwendungsbereich der Ratingverordnung, der sich gem. Art. 2 Abs. 1 Rating-VO nun einmal nur auf registrierte Ratingagenturen erstreckt, schlicht nicht vereinbar.

Man mag dies für kritikwürdig halten, in seiner konkreten Ausgestaltung ist der europäische Haftungstatbestand für Ratingagenturen eben gerade kein allgemeiner Haftungstatbestand für Ratingagenturen, sondern eingebettet in die Ratingverordnung, die nach dem eindeutigen gesetzgeberischen Willen gem. Art. 2 Abs. 1 Rating-VO nur für registrierte Ratingagenturen gilt. Es ist Sache der ESMA, pflichtwidrig nicht registrierte Ratingagenturen zu einer Registrierung zu veranlassen und gegebenenfalls für die Verletzung der Registrierungspflicht Bußgelder gem. Art. 24, 36a i.V.m. Anhang III Abschnitt I Nr. 54 Rating-VO zu verhängen. Die Ratingverordnung oder Teile hiervon, wie den Haftungstatbestand, aus Billigkeitserwägungen auch auf nichtregistrierte Ratingagenturen anzuwenden, muss *de lege lata* jedoch ausscheiden.

2. *Sachlicher Anwendungsbereich: Art. 35a Rating-VO bei Anlegerklagen nur auf Emissionsratings anwendbar?*

a) OLG Düsseldorf: Art. 35a Rating-VO nur auf Emissionsratings anwendbar

Bereits im Rahmen der Diskussion einer Haftung von Ratingagenturen auf Grundlage eines Vertrags mit Schutzwirkung[1335] wurde die weithin beachtete Entscheidung des OLG Düsseldorf[1336] im Hinblick auf die Ablehnung der Anwendbarkeit der Grundsätze des Vertrags mit Schutzwirkung auf Emittentenratings thematisiert. Doch die eigentliche Bedeutung der Entscheidung liegt darin begründet, dass das OLG Düsseldorf die Anwendbarkeit von Art. 35a Rating-VO auf Unternehmens- bzw. Emittentenratings abgelehnt hat. Der entsprechende Leitsatz lautet:

> *„1. Art. 35a Abs. 1 Satz 2 der Verordnung (EG) Nr. 1060/2009 in der Fassung der Verordnung (EU) Nr. 462/2013 begründet keine Haftung einer Ratingagentur gegenüber dem Anleger, wenn sich ihr Rating auf den Emittenten des von dem Anleger erworbenen Finanzinstruments, nicht aber auf das Finanzinstrument selbst bezieht.“*

1335 Siehe § 17 III. 3. f).

1336 OLG Düsseldorf NJW 2018, 1615. Die Entscheidung der Vorinstanz LG Düsseldorf WM 2017, 816 sowie die Entscheidungen im Parallelverfahren LG Düsseldorf, Urt. v. 15.12.2017 - 20 S 142/17 -, juris, vorgehend AG Neuss, Urt. v. 20.06.2017 - 87 C 175/17 -, juris, sollen nicht gesondert diskutiert werden, da Tenor und Begründung im Wesentlichen übereinstimmen.

Den weiteren Erläuterungen sei der Übersichtlichkeit halber der entsprechende Verordnungstext vorangestellt:

Art. 35a Abs. 1 S. 2 Rating-VO lautet:

> *„Ein Anleger kann nach diesem Artikel Schadenersatz verlangen, wenn er nachweist, dass er sich bei seiner Entscheidung, in ein Finanzinstrument, auf das sich dieses Rating bezieht*[1337]*(…)"*

Art. 35a Abs. 1 S. 3 Rating-VO lautet:

> *„Ein Emittent kann nach diesem Artikel Schadenersatz verlangen, wenn er nachweist, dass das Rating sich auf ihn oder seine Finanzinstrumente bezieht*[1338]*(…)"*

Das Gericht kam insbesondere aufgrund einer systematischen Auslegung im Vergleich mit Art. 35a Abs. 1 S. 3 Rating-VO dazu, dass Art. 35a Abs. 1 S. 2 Rating-VO nur auf Emissionsratings anwendbar sei, da dies Ratings seien, die sich „auf ein Finanzinstrument beziehen". Der Gesetzgeber habe bewusst zwischen Art. 35a Abs. 1 S. 2 und S. 3 Rating-VO differenziert. Während in Art. 35a Abs. 1 S. 2 Rating-VO nur Emissionsratings beschrieben seien, beziehe sich S. 3, der Emittentenklagen betrifft, auf Emissions- und Emittentenratings („auf ihn oder seine Finanzinstrumente bezieht"). Dies schließe eine Auslegung von S. 2 dahingehend, dass ein mittelbarer Bezug des Ratings zum Finanzinstrument über ein Unternehmensrating ausreichend sei, aus.[1339]

b) Kritik und Stellungnahme

Die Entscheidung, die insbesondere aufgrund der systematischen Auslegung des Gerichts auf Zustimmung im Schrifttum gestoßen ist,[1340] ist nach hier vertretener Ansicht eine bedauernswerte Einschränkung des Anwendungsbereichs von Art. 35a Rating-VO bei Anlegerklagen gegen fehlerhafte Emittentenratings. Die der Entscheidung zugrunde liegende Annahme, dass ein Emittentenrating hinsichtlich einer nicht gerateten Emission nur eine untergeordnete, mittelbare Bedeutung hat, ist nicht zutreffend. Denn aus Anlegersicht ist der Bezugspunkt

---

1337 Hervorhebung durch Verf.

1338 Hervorhebung durch Verf.

1339 OLG Düsseldorf NJW 2018, 1615, 1616.

1340 Vgl. etwa *Amort*, NJW 2018, 1615, 1619; *Berger/Ryborz*, BB 2018, 1231, 1236; *Deipenbrock*, WuB 2017, 438, 441 (zu LG Düsseldorf WM 2017, 816); *Maier*, EWiR 2018, 273, 274; *Lemke*, WuB 2018, 368, 369 ff., der jedoch auch kritisch anmerkt, dass der Anlegerschutz hierdurch verkürzt wird. Dezidiert kritisch lediglich *Heuser*, IWRZ 2018, 83 (zum Parallelverfahren LG Düsseldorf Urt. v. 15.12.2017 - 20 S 142/17 -, juris).

zur Einschätzung der Bonität das Emittentenrating, wenn ein Emissionsrating nicht vorhanden ist. Dass zur Einschätzung der Ausfallwahrscheinlichkeit einer Emission nicht zwingend ein Emissionsrating nötig ist, zeigen auch die Geschäftsbedingungen mehrerer Börsen, die für ein Listing einer Anleihe ein Emittentenrating ausreichen lassen.[1341] So entsteht eine Diskrepanz zwischen regulatorischer und haftungsrechtlicher Einordnung von Emittentenratings. Während ein Emittentenrating für eine Börsenzulassung ausreichend ist, kann ein Anleger, sollte sich die Rechtsauffassung des OLG Düsseldorf durchsetzen, nicht gem. Art. 35a Rating-VO Schadensersatz verlangen.

Die Auslegung von Art. 35a Rating-VO dahingehend, dass sich auch ein Emittentenrating auf ein Finanzinstrument bezieht, wäre nach hier vertretener Auffassung mehr als vertretbar gewesen. Der Auffassung des Gerichts, dass dem ein gesetzgeberischer Wille entgegenstehe, kann keineswegs gefolgt werden. Dies geht insbesondere auch aus den Erwägungsgründen zur CRA-III-VO[1342] nicht hervor. Die recht detaillierten Erwägungsgründe 32 bis 36 zur zivilrechtlichen Haftung differenzieren an keiner Stelle zwischen der Haftung für Emissions- oder Emittentenratings. Dass Erwägungsgrund 33 den Verschuldensmaßstab damit begründet, dass Ratingagenturen nur dann einer potenziell unbegrenzten Haftung ausgesetzt sein sollen, wenn sie vorsätzlich oder grob fahrlässig gegen die Ratingverordnung verstoßen haben, deutet vielmehr auf das Gegenteil hin. Denn bei Emissionsratings ist die potenzielle Haftung nicht unbegrenzt, sondern auf das Emissionsvolumen begrenzt. Auch Erwägungsgrund 32 stellt zunächst klar, dass „Ratings (…) erheblichen Einfluss auf Anlageentscheidungen" haben und differenziert nicht zwischen Emissions- und Emittentenratings wie etwa Erwägungsgrund 11. Weiterhin spricht Erwägungsgrund 32 davon, dass „alle Anleger und Emittenten (…)" bei fehlerhaften Ratings Schadensersatz verlangen können sollen. Dass der Wortlaut von Art. 35a Abs. 1 S. 2 Rating-VO einer Anwendung der Norm auf Emittentenratings nicht entgegensteht, erkennt das Gericht eingangs sogar selbst an.[1343]

Keineswegs überzeugen kann zudem die Ablehnung der Haftung der beklagten Ratingagenturen nach § 823 Abs. 2 BGB. Das OLG Düsseldorf lehnt eine vertiefte Auseinandersetzung mit diesem Haftungstatbestand ab, da es dahinstehen könne, ob Art. 35a Abs. 1 S. 2 Rating-VO ein Schutzgesetz i.S.v. § 823 BGB sei, da ein solcher Anspruch keine geringeren Anforderungen habe als der unmittelbar

1341 Siehe § 12 V. 2.
1342 VO (EU) 462/2013 v. 21.05.2013, ABl. (EU) L 146/1 v. 31.05.2013.
1343 OLG Düsseldorf NJW 2018, 1615, 1616, Rn. 18.

aus § 823 BGB abgeleitete Anspruch. Als Schutzgesetz hätte das Gericht jedoch die Vorschriften der Ratingverordnung heranziehen müssen,[1344] wodurch sich die Frage stellt, ob im Rahmen von § 823 Abs. 2 BGB bei gleichem Sorgfaltsmaßstab einfaches Verschulden ausreicht.[1345] Auch an dieser Stelle wird offensichtlich, dass das Gericht erkennbar ergebnisorientiert um eine Ablehnung der Haftung dem Grunde nach bemüht war. Dass angesichts dessen das OLG schließlich ein Vorabentscheidungsverfahren nach Art. 267 AEUV ablehnt, da ein *acte claire* vorliege, weil die richtige Anwendung von Art. 35a Rating-VO im entschiedenen Fall offenkundig sei, ist unverständlich und wurde im Schrifttum selbst von den die Entscheidung grundsätzlich befürwortenden Stimmen kritisiert.[1346]

Es steht außer Frage, dass dem Anlegerschutz durch die Entscheidung des OLG Düsseldorf kein Vorschub geleistet wurde. Sie wirft jedoch ein prägnantes Licht auf einen bis dato im Schrifttum nicht diskutierten Konstruktionsmangel des europäischen Haftungstatbestandes für Ratingagenturen, der Anlass für eine Überarbeitung der Norm sein sollte.[1347]

II. Bestimmung des subsidiär geltenden Haftungsstatus nach dem Deliktsstatut

Art. 35a Rating-VO stellt also eine Art Mischtatbestand aus Unionsrecht und nationalem Recht dar. Im Folgenden soll näher darauf eingegangen werden, welches nationale Recht das jeweils berufene subsidiäre Haftungsstatut darstellt und wie der Tatbestand konkret auszulegen ist. Der Tatbestand gibt zwar selbst vor, welche Begriffe „im Einklang mit dem jeweils geltenden nationalen Recht gemäß den einschlägigen Bestimmungen des internationalen Privatrechts" ausgelegt und angewendet werden, lässt jedoch die Frage, welches nationale Recht dies ist, bzw. wie es ermittelt wird, offen.

Da die Ratingverordnung gem. Art. 2 Abs. 1 Rating-VO nur für Ratings von in der Union registrierten Ratingagenturen gilt, kommen als einschlägige Bestimmungen des internationalen Privatrechts zur Ermittlung des jeweils geltenden nationalen Rechts nur die Rom-I- und die Rom-II-Verordnung in Betracht. Somit kommt es darauf an, ob man den Anspruch aus Art. 35a Rating-VO als vertraglichen oder außervertraglichen Anspruch einordnet.[1348]

1344 So auch *Maier*, EWiR 2018, 273, 274.

1345 Siehe hierzu ausführlich § 18 I.

1346 *Maier*, EWiR 2018, 273, 274; dezidiert kritisch *Heuser*, IWRZ 2018, 83, 84.

1347 Siehe § 25 III.

1348 Vgl. *Dutta*, WM 2013, 1729, 1730 f.; *ders.*, IPRax 2014, 33, 40.

1. *Art. 35a Rating-VO als deliktischer Haftungstatbestand*

Im Ergebnis handelt es sich bei Art. 35a Rating-VO insgesamt doch recht deutlich um einen außervertraglichen, also deliktischen, Anspruch.[1349] Anspruchsberechtigt können gem. Art. 35a Abs. 1 Rating-VO vertraglich mit einer Ratingagentur verbundene Emittenten sein, aber eben auch Anleger, die keine vertragliche Beziehung mit einer Ratingagentur haben.[1350]

2. *Subsidiäres Haftungsstatut des Erfolgsortes*

Art. 35a Abs. 4 Rating-VO lautet:

> *„Begriffe wie „Schaden", „Vorsatz", „grobe Fahrlässigkeit", „in vertretbarer Weise verlassen", „gebührende Sorgfalt", „Auswirkung", „angemessen" und „verhältnismäßig", die in diesem Artikel genannt aber nicht definiert werden, werden im Einklang mit dem jeweils geltenden nationalen Recht gemäß den einschlägigen Bestimmungen des internationalen Privatrechts ausgelegt und angewandt. Fragen der zivilrechtlichen Haftung einer Ratingagentur, die nicht von dieser Verordnung geregelt werden, unterliegen dem jeweils geltenden nationalen Recht gemäß den einschlägigen Bestimmungen des internationalen Privatrechts."*

Welches ist nun das jeweils geltende nationale Recht, das gemäß den einschlägigen Bestimmungen des internationalen Privatrechts ausgelegt und angewandt wird? Innerhalb der bisherigen Eingaben im Schrifttum besteht lediglich Einigkeit darüber, dass, aufgrund des außervertraglichen Charakters von Art. 35a Rating-VO, die einschlägigen Bestimmungen des IPR insofern der Rom-II-Verordnung zu entnehmen sind.[1351] Der Schadenseintrittsort bestimmt sich somit nach Art. 4 der Rom-II-VO. Hiernach ist „auf ein außervertragliches Schuldverhältnis aus unerlaubter Handlung das Recht des Staates anzuwenden, in dem der

---

1349 So die h.M., *Dutta*, WM 2013, 1729, 1730 f.; *ders.*, IPRax 2014, 33 40; *Haar*, DB 2013, 2489, 2494; *Steinrötter*, ZIP 2015, 110, 114.

1350 Vgl. auch Erwägungsgrund 32 zur CRA-III-VO a.E.: „Während Anleger und Emittenten, die eine vertragliche Beziehung zu einer Ratingagentur eingegangen sind, bereits aufgrund von Vertragsverletzung Ansprüche gegen diese Ratingagentur geltend machen können, sollten alle Anleger und Emittenten, unabhängig davon, ob eine vertragliche Beziehung zwischen ihnen und einer Ratingagentur besteht, die Möglichkeit haben, bei einem Verstoß gegen die Verordnung (EG) Nr. 1060/2009 Schadensersatz zu verlangen."

1351 *Dutta*, WM 2013, 1729, 1730 f.; *ders.*, IPRax 2014, 33, 40; *Gietzelt/Ungerer*, GPR 2013, 333, 338; *Haar*, DB 2013, 2489, 2494; *Steinrötter*, ZIP 2015, 110, 114.

Schaden eintritt, unabhängig davon, in welchem Staat das schadensbegründende Ereignis oder indirekte Schadensfolgen eingetreten sind.". Die Problematik des Erfolgsorts in Ratingfällen wurde bereits im Rahmen des Deliktsgerichtsstands der EuGVVO erörtert, da der Erfolgsort im Rahmen von Art. 7 Nr. 2 EuGVVO nach den gleichen Kriterien zu bestimmen ist, wie im Rahmen von Art. 4 Rom-II-VO.[1352]

Wie bereits dargestellt, ist nach hier vertretener Ansicht der Schadenseintrittsort grundsätzlich der Marktort, also der Ort der Börse, an der ein Wertpapier gehandelt wird, wobei es der Rechtsprechung überlassen sein sollte, als Erfolgsort auch den Belegenheitsort des Vermögens des Anlegers[1353] oder auch dessen Wohnsitz anzusehen, wenn dies im Einzelfall, etwa im Hinblick auf die Beweisführung, zu einer größeren Sachnähe zum Streitgegenstand führt. Angesichts der bereits dargestellten Tendenz von BGH und EuGH als Schadenseintrittsort im Rahmen der EuGVVO mehr und mehr auf den Wohnsitz des Klägers abzustellen,[1354] steht es einem zur Entscheidung berufenen deutschen Gericht im Falle einer Klage eines Klägers mit Wohnsitz in Deutschland durchaus frei, als lückenfüllendes Recht i.S.v. Art. 35 Abs. 4 Rating-VO deutsches Recht zu wählen.

Doch unabhängig davon, ob man den Erfolgsort insofern am Sitz des bewerteten Emittenten,[1355] am Marktort,[1356] oder woanders[1357] sieht, so bleibt das Monitum, dass der Verweis in Art. 35a Abs. 4 Rating-VO sehr unklar ist und unnötigerweise große zusätzliche Rechtsunsicherheit bei der Anwendung des Tatbestandes schafft.

§ 24 Anspruchsvoraussetzungen von Art. 35a Rating-VO

I. Pflichtverletzung

Voraussetzung für einen Schadensersatzanspruch nach Art. 35a Rating-VO ist zunächst, dass eine Ratingagentur eine der in Anhang III aufgeführten Zuwiderhandlungen begangen hat. Dieser umfassende Katalog gibt praktisch

1352 Siehe § 20 I. 3.

1353 MüKo/*Lehmann*, Band 11 BGB, Internationales Finanzmarktrecht, Rn. 558.

1354 Siehe § 20 I. 3.

1355 *Dutta*, WM 2013, 1729, 1730 f.; *ders.*, IPRax 2014, 33, 40.

1356 *Schantz*, S. 358.

1357 *Steinrötter*, ZIP 2015, 110, 114 f. stellt insofern unklar auf den „Ort der Verwendung" ab.

spiegelbildlich die Pflichten aus der Ratingverordnung negativ als Verstöße wieder. Er wurde 2011 im Rahmen der CRA-II-Änderungsverordnung[1358] zur Ratingverordnung hinzugefügt und hat einen aufsichtsrechtlichen Ursprung. Mit Anhang III der Verordnung sollten Anknüpfungspunkte, für die von der ESMA zu verhängenden aufsichtsrechtlichen Sanktionen nach Art. 36a Rating-VO geschaffen werden.

II. Verschulden

Die Haftung nach Art. 35a Rating-VO setzt ein Verschulden der Ratingagentur voraus. Das Verschulden ist allerdings gem. Art. 35a Abs. 1 Rating-VO auf Vorsatz und grobe Fahrlässigkeit begrenzt. Nach Erwägungsgrund 33 der CRA-III-VO ist dieser Verschuldensmaßstab *„angemessen, denn die Ratingtätigkeit beinhaltet in einem gewissen Maß die Bewertung komplexer wirtschaftlicher Faktoren, und die Anwendung verschiedener Methoden kann zu unterschiedlichen Ratings führen, von denen keines als falsch angesehen werden kann. Ferner sollten Ratingagenturen nur dann einer potenziell unbegrenzten Haftung ausgesetzt werden, wenn sie vorsätzlich oder grob fahrlässig gegen die Verordnung (EG) Nr. 1060/2009 verstoßen."*

Der Unionsgesetzgeber schließt also von der potenziell unbegrenzten Haftung von Ratingagenturen auf die Notwendigkeit eines eingeschränkten Verschuldensmaßstabs. Dies hat zu Recht Kritik hervorgerufen. Denn für die aufsichtsrechtlichen Zwecke des Art. 36a Rating-VO, der aufsichtsrechtliche Sanktionen wie Bußgelder betrifft, reicht einfache Fahrlässigkeit aus. Während diese Differenzierung im Haftungsmaßstab zwischen zivilrechtlicher Haftung und aufsichtsrechtlichen Sanktionen von den einen als „etwas fadenscheinig", aber im Grunde gerechtfertigt bezeichnet wird,[1359] plädieren andere Stimmen für eine grundsätzliche Neuausrichtung des Tatbestandes dergestalt, die Haftung summenmäßig zu begrenzen, dann aber auf Verschuldensebene auch einfache Fahrlässigkeit ausreichen zu lassen.[1360]

Während auf diese Diskussion sogleich noch vertieft einzugehen sein wird, so ist doch bereits an dieser Stelle zu betonen, dass weder eine Beschränkung der Haftung auf grobe Fahrlässigkeit, noch eine zu niedrig angesetzte Haftungshöchstgrenze die Haftung für fehlerhafte Ratings sinnvoll adressiert: angesichts der schwierigen Beweisführung, der potenzielle Kläger ausgesetzt sind, lässt

1358 VO (EU) 61/2011 v. 08.06.2011, ABl. (EU) L 174/1 v. 01.07.2011.
1359 *Dutta*, WM 2013, 1729, 1734.
1360 So *Haar*, DB 2013, 2489, 2494 f. im Anschluss an *Wagner* in: FS Blaurock, 467, 492 f.

eine Haftung lediglich für grobe Fahrlässigkeit den Haftungstatbestand ebenso stumpf erscheinen wie eine niedrig angesetzte Haftungsobergrenze. Gesetzgeber und Literaten haben bei ihren Überlegungen offensichtlich die äußerst hohen Verluste der Finanzkrise vor Augen. Handelt es sich beim bewerteten Emittenten jedoch nicht um eine internationale Großbank wie Lehman Brothers, sondern um vergleichsweise kleine Emittenten oder einzelne Emissionen, droht gerade für diese Fälle durch die Beschränkung der Haftung auf grobe Fahrlässigkeit ein unnötiges Leerlaufen der zivilrechtliche Haftung und ein Auseinanderfallen von aufsichtsrechtlichen und zivilrechtlichen Sanktionen für die Fälle einfacher Fahrlässigkeit.

III. Kausalitätsfragen

1. Allgemeine Beschreibung von haftungsbegründender und haftungsausfüllender Kausalität

Das Erfordernis der haftungsbegründen Kausalität ist in Art. 35a Abs. 1 Rating-VO ausdrücklich kodifiziert, eine in Anhang III genannte Zuwiderhandlung muss sich auf ein Rating ausgewirkt haben. Der in der Rechtsfolge zu ersetzende Schadensersatz „aufgrund der Zuwiderhandlung" beruht also rein dem Wortlaut nach gar nicht auf einem fehlerhaften Rating, sondern auf der Zuwiderhandlung der Ratingagentur. Letztlich kann aber denklogisch nur eine kausale Verknüpfung zwischen Zuwiderhandlung und Schaden bestehen, wenn das Rating bei einem ordnungsgemäß durchgeführten Verfahren anders ausgefallen wäre. Insofern wäre besser eine Formulierung gewählt worden, bei der die Rechtsfolge am fehlerhaften Rating anknüpft. Dass nicht nur nach allgemeinen Kausalitätserfordernissen, sondern auch nach dem gesetzgeberischen Willen der Schaden auf einem fehlerhaften Rating beruhen muss, zeigt Erwägungsgrund 33 zur CRA-III-VO: hiernach sollen Emittenten oder Anleger Ratingagenturen für Ratings haftbar machen können, „die durch eine das Ratingergebnis beeinflussende Verletzung der genannten Verordnung verursacht wurden."

2. Konkretisierung der Kausalitätsanforderungen

Art. 35 Abs. 1, UAbs. 2, 3 Rating-VO konkretisieren die Kausalität für die Fälle von Anleger- oder Emittentenklagen weiter. Diese Konkretisierungen werfen indes zahlreiche Fragen auf und sind als missglückt zu bezeichnen.

a) Kausalitätsnachweis bei Anlegerklagen

Ein Anleger muss nachweisen, *„dass er sich bei seiner Entscheidung, in ein Finanzinstrument, auf das sich dieses Rating bezieht, zu investieren, dieses Instrument weiter zu halten oder zu veräußern, in vertretbarer Weise im Einklang mit Artikel 5a Absatz 1 oder in sonstiger Weise mit gebührender Sorgfalt auf dieses Rating verlassen hat."*

Sollte deutsches Recht als subsidiäres Haftungsstatut zur Anwendung kommen, wird man dies als Substantiierungserleichterung für die Transaktionskausalität anzusehen haben. Ein Anleger muss nach dem Wortlaut der Norm offenbar nicht nachweisen, dass er bei einem hypothetisch zutreffenden Rating die Transaktion unterlassen hätte, sondern lediglich, dass er bei der tatsächlich getätigten Transaktion das Rating in gebührender Weise beachtet hat. Doch diese vermeintliche Substantiierungserleichterung hilft dem Anleger nur auf den ersten Blick, bzw. nur in einer bestimmten Konstellation. Und zwar wenn er den Erwerbsschaden geltend macht, der auch nach der neueren BGH-Rechtsprechung noch den Nachweis der Transaktionskausalität erfordert. Macht ein Anleger jedoch den Kursdifferenzschaden geltend, ist, wie der BGH im IKB-Urteil klarstellte, lediglich nachzuweisen, dass sich die fehlerhafte Ad-hoc-Mitteilung auf den Kurs ausgewirkt hat und der Anleger zu diesem verzerrten Marktpreis gekauft bzw. verkauft hat.[1361] Da aber Art. 35a Abs. 1 UAbs. 1 Rating-VO nach seinem Wortlaut „investieren (...), halten oder zu veräußern" sicherlich gerade auch die Fälle von Kursdifferenzschäden am Sekundärmarkt erfasst, dies jedoch mit einer Art Anforderung von Transaktionskausalität „bei seiner Entscheidung (...) in vertretbarer Weise (...) oder in sonstiger Weise mit gebührender Sorgfalt auf dieses Rating verlassen hat" verknüpft, stellt sich die Frage, ob Art. 35a Rating-VO die Geltendmachung des Kursdifferenzschadens ohne Nachweis der konkreten Transaktionskausalität überhaupt erlaubt. Da die entsprechenden Begriffe, wie „in vertretbarer Weise verlassen" oder „gebührende Sorgfalt", gem. Art. 35a Abs. 4 S. 1 Rating-VO im Einklang mit dem jeweiligen subsidiären Haftungsstatut auszulegen und anzuwenden sind, wird ein deutsches Gericht mit der neuen BGH-Rechtsprechung zur Kausalität bei Kursdifferenzschäden Art. 35a Abs. 1 UAbs. 2 Rating-VO bereits auch *de lege lata* so auslegen können, dass auf den Nachweis der konkreten Transaktionskausalität verzichtet werden kann, wenn bloß der Kursdifferenzschaden geltend gemacht wird.

Wird der Erwerbsschaden geltend gemacht, so ist zu beachten, dass Art. 35a Abs. 1 UAbs. 1 Rating-VO zwischen einem Verlassen auf das Rating „in

---

1361 Siehe § 19 II. 2. c).

vertretbarer Weise im Einklang mit Artikel 5a Absatz 1" oder „in sonstiger Weise mit gebührender Sorgfalt" unterscheidet. Der Haftungstatbestand differenziert an dieser Stelle zwischen den in Art. 4 Abs. 1 Rating-VO genannten institutionellen Investoren, die gem. Art. 5a Abs. 1 Rating-VO eigene Kreditrisikobewertungen vornehmen müssen und sich bei der Bewertung der Bonität eines Unternehmens oder eines Finanzinstruments nicht ausschließlich auf Ratings stützen dürfen und anderen Investoren, wie Privatanlegern. Die Sinnhaftigkeit dieses Verweises auf Art. 5a Rating-VO erschließt sich nicht. Denn im Ergebnis bedeutet das, dass eine erfolgreiche Schadensersatzklage eines institutionellen Investors voraussetzt, dass dieser ein gerade ausreichendes Maß an Vertrauen in ein Rating zeigte: nicht zu viel, sonst liegt kein Verlasen im Einklang mit Art. 5 Abs. 1 Rating-VO vor, aber auch nicht zu wenig, sonst liegt gar kein Verlassen vor. Auch das Erfordernis für sonstige Anleger „in sonstiger Weise mit gebührender Sorgfalt" wirft ähnliche Fragen auf: muss ein Anleger neben der konkreten Transaktionskausalität zusätzlich nachweisen, dass er das Rating durch eigene Risikobewertungen ausreichend kritisch mit gebührender Sorgfalt in Frage gestellt hat?

Diese Regelungen über den Kausalitätsnachweis sind völlig missglückt. Sie differenzieren nicht zwischen Erwerbs- und Differenzschaden und stellen pauschale, aber trotzdem völlig unklare und zudem widersprüchliche Kausalitätsanforderungen an den Anleger. Es erschließt sich insbesondere nicht, warum ein Anleger sich haftungsrechtlich nicht zu sehr auf ein Rating verlassen dürfen soll. Die Regelungen in Artt. 4, 5a Rating-VO, die den übermäßigen Rückgriff auf Ratings beschränken sollen, stehen im Zusammenhang mit dem gesetzgeberischen Ziel der Verringerung der aufsichtsrechtlichen Indienstnahme von Ratings, die Bezugnahme hierauf in Art. 35a Rating-VO erscheint daher verfehlt. Aber auch hieran zeigt sich erneut, dass die parallelen regulatorischen Bestrebungen, einerseits den Ratingsektor umfassend zu regulieren und andererseits die aufsichtsrechtliche Bedeutung von Ratings gleichzeitig zu minimieren, nur schwer miteinander vereinbar sind.

b) Kausalitätsnachweis bei Emittentenklagen

Weniger kompliziert sind die Regelungen über den Kausalitätsnachweis bei Emittentenklagen in Art. 35a Abs. 1 UAbs. 2 Rating-VO. Hiernach kann ein Emittent Schadensersatz verlangen, „wenn er nachweist, dass das Rating sich auf ihn oder seine Finanzinstrumente bezieht". Wie bereits erläutert, gestaltet sich der Nachweis von Schäden beim Emittenten im Falle fehlerhafter Ratings einfacher, da sich ein zu negatives Rating unmittelbar in steigenden Finanzierungskosten bemerkbar macht.[1362]

Die ebenfalls in Art. 35a Abs. 1 UAbs. 2 Rating-VO zu findende Vorgabe, dass ein Emittent keinen Schadensersatz verlangen kann, wenn er die Ratingagentur direkt oder indirekt falsch informiert hat, verdient zwar vom Ergebnis her Zustimmung, stellt sich indes weniger als Kausalitätsfrage, denn als Frage der Pflichtverletzung oder des Verschuldens dar. Zudem ist die entsprechende Verknüpfung mit einer Zuwiderhandlung (im Sinne von Anhang III) technisch ebenfalls ungeschickt, da bei Zugrundelegung falscher Zahlen, die der Emittent der Ratingagentur liefert, diese zwar ein fehlerhaftes Rating produziert, selbst aber keine Pflichtverletzung begeht, oder, sofern man diese im fehlerhaften Rating selbst sieht, woran die Norm jedoch nicht anknüpft (ein fehlerhaftes Rating ist selbst keine Zuwiderhandlung im Sinne von Anhang III), jedenfalls kein Verschulden vorliegt. Lediglich vom Ergebnis her ist der Regelung zuzustimmen.

IV. Beweiserleichterungen

1. *Die widersprüchlichen Vorgaben im Hinblick auf Darlegung und Beweis von Pflichtverletzung und fehlerhaftem Rating*

Art. 35 Abs. 2 Rating-VO betrifft die gerichtliche Durchsetzung des unionsrechtlichen Haftungsanspruchs. In der Literatur wird, wie bereits dargestellt,[1363] das Thema Darlegungs- und Beweiserleichterungen in Ratingprozessen kontrovers diskutiert, wobei mit verschiedensten Begründungen und rechtlichen Ansätzen Substantiierungserleichterungen bis hin zu einer Beweislastumkehr zugunsten des Klägers vorgeschlagen werden. Angesichts dessen kommen die (unklaren) Vorgaben in Art. 35 Abs. 2 Rating-VO dem Kläger nicht besonders weit entgegen: denn es *„liegt in der Verantwortung des Anlegers oder Emittenten, genaue und detaillierte Informationen vorzulegen, aus denen hervorgeht, dass die Ratingagentur gegen diese Verordnung verstoßen hat und dass sich diese Zuwiderhandlung auf das abgegebene Rating ausgewirkt hat.“*

Somit wird zunächst betont, dass es bei der grundsätzlichen zivilprozessualen Beweislastverteilung bleibt. Vor allem die Tatsache, dass die genauen und detaillierten Informationen nicht nur in Bezug auf die Pflichtverletzung, sondern auch für die haftungsbegründende Kausalität vorgetragen werden müssen, stellt eine

1362 § 16 III.
1363 § 19 II., III.

hohe Hürde in der Beweisführung dar. Dass diese hohe Hürde, durch UAbs. 2 dann nochmal durchaus erheblich relativiert wird überrascht daher, denn dort heißt es: *„Was als genaue und detaillierte Informationen gilt, entscheidet das zuständige nationale Gericht, wobei es berücksichtigt, dass der Anleger oder Emittent möglicherweise keinen Zugang zu Informationen hat, die allein in der Sphäre der Ratingagentur stehen.“*

Die Frage der konkreten Substantiierungslast wird also im Ergebnis weitgehend in das Ermessen des zur Entscheidung berufenen Gerichts gestellt. Selbstredend ist diese Regelung auf den ersten Blick widersprüchlich: Wenn ein Anleger keinen Zugang zu Informationen hat, die allein in der Sphäre der Ratingagentur liegen, wie soll er dann genau und detailliert vortragen? Im Ergebnis wird man angesichts des gerichtlichen Ermessens hinsichtlich der Substantiierungslast vor deutschen Gerichten nach hier vertretener Ansicht zu den bereits dargestellten Darlegungs- und Beweisgrundsätzen kommen. Das heißt, ein Kläger muss eine Pflichtverletzung der Ratingagentur so gut es ihm möglich ist „anbeweisen“, wobei hierfür bei Anlegerklagen geringere Anforderungen zu stellen sind, da diese, anders als die bewerteten Emittenten, keinen Einblick in den Ratingprozess haben – ein Unterschied auf den Art. 35 Abs. 2 Rating-VO letztlich nicht eingeht. Gelingt dies, sollten dem Anspruchsteller im Hinblick auf die Pflichtverletzung die Grundsätze der sekundären Darlegungslast zugutekommen. In Bezug auf das Ratingergebnis wird man jedoch, wie dargestellt, mangels typisierten Kausalverlaufs, nur in Fällen besonders gravierender Pflichtverletzungen einen Anscheinsbeweis dergestalt annehmen können, dass die Pflichtverletzung sich auch auf das Rating ausgewirkt hat.[1364] Die Ansicht, dass Art. 35a Abs. 2 Rating-VO eine Beweislastumkehr zugunsten des Anspruchsstellers darstellt,[1365] findet jedoch weder im Wortlaut noch in den Erwägungsgründen eine Stütze. Auch der Gesetzgebungsprozess in Bezug auf die Darlegungs- und Beweislast zeigt, dass sich der Unionsgesetzgeber im Gesetzgebungsprozess vom Konzept der Beweislastumkehr bewusst verabschiedet hat.

2. Die Darlegungs- und Beweisregelungen im Kommissionsentwurf

Im Kommissionsentwurf[1366] waren die Beweisregelungen deutlich schärfer zu Lasten der Ratingagentur formuliert. Zunächst hieß es dort in Abs. 2: *„Es wird davon ausgegangen, dass sich eine Zuwiderhandlung auf ein Rating ausgewirkt*

1364 Siehe hierzu ausführlich § 19 III. 1.
1365 So *Dutta*, WM 2013, 1729, 1733 f.
1366 KOM (2011) 747 v. 15.11.2011.

hat, wenn sich das von der Ratingagentur abgegebene Rating von dem Rating unterscheidet, das abgegeben worden wäre, wenn die Ratingagentur die Zuwiderhandlung nicht begangen hätte." Diese Formulierung ist freilich als eher deskriptiv und redundant anzusehen, da sie im Grunde nur eine negativ formulierte Definition der haftungsbegründenden Kausalität ist. Doch interessant ist, was als Abs. 4 vorgesehen war: „*Kann ein Anleger Tatsachen glaubhaft machen, die darauf schließen lassen, dass eine Ratingagentur eine der in Anhang III aufgeführten Zuwiderhandlungen begangen hat, so ist es an der Ratingagentur zu beweisen, dass sie diese Zuwiderhandlung nicht begangen hat oder dass sich diese Zuwiderhandlung nicht auf das abgegebene Rating ausgewirkt hat.*" Der Kommissionsentwurf sah also unter der geringen Hürde der Glaubhaftmachung eines Verstoßes gegen eine in Anhang III aufgeführte Zuwiderhandlung eine Beweislastumkehr zulasten der beklagten Ratingagentur vor, und zwar sowohl in Bezug auf die Pflichtverletzung als auch in Bezug auf die haftungsbegründende Kausalität.

3. Zusammenfassung und Bewertung

Insbesondere an diesen Regelungen über die Beweislastverteilung wird deutlich, dass der ursprüngliche Kommissionsentwurf zu Art. 35a Rating-VO ein schärferes Schwert war als die verabschiedete und gültige Fassung der Norm. Diese Schwäche manifestiert sich an zwei Punkten: zum einen handelte es sich beim Kommissionsentwurf um einheitlich anwendbares Sachrecht, zum anderen war der Tatbestand auch sprachlich klarer und inhaltlich schlagkräftiger ausgestaltet. Die jetzige Regelung, dass es im nicht klar einzuschätzenden Ermessen eines nicht eindeutig bestimmbaren nationalen Gerichts liegt, wie die entscheidende Frage der Verteilung der Darlegungs- und Beweislast gehandhabt werden soll, kann keineswegs zufriedenstellen. Denn genau die Rechtsunsicherheit, die die Anwendung der allgemeinen nationalen Haftungsregeln mit sich bringt, hätte die Kodifizierung eines deliktsrechtlichen Sondertatbestands zur Haftung von Ratingagenturen beseitigen müssen. Genau das ist jedoch misslungen. Und so verwundert es kaum, dass gerade diese Regelungen zur Darlegungs- und Beweislast in der Literatur auf Kritik gestoßen sind.[1367]

1367 Vgl. etwa *Berger/Ryborz*, WM 2014, 2241, 2248; *Gietzelt/Ungerer*, GPR 2013, 333, 338; *Wojcik*, NJW 2013, 2385, 2386.

V. Rechtsfolge: Schadensersatz

Gem. Art. 35a Abs. 1 UAbs. 2 Rating-VO kann *„Ein Anleger kann nach diesem Artikel Schadenersatz verlangen, wenn er nachweist, dass er sich bei seiner Entscheidung, in ein Finanzinstrument, auf das sich dieses Rating bezieht, zu investieren, dieses Instrument weiter zu halten oder zu veräußern (…)"*. Der Begriff des Schadens ist gem. Art. 35a Abs. 4 Rating-VO ebenfalls im Einklang mit dem jeweils anwendbaren nationalen Recht auszulegen und anzuwenden. Bezogen auf deutsches Recht unterstreicht Art. 35a Abs. 1 UAbs. 2 Rating-VO die Möglichkeit, sowohl den Erwerbs- als auch den Kursdifferenzschaden geltend zu machen, denn insbesondere die Varianten „weiter zu halten" und „zu veräußern" machen den Willen des Unionsgesetzgebers deutlich, dass grundsätzlich auch Kursdifferenzschäden, die aus Transaktionen am Sekundärmarkt resultieren, ersatzfähig sein sollen. Im Kommissionsentwurf war hingegen gem. Art. 35a Abs. 1 Rating-VO-E nur Schadensersatz für den Fall vorgesehen, dass ein Anleger „beim Erwerb" eines bewerteten Instruments auf ein Rating vertraut. Diese Erweiterung des Haftungstatbestandes ist begrüßenswert und steht im Einklang mit der neuen deutschen Rechtsprechung zum Kapitalmarktschadensrecht, die, wie bereits ausführlich dargelegt, auch auf Ratingfälle angewendet werden sollte.[1368]

Nach Art. 35a Abs. 1 UAbs. 2 Rating-VO kann ein Emittent Schadensersatz verlangen, *„wenn er nachweist, dass das Rating sich auf ihn oder seine Finanzinstrumente bezieht und die Zuwiderhandlung nicht darauf zurückzuführen ist, dass der Emittent die Ratingagentur direkt oder aufgrund öffentlich zugänglicher Informationen irreführend oder falsch informiert hat."* Hiernach kann also jeder Schaden des Emittenten liquidiert werden, der kausal auf das fehlerhafte Rating zurückzuführen ist, wozu insbesondere steigende Finanzierungskosten zählen.[1369]

VI. Haftungsbeschränkungen

Art. 35a Abs. 3 Rating-VO enthält Regelungen zu Haftungsbeschränkungen seitens der Ratingagenturen. Die zivilrechtliche Haftung nach Abs. 1 kann gem. UAbs. 1 nur beschränkt werden, wenn die Beschränkung a) „angemessen und verhältnismäßig" und b) „nach dem jeweils geltenden nationalen Recht im Einklang mit Absatz 4 zulässig ist." UAbs. 2 erklärt Haftungsbeschränkungen, die

1368 Siehe § 19 III. 2.
1369 Siehe hierzu § 16 III.

diese Voraussetzungen nicht erfüllen, für rechtlich wirkungslos. Da Ratingagenturen nach Art. 35a Abs. 1 Rating-VO jedoch ohnehin nur für Vorsatz und grobe Fahrlässigkeit haften, relativiert sich die Bedeutung dieser Vorschrift erheblich. Denn eine Begrenzung für Vorsatzhaftung ist – die Anwendung deutschen Rechts vorausgesetzt – schon nach § 276 Abs. 3 BGB unzulässig und eine Begrenzung für grobe Fahrlässigkeit in AGB ist nach § 309 Nr. 7 b) BGB ebenfalls unwirksam.[1370] Art. 35 Abs. 3 Rating-VO hat damit in Bezug auf deutsches Recht, soweit ersichtlich, keine eigenständige Bedeutung.

VII. Verhältnis von Art. 35a Rating-VO zum nationalen Recht und aufsichtsrechtlichen Sanktionen

In Bezug auf die Frage des Verhältnisses von Art. 35a Rating-VO zu nationalem Recht enthält Art. 35 Abs. 5 Rating-VO folgende Öffnungsklausel: „*Dieser Artikel schließt weitere zivilrechtliche Haftungsansprüche im Einklang mit dem nationalen Recht nicht aus.*" Relevant wird diese Öffnungsklausel insbesondere bei Ansprüchen aus nationalem Recht, die in Bezug auf das Verschulden auch einfache Fahrlässigkeit ausreichen lassen. Die sich im Verhältnis zum deutschen Recht stellende Frage des Verhältnisses von Art. 35a Rating-VO und § 823 Abs. 2 BGB i.V.m. Anhang III bzw. den Vorschriften der Ratingverordnung wurde bereits erläutert.[1371] Nach hier vertretener Ansicht gebietet eine Auslegung von § 823 Abs. 2 BGB nach nationalen Kriterien, dass eine Haftung von Ratingagenturen nach § 823 Abs. 2 BGB i.V.m. Vorschriften der Ratingverordnung ausscheidet. Dieses Ergebnis lässt sich sowohl darauf stützen, dass die Vorschriften der Ratingverordnung keinen Individualschutz entfalten, als auch darauf, dass eine derart weitgehende Haftung für reine Vermögensschäden gegenüber jedermann aufgrund einfacher Fahrlässigkeit im haftungsrechtlichen Gesamtkontext nicht tragbar wäre.

§ 25 Kritik und Verbesserungsvorschläge

Die Analyse von Art. 35a Rating-VO hat gezeigt, dass der Tatbestand an vielen Punkten kritikwürdig ist und dass er bereits von seiner Grundkonzeption her eine unklare Melange aus Unionsrecht und nationalem Recht darstellt. Es kann daher nicht verwundern, dass die Rezeption in der Literatur überwiegend

---

1370 Zur Bedeutung der Vorschrift bei AGB zwischen Unternehmern und zu Haftungsausschlüssen für fehlerhafte Ratings nach deutschem Recht allgemeine siehe § 16 IV.

1371 § 18 I.

kritisch ausfällt. Diese Kritik soll im Folgenden dargestellt werden, um im Anschluss eine eigene Bewertung des europäischen Haftungstatbestandes für Ratingagenturen vorzunehmen und weitere Verbesserungsvorschläge zu unterbreiten.

I. Kritik und Verbesserungsvorschläge in der Literatur

1. Grundsätzliche Kritik an Art. 35a Rating-VO

Praktisch einhellige Kritik hat die mangelnde Harmonisierungswirkung der Norm durch den weitgehenden Verweis auf nationales Recht erfahren.[1372] Ähnlich grundsätzlich ist die Kritik an der Einbettung des Haftungstatbestandes in die Ratingverordnung.[1373] *Dutta* meint, der Haftungstatbestand hätte von der Ratingverordnung losgelöst werden müssen, um insbesondere auch Ratingagenturen mit Sitz außerhalb der Union zu erfassen, während sein räumlicher Anwendungsbereich dem allgemeinen Kollisionsrecht hätte überlassen werden können, ergänzt um einen unionsrechtlichen Sondergerichtsstand für drittstaatliche Ratingagenturen.[1374] Dieser Vorschlag steht natürlich im Zusammenhang mit der Ansicht, dass Art. 35a Rating-VO auf nach Art. 4 Abs. 3 Rating-VO übernommene Ratings keine Anwendung findet. Im Übrigen erschließt sich nicht, was mit der Loslösung aus der Ratingverordnung gewonnen wäre, zumal der Verweis in Art. 35a Abs. 1 Rating-VO, der das Tatbestandsmerkmal der Pflichtverletzung mit den in Anhang III aufgeführten Verstößen verbindet, durchaus als gelungen bezeichnet werden kann, da ein Kritikpunkt an der Haftung nach allgemeinen Haftungsregeln stets darin bestand, dass mangels eines entsprechenden Pflichtenkatalogs kein griffiger Anknüpfungspunkt für eine Haftung existierte.[1375]

Die Stellungnahmen deutscher Wirtschaftsverbände zu Art. 35a Rating-VO fielen ebenfalls kritisch aus, gingen jedoch in eine andere Richtung. Von Seiten der Wirtschaft wurde durch die Haftungsregelungen – jeweils bezogen auf den Kommissionsentwurf – tendenziell eine mögliche Übermaßhaftung der Ratingagenturen befürchtet, die den Wettbewerb auf dem Ratingmarkt behindern

1372 *Blaurock*, EuZW 2013, 608, 611; *Dutta*, IPRax 2014, 33, 41; *Gietzelt/Ungerer*, GPR 2013, 333, 346; *Risso*, European L. Rev. 2015, 706 ff.; *Steinrötter*, ZIP 2015, 110, 115; *Wojcik*, NJW 2013, 2385, 2389.

1373 *Dutta*, IPRax 2014, 33, 41.

1374 *Dutta*, IPRax 2014, 33, 41.

1375 Vgl. etwa *Blaurock*, ZGR 2007, 603, 629; *Habersack*, ZHR 169 (2005), 185, 203; *Hennrichs* in: FS Hadding, 875, 879.

könne und die Gefahr von *defensive ratings* und somit die Gefahr der Abwälzung höherer Haftungsrisiken auf die Emittenten durch höhere Gebühren oder schlechtere Ratings berge.[1376]

2. Kritik an der Haftungsbeschränkung auf grobe Fahrlässigkeit

Gerhard Wagner hat bereits 2012 den Kommissionsentwurf und die darin enthaltene Haftungsbeschränkung auf grobe Fahrlässigkeit kritisiert und ein Alternativkonzept vorgeschlagen, das insbesondere eine Haftung für einfache Fahrlässigkeit bei gleichzeitiger summenmäßiger Haftungsbeschränkung vorsieht.[1377] *Wagner* sieht dabei das Problem in einer „Alles-oder-Nichts-Entscheidung" über die Haftung.[1378] Je nachdem, ob grobe Fahrlässigkeit im Einzelfall zu bejahen sei, bestünde das Problem einer Übermaßhaftung oder einer unbilligen Haftungsfreistellung. Denn das eigentliche Problem sei die drohende Haftung für fehlerhafte Ratings gegenüber Anlegern für Schäden in Milliardenhöhe.[1379] Während im Bereich einfacher Fahrlässigkeit die Freistellung von fahrlässig verursachten Schäden jegliche Haftung leerlaufen lasse, sei ein großer Teil der Drittschäden nicht ersatzwürdig, da es sich um bloße Umverteilungsschäden handele, wenn fehlerhaft bewertete Finanzinstrumente zu Preisen veräußert werden, die ebenfalls durch das fehlerhafte Rating beeinflusst wurden, weshalb volkswirtschaftlich gar kein Nettoschaden entstünde.[1380] Die Situation ähnele der, in der der Abnehmer einer Ware den kartellbedingten Preisaufschlag eins zu eins auf den Folgeerwerber abwälzt, sog. *„passing-on"*.[1381] Es sei daher sachgerecht, für die Haftung von Ratingagenturen einfache Fahrlässigkeit ausreichen zu lassen und die Haftung stattdessen summenmäßig zu begrenzen. *Wagner* lässt dabei den Anknüpfungspunkt für die Haftungsobergrenzen im Ergebnis offen, wobei sichergestellt sein müsse, dass sich der Haftungshöchstbetrag nach der Größe des bewerteten Unternehmens oder des Marktwertes des jeweiligen

---

1376 Vgl. Stellungnahme von DAI, BDI und VDT v. 02.02.2012, S. 9 f., abrufbar unter: https://www.dai.de/files/dai_usercontent/dokumente/positionspapiere/2012-02-02%20DAI-BDI-VDT-Position%20Ratingverordnung%20III.pdf.

1377 *Wagner* in: FS Blaurock, 467, 491 ff.; *ders.* Gatekeeper Liability: A Response to the Financial Crisis, August 2013, X. 3., abrufbar unter: https://ssrn.com/abstract=2317213.

1378 *Wagner* in: FS Blaurock, 467, 491.

1379 *Wagner* in: FS Blaurock, 467, 491 f.; *ders.* Gatekeeper Liability: A Response to the Financial Crisis, August 2013, X. 3.

1380 *Wagner* in: FS Blaurock, 467, 491.

1381 *Wagner* in: FS Blaurock, 467, 492.

Finanzinstruments richtet, sodass sich der Haftungsumfang zur Größe des drohenden Schadens proportional verhält.[1382]

Haar schließt sich diesen Erwägungen im Grundsatz an,[1383] schlägt als Anknüpfungspunkt für eine Haftungsobergrenze indes die von der Ratingagentur für eine Emission vereinnahmten Gebühren, oder, im Fall vorsätzlichen Handelns, ein Vielfaches der Gebühren, vor.[1384] Auch *Haar* sieht in der jetzigen Ausgestaltung von Art. 35a Rating-VO eine Regelung, die sich im Ergebnis zwischen Haftungsimmunisierung und Übermaßhaftung bewegt.[1385] Sie befürwortet im Ergebnis die Begrenzung der Haftung von Ratingagenturen auf die konkret vereinnahmten Gebühren und sieht hierfür ein dogmatisches Vorbild in der kartellrechtlichen Vorteilsabschöpfung, wie sie das deutsche Recht in § 34 Abs. 1 GWB kennt.[1386]

II. Eigene Kritik und Stellungnahme

Art. 35a Rating-VO kann nicht als gelungen bezeichnet werden. Der Tatbestand ist zu kompliziert und hinterlässt potenziellen Klägern daher nahezu so viel Rechtsunsicherheit, wie sie auch bei der Anwendung der allgemeinen Haftungsregeln besteht. Über eine Haftungsbeschränkung auf grobe Fahrlässigkeit oder eine summenmäßige Haftungsbeschränkung – dazu sogleich – lässt sich trefflich streiten. Dass jedoch das für eine Klage zuständige Gericht und das anwendbare Recht vorab nicht klar vorhersehbar sind, schafft Rechtsunsicherheit, die einfach hätte vermieden werden können. Nach hier vertretener Ansicht ist der Tatbestand letztlich sowohl anleger- als auch emittentenfreundlicher auszugestalten. Wie sich zeigen wird, ist dies nur auf den ersten Blick ein Widerspruch.

1382 *Wagner* in: FS Blaurock, 467, 492 f.; *ders.* Gatekeeper Liability: A Response to the Financial Crisis, August 2013, X. 3.

1383 Ebenso *Blaurock*, EuZW 2013, 608, 611.

1384 *Haar*, DB 2013, 2489, 2495 f.

1385 *Haar*, „Civil Liability of Credit Rating Agencies – Regulatory All-or-Nothing-Approaches between Immunity and Over-Deterrence", White Paper University of Oslo Faculty of Law Research Paper No. 2013-02, Januar 2013, S. 18, abrufbar unter: https://papers.ssrn.com/sol3/papers.cfm?abstract_id=2198293, zustimmend *Kontogeorgou*, DStR 2014, 1397, 1404 f.

1386 *Haar*, a.a.O., S. 19.

1. *Einheitliches Sachrecht oder Mischtatbestand?*

Die Frage, ob der Tatbestand eher in Richtung eines harmonisierten, einheitlichen Sachrechts oder, wie letztlich geschehen, als eine Art Mischtatbestand auszugestalten ist, war vom Ausgangspunkt her sicher die erste Frage, die sich der Unionsgesetzgeber stellen musste. Es ist bereits angeklungen, dass nach hier vertretener Auffassung der weitgehende Verweis auf nationales Recht zur Ausfüllung interner und externer Lücken verfehlt ist.[1387] Denn bei grenzüberschreitenden Sachverhalten ist vorab nicht klar, welchen rechtlichen Inhalt der Tatbestand überhaupt hat. Das bedeutet eine Rechtsunsicherheit, die auf potenzielle Kläger abschreckend wirken dürfte. Diese Rechtsunsicherheit hätte vermieden werden können, wenn der Tatbestand, wie es der Kommissionsentwurf ursprünglich vorsah, ohne Verweis auf mitgliedstaatliches Recht, als harmonisiertes, autonom auszulegendes Sachrecht ausgestaltet worden wäre. Was der Unionsgesetzgeber mit der Ausgestaltung von Art. 35a Rating-VO als „Mischtatbestand" letztlich bezwecken wollte, erscheint unklar. Sollte es die Vermeidung von Rechtsunsicherheit dergestalt, dass die Gerichte die zentralen Tatbestandsmerkmale nach dem ihnen bekannten nationalen Recht auslegen können, gewesen sein, so muss dem entgegengehalten werden, dass die Formulierung in Art. 35a Abs. 4 Rating-VO „*im Einklang* mit dem jeweils geltenden nationalen Recht" keineswegs bedeutet, dass den internen und externen Lücken eine rein nationale Bedeutung zukommt. Im Zweifelsfall wird ein nationales Gericht nämlich ein Vorabentscheidungsverfahren gem. Art. 267 AEUV anstrengen müssen.

2. *Anwendbarkeit auf Emittenten- / Unternehmensratings bei Anlegerklagen sicherstellen*

Die Entscheidung des OLG Düsseldorf,[1388] dass Art. 35a Rating-VO im Falle von Anlegerklagen keine Anwendung auf Unternehmensratings findet, ist eine bedauernswerte Einschränkung des Anwendungsbereichs der Haftungsnorm. Die Formulierung in Art. 35a Abs. 1 S. 2 Rating-VO „(…) *ein Finanzinstrument, auf das sich dieses Rating bezieht*" ist zwar, wie beschrieben, bereits de lege lata so auszulegen, dass hiermit auch Emittenten- / Unternehmensratings gemeint sind. Da die bisherige Rechtsprechung in Deutschland dies jedoch anders sieht, ist Art. 35a Abs. 1 Rating-VO daher auch insofern unbedingt zu ändern. Der in Anhang III gemachte Vorschlag berücksichtigt dies und unterscheidet nicht

1387 So auch *Dumont du Voitel*, S. 244; *Wimmer*, S. 406 f.
1388 OLG Düsseldorf NJW 2018, 1615.

derart zwischen der Anleger- und Emittentenklage wie die derzeitige Fassung und vermeidet zudem auch die Bezugnahme auf ein „Finanzinstrument". In den Erwägungsgründen einer entsprechenden Änderungsverordnung wäre zudem klarzustellen, dass der Haftungstatbestand in jedem Fall für Emittenten- (Unternehmens-) und Emissionsratings gleichermaßen gilt.

3. *Weitere Kritikpunkte*

Ebenfalls unklar sind die Vorgaben hinsichtlich der Kausalität und der Beweislast. Insbesondere die Regelung über die Beweislastverteilung in Abs. 2, die dem Anspruchsteller zunächst einen genauen und detaillierten Vortrag abverlangt, die Definition hiervon jedoch weitgehend in das Ermessen des zur Entscheidung berufenen Gerichts stellt, ist missglückt, da sie unklar und widersprüchlich ist. Sie ist zwar durchaus zugunsten des Anspruchstellers handhabbar, sollte aber, um keine abschreckende Wirkung zu entfalten, ebenfalls entsprechend dem in Anhang III dieser Arbeit gemachtem Vorschlag geändert werden.

Dem Vorschlag von *Dutta*,[1389] den Haftungstatbestand von der Ratingverordnung loszulösen, um auch US-amerikanische Ratingagenturen zu erfassen, ist nicht zu folgen. Denn die Einbettung bietet durch die Möglichkeit der Bezugnahme auf den Katalog der Zuwiderhandlungen in Anhang III und die Regelungen über die aufsichtsrechtlichen Bußgelder der ESMA durchaus Vorteile. Zudem können die Regelungen über die Übernahme von Ratings aus Drittstaaten und Art. 35a Rating-VO zwanglos so ausgelegt werden, dass die übernehmende Ratingagentur auch für das übernommene Rating aus einem Drittstaat haftet.[1390]

4. *Haftung auch für einfache Fahrlässigkeit notwendig*

Vom Ansatz her zuzustimmen ist jedoch der Kritik an der Haftungsbegrenzung für grobe Fahrlässigkeit. Denn es erscheint sehr schwierig, einer Ratingagentur grobe Fahrlässigkeit nachzuweisen. Insbesondere ist es nicht nachvollziehbar, warum Schäden, die auf einem fehlerhaften Rating beruhen, welches durch einfache Fahrlässigkeit aufseiten der Ratingagentur hervorgerufen wurde, nicht ersatzfähig sein sollen. Entscheidend scheint hier vielmehr die Frage, ob es sich tatsächlich um Schäden handelt, die auf einem fehlerhaften Rating beruhen. Insofern ist der Tatbestand anlegerfreundlicher zu gestalten.

1389 *Dutta*, IPRax 2014, 33, 39.

1390 Siehe § 23 I.

Dreh- und Angelpunkt eines jeden Ratingprozesses ist daher vielmehr die Frage, ob tatsächlich ein fehlerhaftes Rating vorliegt und ob der Schaden des Anspruchstellers hierauf auch beruht. Die Schwere des Pflichtverstoßes mag dafür eine Rolle spielen, die Kombination der hinlänglich beschriebenen Schwierigkeiten der Beweisführung im Hinblick auf die Fehlerhaftigkeit des Ratings und die Kausalität des Schadens stellen jedoch in Kombination mit dem Erfordernis der groben Fahrlässigkeit eine praktisch unüberwindbare Hürde für potenzielle Anspruchsteller dar. *De lege ferenda* ist somit eine Streichung des Erfordernisses „grob" in Art. 35a Abs. 1 Rating-VO zu fordern.

Auch wenn es allein schon aufgrund der Darlegungs- und Beweisprobleme und im Fall grenzüberschreitender Sachverhalte auch wegen der Unsicherheit in Bezug auf Gerichtsstand und anwendbarem Recht nicht unbedingt naheliegt, dass sich Ratingagenturen im Falle einer Haftung für einfache Fahrlässigkeit tatsächlich einer ruinösen Haftung ausgesetzt sehen, ist im Grundsatz eine summenmäßige Haftungsbegrenzung zu befürworten. Die Notwendigkeit einer Haftungsbegrenzung liegt im extrem hohen Haftungsrisiko, welches bei einer Haftung für einfache Fahrlässigkeit durchaus real erscheint. Ratingagenturen könnten zu überproportionalen Sorgfaltsanstrengungen und zu vorsichtigen Ratings (*defensive ratings*) neigen. Schlimmstenfalls droht – wie in den USA im Nachgang zur Aufhebung von SEC Rule 436 durch Sec. 939(g) des Dodd-Frank Acts geschehen[1391] – eine Weigerung überhaupt bestimmte Ratings abzugeben. Somit drohen für Emittenten erhöhte Kosten für Ratings oder gar der Wegfall des Zugangs zum Kapitalmarkt.

Eine summenmäßige Haftungsbegrenzung hingegen macht das Haftungsrisiko vorhersehbar und versicherbar und ermöglicht – zumindest nach dem hier vertretenen Modell – auch für die meisten Haftungsfälle einen weitgehenden Ersatz der angefallenen kausalen Schäden.

5. *Plädoyer für umsatzabhängige Haftungsobergrenzen*

a) *Grundsätzliche Erwägungen unter Berücksichtigung der Obergrenzen für aufsichtsrechtliche Bußgelder*

Natürlich geht mit jeder summenmäßigen Haftungsbeschränkung die Gefahr einher, dass diese zu hoch oder zu niedrig angesetzt ist.[1392] Die Frage ist daher

---

1391 Siehe § 28 IV.

1392 *Harper*, 68 Wash. & Lee L. Rev. 2011, 1925, 1969: „The difficulty with implementing a liability cap system is determining the cap".

vor allem, an welcher Bezugsgröße sich eine Haftungsobergrenze orientieren sollte: an den im Einzelfall vereinnahmten Gebühren,[1393] bzw. einem Vielfachen hiervon,[1394] am Umsatz der Ratingagentur,[1395] an der Höhe der bewerteten Emission,[1396] oder etwa einem Prozentsatz der Schäden.[1397] Da bei realistischer Betrachtung die Prozessrisiken für potenzielle Anspruchsteller, insbesondere im Hinblick auf Darlegung und Beweis von Kausalität und Schaden, ohnehin hoch, für die beklagten Ratingagenturen hingegen eher niedrig sind, sollte die Haftungshöchstsumme nach hier vertretener Auffassung tendenziell hoch angesetzt werden.

Die etwa von *Haar* vorgeschlagene Haftungshöchstgrenze der für die jeweilige Emission vereinnahmten Gebühr[1398] ist angesichts dessen viel zu niedrig angesetzt. Insbesondere überzeugt die in diesem Zusammenhang gezogene Parallele zur kartellrechtlichen Vorteilsabschöpfung in keiner Weise. § 34 Abs. 2 Nr. 1 GWB bestimmt, dass die Gewinnabschöpfung nach Abs. 1 nicht stattfindet, wenn der wirtschaftliche Vorteil durch Schadensersatzleistungen bereits abgeschöpft ist. Hierin kommt zum Ausdruck, dass sich sog. „nützliche Pflichtverletzungen"[1399] des Kartellanten nicht lohnen sollen, er also auch über geleisteten Kartellschadensersatz hinaus die wirtschaftlichen Vorteile des Kartellverstoßes nicht soll behalten dürfen. Allerdings ist es kaum vorstellbar, dass der akkumulierte Kartellschaden über alle geschädigten Abnehmer des Kartellanten höher ist als der wirtschaftliche Vorteil des Kartellsünders. Deshalb hält es das Gesetz ja auch für möglich, dass der wirtschaftliche Vorteil bereits durch Schadensersatz abgeschöpft ist.

In Ratingfällen entspricht der maximal mögliche Anlegerschaden bei einem fehlerhaften Emissionsrating dem Volumen der Emission, während der

---

1393 *Haar*, DB 2013, 2489, 2495 f.; *dies.*, White Paper University of Oslo Faculty of Law Research Paper No. 2013-02, Januar 2013, S. 18, abrufbar unter: https://papers.ssrn.com/sol3/papers.cfm?abstract_id=2198293.

1394 *Harper*, 68 Wash. & Lee L. Rev. 2011, 1925, 1970.

1395 *Manns*, 87 N.C.L. Rev. 2009, 1011, 1076, der den Vorschlag allerdings zusätzlich mit einer Haftungsbeschränkung auf grobe Fahrlässigkeit („*gross negligence*") verbindet.

1396 In diese Richtung *Wagner* in: FS Blaurock, 467, 491.

1397 *Partnoy*, 84 B.U.L.L. Rev. 2004, 365 ff.

1398 *Haar*, DB 2013, 2489, 2495 f.; *dies.*, White Paper University of Oslo Faculty of Law Research Paper No. 2013-02, Januar 2013, S. 18; ebenso *Harper*, 68 Wash. & Lee L. Rev. 2011, 1925, 1970.

1399 Zum Thema „nützliche Pflichtverletzungen" vgl. etwa Spindler/Stilz/*Fleischer*, § 93 AktG, Rn. 36 ff.

wirtschaftliche Vorteil bei der Ratingagentur nur eine demgegenüber vergleichsweise sehr geringe Gebühr ist. Warum der Schadensersatz dann allenfalls auf wenige Prozent (Ratinggebühr) der möglichen Schadenshöhe begrenzt sein soll, erschließt sich keineswegs. Auf die Gesamtumsätze einer großen Ratingagentur umgelegt, ergeben sich so Haftungshöchstsummen, die verschwindend gering sind.

Auf der anderen Seite stehen – von den Eingaben in der Literatur zu Haftungshöchstgrenzen völlig unbeachtete – Emittentenratings, die insbesondere bei großen Emittenten zumindest theoretisch – sofern man sie ex-post als fehlerhaft einstuft – zu Schadenssummen führen können, die auch angesichts des gesamten Gebührenaufkommens einer Ratingagentur immens sind. Das vielzitierte A+, das Standard & Poor's bis wenige Tage vor der Lehman Brothers Insolvenz aufrecht hielt, war ein solches Emittentenrating.

Doch auch bei Emissionsratings können die Haftungssummen gewaltig sein. Bei einer großen Emission kann ein falsches Emissionsrating genügen, um selbst eine der großen Agenturen insolvenzreif zu prozessieren. Doch noch schwerwiegender träfe es kleinere und mittlere Ratingagenturen, die nicht über dieselben jahrzehntelang gewachsenen Liquiditätsreserven wie die etablierten Agenturen verfügen. Hier bedeutet eine fehlerhaft bewertete Emission über beispielsweise 10 Mio. EUR, sofern ein Schaden in der gesamten Emissionshöhe geltend gemacht wird, sicher die Insolvenz. Will man – und das wird in der Literatur offensichtlich nicht gesehen – einen negativen Effekt auf den Wettbewerb im Ratingsektor durch Haftungsregelungen ausschließen, müssen sich Haftungshöchstgrenzen am Umsatz der jeweiligen Ratingagentur orientieren.

Eine solche Regelungssystematik würde auch vom Ansatz her grundsätzlich mit der Bußgeldberechnung nach Art. 36a Rating-VO übereinstimmen. Gem. Art. 36a Abs. 2, 3 Rating-VO ist die Höhe des Bußgeldes, welches die ESMA gegen eine Ratingagentur verhängt, abhängig von dem jeweiligen Verstoß gegen Anhang III und dem jährlichen Umsatz der Ratingagentur (0-10 Mio. EUR Umsatz, 10–50 Mio. EUR Umsatz oder > 50 Mio. EUR Umsatz). Abs. 4 bestimmt zusätzlich, dass dieser Betrag nicht mehr als 20 % des Umsatzes der Ratingagentur im vorangegangenen Geschäftsjahr überschreiten darf, wobei für den Fall, dass die Ratingagentur finanzielle Vorteile aus dem Verstoß gezogen hat, der Betrag der Geldbuße diesem Vorteil entsprechen muss. Es zeigt sich also, dass der Gedanke der Vorteilsabschöpfung, den *Haar* über den falschen Hebel des zivilrechtlichen Schadensersatzes mit viel zu geringen Haftungshöchstgrenzen ins Spiel bringt, in der Ratingverordnung für die aufsichtsrechtlichen Geldbußen bereits verankert ist.

Einen weiteren Aspekt der aufsichtsrechtlichen Bußgeldberechnung, der sich für die Bestimmung einer sinnvollen Haftungsobergrenze nutzbar machen lässt, stellen die „Anpassungskoeffizienten aufgrund erschwerender und mildernder Faktoren“ gem. Art. 36a Abs. 3 i.V.m. Anhang IV Rating-VO dar. Hiernach gelten für erschwerende Faktoren wie schwerwiegende, wiederholte oder vorsätzliche Verstöße Koeffizienten von 1,1 – 2,2 %, für mildernde Faktoren, wie kurzfristige Verstöße oder umfassende Zusammenarbeit mit den Behörden mildernde Koeffizienten von 0,4 – 0,9 % bei der Berechnung der Bußgeldsumme. Es bleibt jedoch bei der Haftungshöchstsumme von 20 % des Umsatzes gem. Art. 36a Abs. 4 Rating-VO. Auch in den USA gibt es Vorschläge, dass sich Haftungshöchstsummen an der Art des Verschuldens orientieren sollten.[1400]

b) Vorschlag für Haftungsobergrenzen

Art. 35a Rating-VO ist somit entsprechend Art. 36a Rating-VO so neu zu fassen, dass tatbestandlich einfache Fahrlässigkeit ausreicht, der Schadensersatz auf Rechtsfolgenseite aber zu begrenzen ist. Der einzig sinnvolle Bezugspunkt für eine Haftungsobergrenze, die verhaltenssteuernd wirkt und geeignet ist, auch tatsächlich schadensausgleichend zu wirken, ohne dabei wettbewerbsschädliche Effekte zu erzeugen, ist der Umsatz der Ratingagentur. Daher ist, entsprechend Art. 36a Abs. 4 Rating-VO, eine Haftungsobergrenze von 20 % des Umsatzes des dem Verstoß vorangegangen Geschäftsjahrs unter Beibehaltung der Nichtanrechnung des Schadensersatzes für aufsichtsrechtliche Bußgelder (Art. 35a Abs. 6 Rating-VO) zu befürworten. Zwar wird die Schadenssumme regelmäßig kaum über dem Emissionsvolumen der bewerteten Emission liegen, trotzdem sollte dies aus Klarstellungsgründen ebenfalls normiert werden. Es erscheint zudem keineswegs unbillig, die Haftungshöchstsumme höher anzusetzen, wenn ein schwerwiegender Verstoß, etwa Vorsatz, auf Seiten der Ratingagentur vorliegt, da diese dann weniger schutzwürdig ist und somit eine höhere Haftungsobergrenze angemessen ist. Die *ratio legis* von Art. 36a Abs. 3 i.V.m. Anhang IV Rating-VO, wonach Bußgelder anhand erschwerender oder mildernder Koeffizienten zu berechnen sind, lässt sich für die zivilrechtliche Haftung eingeschränkt nutzbar machen: eine zivilrechtliche Schadenssumme mit diesen Koeffizienten zu verringern oder zu erhöhen, lässt sich mit dem Prinzips des Schadensausgleichs nur schwer vereinbaren. Es erscheint jedoch angemessen,

---

1400 Vgl. *Harper*, 68 Wash. & Lee L. Rev. 2011, 1925, 1970 f., der als Haftungshöchstsumme jedoch die im Einzelfall vereinnahmten Gebühren bzw. ein Vielfaches hiervon vorschlägt.

bei schwerwiegenden Verstößen, wie etwa Vorsatz, die Haftungshöchstsumme für den zivilrechtlichen Schadensersatz auf 30 % anzuheben.

Die Kappungsgrenzen für Kartellbußgelder von 10 % eines Jahresumsatzes (Art. 23 Abs. 2 VO 1/2003, § 81 Abs. 4 S. 2 GWB) sind an dieser Stelle nicht zu übernehmen, da zum einen das schadensrechtliche Prinzip der Totalreparation höhere Haftungsobergrenzen auf der zivilrechtlichen Ebene rechtfertigt und zum anderen sowohl die aufsichts- als auch die zivilrechtliche Inanspruchnahme von Ratingagenturen noch in den Kinderschuhen steckt, weshalb die tatsächlichen Schwierigkeiten bei Klagen gegen Ratingagenturen für hohe Haftungsobergrenzen sprechen.

Mit diesem Vorschlag sehen sich nach der Verordnung registrierte Ratingagenturen einem kumulierten Haftungsrisiko von bis zu 50 % eines Jahresumsatzes ausgesetzt – ausreichend um präventive verhaltenssteuernde Effekte zu erzielen und nützlichen Pflichtverletzungen vorzubeugen, aber gleichzeitig auch nicht derart hoch, dass bei jedem Haftungsfall eine Übermaßhaftung droht. Denn ob Behörden und Gerichte den ihnen eingeräumten Spielraum bei Bußgeld und Schadensersatz tatsächlich ausschöpfen, stünde in deren Ermessen. Private Schadensersatzklagen würden sich sicherlich ohnehin über Jahre hinziehen, sodass ein Haftungsfall auch beim eher unwahrscheinlichen Fall des Erreichens der hier vertretenen Haftungsobergrenze keineswegs eine Insolvenz bedeuten muss. Selbst wenn dies der Fall sein sollte, so ist eine durch eigenes Fehlverhalten verschuldete Insolvenz ordnungspolitisch eher hinzunehmen als eine dies per se verhindernde rechtspolitische Haftungsimmunisierung.

III. Vorschlag für einen Art. 35a Rating-VO neu

Auch wenn es angesichts der Tatsache, dass Art. 35a Rating-VO erst vor einigen Jahren in Kraft getreten ist, tendenziell unwahrscheinlich erscheint, dass die Kommission alsbald tätig wird, um den Tatbestand erneut zu überarbeiten, so ist trotzdem ein Vorschlag für eine Reform von Art. 35a Rating-VO zu machen. Zum einen sollte die (Un-Wahrscheinlichkeit gesetzgeberischen Tätigwerdens kein Gradmesser für die Sinnhaftigkeit wissenschaftlicher Reformvorschläge sein, zum andere wird eine „*wait and see*"-Haltung im Hinblick auf die derzeitige Fassung des Tatbestandes kaum zur Beseitigung der beschriebenen bestehenden Rechtsunsicherheit beitragen: der Haftungstatbestand erscheint vor allem bei grenzüberschreitenden Sachverhalten so unklar und mit so viel Rechtsunsicherheit überfrachtet, dass die ohnehin sehr seltenen Haftungsklagen gegen Ratingagenturen in naher Zukunft wohl kaum zunehmen werden.

Der in Anhang III dieser Arbeit zu findende Vorschlag fasst damit in vielerlei Hinsicht die Kernthesen dieser Arbeit in Bezug auf die Haftung von Ratingagenturen zusammen. Der vorgeschlagene Tatbestand stellt im Ausgangspunkt einheitlich auszulegendes Unionsrecht dar und versucht die in der aktuellen Fassung von Art. 35a Rating-VO angelegte Unklarheit und Rechtsunsicherheit zu beseitigen.

IV. Zusammenfassung: Haftung von Ratingagenturen nach Unionsrecht

Zusammenfassend ist erneut festzuhalten, dass der europäische Haftungstatbestand für Ratingagenturen nicht gelungen ist. Dass bei grenzüberschreitenden Sachverhalten vorab nicht klar ist, welchen rechtlichen Inhalt der Tatbestand überhaupt hat, bedeutet eine Rechtsunsicherheit, die auf potenzielle Kläger abschreckend wirken dürfte. Diese Rechtsunsicherheit hätte vermieden werden können, wenn der Tatbestand, wie es der Kommissionsentwurf ursprünglich vorsah, ohne Verweis auf mitgliedstaatliches Recht als einheitliches Sachrecht ausgestaltet worden wäre. Verfehlt ist auch die Haftungsbeschränkung auf grobe Fahrlässigkeit, die die durchaus berechtigte Sorge vor einer Übermaßhaftung praktisch in eine Haftungsimmunisierung umkehrt. In Kombination mit den ohnehin bestehenden Schwierigkeiten des Nachweises von Schaden und Kausalität in Ratingprozessen führen diese beiden Hauptkritikpunkte dazu, dass Art. 35a Rating-VO im Ergebnis mehr als eine theoretische Möglichkeit, denn als praktisch gangbarer Weg erscheint, Ratingagenturen für fehlerhafte Ratings haftbar zu machen. Gerade für Anleger ist der Gewinn, den Art. 35a Rating-VO gegenüber § 826 BGB darstellt, allenfalls marginal.[1401] Da ein erfolgreicher Schadensausgleich derart schwierig erscheint, gehen von Art. 35a Rating-VO lediglich eingeschränkte verhaltenssteuernde Effekte aus.[1402] Doch selbst das erscheint angesichts der schwachen Ausgestaltung des Tatbestands fraglich.

Art. 35a Rating-VO ist somit keineswegs eine Blaupause für weiteres europäisches (Sonder-)Deliktsrecht, das nach hier vertretener Auffassung als einheitliches, autonom auszulegendes Sachrecht ausgestaltet werden sollte. Der in Anhang III gemachte Vorschlag für eine Neufassung von Art. 35a Rating-VO weist in diese Richtung.

1401 So i.E. auch MüKo/*Wagner*, § 826 BGB, Rn. 142.

1402 *Dutta*, WM 2013, 1729, 1732 ff.; *Wimmer*, S. 415.

Abschnitt 3: Die Haftung von Ratingagenturen in den USA

§ 26 Einleitung

Nachdem der neue unionsrechtliche Haftungstatbestand untersucht wurde, soll nun die Haftung von Ratingagenturen in den USA beleuchtet werden. Da die drei größten Ratingagenturen der Welt ihren Sitz in New York City haben,[1403] kommt dem US-amerikanischen Haftungsregime eine besondere Bedeutung zu. Die bisherigen Ausführungen zum deutschen Recht haben gezeigt, dass sich im Rahmen der Inanspruchnahme von Ratingagenturen zahlreiche rechtliche Probleme stellen, die insbesondere im Prognosecharakter des Ratings wurzeln. Wie sich zeigen wird, stellen sich diese Probleme in ganz ähnlicher Form auch im *common law*. Während es in Deutschland bisher praktisch keine Klagen gegen Ratingagenturen gab, ist der Fundus an Urteilen in Ratingprozessen in den USA durchaus höher. Angesichts der hohen Bedeutung, die sowohl Ratingagenturen als auch Kapitalmarktprozesse in den USA haben, ist die Zahl von Prozessen gegen Ratingagenturen dennoch vergleichsweise gering. Dies liegt wohl vor allem daran, dass sich in den bisherigen Urteilen eine für die Ratingagenturen günstige Haftungslage herausgebildet hat, die erst allmählich von Rechtsprechung und Literatur vor dem Hintergrund der Rolle der Ratingagenturen in der Finanzkrise in Frage gestellt wird. Die folgende Darstellung soll sich auf die wesentlichen in Betracht kommenden Anspruchsgrundlagen und die relevantesten Urteile beschränken, um so Gemeinsamkeiten und Unterschiede mit dem deutschen Recht und dem Unionsrecht aufzuzeigen.

I. Ratingprozesse im Schatten der Verfassung: die first amendment defense

Die Hauptverteidigung von beklagten Ratingagenturen in den USA war und ist die sog. „*first amendment defense*“. Ratingagenturen konnten sich bis vor kurzem praktisch uneingeschränkt auf den die Presse- und Meinungsfreiheit verbürgenden 1. Zusatzartikel zur Verfassung der Vereinigten Staaten berufen.[1404] Dieser Schutz der Presse- und Meinungsfreiheit hat Auswirkungen auf alle in Betracht kommenden Anspruchsgrundlagen, weshalb er zunächst gesondert dargestellt

1403 Fitch hat einen Doppelsitz in London und New York.

1404 Der lautet: "Congress shall make no law respecting an establishment of religion, or prohibiting the free exercise thereof; or abridging the freedom of speech, or of the press; or the right of the people peaceably to assemble, and to petition the Government for a redress of grievances.".

werden soll. Anschließend werden die in Betracht kommenden Anspruchsgrundlagen und die hierzu ergangene Urteile dargestellt.

II. Bisher: Praktische Haftungsimmunität

Der die Presse als Institution in Zivilprozessen schützende Charakter des *first amendment* wurde erstmals in *New York Times Co. v. Sullivan*[1405] höchstrichterlich konkretisiert. Der Supreme Court stellte hierin erstmals das „*actual malice*"-Erfordernis für Klagen gegen Journalisten auf, wonach bei Schadensersatz- oder Unterlassungsklagen wegen Falschberichterstattung *actual malice*[1406] in Form von *knowledge*, also Kenntnis der Unwahrheit der Aussage, oder *reckless disregard* im Sinne rücksichtsloser Ignoranz[1407] seitens des Klägers nachzuweisen ist. Die Substantiierungslast hierfür ist allerdings sehr hoch, da die Gerichte insofern eine klare und überzeugende Beweisführung („*clear and convincing evidence*") verlangen.[1408] An dieser Stelle sei noch einmal in Erinnerung gerufen, dass Ratingagenturen lange Zeit ihre Ratings zahlenden Investoren (*investor-pays*) als gedrucktes Printmedium zur Verfügung stellten und somit durchaus der Finanzpresse zugeordnet werden konnten.[1409] Daher konnten sich Ratingagenturen gegen Haftungsklagen lange Zeit sehr erfolgreich mit der Presse- und Meinungsfreiheit verteidigen, denn das *actual malice*-Erfordernis stellt sich in der Praxis als kaum zu überwindende Hürde dar. Man kann diese haftungsrechtliche Einordnung des Ratings praktisch als ständige Rechtsprechung US-amerikanischer Gerichte vor der Finanzkrise bezeichnen, die ihren Anfang mit *First Equity Corp. v. Standard & Poor's Corp*[1410] nahm und in einer Reihe weiterer Entscheidungen bestätigt wurde.[1411]

1405 *New York Times Co. v. Sullivan*, 376 U.S. 254, 279 f. (1964).

1406 Ein Äquivalent zum Begriff „actual malice" im deutschen Recht existiert nicht, *Blaurock*, ZGR 2007, 603, 631 übersetzt ihn mit „böswilligem oder rücksichtlosem Verhalten".

1407 Der Supreme Court definiert die Anforderungen an *reckless disregard* folgendermaßen: "There must be sufficient evidence to permit the conclusion that the defendant actually had a high degree of awareness of (…) probable falsity", vgl. etwa *St. Amant v. Thompson*, 390 U.S. 727, 731, 88 S. Ct. 1323, 20 L. Ed. 2d 262 (1968).

1408 Vgl. etwa *New York Times Co. v. Sullivan*, 376 U.S. 254, 279-80 (1964); *Gertz v. Robert Welch, Inc.*, 418 U.S. 323, 342 (1974).

1409 Siehe zu diesem historischen Aspekt § 3.

1410 *First Equity Corp. v. Standard & Poor's Corp.*, 869 F.2d 175 (2nd Cir. 1989).

1411 Ebenso etwa *County of Orange v. McGraw-Hill Cos.*, 245 B.R. 151, 157 (C.D. Cal. 1999); *Jefferson County School District No. R-1 v. Moody's Investor's Services*, 175 F.3d

III. Wackelt die first amendment defense?

Die erste Entscheidung, die Ratingagenturen den Schutz des *first amendment* verwehrte, war *In re Fitch* des für New York zuständigen Second Circuit des United States Court of Appeals.[1412] Das Gericht war der Auffassung, dass die Bezahlung durch den Auftraggeber und die Mitwirkung an der Strukturierung bewerteter Produkte sich derart von der Tätigkeit klassischer Presse unterscheide, dass ein erhöhter haftungsrechtlicher Schutz durch das *first amendment* nicht angezeigt sei. Auch in *Commercial Fin. Services, Inc. v. Arthur Andersen LLP* wurde die verfassungsrechtliche Dimension aufgrund dieser Erwägungen relativiert und der wirtschaftliche Charakter des Ratings betont.[1413] Größere Beachtung im Schrifttum erlangte dann der Fall *Abu Dhabi Commercial Bank v. Morgan Stanley & Co. Inc.*,[1414] weil es in dieser Entscheidung im Nachgang der Finanzkrise um Ratings von Moody's und Standard & Poor's im Zusammenhang mit strukturierten Finanzprodukten ging. Das New Yorker Bundesgericht entschied, dass die *first amendment defense* bei privaten Wertpapierplatzierungen nicht anzuwenden sei, wenn eine Ratingagentur ihre Ratings nicht der Öffentlichkeit, sondern einer ausgewählten Gruppe von – in diesem Fall fünf – Investoren zur Verfügung stellt, da Ratings dann keine Angelegenheit von öffentlichem Interesse seien.[1415]

Die *first amendment defense* wurde also von US-amerikanischen Gerichten mit der kommerziellen Rolle von Ratingagenturen teilweise grundsätzlich in Frage gestellt, teilweise grundsätzlich bejaht, aber im Falle privater Wertpapierplatzierungen abgelehnt. Diese dogmatische Unklarheit und die Schwierigkeit private und öffentliche Platzierungen voneinander abzugrenzen führte zu Kritik

---

848, 853 (10th Cir. 1999); *Compuware Corp. v. Moody's Investors Services, Inc..*, 499 F.3d 520, 529 (6th Cir. 2007).

1412 *In re Fitch, Inc.*, 330 F.3d 104 (2d Cir. 2003).

1413 *Commercial Fin. Services, Inc. v. Arthur Andersen LLP*, 94 P.3d 106 (Okla. Civ. App. 2004).

1414 *Abu Dhabi Commercial Bank v. Morgan Stanley & Co. Inc.*, 651 F. Supp. 2d 155 (S.D.N.Y. 2009).

1415 *Abu Dhabi Commercial Bank v. Morgan Stanley & Co. Inc.*, 651 F. Supp. 2d 155, 176 (S.D.N.Y. 2009): "(…) However, where a rating agency has disseminated their ratings to a select group of investors rather than to the public at large, the rating agency is not afforded the same protection. (…) Thus, the Rating Agencies' First Amendment argument is rejected.".

in der Literatur, wo sich zunehmend für die Aufgabe der *first amendment*-Rechtsprechung in Ratingfällen ausgesprochen wird.[1416]

Eine Entscheidung des Supreme Court, die insofern Klarheit schaffen könnte, ist jedoch nach wie vor nicht in Sicht. Die Bedeutung der *first amendment defense* ist indes nach wie vor als groß anzusehen.[1417] Gleichwohl sind die Entscheidungen der US-Gerichte uneinheitlich, vor allem was ihre dogmatische Begründung angeht. Um die Frage der Haftung von Ratingagenturen in den USA strukturierter zu beleuchten, sollen nun für Emittenten und Anleger in Betracht kommende Anspruchsgrundlagen untersucht werden, wobei auf die *first amendment defense* und die bereits skizzierten Urteile stets zurückzukommen sein wird.

§ 27 Die Haftung von Ratingagenturen in den USA gegenüber dem Emittenten

I. Breach of Contact

Auf die *breach of contract claim* wegen Vertragsverletzung können Emittenten ihre Klage wegen fehlerhafter beauftragter Ratings stützen. Einschlägige Entscheidungen, in denen Emittenten ihre – erfolglosen – Klagen gegen Ratingagenturen auf die Verletzung der Pflichten des Ratingvertrages stützten sind *County of Orange v. McGraw Hill Companies, Inc.*[1418] und *Compuware Corp. v. Moody's Investors Service, Inc.*[1419] Nachdem in *County of Orange* ein kalifornisches Bundesbezirksgericht den *actual-malice*-Standard auch auf *breach of contract claims* anwendete, da Ratingagenturen als Presseorgane grundsätzlich der Schutz des *first amendment* zugutekommen müsse,[1420] bestätigte in *Compuware* erstmals ein Bundesberufungsgericht diese Rechtsprechung.

Der Entscheidung *Compuware* kommt dabei zweifellos grundsätzliche Bedeutung zu, denn sie war die erste Entscheidung eines United States Court of Appeals (Sixth Circuit), in der der *actual-malice*-Standard auf Klagen wegen Vertragsverletzung angewendet wurde. Das Gericht begründete die Anwendung

1416 Vgl. etwa *Deats*, Columbia L. Rev. 2010, 1818 ff.; *Jones*, 1 William & Mary Business L. Rev. 2010, 202, 213 ff.; *Nagy*, Minnesota L. Rev. 2009, 140, 143 ff.

1417 Dies betonend etwa *Dumont du Voitel*, S. 423 f.

1418 *County of Orange v. McGraw Hill Companies, Inc.*, 245 B.R. 151 (C.D. Cal. 1999).

1419 *Compuware Corp. v. Moody's Investors Services Inc.*, 499 F.3d 520 (6th Cir. 2007).

1420 *County of Orange v. McGraw Hill Companies, Inc.*, 245 B.R. 151, 155 ff. (C.D. Cal. 1999).

der *first amendment defense* auf vertragliche Schadensersatzansprüche vor allem damit, dass die Parteien gar keine expliziten vertraglichen Pflichten in Bezug auf das Rating vereinbart hatten und dass Moody's sich noch nicht einmal verpflichtet habe, ein für Compuware günstiges oder gar besonders gründlich erstelltes Rating zu veröffentlichen, sondern lediglich überhaupt ein Rating zu veröffentlichen.[1421]

Ob diese aus dem August 2007, also unmittelbar vor Ausbruch der weltweiten Finanzkrise, stammende Entscheidung so heute nochmal getroffen werden würde, erscheint sehr fraglich. Denn durch den *Dodd-Frank Act* wurden auch in den USA zahlreiche regulatorische Verhaltenspflichten für Ratingagenturen geschaffen,[1422] die auch von US-amerikanischen Gerichten als Grundlage für konkludente Pflichten im Rahmen des Ratingvertrages herangezogen werden könnten. Die sehr formalistische Argumentation in *Compuware* brachte nicht nur Kritik im Schrifttum,[1423] sondern auch eine *dissenting opinion* von Circuit Judge *Rogers* hervor, der die Anwendung des *actual-malice*-Standards auf *breach of contract claims* dogmatisch scharf und zugleich sehr anschaulich kritisierte.[1424] Der Court of Civil Appeals of the State of Oklahoma hielt 2004 nicht nur die *first amendment defense* für nicht anwendbar, sondern betonte des Weiteren, dass dem Ratingvertrag auch gewisse Sorgfaltspflichten in Bezug auf die Ratingerstellung innewohnen. Das Gericht betonte den kommerziellen Charakter des Ratings insbesondere damit, dass Ratingagenturen von ihren Auftraggebern bezahlt werden, was bei Journalisten nicht üblich sei.[1425] Diese Ansicht verdient

---

1421 *Compuware Corp. v. Moody's Investors Services Inc.*, 499 F.3d 520 (6th Cir. 2007).

1422 Siehe § 11 III.

1423 Vgl. etwa *Nagy*, Minnesota L. Rev. 2009, 141, 164.

1424 Vgl. *Compuware Corp. v. Moody's Investors Services Inc.*, 499 F.3d 520 (6th Cir. 2007) a.E.: "Tort law and contract law are fundamentally different in ways that prevent the imposition of First Amendment principles fashioned for tort law to cases sounding in contract. Tort law is effective government regulation in a way that contract law is not. (...) The malice requirement (...) effectively destroys the ability (...) to make contracts (...) by inserting into each (...) contract the right to violate the contractual obligation as long as there is no malice. (...) it is hard to imagine that the Supreme Court would so hold.".

1425 Vgl. *Commercial Financial Services, Inc. v. Arthur Andersen LLP*, 94 P.3d 106, 110 (Okla. Civ. App. 2004): "We believe the relationship between these parties goes beyond a relationship between a journalist and subject, and is more analogous to that of a client and the client's certified public accountant. (...) We cannot accept the argument that having agreed to rate the bonds for a fee, the Rating Agencies owed no duty of care to CFS, the entity paying for the rating. (...) The agencies did not

Zustimmung, denn die Ausführungen zu den vertraglichen Pflichten des Ratingvertrages[1426] haben gezeigt, dass eine Auslegung des Ratingvertrages zweifellos dazu führen muss, gewisse Sorgfaltspflichten in Bezug auf die Ratingerstellung anzunehmen.

II. Defamation

Sogenannte *defamation claims* wegen Rufschädigung sind für bewertete Unternehmen auch im Falle unbeauftragter Ratings eine Option.[1427] Jedoch gilt hier der in *New York Times Co. v. Sullivan* entwickelte *actual-malice*-Standard im Besonderen, da es allgemein anerkannt ist, dass der verfassungsrechtliche Schutz der Presse- und Meinungsfreiheit – sofern man den Schutzbereich in Ratingfällen für eröffnet sieht – im Deliktsrecht stärker gilt, als im Vertragsrecht. Daher wurden die auf *defamation* gestützten Klagen von Emittenten gegen Ratingagenturen, insbesondere *Jefferson County School District No. R-1 v. Moody's Investor's Services*[1428] (unbeauftragtes Rating) und *Compuware Corp. v. Moody's Investors Service, Inc.*[1429](beauftragtes Rating) mangels Nachweis von *actual malice* mit teils deutlichen Worten abgewiesen.[1430] Auch die *dissenting opinion* von Circuit Judge *Rogers* in *Compuware* bezieht sich lediglich auf die Anwendung des *actual-malice*-Standards auf die *breach of contract claim*, nicht auf die *defamation claim*.[1431] Insofern ist die *breach of contract claim* für den klagenden Emittenten das schärfere Schwert, wenngleich sich das *first amendment* bis dato auch hiergegen als sehr mächtiges Schutzschild für die Ratingagenturen erwiesen hat.

---

promise to give a certain rating, but it is implicit in the parties' business relationship that the rating would be made in a non-negligent way".

1426 § 15 II.

1427 Vgl. zur grundsätzlichen Bedeutung von *defamation claims* im US-amerikanischen Recht vgl. etwa *Hay*, US-Amerikanisches Recht, S. 153 f.

1428 *Jefferson County School District No. R-1 v. Moody's Investor's Services*, 175 F.3d 848 (10th Cir. 1999).

1429 *Compuware Corp. v. Moody's Investors Services Inc.*, 499 F.3d 520 (6th Cir. 2007).

1430 *Compuware Corp. v. Moody's Investors Services Inc.*, 499 F.3d 520 (6th Cir. 2007): "In addition to a lack of evidence on the issue of actual malice, we note more fundamental problems with Compuware's defamation claim. (…) A Moody's credit rating is a predictive opinion, dependent on a subjective and discretionary weighing of complex factors. We find no basis upon we could conclude that the credit rating itself communicates any provably false factual connotation.".

1431 Siehe *Compuware Corp. v. Moody's Investors Services Inc.*, 499 F.3d 520 (6th Cir. 2007) a.E.

§ 28 Die Haftung von Ratingagenturen in den USA gegenüber Anlegern

I. Vertragliche Haftung gegenüber Abonnenten

Dass sich im US-amerikanischen Recht in vielerlei Hinsicht ganz ähnliche Fragen stellen wie im deutschen Recht, zeigt sich unter anderem an der Frage der haftungsrechtlichen Bewertung von Abonnementverträgen zwischen Ratingagenturen und Investoren. Die bisher einzige Entscheidung in den USA zu dieser Frage resultiert aus dem Fall *First Equity Corp. v. Standard & Poor's Corp.*[1432] Das Gericht lehnte einen vertraglichen Anspruch von First Equity als Abonnenten dem Grunde nach ab, da die hierfür erforderliche *privity*[1433] fehle. Der Second Circuit begründete dies mit einer Analogie zu Printmedien: es könne haftungsrechtlich keinen Unterschied machen, ob jemand eine Publikation regelmäßig über ein Abonnement beziehe, oder einzeln kaufe,[1434] weshalb der Anspruchsteller lediglich – jedoch im Ergebnis ebenfalls erfolglos – nach allgemeinem Deliktsrecht vorgehen konnte. Ob dieser Vergleich das Problem der vertraglichen Haftung von Ratingagenturen gegenüber Abonnenten tatsächlich treffend abbildet, erscheint jedoch sehr zweifelhaft, denn das allgemeine Anlegerpublikum zahlt für Ratings, anders als der gelegentliche Zeitungskäufer, nichts. Zudem betrugen die in Rede stehenden Abonnementgebühren in *First Equity* immerhin 1.300 US-Dollar jährlich für jeden der 7.500 Abonnenten (1985). Jedenfalls im Hinblick auf das deutsche Recht erscheint es, wie beschrieben, vorzugswürdig, eine vertragliche Haftung von Ratingagenturen gegenüber ihren Abonnenten für fehlerhafte Ratings anzunehmen.[1435] In den USA jedenfalls stehen Abonnenten haftungsrechtlich – jedenfalls bisher – Ratingagenturen gegenüber nicht besser als das allgemeine Anlegerpublikum. Denn selbst wenn Gerichte in diesen Konstellationen die erforderliche *privity* annähmen, müsste dies gleichsam mit einer Nichtanwendung der *first amendment defense* einhergehen.

1432 *First Equity Corp. of Florida v. Standard & Poor's Corp.*, 869 F.2d 175 (2nd Cir. 1989).

1433 *First Equity Corp. of Florida v. Standard & Poor's Corp.*, 869 F.2d 175, 179 (2nd Cir. 1989), i.E. zustimmend *Husisian*, 75 Cornell L. Rev. 1990, 411, 449.

1434 "We agree with Judge Goettel (Anm.: Richter der Vorinstanz) that „[a] subscriber is not significantly different from other purchasers of a publication merely because he pays for it on a more or less regular basis."

1435 Siehe § 17 I.

II. Anleger als „third-party beneficiaries"?

Bereits seit langem ist es grundsätzlich anerkannt, dass auch in den USA Personen, die nicht Vertragsparteien sind, sog. *„third-party beneficiaries*", vertragliche Ansprüche zustehen können.[1436] Hierbei kommt in den Gliedstaaten im Regelfall der *„intent to benefit test*" gem. Sec. 302 Restatement (Second) of Contracts zur Anwendung,[1437] der im Ergebnis deutlich stärker als das Rechtsinstitut des Vertrags mit Schutzwirkung für Dritte die Relativität des Vertrages und den Willen der Vertragsparteien betont.[1438]

Bis dato sind zwei Fälle ersichtlich, in denen Investoren ihre Klagen gegen Ratingagenturen unter anderem darauf stützten, dass sie *third-party beneficiary* gewesen seien, und zwar *Quinn v. McGraw-Hill Co.*[1439] und *Abu Dhabi Commercial Bank v. Morgan Stanley & Co. Inc.*[1440] In beiden Fällen verneinte das Gericht jeweils, dass die klagenden Anleger Drittbegünstigte des Ratingvertrages sind. Der Seventh Circuit in *Quinn v. McGraw-Hill Co.* betonte dabei, dass Verträge oftmals zu Informationen führten, die für Dritte wertvoll seien, dass es jedoch für die Einstufung Dritter als *third-party beneficiaries* notwendig sei, dass der begünstigte Dritte aus dem Vertrag explizit hervorgeht, oder, falls dies nicht der Fall ist, die implizite Begünstigung einer expliziten praktisch gleichstehen müsse, was jedoch vorliegend beim Ratingvertrag nicht der Fall sei.[1441] Der US District

---

1436 Der erste Fall stammt aus dem Jahr 1859: *Lawrence v. Fox*, 20 N.Y. 268 (1859). Vgl. ausführlich zu *third-party beneficiaries* etwa *Summers*, Cornell L. Rev. 67 1982, 880 ff.

1437 (1) Unless otherwise agreed between promisor and promise, a beneficiary of a promise is an intended beneficiary if recognition of a right to performance in the beneficiary is appropriate to effectuate the intention of the parties and either
(a) the performance of the promise will satisfy an obligation of the promise to pay money to the beneficiary; or
(b) the circumstances indicate that the promise intends to give the beneficiary the benefit of the promised performance.
(2) An incidental beneficiary is a beneficiary who is not an intended beneficiary.

1438 Vgl. ausführlich *Summers*, Cornell L. Rev. 67 1982, 880, 887 ff.

1439 *Quinn v. McGraw-Hill Co.*, 168 F.3d 331 (7th Cir. 1999).

1440 *Abu Dhabi Commercial Bank v. Morgan Stanley & Co. Inc.*, 651 F. Supp. 2d 155 (S.D.N.Y. 2009).

1441 Vgl. *Quinn v. McGraw-Hill Co.*, 168 F.3d 331, 335 (7th Cir. 1999): „Contracts between two parties often generate information that is valuable to third parties (...) Express language in the contract identifying the third-party beneficiary is the best evidence of intent to benefit that party, but the courts have also accepted an implied showing where "the implication that the contract applies to third parties [is] so strong as to be practically an express declaration." (...) Without an express declaration, in short,

Court for the Southern District of New York (S.D.N.Y.) schloss sich dem in *Abu Dhabi* ausdrücklich an und betonte, dass sich aus den Umständen des Einzelfalls nichts anderes ergebe.[1442] Es zeigt sich somit, dass die *third-party beneficiary claim* in den USA mehr dem Vertrag zugunsten Dritter (§ 328 BGB) als dem Vertrag mit Schutzwirkung zugunsten Dritter ähnelt und de facto deutlich höhere Anforderungen an die Drittbegünstigung stellt, als das deutsche Recht im Rahmen des Vertrags mit Schutzwirkung, da der Wille der Vertragsparteien zur Drittbegünstigung klar erkennbar sein muss[1443] und nicht Gegenstand weitgehender richterrechtlicher Fiktion ist.

III. Allgemeines Deliktsrecht

Somit sind Anleger auf das allgemeine Deliktsrecht und wertpapierrechtliche Spezialtatbestände beschränkt. Im Rahmen des allgemeinen Deliktsrechts (*law of torts*) kommt insbesondere die *negligent misrepresentation claim*[1444] in Betracht. Die diesbezüglichen Voraussetzungen variieren leicht zwischen den Bundesstaaten,[1445] weshalb hier eine allgemeine Darstellung des *tort of negligent misrepresentation* in Bezug auf die Haftung von Ratingagenturen erfolgen soll, da sich die Rechtsprechung der US-Bundesstaaten im Regelfall an Sec. 552 Restatement (Second) of Torts orientiert.[1446]

ambiguous language in a contract will not suffice to make someone a third-party beneficiary. (…) We do not understand Illinois law to infer that the ultimate consumers who benefit from contracts whose purpose is to generate information are third-party beneficiaries of those contracts and thus entitled to sue for breach.".

1442 "Plaintiffs' pleadings lack any contractual term from which it could be plausibly inferred that the defendants intended plaintiffs to be third-party beneficiaries of their contracts. Plaintiffs further fail to identify any meetings, correspondence, or any other indication of intent on the part of any of the defendants to benefit plaintiffs.", vgl. *Abu Dhabi Commercial Bank v. Morgan Stanley & Co. Inc.*, 651 F. Supp. 2d 155, 186 (S.D.N.Y. 2009).

1443 Vgl. zusammenfassend etwa *Smith/Hall*, New York Law Journal v. 18.04.2014, abrufbar unter: http://www.chadbourne.com/files/upload/thomashallnylj.pdf.

1444 Am ehesten mit „fahrlässige Falschaussage" zu übersetzen.

1445 Vgl. *Jones*, 1 William & Mary Business L. Rev. 2010, 202, 227.

1446 (1) One who, in the course of his business, profession or employment, or in any other transaction in which he has a pecuniary interest, supplies false information for the guidance of others in their business transactions, is subject to liability for pecuniary loss caused to them by their justifiable reliance upon the information,

Voraussetzung für eine erfolgreiche *negligent misrepresentation claim* ist somit zunächst, dass es sich um eine falsche Information handelt. Bereits dies ist bei Ratings problematisch, da viele US-Gerichte Ratings als Meinungen einstufen, sodass keine *actionable misrepresentation* vorliegt.[1447] Selbst wenn dies nicht der Fall sein sollte, muss dennoch in ausreichender Weise ein Fehlverhalten der Ratingagentur nachgewiesen werden, um zu einer *false information* zu gelangen.[1448] Hauptproblem bei *negligent misrepresentation claims* ist jedoch – das Nichteingreifen der *first amendment defense* und Vorliegen einer *actionable misrepresentation* vorausgesetzt –, dass nur eine bestimmte Person, oder eine bestimmte limitierte Gruppe von Personen, für die die Information bestimmt ist, anspruchsberechtigt ist, Sec. 552 (2)(a) Restatement (Second) of Torts. Somit scheiden „normale" public ratings praktisch per se aus. Sogar eine abgrenzbare Gruppe von 54 privaten Investoren in *Ohio Police & Fire, et al. v. Standard & Poor's Fin., et al.* wurde insofern von den Gerichten als nicht ausreichend

---

if he fails to exercise reasonable care or competence in obtaining or communicating the information.

(2) Except as stated in Subsection (3), the liability stated in Subsection (1) is limited to loss suffered
   (a) by the person or one of a limited group of persons for whose benefit and guidance he intends to supply the information or knows that the recipient intends to supply it; and
   (b) through reliance upon it in a transaction that he intends the information to influence or knows that the recipient so intends or in a substantially similar transaction.

(3) The liablity of one who is under public duty to give the information extends to loss suffered by any of the class of persons for whose benefit the duty is created, in any of the transactions in which it is intended to protect them.

1447 *Compuware Corp. v. Moody's Investors Services, Inc.*, 499 F.3d 520, 522 (6th Cir.2007); *Ohio Police & Fire, et al. v. Standard & Poor's Fin., et al.*, 813 F.Supp.2d 871, 882 f.. (S.D. Ohio 2011); auch in Verfahren im Zusammenhang mit der Finanzkrise, in denen nicht Ratingagenturen, sondern Verbriefungsgesellschaften die Beklagten waren, wurden Ratings nicht als *actionable misrepresantions* eingestuft, vgl. etwa *Tsereteli v. Residential Asset Securitization Trust 2006-A8 et al.*, 692 F. Supp. 2d 387, 395 f. (S.D.N.Y. 2010) oder In *re Lehman Bros. Secs. & Erisa Litig.*, 684 F. Supp. 2d 485, 495 f. (S.D.N.Y. 2010).

1448 Vgl. *Ohio Police & Fire, et al. v. Standard & Poor's Fin., et al.*, No. 11–4203 (6th Cir. 03.12.2012) V. B. a.E.: "Even if we presume that a credit rating can serve as an actionable misrepresentation, the Funds' complaint does not contain allegations that would permit a reasonable inference of wrongdoing.".

angesehen.[1449] Diese entsprechende Voraussetzung, die dem deutschen Grundsatz der deliktischen Nichthaftung für primäre Vermögensschäden ähnelt, wird, je nach genauer bundesstaatlicher Voraussetzung einer *negligent misrepresentation claim*, auch teilweise unter dem Gesichtspunkt von *privity*, *near privity* oder einer *duty of care*[1450] gegenüber dem Anspruchsteller diskutiert.[1451]

Es ist also für klagende Investoren im Rahmen des allgemeinen Deliktsrechts sehr schwer darzulegen und zu beweisen, dass tatsächlich eine *misrepresentation* vorliegt, und diese auch gerade gegenüber dem Anspruchsteller abgegeben wurde. Erfolgversprechender können jedoch wertpapierrechtliche Spezialtatbestände (*securities law*) sein.

IV. Sec. 11 Securities Act

Sec. 11 des Securities Act of 1933[1452] (SA) ist ein prospekthaftungsrechtlicher Tatbestand für Falschangaben im *registration statement*, welches bei der Platzierung von öffentlich gehandelten Wertpapieren bei der SEC einzureichen ist. Im Grunde würde die Norm, sofern der Nachweis eines „*untrue statement of material fact*" geführt werden kann, auf Ratingagenturen passen, die insofern als Experte i.S.v. Sec. 11(a)(4) SA eingestuft werden könnten.

Doch Ratingagenturen hatten eine Haftung nach Sec. 11 SA lange Zeit nicht zu befürchten, denn SEC Rule 436(g) (17 CFR 230.436(g) a.F.) nahm Ratingagenturen kurzerhand von der Haftung nach Sec. 11 SA aus. Im Rahmen des Dodd-Frank Acts[1453] wurde durch Sec. 939(g) DFA SEC Rule 436 aufgehoben.[1454]

1449 Vgl. *Ohio Police & Fire, et al. v. Standard & Poor's Fin., et al.*, 813 F.Supp.2d 871, 879 ff. (S.D. Ohio 2011), bestätigt durch den Sixth Circuit in *Ohio Police & Fire, et al. v. Standard & Poor's Fin., et al.*, No. 11-4203 (6th Cir. 03.12.2012).

1450 Absent privity of contract or a fiduciary duty, „a special relationship" must exist to create a duty and satisfy § 552(2)(a). (...) There is no allegation that the parties had any direct communication, nor is it alleged that the Rating Agencies knew or foresaw that the Ohio Funds in particular would be relying on their ratings. Vgl. *Ohio Police & Fire, et al. v. Standard & Poor's Fin., et al.*, 813 F.Supp.2d 871, 880 (S.D. Ohio 2011).

1451 Tatsächlich ist es so, dass im Bundesstaat New York Gerichte nicht direkt auf Sec. 552 (2)(a) Restatement (Second) of Torts abstellen, die *negligent misrepresentation claim* aber auch in New York nahezu identische Voraussetzungen hat, vgl. etwa *Ohio Police & Fire, et al. v. Standard & Poor's Fin., et al.*, 813 F.Supp.2d 871, 879 ff. (S.D. Ohio 2011).

1452 Abrufbar unter: https://www.sec.gov/about/laws/sa33.pdf.

1453 Siehe hierzu in regulatorischer Hinsicht bereits ausführlich § 11 III.

1454 Sec. 939(g): "Rule 436(g), promulgated by the Securities and Exchange Commission under the Securities Act of 1933, shall have no force or effect."

Es war eine vielbeachtete Änderung des Dodd-Frank Acts und das Litigation Business witterte bereits ein großes Geschäft mit Klagen gegen Ratingagenturen, die sich bis dato als äußerst erfolglos erwiesen hatten. Doch die Ratingagenturen reagierten schnell und pragmatisch. Sie verweigerten die Zustimmung zur Aufnahme ihrer Ratings in die *registration statements* der Emittenten.[1455]

Da die Aufnahme in ein *registration statement* gem. Sec. 7(a)(1) SA der Zustimmung des Experten bedarf, bei der Emission von Asset Backed Securities (ABS), die entsprechenden Ratings aber gem. Item 1103(a)(9) Regulation AB[1456] zwingend im zum *registration statement* gehörigen Prospekt anzugeben sind, hatten die Ratingagenturen ein großes Druckpotenzial, da ohne ihre entsprechende Zustimmung de facto keine Emissionen von SEC-registrierungspflichtigen ABS möglich sind. Die SEC entschied sich schließlich zu einem „*no-action-letter*",[1457] in dem sie ankündigte, dass sie die Nichtaufnahme von Ratings im *registration statement* entgegen der Regulation AB nicht sanktionieren werde.

V. Fraud claims

1. *Securities Fraud nach SEC Rule 10b-5 bzw. common law fraud*

a) *Allgemeine Voraussetzungen*

Ferner kommt eine Haftung von Ratingagenturen nach der bekannten „Rule 10b-5" (SEC Rule 17 CFR §240.10b-5) in Betracht. Die Vorschrift, die von der SEC im Rahmen ihrer „*rulemaking authority*"[1458] nach Sec. 10(b) Securities Exchange Act of 1934[1459] („Exchange Act") erlassen wurde, verbietet jede betrügerische Handlung oder Unterlassung im Zusammenhang mit dem Kauf oder Verkauf von Wertpapieren.[1460] Diese Haftung für „*securities fraud*" (Wertpapierbetrug)

1455 Vgl. *Schroeter*, S. 224 f.

1456 17 CFR 229.1103 - (Item 1103).

1457 Abrufbar unter: https://www.sec.gov/divisions/corpfin/cf-noaction/2010/ford072210-1120.htm.

1458 Siehe zum SEC *rulemaking* bereits § 11 III. 2.

1459 Abrufbar unter: https://www.sec.gov/about/laws/sea34.pdf.

1460 "§ 240.10b-5 Employment of manipulative and deceptive devices.
It shall be unlawful for any person, directly or indirectly, by the use of any means or instrumentality of interstate commerce, or of the mails or of any facility of any national securities exchange,
(a) To employ any device, scheme, or artifice to defraud,
(b) To make any untrue statement of a material fact or to omit to state a material fact necessary in order to make the statements made, in the light of the circumstances under which they were made, not misleading, or

hat – ebenso wie „*common law fraud*" – keine wirkliche Entsprechung im deutschen Recht.[1461] Eine Besonderheit bei der Durchsetzung von Rule 10b-5 ist die Tatsache, dass neben den geschädigten Anlegern[1462] auch die SEC selbst aktivlegitimiert sein kann.[1463] Die Voraussetzungen der allgemeinen *common law fraud claim* entsprechen weitgestgehend denen der *securities fraud claim* nach Rule 10b-5.[1464] Dies sind insbesondere eine Falschdarstellung (*misrepresentation*) von Fakten, mit dem Ziel Vertrauen beim Erklärungsempfänger zur erzeugen, ein entsprechendes Vertrauen beim Kläger (*reliance*), sowie ein Schaden (*loss causation*).[1465] Auf subjektiver Seite muss der Kläger „*scienter*", also das Wissen des Beklagten um die Falschdarstellung, nachweisen.[1466]

b) Die „Abu Dhabi"-class action gegen Moody's und Standard & Poor's

Die wohl größte Sammelklage („*class action*") gegen Ratingagenturen nach der Finanzkrise war der „Abu Dhabi"-Haftungskomplex. Die Abu Dhabi Commercial Bank verklagte Morgan Stanley, The Bank of New York Mellon, Moody's und Standard & Poor's gesamtschuldnerisch vor einem New Yorker Bundesgericht wegen Verlusten im Zusammenhang mit dem Erwerb strukturierter Finanzprodukte, die von Morgan Stanley über ein Investmentvehikel („Cheyne SIV") emittiert und von Moody's und Standard & Poor's bewertet wurden. Der Klage schlossen sich über ein weiteres Dutzend Investoren an, die die entsprechenden Wertpapiere erwarben, darunter auch die Postbank und die Commerzbank als Rechtsnachfolgerin der Dresdner Bank. Nach einigen Zwischenurteilen in Bezug auf einzelne Klagen bzw. einzelne Kläger, kam schließlich im April 2013 ein Vergleich zustande, in dem sich Morgan Stanley, Moody's und Standard & Poor's

(c) To engage in any act, practice, or course of business which operates or would operate as a fraud or deceit upon any person,in connection with the purchase or sale of any security.".

1461 In derartigen Konstellationen steht im Regelfall § 826 BGB zur Verfügung.

1462 Aktivlegitimiert sind jedoch nur die Anleger, die auch tatsächlich die entsprechenden Wertpapiere gekauft oder verkauft haben, vgl. *Blue Chip Stamps v. Manor Drug Stores*, 421 U.S. 723 (1975).

1463 Sog. "*public enforcement*", vgl. hierzu etwa: *Rose*, 108 Columbia L. Rev. 2008, 1301 ff.

1464 Vgl. *AIG Global Sec. Lending Corp v. Banc of Am. Sec., LLC*, No. 01 Civ 11448, 2005 WL 2385854/16 (S.D.N.Y. 2005), zitiert bei *Abu Dhabi Commercial Bank v. Morgan Stanley & Co. Inc.*, 651 F. Supp. 2d 155, 171 (S.D.N.Y. 2009).

1465 Vgl. etwa die Übersicht bei *Abu Dhabi Commercial Bank v. Morgan Stanley & Co. Inc.*, 888 F. Supp. 2d 431, 439 (S.D.N.Y. 2012).

1466 *Abu Dhabi Commercial Bank v. Morgan Stanley & Co. Inc.*, 651 F. Supp. 2d 155, 171 (S.D.N.Y. 2009).

bei einem Streitwert von 638 Mio. USD zur Zahlung von insgesamt 225 Mio. USD verpflichteten.[1467] Während einige *claims* durch die Zwischenurteile abgewiesen wurden,[1468] war der Erfolg der *fraud claim* bis zuletzt offen und es drohte ein Grundsatzurteil zu Lasten der großen Ratingagenturen, weshalb in letzter Minute noch ein Vergleich erzielt wurde.

Auch wenn die Ratingagenturen somit prozesstaktisch geschickt ein entsprechendes Grundsatzurteil zu ihren Lasten abwehren konnten, finden sich auch in den Zwischenurteilen einige aus ihrer Sicht sehr negative Feststellungen. Dies betrifft nicht nur die bereits angesprochene[1469] Nichtgewährung der *first amendment defense* aufgrund der Tatsache, dass die Ratings nicht der Öffentlichkeit, sondern einer abgegrenzten Gruppe von Investoren zur Verfügung gestellt wurden. Die New Yorker Bezirksrichterin *Scheindlin* erteilte auch der Einordnung von Ratings als reine Meinungen – mit der Folge, dass keine Falschdarstellung (*misrepresentation*) von Fakten als Voraussetzung für eine *fraud claim* vorläge – eine Absage und stufte Ratings vielmehr als faktenbasierte Meinungen (*fact-based opinions*) ein, da diese das Ergebnis einer faktenbasierten Analyse seien und somit nicht als eine Art unbeweisbarer Glauben angesehen werde könnten, mit der Folge, dass, sofern die Ratingagentur aufgrund grob fahrlässigen Fehlverhaltens, selbst nicht davon ausgeht, dass das Rating auf einer ausreichend fundierten Analyse beruht, ein Rating eine *actionable misrepresentation* im Rahmen einer *fraud claim* seien könne.[1470] Das Gericht ging also grundsätzlich von einer Art Mischtatbestand aus Tatsache und Meinung aus und ordnete das Rating im konkreten Einzelfall aufgrund des Fehlverhaltens der Analysten als Tatsache ein. Dogmatisch überzeugend erscheint dies nicht unbedingt, da die Einordnung als Tatsache oder Meinung eine grundsätzliche Rechtsfrage ist, die nicht den Umständen des Einzelfalls überlassen sein sollte. Andere New Yorker (Bundesstaat) Gerichte gingen weiter und stuften Ratings als Tatsachen ein, da diese

---

1467 Vgl. Wall Street Journal v. 29.04.2013: Cost of Ratings Suit: $225 Million, abrufbar unter: http://www.wsj.com/articles/SB10001424127887323528404578453292918428224.

1468 *Abu Dhabi Commercial Bank v. Morgan Stanley & Co. Inc.*, 651 F. Supp. 2d 155 (S.D.N.Y. 2009); *Abu Dhabi Commercial Bank v. Morgan Stanley & Co. Inc.*, 888 F. Supp. 2d 431 (S.D.N.Y. 2012).

1469 Siehe § 26 III.

1470 *Abu Dhabi Commercial Bank v. Morgan Stanley & Co. Inc.*, 888 F. Supp. 2d 431, 454 f. (S.D.N.Y. 2012).

mehr eine Analyse der aktuellen Lage als eine Prognose seien.[1471] Aus diesem Grund wurde auch der Haftungsausschluss in einem *„Information Memorandum“*, dass Ratings nur subjektive Meinungen und keine Empfehlung zum Kauf oder Verkauf von Wertpapieren seien, vom Gericht abgelehnt.[1472]

Auch einen entsprechenden Vorsatz im Sinne von *„scienter“* sah das Gericht in diesem Fall als gegeben an, da interne Kommunikation von Ratinganalysten vorlag, mit der nicht nur belegt werden konnte, dass die Annahme der höchsten Ratingstufen für die meisten der emittierten Wertpapiere nicht nur völlig unsubstantiiert war, sondern auch nachweislich deutlich überhöhte Gebühren von Morgan Stanley an die Ratingagenturen bezahlt wurden, um die gewünschten Top-Ratings noch zu erhalten. Letztlich muss allen Beteiligten in diesem Fall klar gewesen sein, dass die AAA-Ratings tatsächlich völlig überhöht waren.[1473] Aus diesen objektiven Umständen konnte das Gericht also in ausreichender Weise auf die subjektiven Umstände schließen. Zudem sah es das Gericht als unproblematisch an, das Fehlverhalten der Analysten der Ratingagentur als Gesellschaft zuzurechnen.[1474]

Es bleibt damit in Bezug auf den *Abu Dhabi*-Prozess festzuhalten, dass 2013 beinahe das erste Grundsatzurteil gegen Ratingagenturen in den USA erging, da während des Prozesses erstmals gleich mehrere wesentliche Verteidigungslinien der Ratingagenturen seitens der Kläger erfolgreich durchbrochen werden konnten. Hierzu zählen insbesondere das Nichteingreifen der *first amendment defense*, die Einordnung von Ratings als *fact-based opinions*, der Nachweis von *scienter*, die

---

1471 Vgl. *M & T Bank Corp. v Gemstone CDO VII, Ltd.* No. 7064/08, WL 921381 (Erie County S.C. 2009): “Ratings by Moody's and S & P are not just predictions of future valuation but a present analysis of current valuation. Such ratings have been highly regarded and eagerly sought for years. To characterize them merely as predictions or opinions would undercut the necessary reliability such ratings furnish in the world of credit.”.

1472 *Abu Dhabi Commercial Bank v. Morgan Stanley & Co. Inc.*, 651 F. Supp. 2d 155, 176 (S.D.N.Y. 2009); *Abu Dhabi Commercial Bank v. Morgan Stanley & Co. Inc.*, 888 F. Supp. 2d 431, 460. (S.D.N.Y. 2012).

1473 *Abu Dhabi Commercial Bank v. Morgan Stanley & Co. Inc.*, 651 F. Supp. 2d 155, 179 (S.D.N.Y. 2009); Vgl. insb. *Abu Dhabi Commercial Bank v. Morgan Stanley & Co. Inc.*, 888 F. Supp. 2d 431, 459 (S.D.N.Y. 2012): “For example, in an internal e-mail before the SIV was launched, S & P's lead analyst stated “I had difficulties explaining ‘HOW’ we got to those numbers since there is no science behind it. (…) Similarly, in an e-mail, a lead analyst for Moody's observed that there was “no actual data backing the current model assumptions” on the Cheyne deal.”.

1474 *Abu Dhabi Commercial Bank v. Morgan Stanley & Co. Inc.*, 888 F. Supp. 2d 431, 459 f. (S.D.N.Y. 2012).

Zurechnung des individuellen Fehlverhaltens auf Ebene der Gesellschaft und das Nichteingreifen von Haftungsausschlüssen. Der Wert des dies verhindernden Vergleichs für die Ratingagenturen war auch in den Augen des Kapitalmarkts immens: die Aktienkurse von Moody's und Standard & Poor's stiegen nach dessen Bekanntgabe um 8,3 bzw. 2,8 %.[1475]

c) *Dodd-Frank Act verringert Darlegungslast für securities fraud claims gegen Ratingagenturen*

Zusätzlich zu diesen Entwicklungen vor den Gerichten versuchte auch der US-Gesetzgeber eine zivilrechtliche Haftung von Ratingagenturen zu erleichtern. Zum einen wurde durch Sec. 933(b) DFA Sec. 21D(b)(2)(B) in den Exchange Act eingefügt, wodurch die Darlegungslast im Rahmen von *securities fraud claims* gegen Ratingagenturen abgesenkt wurde. Es ist nunmehr für den Nachweis von *scienter* bei der Ratingagentur ausdrücklich ausreichend, dass ausreichend dargelegt wird, dass die Ratingagentur wissentlich oder grob fahrlässig (*knowingly or recklessly*) (i) keine angemessene Überprüfung der dem Ratingverfahren zugrunde gelegten Fakten oder (ii) keine ausreichende Verifikation von solchen Fakten anhand dritter Quellen durchgeführt hat.[1476] Diese Absenkung der Darlegungslast ist sicherlich ein Vorteil für zukünftige Kläger. Für Klagen gegen Ratingagenturen wegen Verfehlungen in der Finanzkrise gilt diese Regelung zwar nicht mehr, auffällig ist jedoch, dass im zweiten Abu Dhabi-Urteil das Gericht einen praktisch identischen Maßstab für den Nachweis von *scienter* angewandt hat, was vermuten lässt,

1475 Vgl. Wall Street Journal v. 29.04.2013: Cost of Ratings Suit: $225 Million, abrufbar unter: http://www.wsj.com/articles/SB100014241278873235284045784532929l842 8224.

1476 (B) EXCEPTION.—In the case of an action for money damages brought against a credit rating agency or a controlling person under this title, it shall be sufficient, for purposes of pleading any required state of mind in relation to such action, that the complaint state with particularity facts giving rise to a strong inference that the credit rating agency knowingly or recklessly failed—
(i) to conduct a reasonable investigation of the
rated security with respect to the factual elements relied
upon by its own methodology for evaluating credit
risk; or
(ii) to obtain reasonable verification of such factual
elements (which verification may be based on a
sampling technique that does not amount to an audit)
from other sources that the credit rating agency considered
to be competent and that were independent of the issuer and underwriter.

dass sich das Gericht bereits an der damals in Kraft getretenen, aber für den Fall zeitlich nicht anwendbaren, Regelung orientiert hat.[1477]

2. *Die Rekordklage der USA gegen Standard & Poor's aufgrund eines fast vergessenen Gesetzes*

Eine in den Augen des kontinentaleuropäischen Rechtsanwenders oftmals befremdlich wirkende Eigenart des US-amerikanischen Rechtskreises ist sicherlich auch, dass die exorbitant hohen Summen, die Gegenstand von Klagen sind, auf sehr alte Gesetze oder Urteile gestützt werden, die auf den ersten Blick mit dem Streitgegenstand vermeintlich nichts zu tun haben.

So stellte sich die Ausgangslage in der gewaltigsten Klage, der sich eine Ratingagentur je ausgesetzt sah, dar. In *United States of America v. McGraw Hill Companies, Inc. et. al.*[1478] klagten die Vereinigten Staaten von Amerika, vertreten durch das US-Justizministerium, sowie 19 Bundesstaaten und der Disctrict of Columbia im Februar 2013 gegen die Standard & Poor's Muttergesellschaft McGraw Hill Companies, Inc. und Standard & Poor's Financial Services LLC auf Zahlung von fünf Milliarden US-Dollar für Verfehlungen in der Finanzmarktkrise im Zusammenhang mit dem Rating von strukturierten Finanzprodukten. Lange wurde spekuliert, ob die Tatsache, dass nur Standard & Poor's und nicht Fitch oder Moody's mit einer derartigen Klage überzogen wurden, mit der Entscheidung von Standard & Poor's vom 5. August 2011, das langfristige Rating der USA von AAA auf AA+ herabzustufen, zusammenhing.[1479]

1477 Vgl. *Abu Dhabi Commercial Bank v. Morgan Stanley & Co. Inc.*, 888 F. Supp. 2d 431, 458 f. (S.D.N.Y. 2012).

1478 *United States of America v. McGraw Hill Companies, Inc. et. al.*, C.D. Cal. No. CV 13-00779 DOC(JCGx), Klage vom 05.02.2013, abrufbar unter: https://assets.documentcloud.org/documents/566542/united-states-of-america-v-mcgraw-hill-companies.pdf.

1479 Vgl. http://www.nytimes.com/2011/08/06/business/us-debt-downgraded-by-sp.html, die Entscheidung stand seinerzeit, neben der allgemein rasant steigenden Staatsverschuldung in dem Kontext, dass die Anhebung der Verschuldungshöchstgrenze als Voraussetzung für eine weitere Kreditaufnahme, beinahe politischen Ränkespielen zwischen Demokraten und Republikanern zum Opfer fiel. Moody's und Fitch bewerten die USA nach wie vor mit ihrem jeweiligen Höchstrating Aaa bzw. AAA. Auch die investorenfinanzierte Ratingagentur Egan-Jones Rating stufte seinerzeit das Rating der USA herab. Kurze Zeit später nahm die SEC ein Bußgeldverfahren wegen falscher Angaben im NRSRO-Registrierungsstatement gegen die Ratingagentur auf. Vgl. hierzu FAZ v. 21.01.2013, abrufbar unter: http://www.faz.net/aktuell/finanzen/anleihen-zinsen/egan-jones-sec-bestraft-rating-revoluzzer-12036444.html.

Gestützt wurde die Klage auf die Verletzung von Bestimmungen des „Financial Institutions Reform, Recovery, and Enforcement Act of 1989“ (FIRREA).[1480] Der FIRREA wurde im Zuge der „Savings-and-Loan-Krise“ in den USA Ende der 80er Jahre geschaffen und diente vor allem der Abwicklung zahlreicher insolventer Sparkassen. Danach geriet der FIRREA lange Zeit in Vergessenheit. Im Nachgang der Finanzmarktkrise wurde er – mit gewisser Verspätung – jedoch wieder aus der Schublade geholt.[1481]

Denn der FIRREA erlaubt es dem US-Justizministerium Sanktionen in Form von Schadensersatz („*civil penalties*“) von bis zu 1 Mio. US-Dollar pro Tag und sogar von Strafschadensersatz „Penalty“ von demjenigen zu verlangen, der bestimmte, relativ allgemein gefasste, Bestimmungen des Gesetzes verletzt, 12 U.S.C. §1833a(b)(2),(3). Strukturell handelt es sich bei den geltend gemachten Ansprüchen ebenfalls um *fraud claims* wegen betrügerischen Verhaltens.[1482] Zwar kann ein Schaden in Höhe des erlittenen Verlustes, also über 1 Mio. US-Dollar pro Tag, grundsätzlich nur von den in 12 U.S.C. § 1833a(b)(3)(B) genannten Institutionen geltend gemacht werden,[1483] die US-Regierung konnte jedoch im Nachgang der Finanzkrise vor Gericht erfolgreich argumentieren, dass auch sie über die in 12 U.S.C. § 1833a(b)(2) genannten Höchstgrenzen hinaus auch sogar zu „Penalty“ gem. 12 U.S.C. § 1833a(c) aktivlegitimiert ist, obwohl diese Bestimmungen eigentlich nur bei Gesetzesverletzungen zulasten von „*federally insured financial institutions*“ anwendbar sind,[1484] weshalb es auch zum hohen Streitwert von fünf Milliarden US-Dollar kam. Der Druck, der auf Standard & Poor's lastete, war dementsprechend hoch. Das Verfahren endete schließlich in

---

1480 Abrufbar unter: https://www.fdic.gov/regulations/laws/rules/8000-3100.html.

1481 Vgl. etwa Skadden, Skadden's 2015 Insights - Financial Regulation, Januar 2015: "Dusting Off FIRREA: Old Statute Poses Challenges for Financial Institutions", abrufbar unter: https://www.skadden.com/insights/dusting-firrea-old-statute-poses-challenges-financial-institutions.

1482 Im Einzelnen machte die US-Regierung "mail and wire fraud" gem. 12 U.S.C. §§1833(a), 1341, 1343 und „financial institution fraud“ gem. 12 U.S.C. §§1833(a), 1344(1),(2) geltend, vgl. Klageschrift S. 4 f., 116 f., abrufbar unter https://assets.documentcloud.org/documents/566542/united-states-of-america-v-mcgraw-hill-companies.pdf.

1483 "the Bank Insurance Fund, the Savings Association Insurance Fund, and after the merger of such funds, the Deposit Insurance Fund, and the National Credit Union Share Insurance Fund".

1484 Vgl. hierzu *United States v. Bank of N.Y. Mellon*, 941 F. Supp. 2d 438, 451 (S.D.N.Y. 2013); *United States v. Countrywide Fin. Corp. et al.*, 961 F. Supp. 2d 598, 604 f. (S.D.N.Y. 2013).

einem Rekordvergleich, im Zuge dessen sich Standard & Poor's im Februar 2015 bereit erklärte, die Rekordvergleichssumme von 1,375 Milliarden US-Dollar an die Kläger zu zahlen und zudem ein öffentliches Schuldeingeständnis abgab.[1485]

Ob dies weitere private Kläger zu Klagen gegen Ratingagenturen ermutigt, erscheint jedoch fraglich. Denn private Anspruchsteller können ihre Klagen nicht auf den FIRREA stützen und haben weder die hoheitlichen Sachaufklärungsmöglichkeiten zur Substantiierung ihrer Klageforderung noch die politischen Druckmittel, die bei den Vergleichsverhandlungen sicherlich nicht unerheblich waren. Die dem gegenüber von der SEC angestrengten „Rule 17-g"-Verfahren gegen Standard & Poor's im Nachgang der Finanzkrise endeten hingegen mit der Zahlung von lediglich ca. 80 Mio. USD.[1486]

Im Januar 2017 wurde schließlich bekannt, dass auch Moody's sich mit dem US-Justizministerium und 21 Bundesstaaten und dem District of Columbia auf einen ähnlichen Vergleich geeinigt hat.[1487] Moody's verpflichtete sich zur Zahlung von insgesamt knapp 864 Mio. USD, wobei sich das Justizministerium gegen Zahlung von 437,5 Mio. USD verpflichtete, von einer Klage nach dem FIRREA abzusehen. Der Rest der Summe wurde an die Bundesstaaten gezahlt.[1488] Neben der, verglichen mit Standard & Poor's, deutlich geringeren Vergleichssumme, konnte Moody's auch auf ein öffentliches Schuldeingeständnis verzichten und stattdessen eine Reihe von „*compliance commitments*" abgeben.

VI. Exkurs: Die Entscheidung des Federal Court of Australia gegen Standard & Poor's in „Bathurst"

Eine weltweit beachtete Entscheidung war der „*Bathurst*"-Fall in Australien. Standard & Poor's wurde – neben dem Emittenten ABN Amro gesamtschuldnerisch – zu Schadensersatz in Höhe von ca. 20 Mio. AUD verurteilt. Die

1485 Vgl. Pressemitteilung des US-Justizministeriums v. 03.02.2015, abrufbar unter: https://www.justice.gov/opa/pr/justice-department-and-state-partners-secure-1375-billion-settlement-sp-defrauding-investors.

1486 Siehe hierzu § 11 III. 8.

1487 Vgl. Pressemitteilung des US-Justizministeriums v. 13.01.2017, abrufbar unter: https://www.justice.gov/opa/pr/justice-department-and-state-partners-secure-nearly-864-million-settlement-moody-s-arising.

1488 Vgl. Pressemitteilung von Moody's v. 13.01.2017, abrufbar unter: http://ir.moodys.com/news-and-financials/press-releases/press-release-details/2017/Moodys-Reaches-Settlement-with-US-Department-of-Justice-21-US-States-and-District-of-Columbia/default.aspx.

Entscheidung des Bezirksgerichts aus dem Jahr 2012[1489] wurde 2014 vom Federal Court of Australia[1490] praktisch vollständig bestätigt. Geklagt hatten mehrere Gemeinden, die in hochkomplexe und neuartige strukturierte Finanzprodukte, sog. „Constant Proportion Debt Obligation – CPDO“, vom erstinstanzlichen Bezirksgericht als „grotesquely complicated“ bezeichnet, investiert hatten. Diese 2006 von ABN Amro emittierten Produkte mit zehnjähriger Laufzeit wurden von Standard & Poor's mit AAA bewertet und fielen Ende 2008 im Zuge der Ereignisse der Finanzkrise aus. Die australischen Gerichte kamen dabei zu dem Ergebnis, dass Standard & Poor's, neben dem Emittenten, den Gemeinden als (potenziellen)[1491] Investoren schadenersatzpflichtig ist.

Die diese Entscheidung tragenden tatsächlichen und rechtlichen Gründe sollen hier überblicksartig dargestellt werden, um die Bedeutung der Entscheidung zu verdeutlichen. Auf eine ausführlichere Darstellung des australischen Rechts wird auch deshalb verzichtet, weil es sich, wie bei den USA, um eine *common law jurisdiction* handelt und die zentralen Rechtsfragen der *Bathurst*-Entscheidung(en) bereits aus der Darstellung der US-amerikanischen Rechtslage bekannt sind.

Das über 3700 Randnummern umfassende erstinstanzliche Urteil gab der Klage aufgrund gesetzlicher Anspruchsgrundlagen („*statutory claims*“) und – hierin liegt die besondere Tragweite der Entscheidung begründet – auf Grundlage der *negligence claim* statt.[1492] Zunächst sah das Gericht *misleading and deceptive conduct* nach Sec. 1041H des Corporations Act und Sec. 12DA des „Australian Securties and Investments Commission Act“ als gegeben an. Als weitere gesetzliche Anspruchsgrundlage wurde Sec. 1041E des *Corporations*

1489 *Bathurst Regional Council v Local Government Financial Services Pty Ltd (No 5)* [2012] FCA 1200, abrufbar unter: http://www.judgments.fedcourt.gov.au/judgments/Judgments/fca/single/2012/2012fca1200/

1490 *ABN AMRO Bank NV v Bathurst Regional Council* [2014] FCAFC 65, abrufbar unter: http://www.judgments.fedcourt.gov.au/judgments/Judgments/fca/full/2014/2014fcafc0065.

1491 Zum Zeitpunkt der Ratingerstellung waren die Gemeinden als Käufer noch nicht bekannt.

1492 In Bezug auf andere, vom Gericht aber verworfene *claims* vgl. etwa *Sahore*, 37 Sydney L. Rev. 2015, 437, 442 f.

Act[1493] bejaht, der Irreführungen oder Täuschungen im Zusammenhang mit Finanzprodukten verbietet.

Besondere Beachtung erlangte das Urteil jedoch nicht nur aufgrund der Tatsache, dass Standard & Poor's zu Schadensersatz verurteilt wurde, sondern auch in dogmatischer Hinsicht, weil das Gericht neben den genannten gesetzlichen Ansprüchen auch einen Anspruch der Investoren gegenüber Standard & Poor's aufgrund einfacher deliktischer Fahrlässigkeitshaftung (*negligence claim*) bejahte.[1494] Der zentrale Punkt, den das Gericht – durchaus überraschend[1495] – hierfür annahm, ist eine Sorgfaltspflicht „*duty of care*" von Standard & Poor's gegenüber den geschädigten Investoren.[1496]

1493 False or misleading statements
(1) A person must not (whether in this jurisdiction or elsewhere) make a statement, or disseminate information, if:
(a) the statement or information is false in a material particular or is materially misleading; and
(b) the statement or information is likely:
(i) to induce persons in this jurisdiction to apply for financial products; or
(ii) to induce persons in this jurisdiction to dispose of or acquire financial products; or
(iii) to have the effect of increasing, reducing, maintaining or stabilising the price for trading in financial products on a financial market operated in this jurisdiction; and
(c) when the person makes the statement, or disseminates the information:
(i) the person does not care whether the statement or information is true or false; or
(ii) the person knows, or ought reasonably to have known, that the statement or information is false in a material particular or is materially misleading.
(2) For the purposes of the application of the Criminal Code in relation to an offence based on subsection (1), paragraph (1)(a) is a physical element, the fault element for which is as specified in paragraph (1)(c).
(3) For the purposes of an offence based on subsection (1), strict liability applies to subparagraphs (1)(b)(i), (ii) and (iii).

1494 Vgl. *Bathurst Regional Council v Local Government Financial Services Pty Ltd (No 5)* [2012] FCA 1200, Rn. 2819, 2956, 3179 ff., 3277 ff.

1495 Vgl. *Hemraj*, Credit Rating Agencies, S. 219 f.; *Sahore*, 37 Sydney L. Rev. 2015, 437, 444 ff.

1496 *Bathurst Regional Council v Local Government Financial Services Pty Ltd (No 5)* [2012] FCA 1200, Rn. 2263 ff., , 3179 ff., 3277 ff.

Die Verteidigung, dass die Annahme einer reinen Fahrlässigkeitshaftung gegenüber jedermann die Haftung unkalkulierbar machen würde, ließ das Gericht nicht gelten: auch wenn die Investoren nicht namentlich bekannt seien, so sei vorab klar, dass das Rating für diejenigen bestimmt sei, die schließlich in das Produkt investierten. Zudem sei die Haftung in Höhe der Emissionssumme (hier ca. 40 Mio. AUD) begrenzt.[1497] Das Gericht sah einen Verstoß gegen die *duty of care* insbesondere in der Zugrundelegung einer völlig ungeeigneten Ratingmethode für die Bewertung der CPDO, die von völlig unrealistisch positiven Grundannahmen in Bezug auf Risiken und Volatilität der Anlage ausging.[1498]

Interessant sind auch die Ausführungen des Gerichts zur Kausalität. Das Gericht bejahte die Transaktionskausalität – es wurde der Erwerbsschaden geltend gemacht – damit, dass bei einem ordnungsgemäßen Ratingverfahren das Rating keinesfalls über „BBB“ gelegen hätte und die Kläger bei einer solchen Bewertung vom Kauf der Anlage Abstand genommen hätten.[1499] Insbesondere sei es angesichts dessen nicht notwendig, dass die Kläger nachweisen, welche konkrete Ratingnote richtigerweise hätte vergeben werden müssen.[1500]

Das Urteil wurde in der Berufungsinstanz vom Federal Court of Australia (FCA) weitgehend bestätigt.[1501] Insbesondere wurde die Annahme einer *duty of care* vom FCA im konkreten Fall nicht beanstandet. Eine Gewissheit wem gegenüber genau die *duty of care* geschuldet werde, sei im Bereich der Fahrlässigkeitshaftung nicht erforderlich,[1502] wobei die Personengruppe, der gegenüber

1497 *Bathurst Regional Council v Local Government Financial Services Pty Ltd (No 5)* [2012] FCA 1200, Rn. 2749 ff.

1498 *Bathurst Regional Council v Local Government Financial Services Pty Ltd (No 5)* [2012] FCA 1200, Rn. 2546 ff.,

1499 *Bathurst Regional Council v Local Government Financial Services Pty Ltd (No 5)* [2012] FCA 1200, Rn. 2837 ff.

1500 *Bathurst Regional Council v Local Government Financial Services Pty Ltd (No 5)* [2012] FCA 1200, Rn. 2853.

1501 *ABN AMRO Bank NV v Bathurst Regional Council* [2014] FCAFC 65, abrufbar unter: http://www.judgments.fedcourt.gov.au/judgments/Judgments/fca/full/2014/2014fcafc0065.

1502 *ABN AMRO Bank NV v Bathurst Regional Council* [2014] FCAFC 65, Rn. 589: “Knowledge of the identity of the person or persons to whom a duty is owed is *not* necessary, or generally of significance, in determining the existence of a duty of care.”.

die Sorgfaltspflicht bestehe hier im Ergebnis zwanglos als die später investierenden Anleger angesehen werden könne.[1503]

Angesichts der Feststellungen in Bezug auf das eklatante und offensichtliche Fehlverhalten von Standard & Poor's überrascht weniger die Tatsache, dass den Klagen stattgegeben wurde, als dass das Urteil die Haftung primär auf die *negligence claim* stützt. Die jüngsten Entwicklungen in den USA, etwa in Sachen *Abu Dhabi*[1504] deuteten eher darauf hin, dass die streitentscheidenden Fragen in Bezug auf die Haftung von Ratingagenturen im *common law*-Rechtskreis im Rahmen der *fraud claim* zu entscheiden sind. Nicht ganz zu Unrecht meint *Haar* daher, dass das Urteil die Haftung von Ratingagenturen dogmatisch einer Gefährdungshaftung annähere.[1505] Jedoch wird in der australischen Literatur auch betont, dass die Entscheidung angesichts der Besonderheiten des Falles nicht per se verallgemeinerungsfähig sei.[1506] Hierzu zählten etwa die konservativen Anlagerichtlinien der öffentlich-rechtlichen Investoren, die extreme Komplexität der Produkte, die besonders groben Sorgfaltsverstöße und das Fehlen eines Sekundärmarktes.[1507]

Auch wenn dem Urteil des FCA keine Bindungswirkung („*binding precedent*") für andere Gerichte im *common-law*-Rechtskreis zukommt, so können diese es im Rahmen freier Überzeugungsbildung bei der Urteilsfindung berücksichtigen („*persuasive precedent*"). Doch auch ein deutscher Richter mag sich an gewissen Argumenten der australischen Gerichte, etwa zur Kausalität, orientieren. Denn es zeigt sich erneut: die rechtlichen Probleme, die bei der zivilrechtlichen Haftung von Ratingagenturen für fehlerhafte Ratings bestehen, sind keineswegs spezifisch bürgerlich-rechtliche Probleme.

VII. Zusammenfassung und rechtsvergleichender Befund in Bezug auf die Haftung von Ratingagenturen

In Bezug auf die Haftungslage in den USA kann also konstatiert werden, dass durchaus einige vertragliche und deliktische bzw. gesetzliche Anspruchsgrundlagen in Betracht kommen, mit denen Ratingagenturen für fehlerhafte Ratings

---

1503 *ABN AMRO Bank NV v Bathurst Regional Council* [2014] FCAFC 65, Rn. 1260: "It was possible to identify the class to whom the duty was owed as investors in the Rembrandt notes. That was and remains sufficient.".

1504 Siehe § 28 V. 1. b).

1505 *Haar*, DB 2013, 2489, 2492.

1506 *Sahore*, 37 Sydney L. Rev. 2015, 437, 450 f.

1507 *Sahore*, 37 Sydney L. Rev. 2015, 437, 451.

haftbar gemacht werden können. Jedoch besteht nach wie vor die Möglichkeit, sich mit der *first amendment defense* erfolgreich zu verteidigen. Die Presse- und Meinungsfreiheit zeitigt insofern eine noch stärkere „mittelbare Drittwirkung" als im deutschen Recht, denn sie entfaltet ihren Schutz auch bei Klagen wegen Vertragsverletzung (*breach of contract*). Somit ist die Haftungslage von ihrem dogmatisch-theoretischen Ausgangspunkt in den USA aus Sicht der Ratingagenturen günstiger als in Deutschland oder im Vergleich zu Art. 35a Rating-VO. Trotzdem hat sich die für Ratingagenturen günstige rechtliche Ausgangslage aufgrund der größeren Klagefreudigkeit in den USA, insbesondere von Investoren im Nachgang der Finanzkrise, deutlich relativiert. Die *Abu-Dhabi*-Sammelklage drohte für die Ratingagenturen mit einem negativen Grundsatzurteil zu enden. Doch auch der letztlich geschlossene Vergleich kann nicht darüber hinwegtäuschen, dass die Erfolgsaussichten von Klagen, insbesondere von *securities fraud claims* nach Rule 10b-5, in den USA nun deutlich höher sind als vor der Finanzkrise. Die Absenkung der Darlegungslast für Klagen nach dem Securities Act und das Urteil des Federal Court of Australia dürften hierzu ebenfalls beitragen.

Für Emittenten und Anleger erscheint die Haftungslage in Deutschland vom theoretischen Ausgangspunkt zwar durchaus günstiger, denn diese sind nach nationalem Recht bzw. nach Art. 35a Rating-VO zum einen nicht der mächtigen Schutzwirkung des *first amendment* ausgesetzt und zum anderen besteht nach Art. 35a Rating-VO nun auch, anders als in den USA, ein spezieller Tatbestand um Ratingagenturen haftbar zu machen. Der lange Weg durch die Instanzen, der in den USA nötig war, um die Haftungsimmunität von Ratingagenturen zu erschüttern, steht europäischen und deutschen Klägern jedoch wohl erst noch bevor. Ein fundiertes rechtsvergleichendes Fazit kann jedoch ohnehin im Grunde erst dann gezogen werden, wenn die Zahl der Verfahren und Urteile gegen Ratingagenturen in Deutschland und Europa zunimmt, was zumindest aus Sicht der Rechtswissenschaft zweifellos zu begrüßen wäre.

Zusammenfassung Kapitel 3

Die Ausführungen haben gezeigt, dass die Haftung von Ratingagenturen, sowohl hierzulande als auch in den USA, mit zahlreichen äußerst komplexen Fragen verbunden ist, die von der örtlichen Zuständigkeit, über die Frage nach dem einschlägigen Haftungstatbestand, bis hin zur Rechtsfolgenseite reichen.[1508]

1508 Für eine ausführliche Zusammenfassung der Haftung von Ratingagenturen nach deutschem Recht siehe § 21.

Die Frage der Haftung von Ratingagenturen steht dabei im grundsätzlichen Spannungsfeld zwischen dem Prognosecharakter des Ratings auf der einen und dessen hoher Bedeutung auf der anderen Seite. Die Suche nach den Ursachen und Verantwortlichen der Finanzkrise führte zur vermehrten Beschäftigung der Literatur mit dem Thema und schließlich zu einigen Prozessen dies- und jenseits des Atlantiks und, mit Einführung von Art. 35a Rating-VO, zur Verschärfung der haftungsrechtlichen Ausgangssituation.

Demgegenüber ist in der Praxis noch keine echte Trendwende hin zu einer verschärften Haftung von Ratingagenturen zu erkennen. Nichtsdestotrotz zeigen einige Prozesse auch hierzulande, dass von einer Haftungsimmunität von Ratingagenturen nicht mehr gesprochen werden kann. Angesichts der nun jahrelang andauernden Niedrig- bzw. Nullzinspolitik der Zentralbanken und der damit einhergehenden Ausweitung der Kreditmenge ist es gut möglich, dass im Zuge des nächsten wirtschaftlichen Abschwungs die Urteile der Ratingagenturen eine vermehrte gerichtliche Überprüfung erfahren. Trotz der beschriebenen Defizite des Haftungswesens, die Anlass zur vorgeschlagenen Überarbeitung von Art. 35a Rating-VO sein sollten, besteht bei hinreichenden Verfehlungen eine realistische Chance, Ratingagenturen aufgrund einer Pflichtverletzung des Ratingvertrages bzw. gemäß § 826 BGB oder Art. 35a Rating-VO haftbar zu machen.

Dass erste Zivilprozesse in Deutschland weitestgehend ergebnislos verliefen, darf keineswegs als eine sich abzeichnende Haftungsimmunität von Ratingagenturen hierzulande angesehen werden, denn die kritikwürdige Auslegung von Art. 35a Rating-VO durch das OLG Düsseldorf dahingehend, dass die Norm im Fall von Anlegerklagen nicht auf Unternehmensratings anwendbar ist, ist höchstrichterlich noch nicht bestätigt.

Synthese und Ausblick

Die Regulierung von Ratingagenturen unterliegt insbesondere seit der folgenschweren weltweiten Finanzkrise der Jahre 2007–2009 einem konstanten und erheblichen Wandel. Die massive Kritik an der Rolle der Ratingagenturen während der Finanzkrise mündete beidseits des Atlantiks in einen Regulierungseifer, der praktisch alle rechtlichen Aspekte des Ratings betrifft.

Auf regulatorischer Ebene wurde dabei sowohl in den USA als auch in der Europäischen Union ein Aufsichtsregime für Ratingagenturen mit verbindlichen, hoheitlich durchsetzbaren Verhaltensstandards geschaffen. Unterschiede im neuen Rechtsrahmen für Ratings ergeben sich dabei insbesondere in Bezug auf die regulatorische Indienstnahme von Ratings. Während in den USA sämtliche Ratingbezugnahmen aus dem Bundesrecht gestrichen wurden und die Regulierungsfunktion des Ratings an Bedeutung verloren hat, muss dieses auch seitens des Unionsgesetzgebers avisierte Vorhaben zumindest vorerst als gescheitert angesehen werden. Die Untersuchung zeigte jedoch, dass dies keinen Nachteil darstellen muss, da Ratings sowohl einen volkswirtschaftlichen als auch einen regulatorischen Nutzen haben. Durch die rechtsvergleichende Untersuchung der Regulierungsfunktion des Ratings konnte ein wesentliches regulatorisches und wettbewerbsförderndes Optimierungspotenzial für den Ratingmarkt erarbeitet werden, welches in der endgültigen regulatorischen Gleichstellung der in der EU registrierten Ratingagenturen liegt.

Auf haftungsrechtlicher Ebene hat sowohl die Analyse des deutschen, des US-amerikanischen, als auch des Unionsrechts ergeben, dass sich eine erfolgreiche zivilrechtliche Inanspruchnahme von Ratingagenturen nach wie vor als ein schwieriges Unterfangen darstellt. Auch wenn dies aufgrund des Prognosecharakters des Ratings und der Eigenverantwortung der Anleger für Investitionsentscheidungen nicht per se als negativ anzusehen ist, besteht jedoch auch hier weiterer Reformbedarf auf europäischer Ebene, der in Form eines Vorschlages für eine Neufassung von Art. 35a Rating-VO unterbreitet wurde. Durch die Untersuchung konnten somit einige wichtige neue Erkenntnisse gewonnen werden, die sowohl den juristischen Diskurs als auch den weiteren regulatorischen Reformprozess befruchten können.

Thesen

- Ratingagenturen spielen am Kapitalmarkt eine zentrale Rolle als Informationsintermediäre.
- Durch die Verbriefung von Immobilienkrediten investierten im Vorfeld der Finanzkrise weltweit Investoren in großem Stil in Wertpapiere, denen Kredite an Kreditnehmer mit geringer Bonität zugrunde lagen, von den Ratingagenturen aber mit Spitzenratings bewertet waren. Aufgrund der hohen Komplexität dieser strukturierten Finanzprodukte und aufsichtsrechtlichen Vorgaben, die Anlagen in Wertpapiere mit guten Ratings begünstigten, vertrauten auch professionelle Investoren praktisch blind auf die Ratings der großen US-amerikanischen Ratingagenturen und investierten massiv in diese Wertpapiere.
- Die Ratings der großen US-amerikanischen Ratingagenturen erwiesen sich dabei im Nachhinein als zu optimistisch und förderten strukturelle Defizite im Ratingwesen und bei der Regulierung von Ratingagenturen zu Tage. Zu den strukturellen Problemen gehören dabei insbesondere das „Issuer-Pays-Modell", sowie Beratungsleistungen im Vorfeld von Bewertungen. Die fehlende Datenbasis in Bezug auf historische Ausfalldaten verbriefter Immobilienkredite, mangelhafter Ressourceneinsatz und übermäßiges Vertrauen der Marktteilnehmer in Ratings verschärften die strukturellen Probleme in dieser Situation noch weiter.
- Das Fehlverhalten der Ratingagenturen konnte weder durch freiwillige Selbstregulierung noch durch funktionierenden Wettbewerb und einen entsprechenden Reputationsmechanismus verhindert werden. Eine staatliche Regulierung des Ratingwesens war daher notwendig.
- Sowohl in den USA als auch in der EU wurde durch den Dodd-Frank Act und die Ratingverordnung ein umfassendes Aufsichtsrecht für Ratingagenturen geschaffen, welches durch die SEC bzw. die ESMA durchgesetzt werden kann. Die Regelungen adressieren insbesondere die Themen Interessenkonflikte, Transparenz und Ratings von strukturierten Finanzprodukten und stellen sich als angemessene Reaktion auf die Finanzkrise dar. Die europäische und die US-Regulierung sind dabei als im Wesentlichen gleichwertig anzusehen.
- Von hoher Bedeutung für den Kapital- und den Ratingmarkt ist auch das Finanzaufsichtsrecht, das auf Ratings Bezug nimmt. Diese regulatorische Indienstnahme spielt in der EU vor allem im Eigenkapitalrecht der Banken und Versicherung eine wichtige Rolle.

- Während im US-Bundesrecht mittlerweile Ratingbezugnahmen gestrichen wurden, ist dieses Vorhaben in der EU im Laufe der Jahre aufgegeben worden. Dies ist jedoch im Ergebnis zu begrüßen, da Ratings in einem funktionierenden, hoheitlich beaufsichtigten Markt einen gesamtwirtschaftlichen Nutzen haben, den sich der Gesetzgeber nach wie vor zu Eigen machen sollte. Insbesondere kleine Banken und Versicherungen sind im Rahmen ihrer Risikobewertungen auch auf externe Ratings angewiesen.
- Die parallel verfolgten gesetzgeberischen Vorhaben der Regulierung von Ratingagenturen einerseits und der Verringerung der regulatorischen Indienstnahme von Ratings andererseits stehen in einem gewissen Zielkonflikt zueinander.
- Um den Wettbewerb auf dem Ratingmarkt zu stärken, dürfen kleinere Ratingagenturen gegenüber den etablierten internationalen Ratingagenturen jedoch nicht weiterhin aufsichtsrechtlich benachteiligt werden. Eine solche Benachteiligung liegt jedoch nach wie vor in den ECAI-Kriterien der EZB. Diese Benachteiligung stellt sich für kleinere Ratingagenturen als wesentliche Markteintrittshürde dar, die es zu beseitigen gilt. Aufgrund des mittlerweile bestehenden Aufsichts- und Haftungsrahmens ist nicht zu befürchten, dass kleinere Wettbewerber mit Gefälligkeitsratings in den Markt drängen.
- Neben der hoheitlichen Regulierung spielt die zivilrechtliche Haftung von Ratingagenturen eine wichtige Rolle in Bezug auf Verhaltenssteuerung und Schadensausgleich. Eine zivilrechtliche Haftung für fehlerhafte Ratings kommt sowohl im Falle eines fehlerhaft zu negativen Ratings gegenüber dem bewerteten Emittenten als auch im Falle eines fehlerhaft zu positiven Ratings gegenüber einem Kapitalanleger in Betracht.
- Der Vertrag über die Erstellung eines Ratings ist als Werkvertrag im Sinne von § 631 BGB einzustufen. Die Pflicht zur ordnungsgemäßen Ratingerstellung ergibt sich aus der Auslegung des Ratingvertrages. Hierfür können die aufsichtsrechtlichen Sorgfaltspflichten der Ratingverordnung herangezogen werden.
- Da Ratings weniger ein unsubstantiierter Blick in die Zukunft, als eine faktenbasierte Einschätzung der gegenwärtigen Finanzlage und Bonität sind, sind sie im Rahmen des deutschen Haftungsrechts als Tatsache und nicht als Meinung einzustufen.
- Ratingagenturen haften gegenüber Anlegern, die Ratings über einen gebührenpflichtigen Abonnementvertrag beziehen, auf vertraglicher Grundlage für fehlerhafte Ratings.
- Eine Haftung gegenüber der allgemeinen Anlegerschaft auf Grundlage der Rechtsfigur des Vertrags mit Schutzwirkung zugunsten Dritter oder der culpa in contrahendo („Vertrauenshaftung“) ist entschieden abzulehnen. Dies

würde im Ergebnis eine Vertragshaftung gegenüber jedermann bedeuten und ist mit Kernprinzipien des bürgerlichen Vermögensrechts, wie der Relativität der Schuldverhältnisse und der deliktischen Nichthaftung für reine Vermögensschäden, nicht zu vereinbaren. Bei privaten Ratings gegenüber einer eindeutig abgrenzbaren Zahl von Investoren, die im Vorfeld konkret erkennbar sind, kommt jedoch eine vertragliche Haftung nach den Kriterien des Vertrags mit Schutzwirkung zugunsten Dritter in Betracht.

- Die Frage, ob Vorschriften der Ratingverordnung Schutzgesetze im Sinne von § 823 Abs. 2 BGB sind, ist nicht im Wege einer unionsrechtskonformen Auslegung der Vorschriften der Ratingverordnung, insbesondere von Art. 35a Rating-VO, sondern nach den etablierten nationalen Rechtsprechungskriterien der Schutzzweckanalyse zu bestimmen. Eine Haftung von Ratingagenturen gegenüber der allgemeinen Anlegerschaft auf Grundlage von § 823 Abs. 2 BGB muss jedoch jedenfalls deshalb ausscheiden, weil eine unbegrenzte deliktische Haftung für reine Vermögensschäden gegenüber jedermann im haftungsrechtlichen Gesamtsystem untragbar wäre.
- Die Haftung von Ratingagenturen für fehlerhafte Ratings gegenüber Anlegern ist daher primär in § 826 BGB, dem Auffang- und Reservetatbestand im Bereich der Informationsdeliktshaftung, zu verorten.
- Für erfolgreiche Klagen gegen Ratingagenturen spielen prozessuale Fragen eine entscheidende Rolle. Da die notwendigen Informationen zum Nachweis einer Pflichtverletzung in der Sphäre der beklagten Ratingagentur liegen, ist nach einem ausreichenden „anbeweisen“ seitens des Klägers, der Ratingagentur die sekundäre Darlegungslast in Bezug auf das Nichtvorliegen einer Pflichtverletzung aufzuerlegen.
- Entscheidend ist, insbesondere für klagende Anleger, der Nachweis, dass sich ein fehlerhaftes Rating auch auf den geltend gemachten Schaden ausgewirkt hat. Hierbei ist nach der neusten BGH-Rechtsprechung danach zu unterscheiden, ob der Kursdifferenzschaden oder der Erwebsschaden geltend gemacht wird. Für den Nachweis des Kursdifferenzschadens ist es notwendig, aber auch ausreichend, dass der Anleger darlegen und beweisen kann, dass sich das fehlerhafte Rating auf den Kurs eines Wertpapiers ausgewirkt hat und er zu diesem verzerrten Marktpreis ge- oder verkauft hat. Wird der Erwebsschaden geltend gemacht, muss der Anleger hingegen den vollen Nachweis der Transaktionskausalität erbringen, also nachweisen, dass er bei einem hypothetisch zutreffenden Rating ohne Pflichtverletzung die Transaktion unterlassen hätte.
- Die internationale Zuständigkeit bei Klagen gegen Ratingagenturen mit Sitz innerhalb der EU, wozu auch die europäischen Töchter der US-amerikanischen *big three* gehören, richtet sich nach der EuGVVO. Einschlägig können

insbesondere der Gerichtsstand des Erfüllungsortes und der Gerichtsstand der Niederlassung sein, während auch ein deliktischer Gerichtsstand im Wohnsitzstaat des klagenden Anlegers in Betracht kommen dürfte. Bei Klagen deutscher Anleger gegen US-amerikanische Ratingagenturen ist laut BGH der Vermögensgerichtsstand des Anlegers in Deutschland gem. § 23 ZPO einschlägig.

- Das anwendbare Recht in Ratingprozessen bestimmt sich in Ermangelung einer wirksamen Rechtswahl zwischen den Parteien nach der Rom-I- bzw. Rom-II-Verordnung.
- Da für zentrale Tatbestandsmerkmale auf ein subsidiär geltendes nationales Recht zurückgegriffen werden muss, stellt Art. 35a Rating-VO allenfalls einen Rumpftatbestand dar. Die Schaffung eines Haftungstatbestandes auf europäischer Ebene ist zwar vom Ausgangspunkt her zu begrüßen, da dieser aber in seiner derzeitigen Form so mangelhaft ausgestaltet ist, gehen von ihm allenfalls gewisse verhaltenssteuernde Effekte aus.
- Da Art. 35a Rating-VO einen Haftungstatbestand darstellt, dessen Inhalt vorab nicht eindeutig zu bestimmen ist, verliert dieser unnötigerweise an Profil und Schärfe. Wünschenswert wäre eine stärkere Ausgestaltung als einheitliches Sachrecht gewesen.
- Eine Neufassung von Art. 35a Rating-VO nach dem in Anhang III dieser Arbeit gemachten Vorschlag sollte neben dem weitgehenden Verweis auf nationales Recht auch auf das einschränkende Erfordernis der groben Fahrlässigkeit verzichten und dafür umsatzabhängige Haftungshöchstgrenzen vorsehen.
- In den USA wurden Ratingagenturen bereits des Öfteren von Emittenten und Anlegern wegen fehlerhafter Ratings verklagt. Lange Zeit erwies sich die *first amendment defense* als wirksames Schutzschild gegen diese Haftungsklagen.
- Aufgrund der Verfehlungen in der Finanzkrise standen Ratingagenturen in den USA, insbesondere im „Abu-Dhabi"-Haftungskomplex, kurz vor für sie negativ ausfallenden Grundsatzurteilen, die jedoch durch Vergleiche verhindert werden konnten. Nichtsdestotrotz zeigen jüngere Verfahren, dass sich die haftungsrechtliche Ausgangslage zulasten der Ratingagenturen verändert hat, da die Gerichte einen Verweis auf das *first amendment* oder darauf, dass Ratings lediglich subjektive Meinungen darstellen, zunehmend kritisch sehen bzw. ablehnen. Die Absenkung der Darlegungslast für *securities fraud claims* und das Grundsatzurteil des Federal Court of Australia lassen die Erfolgsaussichten von Klagen gegen Ratingagenturen im *common law*-Rechtskreis weiter steigen, wodurch gegebenenfalls auch Anreize für Klagen gegen Ratingagenturen in Deutschland und Europa ausgehen können.

Anhang I

Art. 35a Rating-VO (geltende Fassung)
Zivilrechtliche Haftung

(1) Hat eine Ratingagentur vorsätzlich oder grob fahrlässig eine der in Anhang III aufgeführten Zuwiderhandlungen begangen und hat sich diese auf ein Rating ausgewirkt, so kann ein Anleger oder Emittent von dieser Ratingagentur für den ihm aufgrund dieser Zuwiderhandlungen entstandenen Schaden Ersatz verlangen.
Ein Anleger kann nach diesem Artikel Schadenersatz verlangen, wenn er nachweist, dass er sich bei seiner Entscheidung, in ein Finanzinstrument, auf das sich dieses Rating bezieht, zu investieren, dieses Instrument weiter zu halten oder zu veräußern, in vertretbarer Weise im Einklang mit Artikel 5a Absatz 1 oder in sonstiger Weise mit gebührender Sorgfalt auf dieses Rating verlassen hat.
Ein Emittent kann nach diesem Artikel Schadenersatz verlangen, wenn er nachweist, dass das Rating sich auf ihn oder seine Finanzinstrumente bezieht und die Zuwiderhandlung nicht darauf zurückzuführen ist, dass der Emittent die Ratingagentur direkt oder aufgrund öffentlich zugänglicher Informationen irreführend oder falsch informiert hat.

(2) Es liegt in der Verantwortung des Anlegers oder Emittenten, genaue und detaillierte Informationen vorzulegen, aus denen hervorgeht, dass die Ratingagentur gegen diese Verordnung verstoßen hat und dass sich diese Zuwiderhandlung auf das abgegebene Rating ausgewirkt hat.
Was als genaue und detaillierte Informationen gilt, entscheidet das zuständige nationale Gericht, wobei es berücksichtigt, dass der Anleger oder Emittent möglicherweise keinen Zugang zu Informationen hat, die allein in der Sphäre der Ratingagentur stehen.

(3) Die zivilrechtliche Haftung von Ratingagenturen nach Absatz 1 kann im Voraus nur beschränkt werden, wenn die Beschränkung:
a) angemessen und verhältnismäßig ist, und
b) nach dem jeweils geltenden nationalen Recht im Einklang mit Absatz 4 zulässig ist.

Soweit die Beschränkung der zivilrechtlichen Haftung nicht die in Unterabsatz 1 genannten Voraussetzungen erfüllt, hat sie keine rechtliche Wirkung.

(4) Begriffe wie ‚Schaden', ‚Vorsatz', ‚grobe Fahrlässigkeit', ‚in vertretbarer Weise verlassen', ‚gebührende Sorgfalt', ‚Auswirkung', ‚angemessen' und ‚verhältnismäßig', die in diesem Artikel genannt aber nicht definiert werden, werden im Einklang mit dem jeweils geltenden nationalen Recht gemäß den einschlägigen Bestimmungen des internationalen Privatrechts ausgelegt und angewandt. Fragen der zivilrechtlichen Haftung einer Ratingagentur, die nicht von dieser Verordnung geregelt werden, unterliegen dem jeweils geltenden nationalen Recht gemäß den einschlägigen Bestimmungen des internationalen Privatrechts. Welches Gericht für die Entscheidung über einen von einem Anleger oder einem Emittenten vorgebrachten zivilrechtlichen Haftungsanspruch zuständig ist, wird anhand der einschlägigen Bestimmungen des internationalen Privatrechts bestimmt.

(5) Dieser Artikel schließt weitere zivilrechtliche Haftungsansprüche im Einklang mit dem nationalen Recht nicht aus.

(6) Der in diesem Artikel vorgesehene Schadenersatzanspruch hindert die ESMA nicht daran, ihre Befugnisse nach Artikel 36a voll auszuschöpfen.

Anhang II

Art. 35a Rating-VO Kommissionsentwurf COM(2011) 747 final

Zivilrechtliche Haftung

(1) Hat eine Ratingagentur vorsätzlich oder grob fahrlässig eine der in Anhang III aufgeführten Zuwiderhandlungen begangen und hat sich diese auf ein Rating ausgewirkt, auf das ein Anleger beim Erwerb eines bewerteten Instruments vertraut hat, so kann dieser Anleger die Ratingagentur auf Ersatz des ihm entstandenen Schadens verklagen.

(2) Es wird davon ausgegangen, dass sich eine Zuwiderhandlung auf ein Rating ausgewirkt hat, wenn sich das von der Ratingagentur abgegebene Rating von dem Rating unterscheidet, das abgegeben worden wäre, wenn die Ratingagentur die Zuwiderhandlung nicht begangen hätte.

(3) Eine Ratingagentur handelt grob fahrlässig, wenn sie ihr mit dieser Verordnung auferlegte Pflichten gröblich vernachlässigt.

(4) Kann ein Anleger Tatsachen glaubhaft machen, die darauf schließen lassen, dass eine Ratingagentur eine der in Anhang III aufgeführten Zuwiderhandlungen begangen hat, so ist es an der Ratingagentur zu beweisen, dass sie diese Zuwiderhandlung nicht begangen hat oder dass sich diese Zuwiderhandlung nicht auf das abgegebene Rating ausgewirkt hat.

(5) Die zivilrechtliche Haftung nach Absatz 1 kann nicht im Voraus durch Vereinbarung ausgeschlossen oder beschränkt werden. Klauseln in Vereinbarungen, durch die die zivilrechtliche Haftung im Voraus ausgeschlossen oder beschränkt wird, sind nichtig.

Anhang III

Vorschlag Art. 35a Rating-VO NEU

Zivilrechtliche Haftung

(1) Hat eine Ratingagentur vorsätzlich oder fahrlässig eine der in Anhang III aufgeführten Zuwiderhandlungen begangen und hat sich diese auf ein Rating ausgewirkt, so kann ein Anleger oder Emittent von dieser Ratingagentur für den ihm aufgrund dieser Zuwiderhandlungen entstandenen Schaden Ersatz verlangen.

(2) Kann ein Anleger Tatsachen glaubhaft machen, die darauf schließen lassen, dass eine Ratingagentur eine der in Anhang III aufgeführten Zuwiderhandlungen begangen hat, so ist es an der Ratingagentur darzulegen und zu beweisen, dass sie diese Zuwiderhandlung nicht begangen hat oder dass sich diese Zuwiderhandlung nicht auf das abgegebene Rating ausgewirkt hat.

(3) Der Nachweis, dass der Schaden auf dem fehlerhaften Rating beruht, obliegt grundsätzlich dem Anleger oder Emittenten. Macht ein Anleger als Schaden statt dem Erwebsschaden den Kursdifferenzschaden geltend, so obliegt ihm lediglich der Nachweis, dass sich das fehlerhafte Rating auf den Kurs des bewerteten Instruments ausgewirkt hat und ihm somit durch den Kauf oder Verkauf ein Schaden entstanden ist.

(4) Unbeschadet der einschlägigen Bestimmungen des internationalen Privatrechts ist für die Entscheidung über einen von einem Anleger oder einem Emittenten vorgebrachten zivilrechtlichen Haftungsanspruch das Gericht am Sitz der Ratingagentur oder dem bewerteten Emittenten oder dem Ort, an dem das bewertete Finanzinstrument zum Handel zugelassen ist, zuständig.

(5) Dieser Artikel schließt weitere zivilrechtliche Haftungsansprüche nach nationalem Recht nicht aus.

(6) Die zivilrechtliche Haftung einer Ratingagentur nach Absatz 1 darf summenmäßig weder das Emissionsvolumen der bewerteten Emission noch 20 % des Umsatzes der Ratingagentur im vorangegangenen Geschäftsjahr überschreiten. Liegt ein in Anhang IV Absatz 1 Nr. 2, 3, 5, 6 dieser Verordnung genannter Verstoß vor, erhöht sich dieser Betrag auf 30 %.

(7) Der in diesem Artikel vorgesehene Schadenersatzanspruch hindert die ESMA nicht daran, ihre Befugnisse nach Artikel 36a voll auszuschöpfen.

Literaturverzeichnis

Achleitner, Ann-Kristin / Everling, Oliver (Hrsg.), Handbuch Ratingpraxis, Wiesbaden, 2004. zitiert: *Bearbeiter* in: Achleitner/Everling, Hdb Ratingpraxis, S.

Achleitner, Ann-Kristin / Everling, Oliver (Hrsg.), Rechtsfragen im Rating, 1. Auflage, Wiesbaden 2005. zitiert: *Bearbeiter* in: Achleitner/Everling, Rechtsfragen im Rating, S.

Ackermann, Ulrich / Jäckle, Joachim, Ratingverfahren aus Emittentensicht, BB 2006, S. 878 ff.

Ahmling, Rebecca, Analogiebildung durch den EuGH im Europäischen Privatrecht, Berlin, 2012.

Amort, Matthias, Haftung und Regulierung von Ratingagenturen – Ansätze einer Krisenprävention, EuR 2013, S. 272 ff.

Amort, Matthias, Anmerkung zu OLG Düsseldorf, Urt. v. 08.02.2018 – I-6 U 50/17, NJW 2018, S. 1615 ff.

Amtenbrink, Fabian, Ratings in Europa: Kritische Anmerkungen zum europäischen Regulierungsansatz, Bonn, 2010.

Angelé, Shiro, Das Rating von CDOs, Tübingen, 2014.

Arendts, Martin, Beratungs- und Aufklärungspflichten über das einem Wertpapier erteilte Rating, WM 1993, S. 229 ff.

Arntz, Marthe-Marie, Die Haftung von Ratingagenturen gegenüber fehlerhaft bewerteten Staaten und Unternehmen, BKR 2012, S. 89 ff.

Assmann, Heinz-Dieter, Negativberichterstattung als Gegenstand der Nachforschungs- und Hinweispflichten von Anlageberatern und Anlagevermittlern, ZIP 2002, S. 637 ff.

Assmann, Heinz-Dieter, Die Prospekthaftung beruflicher Sachkenner de lege lata und de lege ferenda, AG 2004, S. 435 ff.

Assmann, Heinz-Dieter / Schneider, Uwe H., Kommentar zum Wertpapierhandelsgesetz, 6. Auflage, Köln, 2012.

Bachmann, Gregor, Die internationale Zuständigkeit für Klagen wegen fehlerhafter Kapitalmarktinformationen, IPRax 2007, S. 77 ff.

Bachmann, Gregor / Casper, Matthias / Schäfer, Carsten / Veil, Rüdiger, Steuerungsfunktionen des Haftungsrechts im Gesellschafts- und Kapitalmarktrecht, Baden-Baden, 2007. zitiert: *Bearbeiter* in Steuerungsfunktion des Haftungsrechts im Gesellschafts- und Kapitalmarktrecht, S.

Badek, Bianca, Ursachen der Immobilienkrise in den USA, Lahr 2010.

Baseler Ausschuss für Bankenaufsicht (BCBS), Basler Ausschuss für Bankenaufsicht Internationale Konvergenz der Eigenkapitalmessung und der

Eigenkapitalanforderungen, Überarbeitete Rahmenvereinbarung Juni 2004, abrufbar unter http://www.bis.org/publ/bcbs107ger.pdf.

Baseler Ausschuss für Bankenaufsicht (BCBS), Revisions to the Standardized Approach for credit risk 2014, abrufbar unter: https://www.bis.org/bcbs/publ/d307.pdf.

Baseler Ausschuss für Bankenaufsicht (BCBS), Capital floors: the design of a framework based on standardised approaches 2014, abrufbar unter http://www.bis.org/bcbs/publ/d306.pdf

Baseler Ausschuss für Bankenaufsicht (BCBS), Revisions to the Standardized Approach for credit risk 2015, abrufbar unter: http://www.bis.org/bcbs/publ/d347.pdf.

Baseler Ausschuss für Bankenaufsicht (BCBS), Basel III: Ein globaler Regulierungsrahmen für widerstandsfähigere Banken und Bankensysteme, abrufbar unter: https://www.bis.org/publ/bcbs189_de.pdf.

Bauer, Denise A., Ein Organisationsmodell zur Regulierung der Rating-Agenturen, Baden-Baden, 2009. zitiert: *Bauer*, S.

Bauer, Denise A., Strengere Anforderungen für Ratingagenturen nach der neuen ÄnderungsVO, BB 2013, S. 363 ff.

Bauernfeind, Dominik, Die Auswirkungen von Basel III auf Genossenschaftsbanken – eine Betrachtung der Kernkapitalquoten und Liquiditätskennziffern sowie eine empirische Analyse auf Basis von Bilanzsimulationen, Aachen 2014.

Bauernfeind, Tobias, Die aufsichtliche Abkehr von externen Ratings in der europäischen Bankenaufsicht, WM 2015, S. 1743 ff.

Bauerfeind, Tobias, Das externe Rating unter Basel IV – Eine Analyse der neuen Due-Diligence-Prüfung, WM 2016, S. 1528 ff.

Baule, Rainer / Tallau, Christian, Zweite Konsultation zum Kreditrisiko-Standardansatz: Rolle rückwärts, ZfgK 2016, S. 215 ff.

Baur, Georg / Boegl, Martin, Die neue europäische Finanzmarktaufsicht – Der Grundstein ist gelegt, BKR 2011, S. 177 ff.

Baumbach, Adolf (Begr.), Handelsgesetzbuch, 38. Auflage, München, 2018. zitiert: Baumbach/Hopt/*Bearbeiter*, §, Rn.

Baums, Theodor, Anlegerschutz und Neuer Markt, ZHR 166 (2002), S. 375 ff.

Bausch, Stephan, Beratung und Beratungshaftung von Banken im Lichte der Pilotentscheidungen zu Lehman-Zertifikaten, NJW 2012, S. 354 ff.

Becker, Axel / Gaulke, Markus / Wolf, Martin (Hrsg.), Praktiker-Handbuch Basel II, Stuttgart, 2005. zitiert: *Bearbeiter* in: Becker/Gaulke/Wolf, Basel-II, S.

Becker, Florian, Die Regulierung von Ratingagenturen, DB 2010, S. 941 ff.

Becker, Bo / Milbourn, Todd, How did increased competition affect credit ratings?, HBS Working Paper 09–051 2010, abrufbar unter: http://www.hbs.edu/faculty/Publication%20Files/09-051_13e0275c-a3a4-48bd-a86a-2324d5d70b57.pdf.

Benicke, Christoph, Wertpapiervermögensverwaltung, Tübingen, 2006

Berger, Peter / Stemper, Marthe-Marie, Haftung von Ratingagenturen gegenüber Anlegern, WM 2010, S. 2289 ff.

Berger, Peter / Ryborz, Stefan, Die Haftung von Ratingagenturen zwischen Kompensation und Verhaltenssteuerung, WM 2014, S. 2241 ff.

Berger, Peter / Ryborz, Stefan, Anmerkung zu OLG Düsseldorf, Urt. v. 08.02.2018 – I-6 U 50/17, BB 2018, S. 1231 ff.

Blaurock, Uwe, Verantwortlichkeit von Ratingagenturen – Steuerung durch Privat- oder Aufsichtsrecht?, ZGR 2007, S. 603 ff.

Blaurock, Uwe, Neuer Regulierungsrahmen für Ratingagenturen, EuZW 2013, S. 608 ff.

Blickle, Robert, Die Regulierung von Ratingagenturen durch die Europäische Union, Hamburg, 2013. zitiert: *Blickle,* S.

Bloss, Michael / Ernst, Dietmar / Häcker, Joachim, Von der Subprime-Krise zur Finanzkrise: Immobilienblase: Ursachen, Auswirkungen, Handlungsempfehlungen, München, 2009. zitiert: *Bloss* u.a., Von der Subprime-Krise zur Finanzkrise, S.

Boos, Karl-Heinz / Fischer, Reinfrid / Schulte-Mattler, Hermann, KWG, CRR-VO, 5. Auflage, München, 2016. zitiert: Boos/Fischer/Schulte-Mattler/*Bearbeiter,* KWG/CRR-VO, §, Rn.

Bork, Reinhard / Hoeren, Thomas / Poehlmann, Petra, Recht und Risiko – Festschrift für Helmut Kollhosser, 2004. zitiert: *Bearbeiter* in: FS Kollhosser, Band, S.

Buck-Heeb, Petra, Kapitalmarktrecht, 9. Auflage, Heidelberg 2017. zitiert: *Buck-Heeb,* Kapitalmarktrecht, §, Rn.

Buck-Heeb, Petra / Dieckmann, Andreas, Selbstregulierung im Privatrecht, Tübingen, 2007.

Buck-Heeb, Petra, Die Haftung für ein fehlerhaftes Basisinformationsblatt, WM 2018, S. 1197 ff.

Buschmeier, Andreas, Ratingagenturen – Wettbewerb und Transparenz auf dem Ratingmarkt, Wiesbaden, 2011. zitiert: *Buschmeier,* Ratingagenturen, S.

Bundesanstalt für Finanzdienstleistungsaufsicht (BaFin), BaFin Journal 9/2014, abrufbar unter: http://www.bafin.de/SharedDocs/Downloads/DE/BaFinJournal/2014/bj_1409.pdf;jsessionid=D2490DEE464EB98E7B15DB67A300B4F8.1_cid290?__blob=publicationFile&v=10.

Büschgen, Hans E. / Everling, Oliver (Hrsg.), Handbuch Rating, 1. Auflage, Wiesbaden 1996, 2. Auflage, Wiesbaden 2007. zitiert.: *Bearbeiter*, in: Büschgen/Everling, Hdb Rating, S.

Callies, Christian / Ruffert, Matthias, EUV, AEUV, 5. Auflage, München, 2016. zitiert: Callies/Ruffert/*Bearbeiter*, Art., Rn.

Canaris, Claus-Wilhelm, Schutzwirkungen zugunsten Dritter bei „Gegenläufigkeit" der Interessen, JZ 1995, S. 441 ff.

Canaris, Claus-Wilhelm, Die Haftung des Sachverständigen zwischen Schutzwirkung für Dritte und Dritthaftung aus culpa in contrahendo, JZ 1998, S. 603 ff.*

Canaris, Claus-Wilhelm, Die Reichweite der Expertenhaftung gegenüber Dritten, ZHR 163 (1999), S. 206 ff.

Centrum für Europäische Politik, cepMonitor zur Verordnung des Europäischen Parlaments und des Rates zur Änderung der Verordnung (EG) Nr. 1060/2009 über Ratingagenturen, abrufbar unter http://www.cep.eu/fileadmin/user_upload/CEP-Monitor/KOM_2011_747_Ratingagenturen/CEP-Monitor_Ratingagenturen.pdf zitiert: CEP-Monitor, S.

Commitee of European Securities Regulators (CESR), CESR's Report to the European Commission on the compliance of Credit Rating Agencies with the IOSCO Code, Dezember 2006, abrufbar unter https://www.esma.europa.eu/sites/default/files/library/2015/11/06_545.pdf.

Conte, Elisabetta / Parmeggiani, Federico, The Regulation of Credit Rating Agency Across USA and EU: Different Systems, Same Concerns, University of Siena Law and Economic Working Paper Series, abrufbar unter: https://papers.ssrn.com/sol3/papers.cfm?abstract_id=2214998.

Damrau, Jan, Selbstregulierung im Kapitalmarktrecht – eine rechtsökonomische Analyse der Normsetzung der deutschen Börsen und ihrer Träger, Berlin 2003.

Darbellay, Aline, Regulating Credit Rating Agencies, Cheltenham 2013

Däubler, Wolfgang, Wer kontrolliert die Rating-Agenturen?, NJW 2003, S. 1096 ff.

Däubler, Wolfgang, Unternehmensrating – ein Rechtsproblem?, BB 2003, S. 429 ff.

Däubler, Wolfgang, Mehr Kontrolle über Ratingagenturen?, ZRP 2011, 191.

DBRS Ratings, Annual Report 2015, abrufbar unter: http://www.dbrs.com/research/290696/annual-transparency-report-2015.pdf.

Deats, Caleb, Talk that isn't cheap: Does the First Amendmend protect Credit Rating Agencies' faulty Methodologies from Regulation?, Columbia Law Review 2010, S. 1818 ff.

Deipenbrock, Gudula, Externes Rating – „Heilsversprechen für internationale Finanzmärkte“?, BB 2003, S. 1849 ff.

Deipenbrock, Gudula, Aktuelle Rechtsfragen zur Regulierung des Ratingwesens, WM 2005, S. 261 ff.

Deipenbrock, Gudula, Ausgewählte Rechtsaspekte einer „Anerkennung“ von Ratingagenturen im Rahmen der Umsetzung der Basel-II-Übereinkunft in europäisches Recht, WM 2006, S. 2237 ff.

Deipenbrock, Gudula, Der US-amerikanische Rechtsrahmen für das Ratingwesen – ein Modell für die europäische Regulierungsdebatte?, WM 2007, S. 2217 ff.

Deipenbrock, Gudula, „Mehr Licht“? – Der Vorschlag einer europäischen Verordnung über Ratingagenturen, WM 2009, S 1165 ff.

Deipenbrock, Gudula, Die zweite Reform des europäischen Regulierungs- und Aufsichtsregimes für Ratingagenturen – Zwischenstation auf dem Weg zu einer dritten Reform?, WM 2013, S. 2289 ff.

Deipenbrock, Gudula, Die notwenige Schärfung des Profils – das reformierte europäische Regulierungs- und Aufsichtsregime für Ratingagenturen, WM 2011, S. 1829 ff.

Deipenbrock, Gudula, Fehlerhaftes Rating; Haftung auf Schadensersatz, Vertrag mit Schutzwirkung zu Gunsten Dritter, Anm. zu LG Düsseldorf, Urt. v. 17.03.2017 (10 O 181/15), WuB 2017, 438 ff.

Deipenbrock, Gudula, Anmerkung zu LG Düsseldorf, Urt. v. 17.03.2017 (10 O 181/15), WuB 2017, S. 438 ff.

Deloitte, Der neue Kreditrisiko-Standardansatz, White Paper Nr. 65, 2015, abrufbar unter: http://www2.deloitte.com/content/dam/Deloitte/de/Documents/financial-services/WP%2065%20-%20Neuer%20KSA%20150611_neu.pdf.

Deutsches Aktieninstitut, Bundesverband der Deutschen Industrie e.V., Angemessene Emittentenpflichten bei der Umsetzung der überarbeiteten Ratingverordnung (CRA-III), April 2004, abrufbar unter: https://www.dai.de/files/dai_usercontent/dokumente/positionspapiere/2014-04-09%20DAI-BDI-Kommentar%20CRA-III-Umsetzung.pdf.

Deutsches Aktieninstitut, Bundesverband der Deutschen Industrie, Verband Deutscher Treasurer, Stellungnahme von DAI, BDI und VDT zum Entwurf der Europäischen Kommission für eine „Regulation of the European Parliament and of the Council amending Regulation (EC) no 1060/2009 on credit rating agencies“, 02.02.2012, abrufbar unter: https://www.dai.de/files/dai_usercontent/dokumente/positionspapiere/2012-02-02%20DAI-BDI-VDT-Position%20Ratingverordnung%20III.pdf. zitiert: Stellungnahme von DAI, BDI und VDT v. 02.02.2012, S.

Deutsche Bundesbank, Monatsbericht April 2001, abrufbar unter http://www.bundesbank.de/Redaktion/DE/Downloads/Veroeffentlichungen/Monatsberichtsaufsaetze/2001/2001_04_basel.pdf?__blob=publicationFile.

Deutsche Bundesbank, Monatsbericht April 2011, abrufbar unter https://www.bundesbank.de/Redaktion/DE/Downloads/Veroeffentlichungen/Monatsberichte/2011/2011_04_monatsbericht.pdf?__blob=publicationFile.

Deutsche Bundesbank, Monatsbericht Juni 2013, abrufbar unter https://www.bundesbank.de/Redaktion/DE/Downloads/Veroeffentlichungen/Monatsberichte/2013/2013_06_monatsbericht.pdf?__blob=publicationFile.

di Prima, Pascal / Bauernfeind, Tobias, Eine Analyse der zweiten Überarbeitung des Baseler KSA, Risiko Manager 4/2016, S. 12 ff.

Dreher, Meinrad / Wandt, Manfred, Solvency II in der Rechtsanwendung 2016: Vergütungsfragen nach VAG und Solvency II – Aufsicht über Versicherungsunternehmen in besonderen Finanzsituationen, Karlsruhe 2016. zitiert: *Bearbeiter* in: Dreher/Wandt, Solvency II in der Rechtsanwendung 2012, S.

Dreher, Meinrad /Ballmaier, Christoph, Die Nutzung externer Ratings durch Versicherungsunternehmen, WM 2015, S. 1357 ff.

Duff, Angus / Einig, Sandra, Understanding credit ratings quality: Evidence from UK debt market participants, The British Accounting Review 2009, S. 107 ff.

Dumont du Voitel, André, Die zivilrechtliche Verantwortlichkeit von Ratingagenturen nach deutschem, europäischem und US-amerikanischem Recht, Berlin, 2018. zitiert: *Dumont du Voitel*, S.

Dutta, Anatol, Das Statut der Haftung aus Vertrag mit Schutzwirkung für Dritte, IPRax 2009, S. 293 ff.

Dutta, Anatol, Die neuen Haftungsregeln für Ratingagenturen in der europäischen Union: Zwischen Sachrechtsvereinheitlichung und europäischem Entscheidungseinklang, WM 2013, S. 1729 ff.

Dutta, Anatol, Die Haftung amerikanischer Ratingagenturen in Europa – Die Rolle des internationalen Privatrechts, IPRax 2014, S. 33 ff.

Ebenroth, Carsten Thomas / Daum, Thomas, Die rechtlichen Aspekte des Ratings von Emittenten und Emissionen, WM 1992 (Sonderbeilage Nr. 5), S. 1 ff.

Eilenberger, Guido, Bankbetriebswirtschaftslehre – Grundlagen – Internationale Bankleistungen – Bank-Management, 8. Auflage, Berlin, 2012.

Eisen, Mathias, Haftung und Regulierung internationaler Rating-Agenturen, Frankfurt a.M., 2007. zitiert: *Eisen*, S.

Ekins, Emily McClintock / Calabria, Mark A., Regulation, Market Structure, and Role of the Credit Rating Agencies, CATO Institute Policy Analysis No. 704

2012, S. 11 f., abrufbar unter: http://object.cato.org/sites/cato.org/files/pubs/pdf/PA704.pdf.

European Banking Authority (EBA), EBA FINAL draft Implementing Technical Standards, EBA/ITS/2016/02, 15.02.2016, abrufbar unter: https://eba.europa.eu/documents/10180/1370122/EBA-ITS-2016-02+(Final+draft+ITS+on+ECAI+mapping+for+securitisation+positions).pdf. zitiert: EBA mapping ITS, S.

European Banking Authority (EBA), Decision of the European Banking Authority confirming that the unsolicited credit assessments of certain ECAIs do not differ in quality from their solicited credit assessments, EBA/DC/2016/151, 17.05.2016, Annex, abrufbar unter: https://www.eba.europa.eu/documents/10180/1466166/EBA-DC-2016-151+Decision+on+the+Use+of+Unsolicited+Credit+Assessments.pdf/bcf8746e-c2a8-4217-bec6-79219f8914a1.

European Central Bank (ECB), Minimum coverage requirements for ECAIs in the ECAF, Januar 2016, abrufbar unter: https://www.ecb.europa.eu/paym/coll/risk/pdf/minimum_coverage_requirements201601.en.pdf?816e791bb77e4982a2b24bc7995c2407. zitiert: ECB, Minimum coverage requirements for ECAIs in the ECAF.

European Insurance and Occupational Pensions Authority (EIOPA), Final Draft ITS on ECAIs mapping under Solvency II, 2015, abrufbar unter: https://eiopa.europa.eu/Publications/Technical%20Standards/JC%202015%20068%20-%20Final%20Draft%20ITS%20on%20ECAIs%20mapping%20under%20Solvency%20II.PDF.

European Securities and Markets Authority (ESMA), Credit Rating Agencies Market Share Calculation 2014, abrufbar unter: https://www.esma.europa.eu/sites/default/files/library/2015/11/2014-1583_credit_rating_agencies_market_share_calculation_2014.pdf.

European Securities and Markets Authority (ESMA), Credit Rating Agencies Market Share Calculation 2018, S. 6, abrufbar unter: https://www.esma.europa.eu/sites/default/files/library/cra_market_share_calculation_2018.pdf.

European Supervisory Authorities (ESAs), Joint Final draft Implementing Technical Standards on the mapping of ECAIs' credit assessment under Article 136(1) and (3) of Regulation (EU) No 575/2013 (Capital Requirements Regulation – CRR), JC 2015 067, 11.11.2015, abrufbar unter: https://www.eba.europa.eu/documents/10180/1269185/Final+Draft+ITS+on+ECAIs%27%20Mapping.pdf. zitiert: ESAs *mapping* ITS.

European Supervisory Authorities (ESAs), Opinion of the European Supervisory Authorities, ESAs 2016 041, 11.05.2016, abrufbar unter: https://eba.europa.eu/documents/10180/1359456/ESAs+2016+41+%28Joint+Opinion+on+EC+amend+ITS+ECAIs+Mapping+CRR%29.pdf. zitiert: Opinion of the ESAs, S.

Everling, Oliver, Credit Rating durch internationale Agenturen. Eine Untersuchung zu den Komponenten und instrumentalen Funktionen des Rating, Wiesbaden, 1991. zitiert: *Everling*, Credit Rating, S.

Everling, Oliver / Schmidt-Bürgel, Jens, Kapitalmarktrating – Perspektiven für die Unternehmensfinanzierung, Wiesbaden 2005. zitiert: *Bearbeiter*, in: Everling/Schmidt-Bürgel, Kapitalmarktrating, S.

Faust, Florian, Der Schutz vor reinen Vermögensschäden – illustriert am Beispiel der Expertenhaftung, AcP 210 (2010), S. 555 ff.

Feddersen, Christoph, Die Dritthaftung des Wirtschaftsprüfers nach § 323 HGB, WM 1999, S. 105 ff.

Fiala, Johannes / Kohrs, Christian / Leuschner, Sabine, Die Haftung des „Experten" für anlagebeeinflussende Äußerungen am Beispiel der Haftung für Versicherungsratings, VersR 2005, S. 742 ff. zitiert: *Fiala/Kohrs/Leuschner*, VersR 2005, S.

The Financial Crisis Inquiry Commission (FCIC), The Financial Crisis Inquiry Report, Januar 2011, abrufbar unter: https://www.gpo.gov/fdsys/pkg/GPO-FCIC/pdf/GPO-FCIC.pdf.

Financial Stability Board (FSB), Principles for Reducing Reliance on CRA Ratings, 2010, abrufbar unter: http://www.fsb.org/wp-content/uploads/r_101027.pdf?page_moved=1.

Fischer, Sandra, Haftungsfragen des Ratings, Hamburg, 2007. zitiert: *Fischer*, S.

Fleischer, Holger, Empfiehlt es sich, im Interesse des Anlegerschutzes und zur Förderung des Finanzplatzes Deutschland das Kapitalmarkt- und Börsenrecht neu zu ordnen? Gutachten F für den 64. Deutschen Juristentag, München, 2002. zitiert: *Fleischer*, Gutachten F, 64. DJT, S.

Fleischer, Holger, Der Inhalt des Schadensersatzanspruchs wegen unwahrer oder unterlassener unverzüglicher Ad-hoc-Mitteilungen, BB 2002, S. 1869 ff.

Fleischer, Holger, Zur deliktsrechtlichen Haftung der Vorstandsmitglieder für falsche Ad-hoc-Mitteilungen., DB 2004, S. 2031 ff.

Fleischer, Holger (Hrsg.), Handbuch des Vorstandsrechts, 1. Auflage, München, 2006. zitiert: *Fleischer*, Vorstandsrecht, §, Rn.

Fleischer, Holger, Verantwortlichkeit von Bankgeschäftsleitern und Finanzmarktkrise, NJW 2010, S. 1504 ff.

Fleischer, Holger / Goette, Wulf, (Hrsg.) Münchener Kommentar zum Gesetz betreffend die Gesellschaften mit beschränkter Haftung, Band 2, 3. Auflage, München, 2019. zitiert: MüKo/*Bearbeiter*, §, Rn.

Frank, Alexander, Die Rechtswirkungen der Leitlinien und Empfehlungen der Europäischen Wertpapier- und Marktaufsichtsbehörde, Baden-Baden 2012.

zitiert: *Frank*, Die Rechtswirkungen der Leitlinien und Empfehlungen der ESMA, S.

Franke, Günter / von Schimmelmann, Wulf (Hrsg.), Interne und externe Ratings – das optimale Informationssystem für die Finanzwirtschaft, Frankfurt a.M. 2007.

Freeman, Lisbeth, Who's guarding the gate? Credit-Rating-Agency Liability as „Control Person" in the Subprime Credit Crisis, Vermont L. Rev., S. 585 ff.

Gergen, Philipp J., Rechtsfragen der Regulierung außerbörslicher derivativer Finanzinstrumente – Zur neuen Marktinfrastruktur in der Europäischen Union, den Vereinigten Staaten von Amerika und Singapur, Frankfurt a.M., 2015.

Gietzelt, Manuel / Ungerer, Johannes, Die neue zivilrechtliche Haftung von Ratingagenturen nach Unionsrecht, GPR 2013, S. 333 ff.

Goette, Wulf / Habersack, Mathias / Kalss, Susanne, (Hrsg.) Münchener Kommentar zum Aktiengesetz, Band 2, 5. Auflage, München, 2019.

Gohdes, Alfred E. / Meier, Karin, Pensionsverpflichtungen im Unternehmensrating: Fremdkapital besonderer Art, BB 2003, S. 1375 ff.

Gomille, Christian, Standardisierte Leistungsbewertungen, München, 2009. zitiert: *Gomille*, S.

Gomille, Christian, Der europäische Regulierungsansatz für Bonitätsratings, GPR 2011, S. 186 ff.

Grieser, Simon Gottlieb / Heemann, Manfred (Hrsg.), Europäisches Bankaufsichtsrecht, Frankfurt a.M., 2016. zitiert: *Bearbeiter*, in: Grieser/Heemann, Europäisches Bankaufsichtsrecht, S.

Grigoleit, Hans Christoph, Anlegerschutz – Produktinformationen und Produktverbote –, ZHR 177 (2013), S. 264 ff.

Grunewald, Barbara / Schlitt, Michael, Einführung in das Kapitalmarktrecht, 3. Auflage, München, 2014.

Grunewald, Barbara, Bürgerliches Recht, 9. Auflage, München, 2014. zitiert: *Grunewald*, Bürgerliches Recht, §, Rn.

Grundmann, Stefan et. al. (Hrsg.), Festschrift für Klaus J. Hopt zum 70. Geburtstag, Berlin, 2010. zitiert: *Bearbeiter* in: FS Hopt, S.

Gründl, Helmut / Kraft, Mirko (Hrsg.), Solvency II – Eine Einführung – Grundlagen der neuen Versicherungsaufsicht, 2. Auflage, Karlsruhe 2016.

Gürtler, Paul / Kriese, Gilbert, Die Umsetzung der Scoringtransparenz bei Banken, RDV 2010, S. 47 ff.

Haar, Brigitte, Nachhaltige Ratingqualität durch Gewinnabschöpfung? – Zur Regulierung und ihrer Implementierung im Ratingsektor, ZBB 2009, S. 177 f.

Haar, Brigitte, Haftung für fehlerhafte Ratings von Lehman-Zertifikaten – Ein neuer Baustein für ein verbessertes Regulierungsdesign im Ratingsektor?, NZG 2010, S. 1281 ff.

Haar, Brigitte, Neues zur Haftung von Ratingagenturen im Zuge der zweiten Novelle der Rating-Verordnung (CRA III)?, DB 2013, S. 2489 ff.

Haar, Brigitte, Civil Liability of Credit Rating Agencies – Regulatory All-or-Nothing-Approaches between Immunity and Over-Deterrence", White Paper University of Oslo Faculty of Law Research Paper No. 2013-02, 09.01.2013, abrufbar unter: https://papers.ssrn.com/sol3/papers.cfm?abstract_id=2198293.

Habbe, Julia Sophia / Gieseler, Konrad, Beweiserleichterungen bei (angeblich) fehlerhaften Ad-hoc-Mitteilungen?, NZG 2016, S. 454 ff.

Habersack, Mathias, Rechtsfragen des Emittenten-Ratings, ZHR 169 (2005), S. 189 ff.

Habersack, Mathias / Mülbert, Peter. O. / Schlitt, Michael (Hrsg.), Handbuch der Kapitalmarktinformation, 2. Auflage, München 2013. zitiert: Habersack/Mülbert/Schlitt/*Bearbeiter*, Hdb Kapitalmarktinformation, §, Rn.

Habersack, Mathias / Mülbert, Peter. O. / Schlitt, Michael (Hrsg.), Unternehmensfinanzierung am Kapitalmarkt, 3. Auflage, Köln, 2013.

Hadding, Walther / Hopt, Klaus J. / Schimansky, Herbert (Hrsg.), Internes und externes Rating – aktuelle Entwicklungen im Recht der Kreditsicherheiten – national und international, Berlin, 2005. zitiert: *Bearbeiter*, in: Hadding/Hopt/Schimansky, Internes und externes Rating, S

Happ, Carolin, Internationaler Rechtsschutz gegen fehlerhafte Ratings, Frankfurt a.M., 2015.

Harms, Rüdiger / Sanner, Julian Alexander / Schmidt, Johannes, Gerichtsstand bei Kartellschadensersatzklagen, EuZW 2015, S. 584 ff.

Harnos, Rafael, Das vorsätzliche Organisationsverschulden bei der Anlageberatung, BKR 2012, S. 185 ff.

Harnos, Rafael, Die Reichweite und zivilrechtliche Bedeutung des § 31 d WpHG – zugleich eine Besprechung des BGH-Urteils v. 17.9.2013 – XI ZR 332/12, BKR 2014, S. 1 ff.

Harper, Steven, Credit Rating Agencies Deserve Credit for the 2007–2008 Financial Crisis: An Analysis of CRA Liability Following the Enactment of the Dodd-Frank Act, Washington and Lee Law Review 2011, S. 1925 ff.

Häuser, Franz / Hammen, Horst / Hennrichs, Joachim / Steinbeck, Anja / Siebel, Ulf R. / Welter, Reinhard (Hrsg.), Festschrift für Walther Hadding zum 70. Geburtstag am 8. Mai 2004, Berlin, 2004. zitiert: *Bearbeiter*, in: FS Hadding, S.

Hay, Peter, US-amerikanisches Recht, 6. Auflage, München, 2015.

Heldrich, Andreas (Hrsg.), Festschrift für Claus-Wilhelm Canaris zum 70. Geburtstag, München, 2007.

Hellgardt, Alexander, Kapitalmarktdeliktsrecht, Tübingen, 2008.

Hellwig, Martin, Finanzkrise und Reformbedarf, NJW-Beil. 2010, S. 94 ff.

Hellwig, Martin, Finanzkrise und Reformbedarf – Gutachten E für den 68. Deutschen Juristentag, München, 2010.

Hemraj, Mohammed, Credit Rating Agencies – Self-regulation, Statutory Regulation and Case Law Regulation in the United States and European Union, New York 2015.

Hermanns, Julia, Optimale Kapitalstruktur und Market Timing – empirische Analyse börsennotierter deutscher Unternehmen, Wiesbaden, 2006.

Herresthal, Carsten (Hrsg.), Münchener Kommentar zum Handelsgesetzbuch, Band 6, 3. Auflage, München, 2008. zitiert: MüKo/*Bearbeiter*, Band 6 HGB, Anlageberatung, Rn.

Heukamp, Wessel, Das neue Versicherungsaufsichtsrecht nach Solvency II, München 2016.

Heuser, Michael, Haftung einer Ratingagentur wegen fehlerhaftem Unternehmensrating, IWRZ 2018, S. 83 ff.

Hilz-Ward, Reavis / Everling, Oliver, Risk Performance Management – Chancen für ein besseres Rating, Wiesbaden 2009. zitiert: Bearbeiter in: Hilz-Ward/Everling, Risk Performance Management, S.

Hirte, Heribert / Möllers, Thomas M. J., Kölner Kommentar zum WpHG, 2. Auflage, Köln, 2014. zitiert: KölnerKomm/*Bearbeiter*, §, Rn.

Hiß, Stefanie / Nagel, Sebastian, Ratingagenturen zwischen Krise und Regulierung, Baden-Baden 2012. zitiert: *Hiß/Nagel*, Ratingagenturen, S.

Hofmann, Gerhard (Hrsg.), Basel III: Risikomanagement und neue Bankenaufsicht, Frankfurt a.M., 2015. zitiert: *Bearbeiter* in: Hofmann, Basel III, S.

Holzborn, Timo (Hrsg.), Wertpapierprospektgesetz, 2. Auflage, Berlin, 2014. zitiert: Holzborn/*Bearbeiter*, WpPG, §, Rn.

Hopt, Klaus, Grundsatz- und Praxisprobleme nach dem Wertpapierhandelsgesetz, ZHR 159 (1995), S. 135 ff.

Husisian, Gregory, What Standard of Care Should Govern the World's Shortest Editorials?: An Analysis of Bond Rating Liability, Cornell Law Review 1990, S. 411 ff.

Hübel, Markus, Aufsichtsrechtliche Eigenmittelanforderungen an Kompositversicherungsunternehmen unter Solvency II nach dem Standardmodell – kritische Würdigung für den Zweck der Verwendung zur wertorientierten

Unternehmenssteuerung, Karlsruhe 2013. zitiert: *Hübel*, Aufsichtsrechtliche Eigenmittelanforderungen nach Solvency II, S.

Hüffer, Uwe / Koch, Jens, Aktiengesetz, 13. Auflage, München, 2018. zitiert: Hüffer/Koch/*Koch*, §, Rn.

International Organization of Securities Commissions (IOSCO), Statement of Principles Regarding the Activities of Credit Rating Agencies, September 2003, abrufbar unter: https://www.iosco.org/library/pubdocs/pdf/IOSCOPD151.pdf. zitiert: IOSCO, Statement of Principles 2003, S.

International Organization of Securities Commissions (IOSCO), Code of Conduct Fundamentals for Credit Rating Agencies, Dezember 2004, abrufbar unter: http://www.iosco.org/library/pubdocs/pdf/IOSCOPD180.pdf. zitiert: IOSCO, Code of Conduct 2004, S.

International Organization of Securities Commissions (IOSCO), Code of Conduct Fundamentals for Credit Rating Agencies, Mai 2008, abrufbar unter: https://www.iosco.org/library/pubdocs/pdf/IOSCOPD271.pdf. zitiert: IOSCO, Code of Conduct 2008, S.

International Organization of Securities Commissions (IOSCO), Code of Conduct Fundamentals for Credit Rating Agencies, Final Report, März 2015, abrufbar unter: http://www.iosco.org/library/pubdocs/pdf/IOSCOPD482.pdf. zitiert: IOSCO, Code of Conduct 2015, S.

International Organization of Securities Commissions (IOSCO), The Role of Credit Rating Agencies in Structured Finance Markets, Mai 2008, abrufbar unter: http://www.iosco.org/library/pubdocs/pdf/IOSCOPD270.pdf.

Jobst, Stefan / Kapoor, Sunny, Paradoxien im Ratingsektor – Vertrauendürfen und Vertrauenmüssen von Vorstand, Aufsichtsrat und Abschlussprüfer auf Ratings erworbener Finanzprodukte, WM 2013, S. 680 ff.

Jones, Rachel, The Need for a Negligence Standard of Care for Credit Rating Agencies, Wiliam & Mary Business Law Review 2010, S. 201 ff.

Jung, Peter et. al. (Hrsg.), Einheit und Vielheit im Unternehmensrecht: Festschrift für Uwe Blaurock zum 70. Geburtstag. zitiert: *Bearbeiter* in: FS Blaurock, S.

Just, Clemens, Die englische Limited in der Praxis – Einschließlich Ltd. & Co. KG und Umwandlungsrecht, 4. Auflage, München, 2012.

Käfer, Benjamin, Länderrisiko: Die ökonomischen Konsequenzen einer Herabstufung durch die Rating-Agenturen, 2013. zitiert: *Käfer*, Länderrisiko, S.

Kersting, Christian, Die Dritthaftung für Informationen im Bürgerlichen Recht, München, 2006. zitiert: *Kersting*, S.

Klöhn, Lars, Nach 26 Jahren: US Supreme Court verfeinert die fraud-on-the-market theory, AG 2014, S. 807 ff.

Koch, Arnd / Rossi, Matthias, Gerechtigkeitsfragen in Gesellschaft und Wirtschaft – 40 Jahre Juristische Fakultät Augsburg, Baden-Baden 2013. zitiert: *Bearbeiter* in Gerechtigkeitsfragen in Gesellschaft und Wirtschaft, S.

Koch, Jens, § 311 Abs. 3 BGB als Grundlage einer vertrauensrechtlichen Auskunftshaftung, AcP 204 (2004), S. 59 ff.

Koch, Jens, Das Nebeneinander aufsichts- und zivilrechtlicher Beratungsvorgaben im Anlegerschutz – Handlungsbedarf für den Gesetzgeber?, ZBB 2014, S. 211 ff.

Koller, Ingo, Zu den Grenzen des Anlegerschutzes bei Interessenkonflikten, ZBB 2007, S. 197 ff.

Kollhosser, Helmut, Anscheinsbeweis und freie richterliche Beweiswürdigung, AcP 165 (1965), 46 ff.

Kontogeorgou, Margarita, Externes Rating und Anlegerschutz im Spiegel der neuen Verordnung (EU) Nr. 462/2013, DStR 2014, S. 1397 ff.

Kort, Michael, Anlegerschutz und Kapitalerhaltungsgrundsatz, NZG 2005, S. 708 ff.

Korth, Peter, Dritthaftung von Ratingagenturen, Baden-Baden, 2010. zitiert.: *Korth*, S.

Kötz, Hein / Wagner, Gerhard, Deliktsrecht, 13. Auflage, München, 2017. zitiert: *Kötz/Wagner*, Deliktsrecht, Rn.

KPMG Deutsche Treuhand-Gesellschaft AG (Hrsg.), Eigenkapital versus Fremdkapital nach IFRS, Stuttgart, 2006.

Kreußlein, Matthias, Die Regulierung der Ratingagenturen in der Europäischen Union, Sipplingen, 2018. zitiert: *Kreußlein*, S.

Krieger, Gerd / Lutter, Marcus, Schmidt, Karsten, Festschrift für Michael Hoffmann-Becking zum 70. Geburtstag, München, 2013. zitiert: *Bearbeiter* in: FS Hoffmann-Becking, S.

Kümpel, Siegfried / Wittig, Arne, Bank- und Kapitalmarktrecht, 4. Auflage, Köln, 2011. zitiert: Kümpel/Wittig/*Bearbeiter*, Bank- und Kapitalmarktrecht, Rn.

Lampe, Alexander, Die Regulierung von Ratingagenturen, Hamburg, 2010. zitiert: *Lampe*, S.

Lang, Volker, Die Beweislastverteilung im Falle der Verletzung von Aufklärungs- und Beratungspflichten bei Wertpapierdienstleistungen, WM 2000, S. 450 ff.

Lang, Volker / Balzer, Peter, Aufklärungspflicht der Bank über Kick-Backs auch beim Vertrieb von Medienfonds, ZIP 2009, S. 455 ff.

Langenbucher, Katja, Vorstandshaftung und Legalitätspflicht in regulierten Branchen, ZBB 2013, S. 16 ff.

Langohr, Herwig / Langohr, Patricia, The Rating Agencies and Their Credit Ratings – What They Are, How They Work, and Why They are Relevant, New York, 2008. zitiert: *Langohr/Langohr*, Rating Agencies, S.

Lehmann, Matthias / Manger-Nestler, Cornelia, Das neue Europäische Finanzaufsichtssystem, ZBB 2011, S. 2 ff.

Lehmann, Matthias, Vorschlag für eine Reform der Rom II-Verordnung im Bereich der Finanzmarktdelikte, IPRax 2012, S. 399 ff.

Lemke, Rudolf, Haftungsrechtliche Fragen des Ratingwesens – ein Regelungsproblem, Frankfurt a.M., 2000. zitiert: *Lemke*, S.

Lemke, Rudolf, Anmerkung zu OLG Düsseldorf, Urt. v. 08.02.2018 – I-6 U 50/17, WuB 2018, S. 368 ff.

Lerch, Marcus P., Ratingagenturen im Visier des europäischen Gesetzgebers, BKR 2010, S. 402 ff.

Liebscher, Thomas / Ott, Nicolas, Die Regulierung der Finanzmärkte – Reformbedarf und Regelungsansätze des deutschen Gesetzgebers im Überblick, NZG 2010, S. 841 ff.

Luz, Günther / Neus, Werner / Schaber, Mathias / Schneider, Peter / Wagner, Claus-Peter / Weber, Max, KWG und CRR, 3. Auflage, Stuttgart, 2015. zitiert: *Bearbeiter* in: Luz/Neus/Schaber u.a., KWG, §, Rn.

Lynch, Timothy E., Deeply Persistently Conflicted: Credit Rating Agencies in the Current Regulatory Environment, Case Western Reserve L. Rev. 2009, S. 227 ff.

Maier, Arne, Keine Haftung von Ratingagenturen für Unternehmensratings gegenüber Anlegern, EWiR 2018, S. 273 ff.

Manns, Jeffrey, Rating Risk after the Subprime Mortgage Crisis: A User Fee Approach for Rating Agency Accountability, North Carolina Law Review 2009, S. 1011 ff.

Manso, Gustavo, Feedback effects of credit ratings, Journal of Financial Economics 2013, S. 535 ff.

Martens, Sebastian A. E., Methodenlehre des Unionsrechts, Tübingen, 2013.

Morgenroth, Karl-Heinz, Ökonomische Analyse der Funktionen von Rating durch Ratingagenturen im Rahmen einer Gläubiger-Schuldner-Beziehung, Göttingen 2006.

Martinek, Michael, Repräsentantenhaftung, Berlin, 1979.

Martinek, Michael (Hrsg.), Eckpfeiler des Zivilrechts, J. von Staudingers Kommentar zum Bürgerlichen Gesetzbuch mit Einführungsgesetz und Nebengesetzen, 5. Auflage, Berlin, 2014. zitiert: *Bearbeiter* in: Staudinger Eckpfeiler des Zivilrechts, Abschnitt, Rn.

Medicus, Dieter / Petersen, Jens, Bürgerliches Recht – eine nach Anspruchsgrundlagen geordnete Darstellung zur Examensvorbereitung, 25. Auflage, München, 2015.

Metz, Rainer, Scoring: Licht im Tunnel, VuR, 2009, S. 403 ff.

Möllers, Thomas / Leisch, Franz Clemens, Schaden und Kausalität im Rahmen der neu geschaffenen §§ 37b und 37c WpHG, BKR 2002, S. 1071 ff.

Möllers, Thomas, Auf dem Weg zu einer neuen europäischen Finanzmarktaufsichtsstruktur, Ein systematischer Vergleich der Rating-VO (EG) Nr. 1060/2009 mit der geplanten ESMA-VO, NZG 2010, S. 285 ff.

Möschel, Wernhard, Die Finanzkrise – Wie soll es weitergehen?, ZRP 2009, S. 129 ff.

Musielak, Hans-Joachim / Voit, Wolfgang, Zivilprozessordnung, 15. Auflage, München, 2018.

Mühl, Thomas, Die zivilrechtliche Verantwortlichkeit von Ratingagenturen und Banken für fehlerhafte Ratings, Dresden, 2007. zitiert.: *Mühl*, S.

Mülbert, Peter / Steup, Steffen, Emittentenhaftung für fehlerhafte Kapitalmarktinformation am Beispiel der fehlerhaften Regelpublizität – das System der Kapitalmarktinformationshaftung nach AnSVG und WpPG mit Ausblick auf die Transparenzrichtlinie –, WM 2005, S. 1633 ff.

Nagy, Theresa, Credit Rating Agencies and the First Amendment: Applying Constitutional Journalistic Protections to Subprime Mortgage Litigation, Minnesota Law Review 2009, S. 141 ff.

Oechsler, Jürgen, Mehr Kontrolle über Ratingagenturen?, ZRP 2011, 191.

Oechsler, Jürgen, Vertragliche Schuldverhältnisse, 2. Auflage, Tübingen, 2017.

Oellinger, Gerhard, Die Haftung für Ratings, Wien, 2005. zitiert: *Oellinger*, S.

Ott, Nicolas / Klein, Karen, Hindsight Bias bei der Vorstandshaftung wegen Compliance-Verstößen, AG 2017, S. 209 ff.

Paal, Boris / Pauly, Daniel, Datenschutz-Grundverordnung, Bundesdatenschutzgesetz, 2. Auflage, München, 2018. zitiert: Paal/Pauly/*Bearbeiter*, Art., Rn.

Palandt, Otto (Begr.), Bürgerliches Gesetzbuch, 77. Auflage, München, 2018.

Partnoy, Frank, The Siskel and Ebert of Financial Markets?: Two Thumbs Down for the Credit Rating Agencies, 77 Washington ULQ, 1999, S. 619 ff.

Partnoy, Frank, Strict Liability for Gatekeepers: A Reply to Professor Coffee., Boston University Law Review 2004, S. 365 ff.

Partnoy, Frank, How and Why Credit Rating Agencies are Not Like Other Gatekeepers, San Diego Legal Studies Paper No. 07–46, 2006, abrufbar unter: http://ssrn.com/abstract=900257.

Partnoy, Frank, What's (still) wrong with credit ratings?, 92 Washington L. Rev., 2017, S. 1407 ff.

Perry, Tod / Pollard, Randle B., Grade Incomplete: Examining the Securities and Exchange Commission's Attempt to Implement Credit Rating and Certain Corporate Governance Reforms of Dodd-Frank, 47 Indiana L. Rev. 2014, S. 147 ff.

Peters, Andreas C., Die Haftung und die Regulierung von Rating-Agenturen, Baden-Baden, 2001. zitiert: *Peters*, S.

Pfingsten, Andreas, Stichwort: Rating, BKR 2001, S. 139 ff.

Piekenbrock, Dirk / Hennig, Alexander, Einführung in die Volkswirtschaftslehre und Mikroökonomie, 2. Auflage, Berlin, 2013.

Pielert, Michael, Internes Rating als Monitoringtool des Finanzwesens am Beispiel der B. Braun Melsungen AG, Kassel 2013. zitiert: *Pielert*, Internes Rating als Monitoringtool des Finanzwesens.

Podewils, Felix / Reisich, Dennis, Haftung für „Schrott"-Zertifikate? – Aufklärungs- und Beratungspflichten nach BGB und WpHG beim Erwerb von Zertifikaten, NJW 2009, S. 116 ff.

Pukropski, Tobias, Regulierung von Ratingagenturen als Reaktion auf die Finanzkrise – die europäische Ratingverordnung 1060/2009 vor dem Hintergrund von Fehlentwicklungen auf dem Ratingmarkt, Berlin, 2013.

Rat der Europäischen Union, Allgemeine Ausrichtung der Verordnung des Europäischen Parlaments und des Rates zur Änderung der Verordnung (EG) Nr. 1060/2009 über Ratingagenturen, abrufbar unter http://register.consilium.europa.eu/pdf/en/12/st10/st10452.en12.pdf (Abruf 27.09.2012) zitiert: Rat, Allg. Ausrichtung, S.

Rauscher, Thomas / Wax, Peter / Wenzel, Joachim (Hrsg.), Münchener Kommentar zur Zivilprozessordnung, Band 1, 5. Auflage, München, 2016. zitiert: MüKo/*Bearbeiter*, ZPO, §, Rn.

Rauscher, Thomas, Europäisches Zivilprozess- und Kollisionsrecht, 4. Auflage, Köln, 2016. zitiert: Rauscher/*Bearbeiter*, Art., Rn.

Regierungsbegründung zum Schuldrechtsmodernisierungsgesetz, Bundestagsdrucksache 14/6040, S. 79 ff. zitiert: Reg. Begr. SMG, BT-Drs. 14/6040, S.

Reichling, Peter / Bietke, Daniela / Henne, Antje, Praxishandbuch Risikomanagement und Rating – ein Leitfaden, 2. Auflage, Wiesbaden 2007.

Richter, Malte, Ratings oder Credit Spreads – mögliche Anknüpfungspunkte für eine Kapitalmarktregulierung, WM 2008, S. 960 ff.

Richter, Malte, Die Verwendung von Ratings zur Regulierung des Kapitalmarkts, Frankfurt a.M., 2008.

Richter, Stefan, Schadenszurechnung bei deliktischer Haftung für fehlerhafte Sekundärmarktinformation, Tübingen, 2012. zitiert: *Richter*, Schadenszurechnung, S.

Risso, Giorgio, Investor Protection in Credit Rating Agencies' Non-Contractual Liability: The Need for a Fully Harmonised Regime, European Law Review 5/2015, S. 706 ff.

Rose, Amanda M., Reforming Securities Litigation Reform: Restructuring the Relationship Between Public and Private Enforcement of Rule 10b-5, Columbia Law Review 2008, S. 1301 ff.

Rost, Birgit, Die Herausbildung transnationalen Wirtschaftsrechts auf dem Gebiet der internationalen Finanz- und Kapitalmärkte, Berlin, 2007. zitiert: *Rost*, Die Herausbildung transnationalen Wirtschaftsrechts, S.

Roth, Wulf-Henning, Rechtswahlklauseln in Verbraucherverträgen – eine schwierige Sache?, IPRax 2013, S. 515 ff.

Rösler, Patrick / Lang, Volker, Zinsklauseln im Kredit- und Spargeschäft der Kreditinstitute: Probleme mit Transparenz, billigem Ermessen und Basel II, ZIP 2006, S. 214 ff.

Rudolph, Bernd, Die internationale Finanzkrise: Ursachen, Treiber, Veränderungsbedarf und Reformansätze, ZGR 2010, S. 1 ff.

Saar, Stefan Christoph, Grenzen des „vertraglichen Drittschutzes" – BGH, NJW 1996, 2927, JuS 2000, S. 220 ff.

Sachverständigenrat, Jahresgutachten 2007/08, Das Erreichte nicht verspielen, abrufbar unter: https://www.sachverstaendigenrat-wirtschaft.de/86.html.

Sahore, Aarushi, ABN Amro Bank NV v Bathurst Regional Council: Credit rating agencies and liability to investors, Sydney Law Review 2015, S. 437 ff.

Sauer, Knut, Haftung für Falschinformation des Sekundärmarktes, Frankfurt a.M., 2004.

Schantz, Peter, Die zivilrechtliche Verantwortlichkeit von Ratingagenturen gegenüber Investoren, Berlin, 2015. zitiert: *Schatz*, S.

Säcker, Franz Jürgen / Rixecker, Roland / Oetker, Hartmut / Limperg, Bettina (Hrsg.), Münchener Kommentar zum Bürgerlichen Gesetzbuch, Band 1 Allgemeiner Teil, 7. Auflage, 2016; Band 2 Schuldrecht Allgemeiner Teil, 7. Auflage, 2016; Band 3 Schuldrecht Besonderer Teil I, 7. Auflage, 2016; Band 4 Schuldrecht Besonderer Teil II, 7. Auflage, 2016; Band 6 Schuldrecht Besonderer Teil IV, 7. Auflage, 2017; Band 11 Internationales Finanzmarktrecht, 6. Auflage, 2015; Band 12 IPR II, IntWR, Art. 50-253 EGBGB, 7. Auflage, 2018; München, zitiert: MüKo/Bearbeiter, §, Rn.

Schaub, Peter / Schaub, Michael, Ratings als Entscheidungsgrundlage für Vorstand und Wirtschaftsprüfer?, ZIP 2013, S. 656 ff.

Schäfer, Frank, Sind die §§ 31 ff. WpHG n.F. Schutzgesetze i.S.v. § 823 Abs. 2 BGB?, WM 2007, S. 1872 ff.

Schilken, Eberhard, Zivilprozessrecht, 7. Auflage, München, 2017.

Schimanski, Herbert / Bunte, Hermann-Josef / Lwowski, Hans-Jürgen, Bankrechts-Handbuch, 5. Auflage, München, 2017. zitiert: Schimanski/Bunte/Lwowski/*Bearbeiter*, Bankrechtshandbuch, §, Rn.

Schmitt, Christoph, Die Begebung von Mittelstandsanleihen als Alternative zum Bankkredit – Voraussetzungen und praktische Hinweise, BB 2012, S. 1079 ff.

Schmittat, Johannes E., Asset Backed Securities – Die Verbriefung von Handelsforderungen als Finanzalternative für den großen Mittelstand, Wiesbaden 2007. zitert: *Schmittat*, Asset Backed Securities, S.

Schneider, Hannes, Reichweite der Expertenhaftung gegenüber Dritten, ZHR 163 (1999), S. 246 ff.

Schroeter, Ulrich G., Ratings – Bonitätsbeurteilungen durch Dritte im System des Finanzmarkt-, Gesellschafts- und Vertragsrechts, Tübingen, 2014. zitiert: *Schroeter*, S.

Schroeter, Ulrich G., Die regulatorische Verwendung von Ratings an deutschen Börsensegmenten für „Mittelstandsanleihen": Bestandsaufnahme und Bewertung, ZIP 2016, S. 703 ff.

Schuler, Moritz, Regulierung und zivilrechtliche Verantwortlichkeit von Ratingagenturen, Frankfurt a.M., 2012. zitiert: *Schuler*, S.

Schulte-Mattler, Hermann / BCBS, Jürgen, Wiedereinführung externer Ratings im Baseler üKSA, die bank 2016, S. 8 ff.

Schulte-Mattler, Hermann / Affeld, Jürgen, Überarbeitung des Baseler Kreditrisiko-Standardansatzes (KSA), Risiko Manager 02/2016, S. 12 ff.

Schultes, Philipp, Regulierung und Haftung von Ratingagenturen, München, 2015.

Schüler, Andreas / Kaufmann, Patrick, Zur Ausgestaltung von Mittelstandsanleihen: Eine kritische Bestandsaufnahme zu Ratings, Spreads, Covenants und Sicherheiten, ZBB 2014, S. 69 ff.

Schwark, Eberhard (Hrsg.), Kapitalmarktrechts-Kommentar, 4. Auflage, München, 2010. zitiert: Schwark/Zimmer/*Bearbeiter*, §, Rn.

Schwarze, Roland, Subsidiarität des vertraglichen Drittschutzes?, AcP 203 (2003), S. 348 ff.

Schweizer, Urs, Damages for Negligent Ratings, The Bonn Journal of Economics. Vol 2, No. 1, 2013, S. 67 ff.

Schwintowski, Hans-Peter, Bankrecht, 5. Auflage, Köln, 2018. zitiert: *Bearbeiter* in: Schwintowski, Bankrecht, Kap., Rn.

Securities and Exchange Commission (SEC), Report on Credit Rating Agencies, 2003, abrufbar unter: https://www.sec.gov/news/studies/credratingreport0103.pdf.

Securities and Exchange Commission (SEC), Credit Rating Agency Report 2008, abrufbar unter: https://www.sec.gov/news/studies/2008/craexamination070808.pdf

Securities and Exchange Commission (SEC), Annual Report on NRSRO 2013, abrufbar unter: https://www.sec.gov/files/nrsroannrep1213.pdf.

Simitis, Spiros (Hrsg.), Bundesdatenschutzgesetz, 7. Auflage, Baden-Baden, 2011.

Skreta, Vasiliki / Veldkamp, Laura, Ratings Shopping and Asset Complexity: A Theory of Ratings Inflation, Working Paper Oktober 2008, abrufbar unter: https://papers.ssrn.com/sol3/papers.cfm?abstract_id=1295503&rec=1&srcabs=1342986&alg=7&pos=3. zitiert: *Skreta/Veldkamp*, Ratings Shopping and Asset Complexity, S.

Soergel, Hans Theodor, Bürgerliches Gesetzbuch mit Einführungsgesetz und Nebengesetzen, BGB Band 5/3: Schuldrecht 3/3, 13. Auflage, Stuttgart, 2009. zitiert: Soergel/*Bearbeiter*, §, Rn.

Sohmen, Egon, Allokationstheorie und Wirtschaftspolitik, Tübingen, 1992.

Spindler, Gerald / Brandt, Kathrin / Raapke, Julius, Finanzmarktreform in den USA, RIW 2010, S. 746 ff.

Steinbrügge, Jens, Optimale Fremdfinanzierung nach Basel II, Wiesbaden 2008.

Steinrötter, Björn, Zuständigkeits- und kollisionsrechtliche Implikationen des europäischen Haftungstatbestands für fehlerhaftes Rating, ZIP 2015, S. 110 ff.

Stemper, Marthe-Marie, Rechtliche Rahmenbedingungen des Ratings, Baden-Baden, 2010. zitiert: *Stemper*, S.

Stockmann, Frank / Zeller, Florian, Steuerliche Aspekte bei CDO-Transaktionen, BB 207, S. 1249 ff.

Strunz-Happe, Anne, Externe Ratingagenturen – Marktregulierung durch Basel II – Vorgaben zur Anerkennung als ECAI und die aufsichtsrechtliche Behandlung von externen Ratings –, WM 2004, S. 115 ff.

Summers, David M., Third Party Beneficiaries and the Restatement (Second) of Contracts, Cornell Law Review 1982, S. 880 ff.

Tavakoli, Janet M., Structured Finance and Collateralized Debt Obligations – New Developments in Cash and Synthetic Securitization, 2. Auflage, New York 2008. zitiert: *Tavakoli*, Structured Finance, S.

Theilacker, Betram, Ratingagenturen: Verstaatlichen statt beaufsichtigen, ZfgK 2009, S. 643 ff.

Thiele, Wolfram, Die zivilrechtliche Einordnung des Ratings im deutschen Recht, Aachen, 2005. zitiert: *Thiele*, S.

Tucker, Paul, Shadow banking, financing markets and financial stability, BIS review 6/2010, abrufbar unter: https://www.bis.org/review/r100126d.pdf.

Utzig, Siegfried, The Financial Crisis and the Regulation of Credit Rating Agencies: A European Banking Perspective, ADBI Working Paper No. 188 2010, abrufbar unter: http://www.adb.org/sites/default/files/publication/156043/adbi-wp188.pdf.

Utzig, Siegfried, Die Zukunft der Rating-Agenturen: weniger oder bessere Ratings?, die bank 2011, S. 8 ff.

Vasella, David, Die Haftung von Ratingagenturen, Zürich 2011. zitiert: *Vasella*, S.

Veil, Rüdiger (Hrsg.), Europäisches Kapitalmarktrecht, 2. Auflage, Tübingen, 2014. zitiert: *Bearbeiter* in: Veil, Europäisches Kapitalmarktrecht, §, Rn.

Vetter, Eberhard, Rechtsprobleme des externen Ratings, WM 2004, S. 1701 ff.

Voges, Moritz / Rehberg, Markus, Aktuelle Entwicklungen im Recht der Kreditsicherheiten – national und international, WM 2004, S. 1604 ff.

von der Groeben, Hans / Schwarze, Jürgen / Hatje, Armin, Europäisches Unionsrecht, 7. Auflage, Baden-Baden, 2015. zitiert: von der Groeben/Schwarze/Hatje/*Bearbeiter*, Art., Rn.

von Hein, Jan, Die Rezeption US-amerikanischen Gesellschaftsrechts in Deutschland, Tübingen, 2008.

von Randow, Philipp, Rating und Regulierung, ZBB 1995, S. 140 ff.

von Rimon, Neda, Ratings in Deutschland und den USA, Göttingen, 2014. zitiert: *von Rimon*, S.

von Schweinitz, Oliver, Die Haftung von Ratingagenturen, WM 2008, S. 953 ff.

von Staudinger (Begr.), J. von Staudingers Kommentar zum Bürgerlichen Gesetzbuch mit Einführungsgesetz und Nebengesetzen; Buch 2 §§ 241–243, 2009; Buch 2 §§ 305–310, UKlaG, 2013; Buch 2 §§ 328–345, 2015; Buch 2 §§ 433–480, 2014; Buch 2 §§ 611–613, 2016; Buch 2 §§ 631–651, 2014; Buch 2 §§ 662–675b, 2017; Buch 2 § 823 A-D, 2017; Buch 2 §§ 823 E-I, 824, 825, 2009; Buch 2 §§ 826–829, ProdHaftG, 2018; EGBGB/IPR Einleitung zur Rom-I-VO, Art 1-10 Rom I-VO, 2016; Berlin.

Wagner, Gerhard, Prävention und Verhaltenssteuerung durch Privatrecht – Anmaßung oder legitime Aufgabe, AcP 206 (2006), S. 352 ff.

Wagner, Gerhard, Gatekeeper Liability: A Response to the Financial Crisis, 28.08.2013, abrufbar unter: https://papers.ssrn.com/sol3/papers.cfm?abstract_id=2317213.

Walla, Fabian, Die Europäische Wertpapier- und Marktaufsichtsbehörde (ESMA) als Akteur bei der Regulierung der Kapitalmärkte Europas – Grundlagen, erste Erfahrungen und Ausblick, BKR 2012, S. 265 ff.

Wappenschmidt, Christian, Ratinganalyse durch internationale Ratingagenturen, Frankfurt 2009. zitiert: *Wappenschmidt*, Ratinganalyse, S.

Weber, Christoph Andreas, Die insolvenzfeste Refinanzierung von Forderungen durch Asset-Backed Securities, Berlin, 2011.

Weber, Stefan, Die Finanzkrise und ihre Ursachen, ePaper Universität des Saarlandes 2009, abrufbar unter: http://europainstitut.de/fileadmin/schriften/EI_Paper_1_090223_Finanzkrise.pdf.

Westphalen, Friedrich Graf von / Thüsing, Gregor (Hrsg.) Vertragsrecht und AGB-Klauselwerke, München, 2016. zitiert: *Bearbeiter* in: Graf von Westphalen, Vertragsrecht und AGB-Klauselwerke, Vertragsart, Rn.

Wildmoser, Gerhard / Schiffer, K. Jan / Langoth, Bernd, Haftung von Ratingagenturen gegenüber Anlegern?, RIW 2009, S. 657 ff.

Wilhelmy, Rüdiger / Kuschnereit, Rouven, Die zivilrechtliche Haftung für Basisinformationsblätter nach Art. 11 II PRIIP-VO als eigenständige Anspruchsgrundlage des EU-Rechts, ZBB 2018, S. 288 ff.

Wojcik, Karl-Philipp, Zivilrechtliche Haftung von Ratingagenturen nach europäischem Recht NJW 2013, S. 2385 ff.

Wimmer, Veronika, Auswirkungen des Art. 35a der Verordnung (EU) Nr. 462/2013 auf die zivilrechtliche Haftung von Ratingagenturen, Baden-Baden, 2017. zitiert: *Wimmer*, S.

Witte, Jürgen; *Hrubesch, Boris*, Rechtsschutzmöglichkeiten beim Unternehmens-Rating, ZIP 2004, S. 1346 ff.

Ziegler, Maximilian, Die künftigen Eigenkapitalvorgaben für Versicherungsunternehmen – die Solvency-II-Richtlinie und ihre geplante Umsetzung im deutschen VAG, Karlsruhe 2014.

Zimmer, Daniel, Finanzmarktregulierung – Welche Regelungen empfehlen sich für den deutschen und europäischen Finanzsektor? Gutachten G für den 68 Deutschen Juristentag, München, 2010.

Zöller, Richard (Begr.), Zivilprozessordnung, 32. Auflage, Köln, 2018. zitiert: Zöller/*Bearbeiter*, §, Rn.

Zugehör, Horst, Uneinheitliche Rechtsprechung des BGH zum (Rechtsberater-) Vertrag mit Schutzwirkung zu Gunsten Dritter, NJW 2008, S. 1105 ff.

www.ingramcontent.com/pod-product-compliance
Ingram Content Group UK Ltd.
Pitfield, Milton Keynes, MK11 3LW, UK
UKHW022106051026
15623UKWH00003B/702

9 783631 806531